法老统治下的埃及

L'ÉGYPTE SOUS LES PHARAONS

［法］商博良 / 著

李颖枫 / 译

上海社会科学院出版社

序

在完成我的古典研究之前,我终于可以交由公众评判我作品的第一部分内容了。从本质上来说,古典研究仍然将占据我未来人生的50年时间。① 我希望人们至少不要对这部作品的关注点提出异议。实际上,此标题涵盖了不同方面的内容;同时它也明确了我想研究的范围:最终的内容一方面是关于埃及原始时期;另一方面则会涉及时间上离我们更近的冈比西斯(Cambyse)入侵埃及。这一历史时期无可辩驳地成为值得纪念的时期之一,各时代年鉴都保存了这一历史记忆。这一时期的所有标志性事件,及其留下的所有文物古迹,同样值得智者去思考;他将发现,在法老统治下的埃及,最高利益所带来的丰沃源泉。法老统治下的埃及是如此不同于古波斯人统治下的埃及,不同于古希腊人统治下的埃及,尤其不同于当今应当有更好的国家命运的现代埃及。

考虑到这一主题的重要性,我不计气力、满腔热情,已毫无保留地致力于这项繁重的工程。在第一部分中,我将介绍埃及主要地方的埃及语、希腊语、阿拉伯语及其通俗名称,并介绍其真实方位和曾存在于这些地方的著名文物古迹。与宗教相关的部分可能将用于确定一

---

① 1807年9月1日,此作品的大纲、地理简介、埃及的整体版图、法老的介绍,均已经交给格勒诺布尔科学艺术出版社。该出版社十分希望能在其汇编中提及这些内容。不久后,我离开了这座城市的中学,我曾经是那里的皇家学员。9月13日,在巴黎,我有幸与蓝歌籁先生(M. Langlès)交流这些文献内容,几乎是同一时期,我也有幸与希尔维斯特·德·萨西先生(M. Silvestre de Sacy)展开了交流,从那时起,我在东方语言的专门学校跟随德·萨西先生学习阿拉伯语,跟随蓝歌籁先生学习波斯语。此作品于1810年9月1日开始印刷出版。

个著名民族关于社会制度这一要素的总体观点。古埃及语言和不同文字的研究对用字母撰写而成的埃及抄本而言，将展现其准确概念，如果我没有弄错的话，某种程度上它将使人们进一步从这些宝贵文物中获益；而对于人们称之为"象形文字"的抄本而言，与这一重大议题相关的资料也将得以示人。通过这些内容，人们很容易会想到，在后续研究中能够为已经提及的时间场域中所发生的埃及历史找到新的例证，而这些事实也有益于提升仍然不断被激发的研究兴趣。

以上这些是整体介绍和我的工作计划。如果说我并没有夸大我研究的广度、遇到的困难，没人比我更清楚，虽然我不敢自诩已克服所有的困难，但可以肯定的是我获得了所有的建议和方法，至少它们让我怀抱希望。公众可以评判我是否有错误。

从一开始的被说服到随着工作计划展开，我每天都更为确信的是：最明确的指引，可能也是唯一让我坚定在埃及研究中专心从事的指引，便是对埃及原始语言日益加深的认识。而在最初的研究工作中，我把这门语言作为专门的研究对象。在巴黎学习工作多年后，我已经完全专注于东方语言，特别是科普特语的学习研究。① 得益于那些能力超群、声名卓著的老师们所授的课程，我的研究工作才顺利开展。我陆续阅读了皇家图书馆中大量科普特语抄本文集，几乎所有的抄本我都做了摘录，还复印了一些抄本。借助于这些珍贵的材料，我在格勒诺布尔汇编了大量的东方书籍、几乎全套的科普特语及其相关的文集，这些书籍都是在欧洲各地印刷出版。

我在研究这些文书中很快认识到，直到今天，关于这门语言所出版的语法和词汇内容还远远不够。实际上，最早几版语法已经完全偏离了这门语言的本质所规定的秩序。这门语言严苛要求使用一套全然与学习欧语相反的学习方法。同时，我很快意识到阿拉伯人编撰的科普特语语法——有几册抄本收藏于巴黎皇家图书馆中②，比起欧洲人编

---

① 众所周知，科普特语是埃及语与一些希腊短语相结合而形成的一种语言，它用希腊字母加上7个古埃及字母书写而成。见第一卷，第48、49页。

② 科普特语抄本，皇家图书馆，古藏书，44号，第25、130页。

撰的语法，更符合这门语言的本质。

科普特语是单音节的，其组合规则是固定不变的，是长期思考得出的成果。这种"永恒不变"①的文字适用于原始埃及所有的制度；②科普特语可通过组合复合词来自我完备；其字素调度如此，所以即使只有两音节，我们也应视之为复合词。在本研究中，这一如此重要的发现离不开尊敬的瓦尔佩加·狄·卡卢索先生（M. Valperga de Caluso），他最早将其写入了实用且深奥的语法中。③关于埃及语有一点很值得一提，且我们之后还会再说到它：那就是它在语法要素的组成上与汉字构成原则有一些质的相近，但我们无法从这种偶然的近似中推导出某些作家所说的中国人与埃及人之同源性。

上述内容可能已经足够使大家了解到，在把埃及语言中的单纯词和复合词分类在唯一且相同的系列的所有方法中，按字母顺序的分类方法是最不合适的，而"依照每个词的词根和基本词，根据单词构成本身所确定的某种顺序进行分类"，是唯一与该语言秉性相契合的。

以上考量都被我视为准则并将其应用于即将出版的《埃及语语法》和《埃及语词典》的编写中，之后这两部编著也将面世。《埃及语词典》根据埃及方言分为3个部分：底比斯语、巴什姆语（baschmourique）、孟菲斯语，形成三卷（4开本）。④在词典中，所有收录进拉克罗兹（Lacroze）词典中的单词以及大量我从科普特语—阿

---

① 我希望大家能允许我在此使用这个词，我并不会滥用这个词。
② 从结构而言，这门语言属于无法被篡改的语言之一。因此，尽管斗转星移，这门语言却丝毫没有变化，它流传至今，可以说完全保持了其纯正性。这就是我想在《埃及语语法》中展开研究的内容。
③ 蒂蒂米·多里昂西斯：《基本科普特语文学》（原注：Didymi Taurinensis，*Literaturae Copticae Rudimentum*；译注：Didymi Taurinensis 为瓦尔佩加·狄·卡卢索出版该书时所用的笔名）；柏尔马皇家出版社，1783年版，8开本和4开本。
④ 由措厄加（Zoëga）出版［百科全书文库，1811年10月巴黎，飒儒（Sajou）出版社，1811年版，8开本］的本人《关于维莱特里（Velletri）博物馆中博尔吉亚（Borgia）的科普特语抄本目录之观察报告》中，我力图证明巴什姆语（baschmourique）是法尤姆省的方言，我的研究结果也为此观点提供了新的证据，对此我将在这部作品中与埃及语及其方言相关的部分展开阐述。

拉伯语抄本或者皇家图书馆抄本中摘录的大量单词，是按照单词词根及其拉丁语和法语意义排列的；有时在我认为有必要的情况下，我也会用作品选段中的引文来解释我给出的一个单词的意义。目前，这项旷日持久的工作已经完成。

以我早期的研究结果为支持，通过运用这些大量的资料，我期冀自己能在埃及语研究中——我指的是阅读用字母书写的埃及语抄本研究中，圆满达成一个极其有用且唯一的目标；毕竟，如果排除科普特语抄本中所出现的希腊语单词，就语言层面而言，在科普特语抄本和其他不同的埃及语抄本中，不同之处仅在于其所使用的字母符号。在其目的如此重要的研究中，首先要做、无疑也是最简单的，便是阅读罗塞塔石碑上的埃及原文：我有幸看到自己所付出的努力几乎赢得了一致的赞赏；我所采用的顺序需要与我对该宝贵文物的研究结论一致，在此之前，我在出版的两册书中已经引用了多个埃及语原文选段。我所得出的结果同样也收在巴黎皇家馆馆藏之中。我也在某些特殊的藏馆中找到了一些有用的文件资料，而且异常幸运的是，在拥有大量丰富藏书的格勒诺布尔公共图书馆的古藏馆，我被委任为图书管理员助理，承担其馆藏的古代文献资料的保存管理工作，这给我提供了诸多最具价值的参考资料。

大家很容易会发现我并没有忽视前人的研究，若能从中得出某些成果，于我而言更欢喜。一直以来，我也把研究工作和古今古典主义者的研究结合起来，并且严令自己要注明援引的文献的确切出处，就是要让大家看到研究中的旁征博引，同时我也是一直以第一手资料为参考的。为了使我的作品不失其独有的面貌，我很高兴能为读者提供用科普特语和希腊语的特殊文字印刷的文本；考虑到在欧洲，人们对科普特语和希腊语原文知之甚少，我会用拉丁字母对这些原著进行标注解释；由于我仍希望在这部作品的后续内容中用埃及字母符号本身来介绍所引用的埃及语原著，因而请容许我再次表达这样一点：任何一个让我对自己作品充满希望并坚信它对文科必有助益的途径，我都没放过。

学者和公众可以通过如今的这两册书对此进行评价。① 这两册书包括对法老统治下的埃及的地理描述；在我对埃及及其边界、固定的自然划分、以希腊语"诺姆（Nomes）"为名的政治划分——包括其数量、各自的边界范围，以及最后各主要地区的古今状况与埃及语名称做出介绍之前，相关主题的讨论就已经展开，并得出了结论，也完全予以了证实。对这些地区如今尚存的文物古迹的描述，也应当成为每一单项相关研究的一部分，而且事实上，这些描述常常用来解释并证明这些研究结果。在我这部分研究中，我以最公允、最即时的评论为导向：因为《埃及记述》（la Description de l'Égypte）合撰者的结论最大程度体现了这两点，同时展示了一座永不枯竭的矿藏——它包含确凿的事实、未曾涉猎的材料，所以我占尽先机，对其内容或查阅或借用，并从中得出宝贵的研究结果；将其有效地运用在了本书之中。

第一册内容包含位于南部菲莱岛（Philæ）和比孟菲斯稍微偏北的布西里斯（Busiris）村庄之间的上埃及。下埃及则是第二册的内容。与尼罗河古代支流及其埃及语名称相关的研究，旨在与众多谈论到这些内容的希腊与拉丁作者之间达成一致，我介绍的与此主题相关的研究结果是基于对这些地方现实状况的确切了解，对这些地方的现状有了准确的了解，自然就容易推导出之前的状况。我据此绘制的地图标明了这些地方的布局；但其中不包括埃及的属地，因为它们并不只属于下埃及。这些属地标注在了埃及《地名表》中，涵盖其埃及语、希腊语、阿拉伯语和通俗的名称；这个地名表就在《埃及记述》之后。这种全新的同义表达方式对于我的研究工作是必要的补充。结尾的附录内容包含了一些相关证据，其中有一首科普特语诗歌形式的赞美诗。我完整地转述了这首诗，想以此带给人们此类文学作品能引发的愉悦感受。本书也将涉及许多其他作品的选段，它们节选自我手头的科普特语抄本；这些内容必然会引起人们的关注，因为这是科普特语

---

① 后续部分已接近完稿，并将尽快出版，但是印刷过程也不可避免地造成出版进度的延迟。

韵律诗诗文第一次被引用。按字母顺序编录是为了使这两册书的使用简单方便。

想起当初人们对于开头引言部分的极大宽容，对于这两册书的命运，我无疑应该感到非常放心。1811年时我寄出一些样本，给国内外一些人与文学机构，以征询他们的宝贵意见；其中大部分人在报刊上公开表达了对我的支持，这对我来说是非常宝贵的鼓励，在最需要也是最支持我的人中，有一个我必须提到，那就是希尔维斯特·德·萨西男爵先生，他尽力以其观点来佐证我研究工作的首要基础，正如他所说的"引用埃及的科普特语地名即引用埃及语名称"：而这正是我研究工作的主要目标。

尽管我的研究范围非常广、筹划时间非常长，但是总体来看还是存在不足之处，或者说有些部分还是存在错误。有一位值得赞赏的卡特勒梅尔先生（M. Quatremère），我曾在书中多次引用他在科普特语研究中的成果。他特地写了《关于埃及地理某些方面的评论》①，公开指出他认为在我上述引言中发现有几处不准确，并将我的引言称为"内容简介（une espèce de prospectus）"。② 我仔细阅读了卡特勒梅尔先生的评论，我很遗憾没能向他表示感谢，感谢他合理的批评、精确的评论。尽管这些批评和评论缺乏文人间彼此应有的善意，但我仍坚持以善意回应。

我不敢自我吹嘘已经完全证明，在这样的情况下，文学界享誉盛名的人士十分愿意向我表示出这样的善意，或者说君主授予我最杰出的职位、最值得尊敬的头衔能够完全证明这种善意。但我强烈感受到他们的殷切关注给予我鼓励；他们十分愿意按照自己的期望来评判我的论文，既考虑我的现在，也考虑我的将来，他们相信如果我20岁时做得不够好，那么我可能在40岁时可以做得更好些。希望他们的宽容可以让公众给予我更多一些宽容！

于埃及

---

① 巴黎思科（Schoelh）出版社，1812年版，8开本。
② 《关于埃及地理某些方面的评论》，第3页。

目录

序 ·· 1

第一卷

引言 ·· 3

第一章 埃及的自然划分和政治划分 ···························· 33

第二章 埃及的名称 ·· 46

第三章 尼罗河 ·· 69

第四章 上埃及及其边界、划分和埃及语名称 ················· 86
    一、尼罗河上的岛屿 ··· 92
    二、上埃及的城市 ·· 98
    三、中埃及的城市 ·· 147
    四、马利斯即上埃及的诺姆 ································· 215

第二卷

第五章　下埃及及其自然划分和政治划分、各地埃及语名称 …… 227
　　一、自然状况 …… 227
　　二、下埃及的埃及语名称 …… 228
　　三、尼罗河及其支流、尼罗河支流的埃及语名称 …… 230
　　四、大三角洲和众多小三角洲 …… 240
　　五、三角洲地区以外的下埃及领地、其划分及其埃及语名称 …… 241
　　六、下埃及的政治划分 …… 244

第六章　下埃及的诺姆 …… 385
　　一、三角洲地区的诺姆 …… 386
　　二、提亚拉比亚，亦称下埃及的阿拉伯地区 …… 390
　　三、尼法伊亚特，亦称下埃及的利比亚地区 …… 392

第七章　埃及的属地 …… 394
　　一、利比亚的埃及属地 …… 395
　　二、埃及的东部属地 …… 406

第八章　方位不确定之地的埃及语名称 …… 411
　　一、科普特作家们流传下来的埃及语地点名称 …… 411
　　二、阿拉伯人记录并沿用的方位不明之地的埃及语名称 …… 419
　　三、希腊人保留的方位不明的埃及城市名称 …… 425

法老统治下的埃及地理同义词表 …… 426

附录 …… 446

关于地图的说明 …… 461

名词索引表··· 466

勘误表··· 521

译后记··· 522

第一卷

引　言

　　埃及这个名字会唤起重要的记忆，它和历史上最值得纪念的时代紧密相连；这个声名卓著的国度是欧洲科学艺术的摇篮。当埃及到达其最辉煌荣耀的时代时，东方的许多民族以及几乎所有的欧洲民族尚处于未开化的黑暗之中。在当时的埃及，有强大的君主监督由最强智慧制定的法律之执行，而且神殿里无数祭司全力保证了知识的进步和人民的幸福。当普萨美提克时期的埃及被胜利的波斯铁骑踏破时——早在几百年前，埃及已先后遭到阿拉伯人与埃塞俄比亚人的侵犯——至此欧洲才感受到新兴文明所带来的积极影响。

　　埃及居住着智慧的人民，他们对任何一种荣耀都不陌生。在被征服之后，埃及丧失了所有的优势，征服者摧毁了其政治制度和宗教制度；随后埃及又被亚历山大征服，而在亚历山大去世后，埃及获得了新生；埃及还曾屈服于古罗马人的压迫，被阿拉伯人所征服，最后，政权落入现在仍然占据埃及的民族手中。知识与幸福、野蛮与不幸的社会场景在埃及轮番上演。

　　没有什么比深入了解埃及帝国的古代史更有意思了。散发着如此强烈光芒的时代已经离我们远去，这一远古时代似乎给所有关乎埃及的事物赋予了传奇色彩，同时在某种意义上削弱了由此所激起的至高崇拜和兴趣。然而埃及土地上遍布的宏伟古迹，以及在不同历史际遇下被运往欧洲的文物，仍将在未来的几个世纪证明希腊和拉丁民族的作者们更多的是在赞扬埃及人的古代文化、智慧以及科学知识，而关于这个民族，他们并没有凭一腔热情过分渲染或夸张，甚至他们所记还不及事实。

我们专心致力于古埃及历史上最重大事件的研究，这一伟大的主题支持并鼓励着我们，根据我们遵循的大纲，我们首要关注的就是其地理描述。我们的主要目标是通过这个国家本身来了解它：为此我们试着编写了一本《埃及地理》，在这之前从未出现此类书籍。

事实上，埃及一直戴着神秘的面纱，古人只有通过这层厚厚的面纱，才能获取他们转述的这些理念。由于不懂这个国家的语言，加之古埃及人抵制想要进入埃及行省的外邦人士①，这些困难使得古人对该地区的记述并不太令人满意。

据斯特拉波（Strabon）记载②，古代的埃及国王明确要求外邦人离开他们的王国，因为他们对自己的财富感到十分满足。正由于这条政策的严格执行，让腓尼基人拣到了好大一块埃及的海上贸易权。

埃及的祭司在国家中处于第一等级，占据着首席法官的职位③，他们相信人民的幸福依赖于保持习俗，这些习俗被经验所证实并且是大多数人所创造的，正如其他东方国家的祭司一样，他们根据各地的情况，全力防止外来民族与埃及人民进行任何形式的交流；中国人至今还保留着埃及政治的这一基本原则。之后的岁月中，永久消灭了埃及自由的灾难性事件则充分证实了祭司们的这一想法，也确认了他们内心的恐惧。

埃及帝国的衰落事实上与人们对古代法律执行的懈怠有关；帝国在普萨美提克一世（Psamouthis Ier）④和阿玛西斯（Amasis）时期衰落是必然的，因为在此期间古埃及人与外邦人的往来因国王的政策变得便利。在他们之前的国王统治时期，祭司的数量多、权力大，动用其

---

① 希罗多德（Hérodote），卷二；《圣经·创世记》，第四十三、四十六章；西西里的狄奥多罗斯（Diodore de Sicile），卷一，第二部分。
② 斯特拉波，卷十七。
③ 西西里的狄奥多罗斯，卷一。
④ 古希腊人称这位法老为普萨美提克（Psammitichus）。

所有的影响力来阻止人们与外部的联系。对于祭司来说要达到此目的并不困难，因为就像印度的婆罗门一样，这一阶层是宗教和知识的掌控者，以一种主动和监督的形式控制着国王，并由此建立起神权政治的埃及政权。①

这些情况造成了早期埃及人对航海术的反感，并且长久以来给因求知欲之驱使前往这片神秘所在的人们设置了人为障碍。

但当冈比西斯推翻埃及的君主制度、摧毁城市、焚烧寺庙并驱赶祭司之时，这个不久之前还是科学艺术之国的国度，就只能屈服于波斯人的专制压迫了，由此，盛名之下其实难副，埃及同时失去了幸福与知识。

在从冈比西斯到亚历山大大帝这一段时间里，埃及经常上演内战。诸位埃及首领为复兴、解放被外来侵略者占领的土地而不懈斗争，于是在这片不幸的土地上灾祸不断，革命风起云涌，保有荣耀与独立记忆的人民的顽强抵抗也接连发生。身处不幸，被外族统治的埃及人渐渐忘却了其先人的制度和习俗；从这时起，古老的习俗丢失了，不再有任何东西能抵抗登陆埃及的外邦人士的猎奇心了。

之后希罗多德出现在埃及，他全然藐视这个曾因智慧、学识那般著名的民族，却得出了一个高明的看法：一座辉煌寺庙的废墟总能唤起人们的尊敬和崇拜。

从古希腊人大量涌入埃及起，为了得到往昔久负盛名的智慧熏陶，他们的哲学家、立法者和贤才在祭司学校学习成长。但是可以说，这一时期只有少量外来者进入了孟菲斯（Memphis）以外的地区。② 他们学习的愿望因此遭遇了阻碍；但他们又对自己的学识没有清醒的认知，塞易斯（Saïs）的祭司们看到了他们的轻浮，指责他们学不进深奥的科学，将他们视若"幼童"；③ 不过那个时期的埃及祭司们也只不过是其先人的回响而已：那些先人研究天文学、几何学、力

---

① 西西里的狄奥多罗斯，卷一，第二部分。
② 西西里的狄奥多罗斯，卷一，第二部分。
③ 柏拉图：《斐莱布篇》(*in Philoebo*)。

学、物理学和大部分的精确科学及自然科学；而他们的后继者，与希罗多德和柏拉图同时代的人，则仅仅保留了这些学科的原理，随后又把这些原理传给了希腊人。这些希腊人出于对研究的热爱和学习的抱负，早在亚历山大大帝统治前就来到了埃及。由此希腊收集了埃及科学的碎片。

这些希腊人中，诸如希罗多德和柏拉图，许多都回到了自己的祖国，撰写了他们在埃及游历期间的所见所闻，希罗多德对这块土地有过简短的描述。正是在他的作品中，我们第一次发现了埃及城市名称被翻译成希腊语。进一步可以推断出，希罗多德是这类翻译的第一人，因为他的作品中记载了最少量的翻译和最多被保留的埃及语名称，尽管这些内容已经被讹用。在其《历史》中引用的大量埃及地名中，只有5个名称被翻译成了希腊语：Ηρμησπολις、Πηλουσιος、Ηλιουπολις、Κροκοδειλωνπολις、Ερμεωπολις，拉丁语写法是 Hermopolis-Parva、Pelusium、Heliopolis、Crocodilopolis、Hermopolis-magna，所有其他的名称都是埃及语。① 希罗多德之后的希腊作者将更多的埃及语单词翻译成了希腊语，由此产生的混淆一直在增加：对于希罗多德以埃及语名称 Χεμμις 和 Αθαρβηχις 命名的两座城市——实际是 Χμιμ、Chmim（克米姆）和 λθωρ ваκι、Athôr-Baki（哈托神之城）的讹用，斯特拉波给出的希腊语名称为 Αφροδιτησπολις 和 Πανοσπολις。狄奥多罗斯继承了同样的写法，这给重新找回埃及语名称带来了巨大的困难，随着希腊人在埃及分布得越来越广，这些困难也在不断增加。

战胜了波斯人的亚历山大大帝把希腊人带到了埃及。在他们的帝国统治之下，往昔统治与埃及习俗的踪迹渐渐消失，所有的一切都带上了希腊特色：通过与马其顿人的融合，埃及血统开始变质；他们血液里对科学的热爱消退了；学院被荒废；祭司只负责祭祀相关事宜。②

---

① 只有两个名称是不确定的，即瑙克拉提斯（Naucratis）和安提拉（Anthylla）。
② 斯特拉波，卷十七。

由于完全忽视了其祖先在几个世纪中所进行的研究,这一阶层丢失了设立之初最重要的使命。

从希腊统治在埃及稳固之日起,重大变革便发生了;希腊人用他们的语言翻译了大部分埃及城市的名称,不久之后,人们不再晓得这些城市的埃及语名称,而通常只能认识这些并不正确的希腊语名称。

人们应当看到造成这种不正确的主要原因之一是希腊人竭力寻找其宗教与其他民族的宗教之间的关系,并在他们的神祇和外来民族的神祇之间建立关联。在他们看来,巴比伦人、波斯人,甚至是印度人,都崇拜克洛诺斯、宙斯、雅典娜、阿波罗、阿佛洛狄忒。① 根据同样的准则,希腊人在埃及宗教中寻找他们的神,并坚信能在其中辨认出这些神。因此埃及人的哈托神(Athôr)在他们看来就是阿佛洛狄忒,太阳神阿蒙(Amoun)就是他们的宙斯,创造之神卜塔(Phtha)就是他们的赫菲斯托斯②,奈特女神(Néith)就是他们的雅典娜,法老守护神荷鲁斯(Hôr)就是他们的阿波罗,托特神(Thôouth)就是他们的赫尔墨斯③;伊希斯(Isis)和奥西里斯(Osiris)对他们来说则是月亮和太阳之名。

这些结论很重要,因为根据这些相同的准则,希腊人用他们的语言翻译了埃及城市的名称。实际上,一些城市名采用了诸神(divinités)④或者神圣动物的名称⑤。并且由于埃及所有的一切都与宗教密不可分,而祭司们又对埃及影响至深、至广,那么就必然要在宗教影响中寻找这种用法的起源。然而希腊人却滥用了这种方法,以致

---

① 拉丁人称之为萨图恩(Saturne)(译注:罗马神话中的农神。)、朱庇特(Jupiter)(译注:罗马神话中的主神。)、密涅瓦(Minerve)(译注:罗马神话中的智慧女神。)、阿波罗(Apollon)(译注:罗马神话中的太阳神。)、维纳斯(Vénus)(译注:罗马神话中爱和美的女神。)。
② 拉丁人称之为伏耳甘(Vulcain)(译注:罗马神话中的火神。)。
③ 拉丁人称之为墨丘利(Mercure)(译注:罗马神话中的商业之神、众神使者。)。
④ 我们希望读者不要把这个词看得太过绝对化,我们将在本书与埃及宗教相关的部分对其作出解释。
⑤ 希罗多德,卷二;斯特拉波,卷十七;西西里的狄奥多罗斯,卷一;普鲁塔克(Plutarque)研究中的伊希斯(Isis)和奥西里斯(Osiris)。

犯了严重的错误。

尽管在该地区的埃及政权衰落之后很长一段时间内，人们仍然说并且书写古埃及的语言、文字，但希腊人却没有听过，因此，他们不会拼写，也无法准确翻译埃及城市的名称；这就像最近几个世纪的欧洲旅行家，他们走遍东方却不懂当地的语言，所以在叙述中加入了变异到几乎无法辨认的东方名称。同样，在路易十四统治时期，保罗·卢卡斯（Paul Lucas）向这位君主呈上了一张埃及的地图，其中标注了骇人听闻的名称：如把"Barbandha"称为"Barbambou"，"Manfélouth"称为"Manfallu"，"Ekhsas"称为"Échasse"，"Djizah"称为"Guisse"。① 由此可见，尽管总体而言，被拼写或翻译成希腊语的埃及语名称的改动没那么大，但有时希腊人在这方面的记述也并没有更为恰当。

然而可以得出结论，仅仅通过希腊人去研究埃及，是以最狭隘的视野去了解埃及，也是通过希腊人惯常的偏见去了解埃及，而对于希腊人来说，存在偏见是与他们的民族自豪感息息相关的。但他们的所言并不会被忽视，而是需要甄别的，因为就他们及他们作为主宰者的时代而言，希腊人很少用非本民族的语言去谈论埃及。但在冈比西斯入侵占领埃及之前，埃及的荣耀与繁华辉煌了多个世纪；而我们的内容正是止于这位君主入侵前的时代，即埃及帝国最辉煌的巅峰时代，我们将致力于介绍王国、河流、行省以及埃及城市的埃及语名称。

这就是我们制订的目标。许多致力于埃及考古学研究的学者并没有遗漏这些研究的重要之处，但他们没有将其作为一项特殊工作的专门目标，而只是在工作过程中做了局部研究。比如耶稣会士基歇尔（Kircher）；可以说欧洲对于科普特语的认识应当归功于他，从这方面看来，对于他在有关埃及的著作中所犯的诸多错误，人们应当给予更多的宽容，毕竟在他那个时代，科普特人的文学著作更为稀少。在新的研究之中，人们应当很自然地预料到，过少做出严厉批评而过多注

---

① 卢卡斯：《首次旅行》，第一卷，第155页。

重制度精神的人，往往会给出错误的解释，会被表面所欺骗。尊重其著作并对他的学识给予公正评价的同时，人们也可以合理地对他乐于解释一切的行为提出批评，这种想要解释一切的嗜好往往把他的信念变成了缺点，因为这迫使他去编造那些在研究中并没有发现的内容。

在其《埃及的俄狄浦斯》一书中①，基歇尔放了一张埃及地图，目的是介绍该王国以前的诺姆以及诺姆首府的科普特语名称或埃及语名称。这项工作就地理学方面而言毫无成就，而是囊括了其同时代的人犯下的所有错误，他们对于埃及地形学方面的知识可以说为零。图中把底比斯（Thèbes）放在荷蒙蒂斯（Hermonthis）、拉托波利斯（Latopolis）、大阿波利诺波利斯（Appolinopolis-Magna）的南部；把阿比多斯（Abydus）放在拉托波利斯（Latopolis）的南部；把科普托斯（Coptos）放在滕提拉（Tentyra）的东北部；把奥克西林库斯（Oxyrinchus）放在了尼罗河东部。② 至于下埃及，他介绍得最为混乱，这是由于基歇尔神父缺乏对正确概念的认识，对他来说，介绍城市的埃及语名称并不容易，可能也是不现实的。由于他的工作以希腊人的研究报告为基础，而没有足够重视科普特人已经同时给出了埃及语名称以及相应的阿拉伯语名称表；这些阿拉伯语名称应当作为其导向，指导他研究埃及语名称。除此之外，基歇尔在出版他的《埃及地理志》（*Chorographia Ægypti*）一书时，很大可能是他手头仅有一份体量较小的科普特语词汇表，他只从中摘录了亚历山大里亚（Alexandrie）、阿特利比斯（Athribis）、赫利奥波利斯（Héliopolis）、科普托斯（Coptos）的埃及语名称，而这就是仅有的几个基歇尔正确介绍了埃及语名称的城市。至于其他的名称，他则是用想象推测来填补了资料素材的缺乏。

由此，他提出古埃及人给埃及的大行政区，即古希腊人称为"Νομος"的地方命名为"Πιτавιρ, Pitabir"。拉克罗兹的《埃及语

---

① 《埃及地理志》第一卷，伊希斯神庙，语段一。
② 见其地图，《埃及的俄狄浦斯》第一卷，第8页。

词典》中不存在这个单词，我们在巴黎皇家图书馆所有的科普特语词汇汇编中去寻找这个单词也是徒然的，因此它只存在于基歇尔的《大阶梯》(Scala Magna)中①，该词在书中意指"Prætorium, locus juri dicundo destinatus"②，即"大法官署（Prétoire）""法庭的法官席位"，而不是指"省（Province）、大行政区（Préfecture）或诺姆（Nome）"。此外，流传至今的科普特语抄本中，一直用"Πθωω"或"Πθωϣ"，"Pthôsch"或"Pthosch"来翻译希腊语单词"Νομος"。这个埃及语单词从词根"θωϣ, Tôsch [拉丁语为'ordinare, statuere, discernere（安置、限定、分离）']"派生而来；同样在科普特语的殉教圣人名册中出现了"ϢετΝογφι ϩεΝ πθοω Πωϯ"，意为"普沙提（Pschati）诺姆的城市谢特努菲（Schetnouphi）"③；"Πιϩορμεϲταμογλ ϩεΝ πθοω Ταμιαϯ"，意为"塔米亚提（Tamiati）诺姆的皮奥尔梅斯塔姆阿（Pihormestamoua）"④；"λπλ Επιμε πιρεμπαΝκωλεγϲ ϩεΝ πθοω Πεμχε"，意为"埃皮姆（Epime）神父，居住在或来自潘斯杰（Pemsjè）诺姆的潘克拉斯（Pankôleus）"⑤。我们还能举出更多例子，但这些已经足够证明，埃及人和科普特人使用单词"Πθοω Ptosch"，而不是用"Πιταβιρ Pitabir"来指他们国家的大行政区。

在基歇尔认为是埃及人给他们的城市所取名称之中，应当要指出一些构造奇怪、词源独特且与埃及语言特性相悖的名称。根据他的观点，埃及人用"Βγτοϲι"和"Βογβαϲϯ"，即"Butosi"和"Boubasti"来命名希腊人称为"布陀斯（Boutos）"和"布巴斯提斯（Bubastis）"的城市。他用"donum bovis"即"赠送牛"来翻译⑥"Βγτοϲι"，用"她给了两头牛"来翻译"Βογβαϲϯ"，并提出后一个单词中的第二个

---

① 《大阶梯》，第 225 页，由罗西（Rossi）抄写，见单词 ταβιρ。
② 译注：此为拉丁语。
③ 科普特语抄本，皇家图书馆，梵蒂冈藏书，61 号，第 70 页正面。
④ 科普特语抄本，皇家图书馆，66 号，对开本，我们也发现这个地名拼写成 Πιϩορμεϲταμογλ。
⑤ 科普特语抄本，皇家图书馆，66 号，对开本，《圣·埃皮姆（St. Épime）的殉难》。
⑥ 《埃及地理志》之《埃及的俄狄浦斯》，诺姆 11（Nomus 11），第 16、17 页。

引　言

"B"是数字字母"ⲃ̄",用来代替"ⲤⲚⲀⲨ, snau（二）"。但是"Bϒ"和"Boϒ"在科普特语或埃及语中并不指"牛",基歇尔是从希腊语"βους"得出了上述意义,由此应当可以得出结论,埃及人并不这样拼写下埃及这两个城市的名称,基歇尔的解释是站不住脚的。根据他的观点,著名的底比斯（Thèbes）是"Ⲥⲩⲁⲛ",即"Suan"[①],但这个单词是城市赛伊尼（Syène）被讹用的名称。在基歇尔的研究中,赫拉克里奥波利斯（Heracléopolis）被称为"Ⲙⲟⲗⲟⲭ",即"Moloch"[②],这是迦南人一个崇拜偶像的名字[③];阿波利诺波利斯（Appollinopolis）用的是名称"Ⲱⲣⲟⲥ"[④],即"horos"加上了希腊语的词尾;其他同样的例子不胜枚举。

1643年,基歇尔出版了《重构的埃及语》（*Lingua Ægyptiaca restituta*）[⑤]一书,此书在欧洲传播了最早关于科普特语的准确理念,也包含了埃及多个城市的科普特语名称,及其相应的阿拉伯语名称。无可辩驳,基歇尔的这项工作意义重大。维希耶-拉克罗兹（Veyssière-Lacroze）把这些名称收录进他的《埃及语词典》中,该书由思科兹（Scholtz）和瓦德（Woide）出版社于1775年出版。[⑥]拉克罗兹对于基歇尔在科普特语方面的学识没有什么真知灼见[⑦],只是转述了他在这位

---

①《埃及的俄狄浦斯》第一卷,第五章,第38页。
②《埃及的俄狄浦斯》第一卷,第五章,第46页。
③《圣经·利未记》（译注:《圣经·旧约》中的一卷,共27章。）十八,21,及二十,12;《圣经·耶利米书》（译注:《圣经·旧约》中的一卷,共52章。）四十九,1等。
④《圣经·旧约》,第47页。
⑤ 罗马（Romae）,1643年版,4开本。
⑥ 牛津,克莱伦登出版社（Oxoniae, e Typographoeo Clarendoniano）,1775年版,4开本。
⑦ 在他词典的序言中我们可以读到关于基歇尔作品的如下评论: Tentata est sanè hoec lingua à pluribus eruditis, sed ut plurimùm frustrà; nec ulli eorum conatus sui deterius cessere quàm Athanasio Kichero, qui in hoc studiorum genere nihil omnino vidit. Itaque Scala ejus, quam vocat copticam, et si eam, ut pote è manuscripto derivatam, negligendam non cesui, parcè admodùm usus sum. Tot enim ejus errata in singulis ferè quibusque paginis deprehendi, ut fidem ei nullo loco temere habendam esse censo. 这门语言的确被很多学者尝试过,但基本白费功夫,而基歇尔是他们中最费力不讨好的。他在这一研究领域基本一无所知。所以他的《科普特阶梯》一书,即使源于抄本这一点我觉得不可忽视,但我还是极为适度地加以利用。因为我差不多在每一页上都会找到他的错误,所以我不会轻易相信他在书中的描述。摘自法国皇家图书馆保存的拉克罗兹的作品。

德国耶稣会士著作中发现的内容。基歇尔并未执着于给出他借以编造出城市科普特语名称的希腊语根据，如果他这么做了，那他犯的错误就不止一个了。

著名的语文学家、拉克罗兹的学生保罗-厄内斯特·雅布隆斯基（Paul-Ernest Jablonski）同样也在科普特语中寻找众多城市的埃及语名称的释义。① 在1699年出版的一部作品中，图卢兹奥古斯丁教派的神父本儒（Bonjour）② 指出了一些城市的埃及语名称，这些名称基歇尔已经列举过了。这部小作品囊括了诸多评论与正确的学识。

乔治（Georgi）神父在其《圣·科卢图斯的圣迹》③ 一书的序言第九部分列出了城市的科普特语名称一览表，这些名称出现在他看到的用底比斯方言写成的选段的翻译文本中，以及许多其他梵蒂冈的抄本中；但他只给出了一些已知的埃及语名称相对应的希腊语称谓。在此后的研究过程中，我们将展开讨论这方面的内容。

一名值得尊敬的学者刚刚离世了，文学界对此感到十分遗憾，他就是丹麦人乔治·措厄加（Georges Zoëga），在其著作《论方尖碑的起源及用途》(De Origine et usu Obeliscorum) ④ 一书中，他长篇论述了关于埃及多个古城的巨石建筑，其中有两座古城的埃及语名称。待下文谈论到他所说的这两座城市时，我们将参考措厄加著作中的相关内容。

法国人统治埃及期间，于开罗出版了一份文学刊物。该刊物定期出版，所关注的均是这一地区，内容涉及其地形、古代建筑、立法、政治经济。期刊题为《埃及十日》(Décade Égyptienne) ⑤，在这份期刊上，皇家印刷厂的现任领导之一，同时也是开罗印刷厂负责人的马塞尔先生刊登了阿拉伯地理学家阿布德·阿拉希德·巴库伊（Abd-

---

① 《埃及万神殿》(Pantheon AEgyptiorum) 及《小册子》(Opuscules) 及其他一些地方。
② 《梵蒂冈图书馆藏科普特、埃及遗珍探》(exercitatio in monumenta coptica seu aegyptiaca bibliothecae vaticanae)，罗马，1699年版，4开本。
③ 《圣·科卢图斯的圣迹》，罗马，1793年版，4开本，第190页。
④ 《论方尖碑的起源及用途》，罗马，1797年版，对开本。
⑤ 《埃及十日》，文学和政治经济期刊，出版于开罗，由国家印刷厂发行，年报七和年报八。

Arraschid-al-Bakoui）著作中的节选。这些选段分布在该珍稀丛书的三卷中。① 该书除了介绍埃及城市的阿拉伯语名称，有时候也会介绍这些城市的科普特语名称。这些名称很可能出自某科普特语及阿拉伯语词汇汇编抄本；但作者并没有在书中讨论这些科普特语名称与古埃及语名称及希腊语名称之间可能存在的关系。

关于该主题，伊纳切·罗西（Ignace Rossi）先生在其著作《埃及语词源学》②中展开了一些评论。这位意大利学者在书中尽力证明，科普特语词仅仅是讹用了的阿拉伯语词；他列举了相当数量的此类单词，他自认为在东方民族的语言，比如阿拉伯语、叙利亚语、迦勒底语、撒玛利亚语、埃塞俄比亚语中找到了这些词的词根。在词源学的研究中，罗西先生对多位神祇和多座城市的埃及语名发表了自己的见解。

但这些作者的作品并不足以使人们了解冈比西斯入侵前的埃及。③ 因为对于在科普特语书中遇到的真正的埃及语名称，他们并没有指出相应的希腊语名称，更没有任何人打算收集那些当地的名称、希腊语名称、拉丁语名称以及阿拉伯语名称，并对这些名称进行比较，从而找出其中的联系或者差异。

在我们看来，尽管撰写类似作品会面临巨大的困难，但其所呈现的价值更大，因此我们已经致力于相关的研究工作，其结果将有助于作品的顺利编撰。我们收集到的材料无疑还是很少量的，但都是真实的，所以这对我们来说是最具价值的。

事实上，科普特语这门用希腊字母书写字符的古埃及语言存在于大量抄本中。实际上，几乎所有的抄本都包含了雅各比派天主教信徒的礼拜仪式和殉教圣人名册；同时也有科普特语版本的《圣经·旧

---

① 第一段节选出自第一卷，第248页；第二段节选出自第一卷，第276页；第三段节选出自第三卷，第145页。
② 伊纳切·罗西：《埃及语词源学》，罗马，1808年版，4开本。
③ 在去年9月，瑞典国王陛下的前指挥部秘书阿克布拉（Akerblad），向法兰西学院的第三学部陈述了一篇《论一些埃及城市和村庄的科普特语名称》(Mémoire sur le nom copte de quelques villes et villages de l'Égypte）。该论文的内容对我们来说无疑是非常有用的，但作者尚未发表该论文。

约》和《圣经·新约》①，用阿拉伯语写成的科普特语语法②，以及科普特语和阿拉伯语词汇汇编③。

一些学者，特别是沃西斯（Vossius）和哈杜安（Hardouin）神父否定了科普特语和古埃及语的同一性；但当他们发表这个观点的时候，时人对埃及的了解还不像我们今日这样；其文学著作在当时的欧洲也非常少见，对著作的研究和比较工作并没有得到与这些著作如今所获得的同等的关注；而现在的研究结论则坚信科普特语就是古埃及人的语言。

这些著作和作者同样也见证了在波斯人、希腊人、罗马人、阿拉伯人、苏丹马木留克人、土耳其人统治时期，科普特语在埃及得以保留，直到16世纪，上埃及最偏远的地区仍然在说科普特语。

艾蒂安·卡特勒梅尔先生（M. Étienne Quatremère）④ 以不容置辩的方式证实了在阿姆鲁·本·阿斯（Amrou-ben-Alâs）征服埃及之后，埃及语仍然在埃及延用了约8个世纪，也就是说一直保留到了公元15世纪，这就足以表明科普特语就是埃及语。

所有了解科普特语以及研究这门语言的人，由衷地认同这门语言与底比斯和孟菲斯地区古居民的语言相同。古希腊作家在其作品中记载的属于埃及语的绝大部分单词，在科普特语中均有相同的意义⑤。

---

① 科普特语版《新约》由大卫·威尔金斯（David Wilkins）出版，题为：Ⲧⲇⲓⲁⲑⲏⲕⲏ ⲙ̀ⲃⲉⲣⲓ ϩⲉⲛ ⲧ̀ⲁⲥⲡⲓ ⲛ̀ⲧⲉ ⲛⲓⲣⲉⲙ Ⲭⲏⲙⲓ，此为埃及俗称科普特之《新约》，安立甘教会（又译"圣公会"）长老大卫·威尔金斯录自饱蠹楼藏抄本，并列梵蒂冈、巴黎抄本，并将布道词译成拉丁文。牛津谢尔登剧院出版［译注：克拉伦敦出版社（Clarendon Press），因距离谢尔登剧院很近，加上封面用了Theatre，所以用这个写法。］，学院出资并制版，1716年版，4开本。
② 科普特语抄本，皇家图书馆，44号，从第23页的反面起，一直到第50页的反面等。
③ 科普特语抄本，皇家图书馆，圣日耳曼藏书，17号，增刊；科普特语抄本，皇家图书馆，圣日耳曼藏书，500号；皇家图书馆，44、48号，等等。
④ 卡特勒梅尔：《关于埃及语言和文学的研究》（*Recherches sur la langue et la littérature de l'Égypte*），巴黎，1808年版，8开本，第4页及后续。
⑤ 在关于埃及历史的研究中，我们将要介绍的是，曼涅托（Manthéon）王表中记载的绝大多数国王的名号均可在科普特语或埃及语中找到相应的解释。

引言

更不用说我杰出的老师希尔维斯特·德·萨西先生在对卡特勒梅尔先生的上述作品所做简介①中提到的、用于证明此观点的充分理由和无法辩驳的证据。我们将只引用罗塞塔石碑之碑文作为例证。这件极具价值的文物记载了埃及祭司们的一段诏书②，它光荣地颁布给年轻的国王托勒密五世（Ptolémée Épiphane）。该诏书用象形文字、埃及语言和字母文字③以及希腊语书写。

希尔维斯特·德·萨西先生第一个④发表了关于此石碑埃及语文本的信札，这对于想研究该文物的人来说大有裨益。我们上文提到的在科普特语研究方面取得了巨大成功的阿克布拉先生尝试阅读并用科普特语解释这个石碑上的埃及语文本。1802 年，在给希尔维斯特·德·萨西先生的一封信⑤中，他向公众分享了其研究结果。单词"Xʜᴍɪ，Chémi（埃及）""Фоүро，Phouro（国王）""ɴɪᴇρϕʜᴏʏɪ，Nierphêoui（寺庙）""Oʏʜʙ，Ouêb（祭司）"是他在埃及语文本中找到的；单词"Тоʏʜʙ，Touêb（女祭司）""ʜп，êp（贡品、敬意）""ᴍᴇc，mes（产生、孕育）""ɴɴᴏʏϯ，annouti（神的）"是之

---

① 对艾蒂安·卡特勒梅尔《关于埃及语言文学的考证与历史研究》的简介，（Recherches critiques et historiques sur la langue et la littérature de l'Égypte, par Étienne Quatremère），该作品刊登于《百科全书》杂志，独印版，巴黎，飒儒出版社，1808 年版，8 开本。

② 译注：罗塞塔碑上刻的是托勒密五世登基的诏书。在托勒密王朝之前，此类诏书由法老颁布，但到了托勒密时期，唯一知道象形文字撰写方式的只有祭司们。

③ 译注：即埃及草书，又称世俗体。

④ 《致公民、内政部部长莎普塔尔（Chaptal）的函，关于埃及罗塞塔石碑》（Lettre au citoyen Chaptal, Ministre de l'Intérieur, au sujet de l'Inscription égyptienne de Rosette），巴黎，共和国印刷厂，共和国十年（译注：此处采用法国共和历法，又称法国大革命历法，该历法是于 1793 年 10 月 24 日雅各宾党全国大会上确定的，由于法国大革命历法是将国王、贵族和宗教僧侣都当作敌人，因此废弃由教皇确定的历法，规定法兰西第一共和国诞生之日为"共和国元年元月元日"，即 1792 年 9 月 22 日，将一年分为 12 个月，每月 30 天，每月分为 3 周，每周 10 天，废除星期日，每年最后加 5 天，闰年加 6 天。完全废弃以前的名称，以罗马数字纪年，下同。），即公元 1802 年版，8 开本。

⑤ 《关于埃及罗塞塔石碑的信，致公民即东方语言专业学校阿拉伯语教授希尔维斯特·德·萨西》。巴黎，共和国印刷厂，共和国十年，即公元 1802 年版，8 开本。

15

后我们所读到的^①，它们是纯正的科普特语单词。并且我们还分析了文本中众多完完全全符合科普特语语法的句子。很显然，这些都表明科普特语是埃及人过去的语言。另外，这门语言的语法烙上了远古的印记，在其规则方面极富哲理性且独一无二。它的完美令人赞叹，是无懈可击的语言机制的典范。

如果它只引导我们去了解礼拜仪式和殉教圣人名册这些几乎仅存的用科普特语撰写而成的著作，那么这门语言的研究对于我们来说意义并不大；但是考虑到只有通过这门语言方能阅读欧洲各个藏馆的埃及语抄本，也只有这门语言可能会帮助我们解释象形文字——因为它们之间应该会有某些联系[2]，以及最后，可以说对埃及人的宗教、象征、神秘学之认识亦依赖于这门语言时，那么这门语言所展现出的所有优势几乎开启了一个崭新的领域，并且在高智语言中独占鳌头。

通过学习、研究这门语言，阅读其不朽的经卷，我们产生了通过埃及人本身去了解埃及的想法；也正是在科普特人的文字中，我们收集到了埃及大部分古城的名称，它们基本上都有别于希腊人所取的城市名称。我们已经介绍过造成这种差异的原因；而接下来的思考将证明科普特人书中记载的这些名称是真正的埃及语名称。

一直以来，东方人被视作最好地保留了其名称和习俗。许多古老的东方城市仍然保存着古老时期的名称。尽管他们多次臣服于外族，但其语言从未改变，所以当地的名称也没有改变。扬布里柯（Iamblique）在其《论秘密》（*Traité des Mystères*）中肯定道，亚洲人民保留了其习俗，未曾移风易俗，他们采用的地名或其他说法始终如一。[3] 相反，希腊人作为新鲜事物的拥护者，对事物只是浅尝辄止，

---

① 这里不考虑我们对罗塞塔石碑上埃及文本的研究结果，以及我们所采用的字母表。我们将在下文阐述该重要议题。在此期间，希望读者把我们在此介绍的结论视为正确的。

② 这并不是一种悖论。

③ Βαρβαροι δε μονιμοι τοις ηθεσιν οντες，και τοις λογοις βεβαιως τοις αυτοις εμμενουσι.（而蛮族则对自己的习惯颇为固守，并且一直坚定地使用同样的名称。）扬布里柯:《论秘密》，第七部分，第五章，第 155、156 页。

并没有做任何深入的研究；出于对其他民族的轻视，他们篡改了所有从他族借鉴的东西，并以一种全新的形式示人。①

这个观点为事实所证，与其他地方相比，埃及尤为突出。

在波斯人、希腊人和罗马人统治期间，屡弱的埃及遗民们保留了其祖先为祖国城市所取的名称。这些地方的希腊语名称只在埃及定居的希腊人以及居住在欧洲的希腊人之间使用。

之后罗马人也采纳了这些称谓，由于直到现在人们尚且仅通过这些同样的希腊人和罗马人去研究埃及，所以我们无法获得这些本土居民给其城市所取的名称。但在哈塔卜（Khatthab）的儿子哈里发奥马尔（Omar）统治时期，阿姆鲁·本·阿斯于伊斯兰历20年②占领了埃及。因与希腊人和罗马人极少往来，所以阿拉伯人留下了科普特人所保留的城市埃及语名称。由于阿拉伯人的发音与埃及人的发音类似，所以他们更愿意采用这些埃及语名称；也是出于同样的原因，罗马人保留了城市的希腊语名称。除此之外，由于科普特人或者雅各比派基督徒憎恶他们的希腊主人，加之他们所信奉的教义不同于希腊天主教徒③，这为阿拉伯人征服埃及大开方便之门。知恩图报的阿姆鲁，与其说是管理者，不如说是勇士，他委任科普特人收取分摊至埃及各个城市需上交的贡品和税收；科普特人的这般角色定位④，促使他们采用了埃及语名称，进而阿拉伯人稍事修改予以采纳。这就解释了为什么埃及城市和村庄的阿拉伯语名称与埃及语名称或科普特语名称类似，却完全不同于其希腊语名称和拉丁语名称。

---

① Φυσει γαρ Ελληνες εισι νεωτεροποιοι, και αττοντες φερονται πενταχη · ουδεν εχοντες ερμα εν εαυτοις, ουδε οπερ αν δεξωνται παρα τινων διαφυλαττουσι · αλλα και τουτο οξεως αφεντες, παντα κατα την αστατον εὑρεσιλογιαν μεταπλαττουσι.（毕竟希腊人天生富有创造力，并且处处愿意采取行动；他们既无定基，亦不对得自他人之物善加看管；他们甚而迅速奔之不用，因他们无常地探求新词，而将一切尽数改易。）扬布里柯：《论秘密》，第五章，第155页。

② 接近公元640年。

③ 译注：原文称其为"melkites"，这是指雅各比派阿拉米人与科普特人对赞同迦克墩公会议（亦作卡尔西顿会议决议）之人的称呼。

④ 科普特人在埃及仍担任这些职务。

这里提到的科普特语名称就是我们想让大家了解的真实埃及语名称。我们所查阅的原著都是真实可靠的。因为只有通过查阅皇家图书馆的科普特语抄本，我们才得以完成希罗多德、斯特拉波、西西里的狄奥多罗斯、庞波尼乌斯·梅拉（Pomponius-Mela）及托勒密[1]提及的大部分城市的埃及语名称的汇编工作。

我们查阅的关于埃及地理的抄本数量极为庞大。[2]主要提及的将是圣·日耳曼图书馆馆藏的用孟菲斯方言写的科普特语词汇编[3]，其中包含一张记载了大量埃及城市名称及其当前阿拉伯语名称的列表[4]。这些城市的埃及语名称并没有按照字母顺序排列，而是根据尼罗河沿岸的埃及城市的地理位置进行分类，对此抄写者或者作者是十分谨慎的。该名录从"Ϯⲣⲁϣⲓⲧⲧⲉ，Ti Raschitté（提拉施特）"，拉希德（Raschid）又称罗塞塔（Rosette）开始，以"Ⲥⲟⲩⲁⲛ，Souan（斯旺）"，即赛伊尼结束[5]。

另一本用底比斯方言[6]写成的抄本比前一本更引人关注。尽管它在地理概念方面没那么丰富，但抄本在城市和行省的名称分类方面采取了同样的设计，不同之处是这些名称按照相反的顺序来分类。其中第一个是"Ⲡⲕⲁϩⲛⲛⲥⲟⲟϣ，Pkahannsoosch（普卡汉索什）"，即埃塞俄比亚的埃及语名称，第二个是"Ⲧⲁⲛⲟⲩⲃⲁⲧⲓⲁ，Tanoubatia（塔努巴提亚）"，即努比亚，然后是赛伊尼的名称，这张列表以亚历山大里亚的名称结束。

该抄本的巨大价值在于：抄本中记载了几乎所有城市的用科普特文字写成的希腊语名称、埃及语名称和阿拉伯语名称[7]，但这些希腊语

---

[1] 译注：公元2世纪希腊天文学家、地理学家和数学家。
[2] 以下就是这些主要的抄本：梵蒂冈藏书，61号，《圣·阿帕·阿里（Saint Apa-Ari）的殉难》；梵蒂冈藏书，62号，《拉科提（Rakoti）大主教皮埃尔（Pierre）的殉难》；梵蒂冈藏书，64号，《罗西亚克历史》（*Hist. Lausiaca*）；梵蒂冈藏书，66号，对开本；梵蒂冈藏书，68号；圣日耳曼藏书，500号；底比斯区藏书，46号，等等。
[3] 17号，增刊。
[4] 第192页反面，以及第193页等。
[5] 见附录一。
[6] 古藏书，44号，第79页反面和第80页正面。
[7] 见附录二。

引 言

名称已经变了形。下表中我们对希腊语单词进行了重新排列，作为上述结论的证明。

撰写本书的科普特人所获得的信息来源可能并不清晰，也存在拼写方面的缺点，因此人们不应当对他所使用的改变城市名称的方法感到惊讶；因为在科普特人的民族语言中广泛运用的希腊语单词的书写相当准确①。希腊语单词极少以无法辨别的方式被改变；但我们在此介绍的这张列表仅仅包含了城市的固有名称，实际上它们必然有更多变体。

抄本中的 希腊语名称	修订的 希腊语名称	埃及语或 科普特语名称	阿拉伯语名称
Ⲥⲉⲛⲟⲛ	Συενη	Ⲥⲟⲩⲁⲛ	Asouan
ⲗⲁⲧⲟⲛ	Λατοπολις	Ⲥⲛⲏ	Asna
ⲁⲣⲙⲟⲛⲓⲕⲏ	Ερμονθις	ⲁⲣⲙⲟⲛⲑ	Arment
Ⲧⲓⲟⲥⲡⲟⲗⲓⲥ	Διοσπολις	ⲁⲛⲟ	Madinat Hou
Ⲡⲁⲛⲟⲥ	Πανωνπολις	Ϣⲙⲓⲛ	Akhmim
ⲗⲉⲅⲟⲩ	Λυκωνπολις	Ⲥⲓⲟⲟⲅⲉ	Osiouth
Ⲑⲉⲩⲇⲟⲥⲓⲟⲩ	Θεωδοσιουπολις	Ⲧⲟⲩⲥⲟ	Tahha
Ⳋⲉⲣⲓⲭⲟⲩ	Οξυρυγχος	Ⲡⲉⲙϫⲉ	Albahnasa
Ϥⲣⲟⲕⲉⲗⲉⲟⲩ	Ηρακλεωπολις	Ϥⲛⲏⲥ	Ahnas
ⲁⲣⲥⲉⲛⲱⲉ	Αρσινοη	Ⲡⲓⲟⲙ	Fayyoum
Ⲕⲩⲡⲧⲟⲛ	Αιγυπτος	Ⲩⲉⲙⲃⲉ	Masr 或 Misr
ⲁⲗⲉⳠⲁⲛⲇⲣⲓⲁ	Αλεξανδρεια	Ⲣⲁⲕⲟⲧⲉ	Iskandériah

撰写该奇特名录的科普特人经常只写上希腊语名称的开头，比如他以"λεγου"代替"Λυκωνπολις"，以"Πανος"代替"Πανωνπολις"。这种惯用法起源于下埃及地区的罗马人和希腊人，他们在游记中只给出了城市名称的一部分。因此，游记中出现了利科（Lyco）、拉顿

---

① 正是在用底比斯方言写成的埃及语文本中，人们发现了最大数量的希腊语单词。

（Laton）、帕诺斯（Panos）、赫拉克里奥（Héracléo），而不是利科波利斯（Lycopolis）、拉托波利斯（Latopolis）、帕诺波利斯（Panopolis）、赫拉克里奥波利斯（Héracléopolis）。古埃及人也有这种习惯用法。例如，人们注意到，在底比斯方言中，人们用"ϨΟΥ，Hou"和"ⲀⲚⲞ，Ano"分别代替"ⲦⲂⲀⲔⲒⲚϨΟΥ，Tibaki-an-Hou"和"ⲦⲂⲀⲔⲒⲀⲚⲞ"，后城（Hou）即希腊人所说的"Διοσπολις（帝奥斯波利斯）"，它在我们的抄本中被拼写为"Τιοσπολις"。

上述列表特有的优势之一就是可以完全确定表中这些城市的方位，尽管其遗址尚未明了，或者说还没有以一种确凿的方式得到证明。这些相关资料如果更确定的话就更为宝贵了。

除了皇家图书馆的科普特语抄本外，我们还悉心查阅了威尼斯那尼骑士图书馆的抄本，这些抄本由若望·曼加莱利（Jean Mingarelli）神父出版。[①] 这些用底比斯方言写成的作品残篇均与宗教相关，包括圣人的生平、福音部分、基督教的告诫。《圣·科卢图斯的圣迹》和《教士帕涅斯尼夫的殉难》[②] 给我们提供了一些指导。这些底比斯方言残篇是埃及抄本丰富文集的一部分，该文集收藏于埃及文学和考古学最虔诚的拥护者之一、著名的受人尊敬的红衣主教艾蒂安·博尔吉亚（Etienne Borgia）的维莱特里（Velletri）博物馆中。正如我们之前已经提到的，是奥古斯丁教派的乔治神父于1793年出版了这些经卷残篇。

这些就是我们可以获取宝贵材料的主要埃及经卷，我们力求将其运用到本书之中。材料的真实性是无可辩驳的，因为这些材料由古埃及人的后代所提供，他们说本民族的古老语言，在埃及境内撰写本民族的作品。

大家或许已发现，我们从科普特语抄本中摘录的城市埃及语名称极少类似于希腊人所取的名称。并且，希腊人对城市名称的翻译几

[①] 《威尼斯那尼图书馆藏埃及抄本残片》，博洛尼亚，1785年版，4开本。

[②] 由之前提及的乔治神父出版。

乎从未有任何牢固之基，亦无任何当地可证之实，往往并不准确。我们已经提到过，希腊人力图在埃及人的宗教崇拜中辨认出自己的神祇，而其偏见及民族自豪感则促使他们相信自己已经找到了这些神祇，但他们对埃及语言没有任何概念；埃及城市的名称在他们习惯了音调优美语言的悦耳声音的双耳听来，是粗俗的、奇特的、过于坚硬的。他们希望给这些城市冠以更符合自己民族语言和理念的名字；于是希腊人仔细研究了埃及每个城市所崇拜的主神，分别予以他们认为与当地崇拜的埃及神祇相对应的希腊神祇名称。由此得出的事实结论十分引人关注，即希腊人赋予名称相似的两个城市其埃及语名称却是大相径庭。如此，下埃及的荷莫波利斯（Hρμησπολις）在当地的名称为"普提曼霍尔（Πτιμενϩωρ, Ptimenhôr）"；而什姆恩（Ϣμογν, Schmoun）是埃普塔诺米德（Heptanomide）地区大荷莫波利斯（Hρμησπολις）的称谓。希腊人的3个阿芙罗蒂托波利斯（Αφδοδιθησπολις）① 也是相同的情况：埃及人称金字塔所在的美神之城为"αθωρβακι, Athor-Baki（哈托神之城）"；称埃普塔诺米德地区的美神之城为"Τπнϩ, Tpih（特皮赫）"；第三个位于缇巴依德（Thébaïde）地区的美神之城则被埃及人叫作"Asphoun（阿斯弗恩）"。对于我们上文阐述的内容无需增加更多的例证，这些足以说明"Λεωντοσπολις""Πηλουσιος""Hλιουπολις"是仅有的准确释义了3座名城的真实埃及语名称的希腊语名称。

至于他们没有尝试翻译的，以及想按照自己听到的发音去拼写的城市名称，希腊人则是无一例外地做了篡改和讹用。

希腊人对其著作中保留的几乎所有外来名称进行修改的重大原因之一就是发音有别。与东方民族的字母表相比，他们的字母表存在很大的局限性，没有专门的符号来表达埃及人语言的变化。② 埃及人字母表中的许多字母于希腊人而言是全然陌生的，而希腊人则自认

---

① 译注：美神之城。
② 雄辩家雅里斯底德（Aristides）：《埃及人》，第二卷，第360页。

为需要用本民族语言中发音相似的其他字母去替代。科普特人读作"ϩορι，Hori"的埃及语气音字母"ϩ，h"对希腊人来说是从未接触过的；埃及语"ⲭ，genga"的发音介于轻音 S 和我们法语的 J 之间，是无法用希腊人字母表中的任何一个字母所转写的，他们时而用一个"T"，时而用一个"Σ"来代替。诚如大家所见，希腊人把名称"Ⲭⲉⲙⲛⲟⲩϯ，Sjemnouti"（这里应当注意到希腊人把字母"μ，m"变成了"b"）和"Ⲭⲁⲛι，Sjani"拼写成了"Σεβεννυτος"和"Τανις"。

再比如埃及字母表中特有的其他几个字母，希腊人也无法表达。如他们用"χ，Chi"[1]来代替"ϣ，Schei"，即法语的"Ch"，把单词"ϣⲙⲓⲛ，Schmin"写作"Χεμμις"就是一例。我们还将引用普鲁塔克的一段话，它出自《论伊希斯和奥西里斯》(Traité d'Isis et d'Osiris)，其中提供了关于希腊字母"χ"被用于替代埃及人的"ϣⲉι，Schei"的另一实例。作者提到，希腊人用常春藤给狄厄尼索斯（Dionysos）[2]献祭；这种植物在埃及人的语言中叫作"Χηνοσειρις"[3]，意指"奥西里斯的植物（Plante d'Osiris）"。实际上，在希腊语字母拼写而成的单词"Χηνοσειρις"中可以辨认出埃及语单词"ϣⲱⲏⲛ，Schên（植物）"[4]，该单词与名字"Osiris，Ⲟⲩⲥιⲣι（奥西里斯）"合并，构成了单词"ϣⲱⲏⲛⲟⲩⲥιⲣι，Schênousiri"，或者更常见的是，加上了表所有格的指示冠词，得到了单词"ϣⲱⲏⲛⲛ̀ⲟⲩⲥιⲣι，Schênnousiri"，即"奥西里斯的植物"。

至于埃及语字母"ϧ，Khei"和"ϥ，Fei"，它们极少用于城市的埃及语名称。我们只观察到希腊人用他们的"Φ，phi"来替代埃及语的"ϥⲉι，Fei"，正如"Μεμφις"对应于埃及语"ⲙⲉϥι，Méfi"，

---

① 现代希腊人 χ 的发音类似于德语单词 ACHTUNG（尊重），STOECHEN（刺、凿）中 ch 的发音，如果古希腊人也是这样的话，那么希腊语名称和埃及语名称之间的差别就不会很大了。

② 拉丁人称之为巴克斯（Bacchus）（译注：罗马神话中的酒神和植物神）。

③ 译注：此为希腊人根据埃及人的发音用希腊字母拼写而成的单词。

④ 科普特语版的《圣经·创世记》，二十二，13 及其他章节中发现了这个单词，并用来指"植物"。

"Ονουφις"对应于埃及语"ⲠⲀⲚⲞⲨϤ，Panouf"。希腊语字母表中不存在"ϩⲉⲓ"的发音。

希腊人用多种方法来拼写埃及语的冠词"ⲡ，ϥ 和 ϯ"。他们用自己的"Φ"完美地翻译了埃及语的"ϥ"，但对于"ⲡ"或者"ⲡⲓ"并没有采取同样的方法，他们时而用"Π"来准确表达，时而讹用"B"或"Βου"来替代，例如希腊人把埃及人的"ⲠⲓⲃⲀⲤϯ，Pibasti"翻译成"Βουβαστις"；最后关于"ϯ，ti"，他们则多用"T"或者"Θ"来代替，这个字母要么作为冠词位于单词开头，要么作为单独的字母或者缩写位于单词中间或结尾；因为在我们看来，字母"ϯ"是不是真正的埃及语字母，或者就像阿拉伯人的"lam-alif"那样，它是否只是两个字母符号的集合，尚无定论，而只有一些语法学家确认当是如此。

埃及人使用的冠词以特定形式出现，用于代替总是出现在埃及城市之希腊语名称末尾的单词"πολις"。如此，希腊人所说的"Λεωντοσπολις"，也就是狮子之城（la ville de Lion）的埃及语名称为单词"ⲘⲞⲨⲒ，moui［狮子（lion）］"，加上前面的阴性冠词"ⲧ"或者"ⲑ"，表明"ⲐⲘⲞⲨⲒ"用于指"ⲐⲂⲀⲔⲒⲚⲘⲞⲨⲒ，Thbaki anmoui［狮子之城（la ville du lion）］"。也可能"ⲑ"用于单词开头代替有时指示所有权的代词"ⲑⲀ"，①如此缩写为"ⲐⲘⲞⲨⲒ"的"ⲐⲀⲘⲞⲨⲒ，Thamoui"可能意为"属于狮子的（celle qui appartient au Lion）"，而"ⲂⲀⲔⲒ，Baki［城市（ville）］"则一直都是被省略的。这个解释之所以可信度极高，是因为我们在埃及找到了两个被称为"ⲠⲀⲚⲞⲨϤ，Panouf"的城市，在这个单词中，阳性的"ⲡⲀ"表明"ⲘⲀ，ma"或者"ⲔⲀϨⲒ，Kahi［地点（lieu）］"被省略了，人们只说

---

① 在《圣经·马太福音》第一章第6节中有 ⲑⲀ 的例子，其意义与我们给出的相同：Ⲓⲉⲥⲥⲉ ⲇⲉ ⲀϤϪⲫⲉ ⲆⲀⲨⲒⲆ ⲠⲞⲨⲢⲞ，ⲆⲀⲨⲒⲆ Ⲇⲉ ⲀϤϪⲫⲉ ⲤⲞⲖⲞⲘⲰⲚ ⲈⲂⲞⲖϨⲉⲚ ⲐⲀⲞⲨⲢⲒⲀⲤ；耶西生大卫王，大卫从乌利亚的妻子生所罗门，ⲈⲂⲞⲖϨⲉⲚ ⲐⲀⲞⲨⲢⲒⲀⲤ，属于乌利亚，意指 ⲤϨⲒⲘⲒ，妻子，乌利亚的妻子。

"Πανογч, Panouf［好的人或物（celui du Bon）］"，而不是"Πιμαǹνογчι, Pimannoufi, locus Boni［好的地方（le lieu du Bon）］"，或者仅仅就是"Μανογчι, Manoufi［好的地方（lieu du Bon）或好地方（lieu bon）］"。我们发现的科普特语称为"Panouf"的这两个城市之中，尚有一座还保留着马努夫（Manouf）的称谓，由此我们可以确信古埃及人是不加区别地称呼它为"Πανογч, Panouf"或者"Μαǹνογчι, Mannoufi"的，实际上这两个单词的意思完全一致。

希腊人之所以改变了埃及语名称，是因为他们没有足够数量的字母来转写埃及语言的全部发音，但阿拉伯人却不是如此。

从遥远的时代起，埃及的邻邦——阿拉伯民族就与埃及有着商业联系。这个民族时而与埃及结为同盟，时而又成为埃及可怕的敌人之一。埃及人和阿拉伯人之间的亲密关系使得他们有许多共同的单词；借由这两个民族语言之中专有的单词，一些学者认为可以得出结论：科普特语只是一门无定式的行话，是希腊语、拉丁语和阿拉伯语混合而成的不规则合成物。但这一观点毫无依据，人们看到的埃及语和阿拉伯语中的单词之所以同义，恰好是因为这两个民族毗邻。这在其他地方也是一样的情况。

在阿拉伯人征服埃及的时代，他们的字母表包含了埃及人字母表中几乎所有元素的对应内容。在此人们可以看到，几乎所有东方民族的字母表都拥有同等数量的字母，且非常相似，而欧洲的字母表中则普遍缺乏用于翻译这些喉音的符号。

我们已经解释了为什么阿拉伯人采用了科普特人所保留的埃及语城市名称，而不是希腊人给出的称谓。但是，在采用这些名称的同时，阿拉伯人也遵循了本民族语言的特性与规则。和希腊人一样，他们也力图找到这些名称在本民族语言中的意义。这是希腊人和阿拉伯

---

① 埃及语的"丈夫（époux）"——πατщελετ 就是这样构成的，tщελετ 或者 tщελετ 指"妻子（épouse）"；因此，πα——从属于……的人（celui qui appartient à）置于 tщελετ 之前就构成了 πατщελετ，意为属于妻子的人（celui qui appartient à l'épouse），即丈夫；"фαкαт，知识的（intellectuel）"也是如此，它由 "кαт，智力（intellect）"构成；等等。

人想要处处找回自我的特性，但阿拉伯人和希腊人一样都搞错了。因为比起希腊语，埃及语言可能更不同于阿拉伯语，尽管希腊语语法和埃及语语法之间没有任何相似之处。①

然而，阿拉伯人对埃及语名称作出的改变并不显著，因其语言的特性，只在必要时才作改动。

埃及语字母表包含多个阿拉伯人所不认识的字母，如"π（p）""o（o）"和"ⲱ（ô）"。阿拉伯人用他们的"b"或者"ou"来代替，而"o"有时候也被"a"所代替。如此一来，这些埃及语名称"Ⲡⲁⲛⲁϩⲟ（Panaho）""ϢⲟⲦⲠ（Schotp）""Ⲕⲱⲥ（Kôs）"被翻译成了"Banaha""Schothb""Kous"。字母"ϫ（genga）"对于他们来说介于"ssâd"和"schin"②中间的位置，因而这两个字母不加区别地被用来代替字母"ϫ"。正如单词"ϪⲀⲠⲀⲤⲈⲚ（Sjapasen）""ϪⲀⲚⲒ（Sjani）"，阿拉伯人写成了"Schabas"和"Ssân"。他们有时候也不使用上述提到的两个字母，而是使用"sin"③来替代"ϫ"，如用"Samannoud"来翻译"ϪⲈⲘⲚⲞⲨⲦ（Sjamanoudi 或 Sjemnouti）"。

他们还用阿拉伯语的"ha"或者"hha"④来代替埃及字母"ϩ（hori）"，我们可以举例的有"ⲦⲞⲨϨⲞ（Touho）"和"ϨⲞⲨ（hou）"，阿拉伯人将其翻译成了"Thahha"和"Hou"。

阿拉伯语的"Kha"⑤准确表述了埃及人"ϧ（Khéi）"的发音，他们也同样正确地拼写了包含该元素的单词，但希腊人却没能做到这一点。城市"Ⲥϩⲱⲟⲩ，Skhôou（思科霍乌）"的名称就是最佳例证；阿拉伯人将其写为"Sakha（萨卡）"，而希腊人则写成"Ξοις（科索伊斯）"，这是因为他们不能像阿拉伯人那样还原埃及语"ϩⲉⲓ，Khéi"

---

① 巴泰勒米（Barthélemy）在《法兰西铭文与美文学学院（简称法兰西文学院）论文集》（第三十二卷，第212页）中介绍了一系列这两种语言共同的单词。
② 译注：这两个为阿拉伯语字母的发音。
③ 译注：此为阿拉伯语字母的发音。
④ 译注：这两个为阿拉伯语字母的发音。
⑤ 译注：此为阿拉伯语字母的发音。

的颚音。阿拉伯人对两个埃及语字母"т"和"†"也作了修改。他们几乎总是在埃及人写"T"的地方写成"D",而希腊人则是讹用为"T"或者"Θ"。要解释这种现象十分容易,因为科普特人混用"T"和"D",他们几乎总是把"T"发成和"D"一样的音。同样被证实的是,字母"D"与他们的固有字母毫无关联,因为他们书中出现的包含这个字母元素的单词是外来语,而不是科普特语。古埃及人对该字母也有同样的抵触,相关证据出现在了宝贵文物——罗塞塔石碑上的埃及语文本中。在该石碑的希腊语部分,关于阿雷亚(Areïa)——第欧根尼(Diogène)的女儿,在古希腊节日中头顶供品篮的少女阿尔西诺伊·菲拉代尔夫(Canéphore d'Arsinoé Philadelphe)是这样写的:"Κανηφορου Αρσινοης Φιλαδελφου Αρηιας της Διογενους";这段希腊语译成埃及语则是"AREÎE TISCHERI TÎEKNÔ FAI…AMARSENÊS, ⲁⲣⲏⲉ ⲧⲱⲉⲣⲓ Ⲧⲏⲉⲕⲛⲱ ϧⲓ…ⲙⲁⲣⲥⲏⲛⲉⲥ"。① 我们看到希腊语单词"Διογενους"被翻译成了埃及语"Ⲧⲏⲉⲕⲛⲱ",希腊人的"Δ"被埃及语的"т"所代替②。

基于这一点,人们将会发现希腊人的"Τεντυρα"和阿拉伯人的"Dendérah"③并不存在明显差异。希腊人用希腊语正确拼写了埃及语

---

① 第3行和第4行。我们在这句中找到了埃及语单词 ⲧⲱⲉⲣⲓ, Tischéri,它在石碑上每次都以缩写的形式出现,用于表述"女儿、姑娘"[阿克布拉(Akerblad),第24页]。石碑第3行是以对应为 FAI 的3个埃及字母结尾的。这些字母是与希腊语单词 Κανηφορου,Canéphore(古希腊某些节日中头顶供品篮的少女)对应的埃及语单词的开头。FAI 实际上是埃及语的动词 ϧⲁⲓ,Fai,意为"提、扛、支撑、拿(拉克罗兹注解为 portare 携带,ferre 持,tollere 举起)"。石碑的裂缝致使第4行开头无法得见,用来表示"篮子"的单词不复存在。第4行以字母 ⲏⲛⲉⲥ 开头,它是单词 ⲁⲣⲥⲏⲛⲉⲥ 的残存部分。单词 ⲁⲣⲥⲏⲛⲉⲥ 还出现在了碑文的第2行、第4行、第6行及其他行中,根据其拼写方式,我们在其前面加上表所有格的 ⲙ̀(am),从而还原了单词 ⲙⲁⲣⲥⲏⲛⲉⲥ。

② 我们还注意到,在我们看到的单词 Ⲧⲏⲉⲕⲛⲱ 中(阿克布拉先生辨识为 Ⲧⲓⲟⲕⲛⲉ),希腊语单词 Διογενους 中的第5个字母 Εε(epsilon)(译注:epsilon 是原文中的写法,实为希腊语字母 Εε 的发音。)故此处写成 Εε,在埃及语单词中被删除了。希腊语名称 Βερενικης 也是同样的情况,在埃及语文本中,该单词写成 Ⲃⲣⲏⲛⲏⲕⲉⲥ,BRNIKÈS,这里两个 Εε(epsilon)均被删除。

③ 上埃及的城市。

名称，而阿拉伯人则为我们保留了其发音。从多方考量，阿拉伯人的这一做法更优。

最终，阿拉伯人把埃及语冠词"†"写成"Da"①，比如单词"Damanhour"，埃及语就是"†ⲙⲁⲛϩⲱⲣ（Timanhôr）"。

所有这些辅音字母的对换就其本身来说无伤大雅，但从单词使用中提炼出来并经受住事实检验的转换规则，于我们而言意义重大，因为这些规则提供了用埃及语字母拼写城市埃及语名称的方法，而当前我们仅有其阿拉伯语讹用名称。

至于埃及语的元音字母，阿拉伯人经常将其搞混。在阿拉伯语单词中，"a"代替埃及语的元音字母"ⲟ"和"ⲱ"，有时甚至代替二合元音"ⲱⲟⲩ，ôou"；把"E"换成"I"，把"A"换成"E"，这两种对换方式也十分普遍。不过，但凡注意到埃及语中把一个元音字母换成另一个元音字母是多么频繁，人们就不会对此感到惊讶了。科普特语书中出现的"ⲏⲡ，ⲟⲡ，ⲱⲡ"均是用于表达"计数"的概念，它们并无二致。相同的情况还有"Kaϣ，Kⲱϣ"用于表示"破坏、摧毁、打碎"，"ⲗⲱⲥ，ⲗⲁⲥ，ⲗⲉⲥ"用于表示"打碎"，"ⲙⲁⲓ，ⲙⲉⲓ"用于表示"爱、热爱"，其他的例子不胜枚举。

阿拉伯人之所以对埃及语名称作出了一些其他更改，源于其语言本身的性质，以及他们自以为是悦耳之声的规则。正是出于这些动机，他们经常删去单词的结尾字母，尤其在单词以元音结尾时。

还有一个非常重要的结论需要阐述：出于声音悦耳的考量，阿拉伯人在他们保留的所有埃及语名称开头增加了一个"A"（读音为"Alif"），这样的例子有 Abousir、Athfihh、Akhmim、Asna、Asouan 或者 Osouan 等。

东方人，尤其是阿拉伯人，会为从外来语中借来的单词增加开头字母"a"。正如希尔维斯特·德·萨西②先生所观察到的一样，他们

---

① 译注：此为阿拉伯语字母的发音。
② 《致公民莎普塔尔（Chaptal）的信，关于罗塞塔石碑的埃及语原文》(*Lettre au citoyen Chaptal, sur le Texte égyptien de l'Inscription de Rosettes*)，第15、16页。

就是通过这样的方法对希腊语单词"κλιμα，στομα"做出修改，写成"Aklim"和"Astoum"①。阿拉伯人的此种用法实例众多，却无法令人相信埃及城市名称开头增加的字母"A"（读音"Alif"）是代替埃及语的不定冠词"ογ（ou）"，比如名称"Oschmoun"和"Osiouth"似乎就表明了这一点，其开头字母"A"（读音"Alif"）是带有元音音符"dhamma"②的。

阿拉伯人有时候会翻译埃及语名称，其翻译结果几乎是正确的。这些不同的情况令人对他们给出的埃及古城名称抱有极大的信心，且人们不会太多地关注他们所保留名称的准确性；就这一点而言，他们给出的名称不仅仅与埃及人的后裔——科普特人、希腊人给出的名称一致，而且和埃及人出身的摩西以及所有先知通过希伯来文本的宗教经典传承给我们的名称相同。

我们本想用相关语言固有的符号来呈现这些地名，但却无法实现，因此我们被迫放弃了本可以从中找出的一些优势条件。我们曾寻找补救的方法，以保证我们极具价值的研究与其即将引发的讨论不致任何遗漏，同时满足研究所必需的清晰和条理。

我们用拉丁字母来表达阿拉伯语名称，也应当考虑所采纳的对换方法。在研究了参议员沃尔尼（Volney）先生发表③的方法、加尔各答亚洲协会（Société Asiatique de Calcutta）④主席威廉·琼斯（Williams Jones）的方法、蓝歌籁先生（我满怀感激回忆其高学术价值且实用的

---

① 阿拉伯人对这两个单词的发音为 Iklim 和 Ostoum。为了更好地使大家感受到他们所做的增加，我们按照他们所写的单词来拼写这两个单词。

② 译注：dhamma 是元音音符 ́ 的发音。

③ 《东方语言的简化》（*Simplification des Langues Orientales*），亦称《利用欧洲文字学习阿拉伯语、波斯语和土耳其语的全新简便之法》（*méthode nouvelle et facile d'apprendre les langues Arabes, Persane et Turque, avec des caractères européens*），巴黎，共和国印刷厂，共和国三年版，8 开本。

④ 《亚洲研究》（*Recherches Asiatiques*），亦称《孟加拉亚洲历史、古代建筑、艺术及科学研究协会会刊》（*Mémoires de la Société établie au Bengale pour faire des recherches sur l'histoire, les antiquités, les arts et les sciences de l'Asie*），拉博姆（Labaume）译。巴黎，皇家印刷厂，引言第一卷，第 25 页及以下。

课程）在其关于诺登（Norden）的研究著作①中使用的方法，以及最后《埃及记述》②的编撰者们偏爱的方法之后，我部分采纳了蓝歌籁先生的方法。在此似乎有必要呈现阿拉伯语字母列表，它对应的拉丁字母无法只用单一元素来表述；同时该表也介绍了我们所使用的标注方法。

阿拉伯语字母发音	对应的拉丁字母表述	发 音 方 法
Tsa	Ts	英国人浊音的"th"
Hha	HH	用喉咙用力送气
Kha	Kh	用颚发小舌颤音
Dzal	Dz	英国人清音的"th"
Schin	Sch	法国人的"CH"发音
Âin	Â, Î, Ô, ÔU	喉元音
Ghaïn	GH	普罗旺斯式的发小舌颤音"R"
Ssad	SS	浊音的"S"
Dhad	DH	浊音的"D"
Tha	TH	浊音的"T"
Dha	DH	浊音的"D"
Ha	H	轻微送气的"H"

此表中未包含阿拉伯语字母对应单一的拉丁字母。

研究过程中引用的希腊语单词和段落仍用希腊文字表述，未做任何评注。

我们的工作以科普特语单词和引文为基础，它们是十分重要的。如此一来，能给出其原始文字的我们获得了极为有利的先决条件；并且正是由于这一重要性，我们认为必须让所有读者都能同样了解这些内容。科普特语或者说埃及语发展未成气候，其字母元素流传不广泛，因此我们认为有必要在此按顺序、用语法学家使用的名称进行讲解。

---

① 该作品包含蓝歌籁先生大量有学术价值的研究，这些研究更正了诺登的多个结论。
② 在附于傅立叶的《历史序言》(Préface historique) 的《告读者》(Avertissement) 结尾，古代建筑物插图第一卷开头。

关于这一主题，我们会想到科普特语实际上是用希腊文字写成的埃及语言，对此我们将增加后续的评注。

埃及语字母表确切地说是由 25 个符号①组成的。

众所周知，埃及人在使用希腊语字母表之前，一直使用埃及字母表。组成希腊语字母表的 24 个字母元素中，18 个与埃及人同样数量的字母完全对应，另外 6 个则和他们的语言无关。

鉴于所有字母均被采用，因此希腊语字母表得以完整保留，其字母符号的数量固定在 24 个；但由于这些字母符号不足以体现埃及人语言中的某些变化，所以埃及人还保留了本民族字母中的一些符号，用于表述希腊人语言中没有的这些变化。这样的符号有 7 个，它们被加入了希腊语的字母表中，由此科普特语字母表共包含 31 个字母。这就是流传至今的科普特语字母表②，具体组成如下：

1. 18 个准确代替了同等数量的埃及语字母符号的希腊语字母符号。

2. 6 个对埃及人来说是全新的希腊语字母符号，埃及人只在进入他们语言的希腊语或拉丁语单词中使用。

3. 7 个属于古埃及语字母表的字母符号③，用于表达与希腊语言不相关的音。

这三组分类符合科普特语字母表当前的情况。我们已经在下面的表格中将这些字母符号列出。为了能将其辨认，我们用一个 † 标示第二组分类中的字母符号，第三组分类中的字母符号则用一个 * 标示，

---

① 普鲁塔克特意提到了这一点。我们将另行证明普鲁塔克的该结论真实可靠，并且我们将会对科普特语字母表做进一步的分析。

② 我们不把符号 ς，so（译注：此为发音。）视作一个字母，它只是毫无缘由地（译注：并非毫无缘由，希腊文中表示数字 6 的字母正是这个在希腊文中名为 sigma 的早期希腊字母 ξ，在希腊人进入埃及时这个字母在希腊文中就只作为数字使用了。注意，它和希腊文 sigma 的尾形 ς 不同。）出现在字母表中的科普特数字 6，因为我们没有在任何科普特语抄本中发现它作为一个字母存在。

③ 在关于埃及人文字的研究中我们将重新探讨这个主题。

第一组的字母符号之前则没有任何特殊标记。

科普特语字母表

字　　母	字母读音	对应发音
ⲀⲀⲀ̀	ⲀⲖⲪⲀ（Alpha）（译注：即发音，下同。）	A.
Ⲃⲃ	Ⲃⲓⲇⲁ（Vida）	B.V.
†Ⲅⲅ	Ⲅⲁⲙⲙⲁ（Gamma）	G.
†Ⲇⲇ	Ⲇⲁⲗⲇⲁ（Dalda）	D.
Ⲉⲉⲉ̀	Ⲉⲓ（Ei）	E. 短音 A.
†Ⲍⲍ	Ⲍⲓⲧⲁ（Zida）	Z.
Ⲏⲏ	Ⲏⲧⲁ（Ida）	I.AI.EI.
Ⲑⲑ	Ⲑⲓⲧⲁ（Thida）	TH.
Ⲓⲓ̀	Ⲓⲁⲩⲧⲁ（Ianda）	I.
Ⲕⲕ	Ⲕⲁⲡⲡⲁ（Kabba）	K.
Ⲗⲗ	Ⲗⲁⲩⲗⲁ（Laula）	L.
Ⲙⲙⲙ̀	Ⲙⲓ（Mi）	M.
Ⲛⲛⲛ̀	Ⲛⲓ（Ni）	N.
†Ⲝⲝ	Ⲝⲓ（Exi）	X.
Ⲟⲟⲟ̀	Ⲟ（o）	短音 O.
Ⲡⲡ	Ⲡⲓ（Pi）	P.
Ⲣⲣ	Ⲣⲟ（Ro）	R.
Ⲥⲥ	Ⲥⲓⲙⲁ（Sima）	S.
Ⲧⲧ T①	Ⲧⲁⲩ（Dau）	T.D.
†Ⲩⲩ ⲩ②	Ⲩⲉ（Ue）	U.
Ⲫⲫ	Ⲫⲓ（Phi）	PH.
Ⲭⲭ	Ⲭⲓ（Ch）	CH.
†Ⲯ③	Ⲯⲓ（Epsi）	PS.
Ⲱⲱ	Ⲱ（O）	长音 ô.
*Ϣϣ	Ϣⲉⲓ（Schei）	德语的 SCH
*Ϥϥ	Ϥⲉⲓ（Fei）	F.
*Ϧϧ	Ϧⲉⲓ（Khei）	KH.

---

① 译注：原文如此。
② 译注：原文如此。
③ 译注：原文如此，小写为 ⲯ。

续表

字　　母	字母读音	对应发音
*Ϩϩ	Ϩορι（Hori）	H.
*Ϫϫ	Ϫanϫia（Sjansjia）	SJ.
*Ϭϭ	Ϭιμa（Scima）	重音 S
*Ϯϯ	Ϯι（Dei）	Di 和 Ti.

根据本作品的规划和目标，以上这些就是我们认为应当在此集中介绍的基本知识，它们有助于读者阅读本书。这些基本知识还有一个优点，那就是通过激起某位语文学家的热情，促使他把工作方向转向有助于认识埃及文学作品的语言研究，从而提升传播埃及语言的趣味。

第一章　埃及的自然划分和政治划分

但凡人们想研究过去，总会涌现困难，直接原因在于我们和远古的历史时代之间相距久远。尤其是当我们想要研究的民族距今数百年，并且我们只能通过外来民族的记载了解他们的时候，更是难上加难。因此，若不越过千难万阻，便无法呈现出该民族曾经居住之地的真实情况。我们在此重溯古国埃及这一闻名遐迩之地，它命运多舛，经历了长期悲惨的革命之旅，前前后后几易其主。它时而向征服者臣服，纳入其帝国版图；时而虽屈于外族奴役，却似凤凰涅槃般浴火重生，成为独立之邦。因此，这个国家今夕非同往日也不足为奇；当时的人们到达了高度文明时期，他们在这片受上天眷顾的土地上，拼尽全力与已经如此强大的自然为伍。埃及所经历的苦难时期使其领土的最大部分变成荒漠，这极大地凸显了其主宰者的贪婪。生活于埃及繁荣时期的人们在尼罗河沿岸留下了其存在的不朽痕迹，如今堕落退化的人们用脚步丈量着他们称为祖先的人们往昔所建古迹的壮丽废墟。土耳其人的埃及十分不同于法老统治下的埃及，我们在此将要介绍的便是法老这些强大君主统治下的埃及。

确切地说，埃及是一个狭长的谷地，从南到北沿着尼罗河跨越超过6个纬度。在这个河谷的北部出口，国土面积扩大，为尼罗河分出的不同支流腾出了空间，它们经此汇入大海，这使得埃及的范围增加了一个半纬度。

这一地区准确的界标极难确定，因为历史上的每个时期里几乎都在变化。但自然形成的界标亘古不变，它们把这个几乎周边所有地区都被沙漠所包围的富饶国度与贫瘠的荒漠分离开来。实际上南部有瀑布群为界，它们是极少数位于赛伊尼市和菲莱岛之间的尼罗河瀑布，其纬度为24°51′2″；北部界标则是围绕着埃及海岸的地中海，尼罗河河水从7个河口汇入其中；西部，一连串山脉把埃及与利比亚沙漠分开，该山脉因其地理位置而获得了"利比亚山脉"的名称；① 最后便是与利比亚山脉平行的"阿拉伯山脉"，它是埃及的东部界标。

但是埃及的这些自然边界并非总是兼为其政治边界。就像从古老的时代起，一些埃及国王的战争欲望将其边界延伸至更远一样，邻邦各族的野心也能将埃及的边界范围缩小。众多作者在著作中记载了相关内容。阿米安努斯·马尔凯里努斯（Ammien Marcellin）告诉我们，在早期，即在波斯人之前，希腊人和罗马人征服了埃及，埃及王国分成了3个主要的行省，即埃及本土、缇巴依德及利比亚。② 曼涅托（Manéthon）——塞本尼图斯（Sebennytus）地区的埃及祭司，在"爱姊者"托勒密（Ptolémée Philadelphe）③ 统治时期写下了祖国前国王们的传记，确定利比亚从远古时期起就臣服于埃及人；他提到了④ 利比亚人对抗法老纳克罗弗（Nekhérophès）的一场起义，而纳克罗弗是埃及第三王朝的首位国王，是登上埃及王位的第一家族——孟菲斯家族的始祖。根据曼涅托的推算，这位君主开始执政是在公元前5152年——此处不对这个时代展开讨论。不过根据这位历史学家的结论可以得出，从埃及君主制度起始，利比亚就对埃及俯首称臣。但利比亚的称谓在这里不应当取其常规词义，并且不应当认为古人对它在这个称谓下的一切认知曾经属于对埃及的认知。对于埃及统治下的利比亚，我们所指仅包含从埃及本土延伸到锡瓦（Siouah）[亦作"桑塔

---

① 西西里的狄奥多罗斯，卷一，第26页。
② 古埃及时期据说有3个省：埃及本土、缇巴依德和利比亚。（原注：Tres provincias AEgyptus fertur habuisse temporibus priscis, AEgyptum ipsamet Thebaidem, et Lybiam.）阿米安努斯·马尔凯里努斯，卷二十二。
③ 译注：即托勒密二世，因其与自己的姐姐阿西诺亚二世（Arsinoe II）结婚，故有此绰号。
④ 曼涅托，由尤西比乌斯（Eusebius）引述。

亚"（Santaryah）]①，以及绿洲地区（Ouahhat 或者 Oasis）②，可能甚至延伸到奥德热拉（Audgèlah）之间的区域。实际上在古代作家的记载中，绿洲地区是埃及帝国的一部分；现代旅行家们在那里发现的埃及遗迹——主要是在锡瓦地区③，也明确证实了这一点。

除了利比亚的这部分地区，埃及还控制着尼罗河和红海之间的游牧部族；在其辉煌时期，即塞索克里斯（Sésookhris）和塞托斯·拉美西斯（Séthosis-Ramessès）统治时期——他们更著名的名字是奥兹曼迪亚斯（Osymandias）和塞索斯特里斯（Sésostris）④，边远地区也属于埃及管辖，许多战败的民族认可了这些得胜君主的权威。但是这个庞大的政权和广袤的统治疆域很快就消失殆尽，君主霸权在塞托斯的后代们手中逐渐衰退，很快他们的权力只在埃及本土地区得到认可，因此我们将只对该地区的界标和划分展开研究。

埃及这一名称只适用于在尼罗河泛滥时期所覆盖的区域。正如斯特拉波引证的那样⑤——这也是古埃及人的观点，他说到，古埃及人只给尼罗河水灌溉到的地区取名埃及，即始于赛伊尼周边直至地中海。希罗多德在这一点上更为精确，他阐述的一个事实支撑了我们刚才提出的观点。⑥他谈到，位于埃及西部边界、利比亚一侧、距随后建立的亚历山大里亚不远的城市马雷阿（Maréa）和阿匹斯（Apis）的居民为埃及人创立的宗教习俗所束缚，于是派了一些代表去见阿蒙神的神使。代表向他表明：他们的同胞——三角洲外的居民，所说的语言并不是埃及语⑦，不应当被视作"埃及人"。因此，他们也自认为

---

① 译注：即阿蒙绿洲，见原文第二卷，第 290—295 页。
② 译注：阿拉伯人的绿洲复数形式为 Ouahhat，见原文第二卷，第 283 页，单数形式则为 Ouahh。
③ 霍尼曼（Hornemann）：《北非游记》(Voyage dans l'Afrique septentrionale)，第一章，第 5 部分。
④ 译注：英语为 Senusret（辛努塞尔特）。
⑤ 卷十七，第 790 页。
⑥ 卷二，18。
⑦ 他们说其毗邻的利比亚地区常用方言。这不是别的语言，而正是现存于这些地区的柏柏尔语。

可不必遵循那些对他们不利的埃及习俗。但与其说阿蒙神是圆滑的，不如说他并没有那么公平。他断然拒绝了请求，并特意向他们强调："尼罗河在其泛滥时期所覆盖的整个区域均属于埃及。隶属于埃列凡提涅（Éléphantine，位于埃及南端，赛伊尼对面）、所有饮用这条河河水的居民，都是埃及人。"

根据这段话的字面意思，同时考虑到饮用尼罗河河水并用其灌溉多沙之地，对于马雷阿和阿匹斯地区的居民来说距离太远，我们最先认为他们找错了阿蒙神的神使。但是通过解释神使按埃及神祇意见所给出的答复，可以看出，尽管尼罗河的泛滥可能没有到达马雷阿和阿匹斯周边地区，但其居民仍是埃及人。因为他们在尼罗河涨水期间，通过引向其城市的水渠喝到了尼罗河河水，并且他们随后把整年使用的水储存在了蓄水池中。邻城亚历山大里亚，地处与阿匹斯和马雷阿同样干燥的区域，过去和现在都是以这样的方式满足其居民用水之需。亚历山大里亚——最早被称为拉科提（Rakoti），一直都属于埃及，尼罗河及其泛滥明确了它的区域范围。

根据希罗多德[①]的说法，南部埃及本土以尼罗河瀑布（Catadupes，亦称"小瀑布"），以及埃列凡提涅城为起始。到了斯特拉波时期，这个小瀑布成了埃塞俄比亚和埃及的边界，在赛伊尼和埃列凡提涅上方[②]。[③]但是，在尼罗河小瀑布或者说瀑布上方1500托阿斯[④]的菲莱岛遍布埃及古迹；岛上巨大的神庙前有一道柱廊，并饰有方尖碑，整体建筑雕刻精细、上色讲究，似乎证明了这个岛曾属于埃及。尽管众多旅行家目睹了尼罗河畔、远在菲莱岛上方的埃及古迹，但是我们相信，埃及人居住的最后一个完全属于他们的地方就是南部这个小岛，它是埃及的南部边界。

地中海环绕着埃及海岸，即包围了埃及的北端。从尼罗河西面至

---

① 希罗多德，卷二，17。
② 译注：这里的"上"同"上埃及"中的"上"用法一致，是指尼罗河上游，从方位上来说指"南"。下同。
③ 斯特拉波，卷十七，第787页；西西里的狄奥多罗斯，卷一，第26页。
④ 译注：法国旧长度单位，1托阿斯相当于1.949米。

绿洲的利比亚部分领土也曾属于埃及。只有在托勒密王朝统治时期，昔兰尼地区才并入该王国版图；[1]当古罗马人成为埃及的统治者时，他们把昔兰尼地区划入其原始界标之中。西部，埃及以沙土覆盖的石灰岩山脉为界，与利比亚分隔开来；[2]在这片群山对面还有另外一座山脉，它成为这个国家东侧的天然边界；其更远处的山脉与利比亚山脉相向而立，为了区分，人们将其称作阿拉伯山脉，这里生活着臣服于埃及国王的阿拉伯部落。和今天一样，他们曾经也居住在埃及与红海或者阿拉伯湾之间的地区。

以上就是埃及政治上的界标。但是红海似乎没有从东面限制住埃及的势力。

古埃及人将这个海命名为"Ⲫⲓⲟⲙ ⲚϢⲀⲢⲒ（Phiom anschari）"，也就是"沙里之海（la mer de Schari）"。[3]单词"anschari"的意义十分可疑。根据泰奥弗拉斯托（Théophraste）[4]和普林尼（Pline）[5]著作中[6]的多个选段，雅布隆斯基用"灯心草属［Juncus（Jonc）］"来解释"ϢⲀⲢⲒ（Schari）"；选段中这些博物学家谈到，埃及人把纸莎草或生长在尼罗河河岸的芦苇命名为"Sari"；但是这个单词在科普特语的《圣经·申命记》[7]中用以指"祸患、创伤［Plaga（Plaie）］"。它来源于词根"ϢⲀⲢⲒ（Schari，percutere）"[8]，意指"叩击、敲打（frapper）"，其中的任何一段都没有"芦苇"之意。雅布隆斯基没有其他确凿的证据来佐证自己的解释，而只是基于希伯来人对阿拉伯湾的称呼"Iom-Souh"[9]——"芦苇之海（mer des Roseaux）"，以及赫

---

[1] 斯特拉波，卷十七，第790、791页。
[2] 希罗多德，卷二，8。
[3] 《圣经·诗篇》，一百零五，5、7。
[4] 《植物的历史》，书四，第九章。
[5] 译注：公元1世纪罗马博物学家，著有《自然史》。
[6] 卷十三，第二十三章。
[7] 《圣经·申命记》，二十五，2。
[8] 译注：拉丁语。
[9] 希伯来语单词Iom（海、水）恰恰就是埃及语ⲓⲟⲙ，iom，希伯来人在埃及囚禁期间，采用了这个单词以及大量其他的单词。

西基奥斯的威望。据他所述，埃及人以前把他们国家的一种芦苇称为"Σαρι"。然而如果希腊人想要拼写埃及语单词"ⲱⲁⲣⲓ"，他们必定会使用字母"X"来替代"Σ"。因此在我们看来，似乎雅布隆斯基对单词"ⲱⲁⲣⲓ"①的释义并无牢固之基。因为在皇家图书馆的科普特语抄本中，科普特语单词"Ⲫⲓⲟⲙ Ⲛ̀ⲱⲁⲣⲓ（Phiom anschari）"被阿拉伯语单词解释为"Elbahhar-el-Hhamir"，即红海。②

不管它是什么，对我们来说似乎表明的是，厄立特里亚海并非埃及人所居领地的边界，那里的人们和底比斯及孟菲斯的公民说同样的语言。著名的旅行家卡斯滕·尼布尔（Carsten Niébuhr）给我们提供了一个确凿的证据。他在摩西山（Djabbel-Mousa，又叫西奈山）的一次旅行中发现，在本尼·索阿拉（Beni-Saûalha）河谷西部及红海东部——因此是在阿拉伯半岛，有一处非常奇特的甚至是独一无二的古迹，它带有明显起源于埃及的印记。他在一座非常高的高山——周边阿拉伯部落将这座山称为"Djebbel el Mokatteb"，即艾克里特山（la montagne Écrite）之巅发现了一个巨大建筑的脱落物；在山体内及周围还发现了大量的墓碑石。它们长6—7法尺③，刻有埃及象形文字，其精美程度不亚于备受赞赏的缇巴依德神庙之上所刻文字。这些墓碑石大部分已损毁，但也有一些仍完整保存。④

这块远古时代的墓地，以不容置辩的方式表明了埃及人过去早已定居在阿拉伯湾的东部沿岸。这无疑是出于强大的商业考虑，才使他们在故乡之外扎根。在阿拉伯建立这些殖民地的时代距今甚远，其确切的时间无法确定。埃及国王们占据红海沿岸的野心由来已久。人们认为塞托斯·拉美西斯是第一个成功入侵这些海岸地区的国王。根据曼涅托王表记载，这位君主大约在公元前1409年登上国王宝座；但

---

① 《埃及万神殿》，卷四，第一章，第151页及以下。
② 科普特语抄本，66号。
③ 译注：法国古长度单位，1法尺相当于325毫米。
④ 卡斯滕·尼布尔：《阿拉伯游记》(*Voyage en Arabie*)，第一卷，第189页，阿姆斯特丹出版社，1776年版，4开本。

第一章　埃及的自然划分和政治划分

可能在这之前，埃及人就已经在与埃及相邻的阿拉伯半岛土地上定居，也就是在苏伊士湾和阿伊拉（Aïlah）湾之间定居。对于一个像埃及人民一样依恋自己的祖国的民族来说，决定去国外居住必然是因为他们能从中攫取巨大的利益。从埃及与叙利亚的边界①帕热托尼姆（Paroetonium）到更远处的塞波尼斯（Serbonis）湖，埃及海岸只给航海者提供了很小一部分便利且安全的港口。②埃及的主要支流催生了埃及人与阿拉伯半岛及印度的商业往来，这必然使埃及人于红海沿岸建立起航海城市。利益的至高无上，使他们舍弃了对祖国的热爱并促使他们举家前往埃及本土以外的地区，直至靠近阿拉伯半岛的绵延山脉。如此一来，埃及获得了原有领土以外的一些属地。

通过我们讲述的所有内容很容易看到，埃及从长度上来看有广阔的疆域，从宽度上来看也是变化多端；其总长度从海洋一直延伸到埃塞俄比亚。正如我们在圣人阿帕·提亚（Apa Tia）[又名提尔（Til）]的殉难之手抄故事中看到的那样，埃及王国正是在这样一个时期臣服于罗马人统治。书中记载了罗马帝国皇帝戴克里先（Dioclétien）派送给其在埃及的代理人、居住在拉科提（Rakoti，埃及语为"ⲡⲓⲕⲟⲙⲏⲥ ⲛ̄ⲧⲉⲣⲁⲕⲟϯ"）的亚美尼斯（Armenius）的法令全文；文中提到，亚美尼斯将法令告知了许多杰出的人物、大量的士兵。"这些士兵和总督阿里亚努斯（Arianus）使得埃及全境都知晓了（罗马皇帝的）法令，从拉科提（即亚历山大里亚）到马利斯·皮尼什提（Maris Pinischti，大缇巴依德地区），接近埃托什（Éthausch，即埃塞俄比亚）"，埃及语记载为：ⲁⲩⲥⲱⲣ ⲉⲃⲟⲗ ϩⲉⲛ ϯⲭⲱⲣⲁ ⲧⲏⲣⲥ ⲛ̄ⲧⲉⲭⲏⲙⲓ ⲛ̄ϫⲉ ⲟⲩⲙⲏϣ ⲙ̄ⲙⲁⲧⲟⲓ ⲛⲉⲙ ⲁⲣⲓⲁⲛⲟⲥ ⲡⲓϩⲏⲅⲉⲙⲱⲛ ⲓⲥⲭⲉⲛ Ⲣⲁⲕⲟϯ ϣⲁ ⲫⲙⲁⲣⲏⲥ ⲛ̄ⲛⲓϣϯ ϣⲁ ⲉ̀ϧⲟⲩⲛ ⲉ̀ⲛⲓⲉⲑⲁⲩϣ。就这样，罗马人将我们前面说到的、埃国帝国政权最初存在时的自然疆界交还给了埃及。

---

① 西西里的狄奥多罗斯，卷一，第26页。
② 西西里的狄奥多罗斯，卷一，第27页。

在历届国王统治之下，埃及本土被划分成了多个不同的地区，这些不同的地区又被细分成了大量小区域。

地方状况天然地把埃及本土分成了两个主要部分：上埃及和下埃及。尼罗河的水流是该划分方式的基础。当尼罗河穿过小瀑布流入其河床时，埃及只是一个并不宽的狭长河谷；但当它到达希腊人称之为"塞卡索尔"（Cercasore）的城市附近时，它分成了3条主要的支流汇入地中海，河流的划分标明了上埃及的北部边界与下埃及的南部界标，下埃及从塞卡索尔这个地方一直延伸到大海。也正是在这里，沿着整个上埃及尼罗河河岸分布的东部阿拉伯山脉和西部利比亚山脉的走向也发生了改变。阿拉伯山脉突然转向东北方向，利比亚山脉则转向西北方向。一条止于红海附近；另一条则止于利比亚的沙漠之中，靠近马雷奥蒂斯（Maréotis）湖的西北部。由此在两座山脉之间形成了一片广阔的领土，其东部以阿拉伯佩特拉（Arabie Pétrée）为界，西部以利比亚为界，北部以大海为界：这就是我们称之为"下埃及"的地区。上埃及始于尼罗河分成多个支流的地方，一直延伸到赛伊尼附近的小瀑布上方。

在希腊人和罗马人统治时期，埃及被分成了三部分：三角洲又称下埃及，中埃及又称埃普塔诺米德（Heptanomide），缇巴依德又称上埃及。我们不知这样的领土划分是否可追溯至最早的一批埃及人；希罗多德对此保持的缄默致使人们产生了怀疑。[①]

从同一时期起，在埃及国王统治之下，埃及被分成了许多面积很

[①] 阿拉伯历史学家认为拜达尔（Baidhar）[又叫拜萨尔（Baissar）]把埃及分给了他的儿子们，分别是科布斯（Cobth）、依什姆恩（Ischmoun）、阿特利布（Atrib）和萨（Ssa），他把埃及平均分成4份，科布斯（Cobth）获得了上埃及从阿斯旺（Assouan）到城市科普托斯（Coptos）[又称科夫斯（Kefth）]的区域。他把上埃及的其余区域一直到梅努夫（Menouf）（又称孟菲斯）分给了依什姆恩（Ischmoun）。下埃及则平均分给了阿特利布（Atrib）和萨（Ssa）。这四个王子各自以他们的名字建城，希腊人将其分别称为科普托斯（Coptos）、荷莫波利斯（大）[Hermopolis（Magna）]、阿特利比斯（Athribis）和塞易斯（Saïs）。如今阿拉伯人还是把这些城市称为：科夫斯（Kefth）、欧什姆纳音（Oschmounaïn）、阿特利布（Atrib）和萨（Ssa）。但这个结论缺乏基础，只不过是阿拉伯人关于埃及的众多空想之一。

小的行省，称为"Nomes，Νομος"，诺姆或者大行政区。①每个诺姆通常以其首府命名，其首府就是"诺姆长官（Nomarque）"或者总督官邸所在地。他们的权力覆盖诺姆领地，包括其中的城市和乡村。诺姆长官也负责向辖区内的部落征税。②

有些作者认为单词"Νομος"并不源于希腊语，希腊地理学家们是从埃及人的语言中得出的这个单词。其中就有人推测这个单词意为"大行政区（Préfecture）"或者"附属于一座城市的领地"。在这些持该观点的作者中，尤以塞拉里厄斯（Cellarius）为典型。③他以亚历山大里亚的西里尔（Cyrille）④的一段话为依据，内容如下："Νομος δε λεγεται παρα τοις την Αιγυπτιων οικουσι χωραν εκαστη πολις, και αι περιοικιδες αυτης, και αι υπ' αυτη κωμαι"，即"古埃及人的'诺姆'意指每个城市的领地，及其附属的郊区和乡村"。

塞拉里厄斯还提到，希腊人和拉丁人在他们谈论到埃及的领土划分和政治划分时采用了这个单词。但是西里尔的这段话只给出了单词"Νομος"的定义，而没有说是因为这个原因，所以这个单词就属于埃及语范畴。

我们查阅了大量资料，已经出版的科普特语词典及大量埃及语词汇——孟菲斯方言与底比斯方言词汇汇编抄本中，均未收录任何类似于"Νομος"并且意为"大行政区"的埃及语单词。然而，由于我们对构成古埃及人语言的所有单词还不甚了解，并且由于现存的少量科普特语书籍只收录了其中一部分，所以，提出"Νομος"这个单词不属于埃及语是可能极富冒险性的，相当于提出了一个难以证实的观点；但是，似乎能够证明这个单词并不源于埃及语显而易见的理由是：在用埃及语或科普特语写成的经卷中，并且在和"大行政区"相关的所有地方，均

---

① 希罗多德，卷二，164。——普林尼，卷五，第9章。
② 西西里的狄奥多罗斯，卷一，第50页。
③ 《古代地理》（*Geographiae Antiquae*），第二卷，卷四，6和7。
④ 西里尔：《以赛亚书注》，第十九章。

出现了单词"ⲡⲑⲱϣ Pthôsch",或者"ⲡⲑⲱϣ（Pthosch）"。对此我们在引言中有过介绍，并引用了多个例子来佐证这一观点。此处我们将补充介绍的是，西西里的狄奥多罗斯特意指出单词"Νομος"为希腊语，他说："埃及被分成了多个部分，'ων εκαστον κατα την ελληνικην διαλεκτον ονομαζεται Νομος'，每个部分都用希腊语称为'诺姆（Nome）'。"① 从狄奥多罗斯的这段话必然可以得出这个单词不是埃及语的结论。

本儒神父认为希腊语"Νομος"的埃及语同义词是"ⲙⲉϣϣⲟⲧ（Meschschoti）";② 他提到了多个记载有"ⲛⲓⲙⲉϣϣⲟⲧ ⲛ̄ⲧⲉ ⲭⲏⲙⲓ, ⲛⲓⲙⲉϣϣⲟⲧ ⲛ̄ⲧⲉ ⲙⲁⲣⲏⲥ"的科普特语选段，并将其翻译成"埃及的大行政区（Les Préfectures de l'Égypte）、缇巴依德的大行政区"（Les Préfectures de la Thébaïde）；但是这个翻译在我们看来似乎是不正确的，因为单数的"ⲙⲉϣⲱⲧ（Meschôt）"③ 或者"ⲙⲉϣϣⲱⲧ（Meschschôt）"④ 和复数的"ⲙⲉϣϣⲱⲧ（Meschschôti）"或者"ⲙⲉϣϣⲟⲧ（Meschschoti）"⑤ 意为"πεδιον, πεδια"⑥，即"田，耕地"（Champ, Champs）⑦，而不是"大行政区（Préfecture）"，所以如果按照这样的书写方式，本儒神父从字面上应当翻译成"埃及的田野（Les Campagnes de l'Égypte）""缇巴依德的田野（Les Campagnes de la Thébaïde）"。因此本儒神父的这个观点绝对无法驳斥狄奥多罗斯的论述以及我们的观点。有鉴于此，我们将引用以下选自科普特语抄本中⑧ 的句子，该抄本内容包含了《年轻圣人阿帕·阿努（ⲁⲡⲁ ⲁⲛⲟⲩⲃ）——又名阿努比斯（Anubis）的殉难》⑨，开头有这样

---

① 卷一，66；汉诺威，维赫尔（Hanoviæ, Wechel），1604 年版，对开本。
② Epistola systiaca，梵蒂冈图书馆科普特语著作（Monumenta coptica biblioth. Vatic.），第 12 页。
③《圣经·约珥书》，二，3。
④《圣经·创世记》，二，2。
⑤《圣经·诗篇》，六十四，11。
⑥ 译注：此为希腊语翻译。
⑦ 译注：前一个单词为单数形式，后一个为复数形式。
⑧ 科普特语抄本，梵蒂冈藏书，66 号，对开本。
⑨ 科普特语抄本，第 233 页。

一段话："ⲘⲈⲚⲈⲚⲤⲀ ⲚⲀⲒ ⲆⲈ ⲚⲈⲞⲨⲞⲚ ⲞⲨⲢⲰⲘⲒ ⲘⲘⲀⲒⲚⲞⲨϮ ⲘⲘⲀⲒⲀⲄⲀⲠⲎ ⲘⲘⲀⲒⲈⲔⲔⲖⲎⲤⲒⲀ ϢⲞⲠ ϨⲈⲚ ⲞⲨϮⲘⲒ ϪⲈ ⲚⲀⲎⲤⲒ ϨⲈⲚ ⲠⲐⲰϢ ⲚⲒⲘⲈϢⲞϮ"，意思是"在梅硕提（Meschoti）诺姆（ϨⲈⲚ ⲠⲐⲰϢ ⲚⲒⲘⲈϢⲞϮ）的那伊兹（Naïsi）村，曾经有一个人爱上帝、爱德、爱教会"。显然单词"ⲘⲈϢⲞϮ（Meschoti）"或者"ⲘⲈϢϢⲞϮ（Meschschoti）"通常不是用来指代儒神父理解的埃及诺姆，单词本身是其中一个诺姆的专有名称。综上所述，这些内容均可证明"ⲠⲐⲰϢ（Ptôsch）"在埃及人语言中是希腊语"Νομος"的同义词，法语对应的单词就是"大行政区（Préfecture）"和"省（département）"。

埃及诺姆的数量随着不同王朝统治君主的更换而变化。不足为奇的是，在相当长的一段时间内，该国居民在君王更迭之下仍团结在共同的民族体内。在遭受的一系列革命中，埃及帝国早期的著名城市失去了往日辉煌，甚至消失于历史长河之中；而新兴城市建立了起来，并繁荣发展；其他在远古时代并不重要的地方，由于不同时局吸引了大量的人口而不断扩大。人们看到，埃及王朝存在期间几乎被人忽略的城市拉科提和比萨（Bisa），在希腊人和罗马人统治时期成了人口稠密的城市和省会，当亚历山大大帝把他的名字赐给拉科提时，其范围增加了2倍；而从某种意义上可以说，哈德良（Hadrien）把比萨献给了安提诺乌斯（Antinoüs）①。

相当急迫并且重复出现的形势造成了埃及行政区划或者军事区划方面的连续变化。尽管关于早期的划分，我们没有任何专项记载，但可以确定的是，在法老统治之下，领土的划分受制于君主的个人行为。

根据西西里的狄奥多罗斯②的观点，阿美诺菲斯三世（Aménophis III）的儿子塞托斯·拉美西斯（Séthosis Ramessès）③把埃及分成了各

---

① 译注：安提诺乌斯是哈德良的同性爱人。
② 西西里的狄奥多罗斯，卷一，第50页。
③ 狄奥多罗斯将其命名为塞索西斯（Sésoosis），希罗多德则称其为塞索斯特里斯（Sésostris）。

个大行政区。这位伟大的君主继其父亲之后,原想将其统治扩大到亚洲和非洲各族人民。

其宏伟计划的执行必然引起长久的分离。塞托斯期待他的人民拥有一个明智的政府,并享有长久和平所带来的安居乐业。同时在武器的轰隆声中,他把战士们带向征战胜利之路。为此,他把王国或者说埃及本土分成了面积很小的36个部分①,目的是让这些省的长官们能够更直接地监管法律的执行。

根据狄奥多罗斯的这份记录,塞托斯·拉美西斯可能是最早对埃及领地进行划分的人;不过,在塞托斯·拉美西斯继位前的统治期间,埃及并没有被分成行省或者特殊的行政管辖区,这一现象,确实令人难以置信。根据斯特拉波的观点,可能36个诺姆的划分起始于君主制度的早期,甚至可能一直追溯到埃及服从于祭司统治的时代。实际上,这位地理学家提到过埃及迷宫中的死胡同数量与埃及诺姆的数量等同。就诺姆数量而言,他同意西西里的狄奥多罗斯的观点,称其数量为36。②根据过去那些提及埃及迷宫的作者们的观点可以推测,建造这座富丽堂皇的宫殿的意图是:在重要情形下,因帝国大事召集而汇聚一堂的埃及36个大行政区的代表可将其作会议之所;为了证明该推测的真实性,我们将另行证明埃及迷宫位于这36个诺姆的中心地区,并且其北部和南部诺姆的数量是均等的。倘若证实如此,则必然可以得出结论:埃及36个诺姆的划分在塞托斯·拉美西斯(又名塞索斯特里斯)继位之前就存在了很长时间。因为根据曼涅托的记载,埃及第十二王朝的第四位国王拉玛里斯(Lamaris)[又称拉巴里斯(Labaris)]建造了埃及迷宫这座宏伟的建筑,并用自己的名字给

---

① 西西里的狄奥多罗斯,卷一,第50页。狄奥多罗斯补充道,埃及人把这些区划称为"诺姆(Nomes)"。我们将会提到,狄奥多罗斯后续称这个单词是希腊语。并且我们要补充说明的是,这里作者提到的埃及人意指与他同时代的埃及人,也就是埃及的希腊人,他们的民族语言就是希腊语。因此确凿的证据证明希腊语没有删减任何东西。根据这些佐证,我们前文就确定了埃及区划的埃及语名称是 πθοϣ(Pthosch),这个名称存在于各个世纪的科普特语文本中。

② 斯特拉波,卷十七。

它命名。这位法老在塞托斯统治前1900多年就登上了国王的宝座。①因此,埃及36个单独辖区的划分可以被视为埃及早期国王深谋远虑的制度之一。

埃及三大区域均又细分成单独的辖区②:其中缇巴依德有10个辖区,中部埃及有16个——这里不应该与希腊人的埃普塔诺米德混淆,下埃及则有10个。③每个辖区被分成若干个市(Toparchies)④(又称专区),其中每个专区又包含多个乡镇。⑤和其他所有地方一样,在埃及,细分区域的目的是为了便利国家的行政管理和政府行为。

在这些诺姆中,一些诺姆成了武士的驻地,这些武士分成两个部分:赫尔摩泰比斯人(Hermotybies)和卡拉希里斯人(Calasiries);⑥赫尔摩泰比斯人占据了4个诺姆,卡拉希里斯人则占据了12个诺姆。⑦我们后续将另行介绍这些诺姆的名称。

在这里,我们将不去介绍法老统治下的埃及这36个辖区的名录和位置,因为其结果会引起一些地理学方面的争议;但由于前文所提作者们对埃及最早的大行政区及其首府的名称保持缄默,我们对这方面的论述显得十分必要,所以我们会在本书的不同章节进行阐述。在希腊人和罗马人统治时期,诺姆的数量有所增加,埃及的领地划分经历了多种变化。在该地区的描述中,希腊和拉丁民族的地理学家们只给出了其写作时代存在的诺姆名称。尽管我们无法得知最初36个大行政区的名录,但随着对之前提及的埃及三大区域论述的一一展开,我们或许可以向大家介绍这些大行政区的首府,这也将成为各章节的论述主题。

---

① 奉皇帝或国王陛下之诏出版的《埃及记述》中介绍了一些神庙,根据曼涅托的观点,它们的建造年代早于埃及迷宫的修建年代。之后大家将会看到一篇与该古迹相关的论文,其中包含了我们收集的所有相关资料。
② 斯特拉波,卷十七,第787页。
③ 斯特拉波,卷十七,第787页。
④ Νομαρχη, Nomarchie,一个诺姆的行政管辖区;Τοπαρχη, Toparchie,一个地方的行政管辖区。
⑤ 斯特拉波,卷十七,第787页。
⑥ 我们将在本书与埃及历史相关的部分,解释武士的两个等级的名称。
⑦ 希罗多德,卷二,164和165。

第二章　埃及的名称

希腊作家们常为了风雅而失了精准,为了文体之美而失了真实。他们不仅讹用了陌生地区的城市名称,还讹用了最负盛名之地的专有名称。甚至常见的情况是,他们或缺乏积极的理念,或出于民族精神,直接从自己的语言中推衍出这些城市的名称,或者去他们的历史传统中寻找城市名称的起源。在这方面他们与诸多民族一样,是有缺陷的。这些民族对自身的成就和资历失去了理智的认识,自命为人类的始祖,认为是他们的祖先使这片土地上有了居民。[①] 当其历史无法给他们要取名的地区提供某个相似名称的英雄时,他们便借助于自己的想象力;当地名挂靠于一个国王时,他们找到了个方法,那就是给这个虚拟人物安排一个真实的古代著名君主做祖宗,就把他带上高枝了。在研究过程中,我们将有机会介绍大量关于这些历史骗局和希腊人夸张矫饰的例子;而他们对埃及的命名就应当被列入这类情形之中。

希腊人称埃及为"Αιγυπτος",由这个单词形成了拉丁语的"Ægyptus",从而派生出了我们熟知的"Égypte(埃及)"。以前,欧洲所有的作者通常都使用这个希腊语名称来表示位于非洲的这片美丽的土地。拉丁民族的作者一切都以希腊人为榜样,他们在记叙中也采

[①] "正如尼卡诺尔(Nicanor)指出的那样,古希腊人一直在他们自己的语言中寻找外来民族名称的词源,为了找到这个词源,他们喜欢改变外来民族的名称,拜占庭的艾蒂安(Étienne de Byzance)(译注:公元6世纪拜占庭时期的作家。)列举的单词 Ταναϊς 就是一个例子。"——亚历山大历史学家于圣·克鲁瓦。

用了这个名称，除了因不同语言的语法要求而有变化外，直至今日这个名称都没有经历任何显著的更改。

最早的希腊作家们采用这个名称表示尼罗河灌溉的土地。荷马——诗人中的泰斗，把该名称载入了其不朽诗歌之中。所有以他为榜样的作者们也都将其运用在自己的作品中，并且其中的许多人都想介绍这个名称的起源。

根据拜占庭的艾蒂安①的观点，埃及的名称取自埃古普托斯（Ægyptus），希腊语写作 Αιγυπτος，他是柏罗斯（Bélus）——曾执政43年——和阿丽亚（Aéria）[又称波塔米缇斯（Potamitis）]的儿子。但他并没告知这个柏罗斯国王在哪个国家执政，很大可能是在埃及。然而论述这一地区历史的希腊年代学家们没把柏罗斯算作这个国家的国王，人们只知道拥有这个名字之人是古巴比伦最早期的君主之一。

其他人认为埃古普托斯是柏罗斯和希达（Sida）的儿子。②总之，大部分希腊地理学家和历史学家从埃古普托斯 Αιγυπτος——达那俄斯的兄弟、埃及的国王之名，推衍出了埃及的名称。

诗人和悲剧作家颂扬了这两个兄弟分裂的原由。通过他们，人们知道了达那俄斯的50个女儿谋杀埃古普托斯的50个儿子——即她们的丈夫的事件。向她们提议了这个重大罪行的达那俄斯和女儿们被迫放弃了埃及。他长期漂泊在希腊，最终来到了阿尔戈利斯（Argos），当时那里住着皮拉斯基人③。埃斯库罗斯在他的悲剧《乞援人》中声称，达那俄斯的女儿们没有割喉杀死埃古普托斯的儿子们。她们只是为了不被迫嫁给埃古普托斯的儿子们，和父亲一起逃离了埃及。④阿尔戈利斯的国王佩拉斯戈斯（Pelasgus）接待了这不幸的一家人。根据欧里庇得斯的说法，达那俄斯之后成了国王，并把自己的名字赐给

---

① 拉丁语名又叫 Stephanus Byzantinus，即拜占庭的艾蒂安，《论城市和人民》(Liber de Urbibus et Populis)。
② 乔治·赛德里努（Georg. Cedrenus），《世界简史》(《histor. Compend.》)，第21页。
③ 译注：古希腊最早的当地居民。
④ 埃斯库罗斯：《乞援人》，第一场，第10首诗。

了他的臣民。① 同时，埃及人使用了他们的国王埃古普托斯之名。

在登上埃及国王御座的君主之王表中，没有名为埃古普托斯的君主。相较于埃及人名，埃古普托斯和达那俄斯这两个名字是希腊人名的可能性更大，这一点可以说是曼涅托让我们了解到的。他说阿马伊斯（Armaïs）和塞托斯是希腊人对达那俄斯和埃古普托斯的称谓。② 埃及历史学家对两兄弟之间仇恨之源的说法也不同于希腊诗人。根据曼涅托的说法，阿美诺菲斯三世的儿子，埃及第十九王朝的国王塞托斯·拉美西斯出发远征。他不在埃及期间，委任其兄弟阿马伊斯统治埃及。但当决胜千里之外的塞托斯无法继续监督阿马伊斯的执政时，这位忘恩负义且暴虐的亲王残酷地压迫埃及，并计划夺走他兄弟的王冠。塞托斯·拉美西斯得知他滥用职权及其犯罪企图后，赶紧回到了埃及，密谋对抗其兄弟的暴动，从而撞破了他兄弟设下的圈套。阿马伊斯意识到自己将被迫逃离他犯下滔天罪行的这片土地，同时也是为了逃离被激怒君主的震怒，他离开了自己的祖国，去外族寻找避难所。

此刻已化名为达那俄斯的阿马伊斯来到希腊寻找避难所。达那俄斯到达阿尔戈利斯的时代正是塞托斯统治埃及的时代，曼涅托的记载显得极为可信。但是，要么是达那俄斯圆滑地对希腊人隐藏了他出走埃及的原因，要么是希腊人丧失了对这件事的记忆，他们臆想出了达那俄斯50个女儿的神话。希腊人之后把他的50个女儿打入了地狱，从而来震慑那些有错的妻子们。

但这是否讲得通希腊人给塞托斯·拉美西斯取名为埃古普托斯

---

① Δαναος ο πεντηκοντα θυγατερων πατηρ
Ελθων εις Αργος, ωκησεν Ιναχου πολιν.
Πελασγιωτας δι' ονομασμενους το πριν
Δαναους καλειθαι νομον εθηκεν.
（"50个女儿的父亲达那俄斯来到了阿尔戈利斯，居于伊那科斯（Inachus）城，命令以前叫作皮拉斯基人的人们从此以后使用达那俄斯人（Danaens）的名称。"）
欧里庇得斯：《阿吉劳斯》（Archelaus）。多部抄本在第二首诗中写作 Ωκισεν（bâtit），但应该写成 Ωκησεν, habita。

② 曼涅托，由约瑟夫斯（Flavius Josephus）引述，见《驳阿庇昂》；卷一，§15。

呢？又或者只是他们对达那俄斯生平事迹不了解的后续行为呢？后一个可能性似乎更大；人们自然能够想到，由于希腊人并不知道把达那俄斯驱逐出国的埃及国王名称，所以他们把其统治国的名称给了这个国王，之后他们又认为是王国从国王那儿获得了 Αιγυπτος 的名称。我们虽然认同这一推测，但仍然需要找出这个名称的起源。

词典学家赫西基奥斯（Hésychius）似乎为我们揭开了这个国家被称作 Αιγυπτος 的原因。他说道①："Αιγυπτος, ο Νειλος ο ποταμος. Αφ'ου και η χωρα υπο των νεωτερων Αιγυπτος εκληθη"，意为 "埃古普托斯，尼罗河，河流。由于这条河，近来人们把它灌溉的地区称作埃及"。荷马可以被视作我们最早了解的古希腊作家。事实上他只以 Αιγυπτος 之名谈及尼罗河。② 由于忽视了这一点，人们错误地解释了荷马的一些选段，所以从中得出了一些错误的结论。再者，整个古代文化都公认 Αιγυπτος 是尼罗河的名称。③

埃及并不是希腊人用河流之名命名其流经国家的唯一例子。同样地，印度广阔陆地的名字来源于"印度河（Indus）"，这条河环绕其西部地区。

许多现代作家想要给出单词 Αιγυπτος 的词源，其中大部分人都沉醉于自己的想象之中。首先需要解决的难题便是确定这个单词究竟是埃及语还是希腊语；而答案就是，一些人把这个单词看作希腊语，另一些人则认为这个单词是由埃及语派生而来。

在认为其属于希腊语的人中，有人认为这个单词意指"科普托斯（Coptos）的国家"，原因在于 "αια" 经常被希腊人用来代替 "γαια 或者 γη，土地（terre）"④。并且从 "γυπτος, Gyptos" 中，人们能够

---

① 词典学家赫西基奥斯，词条 Αιγυπτος。
② 见荷马作品。
③ 拜占庭的艾蒂安，Αιγυπτος και χωρα και ο ποταμος，词条 Αιγυπτος。
④ 人们也从 "αια（土地）" 和 "γυπτος（科普特）" 中派生出了 Αιγυπτος，也就是指"科普特人的土地"。

很容易地拼出"Coptos（科普托斯），Κοπτος"。①但即使认同接受这个牵强的词源，在我们看来，似乎还是能够提出推翻该词源的反对意见的。

首先，既然Αιγυπτος这个名称最初属于尼罗河②，且由于某种滥用，之后又用来指埃及，所以不能将其解释为"科普托斯的土地（terre de Coptos）"，因为"土地（terre）"这个名称完全不适用于一条河流。其次，科普托斯是上缇巴依德的一个城市，因此它的名称很晚才为希腊人所知晓。因为该民族最早去埃及游历的人中，大部分只进入了孟菲斯，也就是在科普托斯下方将近100古里处。最后，如果希腊人想要从这个著名地区的城市名称中派生出埃及的名称，那么毫无疑问他们本该选择下埃及的一个城市，因为这对他们来说更为熟悉，或者选择荷马时代已然在希腊人之间享誉盛名的"百门之都"大底比斯的名号。

其他作者认为希腊人想要暗示埃及居民黝黑的肤色，所以给这个王国取名Αιγυπτος。根据他们的观点，这是从Αιγυπιος派生而来；Αιγυπιος是一种黝黑的秃鹫。这个奇怪的词源不值得去驳斥，只是我们观察到它并没有考虑到Αιγυπτος中作为词干的τ。③

由于人们总是更多地赋予单词Αιγυπτος与这个国家本身或者其居民相关的意义，而非与它最初所属的尼罗河相关的意义，因此所有这些词源并不尽如人意。

一些语文学家在他们的研究中拓宽了领域，而不只局限于希腊语或者埃及语。尽管这个单词必然属于这两种语言中之一，他们还是借助了不同于这两个民族的外邦语言。对此我们将只引用两个例子。著名的古德·杰柏林（Court-de-Gebelin）——可惜其渊博的学识受制

---

① 威尔斯（Wells）:《旧约中的乔治》(*Geogr. of the old Test.*)，第二卷，第5页。
② 上述引文出自赫ться基奥斯。
③ 希腊人通过动词"Αιγυπτιαζειν, égyptianiser"创造出了这个名称，也就是指"做得不好，带着欺骗和奸诈去做"，他们以埃斯库罗斯的诗歌为基础，由拜占庭的艾蒂安引用内容如下：Δεινοι πλεκειν τοι μηχανας Αιγυπτιοι. Acres nectere machinas AEgyptii.

于一种过分倾向于偏执想法的思想——认为单词 Αιγυπτος[①] 是由希腊语 αια 和来源于东方语言的词根 cup 或者 copi[②] 构成的，根据他的观点，αια 意指 "水"，cup 或者 copi 意为 "黑色"。由此，一些作者认为 Αιγυπτος 的意思是 "遍布黝黑之水的国家"。把分属于两种不同语言的单词组合成一个新单词，仅会使这个词源失去任何理论根据。

因其语史学研究而出名的勒·布里冈（Le Brigant）对于埃及的希腊语名称之构成有奇特的见解。他同样忽略了希腊语和埃及语，而是从下布列塔尼语派生出了单词 Αιγυπτος。根据他的观点，希腊人只是通过使用词干 Écou-é-vet 来构造这个单词，Écou-é-vet 的意思是 "藏匿水下之物（ce qui est caché sous les eaux）"。诚然，即使希腊人说下布列塔尼语，Αιγυπτος 和 Écou-é-vet 还是有天壤之别。

当欧洲学者们对科普特语有一些概念，并且公认这门语言是因大量希腊语单词的混合而被讹用的古埃及人语言之时，语史学家们已在该语言中寻找埃及各地和诸神祇名称的意义。他们的研究并没有遗漏单词 Αιγυπτος。维希耶·拉克罗兹跟保罗·欧内斯特·雅布隆斯基交流过其关于科普特语的认知。借助于一份包含极少量埃及语单词的词汇汇编，保罗·欧内斯特·雅布隆斯基自认为能够重现埃及诸神祇名称的正确拼写方法，并从中发现当时的学者和考古学家未知的意义。有时候他成功过。但更为常见的是，他被自己的想象引入歧途，从而把简单的推测当成确凿的事实。有时候为了使埃及语名称更接近他的解释，他甚至改动了希腊人记载的埃及语名称的拼写方法；他从埃及语中得出 Αιγυπτος 的词源将证实这一点。

他认为希腊人从 Ηιχωφθαω（Eichôphthasch）中构造了他们的 Αιγυπτος。[③] 这是由雅布隆斯基用埃及语单音节词 "Ηι，maison，demeure（房屋，住宅）"，"χω，mundana（世俗的，人间的）"以及 "φθαω"——他认为是火神伏耳甘的埃及语名称所构造的一个单

---

① 《希腊语词源学词典》（*Dictionnaire étymologique de la langue grecque*），第 255 页。
② 我们不知道他从何种东方语言中得出了这个词根。
③ 雅布隆斯基：《小册子》。

词。但这在我们看来，要得到"domus mundana Vulcani"，意为"伏耳甘人间的住所（demeure terrestre de Vulcain）"，冠词应该在需要冠词的单词之前，所以应该是 ⲡⲓⲏⲓⲭⲱⲛ̀ⲫⲑⲁⲱ（Pièichôanphthasch），或者至少是 Ⲏⲓⲭⲱⲛ̀ⲫⲑⲁⲱ（Eichôanphthasch）；缺少了表示所有格的冠词 ⲛ̀ 或者 ⲙ̀，便无法赋予雅布隆斯基构造的这个单词任何意义。拉克罗兹的《埃及语词典》中① 用 "ponere, dimittere（释放，让与）"，"habere（有，持有）"，"remittere（返回，报答）"，而不是用 "mundanus（世俗的）"或者 "mundana（人间的，世俗的）"来解释作为词干的单音节词 "ⲭⲁ（Cha）"，"ⲭⲱ（Chô）"。此外这个单词与埃及语言的规则不相符。因为在埃及语中，任何一个单音节词几乎总是一个动词，并且通过冠词或通过小品词修改这个词根时，便派生出了其所有的意义；而形容词的构成则通常是增加 ⲛ̀ 或者 ⲙ̀，抑或增加 ⲉⲧ 或者 ⲉⲑ 构成。如此，例如意为 "voir（看见）"的埃及语词根 "ⲛⲁⲩ"，加上阳性单数的冠词 ⲡⲓ 构成了单词 "ⲡⲓⲛⲁⲩ, vision（视觉，看法），即'看的行为（l'action de voir）'"，加上 ⲉⲑ 构成了形容词 "ⲉⲑⲛⲁⲩ, voyant（有视力的，能看到的），即'视者（celui qui voit）'"。词根 "ⲟⲩⲁⲃ, être saint（为圣）"加上 ⲉⲑ 构成了形容词 "ⲉⲑⲟⲩⲁⲃ, saint（神圣的）"。单词 "ⲛⲟⲩⲃ"和 "ⲃⲉⲛⲓⲡⲓ"，即"or（金）"和"fer（铁）"通过增加字母 ⲛ̀ 和 ⲙ̀ 变成了形容词 "ⲛ̀ⲛⲟⲩⲃ, Annoub, doré（镀金的）"和 "ⲙ̀ⲃⲉⲛⲓⲡⲓ, Ambênipi, ferré（包铁的）"。

根据这些语法规则，仍假设词根 ⲭⲱ 适用于把这个形容词解释为 "mundanus（世俗的）"，那么用来表示 "mundanus（世俗的）"或者 "mundana（人间的，世俗的）"的 ⲭⲱ 应当是以 ⲉⲑⲭⲱ、ⲛ̀ⲭⲱ、和 ⲙ̀ⲭⲱ 的形式出现的；但是这个词根绝对是指 "ponens（放置），habens（有），dimittens（离开），或者 remittens（免除）"。也可能是雅布隆斯基利用词根 "ⲭⲏ（chi 或者 ché），esse（是），manere（保持、

---

① 我们在皇家图书馆中查阅的任何孟菲斯语或者底比斯语词汇汇编中，都没有找到单词 ⲭⲱ 有 "mundanus, 世俗的"意思。

留下）"赋予了 xω 以"mundanus（世俗的）"的意思；然而根据 XH 和 xω 的意思，它们是被严格区分的两个词根。在这种情况下，不能使用适合于科普特语的元音对换规则；并且，其形式也总是错误的。

雅布隆斯基在一篇于 1748 年出版的长论文①中竭力证明，希腊人拼写成 Φθα 的神祇之埃及语名称用埃及语书写就是 φθαω。这也收录在他 1750 年出版的《埃及万神殿》中。因此在谈到 Αιγυπτος 的词源时，他采用了这个写法，写作 Ηιχωφθαω。我们仅需要介绍罗塞塔石碑上多次②出现了 ηγαπημενος υπο του Φθα，即"卜塔③的心爱之人（le bien aimé de Phtha）"——授予托勒密五世的荣誉头衔这一权威内容，便足够推翻雅布隆斯基的推测，因为这个单词写成了 Φθα，而不是 Φθας，而雅布隆斯基若要自圆其说，这个单词就应该写成 Φθας④。

阿拉伯人给古埃及人的后代所取之名，我们写成 Copte 或者 Cophte⑤的名称 Kobthi 与 Αιγυπτος（Ai-gypt-os）十分相似。众多语史学家们为此一致性而感到震惊，展开了大量的研究工作，从而证明一个单词是来源于另一个单词。但是一些作者提出了与他们观点相左的起源，我们将对这些不同的观点展开研究。

阿拉伯作家们认为科普特人的民族同样被称为科布斯（Kobth）。科布斯是麦西（Messraïm）的儿子，麦西是含（Cham）的儿子⑥，含是大洪水⑦后埃及的国王之一。阿拉伯民族的其他历史学家们则认为科布斯是拜德尔（Baidher）⑧的儿子。拜德尔（Baidher）是含的儿子，

---

① 《新莱比锡科学进步丛刊》（*Miscellanea Lispsiensia nova ad incrementum scientiarum*），弗里德·奥托·芒克尼奥（Frid. Otto Menckenio）编，莱比锡，1748 年版，第六卷，第 236 页及以下。

② 希腊语原文，第 4、8 和 9 行。

③ 译注：Phtha，为创造之神。

④ 在本书将要阐述的埃及神学部分，我们将会再度谈到雅布隆斯基的这个词源。

⑤ 埃及委员会（La Commission d'Égypte）在其编撰工作中把这个单词拼写成 Kopte。蓝歌籁先生将它写成了 Qobthe。

⑥ 译注：《圣经·创世记》中诺亚生了 3 个儿子：闪（Sem）、含（Cham）、雅弗（Japhet），含的儿子则是古实（Cusch）、麦西、弗（Puth）和迦南（Canaan）。

⑦ 译注：大洪水是指《圣经·创世记》中所指的关于诺亚方舟的故事。

⑧ 译注：原著中前后文不一致，出现了 3 种不同的写法，另外两种是拜达尔（Baidhar）和白一德 Baïdher。

含是诺亚（Noé）的儿子，阿什姆恩（Aschmoun）、阿特利布（Atrib）和萨（Ssa）的兄弟。在他们的父亲去世后，他们每个人都想接替父位①，科布斯由于不满足于父亲在兄弟间平均分配的埃及领地，随后和三兄弟展开了一场血雨腥风的战斗。科布斯大获全胜，统治了埃及全境，并将自己的名字赐给了埃及②。这一说法与希腊人认为国王埃古普托斯把自己的名字赐予子民的说法不谋而合。

旺斯莱布（Vansleb）于1672年和1673年游历埃及，他在《埃及叙述》(*Relation de l'Égypte*)③ 中果断采用了这个观点，肯定了希腊人口中与王国同名为 Αιγυπτος 的君主就是这个国王科布斯。但是由于这一观点毫无真实性可言，简直就是无稽之谈。

著名的梭默斯（Saumaise）认为④科普特人从城市科普托斯中获取了他们的名称，他们曾把皇帝戴克里先围困于此，形成长期对峙。但名称 Copte（科普特人）或者 Kobthi（科布提人）仅仅在阿姆鲁·本·阿斯（Amrou-ben-al-Ass）⑤攻占埃及后，也就是在戴克里先去世很久以后⑥，才被用于表示埃及的基督教徒，由此上述观点不攻自破。另外，"科普特人（Copte）"这个名称不仅仅适用于"最初的埃及人（Égyptiens d'origine）"，还适用于"努比亚人（Nubiens）"和"哈巴什人（Habbaschi）"又叫"埃塞俄比亚人"⑦，他们都是雅各比派的基督教徒。因而这与梭默斯的看法似乎也是互相对立的。

---

① 见前文，原著第一章，第64页（此处指边码，下同），注释1。

② 塔基·埃顿·阿罕默德（Taky-eddin-Ahhmed），绰号马基兹（Elmakryzi），生活在公元15世纪。

③ 《新埃及叙述》(*Nouvelle relation de l'Égypte*)，巴黎，1677年版，第5、6页。他在同年出版的《亚历山大里亚教会史》中更新了《埃及叙述》。

④ 《梭默斯书信》(*Salmassi Epistolæ*)，第100页等。——基歇尔：《科普特初探》(*Prodromus Copticus*)，第7页。——图基（Tuki），第3页。

⑤ 译注：原著前文（第55页）写作 Amrou-ben-Alâs。

⑥ 卡特勒梅尔：《关于埃及语言和文学的研究》(*Recherches sur la langue et la littérature de l'Égypte*)，第29、30页。

⑦ 勒诺多：《亚历山大祖先的历史》(*Historia Patriarcharum Alexandrinorum*)，第163、164页。

第二章　埃及的名称

都伯纳（Dubernat）神父[①]提出了科普特人名称的另一个起源。他认为这个名称来源于希腊语动词"κοπτω（切、割）"，且希腊人给埃及的基督徒取名"κοπτοι［被切割的人（coupés）］"，因为他们有给孩子行割礼的习俗。似乎都伯纳神父是从《论伊希斯和奥西里斯》中获得了其词源的最初想法。在论述中，普鲁塔克也根据"κοπτω"派生出了城市科普托斯的名称，因为在奥西里斯去世后，他的配偶伊希斯在这个地方自己"剪断（coupa）"了头发。但似乎是阿拉伯人最早给埃及的基督徒取名为科布斯人（Kobthes），而由于他们的异端邪说，古希腊人称他们为雅各比派成员。这就推翻了第二种假设。

对科普特语感兴趣的学者们最常采纳的[②]是学者勒诺多的观点。他认为[③]并力求证明单词"Copte"只是埃及单词"Αιγυπτος"之讹用。如果注意到这两个单词间的关系，并通过删除音节 αι[④]和仅为希腊语词尾的 ος，就得到了 Γυπτ。这个单词本质上与"Copte"并没有不同，因为埃及语字母表中并没有字母 Γ，于是科普特人用 K 代替了这个字母，从而得到了 Κυπτ，阿拉伯人则将其写成了"Kobth，科布斯"，这是由于他们并不知道 π，P 的发音，而用 B 或者 F 代替了它，就像"Batoulmious，Afeltoun 或者 Aflatoun"一样，均是对名字"Ptolémée，托勒密"和"Platon，柏拉图"的讹用。如果采纳单词"Copte，科普特"这一词源，那么也应当接纳希腊人关于国王埃古普托斯（Αιγυπτος）的说法，以及阿拉伯人关于拜德尔[⑤]的儿子科布斯（Kobth）之观点；但对勒诺多神甫的观点我们应当在此介绍一些相关的评论，他的观点表面上看起来相当可信，也赢得了许多值得推崇的

[①] 卡特勒梅尔：《关于埃及语言和文学的研究》，第 31 页。——《传教会文集》(*Mémoires des missions*)，第 11 卷，第 13 页。

[②] 卡特勒梅尔：《关于埃及语言和文学的研究》，第 31 页。

[③] 按照雅布隆斯基的说法，如果是从埃及语"ΗΙ，住所"派生出 αι，那么人们能够用"科普特人的住所"解释埃及的这个名称；但这是不可能的。

[④] 勒诺多：《东方礼拜仪式集》(*Liturgiarium orientalium collectio*)，第一卷，第 113 页。

[⑤] 译注：原文前后不一致，出现了 Baidhar，Baidher 和 Baïdher 3 种不同写法，此处原文采用了 Baïdher 的写法。

学者们的支持。

要采纳该词源，就必须驳斥赫西基奥斯（Hésychius）浮于表面的证据。他向我们介绍，名称 Αιγυπτος 最早属于尼罗河，而结果人们把它当作埃及。之后，阿拉伯人把名称科普特用来指埃及的基督徒，但似乎这个名称在科普特人之中并没有得到使用，至少在我们有幸翻阅并摘录的大量埃及语抄本中未曾读到这个名称。皇家图书馆唯一的底比斯方言抄本向我们展示了单词 Κγπτοɴ[①] 中希腊语名称 Αιγυπτος 被篡改的痕迹。[②] 但甚至这份词汇汇编的作者都没有注意到，他错误地拼写了作为埃及专有名称的 Αιγυπτος，并将其用于指孟菲斯，因为他用发音是 Memvé 的科普特语单词 Ⲙⲉⲙⲃⲉ 来翻译这个希腊语单词，但这也只是埃及语名称"Ⲙⲉⲙ̀ϥⲓ 或者 Ⲙⲁⲙ̀ϥⲓ，Mamfi，locus bonus（好地方）"——即埃及帝国第二大城市名称的讹用。仿照了这两个埃及语名称并解释了这两个名称的阿拉伯语单词 M SS R 本身也符合这个翻译，因为如果把它读成 Massr，它就表示埃及的首都，并且如果在 M，mim[③] 下方加一个 kesra[④]，读作 Missr，就指埃及。尽管如此，我们认为介于希腊语单词和阿拉伯语单词之间的科普特语名称 Memphis，有助于证实我们的推测。

但是我们可以引用埃塞俄比亚语名称"Gybzy（埃及）和 Gybzaoui（埃及的）"，来支持"科普特（Copte）"是由 Αιγυπτος 派生出来的观点。不过这两个单词可能是由阿拉伯语 Kobth 所构成的。同样地，亚历山大里亚的埃塞俄比亚语名称 Iskindiria 也只是阿拉伯语 Iskanderiah 的一个变体。

然而，如果认为单词 Copte 是从希腊语 Αιγυπτος 派生而来，而这一希腊语单词来源于埃及，因此它是古埃及人用来表示其祖国的，那么我们能够以一种不容置辩的方式来证明埃及人从来没有给他们的国

[①] 译注：转写为 Kupton。
[②] 科普特—底比斯语抄本，44 号，第 80 页正面。
[③] 译注：此为阿拉伯语发音。
[④] 译注：kesra 为阿拉伯语音符的发音。

家取过这个名称。鉴于此，我们将引用普鲁塔克的相关证据，他使我们了解到埃及人认知中的埃及的名字不同于Αιγυπτος，并且普鲁塔克给出的这个名称，是唯一在《圣经·旧约》和《圣经·新约》的所有埃及语版本以及所有用埃及语写成的经卷中都用来表示埃及的名称。

但是在介绍埃及真实的名称及其意义之前，我们认为有必要分析由希腊人、腓尼基人、希伯来人、阿拉伯人和古波斯人给这一地区取的其他名称。

在大量的名称中，或者更确切地说在大量希腊人表示埃及的修饰语中，有许多是从希腊人关于这个国家的传统观点中获得其来源的。比如根据他们的观点，Αερια[①] 和 ποταμιτις 或者 ποταμια[②] 是从"埃及之父"柏罗斯（Bélus）之妻的名字派生而来[③]。但是人们有理由相信，埃及得名波塔米亚（Potamia）是因其十分著名的河流（ποταμος）。埃及也以 Αετια 的名称为人所熟知。拜占庭的艾蒂安谈到，埃及之所以得名 Αετια，是因为一个叫作艾拓思（Aétos）的印度人，και Αετια απο τινος ινδου Αετου。这个解释其实不攻自破。我们相信就像 Αιγυπτος 一样，埃及 Αετια 的名称是从尼罗河的名称派生而来，根据西西里的狄奥多罗斯的观点[④]，很久以前尼罗河因其迅捷的流速被称为"Αετος，Aigle，老鹰"。

由于埃及的历史要比希腊早好几个世纪，并且这个国家是最早有居民的国家之一，于是希腊人也给它取了 Ωγυγια 的称号，意思是"古"。这个单词是形容词"Ωγυγιος，ogygéen，俄古革斯（Ogygès）时期的人（qui est du tems d'Ogygès）"的阴性形式。希腊诗人用这个词来表示极其古老的、可以追溯到俄古革斯时期的东西。在那个时代发生了以其名称命名的大洪水，对于希腊人来说，这是他们历史上最遥远的时代；所

---

① 拜占庭的艾蒂安：《论城市和人民》。
② 尤斯塔斯，由狄奥尼修斯·佩里盖特引述，诗，239（Eustathe, apud Dionysius Periegetes. Vers. 239）。——上述引文出自拜占庭的艾蒂安。
③ 拜占庭的艾蒂安。
④ 西西里的狄奥多罗斯，卷一，第17页。

以他们称埃及为 Ωγυγια，如此便赋予了它一个很古老的概念。

埃及还有 Hφαιστια 的称号，即"赫菲斯托斯（Héphaistos）的土地（la terre d'Héphaistos）"，赫菲斯托斯就是罗马神话里的伏耳甘。造物神的埃及语名称是卜塔（Phtha），希腊人则把这个名称用于他们的 Hφαιστος，赫菲斯托斯。如果这个希腊语称号是从埃及语翻译而来的，那么它应当是"ⲡⲁϥϯ（Paphti）"或者"ⲡⲁϥⲛⲟⲩϯ（Paphnouti）"① 的同义词。这些单词意指"属于神的人 / 物（celui qui appartient à Dieu）"。它们被用于替代"ⲡⲓⲕⲁϩⲓ ⲛ̀ⲛⲟⲩϯ② （神的国土，神的国家）"以及"ⲡⲓⲣⲱⲙⲓ ⲛ̀ⲛⲟⲩϯ③（神的人）"，底比斯方言就是 ⲡⲕⲁϩ ⲛ̀ⲛⲟⲩⲧⲉ④，ⲡⲣⲱⲙⲉ ⲛ̀ⲛⲟⲩⲧⲉ⑤⑥。

这个埃及语名称和我们的形容词"divine（神的）"相对应，埃及可能曾经有过这个名称，因为似乎神本身乐于把他所有的恩典都给予埃及。并且似乎尼罗河是以一种奇妙的现象即其周期性的泛滥灌溉了埃及。如果没有尼罗河的涨水和尼罗河本身，这个如此绚丽富饶的国家将只是一片巨大的沙漠。知恩图报的埃及人一直对这一恩典不胜感激，于是把它与名为卜塔的神祇联系起来。希腊人根据这一神名创造了别名 Hφαιστια，因为他们认为他们的赫菲斯托斯（Hφαιστος）就

---

① 这个名称也被许多科普特圣人使用。由这个名称，人们创造了圣·彭诺许（saint Paphnuce），Paphnutius。《神甫帕内斯尼夫（Panesniv）的殉难》中谈到了一个名叫 ⲡⲁⲡⲛⲟⲩⲧⲉ（Papnouté），彭诺许（译注：此为科普特语名称。）的执事，在底比斯方言中这个名字与孟菲斯语 ⲡⲁϥⲛⲟⲩϯ 相对应：ⲛ̀ϭⲓ ⲁⲡⲁ ⲡⲁⲡⲛⲟⲩⲧⲉ ⲡⲇⲓⲁⲕⲟⲛⲟⲥ ⲙ̀ⲡⲃⲟⲟⲩ，"彭诺许神甫，圣·帕科缪（saint Pakhôm）建立的波乌（Pboou）修道院的执事"。科普特语抄本，梵蒂冈藏书 59 号，包含《圣·彭诺许（saint ⲡⲁϥⲛⲟⲩϯ, Paphnouti）的殉难》。

② 译注：转写为 pikahi annouti。

③ 译注：转写为 pirômi annouti。

④ 译注：转写为 pkah annoute。

⑤ 译注：转写为 prôme annoute。

⑥ 神的人，是科普特语书中经常出现的用于表示一个圣人的称号。例如，在曼加莱利出版的抄本之底比斯语第 9 部分中，有如下一段话："ⲡⲣⲱⲙⲉ ⲇⲉ ⲙ̀ⲡⲛⲟⲩⲧⲉ ⲁⲡⲁ ⲡⲁϩⲱⲙ ⲁϭⲙ̀ⲕⲁϩ ⲛ̀ϩⲏⲧϥ̀ ⲙ̀ⲡϩⲱⲃ ⲱⲁϩⲣⲁⲓ ⲉ̀ⲡⲙⲟⲩ"，意为"为此，神的人阿帕·帕缪（Apa Pahom）（孟菲斯语为 Pakhôm, 帕科缪）至死都很悲伤。[à cause de cela, l'homme de Dieu Apa Pahom（Pakhôme en Memphitique）fut attristé jusques à sa mort]"。曼加莱利，第 235 页。

是埃及的卜塔。

Ερμοχυμιος（Hermochymios）是埃及的另一个别名，希腊人可能是从埃及人那里拿来了这个名称。托马斯·德·皮内多（Thomas de Pinédo）在他关于拜占庭的艾蒂安的作品①评述中认为，拜占庭的艾蒂安提到了墨丘利（Mercure）和含（Cham）的名字。但是单词赫尔墨斯（Hermès）是希腊语，不应当存在于一个埃及语单词中，并且由于并不确定埃及人之前已经知道了诺亚之子含的名称，因此应该把这个名字看作埃及的埃及语名称 Chymi，也就是科普特人的 Χнмι（Chimi）。整个单词 Ερμοχυμιος 在我们看来没有任何意义。

Μελαμβολος 也是埃及的一个名称。②在希腊人看来，它表示"一个土块颜色是黑色的国家（un pays dont les mottes de terre sont noires）"。下文将会谈到，这个修饰语是埃及真正名称的准确翻译。介绍完拜占庭的艾蒂安认为腓尼基人把埃及称为 Μυαρα（Myara），我们也就完成了这一地区的希腊语名录。并不令人感到惊讶的是，抄写者们讹用了这个单词，它最初是拼写成 Μυσρα，Mysra，同之前东方人民为埃及所取并沿用至今的名称 Missr。

众所周知，东方人有一个可以追溯到古老时代的习俗，即一个民族极少给邻邦人民取真实的名称，而通常是从自己的语言或者传统中选取一个名称。这种习俗如今仍然存在。例如，波斯人称鞑靼人为"土兰人"（Touraniens）。因为根据他们的历史，菲利顿（Féridoun）[又名特勒特诺（Trethnô）]之子图尔（Tour）征服了位于质浑（Dgihoun）河[又叫乌许斯（Oxus）河]③另一边的鞑靼，从而将鞑靼人纳入了自己的帝国统治。

由于这个事件，波斯人在给鞑靼人的国家取名"Touran（土兰）"

---

① 拜占庭的艾蒂安：《论城市和人民》，阿姆斯特丹，1678 年版。
② 拜占庭的艾蒂安：《论城市和人民》，第 38 页。
③ 质浑河/乌浒河。（译注：即今土库曼斯坦境内的阿姆河，汉代音译为妫水，唐代音译为乌浒河，阿拉伯语和波斯语叫质浑河。）

或者"图尔之国（pays de Tour）"的同时，也保留了鞑靼人"土兰人"的称号。阿拉伯人也同样收到了古波斯人给他们取的一个特殊名称，就是"塔兹人（Tazians）"，因为他们认为阿拉伯人起源于国王凯奥莫茨（Kaiomortz）的后裔塔兹（Taz）及其姐妹塔泽（Tazé）。而阿拉伯人如今称波斯为 Adjem，但其真正的名称是法尔斯（Fars）。在阿拉伯人这里，现代埃塞俄比亚人也有一个特殊的称呼。他们被称为 Habbaschi，而他们的国家被称为 Habbasch：这两个阿拉伯语单词的意思是"不同民族的混合（mélange de diverses nations）"；但自称 Aythiopaoui 的埃塞俄比亚人则认为它们带有侮辱的意思。埃及人似乎也仿照了这个习俗。因为他们用底比斯方言称埃塞俄比亚为 ⲚⲈⲤⲞⲞⲰ（Nesoosch），用孟菲斯方言称其为 ⲚⲒⲈⲐⲀⲨⲰ（Niethausch）①或者 ⲠⲔⲀϨⲚⲚⲤⲞⲞⲰ（Pkahannsoosch）②。在科普特语词汇汇编中，印度的名称是 Ⲥⲟⲫⲓⲣ③④，这似乎同于希伯来人的 Ophir。这些词汇汇编中还出现了阿拉伯语名称 Hind（印度）的科普特—底比斯语或者沙希地语（Sāïdi）形式 ⲠϨⲈⲚⲦⲞⲨ（P-hendon）⑤，而在孟菲斯语或者巴伊利语（Bahhiri）中则写作 ⲠⲒϨⲈⲚⲦⲞⲨ（Phihendou）⑥。我们还将提到"努比亚"的名称，它来源于埃及语，我们之后会展开介绍。

这种给邻邦人民冠以专有名称的习俗在世间大多如此。这个结论适用于埃及，也适用于我们刚刚谈论到的其他地区。

希伯来人所熟知的埃及名为 Messraïm 或者是 Missraïm，而阿拉伯人如今仍然将其称为 Missr。这两个名称看上去有着相同的来源。希伯来人认为埃及是由 Messraïm 得名。Messraïm 是在大洪水后在埃及繁衍生息的含之子；而根据阿拉伯人的观点，埃及是因 Missr 得名，

---

① 《圣经·诗篇》，六十七，31。
② 底比斯语抄本，皇家图书馆，古藏书，44号，第79页反面。
③ 科普特语抄本，圣日耳曼藏书，17号，增刊，第193页。
④ 译注：应转写为 Cophir。
⑤ 科普特—底比斯语抄本，皇家图书馆，46号。
⑥ 科普特语抄本，皇家图书馆，圣日耳曼藏书，17号，增刊，第193页。

Missr 是含之子 Merraïm 的儿子，含则是诺亚的儿子①。

这些东方说法并没有妨碍人们去寻找这两个单词的起源和意义。一些作者把 Missraïm 视为 Missr 的复数，或者是双数②。那么在这个情况下，人们应当把它翻译成"两个 Messr（les deux Messr）"，也就是上埃及和下埃及。但这种解释是十分轻率的。

我们还在希伯来文本中发现了 Massour 或者 Matzour 被用于代替 Messraïm③，并且根据犹太教士金持（Kimchi）的观点，这两个名称是同义词，因此人们认为埃及得此名是源于其自然的力量；由希伯来语词根 Ssour 或者 Tsour 派生出来的单词"Massour，强大的地方（le lieu fort）"之所以被用来表示埃及，是因为海洋和沙漠包围了埃及，从而给埃及周围提供了防御。腓尼基人称为 Ssour 的提尔城（Tyr），其名称也是从同一个词根派生而来。其得名也似乎是因其优越的地理位置，根据古希腊历史学家的记录，这座城市的保护神是大力神赫拉克勒斯（Hercule）。

xop（Sjor）或者 xωp（Sjôr）是属于埃及语的一个单音节词，它也同样具有"强大"之意④。从而人们也可以从埃及语"Ϻaxop（Masjor）"或者"Ϻaxωpι（Masjôri），locus fortis（强大的地方）"派生出 Massour。但单词 xop 是否来源于埃及语，或者是否由科普特人从希伯来人那里借鉴了这个词呢？我们无法确定，只能肯定地说 Missr，Massour 和 Messraïm 是东方民族，比如希伯来人、亚述人和阿拉伯人给埃及取的名称。

---

① 阿布德·阿拉希德·巴库伊在他名为《阐述关于全能神（上帝）的奇迹的传统》[*Livre exposant les traditions sur les Merveilles du roi Tout-puissant（Dieu）*] 的地理学著作中如此介绍。他生活在伊斯兰教历元的 8 世纪和 9 世纪。

② 博沙尔（Bochart）：《神圣的地理》（*Geographia sacra*），第 258 页。

③ 《圣经·列王纪》，十九（译注：《圣经·列王纪》是《希伯来圣经》的一部分，原书用希伯来语写成，《圣经·旧约》和合本是依照希腊文译本将全书分为上、下两册，分割的界线大概是按篇幅的长短而定，并没有特殊的用意。）；《圣经·以赛亚书》，十九，6（译注：《圣经·旧约》中的一卷，共 66 章，本书执笔者是以赛亚先知）。

④ 《圣经·诗篇》七，11；十七，19 等。

法老统治下的埃及

阿拉伯语的 Missr[①] 或者更确切地说是 Massr 意指一个"都城（capitale）"，一个"大城市（grande ville）"，由此形成了双数的 Massrani 和复数的 Amssar，而单词 Massr 尤指埃及的都城。

波斯的古老居民也是通过特殊的名称认识了埃及。用巴列维语[②]写成的书 Boundèhesch 提到了帕西人的宇宙起源说，其作者称埃及为 Sapentos 的土地。我们并不知道其中的缘由，也不了解其根源。他还把埃及命名为 Messredj，而这并不是别的，正是加了巴列维语词尾的 Missr。

不管单词 Missr 的起源是什么，极有可能埃及人从来没有使用过这个单词。根据普鲁塔克的观点，埃及人称他们的国家为 Χημια。[③] 若删除希腊语词尾 α 则得到 Χημι，这正是所有宗教经典的埃及语文本和所有的科普特语抄本中都包含的单词 ⲬⲎⲘⲒ，即 CHÉMI 或者 CHIMI[④]。这就是埃及正且唯一的埃及语名称。

在孟菲斯方言中，人们说的是 ⲬⲎⲘⲒ（Chémi），在底比斯方言中，人们说的是 ⲔⲎⲘⲈ（Kémé 或者 Kimé）:"ⲉⲕⲥⲙⲟⲟⲥ ϩⲛ̀ ⲧⲉⲕⲣⲓ ⲕⲁ ⲟⲩⲣⲟⲉⲓⲥ ⲛ̀ⲧⲟⲟⲧⲕ ⲙ̀ⲡⲉⲣⲕⲁ ⲡⲥⲱⲙⲁ ϩⲛ̀ ⲧⲣⲓ ⲉⲣⲉ ⲡⲉⲕϩⲏⲧ ϩⲛ̀ ⲕⲛⲙⲉ"[⑤]，意为"当你坐在修道院的小单间里，请观照自己；你身在此处，心勿跑到埃及"。在哈里发法提米特·哈科姆·比阿姆里拉（Fathimite Hakem-Biamrillah）迫害埃及基督教徒期间，约瑟夫（Joseph）执事逃难至纳特龙（Natron）湖[⑥] 附近的圣·马凯尔修道院，在他抄本[⑦] 的一段摘要中记录了 ⲔⲎⲘⲎ（Kémé）。但这个单词的拼写有误不足为奇，

---

① 高里乌斯（Golius）（译注：高里乌斯是荷兰东方学者和数学家）《阿拉伯语—拉丁语词典》（*Lexicon arabico-latinum*），见词根 Massara。

② 译注：巴列维语又称钵罗钵语、帕拉维语，是中古波斯语的主要形式。通行于公元3世纪—10世纪，是萨珊帝国（226—652）的官方语言。

③ 普鲁塔克：《论伊希斯和奥西里斯》（*de Iside et Osiride*）。

④ 阿拉伯人将其读成并写成 Schimi 或者 Schima。

⑤ 《威尼斯那尼图书馆馆藏埃及抄本残片》（*AEgyptiorum codium repliquiae musaei Naniani*），选段十五，抄本第2页和曼加莱利作品的第331页。

⑥ 译注：即泡碱湖。

⑦ 科普特语抄本，皇家图书馆，梵蒂冈藏书，68号，第161页。

因为由艾蒂安·卡特勒梅尔[①]出版的该作者之完整作品，是用法尤姆省人所说的一种方言或者说是讹用了的埃及语书写而成，而约瑟夫执事正是来自法尤姆省。

埃及人的名称为 ⲢⲈⲘⲚ̀ⲬⲎⲘⲒ（Remanchimi），这是合成词：第一部分是单音节词"ⲣⲉⲙ，土著，居民"也可能是"ⲣⲱⲙⲓ，人"的缩写；第二部分是字母 ⲛ̀，所有格冠词；第三部分是埃及的名称 Ⲭⲏⲙⲓ；因此这个单词的意思是"埃及的人或者居民"（un homme ou habitant de l'Égypte）。以上述介绍的内容为基础，我们在此将引用《圣经·创世记》第三十九章的开头部分。它摘录自皇家图书馆保存完好的《圣经·旧约》科普特—孟菲斯方言抄本[②]："Ⲓⲱⲥⲉⲫ ⲇⲉ ⲁⲩⲉⲛϥ ⲉ̀ϩⲣⲏⲓ ⲉⲭⲏⲙⲓ. Ⲟⲩⲟϩ ⲁϥϣⲱⲡⲓ ⲛ̀ϫⲉ ⲡⲉⲧⲉⲫⲣⲏ ⲡⲓⲥⲓⲟⲩⲣ ⲛ̀ⲧⲉ ⲫⲁⲣⲁⲱ ⲡⲉϥⲁⲣⲭⲓⲙⲁⲅⲟⲥ ⲟⲩⲣⲱⲙⲓ ⲛ̀ⲣⲉⲙⲭⲏⲙⲓ ⲉ̀ⲃⲟⲗϧⲉⲛ ⲛⲉⲛϫⲓϫ ⲛ̀ⲛⲓⲓⲥⲙⲁⲏⲗⲓⲧⲏⲥ ⲛⲏⲉⲧ ⲁⲩⲉⲛϥ ⲉ̀ϩⲣⲏⲓ ⲉ̀ⲙⲁⲩ"，意为"因此他们（以实玛利人）把约瑟夫送往了埃及（Ⲭⲏⲙⲓ）。法老的宦官，祭司[③]首领波提非拉（Pétéphri 或者 Pétéphré）[④]，埃及人（ⲣⲉⲙⲭⲏⲙⲓ）[⑤]，他把约瑟夫从带其到这个国家的以实玛利人手中带走了"。罗塞塔石碑[⑥]的埃及语文本中也记了单词 ⲢⲈⲘⲬⲎ（Remchmè）。

根据 ⲬⲏⲘⲒ[⑦]，希伯来人构造了他们的"Artz-Kham"，含的国土（terre de Cham）。为了给这个词找个出处[⑧]并作出解释，他们把自己的传统与之关联，正如之前他们将其他民族的名称纳入认知时所采取的

---

① 在他的《关于埃及语言和文学的研究》中，第 248 页及以下。
② 科普特语抄本，古藏书，1 号。
③ ⲡⲉⲧⲉⲫⲣⲏ 的名称纯粹是埃及语，用来表示献身于太阳（ⲣⲏ）的人。
④ 希伯来文本记载的是 sser Hatabahhim，他是法老仆从或守卫的首领。拉丁文《圣经》写成 Pinceps exercitus sui。科普特语文本把波提非拉（Pétéphré）当作埃及国王智囊团的首领，因为 Μαγος 在希腊语中通常用来指"Sapiens，智者"。
⑤ 或者是 ⲣⲉⲙⲛ̀ⲭⲏⲙⲓ（译注：转写为 Remanchêmi。），正如在下面的经文中看到的。
⑥ 第 8、12 行。
⑦ 基歇尔在他《埃及的俄狄浦斯》中错误地拼写了 ⲬⲏⲘⲒ。他将其写成了 ⲬⲏⲘⲒⲀ；这极有可能是根据普鲁塔克得出的结果。他可能并不知道通过科普特语抄本便能发现自己的错误。
⑧ HAM（或者 Cham），含，直至今日，埃及人的语言中仍将 Aegyptus（埃及）称为 Ham（含）（à quo et AEgyptus usque Hodiè AEgyptiorum lingua Ham dicitur）。圣哲罗姆《创世记答问》（S. Hieronymus, *Questiones in Genesim.*）。

方式。

一些作者，其中包括本儒神父①，记载了名称 Xʜᴍɪ 不适用于整个埃及，而只适用于下埃及。但凡读过《殉教圣人名册》便足以驳斥这个观点，但确实又有一些语段似乎在某种程度上支持了这个错误的推测，比如下面这段话："ⲈⲂⲞⲖϨⲒⲦⲈⲚ ϨⲀⲚⲒⲞϮ ⲈⲨⲈⲚϨⲞⲦ ϩⲉⲛ ⲚⲒϢⲀϤⲈⲨ ⲚⲦⲈ ⲬⲎⲘⲒ ⲚⲈⲘ ⲚⲒⲪⲀⲒⲀⲦ ⲚⲈⲘ ⲚⲎⲈⲦⲀⲨϢⲰⲠⲒ ϩⲉⲛ ⲘⲀⲢⲎⲤ ⲚⲈⲘ ⲤⲞⲨⲀⲚ ⲚⲈⲘ ⲚⲒⲘⲀ ⲈⲢⲈ ⲚⲒⲢⲈⲘⲦⲀⲂⲈⲚⲚⲎⲤⲒ ϢⲞⲠ ⲘⲘⲀⲨ"，意为"在埃及（Xʜᴍɪ）和尼法伊亚特（Niphaïat）（利比亚，埃及邻邦）沙漠值得信赖的神父之中，在居住于马利斯（Maris，即缇巴依德）和斯旺（Souan）以及塔本尼西（Tabennési）等地区②值得信赖的神父之中"。由此可见，首先似乎克米（Chémi）、尼法伊亚特、斯旺和马利斯是相互独立的地区；但由于尼法伊亚特属于埃及［也就是克米（Chémi）］，斯旺位于马利斯或者缇巴依德地区，因此显然马利斯是克米［Xʜᴍɪ（Chémi）］的一部分，而整个埃及也就以此为名。

但在意义重大的罗塞塔石碑上，记载了这一事实最具说服力的证据，它推翻了认为 Xʜᴍɪ 只表示埃及部分地区而不是整个国家之名的观点。正如阿克布拉（Akerblad）先生所言，对于所有记载了 Αιγυπτος 的希腊语文本而言，相应的埃及语文本③中都写成了 Xᴍʜ（Chmé）④或者 Xᴍɪ，Chmi。因此毫无疑问，在埃及人看来，整个埃及名为 Xʜᴍɪ（Chémi 或者 Chmi）。至于这个单词在罗塞塔石碑上被拼写成 Chmi 是很容易证实的，单从该文物本身就能获取例证。似乎古埃及人忽略了许多元音字母，他们通常都省略不写。事实上人

---

① 本儒：梵蒂冈图书馆，《科普特语著作》(Monumenta coptica Bibliothecae Vaticanae)。
② 《罗西亚克历史》[原注：*Historia Lausiaca*，译注：此为拉丁语，是帕拉狄乌斯应拜占庭帝国即东罗马帝国皇帝狄奥多西二世的侍从 Lausus 的要求，于公元 418—419 年（一说 419—420 年）撰写而成的一部作品，主要讲述了早期的埃及天主教修道生活。]，科普特语抄本，皇家图书馆，64 号，第 156 页正面。
③ 我们用一个词尾 H 来识别这个单词，对此我们将在之后的解读中说明理由。
④ 见埃及语原文，第 1、7、8、11、12、13、19、21、23、29 行等。

们看到，希腊语名称 Πτολεμαιος、Βερενικης、Αλεξανδρος、Πυρρας 在罗塞塔石碑上的埃及语文本中被译作 Πτολγμηεος、Βρнηκες、ⲁлκⲥⲁⲛⲧⲣⲟⲥ 和 Πⲣⲉⲥ。在托勒密（Ptolémée）的名称中，埃及人删去了字母 o；名字贝雷尼斯（Bérénice）中缺少了两个 ε；在名字亚历山大（Alexandre）和皮拉（Pyrra）中，他们也分别省略了 ε 和 υ。底比斯方言似乎仍然保有这种古老习俗的痕迹，即在写元音字母和元音字母碰到一起的单词时，会删除元音字母（尤其是字母 ε）。例如，他们把 ⲥⲟⲗⲥⲉⲗ［orner, consoler（装饰、安慰、减轻）］写成 ⲥⲟⲗⲥⲁ，把 ⲉⲣⲙⲉⲓⲟⲟⲩⲉ 或者 ⲣⲓⲙⲉⲓⲟⲟⲩⲉ［les larmes（眼泪）］写成 ⲣⲙⲉⲓⲟⲟⲩⲉ，ⲥⲉⲙⲃⲟⲙ［rendre fort（使得强大）］写成 ⲥⲙⲃⲟⲙ，ϩⲉⲙϩⲉⲙ［cri, gémissement, bruit（叫喊声、呻吟、噪声）］写成 ϩⲙϩⲙ；ⲟⲗⲟⲙ 写成 ⲟⲗⲙ①。对于介词 ϩⲉⲛ、ϩⲉⲙ 也是一样，它们分别写成 ϩⲛ 和 ϩⲙ，相当于法语的"de, dans"。但是人们想到了在本来中间应当有一个元音字母的两个字母之间加上一条小横线。

我们要补充的是，可能由于古埃及人省略元音字母的这个习惯，才造成了他们在科普特语使用过程中大量的混淆。不管怎样，从这些论述中，我们完全可以得出严谨的结论，即 Χⲙⲏ（Chmi）的拼写是自然的、符合埃及语言特性的。

埃及人为祖国所取之名应当有一个意义。正如人们在所有东方民族中看到的那样，他们根据自己的居住地区，或者根据区域状况，或者根据相关的其他某种情况，得出国家的专有名称。对于第一次看到埃及的人来说，印象最深刻的是其土壤之外观。希罗多德说道②："埃及与任何国家都不像，既不像和它相邻的阿拉伯半岛，也不像利比亚，也不像叙利亚。埃及的土壤是黑土，干裂且松散，就像是尼罗河从埃塞俄比亚带来并通过其泛滥堆积起来的淤泥而形成的；众所周知，利比亚的土壤颜色更红，含沙更多，而阿拉伯半岛和叙利亚的土

---

① 《圣经·何西阿书》（Hosée），十，7。
② 卷二，12。

壤则是黏性更强，石头更多。"现代所有走遍埃及的旅行家们一致认可这位来自哈利卡那索斯（Halicarnasse）①的历史学家的结论。维吉尔（Virgile）在谈到这条河时，也谈到了尼罗河淤泥的这种黝黑色：Et viridem AEgyptum nigrâ fecundat arenâ（而借着黑色的泥土，将埃及变绿）；②也正是由于这个特点，埃及人称埃及为ⲬⲎⲘⲒ或者ⲬⲘⲎ。

事实上，人们发现在孟菲斯方言中ⲬⲀⲘⲈ③也写成ⲬⲀⲘⲎ④，在底比斯方言中写成ⲔⲀⲘⲈ⑤，意为"黑色的"；显而易见，埃及的名称仿照了ⲬⲀⲘⲒ和ⲔⲀⲘⲈ这两个单词的变化，因为在下埃及地区，人们用Ⲭ来书写埃及的名称，而在上埃及地区，人们则用Ⲕ来书写。此外，尽管很少使用到单词"ⲬⲀⲘⲎ（黑色的）"，但它对于保留埃及的埃及语名称之真实拼写方法来说已经足够了，因为它和罗塞塔石碑上的ⲬⲘⲎ相似，两者之间只有在ⲬⲘⲎ中缺少Ⲁ或者Ⲉ的区别，而我们已经解释过了省略字母的原因。

ⲬⲀⲘⲈ的所有派生词都和深色或者黑色有关；单词ⲬⲀⲘⲒ前加上埃及语中表示复数的冠词ⲚⲒ时⑥，意思就是"黑暗（les ténèbres）"。ⲬⲀⲘⲈⲢⲰϤ（Chamé-Rôf）⑦是一种昆虫的名称，它是由"ⲬⲀⲘⲈ，黑色的""ⲢⲰ，嘴，口"和人称代词"Ϥ，它"构成的，相应的法语单词的意思就是"有黑色嘴巴的⑧（qui a une bouche noire）"。我不知道古埃及人把它归为哪一类昆虫，总之，ϤⲎⲈⲦⲬⲎⲘⲒ的意思是"黑的（noir），

---

① 译注：位于卡里亚南部的古希腊城市，今土耳其境内的博德鲁姆。
② 维吉利乌斯（Vigilius，译注：维吉尔的拉丁语名字。）：《农事诗》，四，23。
③ 《圣经·马太福音》，五，36；《圣经·启示录》，四，5、12。
④ 科普特语抄本，皇家图书馆，梵蒂冈藏书，60号。
⑤ 本儒：《科普特语著作》，第10页。
⑥ 图基（Tuki）：《科普特语基本知识》（*Rudimenta linguoe copteoe*），4。
⑦ 《亚历山大的马卡里乌斯传》，科普特语抄本，博尔吉亚博物馆，由罗西引用，见《埃及词源》（Vita Macarii Alexandrini. Cod. Copticus musaei Borgiani，cité par Rossi，Etymologiæ ægyptiacæ）。
⑧ 埃及语单词ⲀⲐⲢⲰϤ，"哑的，不会说话的（皇家图书馆，科普特语抄本，梵蒂冈藏书，68号，第120页）"，也是以相同的方式构成的。这个单词在圣日耳曼藏书500号的科普特语抄本中也写成ⲀⲦⲢⲰϤ。

黑暗的（les ténébreux）"①。这些概念是确定的，但为了准确无疑地证明埃及的名称 ΧΗΜΙ 抑或 ΧΜΗ 或者 ΧΑΜΗ 意指"黑的（noir），黑色的（de couleur noire）"，我们在此将补充普鲁塔克的观点作支撑。他说："除此以外，埃及的整个国土都是非常黑的，埃及人把'眼睛的眼黑'称为'Χημι-α'。"事实上他们本可以说 ΠΙΧΗΜΙ ὶΒΑΛ（pichémi ambal）或者 ΠΙΧΗΜΙ ὴΝΙΒΑΛ（pichémi annibal），即"单眼的眼黑或者双眼的眼黑"。自然地，结论就是 ΧΗΜΙ 和 ΧΑΜΙ 是同义词。对于 ΧΑΜΗ 也是如此，记录在纸莎草上的一份希腊语抄本证明了这一点。该抄本发现于开罗正对面吉萨（Djizèh）附近一个被埋藏的箱子中，是令人尊敬的红衣主教艾蒂安·博尔吉亚（Étienne Borgia）丰富藏书中的一部分，并由肖（Schow）先生在罗马出版②。这个值得关注的抄本包含了公共工程中雇用的工人名字，这些名字几乎都是埃及语，比如 Παωφις，Αμασις，Παμουν，Πετουφις，用埃及民族语言拼写就是 ΠΑΟΥϤΙ，ὺΗCΙ，ΠΑΜΟΥΝ，ΠΕΤΟΥϤΙ，这些名字意指"Αγαθοδαιμονιος，献给仁慈的上帝，伊希斯的，阿蒙神（consacré au Dieu Bon, Isiaque, Amoun）"，或者更确切地说是指"Αμμωνιος，仁慈的人（le bon）"。在该人名列表中，我们发现了单词 Καμης，这不是别的，正是埃及语的"ΚΑΜΗ"或者"ΧΑΜΗ"，黑色（le noir）。

因此埃及的埃及语名称孟菲斯方言就是 ΧΑΜΗ，ΧΗΜΙ，底比斯方言则是 ΚΗΜε，或者更确切地说是 ΚΑΜΗ。这些不同的名称发音都是 Chémi 或者 Chimi③，实际上它们只是拼写方法有别，意思上绝无差异，都是我们说过的法语单词"noir, noire（黑色的）"的同义词。这个名称同样起源于埃及民族，这就是为什么古希腊人称埃

---

① 埃及也有 Ténébrosa 的名称，拜占庭的艾蒂安，单词 αερια。
② 《博尔吉亚博物馆纸草残片》(Charta Papyracoea musaei Borgiani)，罗马，1788 年版。
③ 法语单词"chimie，化学"就是由此而来。这门科学起源于埃及。古埃及人似乎已经成功地发展了这门学科。皇帝戴克里先让人焚烧了所有古埃及人撰写的化学类书籍。见《苏达（Suidas）辞书》(译注：10 世纪末的希腊语百科全书。)中的单词 χημεια 和 Διοκλητιανο。

为 "Μελαμβολος"①，意为 "土块颜色是黑色的（aux mottes de terre noires）"，也称其为 "χωρα μελαμποδων"②，意为 "拥有黑脚之民的国家或者居住在黑土之地人民的国家（le pays de ceux qui ont les pieds noirs, ou qui habitent une terre noire）"。在随后关于尼罗河的章节中，我们将看到这条河也有相同的名称。

---

① 拜占庭的艾蒂安。
② 尤斯塔斯。

第三章　尼罗河

埃及众多的独特性和令人叹为观止的奇观引起了观察家们的注意，其中尼罗河的吸引力高居榜首。这条大河以其周期性的泛滥，给予了它所灌溉的国家以沃土和生命。没有尼罗河，埃及富饶的原野只能是一个巨大的沙漠，如同包围着它的无边寂静。尼罗河源远流长，既是所到之处的创造者，也是其保护者。

古埃及人当然知道这些真实情况。他们知道，没有尼罗河，埃及不仅远不能给亚洲最大的区域提供小麦，而且自己都可能需要从邻邦获取，或者更确切地说，埃及可能是荒无人烟之地。这个被古代视为最懂得欣赏一切具有普遍实用性事物的民族，心怀感激地向尼罗河润泽的河水献祭。

这个民族视尼罗河为"圣物（sacré）"。普鲁塔克告诉我们，埃及人把尼罗河当作"父亲（père）"和埃及的"拯救者（sauveur）"。[1]

欧洲各民族在很长时间内都不知道尼罗河的发源地在何处。甚至今天关于这一点的看法仍有很大分歧，或者说至少人们无法十分精准地确定尼罗河的源头位于非洲哪个地方[2]。与现代相比，希腊人的知识水平更为有限，所以关于这一点，他们只给我们留下了一些颇为含糊和矛盾的概念。

---

[1] 普鲁塔克：《论伊希斯和奥西里斯》。

[2] 唐维尔（D'Anville）（译注：法国地理学家和制图学家。）持同样的观点。《法兰西文学院论文集》，第二十六卷，第46页及以下。

希罗多德在埃及游历期间，有机会向许多受过教育的埃及人、利比亚人以及希腊人请教了这个问题；但他们中没有任何人敢保证了解尼罗河的源头。①塞易斯的誊写人，也是撰写并解释了用圣书体写的书卷的埃及祭司，当时想要给希罗多德指出尼罗河的源头。据他所说，在缇巴依德的一端，赛伊尼市和埃列凡提涅岛之间有两座尖顶的山，其中一座叫作克罗斐山（Chrophi），另一座叫作墨菲山（Mophi）。他说，尼罗河的源头是位于这两座山之间的极大深渊。其一半的水向南流往埃塞俄比亚；另一半则向北流往埃及。②

但是，不管是誊写人想要表现出比他实际受过的教育更为优秀，还是希罗多德错误地转述了他的回答，尽管这一说辞来源于一位埃及祭司，我们也只能将其视作一个滑稽的奇谈。

埃列凡提涅岛位于尼罗河中部，正对着东部河岸之城赛伊尼。河岸是由尖锐的花岗岩所构成，经河水冲刷打磨已变得光滑圆润，高耸的埃及雕像遍布岸边；③可能塞易斯祭司提到的墨菲山（Mophi）和克罗斐山（Chrophi）就是在那里。但是人们并没有在两座石头山脉之间发现任何深渊，更不用说尼罗河的源头了。为了使誊写人的报告具有能够符合地理位置性质的意义，应当假设他想要让希罗多德知道尼罗河从何处进入埃及国土；在这种情况下，其报告可能极不正确，因为前人把埃及的北部边界定位在小瀑布群。④另外，这两座山的名称都是埃及语，我们认为 Mophi 应该是单词 ⲙⲟⲩϭⲓ（Mouphi），意为"好的（la bonne）"，而单词 Chrophi 与 Ⲭⲣⲟϥ 一样，在埃及语中的意思是"不好的（mauvaise）"；⑤但我们并不知道这两个名称的起源。

希罗多德讲述了在他游历期间，尼罗河的水流"在4个月的行程

---

① 希罗多德，卷二，28。
② 希罗多德，28。——雅里斯底德（Aristides），《埃及人》（Ægyptiaca），第93页，第35行。
③ 乔马德（Jomard）先生在《埃及记述》第一期中的《赛伊尼及其周边地区的记述》（la Description de Syène et de ses environs），第2章，第5页；巴黎，皇家印刷厂，1810年版，对开本。
④ 见前文，原著第一章，第57页。（译注：此处页码指边码，下同。）
⑤ 科普特语版《诗篇》，四十二，1。

中（pendant quatre mois de chemin）"为人所知。① 这位作者之后还讲述了一些曾前往求阿蒙神降示的昔兰尼人告诉他的内容。埃特阿库斯（Étéarque）——这片绿洲的国王，向昔兰尼人讲述，利比亚苏特（Syrte）东部的居民——年轻的纳萨摩涅斯人（Nasamons）进入南部沙漠深处，带着想要了解那片沙漠的意图，在经历了长途跋涉后到达了一个多沙的国家和一个有很多果树的平原，那儿小个子的人们把他们抓做俘虏，让他们穿过沼泽地，来到一个居民是黑人的城市，而在城市的西部流淌着一条有鳄鱼的大河。② 埃特阿库斯推测这条河流就是尼罗河③，并且认为其源头是未知的④。

其他的希腊人认为尼罗河发源于毛里塔尼亚的边缘地带，该地区住着妖怪和残酷的猛兽。⑤ 菲利普的儿子亚历山大来到了希达斯皮斯河（Hydaspe）河畔⑥，他注意到这条河经常有鳄鱼出没，因而自认为找到了尼罗河的源头，并想带领一支船队由此前往埃及。⑦ 如果一切属实，可以说这位伟大的征服者是糟糕的地理学家，并且要使他承认自己的错误并不难。另外，尽管以前的地理学家和历史学家们没有犯同样巨大的错误，但他们也没有更好地解释争议，而只是对尼罗河的起源给出了一些或多或少有误的概述。他们共同的观点是尼罗河起源于埃塞俄比亚。⑧

在近代，葡萄牙的耶稣会会士出于对宗教的虔诚和对阿比西尼亚（Abissinie）⑨各省的野心，自认为已经发现了尼罗河的源头。他们将其定在位于萨卡拉（Saccala）地区的哥亚马（Goyama）省。他们取

---

① 希罗多德，卷二，31。
② 希罗多德，卷二，32。
③ 希罗多德，卷二，33。
④ 希罗多德，27。（译注：原注为 Ibidem, §. XXVII，但经查阅希罗多德《历史》徐松岩译注版卷二，发现在卷二，34 中提到这一观点。）
⑤ 斯特拉波，卷十七，第826页。
⑥ 这条河流入印度河，人们认为这是贝哈特河（le Béhat）。
⑦ 斯特拉波，卷十五，第696页。
⑧ 赫利奥多罗斯：《埃塞俄比亚传奇》，卷二。
⑨ 译注：埃塞俄比亚的前身。

名为尼罗河（Nil）的河流发源地位于当贝伊亚（Dambeïa）[又称特扎那（Tzana）]湖的东部。长期以来，人们认为他们的发现是准确无误的，并且布鲁斯骑士也助力了这一发现的可信度。这位苏格兰人给出的尼罗河源头之方位与葡萄牙耶稣会会士的结论相同，均把它定在了基什（Gisch），纬度为10°59′；他还补充道，尼罗河穿过埃塞俄比亚，再汇入一条阿拉伯人称为"白河"（Bahhar-el-Abiadh）的大河之中。①

但是这条自西南而来的河流被许多地理学家视为真正的尼罗河，其中就有著名的唐维尔。实际上这是本世纪知识最渊博的人们对该主题得出的思考结果。根据阿拉伯作家的说法，白河或者说尼罗河起源于位于晨昏线上方11°的伽巴勒·卡玛尔（Djabal-Qamar）②，即"月亮山（les monts de la Lune）"③，或者根据人们所强调的阿拉伯语单词QMR④，它起源于 Djabal-Qomr，即"绿色的山脉（les montagnes d'une couleur verdâtre）"。通过采用"Djabal-Qamar（月亮山）的说法⑤，可以看出似乎阿拉伯人是从地理学家托勒密那里得出的这个名称，而托勒密和非洲人莱昂（Léon l'Africain）对此都持相同的观点⑥。

伦敦的非洲协会（La société africaine de Londres）和伦内尔（Rennel）少校把白河或者说真正的尼罗河发源地放在了达尔富尔南部的东卡（Donqa）地区，即格林威治子午线经度25°，北纬8°，比布

---

① 布鲁斯：《尼罗河源头游记》。
② 阿卜杜拉提夫（Abdallatif）：《埃及叙述》，第2页。该引述是不正确的，尼罗河的源头低于赤道。
③ 译注：即鲁文佐里山脉。
④ 阿卜杜拉提夫（Abdallatif）作品见希尔维斯特·德·萨西先生之法语译本；巴黎，皇家印刷厂，1810年版，4开本，卷一，第一章，注释2。蓝歌籁先生在《霍尼曼游记》(Voyage d'Hornemann）的翻译中，用"斑鸠之山（Montagnes des Tourterelles）"解释Djabal-al-Qomr，第二卷，第237、238页，注释1。
⑤ 出于对这山脉的喜爱，阿拉伯人把阿里亚克（Ariak）之子埃及国王安卡姆（Ankam）传说中的城堡设在了这里。
⑥ 在开罗底万一封致大将军梅努（Menou）的信中，尼罗河的发源地被称为夏拉布（Challab）。《埃及邮报》(Courrier de l'Égypte），第101期，法国共和历九年，雨月（译注：法兰西共和历的第五月，相当于公历1月20或21日—2月19或20日。）18日，第2页，注释2。

鲁斯和耶稣会会士们视作尼罗河的阿巴维河（Abawi）①的源头往南移了4°。站在这个基于事实的观点上，我们可以得出结论，灌溉了阿比西尼亚的两条河流——阿巴维河与特克泽河（le Tacazzé）就是索巴特河（Astapus）和阿特巴拉河（Astaboras）。根据古人的观点，这两条河流汇入尼罗河。它们于靠近名为伊亚拉克（Ialac）的地方交汇，离努阿比亚（Nouabiah）市不远，因而唐维尔认为它替代了古老而著名的麦罗埃（Méroë）②。因此葡萄牙的耶稣会会士以及布鲁斯骑士自认为已经揭开了蒙蔽欧洲多个世纪的关于埃及河流起源的面纱。但这是徒然的，因为伦敦的非洲协会用几乎可以确定白河（又称尼罗河）源头的相关材料赢得了最深的信任，而这些材料的获得则归功于诸多非洲旅行家、博尔努（Bournou）沙漠商队的同行者和白河源头处的其他邻国。任何一个欧洲人都没有进入非洲内部的这一地区，但人们可以计算出从尼罗河河口直至白河也就是尼罗河源头，地理上大约有1440英里的直线距离③。

从源头出发，尼罗河穿过黑人居住的国家，朝东北方向流去，流至达尔富尔南部。随后它缓慢地转向北部，流到同一个省的东部地区。它灌溉了科尔达方（Kordafân）地区，在昂杜尔曼（Emdourman）附近与布鲁斯认为是尼罗河的阿巴维河［又称Bahhar-Azrâq（即蓝河或青河）］汇合。之后，尼罗河就包围了森纳阿尔（Sennâar）的西部，并且与特克泽河汇合后，它流到了塔卡基（Takaki）地区。很快它又向西面流去，到达东高拉（Donqolah）［又称丹卡拉（Dankalah）］地区。随后，尼罗河弯弯曲曲穿过努比亚，最终在两座山脉中收紧，并在其中到达了赛伊尼上方的那个小瀑布。

---

① 译注：Abawi这个名称意为"河流之父"，根据卢道夫（Ludolf）先生在其《埃塞俄比亚的美好历史》中的观点，这是埃塞俄比亚阿姆哈拉州的阿比西尼亚人给尼罗河取的名称。

② 译注：是非洲古代库施王国的都城遗址。位于苏丹共和国凯布希耶以北，被誉为"古代非洲的伯明翰"。

③ 见伦内尔少校的论文，收录于《霍尼曼之非洲游记》（*Voyage d'Hornemann en Afrique*），第二卷，第239页。

古时候人们经常赞扬尼罗河的这些瀑布，阅读古代旅行家们的报告便可感知人们对于尼罗河的崇拜，正是这种崇拜使得这些瀑布闻名现代。人们知道的尼罗河瀑布主要有 8 个；其中距离赛伊尼市上方 1 古里的瀑布是现代人最常提及的。古代历史学家和地理学家们经常谈论尼罗河的这个瀑布。他们说，在很远的地方人们就能听到其恐怖的声音；他们竞相添油加醋地描绘奇观，但现代旅行家们的报告则反驳了其论点。

阿拉伯人给这个瀑布取名为舍拉勒（Chellal）。此处的尼罗河宽度将近 1/4 古里。"在瀑布群周围，贴着瀑布的山脉垂直进入河流，之后众多礁石密密相叠，露出其表面，其中一些成为大的岛屿。尤其是河右侧的岛屿更为集中、陡峭，与水流之间的对抗最强；岛与岛之间有 10 个主要的沙洲，分布于各个方向。由于这些障碍的阻挡，尼罗河后退并升高，冲过重重障碍，由此形成了一系列小瀑布，每个瀑布高最多半法尺。"① 河左岸的沙滩数量没有那么多，小船在河水泛滥期间可以扬帆通过这些沙滩；② 这些小瀑布周围的许多石头布满了象形文字。以上就是埃及学院的成员们所写的报告。其中只撰写了其亲眼所见之实，比如这些被古人所赞扬的瀑布，而古人无疑把它们与努比亚的瀑布混淆了，努比亚瀑布的数量则可能更多。

这样就形成了错误的想法和观点，它们尤其在现代旅行家对古人报告进行补充说明之时更加板上钉钉，因为人们对现代旅行家深信不疑。

最近几个世纪以来的许多旅行家就是如此，他们拍胸脯保证亲见由尼罗河河水所形成的赛伊尼瀑布群从一个惊人的高度落下。尤其是保罗·卢卡斯（Paul Lucas）③，他在路易十四的美好时代，奉国王指令

---

① 乔马德先生的《赛伊尼和尼罗河瀑布的记述》(Description de Syène et des Cataractes)，奉皇帝陛下之诏出版的《埃及记述》第一册中的论文。我们正是从这篇论文中摘录了关于尼罗河瀑布现状的所有地形学详情。（译注：法尺为法国古长度单位，相当于 325 毫米。）
② 乔马德先生的论文，第 15 页。
③ 《首次旅行》，第一卷，第 154 页。

前去埃及游历。他坚定地说道："在离开赛伊尼市后，我们在天亮前一个小时到达了这个享誉盛名的瀑布群，它们从 200 多法尺高的山脉多处飞流直下。"而我们刚刚提到的乔马德先生告诉我们，瀑布最多有半法尺。保罗·卢卡斯继续谈道："人们告诉我，努比亚人乘木筏随瀑布而下。"他并不相信这个结论，但同时，他也很乐意去看努比亚人驾驶的两个木筏从 200 多法尺高的地方飞流直下不被吞没，而是快乐地继续他们的航行。① 他滥用职权蒙骗了读者，甚至还补充说明人们在这个瀑布处可以看到一大片水，有 30 法尺宽，其坠落时形成一种"拱廊（arcade）"，人们可以从拱廊下方穿过而不被打湿。毫无疑问，人们将会注意到，在一位声称见过靠近基利家省大数城（Tarse en Cilicie）②的一座巨人之城和许多其他诸如此类奇观的旅行家的报告中，这应当是不足为奇的。但不禁令人感到遗憾的是，对于那些地方的了解取决于旅行家们的诚信。我们清楚地把上述内容与埃及远征之前人们对赛伊尼瀑布的看法联系起来，从而揭示了在这一点上认知错误的程度。从对远征期间这一事实情况的认知可以得出结论：尼罗河的这个瀑布不太引人注意。

在跨过阻挡它的悬崖后，尼罗河从南到北穿过埃及，始终汇集在群岛散布的唯一河床中，直至三角洲顶端。之后它分成多条支流，在古埃及人时代，支流数量为 7。在本书关于下埃及的章节中，我们将对此展开介绍。

根据努埃（Nouet）先生③新的天文学观察结论④，达米埃特

---

① 《首次旅行》，第一卷，第 154、155 页。

② 译注：大数，又译塔尔苏斯位于今土耳其的小亚细亚半岛东南部，是罗马帝国时期基利家省的首府，使徒保罗的诞生地。

③ 译注：卡西尼四世在巴黎天文台时的三个助手之一。卡西尼四世是声名显赫的卡西尼制图世家的第四代，是《卡西尼地图》的拥有者，该地图对法国轮廓及国内主要道路进行了准确的描绘。

④ 《共和国六年、七年和八年期间在埃及的天文学观察》(Observations astronomiques faites en Égypte pendant les années VI, VII, VIII de la république)，第 20 页。该论文是奉皇帝之诏出版的《埃及记述》中的一部分。

（Damiette，又译杜姆亚特）的纬度为 31°25′，赛伊尼的纬度则是 24°5′23″，由此可以得出结论：尼罗河在埃及境内超过 180 古里长的范围内几乎是直线型流动的。

将近夏至时分，尼罗河漫过其河岸，不仅淹没了上埃及和三角洲地区，还会淹没隶属于利比亚的土地和隶属于埃及阿拉伯半岛地区的一些小镇。尼罗河河水沿着河岸溢出，覆盖了大约两天路程的区域。① 飞涨的河水润湿了烈日下的干涸土壤，给它送去了极其丰富的微生物。土壤变得丰沃多产，因此埃及获得了东方粮仓和罗马帝国粮仓的美誉。但要么是以前的埃及祭司完全知道这个周期性泛滥的原因，想要对民众隐瞒，以赋予这条河流更高端的形象，要么是这些祭司在埃及帝国陨落后陷入了最深的无知，失去了对该现象自然原因的认知，以致和祭司们有联系的希腊人无从获取关于这方面的任何确切概念；其中有些人也试图指出尼罗河泛滥的原因，对此希罗多德和普鲁塔克为我们保留了这些人不同的观点。有些人认为地中海季风把尼罗河的水流往后推，阻止其汇入大海，从而造成了河流的涨水。此观点似乎并不需要花心思去反驳，因为希罗多德发现②，地中海季风还没有刮，尼罗河已经开始涨水。而这个一点儿也不靠谱的假设，竟出自著名的米利都的泰勒斯（Thalès de Milet）③。④

优昔美尼（Euthyménès de Marseille）⑤ 认为尼罗河在夏至时节上涨。根据他的观点，尼罗河流入环绕整个大地的海洋。⑥ 这个荒谬的看法与阿那克萨戈拉（Anaxagore）⑦ 的观点相悖。尽管阿那克萨戈拉的观点也是错误的，但其展现出的一种真实表象为他赢得了许多的支

---

① 希罗多德，卷二，19。
② 希罗多德，卷二，20。
③ 译注：古希腊哲学家、科学家，希腊最早的哲学学派米利都学派创始人，希腊七贤之一。
④ 普鲁塔克：《道德论丛，哲学家的观点》，卷四，第一章。
⑤ 译注：古希腊探险家，大约生活在公元前 6 世纪上半叶，大概是最早实地考察非洲的古希腊学者。
⑥ 普鲁塔克：《道德论丛，哲学家的观点》，卷四，第一章。
⑦ 译注：古希腊哲学家。

持者。这位哲学家认为尼罗河的泛滥源于埃塞俄比亚冰雪的融化。① 他的弟子——诗人欧里庇得斯在其悲剧《阿克劳斯》(Archélaüs)中记录了恩师的观点。他写道:"达那俄斯舍弃了从黑色埃塞俄比亚流出的尼罗河优质水。当冰雪开始融化,尼罗河便开始涨水……"② 他的悲剧《伊莲》(Hélène)中也再现了阿那克萨戈拉的这一观点。

根据希罗多德的观点,"尼罗河夏季涨水,因为冬天的严寒驱赶了阳光原来的照射路径,使阳光照耀至利比亚上方的天空。"③ 他继续谈道:"简而言之,这个涨水的原因很大可能是阳光越接近一个国家,这个国家就越干燥,其河流就越容易枯竭。"在他的解释中,希罗多德并没有比泰勒斯和阿那克萨戈拉更为独到。其中任何一位哲学家的观点都无法支撑深入的研究。但无疑因其值得关注的独特性,生活在泰勒斯、阿那克萨戈拉、优昔美尼和希罗多德很久之前的荷马似乎早就了解了尼罗河泛滥的真正原因,因为他给这条河加了修饰语 ΔΙΙΠΕΤΕΟΣ。根据阿波罗尼奥斯④的观点,该修饰语意为"因为雨水而扩大(grossi par les pluies)"。事实上将近夏至时分,大量的雨水降落至埃塞俄比亚,从而导致了尼罗河每年涨水。⑤ 涨水通常开始于古埃及的埃皮非(Épiphi)月⑥,结束于托特(Thoth)月或者帕奥皮(Paopi)月⑦。⑧ 如今涨水开始于公历6月20日前。

---

① 西西里的狄奥多罗斯,卷一,38。
② 西西里的狄奥多罗斯,卷一,38。
③ 希罗多德,卷二,25。
④ 《荷马词典》(Lexicon homericum)——《大词源》(Etymolog. Magn.),维卢瓦森(Villoison)编,4开本,词条 διιπετεος。(译注:维卢瓦森,法国古希腊学者,语文学家。)
⑤ 佛提乌希腊语的《群书摘要》中第3本,第8栏(Photius, Biliotheca græca, cod. III, col.8)。——赫利奥多罗斯,《埃塞俄比亚传奇》,卷二,第109、110页。——肖(Shaw)(译注:英国旅行家和探险家。),第二卷;等等。
⑥ 译注:埃皮非月是尼罗河历的第11个月。根据尼罗河的水位,古埃及人划分出洪水季(Akhet)、播种季(Peret,本意为"出",土地露出水面、幼芽破土而出)与收获季(Shomu 或 Shemou)3个季度,每个季度有4个月,每月各有名称,埃皮非是收获季的第3个月。
⑦ 译注:托特月是洪水季的第1个月,帕奥皮月是洪水季的第2个月。
⑧ 共和国九年,尼罗河于夏至过后的第16日开始扩大至开罗。该事件记录于开罗 Mikias(尼罗河水位测量标尺)上雕刻的碑文中,该碑文是根据大将军梅努的指令所记录的。《埃及邮报》,第101期。

法老统治下的埃及

当人们对河水进行净化和提纯后，发现尼罗河的水是世界上优质的河水之一①。尼罗河泛滥后留在地面上的淤泥呈黑色，但经过阳光的照射，淤泥变得干燥，其颜色变成了黄褐色。河流把淤泥一层层留在了地上，这是埃及唯一为人知晓的肥料。尼罗河用其覆盖了它在涨水期间漫过的所有区域②。古埃及人认为他们的祖先脱胎于这片淤泥。③在阿卜杜拉提夫（Abdallatif）那个时期，阿拉伯人把这片淤泥称为Ibliz。德·萨西先生认为这个单词是由希腊语 πηλος 派生而来。④

---

① 对该水质的分析由雷尼奥（Regnault）先生（他陪同法国军队前往埃及）写入《埃及十日》，第一卷，第265页。由于此汇编十分罕见，因此我们认为应当在此标注雷尼奥（Regnault）先生得出的结论。

不考虑在蒸发过程中散发出的气体和碳酸，122百克用于分析的水包含：

氯化钠…………………4.77分克
硫酸镁…………………0.53分克
碳酸镁…………………7.43分克
碳酸钙…………………5.30分克
碳酸铁…………………0.53分克
二氧化硅………………1.06分克
氧化铝…………………1.59分克
提取物…………………0.53分克
总计……………………21.74分克

② 雷尼奥（Regnault）先生在《埃及十日》，第一卷，第216页也发表了尼罗河淤泥的如下分析：

在100份中，尼罗河淤泥包含：

11份水，
9份碳，
6份氧化铁，
4份二氧化硅，
4份碳酸镁，
18份碳酸钙，
48份氧化铝。

总计100份。

③ 西西里的狄奥多罗斯，卷一。

④ 阿卜杜拉提夫的《埃及叙述》，由希尔维斯特·德·萨西先生翻译成法语。巴黎，皇家印刷厂，1810年版，4开本，第一章，注释4。

第三章　尼罗河

希腊人对尼罗河有众多称谓。以下泰泽（Tzetzès）[①]的选段包含了所有名称，可以说它给我们展示了这些名称的前后联系："ο Νειλος τρις μετωνομασθη, προτερον γαρ ΩΚΕΑΝΟΣ αυ εκαλειτο, δευτερον ΑΕΤΟΣ οτι οξεως επερρευσε, τριτον ΑΙΓΥΠΤΟΣ, το δε ΝΕΙΛΟΣ νεον εστι"[②]，意为"尼罗河曾经有3个名称：第1个是'海洋（Océan）'，第2个因其流速之快被称为'鹰（Aetos）'，第3个名称是'埃古普托斯（AEgyptus）'；而'尼罗（Nil）'则是现在的名称"。

事实上，西西里的狄奥多罗斯告诉我们，这条河流古老的名称之一是ΩΚΕΑΜΗΣ[③]，人们把它错写成了Ωκεανης。西西里的狄奥多罗斯的许多古老抄本中采用了Ωκεανης，而不是Ωκεαμης[④]，这是因为一些出版这位历史学家作品的编辑，不了解后一个单词的意思，仅由于Ωκεανης与"海洋，Océan"的希腊语名称有关联，因而没有比较就采用了错误的Ωκεανης。他们认为古埃及人之所以给他们的河流取名为"海洋"，是因为他们认为这是世界上最大的河流。在古希腊神谱中，海洋也被视为大海、大江、河流甚至泉水的源头，荷马是这样说的："Ωκεανοιο, Εξ ουπερ παντες ποταμοι, και πασα θαλασσα, Και πασαι κρηναι, και φρειατα μακρα ναουσιν."[⑤]，意为"海洋之中诞生了所有的大江、所有的大海、所有的泉水和最深的水源。"鉴于此，现代研究古希腊的学者们采用了古希腊人的观点。

但是应当考虑到"Océan"这个名称只在希腊人中使用，也只有希腊人而不是埃及人，认为灌溉世界的所有江河、分布在大地上的所有泉水都来源于海洋这个公共区域。因此埃及人不可能给尼罗河取希

[①] 译注：泰泽（约1110—约1180）是拜占庭时期的语法学家和诗人。
[②] 泰泽：《吕哥弗隆诗译注》（译注：吕哥弗隆约活动于公元前4世纪前后。古希腊卡尔基斯的悲剧诗人之一。），五，119。
[③] 西西里的狄奥多罗斯，卷一，19。
[④] 这个变体出现在韦瑟灵（Wesseling）的版本中，卷一，19。
[⑤] 《伊利亚特》（Iliade），廿一，195、196和197，海尼（Heyne）版本；利普修斯（Lipsio）[译注：16世纪南尼德兰（今比利时）的古典语文学家、人文主义者、斯多葛派思想家。]，1802年版，8开本，第二卷，第466页。

腊语名称 Ωκεανος。另外，他们厌恶大海，不会为给他们带来如此多馈赠的河流冠以这个名称，他们认为大海是堤丰（Typhon）[①]——恶之灵的领地。因此应当删除狄奥多罗斯著作中的单词 Ωκεανης，换上已经被许多编辑采用的 Ωκεαμης。这个名称解释起来既简单又准确，对埃及语有一定概念的人一看，其义自现。

一些语史学家在埃及语中寻找这个单词，但要么是这些作者为了一些特别的观点用语隐讳，要么是他们所使用的词汇没有那么广泛，没有涵盖狄奥多罗斯拼写成 Ωκεαμης 的埃及语单词，他们由此名称得出的词源把握不大，没有任何的基础。

雅布隆斯基在其作品《小册子》中认为，Ωκεαμης 或者更确切地说是没有希腊语结尾的 Ωκεαμη，书写成埃及语就是 ⲁϩⲟⲙⲙⲏ（Ahommé 或者 Ahommi）[②]，意思是"thesaurus aquæ（大量的水、水库）"。书中他力图修复古希腊人所保留的不同埃及语名称。但在我们看来，似乎这位博学者过于自由地行使了调换同一单词中字母位置的权利。Ahommé 与西西里的狄奥多罗斯的 Okeamé 极不相似，并且他用"aqua（水）"来解释的音节 ⲙⲏ（mè）并不存在于拉克罗兹的词典中，也不存在于我们参阅许多词汇汇编、巴黎皇家图书馆中孟菲斯和底比斯方言的抄本编写而成的大量增刊中。

伊纳切·罗西（Ignace Rossi）先生在其近年出版的埃及语词源学著作中认为，Ωκεαμη 写成埃及语是 ⲱϣⲉⲙⲁⲩ（Oschémau）。[③] 在我们看来，这个拼写方法似乎和雅布隆斯基的拼写方法同样生硬。它们的缺点都在于这种拼写方式不符合任何一个希腊人转述的尼罗河名称。我们也将会介绍，埃及语单词 ⲙⲁⲩ 在所有地方都意为"mater（战胜、制服）"，而从来没有"aqua（水）"的意思。

我们认为 Ωκεαμη 恰恰就是埃及语单词 ⲟⲩⲕⲁⲙⲏ（Oukamé），或

[①] 译注：古希腊神话中最强最恐怖的巨神。
[②] 《小册子》，单词 Ωκεαμης。
[③] 《埃及语词源学》，第 249 页。

者是 Ογχαμε（Ouchamé），其意思绝对是"niger（黑色）"。实际上我们在古希腊作者的作品中发现，尼罗河被埃及人称为 Μελας[①]；因此 Ογκαμη（Oukamè）是埃及语单词，希腊语单词 Μελας 是它的准确翻译。我们在前一章节看到，埃及本身就有"黑色"这个名称。

第二个名称，或者更确切地说是人们给尼罗河的第二个修饰语是 ΑΕΤΟΣ，它在希腊语中意为"老鹰（Aigle）"。[②] 西西里的狄奥多罗斯实际上谈到这个名称是接着名称 Ωκεαμης 而来。[③] 尼罗河是因其流速以及其流经某些地方时水流的强度而得名的。[④] 该希腊语名称被中世纪的科普特人或者说是埃及人保留了下来，在他们说本民族语言的时期，"πιαγτης（Pi-autès）"或者简写为"αγτης（Autès）"的单词指尼罗河。[⑤] 但在古埃及人那里这个名称应该是"παϩομ，Pakhom（老鹰）"。

ΑΙΓΥΠΤΟΣ 是尼罗河的第 3 个名称。在关于埃及的埃及语名称研究中，我们阐述了学者们关于这个单词的用法和意义的不同观点。对此读者可以参看我们之前阐述的章节。

古希腊早期作家——如荷马以及可能所有与他同时代的作家所使用的专有名称 Αιγυπτος 是从名称 Νειλος 而来。我们发现该名称为赫西俄德[⑥]、希罗多德、西西里的狄奥多罗斯、斯特拉波以及众多其他作家所用。

古人及现代人在这一尼罗河名称起源上的观点是一致的。西西里的狄奥多罗斯肯定地认为是埃及国王尼罗斯（Νειλος，Nilus）把自己的名字赐给了尼罗河。[⑦] 但是曼涅托的王表中没有任何一个国王叫作尼罗斯（Nilus）。不过可能是希腊人所了解的以此为名之国王，埃及

---

① 尤斯塔斯（Eustathe），伪普鲁塔克的《论河流》(Eustathe, Pseudo-Plutarchus *de Fluminibus*)。
② 上述引言出自泰泽（Tzetzès，loco citato）。
③ 西西里的狄奥多罗斯，卷一，第 17 页。
④ 上述引文出自泰泽。——西西里的狄奥多罗斯，卷一，第 17 页。
⑤ 科普特语抄本，皇家图书馆，圣日耳曼藏书，17 号，增刊，第 142 页。
⑥ Hésiode（译注：古希腊诗人。）。
⑦ 西西里的狄奥多罗斯，卷一，第 17 页。

人对他有另外的称呼。此类情况有一个例子就是 Thouôris，他是第十九王朝的第六任国王，希腊人将其称为 Protée。人们还能够臆测 Νειλος 是一个埃及国王的名字，并且这个国王有诸多名字，这是东方的古老习惯，也是埃及君主的普遍情况①。古代作者们认为，塞索斯特里斯大帝（Le grand Sésostris），或者更好的是称为塞托斯（Séthosis），也叫拉美西斯②，和他的儿子（即其继承者），均以塞托斯（Séthosis）、拉美西斯（Ramessès）、拉普萨凯斯（Rapsakhès）、菲隆（Phéron）为名③。

由埃拉托色尼（Ératosthène）④保存的底比斯国王名录似乎印证了我们上文阐述的内容。名录中记载道："Θηβαιων εβασιλευσεν Φρουρων ητοι Νειλος，Thebæorum rex（trigesimus-septimus）fuit Phrurôn seu Nilus"，意为"底比斯的第三十七任国王是夫鲁隆（Phrurôn）又叫尼罗斯（Nilus）"，这就表明该国王有夫鲁隆"（Phrurôn）"或者"尼罗斯（Nilus）"两个不同的名字。但这并不说明尼罗河的名称来源于这位国王。

人们从希腊语和希伯来语派生出了单词 Νειλος。一些作者认为这个单词属于埃及语。菲利普·雅克·莫扎克（Philippe-Jacques Maussac）于 1619 年发行了一版亚里士多德的《动物史》，他认为单词 Νειλος 是由两个希腊语单词 "Νεη ιλυς，nouvelle boue，nouveau limon，新的河泥、新的淤泥" 派生而来，因为尼罗河泛滥后使得土壤覆盖上了一层新的淤泥。相比于合理性来说，这个词源显得更为讨巧。

曾经有一段时间词源学仅以希伯来语为基础，所有一切都被视作归属于希伯来语范围，因为通常人们认为希伯来语是所有语言之母。一些学者想从中找出诸神祇名称和地球上所有民族城市名称的意义。他们说荷鲁斯来源于希伯来语单词 "Aour，光（lumière）"；百门之

---

① 乔治·辛斯勒（Georges le Syncelle）(译注：拜占庭时期的历史学家、哲学家、作家。)。
② 曼涅托，由约瑟夫斯引述，见《驳阿庇昂》，卷一。
③ 上述引文出自曼涅托（Manéthon, loco citato.）。——希罗多德，卷二，111。——狄奥多罗斯，卷一，等。
④ 译注：埃拉托色尼，希腊哲学家、诗人、天文学家、地理学家。

城底比斯的名称是从 Thébah 派生而来，Thébah 在希伯来语中意为"箱子（un coffre）"；三角洲某城的埃及语名称诺阿孟（No-amoun）用法语翻译就是"积垢（crud）"或者"激怒、恼怒（irritation）"；波斯人的专有名称也是取自希伯来语；塞勒斯（Syrus）意为"类似下赌注（quasi miser）"，大流士（Darius）意为"寻找之人（celui qui cherche）"；亚特兰蒂斯人①这一（Atlantes）名称的词根为 Thal，在希伯来语中指"山丘（colline）、高地（hauteur）"；最后，意大利古城的伊特鲁里亚②语名称，比如"ϜΕΤϒϒΟΝΙΑ，Vetoulonia；ϜΕϒΑΘⰅΙ，Velathri；ΤϒΤΕⰅΕ，Toutéré；ΓϒΓϒϒΝΑ，Pouplouna"③均为被讹用的希伯来语名称。一旦语史学家们认同，每个民族是从适宜于他们的语言之中，而不是从外来民族的语言获取了其神祇和城市的名称，那么这个对博学的奇特滥用也就戛然而止了。

有人曾在希伯来语中寻找单词 Νειλος 的词源，并自认为已经在单词"Nahhal，山谷、谷地（vallée）或者 Nakhal，激流、湍流（torrent）"中找到了该词源④。但是雅布隆斯基完全推翻了这一错误观点，由于其观点更具合理性⑤，所以他有机会提出了 Νειλος 属于埃及人语言的观点。他从阴性名词"ⲧΝΕΙ，Tems fixe，固定的时间，或者ΘΝΕΙ，Tems marqué，标注的时间"，以及动词"αλΗΙ，επιβαινειν，adscendere，升"中派生出了这个单词；因此根据雅布隆斯基的观点，ΝΕΙαλΗΙ（Neialéi）是指一条在确定时期扩大的河流（un fleuve qui croît à une époque déterminée）。⑥这个词源是相当机巧的，但可能单词

---

① 译注：希罗多德认为亚特兰蒂斯人是非洲北部阿特兰斯山脉中柏柏尔人的一支，西西里的狄奥多罗斯认为亚特兰蒂斯位于非洲顶端，拥有高度发展的文明；又译阿特兰提斯人，意译大西洋人。
② 译注：意大利古地区名。
③ 译注：这是古意大利语，Ϝ相当于 L，V 和 U 通用，Ⰵ相当于 R。
④ 《圣经·民数记》（Nombres），十三，24。——《圣经·以西结书》（Ezechiel），四十七，9。
⑤ 《埃及万神殿》，第一卷，第四部，第一章，第 155、156 页。
⑥ 《埃及万神殿》，第一卷，第四部，第一章，第 157、159 页。

Νειλος 和 Αιγυπτος 情况类似，这两个单词的意思还无法明确。

雅布隆斯基还引用了另一个他认为是古埃及人给尼罗河取的名称；我们更早前在埃拉托色尼的选段中谈到过①，他自认为已经找出了尼罗河的名称，并把 Φρουρων ητοι Νειλος 翻译成"Phruron, id verò significat Nilum②，Phruron 表示的就是尼罗河"。考虑到 Φρουρον 或者 Σουρον 与埃塞俄比亚人给尼罗河取的名称 Siris 之间的一致性，之后他推测 Φρουρων 应当写成 Φσουρον 或者 Σουρον③。正如他所肯定的那样④，他从埃及语"ϨΡΟΥΡ, Hrour, 安静的（être tranquille）、平稳的、庄重的（être posé），停止（cesser）"⑤，而不是"aquæ deficientes, cessantes（干涸、断流之水）"中派生出了这两个单词。介绍一个不那么有规律的词源是有一定难度的。⑥

通过许多汇编整理的报告我们可以得出结论，古埃及人称尼罗河为 Ιαρο, IARO, 河流（le fleuve）。希伯来人以 IAR 的形式首先采纳了这个名称，根据玛索拉学派（Massorètes）⑦的断句法，人们将其发音成 Ieor。犹太教教士们喜欢钻研其语言语法上的深度，他们认为希伯来语单词 IAR 应当翻译成"Rivus, 江的支流（branche

---

① 见前文，原著第一卷，第 134 页。
② 《埃及万神殿》，第一卷，第四部，第一章，第 160 页。
③ 《埃及万神殿》，第一卷，第四部，第一章，第 159 页。
④ 《埃及万神殿》，第一卷，第四部，第一章，第 160、161 页。
⑤ 《圣经·诗篇》，八十九，9。——《圣经·诗篇》，一百零六，29。
⑥ 在亚历山大编年史中（第 66、69 页，慕尼黑版本），尼罗河被称作 Γεων θεβαις, le Géon de la Thébaïde，意为"缇巴依德的吉纶"。实际上"Géon, 吉纶"有时候是指尼罗河，而埃塞俄比亚人更普遍地是将其称为阿巴维（Abawi）。我在皇家图书馆（圣日耳曼藏书，17 号，第 142 页）的一本科普特语抄本中发现 Γεων 写成了 ⲡⲓⲅⲉⲟⲛ，在抄本中它指质浑河（Dgihoun）或者乌许斯河（Oxus）。同样是在该抄本中，Φιϲων，即希伯来语的 Phizoun 是波斯人对质浑河（Sihhoun）的称呼。

马塞尔（Marcel）先生《埃及十日》第三卷，第 116 页）声称在一份科普特语词汇汇编中看到了 ⲡⲓⲕⲉⲱⲛ 作为尼罗河的名称。但我们却没有在任何一部分看到这个单词有此意义。

⑦ 《圣经·以赛亚书》，三十二，21。——《圣经·以西结书》，二十九，3，等。

de fleuve）"，而不是"Fluvius，严格意义上的江（fleuve proprement dit）"；根据这个观点得出的结论是：该单词应当是《圣经·旧约》首五卷①和《先知书》中专门用来指尼罗河的。因为在下埃及地区，这条河分成了多条支流汇入大海。但这些语史学的细枝末节并没有意义，因为正如雅布隆斯基观察到的那样②，希伯来语 IAR 只是埃及语中一般用来指河流的 Iαpo 之讹用。

科普特人也给尼罗河保留了名称 Iαpo（Irao）或者 Φιαρο（Phiaro）。在以《普什（Pouschin）地区法尼斯若伊特（Pannisjoït）的圣·若望（saint Jean）之殉难》③为题的书中，记载了④在国王阿戴尔（Eladel）的儿子，即卡梅尔（Elkamel）国王统治时期⑤[来自埃尤乌比特（Aiyoubites）家族的埃及的苏丹]，这位圣人"ϩΙΧΕΝ ΝΕΝ ⳽ⲫⲟⲧⲟⲩ ⲙ̀ⲫⲓⲁⲣⲟ ⲚⲦⲈ ⲬⲎⲘⲒ，在埃及河流（Phiaro antekhèmi）（sur les rives du fleuve d'Égypte）沿岸"，配得殉难的王冠。因此 Iαpo（Iaro）是我们所知晓的、从远古时代以来埃及人给尼罗河取的一个名称。⑥而这个名称就足以说明问题，因为在埃及，除了尼罗河以外，并没有其他的河流。本章节中，我们尝试了介绍埃及人和其他民族给它的不同名称。

---

① 译注：le Pentateuque 又称 la Torah，即《妥拉》，犹太教称为摩西律法，或《摩西五经》，即《圣经·创世记》《圣经·出埃及记》《圣经·利未记》《圣经·民数记》和《圣经·申命记》。
② 《埃及万神殿》，第一卷，第四部，第一章，第 143 页。
③ 科普特语抄本，皇家图书馆，梵蒂冈藏书，69 号，第 40 页。
④ ⲙ̀ⲡⲟⲩⲣⲟ ⲉⲗⲭⲉⲙⲏⲗ ⲡ̣ϣⲏⲣⲓ ⲙ̀ⲡⲟⲩⲣⲟ ⲉⲗⲁⲧⲉⲗ [of the king Elkhemèl, son of the king Elat（d）el] 在此我们注意到，和其他所有地方一样，科普特人用他们的 T 代替了阿拉伯语单词 Adel 中的 D，因为在埃及语字母表中是没有字母 D 的。
⑤ Al-Malik-al-Kamel 是 Malik-al-Adel 的儿子，Salahh-edin（又称 Saladin）的兄弟。他于公元 1218 年继承了父亲的王位。
⑥ 似乎科普特人将其命名为 ⲧⲁ̀ⲙⲏⲡⲓ，Tiaméïri（科普特语抄本，皇家图书馆，圣日耳曼藏书，17 号，增刊，第 142 页反面。——基歇尔，第 214 页）。人们可以从"ⲧⲁ̀ⲙⲏⲡⲓ，乐意帮助别人的（secourable）"中派生出这个单词；其对应的阿拉伯语单词为 Dhahir（科普特语抄本，17 号，第 142 页反面）。基歇尔将其解释为"蓝色（couleur bleue）"（第 253 页）；我们不了解这是基于哪个权威。这个单词可能也为古埃及人所使用，但却无法证实这一点。

第四章　上埃及及其边界、划分和埃及语名称

上埃及南部以菲莱岛为界，北部止于三角洲顶端，包含了位于纬度 24°1′34″—30°的整个地区①，从南到北涵盖了超过 150 古里的区域。埃及的这部分地区只是一个宽度不等的河谷。河谷中部，尼罗河缩至其河床之内，河水流动形成了大量的拐角和孔洞。在一些地方，这个河谷宽度超过 1 天的行程，但有时候它也十分狭窄。在荷蒙蒂斯（Hermonthis）和阿斯菲尼斯（Asphynis）之间，构成河谷的两座山脉如此靠近，它们之间的空间可以说是完全被尼罗河所占据②，以致游客被迫绕行利比亚山脉，从而到达阿斯菲尼斯和拉托波利斯（Latopolis）③。

在大赫拉克里奥波利斯（Héracléopolis-Magna）下方，利比亚山脉突然打开，给来自尼罗河的大运河让出了通道。这条运河灌溉了克罗科蒂洛波利斯（Crocodilopolis，又译"鳄城"），并分成多条支流肥沃了这个省，随后又汇入了该省西北边界上的一个大湖中。

上埃及似乎是这个王国最早有人居住的地区。其居民自认为是这个国家极其古老的居民，一切似乎也都在印证这一点。正如我们后续将要研究的④，如果埃及人是埃塞俄比亚人的移民，那么他们应当首先

---

① 努埃：《天文学新观察》。
② 这就是今天人们所说的 Djebleïn，或者"两座山脉"。
③ 鉴于此，有时候希罗多德用"国家狭窄的部分"表示上埃及。希罗多德，卷二，99。
④ 在本书历史部分。

第四章　上埃及及其边界、划分和埃及语名称

在上埃及地区定居。实际上，该地区包含了被视为埃及最古老的城市：底比斯、科普托斯、帕诺波利斯（Panopolis）、阿比多斯（Abydos）和安特奥波利斯（Antéopolis）。相较于下埃及为数不多的神庙，埃及首个都城底比斯的文物古迹带有更为远古的印记。例如卡纳克（Qarnak）神庙，尤其是底比斯区域内的库尔努（Qournou）和麦地那·塔布（Mediné-Tabou）神庙因其宏伟庄严而耀眼瞩目。它们展现了美好时代埃及建筑的特点；但在神庙的一些地方，人们可以观察到埃及人的艺术萌芽时期和他们为这些美丽建筑形式所做的最初努力。在拉托波利斯和滕提拉（Tentyra，即丹德拉）地区，在埃及最精妙绝伦的神庙中，这些建筑形式得到了极其卓越的发展。因此，底比斯证明了上埃及先于三角洲有人居住，特别是努比亚和埃塞俄比亚邻近地区山脉的花岗岩岩石，成为其土壤先于下埃及土壤存在的确凿证据。与上埃及不同，下埃及的土壤只是一层植物土，是尼罗河将其带到了下埃及石灰岩山脉之上。

西西里的狄奥多罗斯同样也对上埃及进行了专门的研究。这位历史学家说[①]，在世界上所有的地区之中，埃及是唯一由古老神祇而建众城之地，比如朱庇特、太阳神、赫尔墨斯、阿波罗、潘神（Pan）和厄勒梯亚（Éléthya）[勒托（Latone）]。尽管这一段内容不应当按字面解读，并且说这些神祇建立了城市也是错误的，但可以得出的结论是，这些城市十分古老，因为人们把建城之功归于神祇本身；况且因为上埃及有两个帝奥斯波利斯（Diospolis，即朱庇特之城），荷莫波利斯（Hermopolis，即赫尔墨斯之城），两个阿波利诺波利斯（Apollinopolis，即阿波罗之城），帕诺波利斯（Panopolis，即潘神之城），厄勒梯亚（Éléthya，即勒托之城），所以从西西里的狄奥多罗斯的研究中必然可以得出这些城市是最为古老的。在下埃及，人们只发现了几乎位于上埃及入口处的赫利奥波利斯（Héliopolis，即太阳神之城），小荷莫波利斯（Hermopolis-Parva）[②]和小赫拉克里奥波利斯

[①] 西西里的狄奥多罗斯，卷一，第12页。
[②] 我们还要补充说明的是孟菲斯，埃及的第二个都城也是在上埃及。

（Héracléopolis-Parva），与上埃及的大荷莫波利斯和大赫拉克里奥波利斯相比，从时间上来看，它们无疑离现在更近。

希腊人把上埃及分成不均等的两部分，埃普塔诺米德和缇巴依德。第一个地区的名称来源于组成它的7个诺姆。这些诺姆从北到南分别是孟菲斯、阿芙罗蒂托波利斯（Aphroditopolis）、克罗科蒂洛波利斯、大赫拉克里奥波利斯、奥克西林库斯（Oxyrynchus）、西诺波利斯（Cynopolis，又译狗城）和大荷莫波利斯。

希腊人命名为Θηβαΐς的第二个地区也被称为Θηβαι，底比斯，其主要城市从利科波利斯（Lycopolis）诺姆延伸至埃及的南端。科普特人有时候使用这个讹用的希腊语名称，将其拼写成了Θεβαεις[1]和Τεβαις[2]；但古埃及人却从来没有使用过。

很可能上埃及的这种划分方式不会追溯至埃及血统的国王统治时期。希罗多德在波斯人统治期间到访了埃及，尽管他经常引用该地区的大部分城市，却也没有谈论过这方面的内容。我们还可以提出一点，上埃及最初采用的是Μαρης（Maris）这个埃及语名称，所有科普特语经卷对上埃及的记载都用了这个名称[3]。

单词Μαρης[4]是由两个埃及语单词构成的，分别是"Μα 或者 πιΜα，locus，地点、地方"和表示"南部"的"ρης"，因此 Maris 的意思是"位于南部的一个地区（une contrée située au midi），南面的地

---

[1] 科普特语抄本，皇家图书馆，44号，第79页正面。

[2] Theotokia［译注：Theotokia是theotokion的罗马化写法，是在东方教会——东正教会和东方天主教教会的礼拜仪式（祷告时间和圣餐会）中朗诵和吟唱的赞美圣母玛利亚的赞美诗，其形式为"troparion"和"sticheron"。拜占庭圣咏是东方教会的主流音乐，其最古老形式是兴盛于公元四五世纪时的赞美诗"troparion"，其原形可能是唱诵《圣经·诗篇》等内容时添加在每一个段落里的新的祈祷，也就是说它是一种用作《圣经·诗篇》释义的插入句。以后这种新的插入句形成了独立的单节式赞美诗，称为"Sticheron"（赞美诗歌集称为"Sticherion"）。它的音乐非常简单，便于会众记忆。］，第192页等，由曼加莱利引述，第217页。

[3] 《圣三颂》(Doxologia mssta)(译注：即《圣哉经》，是基督教会弥撒仪式所用声乐套曲之一。)，第59页；科普特语抄本及其他作品中。

[4] 我们不应当把Μαρης和单词μερι、μηρι或者αμηρι混淆，在埃及语中，后面的3个单词意为"正午（le milieu du jour）"。

方（un pays méridional）"。这个名称之所以用于指上埃及，是因为实际上它位于三角洲和下埃及的南面；其最常见的形式是 Ⲫⲙⲁⲣⲏⲥ，意为"南面的地方（le lieu du midi）"；形容词"ⲡⲓⲛⲓϣϯ，Pinischti（大的）"经常与这个名称同时使用，从而形成了"大马利斯（le Grand-Maris）"①，并且人们发现，有时候仅用"ⲣⲏⲥ（南部）"来指上埃及，而不是"Ⲙⲁⲣⲏⲥ"②。

马利斯（Ⲙⲁⲣⲏⲥ）这一名称适用于整个上埃及地区，也包含缇巴依德，它准确地对应于阿拉伯人的"萨义德（Ssaïd），升高的地方（lieu montant）"。根据阿拉伯地理学家哈利勒·达何里（Khalil-Dhahéri）③记载："南部埃及始于米斯尔（Misr）和吉萨（Djizah）④，一直延伸到尼罗河瀑布（Cataractes），这中间的距离是步行 2 个月的路程。"⑤ 阿拉伯语单词"萨义德"作为埃及语单词 Maris 的对应词，从引用的选段中可以得出的结论是，Maris 适用于整个上埃及，也就是说适用于以三角洲和努比亚⑥为界的领地范围。考虑到这一观点，我们还将提到著名的阿拉伯地理学家马克里兹（Makrizi）所说的内容。他谈到萨义德（Ssaïd）的科普特人自称马利斯（Maris），下埃及的科普特人自称比玛（Bima）⑦，但人们并不了解后一个单词的意思。阿拉伯人给一个也称为

---

① 科普特语抄本，皇家图书馆，62 号，第 198 页，梵蒂冈藏书及其他作品中。
② 由曼加莱利引述，选段八，第 209、211 页等。
③ 哈利勒·达何里（Khalil-Dhaéri），卷一，见希尔维斯特·德·萨西的《阿拉伯古典名著选》，第一册，第 238 页，第二册，第 291 页。
④ 通俗地写成 Gizé，开罗西部的村庄，金字塔位于其附近。
⑤ 阿拉伯人把 Ssaïd（亦称上埃及）分成了三部分。第一部分名为萨义德·乌阿塔（Ssaïd-el-ouatha），包括开罗和阿卜提吉（Aboutig）中间的领土和城市；第二部分从阿卜提吉延伸至科夫斯（Kefth）（科普托斯），称为萨义德·阿乌萨特（Ssaïd-el-aoussath）；最后就是上埃及的剩余部分，一直至阿斯旺（赛伊尼），名为萨义德·阿拉（Ssaïd-el-aâla），意为"萨义德（Ssaïd）最高的地区"。最后一部分对应于缇巴依德；萨义德·乌阿塔离古希腊人所说的埃普塔诺米德不远。
⑥ 名称 Ⲙⲁⲣⲏⲥ 很可能是由上埃及至努比亚地区的居民所取，和他们相比，努比亚更往南。见阿卜拉提夫（Abdallatif）作品之希尔维斯特·德·萨西先生之法语译本，第 13、14 页。
⑦ 见阿卜拉提夫作品之希尔维斯特·德·萨西先生法语译本，和卡特勒梅尔先生的《关于埃及语言和文学的研究》，第 176 页，以及关于单词 Bima 的研究，第 177 页。

非洲热风（Khamsin）的风命名为 Marisi（马利希）①。我们前文谈到这个名称是由"ⲘⲀⲢⲎⲤ，埃及人的 Maris"派生而来，这个风实际上来自南部。由于希尔维斯特·德·萨西先生之前发表过相似观点，因此该推测变得真实可信；而我则非常乐意看到我杰出的导师对此表示赞同②，他倾向于认可我们谈到的上埃及及其埃及语名称的相关内容。

在介绍其山脉之后，我们将上埃及分成两部分：缇巴依德和中埃及。前文我们已经介绍了这种划分形式的原因。③

上埃及的山脉

框住上埃及东西两端的两座山脉称为阿拉伯山脉和利比亚山脉。但是人们相信，埃及人按山脉的不同高度分别冠以专门的称谓，而这称谓往往是取自邻近尼罗河东部或西部的城市名称。虽然我们从希腊作家以及科普特语经卷中收集到了大量的名称，但在此我们只列出那些能够以可靠的方式确定其位置的山脉的名称。

在前一章节④，我们谈到了位于赛伊尼和埃列凡提涅之间两座山脉的名称。其中一座山脉名为"Ⲙⲟⲩϥⲓ，Moufi［好的（墨菲山）］"，与其相对的则是另一座山脉的名称"Ⲭⲣⲟϥ，Chrof［不好的（克罗斐山）］"；两座山名均与我们无法确定的当地环境有关。

位于缇巴依德南端，靠近上埃及南部最后一座城市赛伊尼的山脉被称为梅洛埃伊特（Ⲙⲉⲣⲟⲉⲓⲧ，Méroëït）山 ⑤。

利比亚山脉位于斯奈（Sné）城（即拉托波利斯）对面，且与该城同名，这在《圣·帕科缪行传》中得到了证实，内容如下："ⲀϤⲦⲰⲚϤ ⲀϤϬⲒ ⲚⲚⲒⲤⲚⲎⲞⲨ ⲀϤϢⲈ ⲈⲢⲎⲤ ⲈⲠⲦⲰⲞⲨ ⲚⲤⲚⲎ"，意为"这位圣人起床后，在一些修士的陪伴下行走至南部，靠近斯奈山"。而在

---

① 旺斯莱布：《新埃及叙述》，第36、37页。
② 在优迪基乌（Euthychius）的《编年史》第一卷，第54页，也提到了埃及人的 Maris。
③ 见前文，原著第一卷，第71、72页。
④ 见前文，原著第一卷，第114、115页。
⑤ 见博尔吉亚博物馆中的巴什姆－底比斯语抄本，172号，《保罗·埃尔米特（Paul l'Hermite）行传》，由措厄加出版，《博尔吉亚博物馆抄本目录》第三部分，第368页；罗马，1810年版，对开本。

荷蒙蒂斯（Hermonthis）附近地区，利比亚山脉则被称作谢米山（ⳈⲎⲘⲒ，Shémi）。这与人们在皮森蒂（Pisenti）赞美诗中所看到的一样，皮森蒂是由莫伊斯（Moyse）主教所任命的科普托斯主教，而莫伊斯同样也是这座城市的主教。名称普什谢珀赫（ⲠⳓⲥⲉⲡⲟⳈⲉ，Pschshèpohè）、罗塔尚（Ⲣⲱⲧⲁⳡⲁⲛⲥ，Rôtaschans）、特雷布（Ⲧⲏⲣⲏⲃ，Téréb）[1]分属阿拉伯山脉和利比亚山脉位于荷蒙蒂斯和小阿波利诺波利斯中间的三座山。在小阿波利诺波利斯周围，阿拉伯山脉以哈什（Ⳉⲁⲥⲉ，Hashé）之名著称[2]。

由于与克罗科蒂洛波利斯同高、靠近帕诺波利斯地区的城市名称是阿特利佩（Atripè），因而利比亚山脉在这里获得了"ⲡⲧⲱⲟⲩ ⲛ̀ⲁⲧⲣⲏⲡⲉ"的称谓，即"阿特利佩山（montagne d'Atripè）"。

斯奥乌特（Ⲥⲓⲱⲟⲩⲧ[3]，Siôout）（利科波利斯）、皮永（Ⲡⲓⲟⲙ，Piom）（克罗科蒂洛波利斯诺姆）以及小城提罗斯杰（ⲦⲗⲟⳈ，Tilosj）都将其城市名称用于命名附近的山脉。孟菲斯西部的山脉则被称作普斯若米（ⲠⳈⲟⲙⲙⲟⲓ，Psjommi）山。

上埃及的城市

正如我们已经谈到的[4]，法老统治下的上埃及被分成两个部分：缇巴依德和中埃及。缇巴依德又分成 10 个 Pthosch，又称诺姆；中埃及则分成了 16 个诺姆。[5]本章将要阐述的两部分围绕这两个地区展开，并且每个城市都将有一篇专门的文章，内容包括每个地方的常用名称和埃及语名称。

本章的第三部分旨在介绍上埃及 26 个诺姆的首府以及位于各个诺姆区划内的城市名称。该结论将会引起与缇巴依德和中埃及城市相关的讨论，包括其范围、方位和文物古迹的重要性。

---

[1] 见博尔吉亚博物馆中科普特语抄本《保罗·埃尔米特（Paul l'Hermite）行传》，措厄加出版，科普特语抄本，第 366 页。

[2] 见博尔吉亚博物馆中科普特语抄本《保罗·埃尔米特（Paul l'Hermite）行传》，措厄加出版，科普特语抄本，第 366 页。

[3] 见博尔吉亚博物馆中科普特语抄本《保罗·埃尔米特（Paul l'Hermite）行传》，措厄加出版，科普特语抄本，第 366 页。

[4] 见前文，原著第一卷，第 71、72 页。

[5] 斯特拉波，卷十七，第 787 页。

一、尼罗河上的岛屿

离开努比亚进入埃及后,尼罗河被耸立于水面之上的多个花岗岩岛屿截流。这些岛屿数量繁多,希腊人将最大的那些岛屿称为塔孔普索岛(Τακομψος,Tachompsos)、菲莱岛(Φιλαι,Philæ)和埃列凡提涅岛(Ελεφαντινη,Éléphantine)。

塔孔普索岛(Tachompsos)——塔康萨岛(Tachamsah)

尽管埃及的领地南部以菲莱岛为界,但我们认为应当先介绍塔孔普索岛。该岛属于法老统治下的埃及,是王国南部最偏远的地方,在埃塞俄比亚人的边境处,实际上是埃及结束、埃塞俄比亚开始的地方。塔孔普索岛(Métachompso)为两国人民所共有。① 埃塞俄比亚人拥有其南部地区,埃及人则居住在北部地区。在该岛附近,尼罗河形成了一个巨大的湖泊,埃塞俄比亚牧民便在滨湖地带安营扎寨。② 与贝督因阿拉伯人类似,埃塞俄比亚牧民们穿过努比亚的沙漠,暂时安住在这一可以提供丰富食物的地区。

塔孔普索岛的地理位置并不完全确定。拜占庭的艾蒂安将其定位于埃及与埃塞俄比亚边界处的一个小镇、菲莱岛附近地区③,原文为"ΤΑΚΟΜΨΟΣ κωμη εν τοις οριοις Αιγυπτιων και Αιθιοπων προς τη Φιλια νησω"。但是这些单词"προς τη Φιλια νησω(靠近菲莱岛)"并没有明确指出塔孔普索岛的位置。因为希罗多德似乎说过该岛距菲莱岛的邻岛埃列凡提涅岛有六七天的路程。托勒密则将其定位在菲莱岛以南25分钟以上路程的位置④,这几乎同于法国著名地理学家唐维尔所确

---

① 希罗多德,卷二,29。
② 希罗多德,卷二,24。(译注:原文有误,应是希罗多德,卷二,29。)
③ 拜占庭的艾蒂安,单词 Τακομψος。
④ 托勒密,卷四,第5章。

定的方位[1]。

塔孔普索岛的通俗叫法并不为人所知。古代作者关于这座岛给出的信息含糊不清，追踪菲莱岛之上的尼罗河流程也有难度，因而我们无法获得关于其位置和现代名称的准确信息。但毫无疑问，古代名称塔孔普索（Tachompsos）是埃及语。

希腊人对这个名称的写法则是多种多样：希罗多德和拜占庭的艾蒂安将其拼写成 Tachompso 或者 Tacompsos；托勒密将其写成 Métachompsos；而庞波尼乌斯·梅拉（Pomponius-Mela）[2]则与托勒密一样，将其写成 Tachempso。所有这些形式都属于埃及语言，这似乎可以表明该单词的来源及意义。

鳄鱼在科普特语中名为 ⲙⲥⲁϩ（Amsah）；或是由于古埃及人把字母 x（ch）看作是由"ⲭⲏ, être（是）"派生而来的一种冠词，这与底比斯语中冠 ⲡⲉ 和孟菲斯语中 ⲡⲓ 来源于动词"ⲡⲉ, être（是）"一致，或是因为不为人知的其他原因，希罗多德时代的埃及人把鳄鱼称为 Χαμψαι，这与用科普特语字母写的 ⲭⲏⲙⲥⲁϩ[3]并无差异。从这里的第一个推测我们得出了名称塔孔普索（Tachompsos）的意义。如删除结尾的希腊字母 ς 便可得到 Tachampso，而这个单词显然是埃及语 Ⲧⲁⲭⲏⲙⲥⲁϩ，Tachempsah 或者 Tachimsah，即"有许多鳄鱼的地方（lieu où se trouvent beaucoup de crocodiles）"。这个单词保留在了庞波尼乌斯·梅拉的拉丁语著作中，而托勒密的 Metachompsos 也是同样的意思。事实上埃及语是通过给词根增加音节 ⲙⲉⲧ 而构成具体单词的，因此在词根 ⲙⲁⲓ，amare（动词，爱）、ϣⲉⲙϣⲓ，servire（动词，服务、有用于）、ⲥⲟⲝ，stultus esse（动词，愚蠢）、ⲧⲟⲩⲃⲟ，mundus esse［动词，洁净（宗教义）］，ⲥⲟⲛⲓ，latro 或者 latrocinare（名词或动词，抢劫犯/打劫）前加上 ⲙⲉⲧ，可以派生出 ⲙⲉⲧⲙⲁⲓ，dilectio（名词，爱），ⲙⲉⲧϣⲁⲙϣⲉ，cultus（名词，劳作），ⲙⲉⲧⲥⲟⲝ，Stultitia（名词，愚钝），

---

[1] 唐维尔：《埃及论文集》(*Mémoires sur l'Égypte*)，第 217 页。
[2] 译注：公元 1 世纪后期的罗马地理学家。
[3] 希罗多德，卷二，49。

ⲙⲉⲧⲧⲟⲩⲃⲟ，puritas（名词，洁净），ⲙⲉⲧϭⲟⲛⲓ，latrocinium（名词，打劫行径）。

按照这个规则，单音节词根 ⲭⲏ，即拉丁语 esse（系动词，是），manere（动词，留下）加上 ⲙⲉⲧ 可以得到单词 ⲙⲉⲧⲭⲏ，即 metchè 或者 metchi，拉丁语为"mansio（名词，宅邸），statio（名词，驻地）"，因此显而易见，希腊人的 Métachompsos 只不过是意为"鳄鱼驻地（la demeure du crocodile）"的埃及语单词"ⲙⲉⲧⲭⲏⲛ̀ⲙⲥⲁϩ，metchémmsah"之讹用。希腊人是在单词 ǹⲥⲁϩ，amsah 中 c 的位置处放上了一个 Ψ，ps。他们有时候把这个岛的名称写成 Χομψω[①]，这似乎是为了表明 ⲭⲏⲙⲥⲁϩ 可能为埃及人使用过。

与摩里斯（Mæris）湖一样，塔孔普索岛附近的大湖应当吸引了鳄鱼过去。如今被称作博科特卡伦湖（Birket-Qaroun）的摩里斯湖曾经把鳄鱼圈在了克罗科蒂洛波利斯诺姆。阿拉伯地理学家哈利勒·达何里（Khalil-Dhahéri）[②]肯定了在他写作的那个年代，卡伦湖中其实是有许多鳄鱼的。

位于塔孔普索岛的城市与该岛同名，面积并不是很大，古埃及人将其视作圣岛菲莱岛的前哨。

缇巴依德

菲莱岛，科普特教称之为皮拉克（Pilak）

菲莱岛位于经度 30°34′16″，纬度 24°1′34″，以巴黎子午线为参考。[③]它在尼罗河拐角所形成的巨大盆地中部，呈西北至东南走向，长度为 192 托阿斯，最大宽度为 68 托阿斯。可以说菲莱岛上遍布文物古迹，但主要集中在岛屿的南部地区；封锁壕组成的城墙建在菲莱岛沿岸的岩石上，从而将岛屿完全包围。

16 根直径为 2 法尺 3 法寸、高 14 法尺 6 法寸的圆柱在岛屿南端

[①] 拜占庭的艾蒂安，词条 Χομψω。
[②] 哈利勒·达何里，卷一。希尔维斯特·德·萨西先生的《阿拉伯古典名著选》，阿拉伯语文本，第一册，第 238 页，和法语译本，第二册，第 291 页。
[③] 见之前提及的努埃之《天文学观察》。

形成了一个长方形的无遮挡壁垒，堤岸城墙上两座 22 法尺高的方尖碑矗立在前。经由圆柱构成的 2 条平行长廊，这个壁垒向北通往岛屿主神庙。西边长廊的长度将近 50 托阿斯，而东边的则稍窄，与宗教相关、着色的雕刻布满了两条长廊的圆柱以及西边长廊尽头的墙体。

神庙入口靠近这两条长廊。2 座庞大的花岗岩石狮指明了神庙的第一个入口。石狮端坐于 2 座 44 法尺高的方尖碑前，前掌垂直于地面。每一座碑都是由单独一块红色花岗岩制成，四面刻有象形文字。

入口由宽 118 法尺、高 54 法尺的巨大柱台构成，外立面布满雕刻。柱台由 2 个大台基组成，一扇饰有埃及式上楣的大门将 2 个台基隔开；大门通往一个封闭的庭院，这个庭院的西边是 8 个圆柱装饰而成的小神庙之东侧，东边是由另外 10 个圆柱构成的一条平行于小神庙的长廊。穿过这第二个庭院就到了第二个柱台处，它比第一个柱台尺寸更小，是由 10 个负重的圆柱和雕刻颜色赏心悦目的侧墙构成的柱厅入口。这些圆柱的周长为 12 法尺，高度为 22~23 法尺，其柱头庄严典雅。穿过众厅后，最终到达神庙的圣殿。圣殿的两个拐角为 2 个神龛或者说是整块石头的壁龛，里面供着神祇的象征。如今该神庙仍然保存完好。①

斯特拉波②谈到，人们在菲莱岛大神庙的圣殿中看到了一只祝圣的鹰。在该岛文物古迹的雕刻上，这种鸟其实十分常见，它是神庙所祭祀的神祇之象征。斯特拉波还谈到，它并不像欧洲的雀鹰，而且比其更大。埃及人告诉他，在这种圣鸟死后，人们会用同种的、从埃塞俄比亚捕猎而来的另一只鸟来替代它。在冈比西斯入侵埃及前很长一段时间内，这一习俗应当是盛行于菲莱岛的。

斯特拉波之后还肯定了菲莱岛属于埃及人和埃塞俄比亚人所共有。但我们认为他们只是共有塔孔普索岛，菲莱岛上的文物古迹很显然是埃及人的作品；况且这个岛面积很小，埃及人不可能容许一个外

---

① 关于菲莱岛的这一描述节选自罗克莱（Laucret）先生的描述，罗克莱先生的离世对于科学界和埃及委员会来说是十分痛心的，他的描述中介绍了这座岛屿的现状。该论文刊登在关于埃及的第一期出版物中。

② 卷十七，第 818 页。

族和他们一起居住在其神庙的围墙之内。在斯特拉波时代,埃塞俄比亚人可能在菲莱岛定居;但是在法老统治时期,一定只有埃及人是岛屿的主人。

在埃及圣地中,菲莱岛处于一个崇高的地位。埃及人把奥西里斯之墓安置在这座岛上,或者是在其附近区域①,唯有祭司能够进入此地。该圣地有360个圆花饰,神甫们每天用牛奶将其装满。根据埃及帝国衰落之后的一个民间传说,伊希斯为了纪念其丈夫奥西里斯而建造了菲莱岛的大神庙;当埃及人以菲莱岛上的奥西里斯起誓时,这个誓言被视作是不可侵犯的②。

菲莱岛的写法多种多样。在斯特拉波的作品中拼写成 Φυλας,普鲁塔克的作品中写成 Φιλαις,拜占庭的艾蒂安将其写成 Φιλια,而在罗马帝国《百官志》中则写成 Filis。这些多样的写法似乎表明这个名称并不是来源于希腊语。有人认为 Φιλαι 的意思是"amicæ[女性朋友们(amies)]"③,而其他人则认为 Φυλας 是指"tribus,部落"。然而这很可能是埃及人给这个岛取的名称,所以人们应当到这个民族的语言中去寻找其含义。

措厄加认为由于挨着尼罗河的岩石在此处开裂,因此这个名称是从埃及语词根"Φελϩ 或者 Φωλϩ,verberare,percutere,allidere,frapper,se briser(敲打、破裂)"中派生而来。④ 但是根据对菲莱岛现状的描述,尼罗河似乎并没有冲击岛上的岩石并发出破裂声。不过可能是因为岛屿靠近瀑布,只有1500托阿斯的距离,所以埃及人给它冠以此名。⑤

---

① 西西里的狄奥多罗斯,卷一,第22章。——普鲁塔克《论伊希斯与奥西里斯》(又译《论伊希斯与俄赛里斯》)。——塞涅卡(Sénèque)(译注:古罗马政治家、斯多葛派哲学家、悲剧作家、雄辩家。),由塞尔维乌斯引述,见《埃涅阿斯纪评注》(*Servius ad Aeneidem*),卷六,第154页反面。

② 西西里的狄奥多罗斯,卷一,第22章。

③ 泰泽:《吕哥弗隆诗译注》,诗212。

④ 措厄加:《方尖碑》(*de Obeliscis*),第四部分,第一章,第286页。

⑤ 乔马德:《赛伊尼和尼罗河瀑布的记述》,第14页。

正如人们在科普特语经卷中发现的①，菲莱岛真正的埃及语名称为Пєлак②或者Пілак（Pilak），意为"边界（frontière）、偏远的地方（lieu reculé）"。这实际上就是埃及帝国统治时期菲莱岛所在的位置。

阿拉伯人在很长一段时间内将该岛称作Bilaq，如今在许多阿拉伯国家它则以"Djèziret-el-birbé，庙岛（île du Birba ou du Temple）"著称，因为底比斯方言"пρпє 或者 пєрпє，perpe 或者 perpa③"翻译过来便是"神庙"，可能以前菲莱岛周边地区的人们使用这个埃及语名称。

埃列凡提涅

顺着尼罗河水流向北，沿其东岸而行，穿过一片高低不平的土地，我们就来到了赛伊尼。这里满是不规则的花岗岩石，上面的雕刻难以辨认；小岛埃列凡提涅便位于这座城市对面。

岛屿长约为700托阿斯，宽将近200托阿斯。环绕为岛赋名的城市一圈则稍稍不到400托阿斯。④南北各有两座神庙。南部神庙是埃及最小的神庙之一，越过多级台阶便可到达，它由柱墩支撑，是唯一一座线条没有倾斜的埃及神庙。其内外都有雕刻。在神庙主殿中，一幅大型的浅浮雕展现了一个国王或者一位英雄用大量的祭祀品在向阿蒙神（公羊头的主神）献祭，主神把英雄揽入怀中。

北部神庙与前述的神庙十分类似。这座城中还有第3座神庙，它比其他神庙都大，很可能就是斯特拉波谈到的克努菲斯（Chnouphis）神庙。⑤其主门的两根门柱依然挺立，材质为花岗岩，并刻满了象征性的雕塑和象形文字。

来自埃列凡提涅城的一个家族曾登上埃及王位的宝座。曼涅托证明了这一事件，从而引得年代学家们都犯错，他们不知其面积狭小，认为埃列凡提涅岛自成王国。

埃及人开发了位于该岛的花岗岩采石场，但我们并不知晓岛屿的

---

① 科普特语抄本，皇家图书馆，46号。
② 科普特语抄本，皇家图书馆，43号，第58页正面。（译注：转写为Pelak。）
③ 译注：原文如此，实际应写为prpe，perpe。
④ 乔马德先生《埃列凡提涅记述》第5页的内容，该区域如今只剩遗迹。
⑤ 斯特拉波，卷十七。也可以见乔马德先生的论文。

埃及语名称，它在当地被称作"El-sag"或者"花岛（Ile-Fleurie）"。

二、上埃及的城市

赛伊尼（Syène）——科普特语为斯旺（Souan）

赛伊尼建在尼罗河东岸，是埃及南方最后一个较大型的城市；其经度是30°34′49″，纬度为24°5′23″。它位于尼罗河畔一座山脉的斜坡上，曾是古埃及人战场之一。他们在那里驻扎军队抵御来自努比亚的埃塞俄比亚牧民入侵埃及领土。埃及国王统治期间，赛伊尼拥有一座宽度为40法尺的神庙，而如今该神庙几乎完全被毁。[1]但似乎这座神庙并不是古代赛伊尼最大的建筑物。非洲人莱昂（Léon l'Africain）在描述这座城市时谈道，正是在这个边界地区，许多早期埃及人的建筑格外引人注目，尤其是那些在当地语言中被称作Barba的巨大高塔。[2]非洲人莱昂显然是用高塔来指那些台柱，它们是如今不复存在的某座巨大神庙的入口，而人们仍然用埃及语名称"Barba, ⲡⲉⲣⲡⲉ[3]（神庙）"来称呼。因此从15世纪历史学家非洲人莱昂的记载中可以得出，赛伊尼曾经有许多重要的文物古迹，如今却毫无踪影。

赛伊尼周边是十分著名的花岗岩采石场，埃及人从这里获得了他们最大的一批方尖碑，其中绝大部分都是独石碑。

在这些花岗岩石块中，还有一座粗制的方尖碑，其长度超过55法尺，表面已准备好接受雕刻。著名的拉美西斯二世巨石像也是采自同一采石场。[4]

Συηνη[5]是希腊人在其文字中对赛伊尼的称谓。尽管这是一个埃

---

[1] 乔马德先生：《赛伊尼记述》，第7页。
[2] 非洲人莱昂：《非洲记述》，阿斯旺项。
[3] 译注：原文如此，ⲡⲉⲣⲡⲉ转写为perpe，Barba的埃及字母写法为ⲃⲁⲣⲃⲁ。
[4] 该重要发现得益于我们之前提到的乔马德先生。
[5] 希罗多德，卷二。——斯特拉波，卷十七，第38章。——拜占庭的史蒂芬（译注：即拜占庭的艾蒂安。）等。

及语名称，但他还是到自己的历史传说中去寻找该名称的来源。拜占庭的艾蒂安[①]认定这座城市被称作 Syénos，因为这是 Daétés 儿子之名。之前我们说过这就是希腊人一贯的主张。[②]

赛伊尼的阿拉伯语名称为 Osouan，而许多人将其读成 Asouan，写法也是如此。还有其他人则将其称作 Assouan[③]，说法不一，而音节 as 恰恰就是阿拉伯语的冠词 al。因为按照阿拉伯语中的谐音规则，这是把其中的 lam（lam 为字母 l 的阿拉伯语发音）变成了 sin（sin 为字母 s 的阿拉伯语发音）。但阿拉伯人仅仅是在词首增加了一个上方有 dhamma（dhamma 是元音音符ْ的发音）的 alif（alif 为字母 a 的阿拉伯语发音），使其发音变成 o，而这一变化的原因我们则已经在引言部分阐述过[④]。我们说过这是阿拉伯人的一个固定用法，他们会在以辅音字母开头的外来名称前加上一个 alif（即字母 a）；这一规则尤其适用于埃及，但也有很多例外。

希腊语名称 Συηνη 和阿拉伯语名称 Osouan 只是赛伊尼古埃及语名称的讹用。古埃及人称之为斯旺（Ⲥⲟⲩⲁⲛ，Souan），这在所有的科普特人或中世纪埃及人著作中均有记载。[⑤]因此毫无疑问，在底比斯和孟菲斯国王统治期间，这座城市就以此为名。希腊语 Συηνη 以及我们很早提到的、底比斯抄本抄写人错抄而成的 Ⲥⲉⲛⲟⲛ（Senon）[⑥]都与埃及语单词 Ⲥⲟⲩⲁⲛ 一致。

其意义在我们看来似乎是与赛伊尼的军事位置有关。它被认为是埃及的第一道边界。它靠近南部，是王国的要塞，与埃塞俄比亚相邻。亚历山大里亚和赛伊尼是该地区对角线上的两个最大的城市。科

---

① 拜占庭的艾蒂安，词条 Συηνη。
② 见前文，原著第一卷，第 75 页。
③ 希罗多德：《历史》，拉谢法语译本之《地理学表》（*Table géographique de sa traduction française d'Hérodote*），第三卷，第 524 页。
④ 见前文，原著第一卷，第 43 页。
⑤ 科普特语抄本，皇家图书馆，44 号，第 79 页正面；——46 号；——科普特语抄本，皇家图书馆，圣日耳曼藏书，17 号，增刊，第 192 页；——43 号，第 58 页正面；——64 号，第 150 页正面；——基歇尔，第 211 页等。
⑥ 见前文，原著第一卷，第 29 页引言，科普特语抄本，皇家图书馆，43 号，第 58 页正面。

普特人抓住了这层关系，正如下面引文中所载，他们把整个埃及限定在了拉科提（Rakoti）（即亚历山大里亚）和斯旺（Souan）（赛伊尼）之间的区域。《圣·埃皮姆的殉难》之作者埃及人于勒（Jules）（Ιογλιοc，即尤利乌斯）① 转述了戴克里先的一封诏书。这位皇帝在诏书中命令亚历山大里亚的地方长官阿美尼乌斯（Arménius）毁掉教堂，并嘱咐他从拉科提（Rakoti）到斯旺（Souan），在埃及各地重修神庙，ογο϶ ǹτεκοτ ǹνιερφηογι ⲏⲉⲛ ⲙⲁⲓ ⲛⲓⲃⲉⲛ ⲓⲥⲭⲉⲛ ⲣⲁⲕⲟⲧ ⲱⲁⲥογⲁⲛ，实际上这就涵盖了整个埃及。

"ⲥογⲁⲛ" 是从与 "ογⲱⲛ，ouôn，aperire，ouvrir（打开）" 相同的词根 "ογⲏⲛ（ouèn），ογⲉⲛ（ouan）②" 派生而来，由此构成了 "ⲥⲁογⲉⲛ 或者 ⲥⲁογⲁⲛ"，并缩写成 "ⲥογⲁⲛ"，意思是"拥有打开力量之物，支配开启的能力（ce qui a la puissance d'ouvrir，la possession d'ouvrir）"，单音节 "sa，ⲥⲁ" 是指做任意动作的权限、能力或者力量。大量的埃及语词汇是以这种方式组合的，比如 "ⲥⲁⲙⲁϣⲓ③，samaschi，peseur［拥有称重权限之人（celui qui a l'attribution de la balance）］"，还有 "ⲥⲁⲙⲉⲑⲛογⲭ，samethnousj，menteur（说谎的人）"，"ⲥⲁⲛ̀ⲭⲣⲟϥ，sanchrof（坏人）" 也是如此④。同样地，就像埃及人曾说 "ⲥογⲁⲛ，aperiens（打开）"，科普特人也说 "ⲉ̀ⲥογⲏⲛ，asouén，aperta（开口、开放）"。这项内容是拉克罗兹没有提到的，但它出现在了皇家图书馆的科普特语词汇汇编中。我们注意到单词 ⲉ̀ⲥογⲏⲛ 中有与赛伊尼的埃及语名称 ⲥογⲁⲛ 相同的缩写，而对于 ⲥογⲁⲛ，我们认为已经给出了其真实的意思。

---

① 科普特语抄本，皇家图书馆，梵蒂冈藏书，66号。乔治神父在他的著作《圣·科卢图斯的圣迹》中也给出了这一段内容，序言，第58页。

② 译注：原文如此，ογⲉⲛ 转写为 ouen，ouan 用科普特语字母书写为 ογⲁⲛ。

③ 该单词由 "ⲥⲁ，即称有权限之人（celui qui a l'attribution）" 和 "ⲙⲁϣⲓ，称重（balance）" 组合而成。ⲙⲁϣⲓ 确切地说是指 "dans mensuram，提供测量"，是单词 ⲙⲁ，dare（提供）和 ϣⲓ，mensura（度量）的组合。

④ 拉克罗兹的作品中没有出现这个单词，我们是在圣日耳曼藏书500号的科普特语抄本中找到的。

科普特人也给斯旺（Souan）取与菲莱岛（Philae，Ⲡⲓⲗⲁⲕ）[1] 相同的名称，我们认为那就是埃及语单词"ⲡⲓⲗⲁⲕⲥ，angle，一物的尽头（extrémité d'une chose）"。在埃及语中这也用来指边界，或者更确切地的说是指菲莱岛，如下句中就有这样的例证："ⲧⲟⲩⲓϯ ⲙ̀ⲡⲟⲗⲓⲥ ⲱⲁⲧϩⲁⲓ ⲙ̀ⲡⲟⲗⲓⲥ ⲛ̀ⲧⲉ ⲫⲙⲁⲣⲏⲥ ⲉⲧⲉ ⲡⲓⲗⲁⲕⲥ ⲡⲉ ϩⲁⲧⲉⲛ ⲛⲓ ⲉ̀ⲑⲁⲩⲱ"[2]，意为"从（埃及的）第一个城市起，直到位于 Ethausch（即埃塞俄比亚）旁的马利斯（即上埃及）的最后一个城市，也就是皮拉克（Pilakh）[3]。

西赛伊尼（Contra-Syène）——西斯旺（Souan-Am-Pément）

在埃列凡提涅岛的另一侧，斯旺（Souan）对面，尼罗河西岸，便是西赛伊尼。如今上埃及的阿拉伯人称这一地区的村落为加尔比·奥斯旺（Gharbi-Osouan），即西斯旺。假设加尔比·奥斯旺是赛伊尼这块属地的古埃及语名称之准确翻译——这是有极大可能性的，那么其埃及语名称为"Ⲥⲟⲩⲁⲛ ⲙ̀ⲡⲉⲙⲉⲛⲧ，Souan de l'occident，西部的斯旺"。我们即将列举在阿拉伯人统治埃及期间，他们准确翻译的埃及语名称，加尔比·奥斯旺毫无疑问就是其中一例。

奥姆伯斯（Ombos）——安波（Ambô）

离开赛伊尼河岸处的岩石，登上尼罗河中的船只，经过 8 个小时的航行[4]，古埃及人来到了奥姆伯斯。

这座城市位于赛伊尼以北 9 古里，尼罗河东岸，经度为 30°39′9″，纬度为 24°27′17″。[5] 奥姆伯斯是一个诺姆或称 Ptchosch 的首府，该诺姆在罗马人统治时期仍然存在，当时赛伊尼也隶属其中。[6] 奥姆伯斯

---

[1] 科普特语抄本，皇家图书馆，圣日耳曼藏书，17 号，增刊。
[2]《圣·埃皮姆的殉难》；乔治神父在他的《圣·科卢图斯的圣迹》（Miraculis sancti Coluthi）的序言中对这段的翻译并没有忠于原文，第 103 页。
[3] 译注：即菲岛莱。
[4] 这个时间是如今从阿斯旺到奥姆伯斯所花费的时间。夏布洛尔（Chabrol）和乔马德的《奥姆伯斯记述》（Description d'Ombos），第 16 页；我们是从该论文中选取的该城市记述。
[5] 努埃：《天文学观察》（Observation astronomique）。
[6] 普林尼：《自然史》（第一册），第五卷，第九章，第 255 页，出版于荷兰莱顿，埃尔思维里乌斯（Elsevirus）出版社，1635 年版，12 开本。（Pline, Histoire naturelle, tom I, liv. V, chap.IX, page 255. Lugduni Batav., Elsevirius, 1635, in-12）

曾经是一座巨大的城市，其遗迹可以证实城市建筑当年的宏伟壮丽。在此人们可以看到2座神庙，巨大的砖石砌成的围墙环绕四周，围墙周长750米，厚度为8米，有两扇门，一扇在南面，另一扇在西南面，正对着尼罗河。

奥姆伯斯的大神庙朝向尼罗河，长185法尺，宽114法尺。神庙的第一个柱厅由15根圆柱组成，圆柱周长18法尺，高37法尺。穿过第一个柱厅，便来到了第二个柱厅。它由10根圆柱组成，其尺寸较之前的更小。随后便是几个大厅，穿过大厅就来到了正殿。这座壮丽神庙的围墙、圆柱以及檐口饰满了象征性的雕刻和象形文字，并且涂上了丰富多彩的颜色。第一个柱厅内部装饰有一个阿伽忒俄斯（agathodæmons）或者说是圣蛇乌拉乌斯（ubæus 或 uraeus）的檐口。该檐口效果最强，雕刻的是3法尺高的蛇，它们以尾部为支撑，头上顶着一个扁形的球。这些柱厅的天花板上画有蓝色的天空，还刻有扛着旗帜的巨大秃鹫，而其他地方则是天文画像。

和埃及所有神庙一样，这座神庙的西北边还有另一座砂岩材质的神庙，其圆柱柱头为4名女性头像，顶上置有一个呈小神庙形状的石台座。这种柱头和雕刻代表了献给伊希斯的祭品，由此让人联想到，尽管这座神庙规模不及第一座，但也是用来向女神献祭的。大神庙为两位神祇共有，其中一位神祇以鹰为象征，另一位则以鳄鱼为象征。古代作者告诉我们，鳄鱼这种两栖动物在奥姆伯斯极受尊敬。

在古代，奥姆伯斯通过一条大运河与尼罗河连接。从此以后，尼罗河变得逼近城市，以致神庙封锁壕中的一扇门都被冲塌了，甚至神庙都面临被摧毁的厄运。

科普特人并没有给我们留下这座城市埃及语名称的写法，其应当是 Ambô 或者是 Ombou，如今这座城市的遗迹还保有这样的名称。阿拉伯人把它们称为库姆·翁布（Koum-Ombou），意为"翁布高地（Hauteur）或者翁布小丘（butte d'Ombou）"。在罗马帝国的《百官志》中[1]，人们发现它被写成Ambo。因此可以推测这个单词的埃及语写法为ὺΒω，Ambô或者Ombô。但在此我们不去尝试对这个单词做任何释义。

昔里西列（Silsilis）——斯若勒斯杰勒（Sjolsjel）

昔里西列位于奥姆伯斯和大阿波利诺波利斯之间。在此，尼罗河缩至两座山脉中间，而在整个上埃及地区，两座山脉都是沿着尼罗河的。利比亚山脉是砂岩质的，昔里西列便位于其山脚。古埃及人在此开凿了深采石场，从这里开采了巨大的岩石，可能用于建造奥姆伯斯。该城附近地区的情况似乎表明了这一点。采石场与尼罗河西岸相邻，其入口饰有岩石凿成的小柱廊。柱廊制作十分精良，从而证实了埃及人对建筑的狂热达到了相当的程度。确实，在开采过后，这些采石场的狭长通道都变成了墓地，对此人们没有丝毫的怀疑，因为直接雕刻于山间的埃及人像端坐于此，如真人大小。外部是大型的象形文字框架，顶上置有带翅膀的球，这种球可见于所有神庙的大门上。

采石场和城市的埃及语名称很容易找到，即"ⲭⲟⲗⲭ̅ⲗ̅, Sjolsjel, 墙，阻挡通道的东西（mur, chose qui empêche le passage）"。实际上这个地方的山脉十分靠近尼罗河，几乎阻断了人们从西岸去往赛伊尼的路，而这条路在采石场开发前可能并不存在。人们发现ⲭⲟⲗⲭ̅ⲗ̅（Sjolsjel）被拼写成了ⲭⲱⲗⲭⲉⲗ，它有"墙（mur）、围墙（enceinte）、篱笆（haie）、高墙（muraille）"之意，因此，给我们刚刚描述的地方冠以此名是有道理的。同时我们也注意到，底比斯语单词"ⲭⲟⲗⲭ̅ⲗ̅, 墙（mur）"在孟菲斯方言中写成"ⲭⲱⲗⲭ, adhaerere（环绕、贴近）"。ⲭⲟⲗⲭ̅ⲗ̅似乎不是别的，而正是ⲭⲟⲗ或者ⲭⲟⲗⲭ的重复。埃及语言这一类单词很多，比如ⲗⲁⲭⲗⲉⲭ，拉丁语为"humilitas（低劣）"，ⲭⲟⲙⲭⲉⲙ，拉丁语为"palpare（触摸、抚摸）"，ϩⲉⲗϩⲱⲗ，拉丁语为"jugulare（切断、斩杀）"，ϩⲉⲣϩⲉⲣ，拉丁语为"stertere（打鼾）"。

---

[1] 见罗马帝国《百官志》，雷吉亚出版（Notitia Dignit.Imper. Rom., ex typographiâ Regiâ），第32页。同样在班杜里出版社出版的语法学家希洛克勒斯（译注：公元6世纪拜占庭地理学家、语法学家。）的《东方帝国》（Hiéroclès Grammaticus, *Impér. Orient.*, apud Banduri）中也记载了Oμβροι，巴黎，1711年版，对开本。

阿拉伯人找出了 Sjolsjel 和他们的单词"Selséléh，山脉"之间的某种关系，因此称这个地方为 Djèbél-Selséléh，意为"山脉的山峰（Mont de la Chaîne）"。为了让这个名称成立，他们还谈道，以前横跨尼罗河两岸的山脉在此将尼罗河截断。实际上这座山脉的存在没有任何可能性[1]，这个假设很有可能只是基于埃及语名称 Sjolsjel 和阿拉伯人的 Selséléh 有相似之处。

由于斯若勒斯杰勒（Sjolsjel）被尼罗河和利比亚山脉包围，因此其城市规模很小；但是人们曾在这里看到一座神庙，如今神庙的碎石依然可见。罗马帝国的《百官志》中似乎提到了埃及这个引人注目之地，书中的名称是 Silili（西里里），而这不过是 Silsilis（昔里西列）或者 Sjolsjel（斯若勒斯杰勒）的讹用。

图姆（Toum）——皮托姆（Pithom）

距斯若勒斯杰勒（Ⲭⲟⲗⲭⲓ）不远、位置相近的地方也有一个异曲同工的名称。唐维尔几乎将其定在距昔里西列和大阿波利诺波利斯同等距离，尼罗河的东岸，靠近阿拉伯山脉所形成的一条狭道之处，正是在这里，阿拉伯山脉突然靠近了尼罗河。罗马人把这个地方叫作图姆（Toum），这是把古代的埃及语名称做了更改，古代的名称应当是"Ⲑⲱⲙ，empêchement，障碍"，或者更恰当的是"Pithom，Ⲡⲓⲑⲱⲙ，Pithom"[2]。这个名称翻译成阿拉伯语是 El-Hhassir，这就证明了这个小城市，或者更确切地说是这个镇位于"被（山脉和尼罗河）包围起来的（resserré）地方""靠近一条狭窄的通道（près d'un passage étroit）"；因为派生出单词 Hhassir 的阿拉伯语词根涵盖所有这些释义[3]。派生出单词 Ⲡⲓⲑⲱⲙ 的埃及语词根也同样如此：ⲑⲱⲙ 对应

---

[1] 德农（Denon）：《下埃及和上埃及游记》（*Voyage dans la basse et la haute Égypte*），插图 76 及其注释。

[2] 科普特语抄本，皇家图书馆，44 号。拉克罗兹没有提到这个词。

[3] 高里乌斯：《阿拉伯语词典》（译注：高里乌斯（Jacobus Golius），17 世纪荷兰东方学家，荷兰莱顿大学数学教授和阿拉伯语教授，是笛卡儿的老师，其名字又译为戈利于斯、格里乌斯，编有《阿拉伯语—拉丁语词典》。）

的拉丁语单词是 obturare，意为"boucher（阻挡、阻碍）"[①]，同时也指"muraille（高墙）"[②]；ⲑⲟⲙ，ⲑⲱⲙ 和 ⲑⲱⲙⲓ 在埃及语中的意思是 conjungere，adhærere，adhærescere，意为"se joindre, se toucher（连接、相邻）"[③]。

阿拉伯人准确地翻译了埃及语名称 Pithom，Ⲡⲓⲑⲟⲙ，他们仍然称该镇为 El-Bouaïb，即"la Petite-Porte（小门）"。

一些东方民族，尤其是阿拉伯人用单词"bab, porte（通道、门）"来指一个"海峡、山口"或者一条"狭道"。因此"Bab-el-Mandéb, la porte d'Affliction（悲伤之道）"是连接红海和印度洋的海峡名称[④]。而"Bab-al-Abouab, la Porte des Portes（通道中的通道）"是一条狭道的名称，它位于波斯北部的一个省份，当地居民将其称为 Derbend，意思就是"Porte-Fermée（封闭的通道）"。希腊人对于这种叫法并不陌生，他们也曾经把狭道命名为 πυλη。

我们之前给出了罗马人称为图姆（Toum）的地方之埃及语名称，这是由上述类似的事例所证实的。如今存在于下埃及地区的另一座与图姆情况相同的城市，同样也被罗马人称作 Tom 或者 Tohum，而阿拉伯人也把它的名称译作 Al-Bouaïb（布阿伊布）。这一重要对比证明了我们关于 Tohum 的埃及语名称之观点。

大阿波利诺波利斯（Apollinopolis-Magna）——阿特博（Atbô）

这座城建于尼罗河西岸，距尼罗河 1/3 古里，经度为 30°33′44″，北纬 24°58′43″。从其古迹之数量和精美程度，我们可以估量到这座城市的重要性。

希腊人忠诚于将一切事物与自身以及他们的宗教联系起来的体系。他们把这座城市称作"Ἀπολλωνος πολις, la ville d'Apollon（阿波

[①] 《圣经·诗篇》，六十二，2，科普特语文本。
[②] 《圣经·以弗所书》，二，14。
[③] 《圣经·马太福音》，十九，5；《圣经·马可福音》，十，9；《圣经·诗篇》，二十四，21，科普特语文本。
[④] 译注：连接红海和印度洋的海峡就是通常所说的曼德海峡。

其主神庙的壮丽程度赶得上底比斯和孟菲斯的神庙。

该神庙总长424法尺,其宽度将近212法尺。神庙第一扇门旁的两个锥形石台座有107法尺高,石台座顶上有精致的突饰,其四面布满大规模的雕刻,呈现的是象征性的人物和献给神灵的祭品。入口的两扇门大约有50法尺高,如今它们的铰链仍保存完好。②

穿过这道宏伟的大门,便来到了一个巨大庭院,庭院的三侧是连续的长廊,由30根圆柱支撑。神庙的第一个柱厅高50法尺,正对着大门,就构成了该宏伟庭院的第四侧。

该柱厅的18根圆柱分3行排列,高40法尺,柱身圆周为20法尺,其柱头扩大为30法尺。第二个规模更小的柱厅通往6个厅室,穿其而过便来到了神庙的最远端,那里就是笼罩着一股神秘黑暗的圣殿。厅室比圣殿高出31法尺,这样或多或少可被照耀,且光线射向了天花板。雕刻布满整个柱台、长廊、圆柱和神庙的内外墙,展现了象征性的场景和象形文字书写的长段铭文。它们颜色鲜明,这似乎本不符合高雅的品位,却相反给人十分舒适的感受,从而有助于增添这些奢华装饰的绚丽。

尽管神庙建成后时光流逝,但这座建筑的所有部位仍然没有遭到破坏。人们惊讶于神庙的保存完好,而这应当归功于埃及人用来建造神庙的砂岩石之庞大。其中,9法尺长的石头当属所有石头中最小的,15法尺长的石头则属于普通尺寸,而最大的石头不低于18法尺长、6法尺厚。

大神庙前方另有一座神庙,它由一个柱厅和一个圣殿组成,被一条长廊包围。这是一座堤丰殿(Typhonium),是一种用于向恶神,或者向伊希斯和奥西里斯象征性战胜堤丰进行祝圣的小型神庙。堤丰殿几乎总是立于大型建筑物之前。

---

① 斯特拉波,卷十七。
② 乔马德先生:《埃德夫记述》(Description d'Edfou)。

第四章 上埃及及其边界、划分和埃及语名称

所有一切均表明，在斯特拉波时代，可能甚至早在希罗多德时代，这座城市已经失去了其往日的辉煌。哈利卡纳苏斯（Halicarnasse）的历史学家（即希罗多德）从未提及这座城市，而斯特拉波只是提到了它的名字，并没有以任何一种方式来凸显它。但是在法老统治时期，它应当是最重要的城市之一。

斯特拉波观察到，在他那个时期，这座城市的居民曾与鳄鱼斗争。① 希罗多德说过埃及人的荷鲁斯就是希腊人的阿波罗②，基歇尔在此观点的基础上，认为③阿波利诺波利斯的埃及语名称就是ωροϲ，Oros④。但是基歇尔的这个假设完全不值得考虑，并且"Apollinopolis（阿波利诺波利斯）"为这座城市埃及语名称的翻译并没有得到证实。一切似乎证实是相反的。事实上，埃及城市只有极少数情况是以它们所崇拜的神祇之名命名的。在接下来的研究中，我们将有机会提供大量的证据来佐证这一论断；并且即使假定"Apollinopolis（阿波利诺波利斯）"是这个普遍规则中的一个例外，也不能得出埃及人曾经把这座城市称为ωροϲ的结论，因为显然这个单词的结尾是希腊式的。

基歇尔还把大阿波利诺波利斯取名为Ⲫϯⲱⲛϯ，Phtiônti或者Phtônti。根据他的观点，这是托勒密所说的Phthonthis的真实拼写方法。他认为单词Ⲫϯⲱⲛϯ的意思是"Dieu sublime（高尚的神）"。科普特语Ⲫϯ确实是指"dieu（神）"，但ⲱⲛϯ并不是一个埃及语单词。基歇尔还犯了另一个错误，他把Phthontis和大阿波利诺波利斯当成了同一座城市；而这与托勒密的观点完全矛盾，托勒密明确地区分了这两座城市⑤，并且仅把Phthontis当作一个位于内陆地区的镇或者村，属于大阿波利诺波利斯管辖。我们只在一份抄本中找到了大阿波利诺

---

① 斯特拉波，卷十七。
② 希罗多德，卷二。
③ 基歇尔：《埃及的俄狄浦斯》(*Œdipus ægypticus*)，卷一；《埃及编年志》(*Chorograph. Ægypti.*)，第五章，第47页，22号。
④ 前引书（Opus citatum）即基歇尔《埃及编年志》，第40页。
⑤ 托勒密，卷四，第五章。

波利斯的埃及语名称；这在我们出版的附录①之地理专业术语部分会出现。大阿波利诺波利斯的埃及语名称被写成 ⲁⲧⲃⲱ（Atbô）。毫无疑问，正是从这个词得出了阿拉伯语的 Odfoû，因为科普特人把字母 ⲃ 发音成 V。

我们不会过分强调这个单词的意义，但需要指出的是，我们之前谈到的城市（Ombos，奥姆伯斯）之名称 ⲙ̀ⲃⲱ（Ambô）绝对是指"有树的地方（lieu où il y a des arbres）"，而 ⲁⲧⲃⲱ 则按照规则被翻译成"没有树的地方（lieu où il n'y a point d'arbres）"。我们不知道在这些城市初建的年代，是否因当地状况才使它们获得了这些名称。

旺斯莱布神父在出版亚历山大里亚大主教的管辖区名录时，把欧德夫（Odfou）(Edfou，又译埃德夫）列入其中，并且谈到该城的科普特语名称是 Ombon。②然而这位值得尊敬的旅行家弄错了，因为这个单词不是其他的，而正是奥姆伯斯（Ombos）埃及语名称的讹用，而不是埃德夫（Edfou）之讹用。

希拉孔波利斯（Hiéracônpolis）

在西北部、距阿特博（Atbô）③不远的地方是希拉孔波利斯，亦称"鹰之城（la ville des Éperviers）"。唐维尔将它定在今天被称作科勒（Kéléh）的地方。该城市的遗迹足以证实它存在于埃及国王统治时期，但是对于它可能包含的建筑物我们无法得出任何结论。我们也不知道这座城市的埃及语名称。

厄勒梯亚（Éléthya）

从阿特博（Atbô）出发，穿过尼罗河往东北方向走去，就来到了厄勒梯亚。这座城市享誉盛名，但它并不是以其古迹和宏伟壮丽著称，而是以一个古老的习俗为人所知。当地用人献祭的这一旧习使其成了最恐怖的滥用迷信的修罗场。我们将在关于埃及人宗教的研究中对这一习俗进行论述，我们可能会证明前人的记载毫无可信度。

---

① 附录，四。
② 旺斯莱布：《亚历山大里亚教会史》(*Histoire de l'église d'Alexandrie*)，第 12 页。
③ 译注：即大阿波利诺波利斯。

第四章　上埃及及其边界、划分和埃及语名称

厄勒梯亚距阿博特20公里，在尼罗河边上，靠近阿拉伯山脉。其宗教建筑被早期埃及人修建的方形砖砌围墙包围，现如今它们已经彻底被毁。这个封锁壕类似于奥姆伯斯的封锁壕，在底比斯和丹德拉（Dendéra）的卡纳克神庙以及麦地那·塔布神庙周围也有这类建筑。厄勒梯亚围墙的墙体有11—12米厚，正方形的每一边长度超过800步的距离[1]，其中一边与尼罗河平行。围墙之中包含了一座神庙和一个祭司们用于净手的水池。祭司们当年很有可能就住在封锁壕中。向北步行15分钟，就到了阿拉伯山脉脚下的一个小型埃及礼拜堂，上面刻有象形文字和象征性或宗教性雕刻。

靠近山顶处，人们还可以看到埃及人在岩石上开凿的洞穴，用于安置其亲人的干尸。这些石洞不及底比斯洞穴之奢华，却内藏了最具价值的图画。一幅彩色大型浅浮雕完整地描绘出古埃及人家庭内部所有的日常事务。上面刻有形象化的耕作、播种、割麦、收获、一个人在写装小麦的袋子之数量、亚麻种植、葡萄园种植、捕鱼以及打猎；这个引人注目的古迹中有一部分展现的是航海和贸易；人们还可以在上面看到葬礼仪式和向神灵献祭的活动。相比于希腊作者和拉丁作者撰写的该题材所有内容，这幅独一无二的图画给我们提供了更多关于古埃及人日常生活的基本概念。科塔斯兹先生在奉皇帝之诏出版的关于埃及的巨著中对这幅画作了极佳的描述。我们之后将在研究历史的部分中谈及这一主题。

希腊人认为在这座城市所崇拜的埃及神祇中辨认出了他们的厄勒梯亚（Ειληθυια）(Latone，勒托)，因此在他们的地理描述中给这座城市冠以此名。由于这个原因，罗马人也把它叫作卢西娜（Lucina）[2]，这与希腊人的厄勒梯亚相对应。埃及宗教的要素中似乎并没有与希腊

---

[1]　科斯塔兹（Costaz）：《厄勒梯亚遗迹记述》(Description des ruines d'Éléthya)；《埃及十日》，第五卷，第114页。根据圣·热尼（Saint-Genis）先生在《厄勒梯亚遗迹记述》中的观点，正方形每一边的确切长度为640米，第2页。该论文是《埃及记述》第一期中的内容。

[2]　译注：卢西娜（Lucina）是罗马神话中司生育的女神。

人所说的助产女神有关系的神话人物；因此希腊语 Ειληθυια 对我们来说似乎并不是埃及语名称的准确翻译。如今这座城市以埃尔·卡伯（Elkab）之名为人所知，这可能是阿拉伯人给其埃及语名称加上了他们的冠词 el 或者 al；但在埃及语中"Кнві, Administrator（管理者），Кнпє, Fornix（穹隆），以及 Кав, Filum（线状组织），Chorda（腱）"没有显示出任何适用于一个城市的意思。我们只是注意到 Ειληθυια 似乎在这一地区被使用过，因为这座埃及古城旁边的村庄仍然叫作厄勒伊兹（Éleitz），它明显保留了 Ειληθυια 的痕迹；但也不能由此得出厄勒梯亚可能是一个埃及语名称的结论。

克努比斯（Chnubis）——克努比（Chnoubi）

在厄勒梯亚与拉托波利斯间距中部就是克努比斯，或者更确切地说就是克努比。① 它建于尼罗河东岸，一条堤岸沿整座城市延伸开来；其神庙，又或者就是这座城市本身为一座高大且厚实的城墙所包围。在饰有象形文字图画的宗教建筑附近，有一个被圆柱包围的洗手池。②

由于我们查阅的科普特语抄本未能提供任何信息，因此要确定该城市名称的埃及语拼写方式难上加难。但在此我们还是要介绍一下基于古文物的猜测。上埃及尤其热爱"克努菲斯（Cnouphis），即善良之神（la bonne Intelligence, le Dieu bon）"。希腊人用"Αγαθος Δαιμων，善神（le bon génie）"忠实地翻译了这个埃及语单词。在单词 Cnouphis, Κνουφις 中，实际上可以辨认出埃及语形容词"ноүүı, bonus（好的，善良的）"。很有可能在缇巴依德地区，人们曾把这个名称写成克努比（Chnoubi）。对此大量的石雕似乎提供了明确的证据。希腊和拉丁民族的作者们一致认为，被古埃及人称作乌拉乌斯、其最常见写法是 Αγαθοδαιμων 的一种蛇是克努菲斯（Cnouphis）神的象征，埃及人当时也管这位神叫乌拉乌斯。这种时而是狮子的头，时而是人形的头的圣蛇时常出现在巴西里德风格（Basilidien）或者诺斯

---

① 托勒密，卷四，表三（tab.III）。
② 德农先生：《埃及游记》（*Voyage en Égypte*），插图 75 及其注释。

底风格（Gnostique）的石雕上。正如之后我们适时将要论述的那样，这些石头通常记载了用希腊字母书写的埃及语名称。克努菲斯神的名称刻在了石头上，所刻之处也都有它的象征：圣蛇之雕刻。有时候我们也会看到它被拼写成 XNOVMIC①，格雷（Gorlée）的古石雕陈列馆中出现了两例②；但是最常见的写法是 XNOVBIC③。这些石头中有3块雕刻在同一汇编集中。④ 从这一比较必然可以得出，如果埃及人说 Cnoubi，而不说 Cnouphi，Cnoubi 就是克努比斯（Chnoubis）的埃及语名称；但是如果把巴西里德风格石雕上的 XNOVBIC 视作 Κνουφις 的讹用，则也应当承认克努比斯城的名称仍然只是埃及语 Κνουφι⑤ 的自然变化。这个名称就是指这座城市对善良之神即克努菲斯神之崇拜的祝圣，人们也把克努菲斯神叫作 knef。从"NOYB，Or（金）"也可以派生出埃及语名称 Chnoubis（克努比斯）。

夫努姆（Phnoum）

正如《圣·帕科缪（Pakhôm 或 Pacôme）行传》中记载，这个地方位于上埃及，斯奈山南部。

因此夫努姆（ΦNOYM）靠近利比亚山脉，在尼罗河西岸，所以是在斯奈城（拉托波利斯）南部。但我们无法给出这个名称的意义。

拉托波利斯（Latopolis）——斯奈（Sné）

从克努比斯出发，沿着尼罗河西岸一直往北，就来到了拉托波利斯，根据努埃先生的《天文学观察》，它位于经度 30°33′44″，北纬 25°17′38″。

这座巨城沿尼罗河河岸而建，是诺姆首府；河岸处建有堤岸，用于抵御河水对城市的破坏。现如今此处的水流仍然十分迅猛。

---

① 常用希腊字母写成 Χνουμις。
② 德农先生：《埃及游记》插图 216，424 号；插图 213，413 号；巴黎，1778 年版，2册，4开本。
③ 常用希腊语字母是 Χνουβις。
④ 德农先生：《埃及游记》，插图 215，421 号；同一插图，422 号；同一插图，426 号。
⑤ 译注：原文如此，科普特语写法为 ΚΝΟΥϤΙ。

该城内部有一座令人赞叹的巨大神庙。作为埃及建筑高度完美的永恒见证，该建筑在层次、布局和装饰方面可作为古代建筑的最佳案例之一，在庄严和雅致程度上可比肩希腊人的最佳设计。

其柱厅 16 米多深，32 米多宽，由 24 根周长 5.4 米、高 11.3 米的圆柱支撑。这些壮丽的圆柱分布于 6 面，有 4 个高度，上面布满样式完美的装饰和象征性的场面，雕刻有力而优雅。尽管其轮廓近乎一致，但装饰各异的圆柱柱头却是十足华丽优雅。柱厅的侧墙内外均由宗教雕塑和大小各异的大量象形文字装饰。象征性图画上的颜色确为整体效果加分不少。柱厅尽头开了 3 扇大门，中间一扇通往神庙，另外两扇侧门则通往一条围绕神庙而建的宏伟壮丽之长廊。柱厅天花板展示的是黄道十二宫。这座壮丽神庙的柱厅如今仍然完整保存；人们可以领略到这个单独柱厅之上分布的大量雕塑，其内外表面 5000 平方米的范围完全被象形文字所覆盖，其建造用掉了 3500 立方米的石料[①]。神庙其他地方与这座令人惊叹的柱厅同样壮丽辉煌。

这是拉托波利斯的主要建筑，但并不是唯一建筑。根据非洲人莱昂的观点，该城在他那个时代仍然夺目耀眼，因为它有许多布满埃及文字的建筑物，这些文字极有可能就是象形文字[②]。另外，在与上述神庙大小一致的神庙周围应当也有其他建筑，它们与常见于埃及大型神庙周围的建筑相类似。

斯特拉波这样谈到拉托波利斯：在阿芙罗蒂托波利斯之后便是 "Λατοπολις τιμωσα Αθηναν και τον λατον，崇拜雅典娜（或密涅瓦）[③] 和

[①] 见若卢瓦（Jollois）和德维利耶（Devilliers）之《拉托波利斯及其周边地区记述》（*Description d'Esné et de des environs*），我们就是从这里节选了对这座城市神庙的描述。（译注：Jollois 全名 Jean-Baptiste Prosper Jollois，法国路桥工程师、埃及学家，Devilliers 全名 Édouard de Villiers du Terrage，法国路桥工程师、埃及学家，他俩均参与了 1798 年拿破仑·波拿巴的远征埃及，并于 1799 年 8 月在埃及共同发现了阿曼霍特普三世墓。）

[②] In hujus civitatis ambitu, maxima visuntur ædificia, operisque admirandi sepulturæ, cum epitaphiis, *tàm* ægyptiis notis quàm latinis characteribus inseulptis.《非洲记述》，卷八，阿斯纳（Asna）章节，第 283 页，安特卫普，1556 年版。（*Description de l'Afrique*, liv. VIII, artic. Asna, page 283, édit. d'Anvers, 1556）

[③] 译注：罗马神话中的智慧女神，相当于希腊神话中的雅典娜。

第四章　上埃及及其边界、划分和埃及语名称

拉图斯（Latus）的拉托波利斯"①。希腊人的拉图斯（Λατος）是一种鱼的名称；他们认为这座城市的居民十分喜欢这种鱼，因此把这座城市取名为Λατοπολις，意为"拉图斯之城（ville du Latus）"。但是很难认可古埃及人，甚至是更早之前连希腊人都无从得知的埃及人，曾经向一种鱼致以神的敬意。希腊人的观点完全可以被推翻，因为在拉托波利斯的巨大神庙之上以及埃及的所有宗教建筑上，毫无拉图斯的形象，且极少存在任何一种鱼的形象。

拉托波利斯的主神庙用于向"永恒之光、光辉之神"阿蒙神献祭，柱厅内部檐柱上的雕塑就是确凿的证据。埃及神庙中所有的门上都有带翅膀的大圆盘，这是神祇之象征。圆盘下方则出现了许多公羊头的阿蒙神像，祭司们围绕着阿蒙神，向其致敬，这个场景多次重复出现在柱厅内部。阿蒙神的形象位于主入口和柱厅最明显的位置，这毫无疑问就证明了神庙是专门用于向其献祭的。因此拉托波利斯（Latopolis）并不是这座城市埃及语名称的翻译，这个单词应当归入希腊人给众多埃及城市所取的大量名称之中，它们或者因外形伪造而出错，或者是因为希腊人的自恋发生了变动。

基歇尔神父曾经有意在《埃及地理志》中给读者介绍拉托波利斯的科普特语名称。但是由于完全缺乏准确的信息，他不得不编造了这个名称：根据他的观点，这个名称就是埃及语单词 Τϵвт②，而这是"Τϵвт，Poisson（鱼）"的讹用。基歇尔认为科普特人用"Poisson（鱼）"给希腊人称为拉托波利斯的城市命名，所以显而易见，他的这个创造是以希腊语名称为基础。尽管基歇尔把 Τϵвт 应用于埃及的两座城市③，但埃及人和科普特人从来没有用 Τϵвт 指代任何一座埃及城市。就像我们将要看到的那样，其埃及语名称截然不同。

---

① 斯特拉波，卷十七，第817页。
② 《埃及的俄狄浦斯》，第一册；《埃及地理志》，第五章，第47页。
③ 见奥克西林库斯条文。

人们发现非洲人莱昂谈到①,在早期,即古埃及人时代,希腊人称作"拉托波利斯(Latopolis)"、阿拉伯人一直称为"阿斯纳(Asna)"的城市名为塞纳(Sena)。其实科普特语经卷中这座城市的名称就是如此记载。在曼加莱利出版、那尼骑士图书馆收藏的底比斯语抄本的一个选段中②,我们读到这样一段文字:"ΟΥϹϨΙΜΕ ΔΕ ΟΝ ΝΡΜ̀ΤΠΟΛΙϹ ϹΝΗ ΕϹϢΟΠ ϨΝ ΤΒΑΒΥΛΩΝ",意为"斯奈(Sna)城的一名女性当时在(埃及的)巴比伦"。这个经常被写成 ϹΝΗ(其读音为 Sna 或者 Sné,均可)的名称出现在了记载城市名称的词汇汇编和科普特作家的著作之中③,它对应于阿拉伯语名称 Asna 或者 Esné,或者甚至是 Isna④。总之,ϹΝΗ 和希腊人的 Λατοπολις 之同一性毋庸置疑,因为我们已经在引言中谈及的底比斯语抄本中看到,λατον〔即拉托波利斯(Λατοπολις)〕与埃及语的 ϹΝΗ、阿拉伯人的 Asna 是同一个城市。⑤因此需要证明的是,ϹΝΗ 是拉托波利斯以前的埃及语名称。用底比斯语写成的《圣·帕科缪行传》⑥中谈到,Sné(斯奈)是古王国的一个城市。

现在我们需要去寻找名称 ϹΝΗ 在埃及语中的意义。伊纳切·罗西先生在他的《埃及语词源学》⑦中认为,埃及语名称 ϹΝΗ 是由"ϢΝΗ,

---

① 在古代,他们把 Asna 城称为 Sena,这个名字的改变是由阿拉伯人流通的,他们的俗语中 Sena 有鄙俗不洁的意思,所以他们就称之为 Asna,上述引文出自非洲人莱昂。(Asnam antiquitus SENAM vocitarunt:quæ nominis immutatio ab Arabibus dimanavit,quorum idiomate SENA rem fædam ac turpem signifcat. Asnam igitur appellarunt,ect. Leo. Afric.)

② 《威尼斯那尼图书馆藏埃及抄本残片》(Ægyp. Codic.reliquiæ),选段十,第258页。

③ 科普特语抄本,皇家图书馆,43、46号;圣日耳曼藏书,17、44号等,增刊。

④ Asna 只比 Sna 多了一个开头字母 a。在此我们要补充说明的是,阿拉伯著名地理学家阿布尔菲达(Aboulfeda)指出,根据埃迪里西(Edrissi)的观点,Asna 是由早期的科普特人,即古埃及人建立的古老城市之一。——阿布尔菲达《埃及记述》,由左兹姆(Zozime)兄弟出资,维也纳出版社,1807年版,第220页。

⑤ 科普特语抄本,皇家图书馆,43号,第58页反面,以及44号,第79页正面。

⑥ 梵蒂冈藏书,69号。在其《博尔吉亚博物馆抄本目录》中,措厄加转述了原文,第72页。

⑦ 第19、20页。

jardin（花园）"①派生而来，这是基于阿布尔菲达的观点，他认为，根据谢里夫·埃迪里西（Scherif-el-Edrissi）的说法，这座城市周围有许多美丽的花园。但这对我们来说似乎远不能证明，在给这座城取名为 Cnh 的古埃及人时期，埃及有许多花园。尤其是在斯奈（Sna）这个地方，其领地范围相当有限，更多的是用来播种，而不是用于建造花园和娱乐之所。不管怎么样，该词源在我们看来是牵强的。

最接近 Cnh 的埃及语单词是 nicnhi，其单数形式可能是 Cnh，尽管人们也发现了 πicnhi。这个单词意为"溪流（ruisseaux）、灌溉（irrigation）或者沟渠（canal）"。在任何一份埃及语词汇汇编中，我们都没有找到 Cnh；因此对于拉托波利斯埃及语名称的真实意义，我们无法给出任何确定的说明。

东拉托波利斯（Contra-Latopolis）

在斯奈城东边，尼罗河右岸，有一个古人熟知的小城，名为东拉托波利斯（Contra-Latopolis）。它以前所在区域有一座小型埃及神庙，其柱厅由 8 个圆柱构成；一些圆柱柱头由 4 名女性头像构成，她们梳着埃及女性发式。上方有一座小神庙，这使得人们猜测它是用来向伊希斯献祭的。但我们并不知道这座城市的埃及语名称。

阿芙罗蒂托波利斯（Aphroditopolis）——阿斯弗恩（Asphoun）

在斯奈（Sna）城以北 3 古里的地方就是阿斯弗恩（Asphoun），希腊人将其称为"Αφροδιτης πολις［维纳斯之城（ville de Vénus）］"或者 Ασφυνις②，阿拉伯人在城市遗迹之名阿斯弗恩（Asfoun）中保留了这座城市的埃及语名称。西卡尔神父（le P.Sicard）在游历埃及期间看到了神庙的遗迹，但是埃及委员会③如今却只找到了大堆的瓦砾，

---

① ⲰNH 是指"jardin，花园"，图基（Tuki），第 110 页。ⲰNE 也是同样的意思；基歇尔，第 259 页。这两个单词在埃及语中也指"rets，filets，渔网"，《圣经·何西阿书》，五，1。——同时见皇家图书馆，科普特语抄本，圣日耳曼藏书，500 号，其中 ⲰNH 被翻译成阿拉伯语的"Schabakéh，渔网"。

② 译注：阿斯菲尼斯。

③ 见若卢瓦和德维利耶：《拉托波利斯及其周边地区记述》之《比较地理》，第 24 页。

瓦砾之下埋藏的可能就是西卡尔神父所见之神庙。在此我们将不去冒险对埃及语名称 ASFOUN 的意义及拼写方法做任何的猜测。

克罗科蒂洛波利斯（Crocodilopolis）和图菲乌姆（Tuphium）

在阿斯弗恩（Asfoun）和荷蒙蒂斯之间有一座被斯特拉波称为克罗科蒂洛波利斯（Κροκοδειλων πολις）、托勒密称为图菲乌姆（Tuphium）的城市。唐维尔是把这两个名称区别开来的：他把图菲乌姆放在尼罗河东岸，一个被阿拉伯人称作塔乌德（Taoud）的地方，而克罗科蒂洛波利斯则在对岸，距杰贝拉因（Djebelaïn）通道一段距离，在现代埃及地图上被称作德莫克拉（Démocrat）的地方。但是，尼罗河右岸的一座埃及神庙确定了克罗科蒂洛波利斯的位置在塔乌德（Taoud），因为在这座神庙的雕刻上，鳄鱼的形象屡见不鲜。

若卢瓦和德维利耶认为，由此可以得出，图菲乌姆和克罗科蒂洛波利斯是同一个城市。但是在我们看来，图菲乌姆和克罗科蒂洛波利斯是两个不同的地方，因为在阿卜杜拉提夫作品之希尔维斯特·德·萨西译本续《埃及行省及村庄概况》（*État des provinces et des villages de l'Égypte*）中，人们发现了村庄 Assfoun（阿斯弗恩）[阿斯菲尼斯（Asphynis）或者阿芙罗蒂托波利斯]、Thafis（塔菲斯）（可能就是图菲乌姆）和 Taoud（塔乌德）（克罗科蒂洛波利斯）的名称。①

在现代旅行家的叙述中没有提及塔菲斯（Thaphis 或者 Thafis）村，至少在我们认知范围内是这样；但它可能是在内陆地区，或者是消失很久了，所以旅行家们和埃及委员会的研究应当是将其遗漏了。我们刚刚提到的情况可以追溯至梅里克·阿什拉夫·沙班（Melik-el-Aschraf-Schaban）时代，即伊斯兰历777年（公元1375年），那时塔菲斯（Thafis）可能已经消失了超过4个世纪。此外，这可能并不是唯一刚刚为人知晓的城市，因此我们去寻找它的位置是徒劳无功的。尤其是在上埃及地区，那里的沙漠每天都在吞食耕

---

① 阿卜杜拉提夫的《埃及叙述》（*Relat. d'Égypte*）。《埃及概况之库斯（Kous）省》，第6号，第31号，第702、703页。

地，居民们被迫不断并且永远放弃他们以前的居住之所，往尼罗河靠近。

图菲乌姆（Touphi-um 即 Tuphium）的埃及语名称应当是 Touphi，用科普特语字母书写则为 ⲧⲟⲩϥⲓ，其中可以辨认出埃及语的"ⲟⲩϥⲓ，善良（le bien）、好的东西（ce qui est bon）"，并且人们发现由"ⲥⲑⲟⲓ，气味（odeur）"和"ⲛ̀ⲟⲩϥⲓ，好的（bonne）"构成的"单词 ⲥⲑⲟⲓⲛ̀ⲟⲩϥⲓ①，香味（parfum）、芳香（aromate）"恰恰是一种"好的、甜蜜的、舒适的气味"。图菲乌姆（Touphi-um）的名称也可以用埃及语写成"ⲉⲧⲟⲩϥⲓ，étouphi，好的（qui est bon），好的城市（la ville bonne）"，由此很容易就能得出 Touphium 和 Tafis。不过，我们给出的所有这些内容只是一种猜测。然而不管其拼写方式如何，还是可以得出结论：古人所说的图菲乌姆（Tuphium）的埃及语名称为 Touphi；只是我们未曾在任何一部科普特语抄本中读到。塔乌德（Thaoud）②的名称也是同样的情况。人们发现古代的一本埃及叙述③中把 Thaoud 写成了 Touot 或者 Tuot（图奥特），并且 Tuot 这个写法与埃及语单词"Ⲑⲟⲩⲱⲧ，Thouôt，ιερον（神庙）④，祝圣的地方"有明显关联。

荷蒙蒂斯（Hermonthis）——埃尔蒙特（Ermont）

靠近图奥特（Thouôt）⑤北部，距其不远的地方就是荷蒙蒂斯城。荷蒙蒂斯位于底比斯以南 2 古里，地处一个巨大的平原地带，平原的西南部被尼罗河环绕，西边则被利比亚山脉挡住。这座城市长度近 1/4 古里，从其建筑的平台向北远眺，底比斯的码头和方尖碑尽收

---

① 这个单词适用于人们用来保存尸体的香料，也可以用来指"防腐的气味（ordeur conservatrice）"；因为派生出 ⲟⲩϥⲓ 和 ⲛ̀ⲟⲩϥⲓ 的词根 ϥⲓ 意指"保存（conserver）"。《圣经·马太福音》，九，17。

② 译注：上文也写作 Taoud。

③ 见波泰（Portais）神父和夏尔·弗朗索瓦·奥尔良（Charles-François D'Orléan）神父之《萨义德（Saïd）（上埃及）游记》，第 2 页，它收录于《上埃塞俄比亚史》（*l'Histoire de la haute Éthiopie*），译自巴瑟扎德·特列斯（Balthazard Tellez）的葡萄牙语版本。

④ 这个埃及语单词没有出现在拉克罗兹著作中，我们摘自皇家图书馆的科普特语和希腊语词汇汇编，见圣日耳曼藏书，500 号一侧。

⑤ 译注：即克罗科蒂洛波利斯。

眼底。①

荷蒙蒂斯城的主神庙几乎与尼罗河平行，长度约为143法尺。这座砂岩质的建筑为一条由圆柱构成的长廊环绕，前方是由10根圆柱构成的一道围墙。神庙内部分成3个高21法尺的大厅。墙体内开的一个十分狭窄的楼梯通往露天平台。神庙周围是一道封锁壕，其内部雕刻的象征性图画与伊希斯、荷鲁斯和堤丰有关，主要情节还镌刻在了与埃及有关的重要作品中。由于长颈鹿显著的独特性，我们在神庙里两次发现了它的图像，这种动物如今只在非洲南端生活。②

荷蒙蒂斯城的居民以前崇拜阿蒙神与荷鲁斯，斯特拉波用希腊语称他们为宙斯（Zëus）（朱庇特）和阿波罗。在该城的一座神庙里，人们曾饲养一头称为帕西斯（Pacis）的圣牛。③

斯特拉波把荷蒙蒂斯的名称写作 Ερμονθις，拜占庭的艾蒂安将其写成 Ερμωνθις，而阿拉伯人则写成 Armant（阿尔曼特）或者 Erment（埃尔曼特）。这些名称几乎都是埃及人给这座城市所取之名"Ⲉⲣⲙⲟⲛⲧ，Ermont"的准确拼法，并且这得到了科普特语抄本的印证④。在皇家图书馆的底比斯语词汇汇编中，我们也找到了 ⲁⲣⲙⲟⲛⲑ⑤，但是这个被讹用的单词被用于替代 Ⲉⲣⲙⲟⲛⲧ⑥。

基歇尔认为荷蒙蒂斯的埃及语名称实际是拉托波利斯的埃及语名称。⑦我们不知道荷蒙蒂斯埃及语名称的意义。在我们所查阅的埃及语词汇汇编中，没有任何结论涉及这一方面。一些语史学学者对其意

---

① 见乔马德：《荷蒙蒂斯记述》，我们将从他这篇优秀的论文中节选关于荷蒙蒂斯的描述。
② 似乎在古代，人们是通过一条隐蔽的通道进入神庙之中。波泰和夏尔·弗朗索瓦·奥尔良神父这样说道："在 Armand（荷蒙蒂斯）或者 Balad-Mousa（摩西的家乡）（根据一个阿拉伯传说），有一座崇拜偶像的神庙，人们通过一条隐蔽的地下通道去往那里。"
③ 马克罗比乌斯：《农神节》，第一卷，第二十一章，第305页。（译注：马克罗比乌斯为古罗马作家，约公元4世纪前后。）
④ 科普特语抄本，皇家图书馆，圣日耳曼藏书，17号，增刊；——古藏书，46号。
⑤ 古藏书，44号，第79页反面。（译注：转写为 Armonth。）
⑥ 译注：转写为 Ermont。
⑦ 基歇尔，第211页，拉克罗兹引述，单词 Ⲉⲣⲙⲟⲛⲧ。

第四章　上埃及及其边界、划分和埃及语名称

义发表了意见，之后我们将展开介绍。

措厄加在他关于方尖碑的著作中认为，其名称是由 Ϩⲡⲙⲛ̀ⲥⲛⲧ，Hrmnhnt[1] 派生而来，意指"祭司的城堡（arx sacerdotum）"[2]。这一词源是不被认可的，或者说是可能性不大的，因为它是基于埃及语词根 Ϩⲡⲙ 的假设，而措厄加对该词根则给出了希伯来语"Hermoun 和 Armoun，城堡（château, citadelle）"之意。但是希尔维斯特·德·萨西在他《金字塔名称报告》(Observations sur le nom des Pyramides)[3] 中则认为，如果词根 Ϩⲡⲙ 属于埃及语[4]，那么它应该有"圣地（lieu sacré）、圣物（chose sacré）"之意。除此之外，如果荷蒙蒂斯的埃及语名称 Ⲉⲣⲙⲟⲛⲧ 是以一个 Ϩ，Hori（H）开头，既然萨义德（Ssaîd）[5] 许多其他埃及古城的名称中出现了这个字母，比如 Ϩⲟⲩ 和 Ϩⲛⲏⲥ，那么为什么科普特人要把这个字母省略掉呢？另外，不管 Ϩⲡⲙⲛ̀ⲥⲛⲧ 以何种方式发音，也必然都是 Hermanhont，Hermnhont，而不是这座城市的埃及语、希腊语、罗曼语和阿拉伯语名称 Ⲉⲣⲙⲟⲛⲧ，Ermont 或者 Hermont。

在措厄加之前，雅布隆斯基在其《小册子》(Opuscules) 中提出，荷蒙蒂斯的名称来源于"Ⲉⲣⲙⲁⲛ，Erman，grenade，石榴"，而这与埃及语 Ⲉⲣⲙⲟⲛⲧ 的拼写方法相反，纯属凭空捏造。

莫伊斯是这座城市的主教。他撰写的其继任者科普托斯主教皮森蒂的赞美诗中讲述道，这位圣人在谢米（Shémi）山上，带领他的门徒若望（Jean）走向古埃及人在岩石上开凿的墓穴。他们在那里发现了大量的干尸。皮森蒂派若望回到修道院，并命令他在接下来的安息日不要回来这个地方与自己会合。但其门徒还是在安息日回到了墓

198

---

[1] 译注：原转写如此，按前文习惯应转写为 Hrmanhnt。
[2] 《论方尖碑的起源及用途》(De Origine et usu Obeliscorum)，第三部分，第二章，第 132 页。
[3] 刊登于百科全书杂志。
[4] 唯一保留了该词根某些痕迹的科普特语单词为 ⲡⲓϣⲡⲓⲙ，这是与阿拉伯语 El-Schihh 相对应的植物名称，高里乌斯认为 El-Schihh 是指"苦艾"。我们在科普特-阿拉伯语词汇编中找到了这个单词，圣日耳曼藏书，17 号，增刊。
[5] 译注：阿拉伯人对上埃及的称呼。

119

穴，在他快要进去的时候，他发现一具干尸在和他的导师说话。这个奇迹吸引了他的注意，他听到了下面这段对话："ⲡⲉϫⲉ ⲡⲁⲓⲱⲧ ⲙ̀ⲡⲓⲕⲱⲥ ϫⲉ ⲛ̀ⲑⲟⲕ ⲫⲁⲱ ⲛ̀ⲑⲟⲟⲩ ⲡⲉϫⲁϥ ⲁⲛⲟⲕ ⲟⲩⲉ̀ⲃⲟⲗϩⲉⲛ ϯⲡⲟⲗⲓⲥ ⲥⲉⲣⲙⲁⲛⲧ."①，意为'你来自哪个诺姆？'我的神父问干尸（这是若望在讲述事件）——干尸回答道：'我来自 Sermant 城。'"接着他还很顺畅地回答了皮森蒂提出的关于其家庭和宗教的不同问题。我们和措厄加②一样，认为 Ⲥⲉⲣⲙⲁⲛⲧ，Sermant 城与抄本中名称被弄错的 Ⲉⲣⲙⲟⲛⲧ 城并无二致。虽然埃及可能有一个叫作 Sermant 的城市，但我们的研究却没有找到相关内容。我们只在埃及的阿拉伯城市和村庄名录上找到了与 Ⲥⲉⲣⲙⲁⲛⲧ 差异巨大的名称，比如 Sament 和 Salment。

底比斯（Thèbes）——塔佩（Tapè）

底比斯城唤起了人们的遐想，那里有人类创造的一切最令人惊叹的事物，其遗迹是埃及古老文明和埃及人用其才华与智慧所建立的强大国家之最佳印证。作为埃及帝国的首个都城，底比斯的起源隐匿于蒙昧的时代，当埃及第一任国王美尼斯奠定了孟菲斯的基础，他的儿子阿托提斯（Athotis）一世把统治中心转移到孟菲斯时，底比斯便开始了衰落之程，由此足可见底比斯城的历史悠久。之后几位埃及国王在底比斯短暂建立政权，它似乎回光返照，恢复了一段时间的生机；但却再也回不到孟菲斯存在之前那样的光辉壮丽。

当部落居民来到埃及定居时，底比斯是最早有人居住的地方之一。根据古埃及人原来的习惯，他们用芦苇建造房屋，分散在各处，首先形成了一个房屋群。③但布鲁斯骑士则确信底比斯最早的居民住在岩石上开凿的相邻洞穴中，里面饰有埃及人雕刻的塑像和象形文字。④然而，但凡能想到底比斯人只有在他们的城市变得富有、人口稠密并且强大之时，才能凿出这么深的洞穴，并将其装扮得如此宏伟

---

① 科普特语抄本，皇家图书馆，梵蒂冈藏书，66号，第149页。
② 措厄加：《博尔吉亚博物馆抄本目录》，第43页。
③ 西西里的狄奥多罗斯，卷一，第二部分，第41页。
④ 《尼罗河源头游记》(*Voyage aux sources du Nil*)，第一卷，第6章，第149页。

第四章　上埃及及其边界、划分和埃及语名称

壮丽，便可以否定这一假设。另外，这些洞穴的平面图和画像证实了其早期的用途，它们是作为墓穴贮存底比斯居民的干尸的。

我们无法明确这座城市的建立年代，但可以说，它很有可能和在埃及居住的民族一样古老。埃及宗教神话把它的建造归于奥西里斯①，但是与埃及祭司们一样，希腊作者们对城市建造者之名的意见并不一致②：从表面来看他们并不知道建造者的名字。

底比斯一开始仅分布于尼罗河东岸，在尼罗河和阿拉伯山脉之间最早有人居住的平原地区，如今这里仍然保留着埃及最大、最古老神庙卡纳克神庙的遗迹。但是不久底比斯就扩大了范围，以至于尼罗河西岸遍布房屋、宫殿以及宗教建筑。底比斯因此从一座山脉延伸至另一座山脉，直至完全覆盖埃及的山谷。穿其而过的河流首先从东南流向西北，然后又从西南回流至东北方向，把城市平均分成两部分。③

底比斯范围巨大，其周长将近 12 古里，直径至少有 2.5 古里。④居民数量与它的巨大围墙成正比，那里的房屋有四五层高。⑤

如今底比斯的城墙和所谓的"百门"没有留下任何痕迹，甚至这些似乎从来没有存在过。因此我们现代学者用来解释荷马所说的 Εκτομπυλος 的各种推测都是徒劳无功的，荷马是以诗人的身份，而不是以地理学家的身份谈论这些内容。然而根据前人的记载，可以推测底比斯的一些城区由高墙环绕。西西里的狄奥多罗斯曾谈到，一位被称作布西里斯二世（Busiris II）的埃及国王用一道 140 斯塔德⑥的城墙包围了城市。⑦但这座城墙是不可能把城市完全包围的，在

---

① 西西里的狄奥多罗斯，卷一，第 14 页。——拜占庭的艾蒂安《论城市和人民》，词条 Διοσπολις。
② 上述引文出自西西里的狄奥多罗斯。
③ 德农：《埃及游记》，插图 43 及其注释。
④ 唐维尔：《埃及论文集》，第 201 页及以下。同见《现代旅行家》(les Voyageurs modernes)。
⑤ 西西里的狄奥多罗斯，卷一，第四十五章，第 54 页，韦瑟灵（Wesseling）出版。
⑥ 译注：斯塔德为阿提卡长度单位，合 177.6—192.7 米。
⑦ 上述引文出自西西里的狄奥多罗斯，卷一，第四十五章，第 54 页。

我们看来，它只围住了底比斯城的东部，更准确地说是围住了帝奥斯波利斯（Διοσπολις），或者是城墙围住了都城底比斯西部的门农区（Memnonium）。因为可以肯定的是，之前底比斯的周长超过 140 斯塔德。

许多定居于底比斯的埃及国王在那里新修建筑，用方尖碑装饰其神庙，从而使得底比斯美不胜收。埃及的君主在底比斯安置了许多壮丽的独石碑，其中就有塞索斯特里斯大帝和他的儿子、继任者拉美西斯，他们是埃及第十九王朝的国王，拥有"Diospolitains，帝奥斯波利斯人"[1]之称，因为他们出身于底比斯的一个家族。

到了奥古斯都（Auguste）皇帝统治时期，也是地理学家斯特拉波生活的时代，底比斯早已遭到破坏，其居民数量大幅减少，其中一部分撤退到东岸的主要居民点，另一部分则撤往门农区，靠近利比亚山脉。[2]

尽管底比斯在冈比西斯入侵埃及前已经衰落，但是这位征服者给了它最后一击。这位君主毁坏城池，抢掠神庙，并且夺取神庙中所有的金、银及象牙饰品。[3] 然而在这个不幸的时代之前，世界上没有任何一座城市在其幅员和富有程度上能与底比斯城媲美。并且，根据狄奥多罗斯的表述，"太阳都从来没有见过如此辉煌壮丽的城市"。[4]

在埃及君主制统治建立前，底比斯是统治埃及的主要祭司团体所在地，其最古老的建筑无疑建造于那个年代，而那些作为国王们居住之所的壮丽建筑群也是同一背景下的产物。相比于底比斯，埃及国王更喜欢定居孟菲斯，个中原由我们将另外阐述。

如果要详细描述底比斯的建筑、神庙、宫殿、方尖碑和巨像，那么就会超出我们已经在本书中所界定的内容范围，不过我们还是会给出其主要建筑的简要介绍，并且我们将参阅埃及委员会的著作，从而

---

[1] 译注：Diospolitain 是 Diospolis 人的称谓，Diospolis 是老底嘉最初的名称，为"宙斯之城"，坐落在吕卡士河的支流 Asopus 和 Caprus 峡谷之间的一座小山上。
[2] 斯特拉波，卷十七。
[3] 西西里的狄奥多罗斯，卷一。
[4] 西西里的狄奥多罗斯，卷一。

第四章　上埃及及其边界、划分和埃及语名称

获取更多详细内容。

底比斯城内拥有四座主要的神庙，以及遗址如今位于卡纳克、卢克索的神庙，可能甚至库尔努神庙也在此列。

卡纳克神庙或者说是卡纳克宫①无疑是底比斯古建筑中最大的，它周长将近半古里，德农先生骑马疾奔也花了大约20分钟才走完一圈②。其封锁壕内包含瓦砾堆成的小山和水塘，这可能是用于神庙宗教仪式的水池遗迹。神庙主入口呈由西向东走向，由一个柱台构成，柱台的2个台座十分巨大。入口前方是2座巨石像，大门通往一个巨大的庭院，而庭院则被一条石柱组成的通道分成两部分。其右侧部分为一座似宫殿的建筑，而庭院深处靠左侧则是一条与中部柱廊相平行的巨大柱廊。在柱廊的尽头有两道防波堤（如今已被毁），它们比第一个入口处的防波堤更小些，其前方也有两座花岗岩的巨石像。柱台之后是神庙的主柱厅，有142根石柱，呈两个梅花形交错分布，其中20根直径为11法尺、周长为31法尺的石柱构成了中间列；构成2个梅花形的石柱直径不少于7法尺，第一个梅花形石柱高60至80法尺不等，第二个的高度则与直径成比例。

在这个笼罩着神秘之光的柱厅之后，便是第二个入口，紧接着就是精工制造的4座花岗岩方尖碑，其中有3座如今仍然挺立。方尖碑位于圣殿前方，圣殿也是由花岗岩修建而成，上面布满了小型雕塑，展现了象征性的场景和整个神庙所祭祀的神祇。这位神祇是生殖之神，其标志与希腊人的普里阿普斯之标志相同，也十分明显，他就是"潘神"，也称"阿蒙神"，为万物之父，造物主，即希腊人的宙斯，拉丁人的朱庇特。圣殿天花板涂成蓝色，布满黄色的星星。圣殿两边是一些小单间，供祭司们居住，或者用于存放圣物。在圣殿后方，人们可以看到其他的住所。它们饰有圆柱构成的柱厅，通往一个被封闭式长廊包围的巨大庭院。而一条由大量圆柱和壁柱支撑的开放式长廊

---

① 它位于巴黎子午线经度 30°19′34″，北纬 25°42′57″（努埃）。
② 我们将从《埃及游记》(*Voyage en Égypte*) 中摘录对底比斯的描述。

则构成了这个庭院的最深处，于是圣殿周围环绕着这些巨大而奢华的建筑。这些庭院、柱廊和柱厅被封锁壕的墙体包围，墙体内外都刻有象征符号和象形文字。

在这个大型神庙周围，还有第二道封锁壕，不仅围住了我们刚刚描述过的巨大建筑，还包围了许多即将谈及的其他建筑。从北侧进入神庙的大门，边上是底座依然存在的斯芬克斯，这些底座位于一条大石块铺成的道路上。大门则通向一条隐蔽的长廊。在神庙的西边可以看到第二个建筑，其地窖已经倒塌。在这个柱台外面和第一个被长廊围绕的庭院中，有砂岩和白大理石材质的巨石像。这个庭院的尽头是第二个柱台，其两个台座的装饰方法与之前的台座一样。第二个庭院通往圣殿，而通往第二个庭院的大门是砂岩材质的，上面刻有雕工精致的象形文字，极其宝贵、完美。第二座神庙的第一扇门前方是一条公牛头的斯芬克斯大道，它通往第二条人头斯芬克斯大道的岔路口，并与第三条公羊头的斯芬克斯大道相交叉[①]。

第三条通道是我们谈到的四条通道中最大的，它起始于距卢克索神庙 1 英里处，结束于卡纳克神庙南门处。穿过封锁壕的南门，公羊头的斯芬克斯大道继续延伸，直至第三座神庙的柱台处。而在跨过这个柱台后，就来到了一个由 28 根圆柱组成的柱厅。它们形成了一个内庭，其风格最为庄重威严；再之后便是被一道封锁壕包围的圣殿以及整幢建筑，封锁壕止于柱台的两个台座。如今人们在西边还能找到第四座神庙，它比前几座神庙更小些。在这些神庙的整体围墙内，人们还可以看到许多其他建筑的遗迹，它们的存在印证了我们谈到的那些建筑的宏伟壮丽。

往这片大型建筑南部走去，人们可以在公羊头的斯芬克斯大道上步行大约半古里[②]。道路两边建筑林立，无疑是底比斯最美的一条大道。它通往卢克索神庙，整条路上均为宫殿和国家名人的府邸。

[①] 波泰神父和夏尔·弗朗索瓦·奥尔良神父在一条通道上数到了 120 个斯芬克斯，另一条道路上数到了 102 个。但他们没有说在这四条通道中，哪些是他们道听途说的。

[②] 如今这条通道两侧是断裂的石柱、高墙和雕像的碎片。

第四章　上埃及及其边界、划分和埃及语名称

这座埃及古都城的第二大神庙在规模上虽然无法赶超卡纳克神庙，却在建造的精美程度上更胜一筹，且壮丽程度毫不逊色。神庙入口是典型的圣地入口，彰显了人们敬奉之神的伟大。两座 100 法尺高的方尖碑最先映入眼帘，每一座都是由一整块粉红色花岗岩制成。雕刻在方尖碑四面的象形文字呼应了这两块独石碑的纺锤形柱和棱角的美丽，完美程度令人难以置信。方尖碑的底座显示出古埃及人对力学知识的高超驾驭能力。[①] 随后便是高度将近 40 法尺的两座雕像。接着便是柱台，柱台的台座有高雅的突饰，柱台上刻有战斗的场景。上面刻画了战士们乘坐两匹马拉着的二轮马车进行战斗。覆盖着柱台棱角的柱脚圆盘线脚与埃及所有神庙中的柱脚圆盘线脚类似，发挥了最大的效力。柱台后面是一条由 16 根石柱组成的长廊，并且另外两条十分类似的长廊分列左右。该庭院南部最末端是两座小型建筑，而这两座建筑中间还有一扇门。它通向两列 8 根巨型石柱构成的柱廊，其终点处是第三个庭院的入口。庭院东边是一条由 24 根石柱组成的长廊，西边是一条类似的长廊，由 26 根石柱支撑。在庭院尽头，靠近南边是一条柱廊，它由 32 根石柱组成，呈两个梅花形交错分布，每组都有 16 根柱子。这条柱廊位于圣殿之前，圣殿周围是许多石柱支撑的大厅。这座神庙[②]沿尼罗河河岸而建，有一道堤岸保护着它不受河流的侵袭。

以上这些就是底比斯东部的主要建筑。

这座名城的西部如今拥有比尼罗河东岸更多的建筑数量。其最北端是一座靠近阿拉伯城市库尔努（Qournou）且位置隐蔽的神庙。神庙风格十分庄重，是底比斯古老的神庙之一。而再往南则是门农宫（Memnonium）[③]，它是奥兹曼迪亚斯（Osymandias）国王修建的墓、神庙或者说是宫殿，希腊人认为这与其神话中的门农（Memnon）一致。

---

① 我们借用了德农先生对底比斯建筑的描述，根据他的观点，仅仅把方尖碑更换地点就可能要耗费巨资。详见德农先生的地图册插图 50 之注释。
② 它位于经度 30°19′38″，纬度 25°41′57″（努埃）。
③ 它位于经度 30°18′6″，纬度 25°43′27″（努埃）。

该神庙遗迹的现状向世人展示了一幅清晰的画面。人们最先看到的是一个大型柱台,位于两个台座中间的大门通往一个巨大的庭院。其中间位置是埃及最大的巨石像,即奥兹曼迪亚斯国王的雕像。雕像高75法尺,一只脚长度将近130法寸,如今已经与身体分离。雕像后面是第二个柱台,穿过这个柱台就进入了第二个庭院。庭院四周是50根石柱支撑的长廊,或者说是巨大的祭司雕像构成的壁柱所支撑的长廊。庭院尽头有4座黑色花岗岩精制而成的雕像。穿过第三扇大门就进入了一个巨大的柱台,它由约60根石柱组成,呈梅花形排列,这与卡纳克神庙的柱台无异。在穿过多间石柱和雕塑装饰的住宅后,便来到了该建筑中著名的藏书楼,上面写有"灵魂之药房(Pharmacie de l'ame)"的字眼。

在门农宫和尼罗河之间,人们还惊奇地发现了两座巨像[①]。它们高55法尺,相邻而坐,每一座都是一整块石头。尽管雕像现如今呈现的遭破坏程度严重,但人们仍然可以辨识出它们风格朴实,制作精妙。这两座雕像中间有一大块花岗岩石,似乎之前是属于较大的一座雕像。人们认为这块石头曾经是奥兹曼迪亚斯雕像的一部分。但在我们看来,奥兹曼迪亚斯的雕像应当是在门农宫的位置。

在这些巨大雕像的南边,旅行者们在阿拉伯村庄麦地那·塔布(Medineh-Tâbou)[②]见到了一组埃及建筑群,于是人们不禁猜测,在埃及帝国早期,一些国王或者一些政府要员曾定居于底比斯的这个位置。在这里,首先映入眼帘的是一座高墙,其前面是一个柱台,最里面是一条石柱长廊。再往前走,有一座小神庙,它被壁柱组成的长廊所包围,庙内全黑。旁边是一座小宫殿,虽然只有一层楼,但有窗、有门、有一个楼梯,还有阳台。阳台的底座以浮雕形式的半身像雕塑为支撑。宫殿中与神庙相通的一扇侧门上方有一个突饰,上面刻有两

[①] 根据保罗·卢卡斯的记载,当地人称这两座巨像为"公牛和母牛",因为它们头上有一些类似于牛角的装饰。根据当地阿拉伯人的观点,布鲁斯将它们称为"Schami 和 Tama",而波泰神父和夏尔·弗朗索瓦·奥尔良神父将其写成 Cama 和 Tama。

[②] 位于经度 30°17′52″,纬度 25°42′58″(努埃)。

只对视展翅的鹰;宫殿的窗户呈正方形,四边均刻有象形文字。更远处是一个巨型建筑,其最前面的那些庭院都有石柱和壁柱构成的长廊,并且在庭院的前方有一个柱台;而该建筑的剩余部分则被房屋所掩盖隐藏。装饰整栋建筑的浅浮雕大部分都和历史相关,尤其是第二个庭院的长廊和整个外围高墙上的浅浮雕。它们展示了一位埃及国王带领自己的军队,与身着波斯人服装的民众开战。国王大获全胜,他派人清点死亡人数,追剿敌人并围攻他们的一座城市;之后可以看到凯旋的国王,向指引他获胜的神祇献祭,并且用挂着旌旗、翱翔在英雄们头顶上方、陪伴国王征战的秃鹫来表现神祇的庇护。下文中我们将会再度谈及这些西西里的狄奥多罗斯曾经看到过且描述过的浅浮雕。

213

  底比斯的土地上还拥有其他建筑,它们的重要性并不亚于我们刚刚介绍过的建筑,但是国王们位于城市西北部山谷中的墓穴可能更具研究价值。在这个十分狭窄的山谷深处,岩石上开凿的许多洞穴突然映入旅者眼帘,它们是刻有雅典式浅浮雕的大门。浅浮雕呈椭圆形,上面刻有一个圣甲虫像和一个鹰头的男人像。在这幅象征性图画的每一侧,均有两个男人做着崇拜的动作。每个墓穴都由在岩石上开凿的众多房间组成,房间布满雕塑和绚丽夺目的画像,墓穴都有各自专门的入口,人们通过不同的两扇门进入其中几个墓穴。有时候,每个墓穴中最偏僻的一间是由石柱或者壁柱支撑,人们在里面可以看到存放干尸的棺材。它由一整块花岗岩石制成,长 12 法尺,内外都刻有象形文字。棺盖也是由一整块石头制成,其上部以浮雕的形式刻着墓穴主人的人像。根据在这些墓穴中发现的饰有雕塑的房间,我们得以了解古埃及人的家具。它们由珍稀木材制作而成,上面盖着提花织物。房间里的扶手椅、搁脚凳、休息的床十分考究、典雅。在里面,人们还可以欣赏到许多漂亮的竖琴雕塑。琴弦的数量表明了它们属于一个极为流行、非常完美的音乐体系。房间天花板是蓝色的,刻有黄色的浮雕。人们还可以看到大量象征性的、宗教的和家庭事务的画面,有一些还与天文学相关。在斯特拉波时代,人们清点到 47 座这

214

215

样的墓穴,但是如今只有8座开放。

这座都城民众的墓穴也是开凿在西北部且在利比亚山脉之中。数不清的长廊占据了山脉内部超过半平方古里的区域,用于存放底比斯民众的干尸;这些洞穴的数量证实了底比斯城人口众多。在其他许多地方,尤其是在那些巨石像和门农宫的西边,山脉几乎全部被挖到中空,因而也都有装饰华丽的墓穴。

这些建筑、神庙以及墓穴现如今仍然存留了大部分;如果底比斯这些庄严的遗迹深受赞赏,那么,现在当人们看到所有这些废弃的壮丽遗迹处于近乎荒芜的土地和沙漠中时,情何以堪?

卡纳克和卢克索也被阿拉伯人称为 Aqsoraïn,意为"两座城堡(les deux Châteaux)"①,是尼罗河东岸仅有的两个有人居住且规模较大的地方;但如今它们仍然只是两个贫苦的村庄,其中卢克索的村庄在神庙自身的围墙之内。库尔努村庄亦称麦地那·塔布(Medineh-Tabou),位于尼罗河西岸,靠近库尔努神庙群。

在希腊人看来,底比斯以 Θηβαι 或者 Θηβη,以及 Διοσπολις 之称闻名。第一个名称是底比斯最古老的称谓,至少早期的希腊作家们使用的就是这个名称。之后,他们才使用 Διοσπολις 这个名称,意为"Jovis civitas,朱庇特之城",并且为了把它和埃及另外两座同名的城市区分开来,希腊人还给它加上了 Μεγαλη,即"Magna,大的"。

单词 Θηβαι 或者 Θηβη 并不是希腊语,而显然是来源于埃及语,因此我们应当在埃及人的语言中去找寻其意义。

人们以前可能认为底比斯的埃及语名称是"Ⲧⲁⲡ,Tap,Corne(角)",并且由于底比斯崇拜有着公羊头和角的阿蒙神,所以得此名称;但是我们将会介绍到,这个单词并没有希腊语单词 Θηβαι 的最后一个音节,而且这个并不可取的解释仅仅是基于一种假设。我们认为古希腊人的 Θηβαι 并不是其他内容,而正是埃及语单词"Ⲧⲁⲡⲉ,

---

① 卡纳克也曾经被称作 Louqsor-el-Kodim(即"旧卢克索");当地传统表明这里以前是一位国王的居住之地。见波泰神父和弗朗索瓦·奥尔良神父的《上埃及叙述》(Relat. Du Saïd),第2页。

第四章　上埃及及其边界、划分和埃及语名称

tapé"，这在底比斯方言中是指"tête（头），chef（首领）"；那么这自然适用于埃及的"首都（capitale）"底比斯，而且也是合理的，底比斯是这个王国最古老的城市，也是第一座城市，是帝国和阶级统治（hiérarchie）①的首府。在此我们也将指出，所有情况下，埃及人似乎只考虑和他们相关的地方，同样地，他们以"Fleuve，河流"这个统称来称呼尼罗河，因为这是埃及唯一的河流，他们也用"la capitale，首都"来给底比斯命名，因为底比斯是埃及唯一的都城。

但是希腊语单词"Diospolis，Διοσπολις（朱庇特之城）"是构成底比斯专有名称的单词之精确翻译，"Ταπε，tapé（塔佩）"只不过是底比斯众多称谓之一。在希罗多德和所有古代作家的记载中，希腊人把埃及人称为 Αμουν 的神叫作 Ζευς，而不是 Αμμων。这其实是一个拼写错误，Αμουν 用科普特语字母书写则是 ⲁⲙⲟⲩⲛ。在不断探索中，我们在皇家图书馆的科普特语和阿拉伯语词汇汇编中找到了这个埃及语单词，写作 ⲁⲙⲟⲩⲛ②，意为"gloria（荣耀），sublimis（崇高），celsitudo（杰出）"。并且在这个单词的所有意义中，它是与"崇高的神（dieu sublime）、万神之首（au premier des dieux）、阿蒙神"相符合的③。单词 ⲁⲙⲟⲩⲛ 似乎与古埃及语中的太阳"ⲱⲛ，ôn"同源，它们两个都与"ⲟⲩⲱⲛⲥ 以及 ⲧⲟⲩⲱⲛⲥ，illuminare，照耀，ostendere，展示，apparere，显示"最为相似，由此构成了单词"ⲫⲏⲉⲑⲟⲩⲱⲛⲥ，Phêethouonh，希腊语为 επιφανης"以及其他许多单词。ⲁⲙⲟⲩⲛ 也是许多埃及人的名字。博尔吉亚图书馆馆藏之肖（Schow）出版的抄本中记载了 Παμουν。假设 Πⲁⲙⲟⲩⲛ 是 Πⲁⲁⲙⲟⲩⲛ 的缩写——这也是有可能的，便可以导出埃及语"Πⲁⲙⲟⲩⲛ，Amoun"或者甚至可能是"Ammonien，Αμμωνιος"。

因 此"ⲁⲙⲟⲩⲛ，Amoun" 或 者"Ⲑⲃⲁⲕⲓ ⲛ̀ⲧⲉ ⲡⲓⲁⲙⲟⲩⲛ，Tbaki-

---

① 这里我们使用单词 hiérarchie，是取其词源意义。
② 科普特语抄本，皇家图书馆，圣日耳曼藏书，17 号，增刊，第 131 页。
③ 在我们关于埃及宗教的研究中，借助于前人的研究报告，我们将证明阿蒙神是众神的首领。

antè-pi-Amoun（阿蒙神之城）"（通过加上意为"城市"的埃及语单词）是底比斯真正的名称；希腊人用"Διοσπολις［宙斯（朱庇特）之城］"恰当地翻译了这个名称，他们把埃及人的阿蒙神视作了他们的宙斯或者说是朱庇特。

《先知书》希伯来文本中的诺阿孟（No-Amoun）与底比斯的埃及语名称有一定的关系。尽管亚历山大里亚在先知的时代是以另一名称存在，但有时候人们把诺阿孟翻译成"Alexandrie（亚历山大里亚）"，而更为常见的是把 No-Amoun 翻译成了"Thèbes（底比斯）"。尽管它并不属于底比斯城，但肯定是下埃及的另一个地方，这一点我们会在下文中展开介绍。

底比斯或者说首都的主神庙是向阿蒙神献祭的，因此城市也获得了神祇之名。[①] 埃及人把无害的蛇埋在了神庙里。[②] 神庙里的祭司们吹嘘自己拥有托特（Thot）的才能，"神的智慧"，他们尤其热衷于天文学。正是这些祭司最早采用了太阳年，即 365 又 1/4 天。我们将在这部作品的许多地方提到底比斯，因为仁慈的政府所建立的埃及民族拥有的高度文明尽数体现在和底比斯相关的方方面面。

小阿波利诺波利斯（Apollinopolis）——科斯·维尔维尔（Kôs-Birbir）[③]

底比斯北边稍具规模的第一座城市就是阿波利诺波利斯，人们给它加上了"小"字，这是因为阿特博（Atbô）是希腊人和拉丁民族所说的大阿波利诺波利斯。如今小阿波利诺波利斯的遗迹仍然保留在原址，其中有一扇嵌入至檐口葱形饰处的美丽高门，这恰好印证了它曾经至少有一座巨大的神庙。

我们不知道希腊人为何把该城取名为"Απολλωνος πολις（阿波

[①] 斯特拉波，卷十七。
[②] 希罗多德，卷二，82。（译注：原文为82，经查阅《历史》，上海人民出版社，徐松岩译注版，为74。）
[③] 译注：科普特人把 Kôs-Birbir 读作 Kôs-Virvir，故译作科斯·维尔维尔。

第四章　上埃及及其边界、划分和埃及语名称

罗之城）"①，或者简单地写成 Απολλωνος②。可能是因为住在此地的埃及人建了一座向荷鲁斯献祭的神庙，希腊人发现了伊希斯儿子和他们的阿波罗之间的相似性。因而在这种情形下，他们自认为可以把这座城取名为阿波利诺波利斯（Απολλωνος πολις）。但这个名称无论是在发音上还是在意思上，都与埃及人给它取的名称"Κως, Kôs（科斯）"没有任何关系。在埃及语中，这个词被不加区别地写成 κες，κος 以及 κως。κως 是最常见的拼写方式，这个单独的音节用来指"埋（ensevelir）"的动作，引申为"阴暗的地方（un endroit triste），墓穴（un tombeau）"。我们并没有找到古埃及人这样称呼该城市的原因，但不管怎样，在法老统治时期，埃及有 4 座城市以此命名。我们在科普特语抄本中搜集到了其中 3 座城市的别名，从而得以区分。而我们现在所谈论的城市则一直被称作"Κως Βερβερ, Kôs-Berber"③，或者是底比斯方言的"Κως Βρβιρ, Kôs-Barbir"④，而孟菲斯方言则是"Κως Βιρβιρ, Kôs-Barbir"⑤，科普特人将其分别发音成 Kôs-Varvar, Kôs-Varvir⑥ 和 Kôs-Virvir。底比斯语别名 Βρβερ 或者 Βρβιρ 与孟菲斯语的词根 Βερβερ 相对应，意指"brûlant（灼热的），chaud（热的）"⑦。这个别名被用在了与底比斯相邻的科斯（Κως），从而将其与另外 3 座城市区分开来。另外 3 座城市是我们接下来将要谈到的其他科斯（Kôs），它们位于埃及气候更为温和、天气并不十分炎热的区

---

① 斯特拉波，卷十七。
② 拜占庭的艾蒂安：《论城市和人民》。
③ 科普特语抄本，皇家图书馆，43 号，第 58 页反面，44 号，第 79 页正面。
④ 科普特语抄本，古藏书，46 号。
⑤ 科普特语抄本，圣日耳曼藏书，17 号，增刊，第 192 页。
⑥ 在《亚历山大里亚教会史》中，旺斯莱布神父谈到，科斯·维尔维尔（Kous-Varvir）是一个主教辖区，见第 22 页。
⑦ 人们可以在下面的诗中看到这个词根："ⲧⲥⲱⲟⲩⲛ ⲛⲛⲉⲕϩⲃⲏⲟⲩⲓ ϫⲉ ⲟⲩⲇⲉ ⲕϩⲟⲣϣ ⲁⲛ ⲟⲩⲇⲉ ⲕϩⲏⲙ ⲁⲛ ⲁⲙⲟⲓ ⲛⲁⲕⲟⲓ ⲙⲙⲟⲅⲥⲱϫ ⲡⲉ ⲓⲉ ⲛⲁⲕⲃⲉⲣⲃⲉⲣ ⲡⲉ"，意思是"Cognosco opera tua, quia neque es frigudus, neque calidus; utinam esses frigidus aut calidus.（我知道你的行为，你不冷也不热，我巴不得你或冷或热）"《圣经·启示录》，三，15。

域。与它们相比，科斯·维尔维尔（Kôs-Birbir）更为靠南。这座城市建在尼罗河旁，位于东岸，但不在利比亚附近地区，这与拜占庭的艾蒂安观点一致，除非这位词典学家是用 Απολλωνος μικρα 来指实际上建造于西岸的另一座小阿波利诺波利斯。阿拉伯人在名称 Qouss 中保留了 Kôs-Berbir 的埃及语名称，该城正是因 Qouss（库斯）为阿拉伯人所熟知。

帕帕（Papa）——帕佩（Papè）

人们发现阿布尔菲达的著作中提到过一个叫作 Aqssour（阿克苏尔）或者 Oqssour（奥克苏尔）（意为"城堡群"）的地方。同样根据这位阿拉伯地理学家的观点，它是在 Qouss（库斯）[1]南部，距其1天路程的地方。底比斯方言版的科普特语抄本[2]给我们提供了奥克苏尔的埃及语名称，为"Παπн，Papè 或者 Papa"。如果把奥克苏尔的位置确定在底比斯城墙内的卢克索，尽管这在我们看来有可能并不如此，那么 Παπн 则是首都卢克索这个区的埃及语名称；但是如果把 Παπн 用于指底比斯和滕提里斯(Tentyris)[3]中间的地方，那么它就对应于古人所说的帕帕（Papa），即位于滕提里斯和东科普托斯（Contra-Coptos）之间的村庄或小城。如果把"Παπн，Papè（帕佩）"用来指底比斯的一部分地区，那么也不应当把它视作通常写成 Medîneh-Tabou（麦地那·塔布）或者 Medinet-Abou（麦地那·阿布）的埃及语名称，因为这座位于底比斯西部的村庄从来都没有叫过 Qassr，也没有叫过 Oqssour。因此，尽管阿拉伯人把帕佩（Παπн）对应于他们称作奥克苏尔的地方，但实际上这个名称从来都不属于奥克苏尔。我们的观点是，帕佩（Παπн）不是别处，而正是该沿线上的帕帕。它位于尼罗河西岸，滕提里斯和东科普托斯之间。

---

[1] 译注：即小阿波利诺波利斯。
[2] 科普特语抄本，皇家图书馆，44号，第79页反面；43号，第58页正面。
[3] 译注：即丹德拉。

第四章　上埃及及其边界、划分和埃及语名称

科普托斯（Coptos）——科夫特（Keft）

名城科普托斯位于尼罗河西岸，科斯·维尔维尔南部，埃及领土中心位置，并且几乎处于阿拉伯山脉斜坡之上。其城墙内有2座神庙，它们的散乱遗迹如今依然清晰可辨。① 在法老统治时期，科普托斯应当是上埃及与阿拉伯之间贸易往来，甚至可能是上埃及与印度之间贸易往来的货物集散地；至少在希腊人和罗马人统治时期，科普托斯扮演着这样的角色。在埃及和红海之间漂泊的阿拉伯人借助一切可能的手段把货物运至科普托斯。毫无疑问，他们在那里居住了一段时间。这就是为什么斯特拉波说这座城市曾为埃及人和阿拉伯人共有。科普托斯是诺姆首府。

尽管希腊人没有翻译它的埃及语名称，而是十分忠于原语言地写成了 Κοφτος 或者 Κοπτος，但这并无法阻止他们从自己的语言中派生出这个单词。普鲁塔克② 认为它是由希腊语动词"Κοπτω，couper，切，割"构成。因为根据某段传说，在奥西里斯去世后，伊希斯女神自己剪断了头发。但很明显该词源没有任何可能性，因而我们力图用严密的论证来推翻这一说法。正如一份科普特语抄本中所载③，科普托斯的埃及语名称是 Κεϥτ，Keft，只需要证明这一点就足够了，其中提到 "ⲁⲃⲃⲁ ⲙⲟⲩⲥⲏⲥ ⲡⲓⲉⲡⲓⲥⲕⲟⲡⲟⲥ ⲛ̄ⲧⲉ Κεϥτ，Moyse，évêque de Keft"，意为"莫伊斯，科夫特（Keft）的主教"；人们也在科普特语词汇汇编中发现该城是用这个名称来表示的④。一份底比斯语的抄本⑤中将该城写作 Κεπⲧⲟ⑥，而另一份⑦则写成了 Κεⲃⲧⲱ⑧。可能后面的这些名称只是 Κεϥⲧ 的讹用，或者甚至是对希腊语 Κοπⲧⲟⲥ 的讹用，我们没能找到

---

① 德农先生：《埃及游记》，第二册，第213页，共3卷，12开本。
② 《论伊希斯和奥西里斯》。
③ 科普特语抄本，皇家图书馆，梵蒂冈藏书，66号，第125页。
④ 科普特语抄本，皇家图书馆，梵蒂冈藏书，46号等。
⑤ 科普特语抄本，皇家图书馆，44号，第79页反面。
⑥ 译注：转写为 Kepto。
⑦ 科普特语抄本，皇家图书馆，43号，第58页反面。
⑧ 译注：转写为 Kebtô。

这座城市埃及语名称的意义。和该地区最早的居民一样,阿拉伯人还将其称作 Qift(基夫特)或者 Qéfth(科夫斯)。

旁帕尼斯(Pampanis)——旁潘(Pampan)

地理学家托勒密把位于埃及内陆的一个乡镇定位于滕提里斯南部,并给它冠以旁帕尼斯之名。① 在之前所参考的埃及城市与农村的阿拉伯语名录中,我们没有在库斯(Qouss)省靠近滕提里斯的位置处看到任何与它相符的名称。在唐维尔的古埃及地图中,他把旁帕尼斯的位置定在尼罗河西岸,滕提里斯南部。我们认为 Pampan(旁潘)是这个地方的埃及语名称,希腊人仅通过增加词尾 ις,把它变成了旁帕尼斯(Παμπανις)。我们不确定其埃及语的拼写方法,因为我们无法确定这个乡镇名称的意义。但我们将会介绍如今仍然位于尼罗河西岸、老城安波(Ambô)(奥姆伯斯)对面的一个村庄,阿拉伯人也把它叫作邦班(Bamban)。② 这一情况证实了我们对旁帕尼斯的埃及语名称所阐述之观点。

滕提里斯(Tentyris)——尼·滕托里(Nitenthôri③)

在科普托斯北部,埃及河谷向西转弯,尼罗河也转向西侧。滕提里斯正是建在这个经度 30°20′42″、纬度 26°8′36″,离尼罗河西岸不远的地方。它是一个大行政区(Pthosch)的首府,此处盛产棕榈树。

该城的主神庙是埃及建筑的代表作。人们最先看到的是巨石建成的大门,上面刻满象形文字,这是我们将要介绍的主神庙外围城墙的一部分。

神庙长 200 法尺,宽 140 法尺。"柱廊比神庙中殿更高,其建筑形式十分简洁,只有大量的象形文字雕刻,但这并不影响它的线条美。一条宽大的突饰庄严地围绕着整座建筑。边上似乎有一圈环状半圆线脚装饰,这也给遍布的斜坡增加了一份庄重之感。"④ 人们把水浇

---

① 托勒密:《地理学》(Géographie),卷四。
② 唐维尔:《现代埃及地图》。
③ 译注:下文亦写作 Ni-Tenthôri。
④ 我们从德农先生的游记中摘录了关于滕提里斯神庙的描述,引号中的内容就是从他的著作中抄写而来。

第四章　上埃及及其边界、划分和埃及语名称

在神庙的露台上，用来使神庙中的房屋变得清凉，而从神庙中殿伸出的3个巨大的狮子头像便作排水之用；因为在这个露台上有一些独特的小神庙，上面雕刻精美，展现的是天文学和科学方面的画面；如今这些小神庙中，有一半已被埋入之前阿拉伯人修建在神庙屋顶上的一个村庄的废墟中。

柱廊由18根石柱构成，其周长均为24法尺，间距12法尺，是古代最美建筑范例之一。其巨大庄严的外观中夹杂着一股阴郁的吸引力，以致来到这座壮丽建筑前的人们均难掩激动之情顿生敬意。

石柱柱头上的女性头像证明了埃及人在这座神庙中向伊希斯献祭。① 在圣殿最里面有伊希斯的一个巨像，在她前面还有两个正在焚烧香料的巨型雕像。

德农先生说道："我本想把一切都画出来，却不敢下笔。我对这些作品满怀敬仰，却无法达到它们的艺术高度，我的模仿会是对作品的玷污；它们的数量如此众多，激发了我的想象力，皆为我以前见所未见。"

"这些建筑表达了对神祇圣殿之尊重，是精神寄托、科学发展的教科书；一切得以表达，一切都在相同的精神中获得了生机。"

石柱、柱头、内外墙、突饰、底座，所有都刻满了浅浮雕、象形文字铭文与展现埃及人礼拜仪式和世俗生活习俗场景的历史画面。这些雕刻全部涂上了柔和的颜色，平添一分魅力与瑰丽多彩，而这既不破坏其简洁，也不影响其庄重。

这座壮丽的神庙如今仍然保存完好，只有封锁壕有一部分损毁②。

---

① 斯特拉波，卷十七。
② 一份希腊语铭文后来刻在了封锁壕墙体大门的顶饰镶边上，它位于大型神庙的南部，保罗·卢卡斯曾经见到过，并在其第三本《离凡特游记》（卷三，第35页）中对该铭文作了简单介绍，[译注：黎凡特（Levant），又译作累范特，是一个不精确的历史上的地理名称，它指的是中东托罗斯山脉以南、地中海东岸、阿拉伯沙漠以北和上美索不达米亚以西的一大片地区。] 德农先生对此完整转述。菲亚克的商博良（Champollion-Figeac）在其《致傅立叶先生关于丹德拉神庙铭文的信》（格勒诺布尔，佩罗纳，1806年版，8开本）中谈到并解释了该铭文。信中写道，根据一项法律，在凯撒（奥古斯都）三十一年托特月18日，（滕提里斯）首府的使者们把柱廊用于向非常伟大的女神伊希斯和该神庙中可敬之神献祭。这一祝圣仪式旨在保护奥古斯都大帝。作者还对此信进行了第二版修订，涵盖了许多关于埃及使用的多种纪元的研究。

滕提里斯如今仍有 2 个十分重要的天文古迹，一个是雕刻的黄道十二宫，它位于大型神庙柱廊天花板两条对立平拱上；另一个是雕刻的平面球形图，它位于建造在神庙屋顶上方的小屋中一个房间的天花板上。这两个建筑展现了以狮子宫开头、按顺序排列的 12 个天宫，太阳按照这一顺序转动到不同的天宫中。柱廊的黄道十二宫分成两部分：位于观察者左侧的狮子宫、室女宫、天秤宫、天蝎宫、人马宫和摩羯宫，它们似乎是要出神庙；位于右侧的宝瓶宫、双鱼宫、白羊宫、金牛宫、双子宫和巨蟹宫，则似乎要进神庙并转向大门。① 太阳是用一个圆盘来表示的，垂直而下的阳光刚刚离开巨蟹宫，在黄道十二宫的排序中，巨蟹宫是最后一个。在平面球形图上，这些星座组成一个螺旋形，排列顺序与先前一致：狮子宫开头，而位于其上方并转到对侧的巨蟹宫则为结尾。在这两幅画面中，人们注意到许多以不同方式聚集的星星和象征性图像，它们可能是以符合埃及人的形式所表现出来的星座。实际上埃及人应当是把这些象征放到天上，以此来表达对神祇的崇拜，后来希腊受到了埃及的教化，所以希腊神话中的英雄和神祇也被放到天上。

从这两个建筑被发现之日起，它们立刻吸引了欧洲学者的目光。天文学史应当从中收集到了最具价值的内容。法国、意大利、德国和英国的学者们曾着手对其进行解释；对于人们发现这两个建筑的天文学时代，以及它们所属神庙建造的年代，学者们的意见并不一致。而我们不加入这一大型讨论，只是在此指出，这两个建筑被过分看重了。尽管它们与荷蒙蒂斯、斯奈城（Esné）发现的黄道十二宫以及底比斯的天文巨像属于同一天文学知识体系，且相互类似，对其释义也应当变得更为容易和精确，但它们却是相互独立的存在。因此我们认为关于平面球形图和滕提里斯黄道十二宫的所有文献都不够成熟。②为了获得与此相关的精确且令人满意的完整概念，需要参考缇巴依德

---

① 由埃及学院所观察到的这些天宫顺序并没有在德农先生出版的画作中得到保留。
② 这些文献的数量如今已经超过 20 份。

巨型建筑发掘的相关工作成果，为此傅立叶男爵撰写了巨著，并用其灵巧的双手绘制了高雅庄重的卷首插图。

我们在此也要重复他本人所说的这些文物的古老性，尽管一些作品中对此进行了夸张的表述："对于大量尚未成熟论文中提及的这一著名问题，人们经常向从事这些研究的作者抛出与之不同的观点。对建筑仔细研究后所得出的结论从未能解释受编年史限制的埃及历史，因为该编年史研究在基督教纪元的最初几个世纪还未开展。人们夸大了埃及民族的古老性，将其建立在猜测的基础之上，而没有从用于推算历法的演算方法中辨别出真正的历史时代，而文物研究的成果是与这些人的感受背道而驰的。"①

人们应当去滕提里斯寻找希腊建筑秩序与简要精美之处的古代典范；而埃及人的建筑则成为此后我们欣赏一切事物的准则。

滕提里斯另外还有两座小神庙，但无论是在布局的完美性上，还是在建造的美学上，它们都无法与我们之前谈到的神庙相媲美。

在斯特拉波时代，那里的居民热衷捕猎鳄鱼。喜欢嘲笑埃及的讽刺诗诗人尤维纳利斯（Juvenal）② 后来被尼禄皇帝（Néron）流放至埃及。他讲述了因鳄鱼而引发的疯狂流血事件。战斗双方是奥姆博斯人（Ombites）和滕提里斯人（Tentyrites），他们中一方尊敬鳄鱼，而另一方则想要消灭鳄鱼。尤维纳利斯本人的记述证实了这场可笑而野蛮的战争是虚构的，根据这位拉丁诗人的观点，战争中每一方都吞食了敌军中流血的肢体③。尤维纳利斯把奥姆博斯和滕提里斯当作"相邻的两座城市"④，但它们实际距离超过30古里。然而尤维纳利斯确定地说，滕提里斯人夜间从其领地出发，"早上到达了奥姆博斯"。仅仅是基于

---

① 《埃及记述·历史序言》(*Préface historique de la Description de l'Égypte*)，第84、85页。
② 译注：罗马伟大的讽刺诗诗人，又译朱文纳尔。
③ 从表面看来，布鲁斯骑士十分匆忙地阅读了尤维纳利斯的这段内容，因为他看到的是〔见《尼罗河源头游记》(*Voyage aux sources du Nil*)〕，"在尤维纳利斯同时代，滕提里斯人和奥姆博斯人还吃人肉是十分奇怪的。"
④ 尤维纳利斯：讽刺诗诗人，《讽刺诗十五》，卷五，诗文33至36。

对一位诗人的信任,许多现代作者采纳了这一未经考证的假想。

基歇尔神父认为在 ⲦⲀⲚⲞϢⲈⲢ 中发现到了滕提里斯的埃及语名称,写作 Ⲧⲁⲛⲟϣⲉⲣ,可能曾用于指"鹰之地或鹰之城(le lieu ou la ville del'Epervier)",或者更确切地说是"秃鹫之城(la ville du Vautour)";因为我们在一份科普特语和阿拉伯语词汇汇编中[①]找到了单词 ⲠⲒⲚⲞϢⲈⲢ,它被翻译成"Baz Alschahin〔鹰、隼(épervier, faucon)〕",即"秃鹫",甚至是阿拉伯语名称类似于埃及语名称的"鹰"(并且不应当把 ⲚⲞϢⲈⲢ 与 ⲀⲚⲚⲞϢⲈⲢ 混淆,ⲀⲚⲚⲞϢⲈⲢ 是阿拉伯人称为 Saris 的植物名称)。我们不知道基歇尔从何处摘录了 ⲦⲀⲚⲞϢⲈⲢ,把它作为一个埃及城市的名称;但毫无疑问的是,这从来都不是古人对滕提里斯的称呼。单词 Τεντυρα 并不是希腊语,显然是纯正的埃及语名称,而阿拉伯人用他们的 Dendéra(丹德拉)对此做了保留。人们在科普特语经卷中再次发现了其复数形式 Ⲛⲓⲧⲉⲛⲧⲱⲣⲉ,Ni-Tentôre[②],Ⲛⲓⲧⲉⲛⲑⲱⲣⲓ[③]。而更为常见的写法是 Ⲛⲓⲕⲉⲛⲧⲱⲣⲉ,Ni-Kentôré[④],底比斯方言为 Ⲛⲓⲕⲉⲛⲧⲟⲣⲉ,Ni-Kentôrè[⑤],孟菲斯方言则是 Ⲛⲓⲕⲉⲛⲧⲱⲣⲓ,Ni-Kentôri[⑥]。曼加莱利出版的底比斯语抄本给我们提供了单词"Ⲛⲓⲧⲉⲛⲧⲱⲣⲉ,Ni-Tentôre"的变体,它出现在《圣·帕科缪行传》的残卷中,内容如下:"ⲀⲠⲀ ⲆⲒⲞⲚⲎⲤⲒⲞⲤ ⲈⲨⲠⲢⲈⲤⲂⲨⲦⲈⲢⲞⲤ ⲚⲦⲈ ⲦⲈⲔⲔⲖⲎⲤⲒⲀ ⲚⲚⲒⲄⲈⲚⲦⲰⲢⲈ"[⑦],意为"丹尼(Denis),尼·让托尔(Ni-Gentôre)教堂的祭司",在这里可以看到,ⲅ(g)被用来代替 ⲕ(k)。

---

① 科普特语抄本,皇家图书馆,圣日耳曼藏书,17 号,增刊。
② 曼加莱利:《埃及抄本残片》(Aegypt. codic. reliquioe),第 228、229 和 230 页。
③ 在孟菲斯语版的《圣·帕科缪行传》中(科普特语抄本,皇家图书馆,69 号),提到了修道院院长,"Ⲥⲁⲣⲁⲡⲓⲱⲛ ⲠⲒⲈⲠⲒⲤⲔⲞⲠⲞⲤ ⲚⲦⲈ ⲚⲒⲦⲈⲚⲦⲰⲢⲒ",意为"萨拉皮昂(Sarapion),尼·滕托里(Nitentôri)的主教";"ⲀⲠⲀ ⲆⲒⲞⲚⲎⲤⲒⲞⲤ ⲈⲞⲨⲠⲢⲂⲨⲦⲈⲢⲞⲤ ⲠⲈ ⲚⲦⲈ ⲚⲒⲦⲈⲚⲐⲰⲢⲒ",意为"阿帕·丹尼(Apa Denis),尼·滕托里(Nitenthôri)的祭司"。
④ 科普特语抄本,皇家图书馆,46 号。
⑤ 科普特语抄本,皇家图书馆,44 号,第 79 页正面。人们还发现该城名称写成 Ⲛⲉⲕⲛ̀ⲧⲟⲣⲉ,科普特语抄本,皇家图书馆,43 号,第 58 页反面。
⑥ 科普特语抄本,皇家图书馆,圣日耳曼藏书,17 号,增刊。
⑦ 曼加莱利:《埃及抄本残片》,残片九,第 226、227 页。

底比斯方言中有一些这样调换的例子，但由于字母 r 与底比斯语和埃及人使用的字母并无关联，因此这就尤为引人注意。

在我们为找出滕提里斯埃及语名称意义所做的研究中，并没有得出任何独到的见解。唯一与其相近的就是基歇尔分别解释为"Senex（老的，上年纪的）"和"Salix（柳树）"之 ⲁⲛⲧⲱⲣⲓ 和 Ⲑⲱⲣⲓ[1]，但这都与埃及语的 Ⲛⲓⲕⲉⲛⲧⲱⲣⲉ 或者 Ⲛⲓⲧⲉⲛⲧⲱⲣⲉ 毫无实质关系。

特穆尚（Thmounschons）

这个地方之前应当隶属于尼·滕托里（Ni-Tenthôri）大行政区（Pthosch），至少根据《帕科缪行传》中多段内容可以得出该结论[2]；在这位圣人的行为传记中，该名称写成了 Ⲑⲙⲟⲩⲛϣⲱⲛⲥ[3]。在埃及城市的埃及语和阿拉伯语名录中[4]，我们又发现了这个名称，写作 Ⲙⲟⲩϣⲁⲛⲥ[5]，阿拉伯语将其翻译成 Makhans（马克汉斯）或者 Moukhans（穆克汉斯）。根据一份《埃及城市、乡镇和村庄概况》记载，这个地方属于阿拉伯行省库斯管辖。[6] 埃及人可能以前把这个单词写成 Ⲙⲟⲩⲭⲁⲛⲥ[7]，这也就是阿拉伯人将其写成 Moukhans，而不是 Mouschans 的原因。

塔本那（Tabenna）——塔本尼西（Tabennisi）

在滕托里（Tenthôri）[8] 和小帝奥斯波利斯之间有一座希腊人称之为 Ταβνvη[9] 的小岛，如今阿拉伯人将其称为 "Djèziret-el-Gharib，西方岛（l'île de l'Occident）"，之前它隶属于滕提里斯（Tentyrite）诺姆。科普特语经卷中也提到了这座岛屿，名称是 Ⲧⲁⲃⲛⲛ̀ⲏⲥⲉ，Tabnnésé[10]

---

[1] 人们或许可以从 Ⲧⲁⲛ̀ⲑⲱⲣⲓ 中派生出 Ⲧⲉⲛⲑⲱⲣⲓ，意思是柳树（ⲑⲱⲣⲓ）所在之地。
[2] 科普特语抄本，皇家图书馆，69 号。
[3] 译注：转写为 Thmounschons。
[4] 科普特语抄本，皇家图书馆，43 号，第 58 页反面。
[5] 译注：转写为 Mouschans。
[6] 阿卜杜拉提夫（Abdallatif）作品之希尔维斯特·德·萨西先生译本；《埃及概况》(*État de l'Égypte*)，38 号，第 704 页。
[7] 译注：转写为 Mouchans。
[8] 译注：同尼·滕托里，也就是指滕提里斯，即丹德拉。
[9] 索佐门（Sozomenus）（译注：拜占庭历史学家。），卷三，第 14 章等。
[10] 曼加莱利：《埃及抄本残片》(*Aegypt.codic.reliquioe*)，残片七，第 162 页。

和 Ⲧⲁⲃⲉⲛⲛⲏⲥⲓ，Tabennési①。根据曼加莱利的记录②，人们发现了希腊语"νησος，岛屿"被加进了埃及语名称"Ⲧⲁⲃⲛ̀，Taben"之中，或者是加入了底比斯方言"Ⲧⲁⲃⲛⲛⲉ，Tabenné"中，意指"盛产棕榈树的地方（endroit abondant en palmiers）"或者"全体教徒所在之处（le lieu des Troupeaux）"③。但我们并不认同该岛科普特语名称的结尾 ⲛⲏⲥⲉ 或者 ⲛ̀ⲏⲥⲓ 对应于希腊语的 νησος。我们更愿意将这两个音节视作名称伊希斯（ⲏⲥⲓ），前面加上了表示所有格的冠词。因此名称 Ⲧⲁⲃⲛ̀ⲛⲏⲥⲓ 意指"伊希斯的棕榈树所在的岛屿（l'Ile où se trouvent les palmiers d'Isis）"，我们认为这才是该单词真正的意义。实际上，根据古人的记载可知，滕提里斯诺姆有大量的棕榈树。并且在现代，人们在滕提里斯附近看到了大片的埃及姜果棕榈树。④这种棕榈树不同于下埃及和阿拉伯地区仅有一根树干的棕榈树，整棵树由 16 根以上的树干组成，因而得名"扇形棕榈树（Palmier éventail）"，其果实质量低于普通棕榈树。在埃及人之后的时代，圣人帕科缪——根据埃及方言写成"Ⲡⲁϩⲱⲙ，Pakhôm"或者"Ⲡⲁϭⲱⲙ，Pahôm"选择在塔本尼西岛修建著名的修道院，大量虔诚的隐修士们在此团修。

小帝奥斯波利斯（Diospolis-Parva）——后（Hou）城

小帝奥斯波利斯（Διοσπολις μικρα，小朱庇特之城）位于滕提里斯西北部，离塔本尼西不远。根据努埃先生的《新天文学观察》，它位于经度 30°0′57″，北纬 26°11′20″。

这座城市应当不大，至少从它所留下的遗迹来看，并没有显示出这曾是一座大型的城市。其邻城底比斯和滕托里必然限制了这座城市规模的扩张。如今仍用于命名该城所在地区的名称 Hou 即为之

---

① 科普特语抄本，皇家图书馆，梵蒂冈藏书，64 号，第 156 页正面。
② 上述引文出自曼加莱利，第 182 页。
③ 雅布隆斯基从孟菲斯方言的 ⲧⲁⲃⲉⲛⲓ 中派生出了这个单词，ⲧⲁⲃⲉⲛⲓ 与底比斯方言的 ⲧⲁⲃⲛⲛⲉ 的意义相同。
④ 尤维纳利斯：《讽刺诗十五》，卷五。——西卡尔，《耶稣会士书简集》（Lettres édifiantes）第六卷。——《耶稣会士书简集选》（Choix des Lettres édifiantes），卷二，《黎凡特ře传教》（Missions du Levant），巴黎，1809 年版，第 237 页。

前的埃及语名称 ϨΟΥ[①]，或者是 Ϩω，Hô[②]。皇家图书馆中的两份科普特语抄本证实了希腊人称之为帝奥斯波利斯（Διοσπολις）、唐维尔将其确定为后（Hou）城的所在地。在抄本中可以看到，希腊人命名为 Τιοсπολιс[③]（Διοσπολις）的城市埃及语叫作 ⲀⲚⲞ[④]，而 Hou 则是阿拉伯语[⑤]。ⲀⲚⲞ 被用来代替了 ⲚϨΟΥ（Anhou），而我们认为这不过是对它的讹用。尽管出于不同的目的，但阿克布拉对该单词也持相同的观点[⑥]，我们很庆幸能获得他对我们推测的支持。

希尔维斯特·德·萨西受到了基歇尔神父错误的影响[⑦]。根据他的观点[⑧]，后（Hou）城的科普特语或者埃及语名称应当写成 ϨΟΥⲠⲈ，Khoupé。在基歇尔的著作中，该单词中的 ϧ（Khei）应当是用 Ϩ（hori）来替代，这很可能是由于印刷错误才造成了字母的变化。在基歇尔查阅的抄本中，单词 ϨΟΥⲠⲈ 的最后一个音节 ⲠⲈ 位置并没有变动，但这是动词"ⲠⲈ，est（是）"，它放在埃及语名词之后，用来表明这个名词"是"和相应的阿拉伯语单词一致的。因此，例如，人们发现的，Ταλαναυπε，Φαρсιnⲉⲡⲉ，Πтⲉnстωⲡⲉ，Πιϣαρωтⲡⲉ，Θⲉnnⲏсιⲡⲉ，Ναθωⲡⲉ 就是用来代替 Ταλαναυ，Φαρсιnⲉ，Πтⲉnстω，Πιϣαρωт，Θⲉnnⲏсι，和 Ναθω[⑨]。作为许多埃及城市名称的末尾音节，基歇尔认为 ⲡⲉ 是城市名称的重要组成部分，并且他把自己发现的这些名称写入了《修复的埃及语》中；拉克罗兹则从中摘录了这些名称，写入了自己的埃及语词汇汇编中。之后我们将择机再次阐述这一结论。

我们尚不知晓 Hou，ϨΟΥ 的意义，对这一点的研究也是毫无结

---

① 科普特语抄本，皇家图书馆，古藏书，46 号。
② 科普特语抄本，皇家图书馆，梵蒂冈藏书，69 号。
③ 译注：转写为 Tiospolis。
④ 译注：转写为 Ano。
⑤ 科普特语抄本，皇家图书馆，43 号，第 88 页反面；——44 号，第 49 页正面。
⑥ 《关于罗塞塔石碑》(*Lettre sur l'Inscription de Rosette*)，第 35 页、第 36 页。
⑦ 基歇尔：《修复的埃及语》，第 211 页。
⑧ 阿卜杜拉提夫（Abdallatif）作品的翻译，第 704 页。
⑨ 科普特语抄本，皇家图书馆，圣日耳曼藏书，17 号，增刊，第 192 页反面，及第 196 页。

果。我们不敢确定它是否由底比斯语的"ϩⲟⲟⲩ, dies（天）"派生而来，尽管许多情况都证实了该词源。但出于习惯，我们对此不作任何解释，除非论据确凿，并且对于人们提出的任何异议我们能够圆满解答。由于许多作者滥用词源学知识，因而我们今天的词源学极大地丧失了权威性。加之他们学识渊博，以至于他们沉浸在语法特例和词源学所允许的对调中而沾沾自喜。而我们更愿意承认自己能力有限，而非给出些大胆的推测。

241　　旺斯莱布神父在谈到后城时，把它归入了科普特主教管辖区，他认为以前这个地方是"大底比斯区"[①]；但唐维尔已经证明这是错误的。后（Hou，Ϩⲟⲩ）城的遗址如今只剩一堆残砖败瓦。

谢诺波西亚（Chênoboscia）——谢内赛特（Schénésêt）

在古代，后（Hou）大行政区包含许多小城、乡镇和村庄，而其中大部分我们都无从知晓。在这些地方中，希腊人命名为谢诺波西亚（Χηνοβοσκια[②]或者 Χηνοβοσκιον[③]）的地方是在帝奥斯波利斯［后（Hou）城］的属地，这一观点由拜占庭的艾蒂安引自亚历山大·波里西斯托[④]的观点[⑤]。

西卡尔神父把勒皮多图姆（Lépidotum）城的位置确定在阿拉伯乡镇卡斯尔·埃萨伊亚德（Qassr-Essaïad），而著名地理学家唐维尔成功证伪了西卡尔神父，把卡斯尔·埃萨伊亚德（Qassr-Essaïad）视作古城谢诺波西亚（Chênoboscia）[⑥]。这两个名称的一致性毋庸置
242　疑，对此我们十分乐意去证明这位地理学家的观点。他的《埃及论文集》彰显了其洞察力、博学，并展现了他的合理考证。许多科普特语抄本，尤其是《圣·帕科缪行传》[⑦]，经常提及上埃及一个名为谢

[①]《亚历山大里亚教会史》，第 21 页。
[②] 拜占庭的艾蒂安：《论城市和人民》。
[③] 托勒密，卷四，第五章。
[④] 译注：历史学家，出生于古希腊城邦米利都，作为战俘后来到罗马。
[⑤] 援引自上文，即拜占庭的艾蒂安《论城市和人民》。
[⑥] 唐维尔：《埃及论文集》，第 193、194 页。
[⑦] 科普特语抄本，皇家图书馆，69 号。

内赛特（Schénésêt）的乡镇或者城市。当他从安底诺（Antinoé）归来，"ⲡⲓϩⲉⲗϣⲓⲣⲓ ⲇⲉ ⲥⲁϥ ⲡⲁϩⲱⲙ ⲁϥϯ ⲙ̀ⲡⲉϥⲟⲩⲟⲓ ⲉ̀ⲫⲙⲁⲣⲏⲥ ϣⲁⲛⲧⲉϥⲓ̀ ⲉ̀ⲟⲩⲧⲙⲓ ⲛ̀ⲉⲣⲏⲙⲟⲥ ϫⲉ ϣⲉⲛⲉⲥⲏⲧ"，意为"青年帕科缪行走于上埃及，直至来到一个名为谢内赛特（Schénésêt）的荒凉村落"。在圣·帕科缪时代，正如人们在我们刚刚引述的段落中所读到的，这个村落近乎荒芜，它位于帝奥斯波利斯诺姆。"ⲁϥϣⲱⲡⲓ ⲛ̀ⲭⲣⲏⲥⲧⲓⲁⲛⲟⲥ ϩⲉⲛ ⲡⲑⲟϣ ⲧⲟⲥⲡⲟⲥⲟⲗⲓⲥ ϩⲉⲛ ⲟⲩⲧⲙⲓ ϫⲉ ϣⲉⲛⲉⲥⲏⲧ"，意为"他（帕科缪）在帝奥斯波利斯诺姆的谢内赛特村成为基督徒"。人们相信谢内赛特（ϣⲉⲛⲉⲥⲏⲧ）就是谢诺波西亚，因为在《神父行传》(les vies des Pères)一书中，大部分内容只是从科普特语翻译而来，所有出现 ϣⲉⲛⲉⲥⲏⲧ 的地方希腊语都写成了 Χηνοβοσκια，而这一结论是由伊纳切·罗西得出的[①]。并且，所有谈到圣·帕科缪（Pakhôm 或者 Pacome）生平的作者们都声称，这位圣人在谢诺波西亚受洗。因此埃及语的 ϣⲉⲛⲉⲥⲏⲧ 就是希腊人所说的 Χηνοβοσκια。

谢内赛特（Schénésêt）位于尼罗河东岸，在阿拉伯山脉的一个切口处，现如今称之为卡斯尔·埃萨伊亚德（Qassr-Essaïad）的地方。[②] 这就证实了一些文章段落中提到的关于这个乡镇的所有信息，而这些内容太过冗长，就不在此赘述了。我们将在波珀斯（Bopos）一节中再次提及谢内赛特（Schénésêt）或者说是卡斯尔·埃萨伊亚德（Qassr-Essaïad）的位置，对此唐维尔的观点是错误的。

至于埃及语单词 ϣⲉⲛⲉⲥⲏⲧ 的意义，尽管伊纳切·罗西得出谢诺波西亚（Chenoboscia）的埃及语名称 ϣⲉⲛⲉⲥⲏⲧ 与基歇尔认为在埃及语中指"鹅"的单词 ⲕⲉⲛⲉⲥⲱⲥ 有很大关联，但我们对它被如实翻译成希腊语"Χηνοβοσκια 或者 Χηνοβοσκιον，鹅进食的地方（où se nourrissent les oies）"是持怀疑态度的，我们并不知晓谢内赛特（Schénésêt）的意义。

[①]《埃及语词源学》，第 261 页。

[②] 索尼尼（Sonnini）：《上下埃及游记》(Voyage dans la haute et la basse Égypte)，卷三，第 165 页。

波珀斯（Bopos）——弗波乌（Phbôou）[①]

在后（Hou）城（小帝奥斯波利斯）周围，有一个希腊人称之为波珀斯（Bopos）的乡镇，或者说是村落[②]。

著名地理学家唐维尔将其定位于阿拉伯人所熟知的、隶属于库斯省的法乌·巴什（Fau-Bâasch）村庄处。在单词 Fau 中[③]，人们辨认出《圣·帕科缪行传》中十分著名的修道院名称 Bⲱⲟⲩ[④]或者 Ⲫⲃⲱⲟⲩ。这位隐修士把修道院建在了名为弗波乌（Ⲫⲃⲱⲟⲩ）的古村落；因为在古代，沙漠中的神父们以及埃及的圣人们所建立的修道院几乎一直以来均以其附近地区或者城市来命名。对此《圣·帕科缪行传》的作者可以证实。他讲述道，这位圣人在塔本尼西拥有众多信徒。在一个幻象中有人对他说："ⲭⲉ ⲧⲱⲛⲕ ⲙⲁϣⲉⲛⲁⲕ ⲉϩⲏⲧ ⲉⲡⲁⲓ ϯⲙⲓ ⲛⲉⲣⲏⲙⲟⲥ ⲉⲧⲥⲁⲡⲉⲙϩⲓⲧ ⲙⲙⲟⲕ Ⲫⲛⲉⲧⲟⲩⲙⲟⲩⲧ ⲉⲣⲟϥ ⲭⲉ ⲫⲃⲱⲟⲩ"，其意为"站起来吧，往南走，走向那个叫作弗波乌（Phbôou）的荒凉村落吧"[⑤]。显然从这一段话可以得出，早在修道院建成之前，弗波乌（Phbôou）村就已经拥有了这个名称；而在修道院建造的时代，它已经成为废弃村庄；并且毫无疑问的是，弗波乌（Ⲫⲃⲱⲟⲩ）和波珀斯同属于一个地方，而希腊语的名称不过是对这个埃及语名称的简单讹用。

上述我们所引用的段落不仅确认了波珀斯（Bopos）和弗波乌（Phbôou）的一致性，并且有助于我们准确定位这个乡镇。唐维尔则把它划分得过于偏南。圣·帕科缪从他之前在塔本尼西岛建造的修道院出发，前往弗波乌（Phbôou）新建一所修道院，正如人们所看到的，他向北而行直至其旅途的终点；因此弗波乌（Phbôou）或者波

[①] 译注：下文科普特语为 Ⲫⲃⲱⲟⲩ，转写为 Phbôou，按法语发音音译为弗波乌，尽管埃及人把 B 发音为 V，但此处仍按照转写音译为弗波乌。

[②] 佛提乌希腊语的《群书摘要》中第 250 本古籍（Agatharchides apud Phothium, Bibl. Graec, cod.250.），介绍阿伽撒尔基德斯的著作。（译注：佛提乌是拜占庭哲学家。）

[③] 巴什（Bâasch）是阿拉伯人为了将它与另一个法乌（Fau）区分而加上的别名；另一个法乌位于伊赫米姆（Ikhmim）省，别名是德如拉（Djoula）。

[④] 译注：转写为 Bôou。

[⑤] 科普特语抄本，皇家图书馆，《圣·帕科缪行传》，69 号。

珀斯（Bopos）位于塔本尼西的北部，即位于阿拉伯人称之为西方岛（Djeziret-abou-Gharib）的北部。相反，唐维尔则把波珀斯（Bopos）或者说是法乌·巴什（Fau-Bâasch）定位在塔本尼西岛的南部，几乎到了谢内赛特（Schénésêt）所占区域，即希腊人所说的谢诺波西亚（Chænoboscia）占据了弗波乌（Phbôou）的位置。所以应当把谢内赛特（谢诺波西亚）的位置稍微南移，而把弗波乌（Phbôou）（波珀斯Bopos）位置定在塔本尼西更北部地区。当代旅行家们证实了我们的上述更正，他们把法乌·巴什（Fau-Bâasch）定位在尼罗河东岸，后（Hou）城（小帝奥斯波利斯）的对面。①

下文节选自曼加莱利出版的上埃及地区科普特方言的抄本，我们从中发现了名称弗波乌（Phbôou）的底比斯方言形式，原文如下："ⲁⲩⲱ ⲉⲧⲉⲓ ⲉⲣⲉ ⲛⲉⲥⲛⲏⲩ ϩⲛ ⲣⲁⲕⲟⲧⲉ ⲁϥⲙⲕⲁϩ ϩⲙ ⲡϣⲱⲛⲉ ϩⲙ ⲡⲃⲟⲟⲩ ϭⲓ ⲁⲡⲁ ⲡⲉⲧⲣⲱⲛⲓⲟⲥ"，其意为"佩特龙（Pétrone）在弗波乌（Phbôou）受疾病折磨，而他的兄弟们却都在拉科提（Rakoté）（亚历山大里亚）"②。显而易见，希腊人用底比斯语名称Ⲡⲃⲟⲟⲩ，Pboou 构造了Bopos；而正如我们早前所见，孟菲斯方言将其写成Ⲫⲃⲱⲟⲩ，如果希腊人据此造词，也可能是 Phopos。

埃特贝乌（Éthbêou）或者特贝乌（Thbêou）

在后（Hou）（小帝奥斯波利斯）诺姆有一个称作埃特贝乌（Ⲉⲑⲃⲏⲟⲩ）③的地方。这是在对《圣·帕科缪行传》中多个段落进行比较和分析后得出的结论④，在此将这一信息奉送给诸位读者。

维尔硕乌特（Bershoout）⑤

维尔硕乌特（Ⲃⲉⲣϭⲟⲟⲩⲧ）⑥城位于后（Hou）城以北5古里处，

---

① 《新黎凡特传教文集》（*Nouveaux Mémoires des missions du Levant*），卷二，第157页。——索尼尼（Sonnini）《上下埃及游记》，卷三。
② 曼加莱利：《埃及抄本残片》（*Aegyptiorum codicim reliquioe*），残片七，第185页。
③ 译注：转写为 Éthbêou。
④ 科普特语抄本，皇家图书馆，梵蒂冈藏书，69号。
⑤ 译注：因下文提到此地埃及语名称为 Varshoout，故此处音译为维尔硕乌特。
⑥ 译注：转写为 Bershoout。

它处于内陆地带,在尼罗河和利比亚山脉中间。一块 2 古里的区域把维尔硕乌特(Bershoout)与河流分隔开来。①

我们只在一份抄本中发现了埃及语名称 Бєрσοογτ②,它在当地得以保留。阿拉伯人仍把该城市称作法尔吉乌特(Fardjiouth),这仅与埃及语的 Вєрσοογτ 在写法上存在差异,而发音是一致的,因为科普特人把 B 发成 V 的音,所以埃及语名称的读音就是 Varshoout。索尼尼先生③从现代名称法尔吉乌特(Farjiouth)中辨认出了古城阿康图斯(Achantus)。但我们并不知晓这位令人尊敬的旅行家是基于哪一部权威著作而得出了上述结论,我们的研究也未能对此作出任何解释。

特普拉内(Tpourané)

与维尔硕乌特(Bershoout)同侧,向北四五古里的地方,就是特普拉内(Τπογρληн)城的所在地。④它沿尼罗河而建,西边有一条运河将尼罗河水引至后(Hou)城和维尔硕乌特的中间地带。要说明的是,在穆赫塔迪(Mourtadhi)关于埃及的著作中,阿拉伯人把这座城市称为布里耶那(Bouliena)⑤,并把它归入库斯省管辖。根据这位作者的描述,在埃及种族国王统治时期,这里曾经是科普特一位著名的魔术师进行魔术表演的剧场。

勒皮多图姆(Lepidotum)

在埃及人称作特普拉内(Tpourané)的城市附近就是勒皮多图姆,而托勒密⑥和唐维尔则将其确定在距布里耶那一小段距离的地方⑦,且在河对岸。对此希腊地理学家的观点是明确的,应当不会与

---

① 索尼尼(Sonnini):《上下埃及游记》,卷三,第 153、159 页。
② 科普特语抄本,皇家图书馆,43 号,第 58 页反面。
③ 上述提及的游记第 159 页,即《上下埃及游记》。
④ 科普特语抄本,皇家图书馆,43 号,第 58 页反面。
⑤ 希维斯特·德·萨西先生:《埃及城市及乡村概况》(État des villes et villages de l'Égypte),7 号,第 702 页。
⑥ 托勒密:《地理学》,卷四。
⑦ 译注:见上文,Bouliena 是阿拉伯人对特普拉内的称呼。

其他城市相混淆。由于希腊人把尼罗河中的一种鱼叫作勒皮多图姆（Λεπιδοτον），认为它们在此极受崇拜，所以也就给这座城市冠以勒皮多图姆（Λεπιδοτον）之名。在拉托波利斯的章节中，我们谈到了关于埃及人对鱼的崇拜所应当参考的藏书。

普斯若斯杰（Psjôsj）

普斯若斯杰（Πχωχ，Psjôsj）乡镇隶属于后（Hou）诺姆。在《圣·帕科缪行传》中有这样一段话："ⲡⲉⲧⲣⲱⲛⲓⲟⲥ ⲟⲩⲣⲉⲙⲡⲭⲱⲭ ⲡⲉ ⲛ̀ⲧⲉ ⲡⲧⲟϣ ⲛ̀ϩⲱ"，意为"佩特龙来自后（Hou）诺姆的普斯若斯杰（Psjôsj）"。但我们并不十分了解普斯若斯杰（Psjôsj）的位置及其当地情况。

三、中埃及的城市

阿比多斯（Abydos）

在尼罗河西岸，后（Hou）城以北数古里的地方，是希腊人后来称作阿比多斯的城市。它是一位埃及国王的居住地，有人把这位国王称作门农（Memnon），而有些人则称他为伊斯曼德斯（Ismandès）。在法老统治期间，阿比多斯无疑是一个重要的地方，从其遗址规模我们便可窥得其宏伟壮丽和往日辉煌。它位于通往大绿洲（la grande Oasis）的沙漠口，这座位于沙漠中心的绿岛土壤肥沃，其居民与非洲内陆有贸易往来，因此阿比多斯必然成为商品的销售市场。尽管贸易量可能不是很大，却也带来了阿比多斯的繁荣。如今许多大型建筑的遗址恰恰印证了当年的荣耀。我们将从萨瓦里（Savary）[①] 的游记中摘录其对该城神庙的记述。

神庙最先映入旅行者眼帘的便是 60 法尺高的柱廊，它由两列大型石柱支撑，如今孑然而立，通向不复存在的宏伟建筑。远处是一座 300 法尺长、145 法尺宽的神庙。这座圣迹的柱廊由 28 根 60 法尺

---

① 译注：此处指法国埃及学家 Claude-Étienne Savary。

高、底座周长为19法尺的石柱构成；柱间隔为12法尺，与所有内外墙一样，连接各个石柱的大石块组成的柱廊顶上也布满雕刻。进入神庙便来到一个长46法尺、宽26法尺的大厅，其顶部由4根大型柱石支撑；它与另外一个更大的厅互通，后者长度有64法尺。其中的6座石狮与滕托里神庙中的摆放相同，人们把水倾倒在神庙的露天平台上，石狮便作排水槽之用。在这座壮丽建筑的左侧，可以看到另一座更小的神庙，但其外形的精美程度并不亚于第一座；在斯特拉波时代，它四周环绕着刺槐①，刺槐的花朵和惬意的青枝绿叶与埃及建筑的庄严宏伟形成了对比。

我们不知道希腊人所说门农（Memnon）或者伊斯曼德斯（Ismandès）对应于曼涅托王表中的哪一位国王。伊斯曼德斯（Ismandès）是埃及语名称，而这似乎就是著名的奥兹曼迪亚斯（Osymandias）的名称，只不过是元音有所区别。曼涅托把这位国王排在埃及第十二王朝的国王之列，称其为塞索克里斯（Sesokhris）。而在我们关于法老的历史中将会介绍，他大约在公元前3400年开始统治埃及。不过，如果把阿比多斯城的建立归功于这位国王，那么其建筑物的历史也应当追溯至那个时代。②

基歇尔神父在一份科普特语抄本中找到了名称 Nιφaιaτ（转写为Niphaïat，尼法伊亚特，下同），他认为这个名称应当写作 Aβυδος③，因为他发现这两者的发音存在一定联系，尤其在把埃及语名称改写成 ⲁⲃⲁⲓⲁⲧ，即 Abaïad 时④。实际上这个假借的写法确实类似于Abydos（阿比多斯）。但必须注意到的是，基歇尔神父给出的这个特例违反了正确考证必需的所有规则。Nιφaιaτ 并不是阿比多斯的名称，却恰恰是下埃及一个被希腊人称为马雷阿（Marea）或者马雷奥蒂斯（Mareotis）的地方。而这正是基歇尔本人参阅的科普特语抄本

---

① 斯特拉波，卷十七。
② 斯特拉波，卷十七。
③ 基歇尔：《埃及的俄狄浦斯》，卷一；《埃及地理志》，第五章。
④ 基歇尔：《埃及的俄狄浦斯》，卷一；《埃及地理志》，第五章。

以及大量其他抄本所证实的①。因为 Νιφαιατ 相应的阿拉伯语名称是 Mariouth（马里乌特），是希腊人所说的马雷奥蒂斯（Mareotis）仍然沿用的名称。《埃及的俄狄浦斯》的作者基歇尔预料到了这个反对意见，因此提出：拜占庭的艾蒂安肯定了上埃及的阿比多斯城也叫马雷奥蒂斯（Mareotis）②。但是这位希腊作者对此没有作任何阐述，只是提到了"Αβυδοι…κατ'Αιγυπτον των αυτων αποικος απο Αβυδου τινος κληθεισα"，意为"埃及的城市阿比多斯，其名称取自某个叫作阿比多斯的（米列希安的）殖民地"。基歇尔神父并不是第一个这么做的，尤其对于那些想要把一切都解释清楚的作者，他们都会采用这样的方式来证实自己的观点。拜占庭的艾蒂安认为埃及的阿比多斯是米列希安的殖民地，这是十分确定、无须反驳的。我们并不知道这座城市真正的名称，阿拉伯人将其遗址称为 Elberbi，即"神庙"。

提斯（This）

在埃及西部，即尼罗河和利比亚山脉之间，有一个称为 Θεις 的小城或者说是乡镇③，它因超越了埃及王朝当时年代的现代体系而出名。其埃及语名称毫无疑义地应为 This 或者 Thi。令人惊讶的是，提斯这个曾经在埃及政治事务中扮演十分重要角色的地方，却只有地理学家托勒密谈及。

普托莱玛伊斯（Ptolemaïs）——普索伊（Psoi）

排在帕诺波利斯诺姆前的埃及诺姆就是普索伊诺姆（Psoi），拥有这个埃及语名称的城市就是其首府。

根据一份按地理顺序排列的城市埃及语名录④，普索伊（Psoi）这个地方在我们看来似乎位于阿比多斯和帕诺波利斯之间，其埃及语名

---

① 科普特语抄本，皇家图书馆，圣日耳曼藏书，17号，增刊。——梵蒂冈藏书，64号，第156页反面。——《光荣经》，抄本第209页及以下。

② 此处的阿比多斯和马雷奥蒂斯都是史蒂芬对它们的称呼。(Hanc Abydum et Mareotin quoque vocatam Stephanus ait.) 基歇尔：《埃及的俄狄浦斯》，卷一，第五章，第44页。

③ 托勒密，卷四。

④ 科普特语抄本，皇家图书馆，圣日耳曼藏书，17号，增刊。

称写作 Ψοι① 或者 Ψωι②，相应的阿拉伯语名称则是 Absaï 或者 Ibsaï③。旺斯莱布神父用科普特语将其称作 Absaï（指普索伊），并把它划入了埃及的主教管辖教区之列④；他将其阿拉伯语名称取为 Minséié（敏塞伊耶），并把它定位在靠近吉尔杰（Djirdjé）附近。

一份科普特语和阿拉伯语词汇汇编证实了他的结论，汇编中的地名 Ψωι 翻译成阿拉伯语就是 Monschah 或者 Monschat⑤。人们在一份埃及行省和村庄的阿拉伯化概况中发现了敏沙·伊赫米姆（Minschat-Ikhmim），如今隶属于伊赫米姆（Ikhmim）省。⑥ 而这无疑就是唐维尔现代埃及地图中称作孟什耶特·内德（Memshiet-el-Nèdé）的地方。普索伊（Psôi，Ψωι）与它是同一个地方，因此它就被定位在阿比多斯和帕诺波利斯之间、尼罗河西岸、距其一定的距离。

这座城市的埃及语名称 Ψωι 或者 Ψοι 以更为正确的写法 Πcωι 或者 Πcοι 出现在了许多科普特语抄本中⑦；因为字母 Ψ 不是别的，而正是希腊人的 Ψ，并且它从来都不属于埃及语字母，科普特人将其用作字母 π 和 c 的缩写。单词 cοι 或者 πcοι 在埃及语中是指"dorsum（背、山脊），trabes（旗杆）"。对于普索伊的情况我们并不是完全了解，因此无法判断其埃及语名称的意义与其所在地有怎样的联系。

普索伊城以前是诺姆首府，因为埃及语或者科普特语抄本中经常提到"πθοϣ πcοι，普索伊（Psoi）诺姆"⑧；人们还发现了"πθοϣ

---

① 科普特语抄本，皇家图书馆，44 号，第 79 页反面。——科普特语抄本，皇家图书馆，圣日耳曼藏书，17 号，增刊。

② 科普特语抄本，皇家图书馆，46 号。——科普特语抄本，皇家图书馆，43 号，第 58 页反面。——基歇尔，第 210 页。

③ 科普特语抄本，皇家图书馆，44 号。——科普特语抄本，皇家图书馆，圣日耳曼藏书，17 号。

④ 旺斯莱布：《亚历山大里亚教会史》，第 22 页。

⑤ 科普特语抄本，皇家图书馆，46 号。

⑥ 《埃及行省及村庄概况》(État des provinces et des villages de l'Égypte)，见阿卜杜拉提夫（Abdallatif）作品之德·萨西先生译本续，第 701 页。

⑦ 措厄加：《博尔吉亚博物馆抄本目录》(Catalog. Manuscript. Musaei Borgiani)，第 34、61 页以下。

⑧ 科普特语抄本，皇家图书馆，66 号，《圣·谢努提（St. Schenouti）行传》。（译注：圣·谢努提是缇巴依德地区的苦行者。）

150

ⲚⲤⲞⲒ，索伊（Soi）诺姆"①，埃及语名称 Ⲡⲥⲟⲓ 在这里少了阳性冠词 ⲡ。斯特拉波和托勒密既没有谈及这座城市，也没有提到它所属的大行政区，这似乎就证实了，在法老统治时期索伊尚未属于诺姆之列；但拜占庭的艾蒂安则提过②，赫卡塔埃乌斯（Hécatée）③对此提出了怀疑。赫卡塔埃乌斯在其已经失传的著作中曾经提到埃及一座名为 Συις 的城市，显然这只是其真实名称 ⲥⲟⲓ 的讹用；并且这位作者还提到，νομος Συιτης 并不是其他的，而正是埃及人所说的 ⲡⲑⲟϣ ⲚⲤⲞⲒ（索伊诺姆）。

埃及帝国衰落之后，普索伊成为一座大型城市，并取名为普托莱玛伊斯（Ptolémaïs）。它自此成为上埃及的第二座城市，托勒密笔下提尼斯（Thinites）诺姆的首府。而这可能就是希腊人称为提斯（This）的城市。

在皇家图书馆梵蒂冈藏书馆的一份包含了《圣·谢努提行传》的抄本中我们可以看到下面这段话："ⲁⲥϣⲱⲡⲓ ⲇⲉ ⲟⲛ ⲚⲞⲨⲤⲞⲨ ⲉ̀ⲣⲉ ⲚⲒⲂⲀⲖⲚⲈⲘⲘⲰⲞⲨⲒ Ⲓ̀ ⲈϨⲎⲦ ⲚⲤⲈⲂⲒ Ⲛ̀ϨⲀⲚ ⲠⲞⲖⲒⲤ ⲞⲨⲞϨ ⲚⲤⲈⲈⲢⲬⲘⲀⲖⲰⲦⲈⲨⲒⲚ Ⲛ̀ⲚⲒⲢⲰⲘⲒ ⲚⲈⲘ Ⲛ̀ⲞⲨⲦⲈⲂⲚⲰⲞⲨⲒ ⲀⲨⲒ̀ Ⲉ̀ⲢⲎⲤ ⲚⲈⲘ ⲦⲈⲬⲘⲀⲖⲰⲤⲒⲀ ⲦⲎⲢⲤ ⲞⲨⲞϨ ⲀⲨⲞⲨⲞϨ Ⲉ̀ⲂⲞⲖϦⲈⲚ ⲠⲐⲞϢ ⲮⲞⲒ"，意为"那时候，巴勒内姆乌伊（Balnemmôoui）人④向北行进，占领了城市，囚禁了男人和羊群；他们带着战利品返回南部，在普索伊诺姆驻足"。措厄加根据红衣主教博尔吉亚收藏的抄本也给出了同样的内容，但他将其写成 ⲦⲞⲒ（Tioi），而不是 ⲮⲞⲒ，并将其翻译成"nommum Tioi，提奥伊（Tioi）诺姆"⑤。这个抄写错误是因为 Ⲯ 和 Ⲧ 很容易混淆。

---

① 科普特语抄本，皇家图书馆，66 号，《圣·谢努提行传》。
② 拜占庭的艾蒂安，见单词 Συις。
③ 译注：此处指米利都的赫卡塔埃乌斯（Hécatée de Milet），古希腊历史学家、地理学家。
④ 巴勒内姆乌伊（Balnemmôoui）人是居住在埃及和红海之间的居民。古人称他们为 Blemmyes（无头人），这显然是 Balnemmôoui 的讹用。
⑤ 措厄加：《博尔吉亚博物馆抄本目录》（*Catalog. Manuscript. Musaei Borgiani*），第 26、40 页。

普森侯乌特（Psenhôout）或者（Psemhôout）

普森侯乌特（Psenhôout）隶属于普索伊诺姆。一份科普特语抄本中写道①："ⲟⲩⲧⲙⲓ ⲭⲉ ⲡⲥⲉⲛϩⲱⲟⲩⲧ ϩⲉⲛ ⲡⲑⲟϣ ⲡⲥⲟⲓ"，意为"普森侯乌特镇位于普索伊诺姆"。一份手抄的目录中写成了"ⲥⲉⲙϩⲱⲟⲩⲧ, Semhôout"②。其阿拉伯语名称为 Samhout（桑胡特），它出现在前文提到的《埃及行省及村庄概况》中，属于阿拉伯行省库斯省③。

帕诺波利斯（Panopolis）——谢敏（Schmin）或克米姆（Chmim）

这座城市位于尼罗河东岸，提斯北部，距其有一段距离。斯特拉波将其归为埃及古老的城市之一："Πανων πολις λινουργων και λιθουργων κατοικια παλαια"。他说道："帕诺波利斯是古代种植亚麻和开凿石头之人的居住地。"④ 这种迂回式的说法仅表明这座城市十分古老，它的建造可以追溯到埃及人远古的时代⑤。那时候所有的埃及人都种植亚麻，开凿石头。这些得到了他们故乡众多古迹的证实。狄奥多罗斯记述道⑥，埃及人为了纪念在奥西里斯所有出征中都陪伴他的潘神而修建了帕诺波利斯（Πανος πολις）城。但在我们看来，该传说并不是起源于埃及。我们认为，希腊人为了把与巴克斯[Διονυσος（Bacchus）]⑦有明显联系——在他们看来——的奥西里斯变得和他类似，所以自创了许多奥西里斯的生活环境。然而，在帕诺波利斯，人们所崇拜的神祇确确实实就是司人类繁衍和生命繁殖的神，确切地说就是"生殖之神、创造之神和结果之神"。拜占庭的艾蒂安给我们提供了对帕诺波利斯主神外表的描述，从而给出了无可辩

---

① 科普特语抄本，皇家图书馆，66号，《圣·谢努提行传》。这本行为传记同样也记载了 ⲕⲟⲙⲉⲛⲧⲓⲟⲥ 镇，它位于普索伊诺姆，或者是帕诺波利斯诺姆。ⲕⲟⲙⲉⲛⲧⲓⲟⲥ 并不是埃及语。
② 科普特语抄本，皇家图书馆，43号，第79页。
③ 阿卜杜拉提夫（Abdallatif）作品之希尔维斯特·德·萨西先生译本，第703页，27。
④ 斯特拉波，卷十八。
⑤ Ichmin（即帕诺波利斯）是埃及最古老的的城市（Ichmin vetustissimam totius aegyptii civitatem.），非洲人莱昂，《非洲记述》，卷八。
⑥ 西西里的狄奥多罗斯，卷一，第16页。
⑦ 译注：希腊神话中的酒神。

第四章　上埃及及其边界、划分和埃及语名称

驳的证据:"Εστι δε και του θεου αγαλμα μεγα, ορθιακον εχον το αιδοιον εις επτα δακτυλους επαιρει τι μαστιγας τη δεξια σεληνη ης ειδωλον φασιν ειναι τον πανα：Est etiam Dei magnum signum, quod habebat pudendum arrectum, circiter septem digitorum. Dexteraque intentat flagellum lunae infligere, cujus idolum aiunt esse Pana"①，意为"这是神的伟大记号，这记号为约7指长的阳具；他伸出右手去折断月亮的旗帜，这种偶像就被称作帕那（Pana）"。这座雕像的样式与底比斯卡纳克神庙中的雕像一样，代表的是同一个神祇，即"丰饶之神"。帕诺波利斯供奉这位神祇的庙宇壮丽宏伟，其遗迹之后也为阿拉伯人所熟悉。②如今却只剩一些刻有象形文字的大石块，上面还保留着一些残存的绘画。

西西里的狄奥多罗斯本人告知了我们这座城市的埃及语名称："Χαλουμενεν μεν υπο των εγκωριων Χεμμιν"③，他谈道："当地居民将其称作 Chemmin 或者 Chimmis。"④这个名称显然与科普特语或者埃及语名称"ϢΜΙΝ，Schmin"相同⑤，它在科普特语经卷中也写作 ΧΜΙΜ，Chmim⑥。这两种写法都属于阿拉伯人称为艾赫米姆（Akhmim）或者伊赫米姆（Ikhmim）的城市⑦。唐维尔将其对应于古人所说的帕诺波利斯。伊赫米姆（Ikhmim）并不是别的，而正是城市的埃及语名称。阿

---

①　拜占庭的艾蒂安：《论城市和人民》，见单词 πανος。
②　阿布尔菲达：《地理学》，艾赫米姆（Akhmim）章节，第212页，德梅特里乌斯·亚历山大里德出版社（edit. de Démétrius Alexandrides），维埃纳（à Vienne），1807年版。
③　西西里的狄奥多罗斯，卷一，第10页。
④　人们用推断出来的主格 Chemmis, Χεμμις 翻译了这个宾格；但 Χεμμιν 是与埃及语名称准确对应的。因此我们认为应当写成 Chemmin，而不是 Chemmis。
⑤　科普特语抄本，皇家图书馆，圣日耳曼藏书，17号，增刊，第192页。——科普特语抄本，皇家图书馆，古藏书，44号，第79页反面；43号，第58页反面。
⑥　科普特语抄本，皇家图书馆，古藏书，46号；43号，第58页反面。
⑦　科普特语抄本，皇家图书馆，44号，第79页反面。——通常在科普特语经卷中可以看到，帕诺波利斯的埃及语和希腊语名称形式为：ϢΜΙΝΠΑΝΟC。措厄加：《博尔吉亚博物馆抄本目录》（Catalog. Manuscript. Musaei Borgiani），第241页。——科普特语抄本，皇家图书馆，43号，第58页反面。

拉伯人在外来名称前加上了谐音的 A，尤其当这些名称以两个辅音开头时。

Schmin（谢敏）或者 Chmim（克米姆）就是希腊人所说的帕诺波利斯，这一点毋庸置疑。因为我们在科普特语经卷中发现 Πανος（希腊语为 Πανος）对应于埃及语的ⲱⲙⲓⲛ；在科普特人看来，"ⲡⲓⲣⲉⲙⲡⲁⲛⲟⲥ，Pirempanos 和 ⲛⲓⲣⲉⲙⲡⲁⲛⲟⲥ，Niermpanos"与阿拉伯语的"Ikhmimi（单数）和 Ikhmimioun（复数），伊赫米姆的居民（habitant et habitants d'Ikhmim）"及埃及语的"ⲡⲓⲣⲉⲙⲱⲙⲓⲛ，Piremschmin，Panopolitanus"同义。①

在此我们要指出基歇尔的一个错误。他把 Πⲁⲛⲁⲩ，Panaou 当作帕诺波利斯城的科普特语名称。② 我们将在下文介绍被阿拉伯人称作 Banana 的 Πⲁⲛⲁⲩ 位于下埃及，因此不会与上埃及的帕诺波利斯产生混淆。

雅布隆斯基在其著作《埃及万神殿》中力图证明"潘神（ⲱⲙⲓⲛ，Schmin）"的埃及语名称应当有"第八（huitième, octavum）"之意，并且他把潘神写作 ⲱⲙⲟⲩⲛ，Schmoun；为了解释埃及人为什么会给他们的一位重要神祇取名"第八"——而这实际上是十分奇特的情况——他推测是因为该民族最初崇拜七大行星，所以创造了一位名为"第八"的新神祇。③ 这种猜测既独特又冒险，它主要是基于希罗多德④认为潘神位于埃及人的八大重要神祇之列；但他并没有说明潘神因此就是第八位，并获得了这样的称谓。并且在埃及语中，"ⲱⲙⲟⲩⲛ，Schmoun 或者 ⲱⲙⲏⲛ，Schmên" 仅仅是指"八（octo, huit）"，而并不是指"第八"⑤。

---

① 图基：《科普特语基本知识》，第 6、7 页。
② 《埃及地理志》之《埃及的俄狄浦斯》，第 41 页。
③ 《埃及万神殿》，卷二，第七章，第 300、301 页。
④ 希罗多德，卷二，46。
⑤ 见《语法与词典》。

第四章 上埃及及其边界、划分和埃及语名称

在此我们将要阐述关于 ⲱⲙⲓⲛ 和 Xⲙⲓⲙ 意义的观点[1]。阿拉伯语名称通过加上字母 ﺥ[2] 得到了 Ikhmim 的写法，从而使得埃及语名称的写法中加上了字母 ⳛ，Khei，由此构成了 ⳛⲙⲓⲙ。毫无疑问，这与孟菲斯方言的词根"ⳛⲙⲟⲙ，incalescere（热），fervere（沸腾），calefieri（变暖）"是类似的，而它在上埃及地区则写成了与底比斯语词根 ϩⲙⲟⲙ 类似的 ϩⲙⲓⲙ。它的意思与巴依里语（bahirique）的 ⳛⲙⲟⲙ 相同[3]；由于 hori，ϩ 和 chi，X 是两个送气音，因此很容易把这两者混淆：由 ϩⲙⲓⲙ 可以构造出 Xⲙⲓⲙ[4]，希腊人由此得出了 Χεμμις。由于字母 X 和 ⲱ 在科普特语中相互代替[5]，并且它们的发音通常是相同的，因此人们写成了 ⲱⲙⲓⲙ 而不是 Xⲙⲓⲙ，并讹用成 ⲱⲙⲓⲛ。甚至可能古埃及语把词根 ⲱⲙⲓⲛ 用作 ⳛⲙⲓⲙ 或者 ⳛⲙⲟⲙ 的同义词，同样意指 "incalescere（加热），calefieri（变暖）"。

名称"Xⲙⲓⲙ，incalescens（热），fervens（沸腾）"完全符合生殖之神和果实之神，而这可能就是支持我们观点的一个确切佐证。在我们看来，很可能需要去词根 ⳛⲙⲟⲙ 中寻找 Xⲙⲓⲙ，甚至可能是 ⲱⲙⲓⲛ 的起源。锡瓦绿洲（Syouah）以前叫作阿蒙绿洲（Oasis d'Ammon），隶属于埃及。在其居民常用单词表中，我们发现了一个无疑是埃及语的单词，它由词根"ⳛⲙⲟⲙ，Khmom"派生而来[6]；Akhmoun 指"阴茎、男性器官"，是潘（Xⲙⲓⲙ）神的主要象征，刻画在了在锡瓦绿洲

---

[1] 非洲人莱昂写作 Ichmin，而这是埃及语名称 ⲱⲙⲓⲛ 的阿拉伯化；非洲人莱昂，《非洲记述》，卷八。

[2] 译注：阿拉伯语字母的发音为 kha，用拉丁字母表示就是 kh。

[3] 为了充分证明我们的猜测，我们将指出，在孟菲斯语中 ⳛⲉⲙ，ⳛⲏⲙ 和 ⲱⲱⲙ 并无差异，均是用来表达"chaleur（热、灼热）"和"brûler（烧、发热）"。

[4] 科普特语抄本，皇家图书馆，46 号和 43 号。

[5] 科普特人在希腊语单词中也混淆了这两个字母。因此，例如，人们看到在"ⲡⲉⲛⲓⲱⲧ ⲁⲃⲃⲁ ⲱⲉⲛⲟⲩϯ ⲡⲁⲣϣⲓⲙⲁⲛⲇⲣⲓⲧⲏⲥ，我们修道院的神父谢努提（Schénouti），修道院院长"中，ⲁⲣⲱⲓⲙⲁⲛⲇⲣⲓⲧⲏⲥ 用来代替 ⲁⲣⲭⲓⲙⲁⲛⲇⲣⲓⲧⲏⲥ，Archimandrités，修道院院长。《大圣巴西略礼典》（Liturg.basil.），第 20 页；拉克罗兹，第 126 页。

[6] 霍尼曼：《北非游记》，第 37 页。

之神的雕像上。最终，在希腊人看来潘神和普里阿普斯（Priape）①拥有几乎相同的权限，掌管着生命的繁衍和土地的丰产。因此我们从这些不同的情况中，得出了克米姆（Chmim）城市名称的词源。

帕奈赫乌岛（Thmoui-Am-Panéhéou）

谢敏（Schmin）对面是一个小面积的岛屿，其名称出现在了《圣·谢努提行传与圣迹》②中，即帕奈赫乌岛（Thmoui-An-Panéhéou）③。文章内容如下："ⲘⲉⲛⲉⲛⲤⲁ ⲚⲁⲒ Ⲛⲉ ⲟⲨⲟⲚ ⲟⲨ ⲘⲟⲨⲒ ⲤⲁⲠⲉⲘⲉⲚⲦ Ⲙ̀ⲫⲒⲁⲣⲟ ⲉ̀ϣⲁⲨⲘⲟⲨⲦ ⲉ̀ⲣⲟⲤ ϫⲉ ⲐⲘⲟⲨⲒ Ⲙ̀ⲠⲁⲚⲉϨⲚⲟⲨ ⲉⲤⲬⲎ Ⲙ̀ⲠⲉⲘⲐⲟ ⲉ̀Ⲃⲟⲗ Ⲛ̀ⲦⲡⲟⲗⲓⲤ ϢⲘⲒⲚ"，意为"在（尼罗河）西岸曾经有一座岛屿，人们把它称作帕奈赫乌岛（Thmoui-Ampa-néhéou），它在谢敏（Schmin）城（帕诺波利斯）的对面"。这座岛屿遍布花园，圣·谢努提奇迹般地使它消失于水下。名称 ⲐⲘⲟⲨⲒ Ⲙ̀Ⲡⲁ ⲚⲉϨⲚⲟⲨ 逐字翻译就是"有牛的岛屿（l'île de l'endroit où il y a des Boeufs）"，或者简单翻译成"牛岛（l'île des Boeufs）"。

普雷于特（Pléuit）

在谢敏（Schmim）附近是一个名为普雷于特（ⲠⲗⲉⲅⲓⲦ）④的地方。用底比斯方言撰写的《圣·谢努提行传》⑤中谈到，谢敏（ϢⲘⲒⲚ）和普雷于特（ⲠⲗⲉⲅⲉⲒⲦ）⑥地区的居民指责这位圣人推翻了城市神庙中的神像。上一节我们提到的孟菲斯语行为传记中，详细阐述了圣·谢努提如何毁坏普雷于特（Pléuit）神庙中的崇拜偶像。普雷于特（Pléuit）城无疑是谢敏大区的一部分，但我们并不知道其名称的意义。

特斯米内（Tsminé）

这个地方也靠近谢敏（Schmim）城，《圣·帕科缪行传》中提到

---

① 译注：普里阿普斯为希腊神话中的生殖之神，他是酒神狄俄尼索斯（或宙斯或赫尔墨斯）和阿佛洛狄忒之子，是家畜、园艺、果树、蜜蜂的保护神。
② 科普特语抄本，皇家图书馆，66号，《圣·谢努提行传与圣迹》。
③ 译注：原文如此，应当转写为 Thmoui-Am-Panéhéou。
④ 译注：转写为 Pléuit。
⑤ 措厄加：《博尔吉亚博物馆抄本目录》（Catalog. Manuscript. Musaei Borgiani），第378页。
⑥ 译注：原文如此，上文为 ⲠⲗⲉⲅⲓⲦ。

了这座城市；其中写道①："ⲁϥϣⲉ ⲉϩⲏⲧ ⲉⲡⲓⲕⲱⲧ ⲛ̀ϣⲙⲓⲛ ϯⲡⲟⲗⲓⲥ ⲁϥⲕⲱⲧ ⲛ̀ⲕⲉⲙⲟⲛⲏ ϧⲉⲛ ⲡⲓⲙⲁ ⲉⲧⲉⲙⲙⲁⲩ ⲉⲩⲙⲟⲩϯ ⲅⲁⲣ ⲉ̀ⲣⲟⲥ ϫⲉ ⲧⲥⲙⲓⲛⲉ"，意为"这位圣人朝北走去，来到了谢敏（Schmin）城周围，在那里修建了一座名为特斯米内（Tsminé）的修道院"。因为埃及所有由圣·帕科缪创立的修道院均以其所在地附近的城市、村庄或者山脉名称命名，所以名称特斯米内（Tsminé）很有可能最早是一座城市的名称，而这座城市在修道院建成前就已经存在久远。我们并不知晓单词 ⲧⲥⲙⲓⲛⲉ② 或者 ⲥⲙⲓⲛⲉ③ 的含义，唯一与其相近的埃及语单词就是"ⲥⲙⲟⲩⲛⲉ，Smouné"，它是某种鸟类的名称。

谢那罗莱特（Schenalolèt）

正如《圣·帕科缪行传》中指出的那样，这个村庄隶属于谢敏（Schmin）（帕诺波利斯）诺姆。该书由圣·帕科缪的信徒比萨（Bisa）撰写而成，其中写道："ⲛⲉⲟⲩⲟⲛ ⲟⲩϯⲙⲓ ϫⲉ ϣⲉⲛⲁⲗⲟⲗⲏⲧ ϧⲉⲛ ⲡⲑⲟϣ ϣⲙⲓⲛ"，意为"这是谢敏（Schmin）诺姆的一个村庄，名为谢那罗莱特（Schenalolèt）"④。似乎这个地方大量种植了葡萄树，因为该村庄名称在埃及语中是指"葡萄树"，其更为规则的写法应当是 ϣⲉⲛⲁⲗⲟⲗⲓ⑤，除非 ⲁⲗⲟⲗⲏⲧ⑥ 是 ⲁⲗⲟⲗⲓ⑦ 的同义词，就像人们用 ⲃⲏⲧ 来指"ⲃⲁⲓ，palme（棕榈），branche de palmier（棕榈树枝）"一样。

克罗科蒂洛波利斯（Crocodilopolis⑧，即鳄城）——阿特利佩（Atripé）

这座小城位于谢敏（Schmin）北部，尼罗河西岸。

名称 Atribé 也写作 Adribé⑨，它似乎是其最初的埃及语名称。在

---

① 科普特语抄本，皇家图书馆，梵蒂冈藏书，69号。
② 译文：转写为 Tsminé。
③ 译注：转写为 Sminé。
④ 科普特语抄本，皇家图书馆，梵蒂冈藏书，66号。
⑤ 译注：转写为 Schenaloli。
⑥ 译注：转写为 alolèt。
⑦ 译注：转写为 aloli。
⑧ 译注：原文写成 Crocodolipolis。
⑨ 阿卜杜拉提夫（Abdallatif）作品之希尔维斯特·德·萨西先生译本；《埃及行省概况》(État des provinces de l'Égypte)，第700页，伊赫米姆（Ikmim）省（译注：前文写作 Ikhmim。），2号。

威尼斯那尼骑士图书馆馆藏、曼加莱利出版的一份底比斯语古抄本残片之中，我们看到下面一段内容："ⲡⲁⲓ ⲡⲉ ⲁⲛⲧⲱⲛⲓⲟⲥ ⲡⲁⲓ ⲡⲉ ⲡⲁϩⲱⲙ ⲡⲁⲓ ⲡⲉ ⲑⲉⲟⲇⲱⲣⲟⲥ ⲙⲛ ⲡⲉⲧⲣⲱⲛⲓⲟⲥ ⲡⲁⲓ ⲡⲉ ⲁⲡⲁ ϣⲉⲛⲟⲩⲧⲉ ⲡⲁⲡⲧⲟⲟⲩ ⲛ̀ⲁⲧⲣⲏⲡⲉ"，意为"这就是安托万（Antoine）、帕科缪、西奥多（Théodore）和佩特龙；这就是阿特利佩山的居民谢努特（Schenouté）修士"①。我们认为这座阿特利佩（ⲁⲧⲣⲏⲡⲉ）②山是利比亚山脉的一部分，而克罗科蒂洛波利斯（鳄城）——埃及人称作阿特莱佩（ⲁⲧⲣⲏⲡⲉ）——过去则背靠利比亚山脉。我们之所以确信这一点，是因为这个名称不能用于上埃及的其他任何地方。并且根据我们所引用的科普特语选段内容，只能在上埃及寻找阿特利佩山（ⲡⲧⲟⲟⲩ ⲛ̀ⲁⲧⲣⲏⲡⲉ），而不是去其他地方找寻。

此外，一份科普特语抄本也完全印证了我们的推测，从中可以看到，ⲁⲧⲣⲏⲃⲓ（这是一种用孟菲斯方言写底比斯语名称 ⲁⲧⲣⲏⲡⲉ 的方法）位于谢敏（Schmin）(帕诺波利斯）诺姆。③ 在阿特利佩附近、尼罗河西岸地区有一座村庄，那里有人们崇拜的名为科托（Kotho）的偶像。④ 对此我们将在本书关于埃及人宗教的部分再作阐述。

阿芙罗蒂托波利斯（Aphroditopolis）——阿特博（Atbô）

该城位于阿特利佩以北，两地相距甚近，很可能也属于阿特利佩所在的诺姆。

伊德弗（Idfou）是希腊人所说的阿芙罗蒂托波利斯的名称。正如我们前文所见，以这位神命名的城位于缇巴依德最偏远的区域。该城的埃及语名称同希腊人所说的大阿波利诺波利斯的阿拉伯语名称一样，为 Atbô（阿特博）。鉴于这个一致性，我们有信心提出如下观点：希腊人所说的阿芙罗蒂托波利斯即阿拉伯人所说的 Idfou（伊德弗），在当地也以 ⲁⲧⲃⲱ（转写为 Atbô）的名称著称。除此之外，我们没有

---

① 曼加莱利：《埃及抄本残片》(*Aegypt. codic. reliquioe*)，残片十，第 275 页。
② 译注：按前文习惯转写为 Atrêpe，阿特莱佩，同阿特利佩。
③ 科普特语抄本，皇家图书馆，梵蒂冈藏书，68 号。
④ 科普特语抄本，皇家图书馆，梵蒂冈藏书，68 号。

在任何科普特语抄本中见到这个名称。

弗波乌·特斯杰里（Phbôou-Tsjéli）

弗波乌·特斯杰里（Phbôou-Tsjéli）到谢敏（Schmin）（帕诺波利斯）的距离与到希腊人称作安特奥波利斯（Antæopolis）的城市距离相同，均为 6 古里左右。一座城位于其南部；另一座位于其北部。这个乡镇或者说这座小城同样位于尼罗河东岸、阿拉伯山脉的山坡上，极有可能隶属于谢敏（Schmin）诺姆。

科普特语经卷中并没有提到这座城市，古希腊地理学家和罗马地理学家亦未提及。由于阿拉伯人称其为法乌·杰里（Faou-Djéli），因而我们将其视作埃及城市。因为实际上我们在前文已经证实[1]，Faou 只不过是埃及语 ⲃⲱⲟⲩ 的阿拉伯语讹用，Djéli 同样也读作 Djola，而这恰好对应埃及语单词 ⲧϫⲉⲗⲓ，而我们发现它是埃及其他地方的名称[2]。仅名称 ⲫⲃⲱⲟⲩ ⲧϫⲉⲗⲓ[3] 就证实了这座城市存在于埃及人时代，其别名也佐证了我们的观点。因为在埃及，曾经有许多城市拥有相同的名称，对此我们给出了许多例子。古埃及人长久以来用别名或者修饰语来区分这些同名的城市。因此，比如两个同样叫作帕努夫（ⲡⲁⲛⲟⲩϥ）[4] 的埃及城市，一个被叫作 ϩⲏⲧ，即"腹地帕努夫（Panouf du ventre）或者北帕努夫（Panouf du septentrion）"，另一个则被称作 ⲣⲏⲥ，即"南帕努夫（Panouf du midi）"。对于同属于两座城市的名称弗波乌（Phbôou）也是如出一辙，其中希腊人称为波珀斯（Bopos）的城市，埃及人用音节 Bâs 或者 Bâsch（巴什）将其与弗波乌·特斯杰里（Phbôou-Tsjéli）区分了开来。

别称 ⲧϫⲉⲗⲓ 是由埃及词根 ϫⲟⲗ 或者 ϫⲉⲗ 派生而来，意指"阻止（empêcher），防御（défendre）"，因此我们认为 ϫⲉⲗⲓ 或者 ⲧϫⲉⲗⲓ 是指

---

[1] 见波珀斯（Bopos）章节。
[2] 措厄加：《博尔吉亚博物馆科普特语抄本目录》（*Catalogus manuscritor. copticor. musaei Borgiani*），第 134 页。
[3] 译注：转写为 Phbôou-Tsjéli。
[4] 译注：转写为 Panouph。

"军事哨所（poste militaire）"。对此我们将立即予以论证。

通过这些不同的论述和比较，我们可以肯定弗波乌·特斯杰里（Phbôou-Tsjéli）存在于古埃及人时代。在我们通过城市如今在当地的称谓而介绍其命名和埃及起源的城市中，这并不是唯一一座。

安特奥波利斯（Antæopolis）——特克乌（Tkôou）

该城是上埃及最大的城市之一，希腊人在介绍它时犯了一个巨大的错误。他们认为（然而我们并不知道原因）这座城市的神庙是用于向安泰俄斯（Antée）献祭。由于安泰俄斯与赫拉克勒斯的对战，他在希腊人富有诗意的传说中广为流传。希腊人还认为安泰俄斯是奥西里斯的一位内阁成员，于奥西里斯不在期间受命管理埃塞俄比亚和利比亚①；况且希腊人在此类问题上很不严谨，这就使得希腊人用 Ανταιουπολις 来命名这座城市，由此拉丁民族人将其写成了 Antæopolis。古埃及人象征性的宗教学说把战斗剧目放到了其附近地区上演，在这场战斗中，伊希斯和奥西里斯的儿子荷鲁斯完胜杀父仇人堤丰；战败后的堤丰伪装成鳄鱼逃走了②。在探讨埃及人的宗教之时，我们将指出埃及祭司们把这场虚构的战斗之战场定在安特奥波利斯的动机。这座城市的废墟如今由一个巨大的埃及柱廊构成，且周围环绕着棕榈树树林。大石块堆砌成的堤岸和防波堤截断了河流，从而阻止了水流侵没这座埃及城市以往所在的区域。

Antæopolis，Ανταιουπολις 不可能是这座城市曾经的埃及语名称。因为这过于明显是希腊语，没有给人留下一点怀疑的余地。同样在科普特语经卷中，底比斯方言将其称作"Τκοογ，Tkoou"③，孟菲斯方言则称其为"Τκωογ，Tkôou"④，而这两个埃及语名称与希腊

---

① 西西里的狄奥多罗斯，卷一，第 15 页。
② 西西里的狄奥多罗斯，卷一，第 21 段。
③ 科普特语抄本，皇家图书馆，44 号，第 79 页正面。——43 号，第 58 页反面。
④ 科普特语抄本，皇家图书馆，46 号。——科普特语抄本，皇家图书馆，圣日耳曼藏书，17 号，增刊，第 192 页。——科普特语抄本，皇家图书馆，梵蒂冈藏书，68 号，第 120 页。——基歇尔，第 208 页，由拉克罗兹引用。

语 Ανταιδπολις 没有丝毫的关联。阿拉伯人仅省略了埃及语"Tκωογ，Tkôou"中作为冠词的字母 т，得出了 Kaou。阿拉伯人有时称他们的卡乌（Kâou）①为卡拉布（El-Kharab），意为"废墟卡乌"。这是因为在阿拉伯人时代，这座城市仍然满是埃及人古特克乌（Tκωογ）城的废墟，同时它还获得了库巴拉（El-Koubbara）和格朗德（Grande）之称。如今这座城市已经完全没落了。

基歇尔神父并不知道 Tκωογ 是安特奥波利斯的埃及语名称，而认为其科普特语名称为 KɅNYB, Kanub②。但这个单词并不是科普特语，因为在纯止的埃及语单词中，字母 y 从来没有单独用于两个辅音字母之间。因此基歇尔也并没有在抄本中找到这个名称；由于他把安特奥波利斯放在了靠近埃列凡提涅岛的位置③（巨大的错误），故而推测 KɅNYB 是安特奥波利斯的埃及语名称，因为斯特拉波谈到了埃列凡提涅岛的一座神庙，其中供奉着神祇 Kνουφις，所以基歇尔认为应当把这位神祇之名应用于安特奥波利斯城。他不仅创造了安特奥波利斯的埃及语名称，并且阿拉伯人用他给出的这个名称来命名安特奥波利斯；根据基歇尔的观点，Kanouf（卡努夫）类似于其埃及语名称。而我们认为应当指出这一文字假象。

安特奥波利斯（Antæopolis）、卡乌（Qaou）和特克乌（Tkôou）的同一性毋庸置疑，因为一份科普特语抄本④指出埃及人所说的特克乌（Tκωογ）与希腊人所说的安特奥波利斯（希腊人将其称作ɅNTHY）、阿拉伯人所说的卡乌（Qaou）是同一座城市。

木提斯（Mouthis）——木提（Mouthi）

在特克乌（Tkôou）北部、尼罗河东岸是一座在游记中被命名为木提斯的小城，其埃及语名称为 Mouth 或者 Mouthi。正如唐维尔提到的⑤，这个名称与 Mouthis 极为相似，Mouthis 是埃及人对伊希斯的别

---

① 译注：文中亦写作 Qaou。
② 《埃及的俄狄浦斯》，语段一 .a，第一册，第五章，第 44、47 页。
③ 《埃及的俄狄浦斯》，语段一 .a，第一册，第五章，诺姆（Nomus）十，第 44 页。
④ 科普特语抄本，皇家图书馆，43 号，第 58 页反面。——附录，四号。
⑤ 《埃及论文集》（*Mémoires sur l'Egypte*），第 190 页。

称①，根据普鲁塔克的观点，其意为"母亲"。Mouthis 似乎确实是由在埃及语中意为"母亲"的单词 мау 派生而来。

塞利农（Sélinon）——斯林（Silin）

在南部安特奥波利斯和北部利科波利斯的中间位置，有一个在游记中被称作塞利农（Sélinon）的地方，它处于尼罗河东岸和阿拉伯山脉之间。一条运河把塞利农（Sélinon）与尼罗河连接了起来。该地区最初的名称似乎是斯林（Silin），如今当地居民仍然这样称呼它。

阿波利诺波利斯（Apollinopolis）——科斯·卡姆（Kos-Kam）

在特克乌（Tkôou）（安特奥波利斯）北部、尼罗河西岸有一座不大的城市，为了将它与大阿波利诺波利斯（Atbô，阿特博）和小阿波利诺波利斯（Kôs-Varvir，科斯·维尔维尔）区分，希腊人将其称为"小阿波罗之城"。值得注意的独特之处是：希腊人总把埃及人取名千差万别的城市冠以相似的名称。他们把这第二个科斯（Kôs）也赋予了阿波利诺波利斯之名②。埃及人将该城称作 Koc，并另外加上了别名 Kaм③，旨在不与埃及其他的科斯（Kôs）混淆，尤其是为了不与位于底比斯和科普托斯之间的"科斯·维尔维尔（Kôs-Barbir），炎热的科斯"混淆。埃及语 Kaм 意指"灯心草、芦苇"，如果埃及人是从这个意思中获取了该名称，那么"Koc-Kaм，Kos-Kam"就等同于"有芦苇的科斯"；不过单词 Kaм 可能有其他我们并不知晓的意思。无论如何，阿拉伯人忠实地保留了其埃及语名称，将其写成 Koskam。科斯·维尔维尔（Kos-Barbir）和科斯·卡姆（Kos-Kam）是两座埃及语名称和希腊语名称均类似的城市之唯一例子。

阿波提斯（Abotis）

该城位于科斯·卡姆（Kos-Kam）北部、尼罗河西岸，科普特语

---

① 普鲁塔克：《论伊希斯和奥西里斯》（de Iside et Osiride）。
② 旺斯莱布：《亚历山大里亚教会史》，第 22 页中谈到，这座城市在希腊语中称为"阿波罗"。
③ 科普特语抄本，皇家图书馆，圣日耳曼藏书，17 号，增刊。

名为 Ⲧⲁⲡⲟⲑⲩⲕⲏ，Tapôthykè（塔珀提科）①。我们并不认为这个名称是埃及语，也没有掌握关于这座城市起源的任何准确信息。但我们相信其名称与人们有时候在科普特语经卷中发现的希腊语单词 ⲁⲡⲟⲑⲏⲕⲏ，horreum 相同。阿拉伯人把这座城市称为卜提吉（Boutidg）或者阿卜提吉（Aboutig）。

西普赛利斯（Hypsélis）——硕特普（Schôtp）

这座希腊城邦的位置对应于埃及人以前占领的名为 ϣⲱⲧⲡ，Schôtp（硕特普）的大片区域②，我们并不知道这个单词的意义。在罗马人统治时期，西普赛利斯（Hypsélis）保留了古埃及人对诺姆首府的称谓。

帕佛奥（Paphor）

帕佛奥（Paphor，Ⲡⲁⲫⲟⲣ）村是硕特普（Schôtp）诺姆的一部分。这个地方出现在安条克大主教西奥多唱诵的赞美诗中，是为了向安纳托利亚人圣·西奥多致敬③。

利科波利斯（Lycopolis）——斯奥乌特（Siôout）

硕特普（Schôtp）北部是一座巨大的城市，是一个诺姆的首府。城市修建于尼罗河西岸，希腊人将其命名为利科波利斯（Λυκωνπολις，ville des Loups，狼城）。为了理解这一名称，应当要注意到，希腊作者把名称 λυκος 用于指埃及的一种与狼差异巨大的动物；埃及人则把这种动物叫作"Ⲡⲓⲟⲩⲱⲛϣ，Pioûônsch"④；鉴于其凄惨可怕的叫声，阿拉伯人现如今把这种动物命名为 Ibn-Aoua；而在欧洲这种四足动物以其波斯语名称狐狼（Schakal）著称。它生活在沙漠之中，夜间出没，将尸体挖出并吞食。这种动物常见于埃及建筑，尤其

---

① 科普特语抄本，皇家图书馆，44 号，第 79 页反面。
② 科普特语抄本，皇家图书馆，44 号，第 79 页。——科普特语抄本，皇家图书馆，圣日耳曼藏书，17 号，增刊。
③ 措厄加：《博尔吉亚博物馆抄本目录》，第 35、60 页。
④ 《圣经·约翰福音》，十，《圣经·马太福音》，七，5 等。

常见于许多木乃伊的装饰画上;人们把它的头用作戴胜鸟的头①,通常出现在埃及宗教中许多象征性人物的权杖上。狐狼是死亡的象征,因为正如马克罗比乌斯②所观察到的③,"这种动物夺取并消耗一切,并且它选择在黑暗中执行自己的计划并强夺其战利品。"此外,当我们后续谈到埃及的狐狼崇拜时,我们希望以一种确定的方式来证明上述观点。

我们推测,人们曾在利科波利斯主神庙的圣殿中饲养狐狼。希腊人正是因此而给这座城市取名为利科波利斯(Λυκωνπολις)。后来的埃及人已经忘却了狐狼的象征意义,他们想要证明对这种动物表现出来的崇拜是合理的,因此他们说,在荷鲁斯和伊希斯准备对残暴的堤丰发动战斗时,奥西里斯从地狱而来,装扮成一头狼或者狐狼,为其儿子和妻子夺取胜利做出了巨大贡献④。其他人则认为,在埃塞俄比亚人入侵埃及时,他们的军队被大群的狐狼围困在了利科波利斯附近,并被这些奇特的战士击退至埃列凡提涅上方⑤。因此可以说是为了表达对狐狼"价值(la valeur)"的敬意,埃及人把这个大行政区称为利科波利坦(Lycopolitaine),并且这种动物在当地被视作神圣的。变成狐狼的奥西里斯完全是一种虚构;同样虚构的还有这些沙漠居民对抗埃塞俄比亚人的出征。即使这可能是一个历史事实,当然我们并不这样认为,对我们而言,可能也很容易证明对圣殿中狐狼的介绍是出于其

---

① 在《大阶梯》中,基歇尔神父把"Κογκογφατ, Koukouphat"作为戴胜鸟的埃及语名称;拉克罗兹对此表示认可,将其收录在自己的《词汇》一书之中。基歇尔根据荷鲁斯的一段内容创造了这个名称也不是不可能,选段中此鸟被命名为 Κουκουφα (卷一,55),以同样的方法,他将单词 ⲙⲉⲛⲁⲏⲥ 和 Coyxi 收录进了《大阶梯》,而它们并没有出现在作为其著作依据的抄本中。在我们摘录的大量埃及语汇汇编中,从来没有出现过这个单词。人们而是从中读到戴胜鸟被埃及人称作"Πεⲧⲉⲡⲏⲡ, Pétépêp"(科普特语抄本,皇家图书馆,圣日耳曼藏书,17号,增刊)或者"Χαⲣⲁⲡⲏⲡ, Charapep"——该单词记载于同一份抄本之中。尽管罗西先生因戴胜鸟的叫声而把 Χⲏⲃ?ⲃⲟⲩⲓ 当作是埃及人对此鸟之称呼,但在我们看来,上述的两个名称似乎与戴胜鸟的叫声关系更大。
② 译注:古罗马作家之一,活动于公元4世纪前后。
③ 马克罗比乌斯:《农神节》,卷一,第十七章。
④ 西西里的狄奥多罗斯,卷一,第79页。
⑤ 西西里的狄奥多罗斯,卷一,第79页。

他的动机，并且要追溯到埃塞俄比亚人突然入侵上埃及之前很久。

希腊人对利科波利斯的命名为 Λυκου πολις 和 Λυκων πολις[1]，两者毫无区别，有时候写成 Λυκων[2]，甚至是 Λυκω，这对应于拉丁民族的 Luporum urbs[3]。但在我们看来，其埃及语名称并没有这样的意思，因为这座城市的底比斯语名称为"Ⲥⲓⲟⲟⲩⲑ，Sioouth"[4]，孟菲斯语[5]名称为"Ⲥⲓⲟⲟⲩⲧ，Sioôut"[6] 或者"Ⲥⲓⲱⲟⲩⲧ，Siôout"[7]。在皇家图书馆的一份科普特语抄本中[8]，有如下一段内容："Ⲓⲱⲁⲛⲛⲏⲥ ⲡⲓⲁⲣⲭⲓⲙⲁⲛⲇⲣⲓⲧⲏⲥ ⲛ̀ⲧⲉ ⲡⲧⲱⲟⲩ ⲛ̀ⲥⲓⲱⲟⲩⲧ"，意为"斯奥乌特（Siôout）山的修道院院长若望（Jean）"。正如我们在介绍上埃及山脉的章节中所谈到的，利比亚山脉中靠近斯奥乌特（Siôout）的部分就是以此为名的。

尽管我们能够提供关于埃及语名称 Ⲥⲓⲱⲟⲩⲧ 之意的较确切概述，但也不排除不确定因素，这通常是由于相关研究缺乏任何确定基础造成的。故而，我们放弃了这方面的阐述。

这座大行政区的前首府所在地如今是一个阿拉伯城市，名称为 Asiouth（阿斯乌特）或者 Osiouth（奥斯乌特）。尽管有少许变化，但这个名称就是古埃及人对它的称谓。实际上，它与 Ⲥⲓⲱⲟⲩⲧ 的不同，仅仅是增加了一个开头字母 A（发音为 Alif）。我们还会看到阿拉伯人在城市名称中运用这一方法的其他例子。

位于斯奥乌特（Siôout）城西边的利比亚山脉仍然有大量开凿出的深洞，洞穴前的空地及洞穴内部遍布象形文字、象征性的雕刻、浅浮雕和许多未完成的壁画。这些洞穴是由埃及人在尖锐的石头中开凿

---

[1] 斯特拉波，卷十七。
[2] 拜占庭的史蒂芬（译注：即拜占庭的艾蒂安。）：《论城市和人民》。
[3] 普林尼用其缩写的希腊语名称 Lycôn 来命名这座城市，卷五，第九章。（译注：狼城。）
[4] 科普特语抄本，皇家图书馆，古藏书，44 号，第 79 页正面。
[5] 基歇尔神父错误地认为 Ⲥⲓⲱⲟⲩⲧ 是底比斯的埃及语名称。基歇尔，第 210 页。——拉克罗兹《埃及语—拉丁语词汇》(Lexicon AEgyptiaco-Latinum)。
[6] 科普特语抄本，皇家图书馆，古藏书，46 号。（译注：原文如此，应转写为 Sioout。）
[7] 科普特语抄本，皇家图书馆，圣日耳曼藏书，17 号，增刊，第 192 页。
[8] 科普特语抄本，皇家图书馆，梵蒂冈藏书，62 号，第 143 页正面。

出来，用于死后存放他们的尸体，那里每天都会发现傍财下葬的干尸。用于装饰这些墓穴的象形文字铭文数量巨大，根据一位著名旅行家的描述①，假设有相关的线索，读完这些铭文需花费数月时间，而复制下来则需要数年时间。

特杰里（Tjéli）

斯奥乌特（Siôout）附近是一个埃及人称作 Tϫⲉλⲓ② 的军事哨所③。

曼卡波特（Mankapôt）

斯奥乌特（Siôout）东北方向不远处、尼罗河西岸，有一座名为曼卡波特（Ⲙⲁⲛⲕⲁⲡⲱⲧ）的村庄④。唐维尔绘制的现代埃及地图上确定了其方位，在地图上，这个地方叫作曼卡巴德（Mankabad）。但这个单词真正的阿拉伯语拼写为 Manqabadh，而这显然是埃及语名称 Mankapôt（曼卡波特）的讹用。Mankapôt 的意思是"泥沙之地（le lieu des Vases）"⑤。

曼巴洛特（Manbalôt）

在斯奥乌特（Siôout）北部、尼罗河沿岸是曼巴洛特村。尽管希腊人和拉丁民族给我们提供的埃及古城名录上没有出现这个地方，但它在埃及国王统治期间还是存在的。根据前人的一致意见，大量的埃及城市和一小部分名称沿用至今的城市不断丰富着这份极具价值的名录，曼巴洛特无疑就是其中一例。对此，非洲人莱昂如是说："埃及人建立了这座巨大而古老的城市，罗马人将其摧毁，穆斯林统治时期又开始重新修建，但却再也没有回到以前埃及人统治时期所达到的极度壮丽。在我生活的时代，那里的巨大石柱高高耸立，和柱廊一样，它们饰有雕刻和埃及人的语言文字。尼罗河附近是一个美丽建筑的废

---

① 德农先生：《上下埃及游记》。
② 译注：原文如此，按前文习惯，转写为 Tsjeli，特斯杰里。
③ 措厄加：《博尔吉亚博物馆抄本目录》，第 134 页。
④ 科普特语抄本，皇家图书馆，43 号，第 58 页反面。（译注：转写为 Mankapôt。）
⑤ 科普特语抄本，皇家图书馆，43 号，第 58 页反面。

墟，从外表来看，这里以前是一座神庙。"①

比起饰有象征性雕刻和象形文字图像的神庙和柱廊，没有任何其他证据拥有更强的说服力可以证明一座城市存在于古埃及帝国时期。诚如上文所述，曼巴洛特就是这样的情况。

该城的阿拉伯语名称为 Manfélouth（曼法卢特），其发音与 Monfalouth 相同。米凯利斯（Michaëlis）认为从这个单词可以辨认出孟菲斯的阿拉伯语名称 Menf 或者 Monf，后面跟着的是他认为与"lotus，莲花"相关的别名。但埃及人给这座城市所取的底比斯方言名称 ⲙⲁⲛⲃⲁⲗⲟⲧ② 则否定了其推测，从中人们可以辨认出地点名称的构词因素 ⲙⲁⲛ。正如埃及作者在上述提到的名录中解释的那样，该城的埃及语名称意指"野驴的住所（demeure des Anes sauvages）"，或者"野驴所在的地方（l'endroit où se trouvent les Anes sauvages）"。

曼洛（Manlau）

此乡镇或者说此村落位于曼巴洛特周边地区，其拼写成 ⲙⲁⲛⲗⲁⲩ③ 的名称收录在了按地理顺序排列的城市埃及语名录中。该地理区域起于埃塞俄比亚，终于下埃及。名录中，曼洛被放在了大荷莫波利斯和曼巴洛特之间，这几乎就是其真实位置。该地的阿拉伯语名称为 Maoudhî-el-Aschïa，"事物之地（lieu des Choses）"，它可能是埃及语 ⲙⲁⲛⲗⲁⲩ 的准确翻译。然而我们更愿意相信阿拉伯人是受单词"ⲗⲁⲩ，claustrum（关押、囚禁、圈占）"的影响而犯了错。他们可能把 ⲗⲁⲩ 与底比斯语单词"ⲗⲁⲁⲩ，res（事物、东西、事件）"混淆了，

---

① MANFLOTH. Amplissimam hanc et vetustissimam civitatem Ægyptii condidere; à Romanis verò destructa, Machumetanorum tempestate restaurari cæpta est, verùm eâ neutiquàm quâ priùs magnigicentiâ. Visuntur in eâ nostro sæculo crassæ et eminentes columnæ ac porticus, insculptis ægyptiâ linguâ versibus. Juxtà Nilum rudera sunt insignis cujusdam ædificii quod olim delubrum fuisse constat....Leo Africanus, Descriptionis Africæ, liber VIII.（译注：此段为上文内容的拉丁语版本，出自非洲人莱昂《非洲记述》，卷八。）

② 科普特语抄本，皇家图书馆，43号，第38页反面。（译注：转写为 maanbalot。）

③ 译注：转写为 Manlau，下同。

故而把 ⲘⲀⲚⲖⲀⲀⲨ 当成了 ⲘⲀⲚⲖⲀⲀⲨ[1]进行翻译。在我们看来，比起名称"Locus rerum（事物之地）"，名称"Locus claustrorum（围起来的地方）"与一座城市更为匹配，至少这是我们的观点。

库萨（Cusæ）——科斯·科奥（Kôs-Kôo）

库萨位于尼罗河西岸、利科波利斯以北。根据希腊人的观点，这个地方的民众崇拜女神维纳斯，但我们却不认同这种可能性，因为过去的埃及人很难想到与维纳斯类似的神祇。而与他们的宗教和特点更为符合的是埃蒂耶纳（Ælien）[2]所转述的内容[3]，即人们在那里喂食献祭的母牛，就像在莫孟菲斯（Momemphis）和阿塔尔贝西斯（Atharbéchis）一样。

Cusæ 不带拉丁语词尾就是 Cus 或者 Cous，其埃及语名称为 Kous，拜占庭的艾蒂安和科普特语抄本中写成 Κως、Κωc、Kôs[4]。这是上埃及第三个以此为名的城市。与其他两座城市有特定的名称［一座是 Birbir（维尔维尔），另一座是 Kam（卡姆）］一样，第三座城市以特定称谓"Κωc-Κοω，Kôs-Koô（科斯·科奥）"[5]闻名。阿拉伯人在名称库斯（Qoussïah）中保留了其埃及语名称。

上塔尼斯（Tanis-Superior）——托尼（Thôni）

这座小城位于孟赫（Menhi）运河西边，远离尼罗河。为了将其与另一个下埃及的著名城市塔尼斯区分，希腊人给它加上了"上（Supérieure）"这个别名。但对于埃及人来说是没有这种区别的，因为根据基歇尔的观点，这座城市的埃及语名称为 ⲐⲰⲚⲒ，Thôni（托尼）。这位学者在城市名称的科普特语词汇汇编中发现，ⲐⲰⲚⲒ 被翻译成了阿拉伯语的 Tounah（图纳），如今生活在上埃及的阿拉伯居民仍然这样称呼这座小城。根据基歇尔收集到的准确信息，很容易便能确

---

[1] 译注：转写为 Manlaau。
[2] 译注：即 Étienne Bonnot de Condillac。
[3] 埃蒂耶纳·博诺·德·孔狄亚克：《动物论》。
[4] 科普特语抄本，皇家图书馆，古藏书，46 号。
[5] 科普特语抄本，皇家图书馆，46 号。

定该城所在的位置，但他并没有这么做。

安底诺（Antinoé）——贝萨（Bésa）

该城位于尼罗河东岸，在罗马人统治时期成为一个重要之地。哈德良将其进行了修缮美化，之后它便以其建筑的宏伟壮丽而闻名遐迩。并且以哈德良之宠儿为名，这座城市被命名为安底诺（Antinoë）[①]。但人们认为在法老统治时期，它是以 Bésa（贝萨）之名而为人所知，当时它是一个不起眼的地方。如果这一情况能够得到证实，那么其埃及语名称就可能是从埃及神话人物的名称中派生而来的，并且根据阿米阿努斯·马尔切利努斯（Ammien-Marcellin）[②]的说辞，这一神话人物曾受到极大敬仰。这位作者谈到，阿比多斯（Abydos）位于缇巴依德最偏远的地区，当地贝萨（Bésa）神的神使过去也是在那里预言未来。其周边地区的居民习惯按照古老的习俗向他表示崇拜。

这位神祇之名仍然存在于科普特人的专有名称中，写作"Ⲃⲓⲥⲁ 或者 Ⲃⲏⲥⲁ，Bisa"，因此出现了"ⲁⲃⲃⲁ Ⲃⲓⲥⲁ，修士比萨（Bisa）"[③]。用埃及语写成的《教士帕涅斯尼夫行传》[④]中提到了"ⲛ̀ϭⲓ Ⲃⲏⲥⲁⲙⲱⲛ ⲡⲉⲧϩⲓϫⲙ̀ ⲡⲉϣⲧⲉⲕⲟ，Bisamon, geolier de la prison"，意为"比萨蒙，监狱的狱卒"。这位底比斯的圣人殉道者被关押在其工作的监狱中。在这个专有名称中，单词 Ⲃⲏⲥⲁ 与单词 Amount 附在一起，构成了 Ⲃⲏⲥⲁⲙⲱⲛ[⑤]，而其规则的拼写方式应当为 Ⲃⲏⲥⲁⲁ̀ⲙⲟⲩⲛ。把两个神祇之名结合在一起符合埃及人的习性，人们可以看到其他诸如此类的例子。由肖出版的红衣主教博尔吉亚的希腊语抄本中有一张埃及工人的

286

287

[①] 在科普特语抄本中，其罗马名称 Antinoë 是以孟菲斯语 ⲁⲛⲧⲛⲱⲟⲩ 的形式（科普特语抄本，皇家图书馆，46号。——科普特语抄本，皇家图书馆，圣日耳曼藏书，增刊，17号），以及底比斯方言 ⲁⲛⲧⲓⲛⲟⲟⲩ 的形式出现的。（曼加莱利《埃及抄本残片》，残片七，第151页）

[②] 译注：古罗马历史学家。

[③] 《大圣巴西略礼典》（Lit.bas.），第20页，拉克罗兹《埃及语—拉丁语词汇》。

[④] 见上述提及的由乔治出版的一书《圣·科卢图斯的圣迹》。

[⑤] 译注：转写为 Bêsamôn，贝萨蒙。

名单，其中两次出现了名称 Σαραπαμμων（萨拉帕蒙）。在这个单词中可以辨认出两位神祇的名称 Αμμων（阿蒙神）和 Σαραπις（塞拉皮斯神），其中一位从远古时期起就是埃及人的崇拜偶像，而他们对第二位神祇的崇拜则是由拉吉德王朝[①]的一位国王开始的。

斯如布勒（Sjouboué）

斯如布勒（Χογвογρε，Sjouboué）属于比萨诺姆。我们在包含《修士阿布拉罕（Abraham）的圣迹》在内之残卷中发现了这个乡镇的名称，该残卷的一部分由措厄加出版[②]。其中这样写道："ογρωμε λε χε ϩΗλιας ⲛΧογвογρε ⲉϥⲏπ ⲉⲡⲧοϣ ⲛⲁⲛⲧⲛοογ"，意为"他是一位来自安底诺姆斯如布勒（Sjouboué）的一名叫作艾力（Élie）的男性"。

特罗特（Terôt）

在尼罗河西岸、库萨（Cusæ）以北，尼罗河分出一条运河，沿着利比亚山脉的山脚灌溉克罗科蒂洛波利斯诺姆，并汇入摩里斯湖。运河源起埃及人称作特罗特（Τεрωτ）[③]的城市[④]，由于埃及有多个名为特罗特（Terôt）的地方，而我们在这一章节所谈到的特罗特（Terôt）则是被阿拉伯人称作 Darouah（达鲁阿）或者 Darouth-Ssarban（达鲁特·萨尔邦）[⑤]之地。如今这里以 Tarouth-Esschérif（塔鲁特·艾斯谢里夫）的名称为阿拉伯人和现代旅行家们更为熟知。古埃及对其应当是有别称的；当 Esschérif（艾斯谢里夫）在当地通用之前，阿拉伯人可能采用了古埃及人对该城的别称 Ssarban（萨尔邦）。

大荷莫波利斯（Hermopolis-Magna）——什姆恩（Schmoun）

荷莫波利斯建在远离尼罗河，又靠近孟赫（Menhi）运河之处，属于埃及的利比亚地区，在埃及帝国的城市中属于一线城市。阿拉伯的传统与建筑物协调一致，使其成为埃及古老的城市之一。在法老统

[①] Lagides.（译注：即托勒密王朝。）
[②] 《博尔吉亚博物馆抄本目录》，第547页。
[③] 译注：转写为 Terôt。
[④] 科普特语抄本，皇家图书馆，43号，第59页正面。
[⑤] 科普特语抄本，皇家图书馆，43号，第59页正面。

第四章　上埃及及其边界、划分和埃及语名称

治时期，荷莫波利斯是诺姆（Pthosch）的首府及法老统治的中心。在这个地方，托特（Thoth）①似乎受到了极大的崇拜。人们在此喂食祝圣的白鹮，它是托特的象征，正如我们即将介绍的，这种鸟死后被安置在这个诺姆首府周边。

在埃及国王统治期间，荷莫波利斯城市规模巨大，它之前所在的区域有堆成小山的瓦砾，显示出城市曾经的宏大与壮丽。在最令人惋惜的废墟之处，耸立着一条由12根直径为8法尺又10法寸石柱所构成的华美柱廊。柱廊作为入口，宣示了一座60法尺高的大型建筑之富丽堂皇。由6块巨石组成的顶饰布满了象形文字，并且柱头顶端凹陷至石柱中部。在第2列石柱的柱身上，人们可以看到用于连接柱廊和神庙的待接石。②

希腊人之所以选取托特神的名字来命名这座城市，很大可能是由于这座城市崇拜托特神。他们总是认为能从外来民族的宗教中辨认出自己国家的神祇，所以把埃及语的"Ѳωογτ, Thôout"同化为他们的雄辩之神赫尔墨斯（Ερμης 或 Ηρμης），对此我们可以肯定地说，这是希腊人唯一用他们的语言准确翻译了外邦之神祇。如果人们认可希腊人的赫尔墨斯（Hermès）起源于埃及人的托特（Thôout）——一些作者就是这样认为——出于这个原因希腊人用 Ηρμησπολις 来命名我们谈到的这座城市，那么也就不再令人感到意外了。

尽管他们用赫尔墨斯忠实地翻译了托特神（Thôout），但并不意味着他们准确地把这座城市的埃及语名称搬到了自己的语言中。在埃及，这座名城为人所熟知的真实名称是"Ϣμογν, Schmoun, 什姆恩"③。阿拉伯人习惯于尽数释义，由此，他们认为什姆恩（Schmoun）是由依什姆恩（Ischmoun）建造的，他是米斯尔（Missr）之子，其

290

---

① 译注：托特神是埃及神话中的智慧神和月亮神。
② 德农先生：《上下埃及游记》。
③ 科普特语抄本，皇家图书馆，44号，第79页正面。——科普特语抄本，皇家图书馆，46号。——科普特语抄本，皇家图书馆，圣日耳曼藏书，17号，增刊，第192页；43号，第59页正面。

兄弟有萨（Ssa）、阿特利布（Atrib）、科布特（Kobt）和艾赫米姆（Akhmim），他们是同名城市的建造者。而希腊人则把这几座城市称为塞易斯（Saïs）、阿特利比斯（Athribis）、科普托斯（Coptos）和帕诺波利斯（Panopolis）。尽管缺少证据和任何的可能性，但这一传说还是令人相信什姆恩（Schmoun）是一座十分古老的城市，因为它的起源甚至可以追溯到埃及帝国初期。

但是名称 ϢΜΟΥΝ 的真实起源应当只存在于埃及语中，甚至它很有可能就是一位神祇之名。在我们看来，生殖之神的埃及语名称 ϢΜΟΥΝ 和 ϢΜΙΝ[①] 的一致性毋庸置疑，雅布隆斯基对此也持相同意见[②]。和这位学者一样，我们也并不认同 ϢΜΙΝ 和 ϢΜΟΥΝ 的意思是"八"或者"第八"，在我们看来，这个名称并不适用于一位神祇，尤其不适用于创造和生殖之神。我们坚信 Schmoun 或者 Schmin[③]，甚至 Χμιμ，是从词根 ϩΜΙΜ 或者意为"fervere（发热），incalescere（热）"的类似词根派生而来；事实上，正如雅布隆斯基所想[④]，曾把一项部分起源于埃及的传统带给腓尼基人的大马士革乌斯（Damascius）[⑤] 谈到了神祇 Εσμουνος（ϢΜΟΥΝ），并确认其名称派生出了 "επι της θερμη της ζωης，生命的炽热"[⑥]。我们将这一段内容视作对我们所持观点的绝佳佐证。在之后关于孟德斯（Mendès）的章节中我们将对此再展开讨论。其中我们还将提到，Schmoun 与 Schmin 和 Schmim 一样，均为古埃及人给生殖之神所取之名，而该神祇就是希腊人的潘神（Παν）。

阿拉伯人根据发音规则，给荷莫波利斯取名 Aschmounaïn（阿什

[①] 译注：转写为 Schmoun 或者 Schmin，下同。
[②] 雅布隆斯基：《埃及万神殿》，第一册，卷二，第 7 章，第 293 页及以下。
[③] 见上述帕诺波利斯的章节。
[④] 雅布隆斯基：《埃及万神殿》，第一册，卷二，第 7 章，第 296 页及以下。
[⑤] 译注：新柏拉图主义哲学家，古典时代晚期非亚伯拉罕宗教系捍卫者之一。
[⑥] 雅布隆斯基引用自佛提乌希腊语的《群书摘要》，第 242 本古籍，第 1674 页。（Apud Photium in Bibliothecâ græcâ，cod CCXLII，p1674，cité par Jablonski.）

姆纳音)或者 Oschmouneïn(欧什姆纳音),这是由埃及语 ϢΜΟΥΝ 直接加上我们之前提到的开头字母 A(发音为 Alif)以及双数结尾构成的。按照规则,这个名称应当翻译成"两个欧什姆恩(Oschmoun)"。我们并不知晓出现这一特殊性的原因,只有阿拉伯地理学家哈利勒·达何里(Khalil Dhahéri)的著作中记载了这样一段话:"继贝赫内萨(Behnèsa)省之后是欧什姆纳音(Oschmouneïn)省。它包含两座巨大的城市,一座是该省名称的由来欧什姆纳音(Oschmouneïn)城;另一座是米尼耶特·埃布恩·卡斯布(Miniet ebn Khasib)城。"[1]"两个欧什姆恩(Oschmoun)"可以理解为"两座巨大的城市(Madinatani)欧什姆恩(Oschmoun)和米尼耶特·埃布恩·卡斯布(Miniet ebn Khasib)";但埃及人的什姆恩(Schmoun)遗址也在这个地方,名为欧什姆纳音(Oschmouneïn),这就推翻了从哈利勒·达何里(Khalil Dhahéri)上述引文中归纳出的结论。

在一份埃及语或者科普特语抄本中[2],我们发现这座城市的名称写成 ϢΜΟΥΝ Ⲃ,等同于 ϢΜΟΥΝ ⲤΝⲀⲨ[两个什姆恩(Schmoun)],这似乎证实了阿拉伯人的欧什姆纳音(Oschmouneïn)与古埃及语名称一样,是以双数形式出现的。但是由于许多抄本中一直出现的是"ϢΜΟΥΝ,Schmoun",而不是"ϢΜΟΥΝ Ⲃ,两个什姆恩(Schmoun)",因此可以认为唯一记载后一个单词的埃及城市名录的科普特人是受到了阿拉伯语名称的影响。正是这份名录导致了雅布隆斯基的错误。这位学者认为[3] ϢΜΟΥΝ Ⲃ 的意思是"Schmun secunda,第二个什姆恩(Schmoun)";但我们要指出,如果他的翻译准确,那么原文应当写成 ϢΜΟΥΝ ΜⲀⲤ Ⲃ 或者 ϢΜΟΥΝ ΜⲀⲤ Ⲃϯ,而这才意味着"第二个什姆恩(Schmoun)",因为 ⲤΝⲀⲨ 在埃及语中是基数 2,加上 ΜⲀⲤ 后就构成了序数词;所有其他的基数词都是如此。由于这

---

[1] 哈利勒·达何里,见希尔维斯特·德·萨西先生的《阿拉伯古典名著选》,第一册,阿拉伯语版,第 239 页,及第二册,翻译版,第 291、292 页。
[2] 科普特语抄本,皇家图书馆,圣日耳曼藏书,17 号,增刊,第 192 页。
[3] 雅布隆斯基:《埃及万神殿》,卷二,第 7 章,第 298 页。

个错误的翻译,雅布隆斯基推测阿拉伯人欧什姆纳音(Oschmouneïn)的双数词尾 eïn 来源于科普特人对这个什姆恩(Schmoun)的别称 ⲞⲨⲈⲒⲚⲒⲚ,即希腊人所说的什姆恩(Schmoun)。但显而易见,这个观点没有任何可靠的理论基础。

什姆恩(Schmoun)城和所有远离尼罗河的埃及大城市一样,在尼罗河上有一个港口,并且这个港口是其属地范围,《修士埃皮姆的殉难》中提到了这一点。作者在阐述这位圣人过世之后又谈到,当人们用防腐香料保存其尸体时,于勒(Jules)的侍从"把尸体放入一艘小船,运往什姆恩(Schmoun)港:ⲀⲨⲈⲢϨⲰⲦ ⲚⲈⲘⲀϤ ϢⲀⲦⲚⲈⲘⲢⲰ ⲚⲦⲈ ϢⲘⲞⲨⲚ"。这个小港便利了内部贸易,我们将在下埃及的主要城市中看到许多类似的港口。

阿布斯尔(Aboussir)——普西里(Pousiri)

在什姆恩(Schmoun)西北部、特罗特运河另一边、利比亚山脉的斜坡上,是一个名为普西里(Ⲡⲟⲩⲥⲓⲣⲓ)的乡镇。在当地[①],它的名称仍然为阿布斯尔(Aboussir),而这正是埃及语名称的阿拉伯语写法。

斯塔鲁(Stallou)

斯塔鲁(Ⲥⲧⲁⲗⲗⲟⲩ,Stallou)是什姆恩(Schmoun)诺姆的一个乡镇(ⲧⲙⲉ)。一份用沙希地方言写成的埃及语残卷提到了这个地方,它由措厄加出版,收录在《博尔吉亚博物馆科普特语抄本目录》中[②]。

伊比尤(Ibiù)——恩希普(Nhip)

前人在荷莫波利斯附近、库萨北部确定了一个稍具规模的城市,名为伊比乌姆(Ibeum)。《安托南(Antonin)游记》中特别提到了这个地方,且是以伊比尤(Ibiù)之名出现的。作者指出该地在托特城或者荷莫波利斯以北 24 英里。根据希罗多德的观点,埃及人把埃及不同地方死去的白鹮运至荷莫波利斯[③],把那些用防腐香料保存好的尸体安置在指定地点。不过希罗多德的这份报告似乎并不是十分准确,

---

① 唐维尔:《现代埃及地图》。
② 第三部分,225 号,第 550 页。(Pars tertia, num.CCXXV, page 550.)
③ 希罗多德,卷二。

可能他所指的只是那些饲养在神庙中的白鹮，因为人们在孟菲斯周边的地下墓穴中发现了数量巨大的白鹮干尸。一名证人向我们证实了这一点，其证词毋庸置疑。他在其中一个开凿在岩石上的地道中看到了这种鸟类的干尸，其数量之大令人难以置信。并且这些尸体保存在靠地道岩壁放置的陶土器皿中，器皿以均等的高度水平叠放而成。在了解了这些已知数量的干尸之所占空间，并丈量出地道的面积后，这位证人确信其中有数百万的白鹮干尸。这一事实也将在别处关于其细节的内容中得以再现，而这似乎证实了我们所提出的观点，即希罗多德在谈到人们把白鹮运到荷莫波利斯时，谈论的只能够是祝圣的白鹮。拉谢认为并不能确定人们把白鹮葬在了荷莫波利斯，只是由于白鹮的安葬之处——名为伊比乌姆（Ibeum）的地方靠近荷莫波利斯，所以它们被中转到了这座城市[①]。但正如《安托南游记》中把伊比尤（Ibiù）放在了荷莫波利斯以北 24 英里，那么先把白鹮运到荷莫波利斯，之后再把它们退往北部，似乎也并不合理。鉴于不存在这种不便利性，那么名为伊比乌姆的地方必然应当位于荷莫波利斯以南，并且相距不远。

伊比乌姆（Ibeum）是根据白鹮来取名的，白鹮在埃及语中被称作 ϩⲓⲡ，Hip[②]，希腊人通过对其加上词尾 ις 得出了 Ιβις。按照规则，拉丁民族应当把伊比乌姆（Ibeum）的埃及语名称写成 "Ⲙⲁⲛϩⲓⲡ，Manhip" 或者简单地写成 "Ⲛϩⲓⲡ，Nhib，白鹮之地（lieu des Ibis）"；人们在拜占庭的艾蒂安之著作和《苏达辞书》中找到了这一名称。它以希腊语 Νιβις 的形式出现，我们认为这才是伊比乌姆（Ibeum）的埃及语名称，但他们却没有以这种形式提及。去掉这个单词的希腊语结尾 ις，就是 Νιβ，而这正是埃及语的 Ⲛϩⲓⲡ，不同之处就在于缺少了希腊人没能表述出来的 "H，ϩ，hori"，因为这在他们的字母中不存在。因此，例如他们把埃及语单词 ϩⲏⲧ 写成 ηθ，意为 "心

[①] 希罗多德：《历史》，拉谢译本（M. Larcher, *Traduction d'Hérodote*），第二卷，第 305 页。——希罗多德：《历史》，拉谢译本之《地理学表》（*Table géographique*），第八卷，荷莫波利斯章节。

[②] 《圣经·利未记》，十一，17；《圣经·以赛亚书》，三十四，11，埃及语文本。

(coeur)"①。

特罗特·什姆恩（Terôt—Schmoun）

在大城市什姆恩（Schmoun）周边区域，有一个名为特罗特（Tepωт）的地方，上文我们谈到过这个名称。由于它的位置在诺姆首府附近，因此特罗特获得了什姆恩（Ϣмоүн）的别称。在措厄加出版的一份底比斯语残卷中提到了特罗特·什姆恩（Tepωт Ϣмоүн）。② 我们不应当把这个地方与另外一个同名的位于尼罗河上的什姆恩（Schmoun）南部的特罗特（Tepωт）混淆。

米尼耶特（Miniét）——特莫内（Thmooné）

特莫内（Thmooné）城位于尼罗河西岸，什姆恩（Schmoun）以北。其旧址是现如今的小城市米尼耶特（Miniét），这个名称保留了其埃及语古名的显著痕迹。它的底比斯方言形式为 Тмооне③ 或者 Тмωнн④，而孟菲斯方言则是 Ѳмонн⑤。这些不同形式的单词均指"住所，人们停留的地方（une demeure, un lieu où l'on s'arrête）"。它们是由底比斯语、巴什姆语和孟菲斯语的词根"мнн, manere（停留）"派生而来。毫无疑问，在埃及村庄名中常见的阿拉伯语单词 Miniét（米尼耶特）（缩写为 Mit）是从"монн, mansio（宅邸）"派生而来，其复数形式为"монωоүι, mansiones"。

埃及有多座名为特莫内（Thmooné）的城市，但埃及人着重强调了其中主要的两座：一座在上埃及（即我们刚才所谈论的），另一座在下埃及。第一座的别名为巴菲斯（Bafis），第二座的别名为特尼（Téni）。⑥

---

① 荷鲁斯·阿波罗（Horus Appollo），卷一，《象形文字》7号。
② 《博尔吉亚博物馆科普特语抄本目录》，第三部分，第549页。
③ 科普特语抄本，皇家图书馆，44号，第80页正面。（译注：转写为 Tmoone。）
④ 科普特语抄本，皇家图书馆，43号，第59页正面。（译注：转写为 Tmooné。）
⑤ 科普特语抄本，皇家图书馆，圣日耳曼藏书，17号，增刊。（译注：转写为 Thmooné。）
⑥ 旺斯莱布：《亚历山大里亚教会史》，第23页。

第四章　上埃及其边界、划分和埃及语名称

西奥多斯奥波利斯（Théodosiopolis）——图霍（Touhô）

图霍（Touhô）是什姆恩（Schmoun）北部诺姆的首府。《帝国简介》(Notice de l'Empire) 及其他一些著作中提到，西奥多斯奥波利斯（Théodosiopolis）亦称西奥多斯亚纳（Théodosiana），是位于上埃及埃普塔诺米德地区的城市。一份科普特语抄本给我们指出了其所在方位，但直到现在还无法确定具体位置。抄本中提到了[①]"ⲐⲈⲄⲆⲰⲤⲒⲞⲨ，Theudôsiou（特乌多斯乌）"，其对应的阿拉伯语名称为 Thahha（塔哈），它实际上位于荷莫波利斯北部，巴腾（Bathen）运河南端，因此是在埃及的利比亚地区。尽管我们最先是用一个希腊语名称介绍了这座城市，但是因为埃及人也给它取过一个名称，所以首先得出的结论就是，这座城市早于西奥多斯（Théodose）之前很久就已经存在了；其次，西奥多斯奥波利斯（Théodosiopolis）只是希腊人给这座城市取的名称，只有希腊人和罗马人使用；在当地，它的名称一直都是古埃及人所取之名。我们认为对于埃及所有其他的城市也是同样的情况。西奥多斯奥波利斯（Théodosiopolis）的埃及语名称是"Ⲧⲟⲩⲟ，Touho"[②] 或者是"Ⲧⲟⲩⲱ，Touhô"[③]，这两者的使用并没有区别。至于其意义，Ⲧⲟⲩⲟ 为"住所"，并且这也是一个埃及语动词，意为"addere，adjicere，apponere（增加、附加）"；而阿拉伯语名称 Thahha（塔哈）显然只是 Ⲧⲟⲩⲱ 的讹用。

佩苏什（Pershousch）

佩苏什（Pershousch）隶属于图霍（Touhô）诺姆。这个地方的名称出现在了一份科普特语抄本中，且是以一种介于底比斯语和巴什姆语之间的埃及方言书写而成。它属于艾蒂安·博尔吉亚红衣主教丰富的藏品之一，包含了保罗及其信徒以西结旅行的有趣故事。他们在上

---

① 科普特语抄本，皇家图书馆，44 号，第 79 页正面，43 号，第 59 页。——同样见旺斯莱布神父：《亚历山大里亚教会史》，第 25 页。
② 科普特语抄本，皇家图书馆，44 号，第 79 页正面。——科普特语抄本，皇家图书馆，圣日耳曼藏书，47 号，增刊，第 142 页。
③ 科普特语抄本，皇家图书馆，圣日耳曼藏书，17 号，增刊，第 192 页。——43 号，第 59 页正面。

埃及的山间行走，拜访圣人隐士。在普什谢波赫（Pscheshépohé）山上，他们发现了一个因苦行赎罪的严峻而筋疲力尽的隐士。保罗问他："你叫什么名字？"他回答道："我叫菲布（Phib），我来自图霍（Touhô）诺姆的佩苏什（Ⲡⲣⲥⲟⲅⲱ，Pershousch）[①]。但在我们参考的埃及城市和村庄的阿拉伯语名称表中，没有任何一份提到过佩苏什。

尼卡法尔（Nikafar）

地理概念最为全面的科普特语抄本[②]给我们提供了尼卡法尔（Ⲛⲓⲕⲁⲫⲁⲣ）[③]村庄的名称。它在图霍（Touhô）下方约3古里处。在我们看来，这个名称并不是埃及语，而是这个村庄阿拉伯语名称贝尼·穆罕默德·基富尔（Beni-Mohammad-el-Kifour）的讹用。很显然，Ⲛⲓⲕⲁⲫⲁⲣ是阿拉伯语单词Kifour的科普特语字母写法，同时单词中增加的复数冠词ⲛⲓ就是一个有力证据。

西诺波利斯（Cynopolis，即狗城）——卡伊斯（Kais）

旺斯莱布提到了这个地方。在这位值得尊敬的旅行家看来，它曾是科普特教派主教管辖区[④]，卡伊斯（Kaïs）就是古库萨（Cusa），并且旺斯莱布把它写成了Keis。从前文可以看到，库萨的埃及语名称为科斯·科奥（Kos-Koô），它比卡伊斯（Kais）更为靠南。旺斯莱布把卡伊斯（Kais）放在了靠近贝赫内塞（Béhnécé）或者说是巴赫纳萨（Bahnéca）的地方。在《圣·埃皮姆的殉难》中，作者写道："Ϩⲉⲣⲟⲕⲉⲗⲗⲓⲁⲛⲟⲥ ⲥⲱϥ ⲁⲅⲁⲓⲭ ⲛ̄ϩⲏⲅⲉⲙⲱⲛ ⲉϫ̄ ⲡⲟⲗⲓⲥ ⲧⲡⲟⲗⲓⲥ Ϩⲛⲏⲥ ⲛⲉⲙ ⲧⲡⲟⲗⲓⲥ ⲡⲉⲙϫⲉ ⲛⲉⲙ ⲧⲡⲟⲗⲓⲥ ⲕⲁⲓⲥ"，意为"赫拉克利亚努斯（Héracellianus）被授权管辖3座城市，分别是赫内斯（Hnés）、潘斯杰（Pemsjé）和卡伊斯（Kais）。"前两座城市我们完全知晓。因为卡

[①] Ⲡⲉϫⲉ ⲡⲁⲉⲓⲱⲧ ⲛⲁϥ ϫⲉ ⲛⲓⲙ ⲡⲉ ⲡⲉⲕⲣⲁⲛ ⲁϥⲟⲩⲱϣϥ ⲉϥϫⲱⲙⲙⲟⲥ ϫⲉ ⲫⲓⲃ ⲡⲉ ⲡⲁⲣⲁⲛ ⲁⲩⲱ ⲁⲛⲁⲕ ⲟⲩⲣⲙⲡⲣ̄ⲥⲟⲅⲱ ϩ̄ⲙ ⲡⲧⲁϣ Ⲧⲟⲩϭ. 措厄加《博尔吉亚博物馆科普特语抄本目录》，沙希地语抄本，第367页。

[②] 科普特语抄本，皇家图书馆，17号，增刊，第192页。

[③] 译注：转写为Nikafar。

[④] 《亚历山大里亚教会史》，第22页。

伊斯（Kais）应当在它们附近，所以我们在这两座城市周围去寻找。最终在尼罗河西岸，距尼卡法尔（贝尼·穆罕默德·基富尔，Beni-Mohammad-el-Kifour）上方不远处修建的一座名为吉斯（El-Gis）的阿拉伯村庄中找到了这个地方。在 El-Gis 中可以辨认出稍有变化的名称 Κaιc，因此不应当把 Κaιc 与下埃及的塞易斯混淆。对此乔治神父似乎也是持相同观点的①。

皇家图书馆馆藏的一份科普特语抄本②证实了我们确定的卡伊斯（Κaιc）所在地。抄本包含了一份按地理位置排列的埃及城市名录，在表中，卡伊斯③ 排在了尼卡法尔（Νικαφαρ）[又称贝尼·穆罕默德·基富尔（Beni-Mohammad-el-Kifour）] 和潘斯杰（Pemsjé，Πεμχε）之间。人们在表中还找到了卡伊斯的阿拉伯语名称基斯（El-Qis），现代旅行家将其写作吉斯（El-Gis），而这是 Κaιc 的讹用。这个埃及语名称也写作 Κοειc，Koeis④，它就是古希腊和古罗马地理学家所说的西诺波利斯（Cynopolis），而这个名称与该城市的埃及语名称并没有任何关系。

塔玛（Tamma）

正如以西结所著的他本人和导师保罗的游记中记载，这个地方属于卡伊斯（Kaïs）诺姆。这两位圣人在梅洛厄伊特（Méroéit）山遇到了一位隐士，隐士告诉他们，自己是"παυλε ογρμταμμα 2μ πτωϣ Κοειc，来自卡伊斯（Koeis）诺姆塔玛（Tamma）的保罗"⑤。

奥克西林库斯（Oxyrynchus）——**潘斯杰**（Pemsjé）

奥克西林库斯城是上埃及最大的城市之一。希腊人给它取名为 Οξυρυγχος，这是因为他们认为在这个地方，人们崇拜的一种鱼也以此为名。但这个观点不太像是真的。我们认为奥克西林库斯的情况

---

① 《圣·科卢图斯的圣迹》，序言，第 52 页，注释 a。
② 圣日耳曼藏书，17 号，增刊。
③ 圣日耳曼藏书，17 号，增刊，第 134 页。
④ 科普特语抄本，皇家图书馆，古藏书，46 号，。
⑤ 措厄加：《博尔吉亚博物馆科普特语抄本目录》，沙希地语抄本，第 368 页。

和拉托波利斯一样，也就是说拉图斯（Latus）鱼不比奥克西林库斯（Oxyrynchus）鱼更受尊敬，并且在斯奈（Sné，即拉托波利斯），人们崇拜阿蒙神，而不是一种鱼。

奥克西林库斯位于孟赫运河与利比亚山脉之间，距利比亚山脉两古里。埃及人把该城称作"潘斯杰（Πεμχε，Pemsjé）"①。而阿拉伯人所讹用的名称仍然在当地沿用，因为在我们看来，贝赫内塞（Behnésé）②或者巴赫纳萨（Bahnasa）③与潘斯杰（Pemsjé）几乎没有区别，这两个名称的相似性更多的是体现在发音上，而不是拼写上。这就必然会出现可能阿拉伯人仅在听到埃及人的发音时，便给希腊人所说的奥克西林库斯取了一个名称。至少我们是这样认为的。

埃及人给奥克西林库斯取名为 Πεμχε，但伊纳切·罗西（Ignace Rossi）并不认得，于是力图在阿拉伯人的 Bahnasa 或者 Bahnésa 中找出其名称，他将其发音为 Behensa④。这不同于许多抄本中的固有用法和加标点之方，并且他认为这是由两个埃及语单词"Βεϩι，lime（锉刀）"⑤和"ϣⲁⲓ，nez（鼻子）、narine（鼻孔）"构成的，由此构造出 Βεϩιⲛϣⲁⲓ，却没有说明其意义。通过这种方法，他回避了一个难点，因为他只能从这个复合词中得出"鼻孔的锉刀（lime de la narine）"。假设意为"尖鼻子"的单词 Βεϩιⲛϣⲁⲓ 是埃及语名称 Πεμχε 的准确翻译，但却看不出它与名称奥克西林库斯有何种关系。

乔治神父认同奥克西林库斯的埃及语名称是 Πεμχε，因为他在众多科普特语抄本中发现了这个名称。他给出了一个在我们看来更为合理的词源。他认为这个单词应当写成"Πϩεμχε，Phemsje"⑥，意指

---

① 科普特语抄本，皇家图书馆，44号，第79页正面。——科普特语抄本，皇家图书馆，古藏书，46号。——科普特语抄本，皇家图书馆，圣日耳曼藏书，17号，增刊，等等。
② 译注：前文写作 Behnécé。
③ 译注：前文写作 Bahnéca。
④ 伊纳切·罗西：《埃及语词源学》，第39页。
⑤ 这个单词也有"铁"的意思，因为我们发现哈迪德（El-Hhadid）在一份科普特语—阿拉伯语词汇汇编中对其作出了解释。（圣日耳曼藏书，17号，增刊）
⑥ 在这个单词中 P 不应当和 H 连在一起，H 只是一个气音，应当是按照 P-Hemsjé 来发音。

"οξυς，acutus（危险的）"①。这一根据规则做出的修正证实了我们的观点，即阿拉伯人写成 BHNSA，读作 Bahnésa 的城市名称是由科普特人读作 BHAMSJA 的 Пϩемхе 派生而来。因此很可能是希腊人力图用 Οξυρυγχος 来翻译名称 Пϩемхе，之后又猜想它是来源于对尼罗河中叫作奥克西林库斯的鱼之崇拜。

卡内什（Kanesch）

这个乡镇属于潘斯杰（Pemsjé）（奥克西林库斯）诺姆。《圣·埃皮姆行传》②中提到 "пiϩор пiⲇⲓⲁⲕⲱⲛ ⲛ̄ⲧⲉ ⲕⲁⲛⲉⲱ，皮奥卢（Pihor），潘斯杰（Pemsjé）司法辖区卡内什（Kanesch）的执事"。

托斯吉（Tôsji）

托斯吉（Tⲱxi）③也位于潘斯杰（Pemsjé）大区。对此上文提到的传记也提供了相关证明。单词 Tⲱxi 意指 "植物、栽种（plantation）"。我们不知道为何这能适用于一座城市。

普赛奈罗（Psénêros）——普谢内罗（Pschénérô）

拜占庭的艾蒂安提到了 Ψενηρος 乡镇。我们认为这个乡镇就是《圣·埃皮姆行传》中涉及的 "Ϣⲉⲛⲉⲣⲱ，Schénérô（谢内罗）或者 Пϣⲉⲛⲉⲣⲱ，Pschénérô（普谢内罗）"。我们无法确定这个埃及语名称的含义。

特尔布（Terbe）

特尔布（Тⲉⲣⲃⲉ）④村似乎也隶属于潘斯杰（Pemsjé）城。⑤我们认为底比斯语单词 Тⲉⲣⲃⲉ 对应于孟菲斯语 ⲧⲉⲣⲃⲓ，意为 "人们居住的地方，住所、宅邸"。

内赫里特（Nehrit）

内赫里特城位于什姆恩（Schmoun）北部。

---

① 在所参考的埃及语词典中，我们只发现了 пϩемх，意思是 "οξος，醋"；可能乔治神父看到的是意为 "尖的、锋利的（aigu, pointu）" 的单词 пϩемхе。
② 科普特语抄本，皇家图书馆，梵蒂冈藏书，66 号。
③ 译注：转写为 Tôsji，下同。
④ 译注：转写为 Terbe。
⑤ 科普特语抄本，皇家图书馆，梵蒂冈藏书，66 号。

在一个名为维诺菲尔（Вєnoчєp, Bénofer 或者 Oyєnoчєp, Ouenofer）的隐士之行为传记中[1]，这位圣人向一位隐士帕夫努提（Paphnouti）讲述了自己的生活经历，其中有如下一段话："oyos naiϣon пє ḣєn oyaвhт ṁmoynaxoc ḣєn пθoϣ ϣmoyn ḣєn фmapнc cавoλ Nєϩpiт"，意为"我之前住在马利斯（Maris）（上埃及）什姆恩（Schmoun）（荷莫波利斯）诺姆的一所修道院中，在内赫里特（Nehrit）上方。"名为内赫里特的地方其位置阐述并不明确。这段文字仅告诉我们什姆恩诺姆位于内赫里特（Nehrit）南部，由此可见，内赫里特（Nehrit）应当属于什姆恩诺姆附近一个靠近北部的大行政区。实际上，我们在潘斯杰（Пємxє）诺姆，即希腊人所说的奥克西林库斯诺姆找到了它的具体方位。希尔维斯特·德·萨西先生出版的《埃及行省及村庄概况》（État des provinces et des villages de l'Égypte）[2]在介绍巴赫内萨（Bahnésa）的位置时提到了一个阿拉伯语名为伊赫里特（Ihrit）的乡镇。这个单词只不过是埃及语 Nєϩpiт 去掉了冠词 N 而得到的 Єϩpiт，阿拉伯人便由此得出了 Ihrit（伊赫里特）。该埃及语单词是从"ϩpωт, pressoir（压榨机）"派生而来。这是我们了解的唯一存在相关性的埃及语词根。

潘克雷乌斯（Pankôleus）

潘克雷乌斯（Pankôleus）也位于潘斯杰（Pemsjé）诺姆（又称奥克西林库斯诺姆）。正如《殉难》中记载："апа Єпімє піремпан-кωλєyc ḣєn пθoϣ пємxє，阿帕·埃皮姆住在潘斯杰（Pemsjé）诺姆的潘克雷乌斯（Pankôleus）。"[3] 这个名称在我们看来并不是埃及语，而很有可能是一个希腊语借词。或者，即使这是埃及语——尽管我们并不这么认为——那它也是极度讹用了的埃及语。

---

[1] 措厄加：《博尔吉亚博物馆科普特语抄本目录》，孟菲斯语抄本，第 15 页。[Ouenofer 就是圣·奥努菲尔（Onuphre）。]（译注：埃及隐修士。）

[2] 阿卜杜拉提夫（Abdallatif）作品的翻译，第 685 页。

[3] 科普特语抄本，皇家图书馆，梵蒂冈藏书，66 号。

斯杰勒巴赫（Sjelbah）

斯杰勒巴赫（Ⲭⲉⲗⲃⲁⲥ）[①]也是潘斯杰（Pemsjé）城——即希腊人说的奥克西林库斯的一个村庄。下文，从源自同一殉教圣人名册中的一段内容，我们得出了其地理位置[②]。"抬着圣·埃皮姆之躯的人们由天使带领前往 ⲡⲁⲛⲕⲱⲗⲉⲩⲥ ⲥⲁⲣⲏⲥ ⲛ̀ⲟⲩⲙⲁ ⲉϣⲁⲩⲙⲟⲩϯ ⲉ̀ⲣⲟⲩ ϫⲉ ⲡⲬⲉⲗⲃⲁⲥ，位于斯杰勒巴赫（Sjelbah）南部的潘克雷乌斯（Pankôleus）。"由此可见，斯杰勒巴赫或者普斯杰勒巴赫（Psjelbah）在潘克雷乌斯北部，因此也是在潘斯杰（Pemsjé）诺姆。

赫拉克里奥波利斯（Heracléopolis）——赫内斯（Hnês）

这座巨大的城市是一个诺姆首府，它位于由东部尼罗河和西部孟赫运河形成的大型岛屿之上；运河的一条支流包围了岛屿西北部，该支流流向伊瑟乌姆（Iséum）附近的尼罗河；第三条起于孟赫运河、流至尼罗河的运河则包围了岛屿南部。这座岛屿几乎呈三角形，其西部地区被一条运河截断，该运河流向自南向北，终于布斯尔（Bousir）。在这条运河附近，靠近巴腾（Bathen）运河北端，就是赫拉克里奥波利斯的所在地。

人们猜测该城的主神庙是用于向大力神或者象征"神之力量"的人物献祭，并且希腊人曾说其埃及语名称为 Sem 或者 Chom，而这显然就是埃及语单词"ⲭⲉⲙ，Sjem 和 ⲭⲟⲙ，Sjom，力量"。这个名称如今仍然为科普特人沿用，是作为神祇的一个别称。中世纪埃及人为神祇所取别称的列表之中出现了"ⲡϫⲥ̄ ⲛ̀ϭⲟⲙ，Psjoeis-an-Shom"[③]，这在埃及语中意为"力量的上主（Seigneur de la Force）"，阿拉伯语将其翻译成"Rabb-el-Qaouet，力量的主人（Maître de la Force）"。该神祇权力的象征是一个名为 Ichneumon 的小动物，它是鳄鱼的天敌。这应当如此，因为鳄鱼是"身心之恶灵"堤丰的象征，而阻止并压制恶灵

[①] 译注：转写为 Sjelbah。
[②] 科普特语抄本，皇家图书馆，46 号，第 47 页反面。（译注：原文没有标明是哪个地方的注释，根据上下文推测是上文处加添注释。）
[③] 科普特语抄本，皇家图书馆，46 号，第 47 页反面。

出现的大力神之象征应当是像 Ichneumon 一样，能和鳄鱼持续作对的一种动物。根据古埃及人的观点，实际上它破坏的是鳄鱼这种令人生畏的两栖动物的卵。

根据所有这些论述，希腊人认为应当给这座城市取名 Ηρακλεους πολις① 或者 Ηρακλεου πολις②，因为在他们的宗教中，赫拉克勒斯（Hercule）是大力神。

但赫拉克里奥波利斯的埃及语名称既与"ϫοм，Sjom"没有丝毫关联，也与赫拉克勒斯没有任何关系。毫无疑问，其名称为 ϨΝΗC，Hnés 或者 Hnas，因为我们在两份科普特语抄本中看到 ϨΝΗC 和希腊人的 Ηρακλεου πολις（在这两份抄本中是写成 Ϩροκλεου③ 和 αρακλαϲмω④）属于同一座城市，且对应于如今当地仍然使用的阿拉伯语名称阿赫纳斯（Ahnas）⑤；除了这一方面的考量，由于赫拉克里奥波利斯位于岛屿西部，这就恰好与阿赫纳斯（Ahnas）的位置完美契合。

有时候这座城市的名称拼写成 ϨΝΕC，Hnes⑥，甚至是 ΕϨΝΕC⑦，它是阿拉伯语名称 Ahnas（阿赫纳斯）的来源。与我们在其他地方介绍的一样，阿拉伯人习惯于在埃及城市名称前，尤其是以两个辅音开头的城市名称前加上开头字母 A（发音为 Alif），正如阿拉伯人把"CΝΗ，Sna，ϪΜΙΜ，Chmim，ϢΜΟΥΝ，Schmoun"写成"Asna，Achmim，Aschmoun"一样，Ahnas 中也出现了 A。他们借鉴了古埃及人的取名方法，给以两个辅音字母开头的单词前加上了一个元音字母。因此阿拉伯人的后代把名称"ΠΝΟΥϮ，Pnouti"以及"ΠϬC，

---

① 斯特拉波，卷十七。
② 拜占庭的艾蒂安：《论城市和人民》。
③ 译注：转写为 Hrokleou。
④ 译注：转写为 Araklasmô。
⑤ 科普特语抄本，皇家图书馆，古藏书，44 号，第 79 页正面。——43 号，第 59 页正面。
⑥ 科普特语抄本，皇家图书馆，圣日耳曼藏书，17 号，增刊，第 192 页。
⑦ 科普特语抄本，皇家图书馆，古藏书，44 号。

Psjoïs"读成 Abnoudi 或者 Apnouti①, 以及 Ibschoïs 或者 Ipsoïs②。按照同样的规则, 对于埃及人读成"ϢΜΟΥΝ, Aschmoun③, ⲤⲚⲎ, Asna④, ϨⲚⲤ, Ahnas⑤"的名称, 阿拉伯人跟着采用了他们听到的读音, 把这些名称写成了 Aschmoun, Asna 和 Ahnas, 以致后来科普特人把 ϨⲚⲈⲤ 写成 ⲈϨⲚⲈⲤ; 同样地, ⲈⲘⲔⲀϨ, ⲈⲘⲚⲞⲨ, ⲈⲘⲦⲞⲚ, ⲈⲘⲬⲰⲖ, ⲀⲘⲢⲈ, ⲈⲘⲂⲞⲔⲒ, ⲈⲚⲐⲎⲬ, ⲈⲚⲬⲀⲒ 以及许多其他单词被用来代替"ⲙ̀ⲔⲀϨ(悲伤)""ⲙ̀ⲚⲞⲨ(乳房)""ⲙ̀ⲦⲞⲚ(休息)""ⲙ̀ⲬⲰⲖ(洋葱、疾病)⑥""ⲙ̀ⲢⲈ(宫廷面包总管)""ⲙ̀ⲂⲞⲔⲒ(大字)""ⲚⲐⲎⲬ(争执、杂草)""ⲚⲬⲀⲒ(东西、事物)"。

先知以赛亚提到了埃及一座称为 Hhnss, Hhanass (哈内斯) 的城市⑦, 这个名称像极了赫内斯 (Hnés) 城的名称。希伯来文是这样记载的: 因为他的首领已在塔尼斯 (Tanis), 他的使臣到了哈内斯 (Hhanass)。⑧ 由此人们可能会认为哈内斯就是赫内斯 (ϨⲚⲎⲤ), 即赫拉克里奥波利斯; 但是首先应当要看到, 阿拉伯语版本的以赛亚书中从未提及哈内斯, 其中是这样写道: "因为使臣 (或者天使) 在琐安 (Ssaân) (塔尼斯), 残酷的首领"⑨; 其次,《圣经》塔库姆译本⑩中写的是 Tahhaphnes (塔哈弗内斯), 而不是 Hhanass (哈纳斯), 这是指希腊人命名的下埃及城市达菲尼斯 (Daphnès)。希腊语和阿拉伯语保持了一致, 希腊语文本中这样写道: "残酷的首领, Αγγηλοι

313

---

① 拉克罗兹:《埃及语—拉丁语词汇》(*Lexicon ægyptiaco-latinum*), 第 62 页。
② 《埃及语—拉丁语词汇》, 第 174 页。
③ 译注: 按规则应转写成 Schmoun, 此处为读时加 A 的情况。
④ 译注: 按规则应转写成 Sna, 此处为读时加 A 的情况。
⑤ 译注: 按规则应转写成 Hnas, 此处为读时加 A 的情况。
⑥ 拉克罗兹书中写成 ⲈⲘⲬⲰⲖ 的单词是以正确的形式 ⲙ̀ⲬⲰⲖ 出现了皇家书馆, 圣日耳曼藏书增刊的科普特语词汇编, 以及《圣经·民数记》, 十一, 5 中。
⑦ 这个单词由一个 het, 一个 noun 和一个 samech 写成。
⑧ 见用法语字母书写的原文: KI HIOU BTZAN SRIOU OUMALAKIOU HHNSS IGIAOU,《圣经·以赛亚书》, 三十, 4。
⑨ 见阿拉伯语原文: Liannahou Iakoumou Bissâan Malaikatoun Rouousaou Aschraroun。
⑩ 译注: 塔库姆译本是《圣经》《希伯来语经卷》的亚兰语意译本。

πονιροι",而不是"到了哈内斯"。我们认为希伯来文的名称哈内斯只不过是塔哈弗内斯之讹用。赫拉克里奥波利斯的埃及语名称 ϨΝΗϹ 之含义不在我们研究范围内。

普什（Pouschin）和法尼斯若伊特（Phannisjôït）

多本埃及语抄本中出现了地名"Ποуϣιν, Pouschin（普什）"和"Φαννιχωιτ, Phannisjôït（法尼斯若伊特）"，《圣·若望的殉难》中记载："Φαννιχωιτ ϩεν τχωρα ṁποуϣιν"[①]，意为"法尼斯若伊特（Phannisjôït）位于普什（Pouschin）地区"，显然，这就证明了法尼斯若伊特（Phannisjôït）应当在普什（Pouschin）附近，因为它隶属于普什城管辖。我们之前并不知晓这两个地方的具体位置。但经过大量研究之后，最终得出它们必然对应于布什（Bousch）和扎伊图恩（Zaitoun）这两座位于赫内斯（ϨΝΗϹ, Hnas）[②]（赫拉克里奥波利斯）岛的阿拉伯村庄。

事实上，名称 Bousch 与埃及语"Ποуϣιν, Pousch-in"只是结尾不同。阿拉伯人经常把城市埃及语名称的结尾删除，正是这样，他们通过去掉结尾的 I，把 Βοуcιρι, Χανι 写成了 Abousir 和 Ssân；并且埃及语"Χαπαϲεν, Sjapasen"的阿拉伯语写法 Schabas 或者 Schabbas 中也省略了音节 εν。

但是普什（Ποуϣιν）对应布什（Bousch）这个地方是不容置疑的，证据就在"Φαννιχωιτ, Phannisjôït"之中，正如上文我们谈到的，它应当是扎伊图恩（Zaitoun）村庄的埃及语名称。在阿拉伯语中，Zaitoun 意指"橄榄"，并且我们很容易证明它只是埃及语名称 Φαννιχωιτ 的准确翻译；后者字面上是指"有橄榄的地方"。现在咱们来看一下斯特拉波的说法，他提到埃及唯一有橄榄生长的地方就是赫拉克里奥波利斯岛。

这位著名的地理学家谈道："过了阿芙罗蒂托波利斯就到了赫拉

[①] 科普特语抄本，皇家图书馆，梵蒂冈藏书，69号，第40页。
[②] 译注：ϨΝΗϹ 亦转写为 Hnês、Hnès、Hnés，下同。

克里奥波利斯，它位于一座巨大的岛屿之上；在右侧，往利比亚方向，靠近阿尔西诺伊（Arsinoït）诺姆处有一条运河。它有两个口子，且把岛屿分了一部分出来。该大行政区在外观、丰沃程度和布局规划方面均独树一帜；只有它出产橄榄，那里种植着高大粗壮的橄榄树。如果有人从橄榄中炼油，则他所获得的油质量上乘；但如果人们疏于对提炼的油进行必要的看管，那么尽管量大，油也会散发出难闻的气味。埃及其他地方都没有橄榄树，除非是在亚历山大里亚周边地区的花园中，但它们结的橄榄尽管数量很多，却不能用来炼油。"

读完这段内容，可以确信赫拉克里奥波利斯岛的范围仅限于我们之前所划定的边界内①。

最靠近阿芙罗蒂托波利斯的地方实际上就是这座大岛，它符合斯特拉波在其《地理学》中指出的所有条件；扎伊图恩（Ezzaitoun）也在这个岛上，其方位显然证明了赫拉克里奥波利斯岛就在那里；法尼斯若伊特（Ϥⲁⲛⲛⲓⲭⲱⲓⲧ）是阿拉伯村庄扎伊图恩（Ezzaitoun）的埃及语名称，布什（Bousch）以前被埃及人称作普什（Ⲡⲟⲩϣⲓⲛ）。

在埃及，橄榄树极为稀少，这无疑就是人们给王国唯一有橄榄树的地方取名 Ϥⲁⲛⲛⲓⲭⲱⲓⲧ，Phannisjôīt（法尼斯若伊特）的真实原因。橄榄树生长在赫内斯（Hnas，Ϩⲛⲏⲥ）（赫拉克里奥波利斯）大行政区的这一地区毋庸置疑，甚至即使没有斯特拉波的佐证，这个唯一的埃及语名称也是可以证明的。

在埃及国王统治时期，法尼斯若伊特（Phannisjôīt）绝对是埃及唯一栽种橄榄树的地方。尽管我们前文谈及的厄勒梯亚（Éléthya）的大型浅浮雕上精心雕刻了与古埃及人狩猎、捕鱼及农业相关的所有内容，却没有对这种树木的栽种做任何介绍。这在我们看来很可能是因为斯特拉波生活的那个年代埃及仍然种植橄榄树，而在之后的岁月里人们就停止了栽种。因为在君士坦丁和康斯坦斯国王统治时期用希腊

---

① 见"赫拉克里奥波利斯"，原著第一卷，第309页。

语写成的《国家》(Description de la Terre)[1]中似乎就没再出现关于橄榄树的内容。作者在这本小册子[2]中谈道："一条名为尼罗河的河流环绕并灌溉了整个埃及的国土，这个国家盛产各类水果，ανσυ ελαιου，除了橄榄。"

法尼斯若伊特（Phannisjôït）应当是橄榄树生长的地方，至少人们把采摘的橄榄存放在这个村庄，由此发往埃及其他地区。因为它地处尼罗河边、普什（Ποуωιn）南部，便于人们把橄榄装船运往上埃及南部的大行政区，以及孟菲斯和下埃及北部。值得注意的是，作为极喜在海滨地区生长的树种，橄榄树在埃及却是出现在了距海很远的地方。不过西西里的狄奥多罗斯[3]告诉我们，是埃及人的托特神，而不是人们误以为的密涅瓦[4]发现了橄榄树。在此我们将不对希腊作者的观点进行任何支持或反驳的讨论。重复阐述既不是托特也不是密涅瓦均是没必要的，因为这两个人物都是虚拟的、象征性的。

普奥·阿尼亚美奥（Pouoh-Anniaméou）、特科曼（Tkemen）和富奥伊特（Phouôit）

《圣·埃皮姆的殉难》中提到了一座名为Φογος ǹniαmηογ的村庄，意为"牧牛人的住所"[5]。乔治神父给出了该抄本埃及语文本的一些残篇，他转述了其中一段与此地相关的内容，并根据记载有"Φογοsǹnianey, Phouohannianeu"[6]的抄本将其进行了出版，而"Φογοsǹnianey, Phouohannianeu"显然是正确写法Φογοs ǹniαmηογ的讹用，这在同一文本的上面几行中是可以看到的。普奥·阿尼亚美奥（Pouoh-Anniaméou）位于尼罗河西岸（Capement ùφιαρο），因此属于埃及的利比亚地区，接下来的段落将为我们揭示其方位。戴克

---

[1] Εξηγησις ολου του Κοσμου και των εθνων：Expositiototius mundi et gentium, edente Jacobo Gothofredo; Genève, 628.
[2] 《国家》，第16页。
[3] 西西里的狄奥多罗斯，卷一，15。
[4] 译注：罗马神话中艺术和智慧女神。
[5] 科普特语抄本，皇家图书馆，梵蒂冈藏书，66号。
[6] 乔治：《圣·科卢图斯的圣迹》，序言，第122页。

里先皇帝曾经任命赫洛克里亚努斯（Hérokélianus）为赫内斯（Hnès，即赫拉克里奥波利斯）、潘斯杰（Pemsjé，即奥克西林库斯）和卡伊斯（Kaïs，即狗城西诺波利斯）的地方长官，任命塞巴斯提亚努斯（Sébastianus）为上埃及"公爵"。亚历山大里亚的地方长官阿米尼乌斯（Arménius）把圣·埃皮姆交还给他们，让他们将其带往上埃及，但在航行过程中，普奥·阿尼亚美奥（Pouoh-Anniaméou）附近却没有风助力，于是这两位地方长官让人从该村附近的神庙运来一座阿波罗的雕像，强令基督徒们崇敬阿波罗。他们下令寻找并带回周边地区的所有基督徒。人们把这些人送上小船，其中有"ⲁⲡⲁ ⲥⲁⲣⲁⲡⲓⲱⲛ ⲡⲓⲡⲣⲉⲥⲃⲩⲧⲉⲣⲟⲥ ⲛ̄ⲧⲉⲫⲟⲩⲟⲥ ⲛ̄ⲛⲓⲁⲙⲏⲟⲩ ⲛⲉⲙ ⲱⲣⲓⲟⲛ ⲡⲓⲡⲣⲉⲥⲃⲩⲧⲉⲣⲟⲥ ⲛ̄ⲧⲉⲡⲥⲱⲙ ⲛ̄ⲧⲕⲉⲙⲏⲛ ⲛⲉⲙ ⲁⲃⲓⲱⲛ ⲫⲏⲉⲧⲟⲓ ⲁⲫⲉ ⲉ̀ⲧⲕⲉⲙⲉⲛ ⲛⲉⲙ ⲉⲩⲇⲉⲙⲱⲛ ⲡⲓⲣⲉⲙⲫⲟⲩⲱⲓⲧ ⲛⲉⲙ ⲡⲉⲧⲥⲓⲣⲓ ⲡⲓⲣⲉⲙ ϯⲗⲟϫ ⲛⲉⲙ ϩⲁⲛ ⲕⲉⲙⲏϣ ⲛ̄ⲭⲣⲏⲥⲧⲓⲁⲛⲟⲥ ⲧⲏⲣⲟⲩ ⲛ̄ⲧⲉ ⲡⲓⲙⲁ ⲉⲧⲉⲙⲙⲁⲩ"，意为"阿帕·萨拉皮翁（Apa Sarapion），普奥·阿尼亚美奥（Pouoh-Anniaméou）的祭司；俄里翁（Orion），特科曼（Tkemen）要塞的祭司；阿比翁（Abiôn），特科曼的首领；俄德蒙（Eudemôn），来自富奥伊特（Phouôit）；佩特斯里（Petsiri），来自提罗斯杰（Tilosj），以及这个地方的一众基督徒"。提罗斯杰（Tilosj）村隶属于特皮赫（Tpih）（即阿芙罗蒂托波利斯）大行政区；因此普奥·阿尼亚美奥（Pouoh-Anniaméou）、富奥伊特（Phouôit）和特科曼（Tkemen）应当在这个诺姆附近。特科曼在戴克里先皇帝时期是一个军事哨所，实际上它位于赫内斯（Hnès）诺姆[①]（即赫拉克里奥波利斯诺姆），在赫内斯（Hnès）城西部。因此普奥·阿尼亚美奥（Ⲫⲟⲩⲟϩⲛ̄ⲛⲓⲁⲙⲏⲟⲩ）和富奥伊特（Phouôit）必然隶属于赫内斯（Hnès）大行政区，或者属于靠近它的特皮赫（Tpih）大行政区（阿芙罗蒂托波利斯大行政区）。但是，由于《圣·埃皮姆的殉难》中特意提到普奥·阿尼亚美奥（Pouoh-Anniaméou）位于尼罗河西岸，那么它应当隶属于赫内斯（Hnès）诺

[①] 《圣·科卢图斯的圣迹》，序言，第191页。

姆（赫拉克里奥波利斯诺姆），因为该大行政区是由一座东部为尼罗河挡住的岛屿组成，而特皮赫（Tpih）诺姆（阿芙罗蒂托波利斯诺姆）则占据了河流东岸区域。富奥伊特（Phouôit）应当也属于赫内斯（Hnès），因为赫洛克里亚努斯（Hérokélianus）和塞巴斯提亚努斯（Sébastianus）是在尼罗河西岸发出指令，命人把周边地区的基督徒带到他们面前。

那乌伊（Naui）

那乌伊（Naүı，Naui）村隶属于赫内斯（Hnès），是该诺姆的一部分。《圣·拉卡隆（saint Lakarôn）的殉难》[1]中提到了这个地方。阿拉伯人称其为纳乌阿伊（Naouai），并将其归入欧什姆纳音（Oschmounaïn）省[2]的村庄之列。

什本缇（Schbenti）

什本缇（ⲱⲃⲉⲛⲧ）[3]应当也属于同一诺姆即赫内斯诺姆，这一结论来自同一抄本的某一段落。

尼罗波利斯（Nilopolis）——普西里（Pousiri）

这座城市临近赫拉克里奥波利斯大行政区，它远离尼罗河，在内陆中部。[4] 希腊人给该城冠以 Νειλος πολις 之名，因为当地居民十分崇拜尼罗河。但一般来说，所有埃及人对尼罗河都有这种崇敬之情；尽管如此，人们认为尼罗波利斯居民与其他埃及人不同。他们对尼罗河的敬仰十分特殊，为此他们在城中修建了专门用来向尼罗河献祭的神庙。[5] 由于我们确定这座埃及古城位于今天仍然被称作布斯尔（Boussir）或者阿布斯尔（Aboussir）的地方，因此我们认为，希腊语

---

[1] 科普特语抄本，皇家图书馆，梵蒂冈藏书，68 号。

[2] 阿卜杜拉提夫作品之德·萨西先生译本续，《埃及行省概况》(État des provinces de l'Égypte)，第 697 页，101 号。（译注：根据前文描述，Oschmounaïn 应当就是 Oschmouneïn，即阿拉伯人对荷莫波利斯的称谓。）

[3] 译注：转写为 Schbenti。

[4] 托勒密，卷四。

[5] 拜占庭的艾蒂安：《论城市和人民》，见单词 Νειλος。

名称尼罗波利斯（Nilopolis）几乎说明了其埃及语名称的意义，在我们看来，其埃及语名称为 Пoуcιpι，Pousiri 或者 Bousiri。根据斯特拉波的观点，一条通向普西里（Пoуcιpι）或者说是尼罗波利斯（Nilopolis）的运河在西边横穿赫拉克里奥波利斯岛。古代最值得尊敬的权威人士认为，奥西里斯就是"尼罗河"，而不是人们通常所认为的"太阳"。对此我们将在关于埃及宗教的论文中进行阐述。这里我们只想说明人们能够从"Пoуcιpι，P-ousiri"中辨认出奥西里斯的名字。显而易见，这两者之间只存在是否有古埃及人阳性冠词 п 的差别。

伊希斯之城（Isidis-Oppidum）——纳伊斯（Naïsi）

埃及有两座同为此名的城市，因此不应当把它们混淆；一座位于下埃及，在布西里斯（Busiris）和塞本尼图斯（Sebennytus）附近；另一座就是我们现在所探讨的。它位于尼罗河西岸，赫内斯（Hnès，即赫拉克里奥波利斯）岛对面，中间仅一河之隔，该河经普西里［Пoуcιpι，Pousiri，即尼罗波利斯（Nilopolis）］，向西流往克罗科蒂洛波利斯诺姆，向南与赫内斯（Hnès）以及如今名为孟赫（Menhi）又称巴赫尔·尤瑟夫（Bahhr-Iousef）和巴腾（Bathen）的两条大运河交汇。鉴于其地理位置，人们有理由相信它隶属于普西里（Pousiri）。

伊希斯城旧址位于如今的扎奥（Zaoyyéh），其旧称在此名称中有迹可循。我们认为，如果希腊人精确翻译了此地的埃及语名称，那么它在当地的名字应为 Пaнcι，Païsi（帕伊斯）或者 Θaнcι，Thaïsi（塔伊斯），这两者意为 Isiacus 和 Isiaca[①]，又或者名为 Naнcι，Naïsi（纳伊斯），它与前面两个名称同义。并且正如下文将要介绍的，它也是下埃及"伊希斯城"的埃及语名称。

克罗科蒂洛波利斯（Crocodilopolis，即鳄城）——皮永（Piom）

在赫内斯（Hnés）（赫拉克里奥波利斯）岛对面，利比亚山脉的一处山口通往一片狭窄的谷地。山谷长约 2 古里，往后变宽，形成

---

① 译注：这是两个拉丁语写法，前者为阳性，后者为阴性。

一个周长将近 50 古里的巨大盆地。①希腊人命名为克罗科蒂洛波利斯（Crocodilopolite）的诺姆就位于那里，而埃及人则将其称作 Piom（皮永）。它是埃及面积最广的诺姆之一，甚至可能是所有诺姆中最为肥沃之地。

该大行政区西边环绕着巨大的湖泊，后续我们将对其进行介绍。

诺姆首府——克罗科蒂洛波利斯靠近湖泊，且位于与湖泊相通的尼罗河主运河之上，其面积十分巨大。过去，城市很可能有许多神庙，但它们如今已不复存在；一座近 60 法尺高的方尖碑②和一些并不起眼的古残片证实了这座诺姆首府的古老。人们曾在这里建造蓄水池，专门饲养祝圣的鳄鱼。③鉴于这样的环境，希腊人借此给该城命名为 Κροκοδειλωνπολις（鳄城）。拜占庭的艾蒂安④谈到了关于该名称的另一起源。他说曾经有一个骑马之人摔落至湖泊中，被一只鳄鱼救起并送至对岸。于是马的主人便用 Crocodile（鳄鱼）来给这座首府和大行政区命名；由于拜占庭的艾蒂安的文中有一处空缺，所以无法得知马主人的姓名，但人们认为他就是美尼斯（Ménès）。不过，最值得尊敬的古代作家们对此保持缄默，因此这个荒诞的传说也就不攻自破了。

希罗多德告诉我们，埃及人把鳄鱼称作 Χαμψαι⑤。在塔孔普索岛（Tachompsos）章节中⑥，我们介绍过该写法并不违背埃及语言的规则，尽管在科普特语经卷中当人们想要表示这种令人生畏的两栖动物时，总是将其写成 ⲙⲥⲁϩ，Amsah。如果希腊人之前准确翻译了 Piom（皮永）诺姆首府之埃及语名称，那么科普特语经卷中应当将它写作 "Θαⲙⲥⲁϩ，鳄鱼之城"；但这几乎和以往一样，希腊语名称与记载于

---

① 乔马德先生：《摩里斯湖》（Mémoire sur le lac de Maeris），第 2 页。
② 保罗·卢卡斯：《首次旅行》，第二卷，第 62 页。
③ 希罗多德，卷二。
④ 《论城市和人民》。
⑤ 希罗多德，卷二，69。
⑥ 见上文介绍"塔孔普索岛"的部分。

第四章　上埃及及其边界、划分和埃及语名称

众多科普特语抄本中的真实埃及语名称 Ⲡⲓⲟⲙ 没有丝毫关系。[1] 抄本中有几处也把冠词 ⲡ 改写成 ⲫ，写作 Ⲫⲓⲟⲙ。[2]

正如我们将要看到的，它与克罗科蒂洛波利斯诺姆的名称 Ⲡⲓⲟⲙ 或者 Ⲫⲓⲟⲙ 起源相同；阿拉伯人将其命名为麦地那·法尤姆（Medineh-Fayyoum），而这只不过是对该城的埃及语名称做了更改。

单词 Ⲡⲓⲟⲙ 绝对是埃及语，它用来指大片水域，主要用于指大海。该埃及语名称自然起源于所在地区的实际情况，因为人们不应当忽视单词 Ⲡⲓⲟⲙ 同时指大行政区及其首府。皮永（Piom）诺姆实际上是整个埃及灌溉条件最好的地方，而其他任何诺姆都没有如此大的水量；在埃及人看来水是万物之"母"[3]。毫无疑问，名为"Ⲡⲓⲟⲙ，Piom"的诺姆得名于当地巨大的湖泊，以及流经该诺姆的大量运河。单词 Fayyoum 是阿拉伯人对这个大行政区的称谓，它不应当被视作是对单词 Ⲡⲓⲟⲙ 的讹用。在我们看来，它保留了这个名称的古老写法。从语法角度来看，这个写法比科普特语经卷中的 Piom 更符合规则。Fayyoum 用科普特语字母书写是 Ⲫⲁⲓⲟⲙ，Faiom，这在埃及语中指"有水的（aqueux）、有沼泽的（marécaguex）"或者"满是水的（plein d'eau）"地方。人们用 Ⲫⲁⲓⲟⲙ 指"ⲡⲑⲟⲩ ⲛ̀ⲓⲟⲙ 或者 ⲡⲕⲁϩⲓ ⲛ̀ⲓⲟⲙ，有水的诺姆或地区"。

在拉吉德王朝统治时期，克罗科蒂洛波利斯换成了阿尔西诺伊（Arsinoë）之名，这一城市名称有时候也出现在了科普特语经卷中；但在这种情况下，旁边还会有特指这座城市的名称皮永（Ⲡⲓⲟⲙ，Piom）。其希腊语名称写成 ⲁⲣⲥⲉⲛⲱⲉ [4]，并且我们甚至发现它被写

---

[1] 科普特语抄本，皇家图书馆，44 号。——科普特语抄本，皇家图书馆，46 号。——科普特语抄本，皇家图书馆，藏书，增刊。

[2] 科普特语抄本，皇家图书馆，43 号，第 59 页正面。

[3] 人们仅对单词 ⲙⲱⲟⲩ，Môou 和 ⲙⲁⲩ，Mau 或者 Maou 的相似性印象深刻，前一个指 aqua（水），后一个指 mater（母亲）。

[4] 科普特语抄本，皇家图书馆，43 号，第 59 页正面。（译注：转写为 Arsenôe，下同。另外，此处原文如此，"希腊语名称"应改为"科普特语名称"。）

作 ⲁⲣⲥⲉⲛⲓⲕⲟⲛ[①]；但当它以第二种形式出现时，更确切地说是用来指整个皮永（Piom）诺姆，而不是单独的城市。在罗塞塔石碑的埃及语文本中，希腊语名称 Αρσινοη 写成了 ⲁⲣⲥⲏⲛⲉⲥ[②]，这与科普特语的 ⲁⲣⲥⲉⲛⲱⲉ 在拼写上有一定的关联。

基歇尔神父在他的《埃及地理志》（*Chorographia Ægypti*）中把克罗科蒂洛波利斯取名为 ⲥⲩⲭⲓ，Sychi，他认为这在埃及语中指鳄鱼；但这个单词没有出现在任何一篇文章中，也没有出现在任何一本科普特语词汇汇编中。只有基歇尔将其写入了他的著作《大阶梯》（*Scala Magna*），但一切都表明这不过是他的臆造。

苏恩霍尔（Sounhôr）

美丽富饶的行省皮永（Piom）应当包含多个大城市。以前希腊民族和拉丁民族的地理学家只谈到了诺姆的首府，而未曾提及其领地范围内其他地方的名称。但其中一些地方在当地如今还保留着往昔的名称，从而我们得以还原其埃及语拼写方式，苏恩霍尔（Sounhôr）就是一例。

该城在皮永（Piom）城西部，比它更靠近湖泊。基歇尔在一份科普特语抄本[③]中发现其埃及语名称写作 ⲥⲟⲩⲛϩⲱⲣⲓ，Sounhôri；但我们认为它应当写作 ⲥⲟⲩⲛϩⲱⲣ，Sounhôr，而不是 ⲥⲟⲩⲛϩⲱⲣⲓ，Sounhôri；在这两个单词中，前一个是真正的埃及语名称，意指"天狼星（canicule）"；事实上，人们用 ⲥⲟⲩ 代换意指"天体"的 ⲥⲓⲟⲩ，加上表属格的冠词 ⲛ̀ 和意指"狗"的 ϩⲱⲣ 合成了此单词。这也证明了拉克罗兹把 ⲟⲩϩⲱⲣ（犬属）放到了他的词汇书中是错误的，而是应当将其简单地写成 ϩⲱⲣ。

特皮赫-沙腊（Tpih-Schalla）

在阿拉伯人编写的埃及行省城市名录中，出现了一个隶属于皮永

---

① 科普特语抄本，皇家图书馆，44 号。（译注：转写为 Arsenikon。）
② 《罗塞塔石碑》第 2、4、6 及 24 行。（译注：转写为 Arsênes 或者 Arsines。）
③ 拉克罗兹：《埃及语—拉丁语词汇》，第 96 页。

(Piom）省、名为阿特菲赫·沙腊（Atfihh-Schalla）的地方。① 这个名称并不是阿拉伯语，却显然表明了早在穆斯林进入埃及前，就有一个以此为名的古老地方。事实上，人们在阿拉伯人给此地所取的名称中重新找到了名称 Тпнϩ，Tpih，我们将在下文中② 看到，Тпнϩ 就是希腊人所说的阿芙罗蒂托波利斯（Aphroditopolis）、阿拉伯人所说的阿特菲赫（Athfihh）之埃及语名称。

皮永（Piom）诺姆的特皮赫（Tpih），又名 Schalla（沙腊），应当可以被视作埃及人对此地的别称，目的在于将它与周边的同名城市特皮赫（Tpih），即阿芙罗蒂托波利斯诺姆的首府区分开来。

摩里斯湖

在皮永（Piom）大行政区西部有一个巨大的湖泊，它是埃及与利比亚的边界。湖泊位于孟菲斯西南方向，距其上方 10 斯科努斯（schoenes）③ 的距离。它用于改善克罗科蒂洛波利斯、孟菲斯、赫内斯（Hnès）④ 和中埃及一部分地区的农业条件。人们应当是把它当作蓄水池，以某种方式来调节水量过多或者弥补水量不足。

根据古代历史学家的观点，法老摩里斯命人挖掘了这个人工湖泊。不过其周长将近 40 古里，且相当之深。如果这是人工挖掘而成的，那么埃及人则挖出了超过 11000 亿立方米的土，而这是无法想象的。⑤ 其更为合理的解释是，皮永（Piom）省曾是一片沼泽地，类似

---

① 阿卜杜拉提夫（Abdallatif）作品之希尔维斯特·德·萨西先生译本续，《埃及行省概况》(État des provinces de l'Égypte)，法尤姆省，12 号，第 680 页。

② 见下文关于"特皮赫"（Tpih）部分。

③ 译注：古代埃及长度单位，希罗多德和西西里的狄奥多罗斯认为 1 斯科努斯 =60 斯塔德，但达内斯勒先生（M.d'Anesille）和普林尼认为 1 斯科努斯 =32 斯塔德 =4 罗马英里，但是在大量研究后得出，根据罗马英里计量，1 罗马英里 =756 托阿斯，如果 1 斯科努斯 =4 罗马英里，那么 1 斯科努斯 =30 罗马英里 24 托阿斯，因此，用于换算斯科努斯的斯塔德应当小于古希腊奥运会运动场的长度，仅仅只有不到 50 托阿斯 2 法尺 5 法寸，少几法分。[见百科全书撰稿人之一德若谷（Louis de Jaucourt）] 的 Mém. des Inscript. tom. XXVI. in-4°。

④ 译注：即赫拉克里奥波利斯。

⑤ 乔马德先生：《埃及记述》中《摩里斯湖》(Mémoire sur le lac de Maeris)，第一册；《论文集之古建筑》，第 97 页。

于干涸前的三角洲，并且一切证据也指向于此。① 这个观点可以说是受到了该诺姆埃及语名称的启发。我们看到其埃及语名称意指"有水的、满是水的"，对此斯特拉波也表示了支持，他谈到摩里斯湖的所在地以前是一大片原野。② 法老摩里斯无疑利用了该行省部分地区的自然布局，他从尼罗河引出一条运河，穿沙漠和岩石而过，流往该诺姆西部并将其淹没，从而形成一个十分实用的湖泊。而当地的其他区域则排干了水分，形成了一个全新而富饶的行省，并因此获得了百姓对其政绩感恩戴德，湖也因此得名。

皮永（Piom）省的埃及谷地形成了狭窄的峡谷。由摩里斯从尼罗河引出的大运河穿过峡谷，随后分出两条300法尺宽的主要支流，流向湖泊所淹没的低洼地。

靠近湖泊中心的水面上竖立着两座高大的金字塔。塔顶上方均置有一个端坐于御座之上的巨大石像。曾经叙述过这一情形的希罗多德认为③，这两个建筑证明了湖泊是由人力挖掘的。不过，正如乔马德在他的论文中介绍的那样④，它们可能在湖泊形成之前就被建在了低洼地中。

摩里斯这项工程所带来的实用性证实了它的重要性；通过建造该湖泊，这位君主旨在预防中埃及部分地区受水量不足影响。在涨水期，湖泊从运河中引水，并上升至水流能够达到的最高水位。在尼罗河水位下降时，人们就拦坝关闸，把水蓄在湖泊中，直至冬至之时再开坝，使水从两个出水口中流出，这样该湖泊就补充了尼罗河中的水量。

湖泊名称摩里斯来源于法老，人们认为是他建造了整个或者部分湖泊。这位君主的名称有时候写成 Mæris⑤，有时候写成 Myris⑥，它对

---

① 乔马德先生：《埃及记述》。我们在乔马德的上述著作中寻找更为详细的信息，这位博学的旅行家谈到了或者说是十分明确地，而不是勉强地驳斥了许多关于摩里斯湖的观点。
② 斯特拉波，卷十七。
③ 希罗多德，卷二，149。
④ 《摩里斯湖》，第98页。
⑤ 希罗多德，卷二。
⑥ 西西里的狄奥多罗斯，卷一。

应于埃及语的 Ⲙⲁⲣⲏ，Mari，Ⲙⲛⲓⲣⲏ，Méiri，或者 Ⲙⲟⲓⲣⲏ，Miri[①]，在希腊语中的意思是 Ηλιοδωρος，"太阳的礼物（Don du Soleil）"。

中世纪时期的科普特人或者埃及人并没有给这个湖保留法老美伊利（Méiri）的名称，在他们的经卷中从来没有发现用"ⲡⲓⲁⲓⲙⲉⲛ ⲙ̀ⲙⲟⲓⲣⲏ，摩里斯的湖泊"来指克罗科蒂洛波利斯（Crocodilopolite）诺姆的湖泊。但书中总会出现"ⲧⲁⲩⲙⲛⲏ ⲛ̀ⲧⲉ ⲫⲓⲟⲙ，皮永（Piom）的湖泊（le lac du Piom）"。例如在写于梅歇尔（méchir）[②] 月 5 号的许多殉道者骸骨转移的故事中这样写道："ⲛ̀ⲭⲉ ϩⲁⲛⲥⲁⲛⲕⲁⲡ ⲉ̀ⲃⲟⲗϩⲉⲛ ⲫⲑⲟⲱ ⲫⲓⲟⲙ，ⲁⲩϥⲟϩ ϩⲓⲭⲉⲛ ⲧⲁⲩⲙⲛⲏ ⲛ̀ⲧⲉ ⲫⲓⲟⲙ"，意为"皮永（Piom）诺姆的织布工人离开了，转身往皮永（Phiom）的湖泊走去"[③]。这段话似乎证实了湖泊可能不叫摩里斯，只是希腊人以此命名。埃及大的行政区划名与常见的事物相关。按此规则，可能诺姆以前的居民仅用"湖泊"来指摩里斯，正如在整个埃及，人们用"ⲫⲓⲁⲣⲟ（河流）"来指尼罗河。

阿芙罗蒂托波利斯（Aphroditopolis）—特皮赫（Tpih）

阿芙罗蒂托波利斯又称"维纳斯之城"，位于赫内斯（Ⲋⲛⲏⲥ，Hnès）大行政区以北，毗邻阿康图斯（Achantus），属于孟菲斯地区。

阿芙罗蒂托波利斯诺姆的首府在埃及的阿拉伯地区，因此是在尼罗河东边。该城建于阿拉伯山脉附近[④]，其神庙中饲养了一头祝圣的牛，色白，从而与阿匹斯（Apis）、门内维斯（Mnévis）的圣牛区别了开来，甚至很可能也与埃及所有其他祝圣用的公牛区别了开来，如奥努菲斯（Onouphis）、帕希斯（Pacis）、内乌特（Neut）等地的公牛。

[①] 译注：原文如此，应转写为 Moiri。
[②] 译注：梅歇尔月是尼罗河历的第六个月，对应于公历 2 月 8 日到 3 月 9 日；根据尼罗河的水位，古埃及人划分出洪水季、播种季与收获季，梅歇尔月是播种季的第二个月。
[③] 措厄加：《博尔吉亚博物馆抄本目录》，第 96 页。（译注：原文如此，为 Ⲫⲓⲟⲙ 的转写，前文介绍过，Ⲡⲓⲟⲙ 同 Ⲫⲓⲟⲙ，见原著第一卷，第 325 页。此处根据 Ⲡⲓⲟⲙ 音译为"皮永"。）
[④] 斯特拉波，卷十七，第 809 页。——索尼尼：《埃及游记》，第三册，第 29、30 页。

法老统治下的埃及

该地的埃及语名称为 Ⲧⲡⲏϩ，Tpih[①]，也写作 Ⲡⲉⲧⲡⲓⲉϩ，Petpiéh[②]，由此得出了阿拉伯语名称 Athfihh（阿特菲赫）。这与 Ⲧⲡⲏϩ 相比，只是把埃及语的 ⲡ 改成了 F[③]，并且就像人们目前所看到的，此名称前加上了阿拉伯人常用的 A（发音为 Alif）。尽管我们并不知道埃及语单词 ⲡⲏϩ 的意义，但我们有理由认为，希腊人给这座城市所取之名 Ἀφροδίτης πολις（阿芙罗蒂托波利斯）在意思上与埃及语名称 Ⲧⲡⲏϩ（特皮赫）没有任何相似之处。

提罗斯杰（Tilosj）或者提斯若勒（Tisjol）

在塔本尼西圣·帕科缪创立的修道院中有众多修士，其中就有西奥多，他们从修道院出发，前往亚历山大里亚，来到主教身旁[④]。这些神父从尼罗河上乘船来到安底诺（Antinoë）[⑤]；"他们之后把船划往北部（ⲁⲩⲱ ⲁⲩⲥⲟⲏⲣϩⲓ ⲡⲉⲩⲭⲟⲓ ⲉ̀ⲡⲥⲁⲙⲡⲉⲙϩⲓⲧ）[⑥]，最终到达了提罗斯杰（Tilosj）山（ⲉ̀ⲡⲧⲟⲟⲩ ⲛ̀ⲧⲗⲟⲭ）"。曼加莱利神父对这个单词并不是很确定，它显然是一座山和一个城市的专有名称；我们在一份从科普特语抄本中摘录的埃及城市名录中发现了这个名称。最后一个单词 ⲛ̀ⲧⲗⲟⲭ 在拼写方式上极其独特。正如附录中出现的[⑦]，它被不加区别地写成了"ⲧⲗⲟⲭ，Tilosj"或者"ⲧⲭⲟⲗ，Tisjol"。毫无疑问，这个写成 ⲗⲟⲭ 的单词完全是 ⲭⲟⲗ 的倒写，这种字母位置的变化已有先例，对此巴泰勒米（Barthélemy）之前已经提到过[⑧]；我们将对这一不规则性产生的原因另行介绍。

---

① 科普特语抄本，皇家图书馆，古藏书，44 号。
② 科普特语抄本，皇家图书馆，圣日耳曼藏书，17 号，增刊。
③ 译注：科普特语 ⲡ 发音为 f。
④ 曼加莱利出版的底比斯方言版的科普特语抄本，《那尼图书馆馆藏埃及抄本残片》，残片八，第 151 页。
⑤ 曼加莱利出版的底比斯方言版的科普特语抄本，《那尼图书馆馆藏埃及抄本残片》，残片八，第 165 页。
⑥ 曼加莱利出版的底比斯方言版的科普特语抄本，《那尼图书馆馆藏埃及抄本残片》，残片八，第 165 页。
⑦ 附录，一。（Appendix，n° I）
⑧ 《法兰西文学院论文集》，第 32 卷，第 220 页。

第四章 上埃及及其边界、划分和埃及语名称

在埃及城市科普特语—阿拉伯语名录中，ⲧⲗⲟⲝ［Tilosj（提罗斯杰）］被放在了ⲠⲈⲧⲠⲒⲈϨ（阿芙罗蒂托波利斯）和孟菲斯之间，因此它应当是位于阿芙罗蒂托波利斯的北部，孟菲斯的南部。ⲧⲭⲟⲗ 或者 ⲧⲗⲟⲝ 对应的阿拉伯语名称是达拉斯（Dalass），它仅仅是一个小小的讹用。阿卜杜拉提夫（Abdallatif）作品之希尔维斯特·德·萨西先生译本续——《埃及行省及村庄概况》中提到了达拉斯（Dalass）。它属于巴赫内萨（Bahnésa）省［ⲠⲈⲘϪⲈ（奥克西林库斯）］。但该位置信息并不完全符合我们所说的提罗斯杰（ⲧⲗⲟⲝ），因为它无疑是在特皮赫（ⲦⲠⲎϨ）北部，而不是其南部。如果达拉斯（Dalass）属于巴赫内萨（Bahnésa）省，那么应当认为埃及曾有两个提罗斯杰（ⲧⲗⲟⲝ）。对于已知的提罗斯杰（ⲧⲗⲟⲝ），我们将其位置定在尼罗河东岸、一个称作索尔（SOL）的地方。根据奥利维埃（Olivier）先生游记地图集中的埃及地图，这个地方在特皮赫（Tpih）北部、尼罗河和阿拉伯山脉中间[①]。提罗斯杰（ⲧⲗⲟⲝ, Tilosj）是一座城市及与其相邻的阿拉伯山脉部分之名称。正是出于这个原因，我们上述提到的底比斯语残篇中提及了"ⲡⲧⲟⲟⲩ ⲛ̀ⲧⲗⲟⲝ［提罗斯杰（Tilosj）山脉］"。并且我们确定的提罗斯杰（Tilosj）之位置也为圣·安托万所在修道院的周边地区证实。我们谈到的塔本尼西的修士们在旅行中曾经到访于此。

单词 ⲧⲗⲟⲝ 或者 ⲧⲭⲟⲗ 显然是埃及语。它的意义与罗马人写成"Silsilis［障碍（un empêchement），隘路（un défilé）］"的底比斯语 ⲭⲟⲗⲭ̄ⲗ 相同。特皮赫（Tpih）（阿芙罗蒂托波利斯）位于某座山的山脚下，山脉靠近尼罗河，因而形成了一条狭窄的通道。埃及人为了表达这样的意思给此地冠以 ⲧⲗⲟⲝ 或者 ⲧⲭⲟⲗ 之名，它们来源于词根"ⲭⲟⲗ, abnegare（放弃），circumdare（围绕），impedire（阻挠）"。

佩美（Pémé）

这座城市位于尼罗波利斯和孟菲斯之间。邦哈（Bamha）是吉萨

[①] 在华干地（Robert de Vaugondy）(1753)（译注：华干地为法国国王御用地理学家。）的埃及地图中，同一个地方是一个称为索爱尔（El-Soel）的村庄，这在我们看来似乎对应于埃及语的 Tisjol，可以看到，其中的埃及语冠词替换成了阿拉伯语冠词。

（Dgizéh）省的一个村庄。即使邦哈（Bamha）不是佩美真实的埃及语名称，但它似乎也保留了佩美（Pémé）这个名称的些许痕迹。不过我们并不知道这个地方的准确位置。

孟菲斯（Memphis）——孟菲（Memfi）

推翻帝国统治的灾难性革命总会影响那些首府的命运，尤其是那些完全改变了统治形式的革命；而孟菲斯正是起源于这样一场革命。埃及人最初处于神权统治之下。① 而在神权统治消亡后，埃及人拥有了国王，从此开始了全面君主制统治。第一王朝的统治者美尼斯把目光投向了中埃及和下埃及地区，展开了众多改善当地命运的工程，其中就包括建造孟菲斯。②

在这座都城的所在地，尼罗河紧靠著名的砂质山脉——利比亚山脉流淌，就此十分不均等地划分了谷地。于是美尼斯命人开挖新的河床，把尼罗河改道引流，达到使其到两座山脉距离均等的效果；孟菲斯恰恰就是在尼罗河先前流经的河床基础上建立起来的。③ 但为预防尼罗河受特殊力量影响，重新恢复原来的流向，为了使新城免于遭受可能带来的风险，美尼斯命人在孟菲斯南部修建了一座约4古里的牢固堤坝。这位君主还命人在城市北部和西部挖了一个湖泊，用于储存泛滥时期过量的河水。因此，孟菲斯在这样的形势下固若金汤。

美尼斯的儿子即其继任者阿托提斯一世在孟菲斯修建了一座宫殿，将其作为自己的宫邸④；国家的名流贵族们也效仿国王在孟菲斯修建住所，并且由于阿托提斯一世之后登上王位的国王们大部分都习惯居住在孟菲斯，所以孟菲斯随后也变得和底比斯同样宏伟壮丽。出于强烈的政治动机，这些君主常驻孟菲斯，而极少在底比斯居住。君主

---

① 西内修斯：《信札》，第198、259页等。（译注：西内修斯是希腊化古埃及学者希帕提娅的学生。）
② 希罗多德，卷二，99。
③ 希罗多德，卷二，99。
④ 乔治·辛斯勒（Georg. Syncell.）《计时仪》中介绍曼涅托的相关内容。

第四章　上埃及及其边界、划分和埃及语名称

统治的体制不顾祭司团体的意愿，进入了埃及统治之中。国家行政体系的变化使得祭司们丧失了权力，他们尝试重回权力之巅，为此努力控制国王的思想。所以无疑是为了摆脱祭司们过于直接的影响，这些君主选择了住在孟菲斯，从而远离埃及"教阶制度"的中心底比斯。

孟菲斯的面积十分巨大，尽管斯特拉波称孟菲斯是埃及的第二大城市，排在希腊国王统治之下的帝国都城亚历山大里亚之后，但它很可能超过了亚历山大里亚城的面积。不过由于这位地理学家指出孟菲斯大部分都已损毁①，所以他仅对这两座名城的人口规模进行了比较②，而在这一点上孟菲斯确实处于劣势。

西西里的狄奥多罗斯谈到，在法老乌肖雷乌斯（Uchoréus）统治时期，他扩建了孟菲斯城，使其边界达到了 150 斯塔德。③ 唐维尔则将这个数字估算为 6.25 古里。如果唐维尔的估算结果准确，那么狄奥多罗斯在此使用的斯塔德就相当于 600°。④ 但毫无疑问的是，孟菲斯的优势不断扩大，面积不断扩张，因为阿卜杜拉提夫在伊斯兰教纪元 7 世纪⑤ 记载的城市直径大了许多。这位巴格达的医生生活在阿拉伯文学繁荣时期，其作品展现出了他对所掌握知识的高超见解，并且他在作品中运用了最为合理的评论。我们将会在接下来的研究中时常引用他的作品；他阐述的内容均是亲眼所见，因此更具有说服力，他提出的确凿事实未曾受任何思想体系的影响⑥。

阿卜杜拉提夫的报告对埃及第二大都城的面积是这样记载的："现在，往孟菲斯遗址的任何方向走都需要半天的路程。在亚伯拉罕、

---

① 斯特拉波，卷十七，第 807 页。
② 斯特拉波，卷十七，第 807 页。
③ 西西里的狄奥多罗斯，卷一，第 46 页。
④ 见《古代长度单位斯塔德的考量和估算方法》，在把斯特拉波的著作翻译成法语版时，戈瑟兰（Gosselin）先生将这部分内容放在了第一卷的开篇部分，巴黎，皇家出版社，1805 年版，4 开本。
⑤ 公元 8 世纪。
⑥ 我们引用的内容摘自希尔维斯特·德·萨西对《埃及叙述》的经典翻译，原著为阿拉伯语，希尔维斯特·德·萨西在东方文学方面作出了巨大贡献。

约瑟、摩西以及他们之前很久的时代里,这座城市繁荣昌盛。"[①] 这段话显然表明了孟菲斯在乌肖雷乌斯统治之后依然不断扩大,并且此处半天的路程仅仅是指"3古里",这是步行"半天"最少的距离;确切无疑的是,在冈比西斯毁坏孟菲斯城之时,整个城市方圆至少有9古里。

在埃及,普萨米乌斯(Psammius)是孟菲斯附近利比亚山脉的名称,这座古老的都城就位于其山脚下。Psammius 显然是埃及语单词,它可能是从词根"ϧⲟⲙ, Sjom, fortitudo(勇气、力量)"派生而来。可能 ϧⲟⲙ 与 ⲙⲁ 或者 ⲙⲟⲓ(dare,提供)组合,加上元音字母的习惯变化,构成了 ⲡϧⲟⲙⲙⲟⲓ 或者与希腊语 Psammios 相近的单词,Psammios 的意思是:dans fortitudinem, défense, boulevart(受保护的)。

欧洲人很长时间内都不知道这座巨城的位置。人们只知道它曾经位于三角洲上方、埃及中部,但无法确定它所在的确切方位。

在很长一段时间里,人们认为孟菲斯位于如今的佛斯塔特(Fosthath),又称旧开罗。旧开罗的名称马斯尔(Massr)很大程度上推动了这一观点的传播。在埃及,马斯尔(Massr)用于命名王国的首都。由于在哈里发莫伊斯·里丁·依拉(Môez-Lidin-Illah)命令其大臣吉霍赫(Dgihauher)修建欧洲人称作"大开罗"的城市之前,埃及的统治者居住在佛斯塔特(Fosthath)。因此致力于确定孟菲斯城位置的现代学者们认为,佛斯塔特(Fosthath)的名称马斯尔(Massr)就是指孟菲斯以前所在的地方。但这些学者们忽略了古代的证据,孟菲斯是位于尼罗河西岸,而不是佛斯塔特(Fosthath)又称旧开罗所在的东岸。

他们遗忘了一点,就是这些学者中的大部分人对东方学者并不了解。阿拉伯语名称马斯尔(Massr)曾被用于命名3座完全不同的城市。单独的名称马斯尔(Massr),或者全称马斯尔·卡西拉(Massr-

---

[①] 阿卜杜拉提夫,卷一,第四章,第185页。

el-Qahirah)(胜利之城马斯尔)是指"大开罗",也就是如今埃及的统治中心;马斯尔·阿提卡(Massr-el-Atiqah)或者马斯尔·阿提克(Massr-el-Atiq)(旧马斯尔)应当可以理解为在穆斯林阿拉伯人入侵埃及之时,阿姆鲁·本·阿斯(Amrou-ben-Alâss)修建的佛斯塔特(Fosthath)(又称旧开罗),它是大开罗建成前的王国首都;最后,马斯尔·卡迪玛(Massr-el-Qadimah)(古马斯尔)是阿拉伯人在他们的文书中给法老统治下的埃及首都孟菲斯所取之名。

既然受古代学者们的影响,那么孟菲斯被公认为应当位于尼罗河西边,故而人们致力于在尼罗河西岸确定其位置。占据上风的就是博学者肖(Shaw)之论断。这位旅行家极力证明位于旧开罗对面的小城吉萨(Djizah,又称 Gizèh)就是过去孟菲斯城的所在地,那自然就是在尼罗河的西边[1]。但普林尼的一段话完全推翻了这一观点,这位博物学家明确指出,金字塔群位于孟菲斯和三角洲之间[2]。据此观点,孟菲斯应当是在这些金字塔的南部。但因为相反地,吉萨位于金字塔北部,则孟菲斯就是现如今吉萨的所在地这一观点显然是不成立的。

布鲁斯骑士[3]反对并驳斥了博学者肖的观点。他认同并采纳了波科克(Pococke)[4]的意见,认为孟菲斯以前占据了吉萨和金字塔南部两座阿拉伯村庄的区域。尽管村庄的正确写法是 Moniéh-Rahinéh 和 Mokhnan[5],但这两位旅行家将其命名为 Métrahenny 和 Mohannan。著名地理学家唐维尔也认为孟菲斯在差不多同一位置。

---

[1] 《肖之游记》(*Voyage de Shaw*),第 4 章。

[2] Sitae sunt(pyramides)inter Memphim oppidum et quod appellari diximus Delta, Pline, *His.natur.*, liv XXXIV, ch 16.(译注:上述内容的拉丁语版,普林尼《自然史》,卷三十四,第 16 章。)

[3] 《尼罗河源头游记——努比亚和阿比西尼亚》,第一卷,第三章,第 59 页及以下,卡斯特拉(Casetra)译本,4 开本。

[4] 第一册,第 5 章。

[5] 阿卜杜拉提夫(Abdallatif)作品之希尔维斯特·德·萨西先生译本续,《埃及行省及村庄概况》,第 676 页,127 号,第 677 页,148 号。

在著名的法国人远征埃及的队伍中有一部分是学者，他们满怀热忱致力于古埃及人历史的研究，其成果或许能点亮最有价值的部分。他们并没有忽略对孟菲斯准确位置的核实。大将军梅努在法兰西共和历十年雪月30日写给埃及学院的信中，委托建筑师勒佩尔（Lepère）先生和艺术委员会成员库泰勒先生（Coutelle）主持对开罗周边地区土壤进行地理考古研究的工作。接到这一邀请后，埃及学院选定了由傅立叶、尚皮（Champy）、勒佩尔以及若弗鲁瓦（Geoffroy）组成的委员会草拟一份函书，用于指导即将承担研究工作的人员。委员会成员同库泰勒先生一道向埃及学院提交了一份关于行省开罗和吉萨各方面的详细报告。之后的研究工作应当专注于这些方面的内容。这一科学远征的总体规划包含：1. 仔细考察吉萨地区的金字塔；2. 仔细考察萨卡拉（Sakkarah）地区的金字塔；3. 仔细考察存放干尸的井坑；4. 重新找到并挖掘孟菲斯城遗址。①

此处我们将阐述这份报告中给出的说明，这关系到孟菲斯和城内主要据点之方位的研究。"我们同事在踏上孟菲斯的土地后，自己确定的首要任务之一便是研究塞拉皮斯神庙（Sérapeum）。该神庙有两个用途：在帕萨尼亚斯（Pausanias）②的报告中，它用于埋藏阿匹斯神；另外如果人们认同索佐门（Sozomêne）和雅布隆斯基的观点，那么这座神庙同样还用于收藏祭司们在洪水来临时所参考的尼罗河仪。该仪器用于预测尼罗河水位的变化情况；斯特拉波向我们确切地讲述道，这座神庙位于沙漠之中。从这些历史记载的证据中，可以得出一些关于神庙位置的信息；因为从它建造于沙漠中心地带、用于埋葬圣牛阿匹斯起，就应当是耸立于砂质表层的岩石之上；并且由于洪水会

---

① 所有这些详情均摘自《埃及邮报》第104期，该报于法兰西共和六年、七年、八年及九年法军驻守埃及期间，发行于开罗地区。作为极其珍稀的文集，我们承担起把其中的许多片段引用至我们作品中的义务。

② 译注：公元2世纪罗马时代的希腊史地理学家、旅行家。

第四章　上埃及及其边界、划分和埃及语名称

漫延至神庙的地下部分，所以应当到山脉的东侧去找寻其遗迹。"① 正如上文所述，塞拉皮斯神庙（Σεραπειον）位于沙漠中心地带；而在斯特拉波时代，人们在神庙周围发现了被沙漠中的沙子所覆盖的斯芬克斯像群，其中一些被流沙漫至头部位置，另一些则覆盖至身体中部。② 这些文物似乎证明了塞拉皮斯神庙是法老时期修建的建筑。不过公认的是，对塞拉皮斯神（Sérapis）或者更确切地写成 Sarapis 的崇拜始于埃及托勒密王朝时期，而这已经是在埃及本民族的王朝衰落许久之后了；但可能是在冈比西斯入侵埃及后的时期里，这座有了新用途的建筑获得了 Sérapeum 的名称；这在我们看来是唯一能够解释这两个互相矛盾的情况的方法。

委员会成员要求学者们关注孟菲斯卜塔大神庙的旧址。"尤其在那些必须关注的最新研究中，有一项就是对整个孟菲斯城遗址的精确测定。沿着一些主干道行走，重新找到公共场所并发掘出伏尔甘神庙的许多残垣断壁是有一定可能性的；但我们依然没有这些废墟的具体描述，也没有它们外观的图纸。

需要进行的新研究之一，可能就是钻探孟菲斯城以前的地表，且一直探测到尼罗河沉积物形成的泥土为止；由此得出的一些数据可作为推测这座名城古老程度的基础。

人们也可以使用我们的同事孔泰（Conté）很想在他的机械研究小组中使用的工具来探测不同地方的小山丘和废墟，从而得出这座古都的规模大小。我们的探测可以找出埋藏更多神庙及其配套宫殿遗址的方位。"

这项谨慎制订的计划极富希望，承担计划执行的人员学识渊博，令人期待重大结果的产出；受条件所限，这项工作并不能全面展开，但最终可以确定孟菲斯遗址无疑是在莫克南（Mokhnan）和莫尼耶·拉辛纳（Moniéh-Rahinéh），也就是波科克和布鲁斯骑士之前所确定的地方。

---

① 《埃及邮报》，第 105 期。
② 斯特拉波，卷十七，第 807 页。

以前的学者很少长篇大论地描述国王们的常驻地孟菲斯，以及这座都城配套的宫殿和神庙。所以很遗憾，他们的沉默使得我们在这方面无法获得任何确切信息。为此，我们将转述许多东方或者欧洲的作家和旅行家们介绍的关于这座名城遗迹的相关内容。即使最终这份报告无法完全令人满意，但至少会大概勾勒出这座庄严古城中建筑物的宏伟与奢华。

人们肯定会对底比斯城遗址和孟菲斯城遗址现状之间存在的差异感到印象深刻。在底比斯城，巨大的神庙、仍然矗立在基座上的大型方尖碑、巨像、斯芬克斯、宫殿均由巨石构成，建造稳固，它们抵挡住了几个世纪以来洪流的侵蚀和愚昧的破坏力，仍然展示着这座名城的巨大规模；然而远不及底比斯古老的孟菲斯，如今只给游客展现了那些完全联想不到全城布局的凄凉残迹。造成两座城市之间这种差异的原因对于观察者来说也是显而易见的。

底比斯位于埃及最偏远的地区，避开了以牧民著称的古代阿拉伯民族贝督因人的入侵；在埃塞俄比亚国王沙巴孔（Sabbakon）远征攻打法老波克霍利斯（Bocchoris）期间，这座城市已经不再是埃及第一大城市；因此如果那个时代埃塞俄比亚人破坏了一座城市，那无疑就是不幸的波克霍利斯定居之城孟菲斯。但似乎沙巴孔的目的不同于冈比西斯，在入侵埃及时，这位埃塞俄比亚的君主显示出了高尚的品格。他富有人情味，重视战胜后臣服于他的民众之福祉。[①] 但波斯人却相反，在居鲁士（Cyrus）儿子的带领下，他们劫掠了埃及。这位野心勃勃的国王的到来使得孟菲斯历经劫难，正是他首次重挫了这座辉煌宏大的都城。

由亚历山大建立的亚历山大里亚城带走了孟菲斯一大部分民众。在斯特拉波时代，孟菲斯人口数量骤减，以至于大型建筑——国王的宫殿只剩下一堆令人扼腕的残砖败瓦。[②] 随后，约伊斯兰教历 19 年[③]，

---

① 希罗多德，卷二，137、138 和 139。
② 斯特拉波，卷十七。
③ 约公元 639 年或 640 年。

第四章　上埃及及其边界、划分和埃及语名称

在阿姆鲁·本·阿斯的带领下，阿拉伯人占领了孟菲斯。一座遭受了重大蹂躏的城市，时过境迁，在经历了几个世纪的洗礼后，自然只留下了往日辉煌的残迹，并且这些残迹也很快就消失殆尽。孟菲斯曾有可以排出围绕其北部和西部的湖泊中泛滥湖水的水渠。它们阻止了尼罗河每年在城墙内沉积一层淤泥，但很久以前人们就弃用了这些水渠；因此人们推测，在神庙遭到破坏、建筑物倒塌之时，尼罗河很快就将其覆盖上了厚厚的沉积物。之后，利比亚的沙漠浸没了这块废弃的荒芜之地，最终埋没了这些重要的遗迹。

我们谈到的阿拉伯作家阿卜杜拉提夫在13世纪时曾看到了这些遗迹，对它们的壮丽宏伟留下了深刻印象，因此最早对其进行了描述。他的报告是我们看到的最古老的记载，出于对作者个性和名望的信任，我们认为应当在此引用他在《埃及叙述》中讲述的内容，具体内容选自我杰出的老师希尔维斯特·德·萨西先生刚刚出版的法语翻译版本，他一直在持续不懈地进行着宝贵的研究工作。

"尽管这座城市规模巨大、历史悠久，尽管它饱受不同统治者交替更迭的压迫，但不同民族的人们也对这座城市的毁灭负有责任。他们使得城市消亡，仅留下极少的遗迹；他们抹去了历史，仅留下最轻的痕迹；他们把建造城市的石头和材料运往别处，毁坏建筑和装饰的雕像；最终，这些遗迹虽然经历了4000多年的沧桑，虽然城市遭毁的原因如此之多，但它们仍然给大众呈现了一系列大大超出人类智慧之奇观，连最有才华的人都无法尽述。人们越重视这座城市，就越是增加对它的崇拜之情；每一次对其遗迹新的回眸，都是一次新的沉醉。一旦它在观众心中激起涟漪，就会引发更为壮观的波澜；当人们认为已经完全了解这座城市时，刹那间它会向你们证明，事实远远超出了你们的构想。"

"在孟菲斯的遗迹中，众多令人赞叹的奇迹中有一个房间或者壁龛，人们将其命名为'绿房间（la Chambre-Verte）'。它由单独的一块高9肘[①]、长8肘、宽7肘的石头建成。人们在石头中间挖出了一个

[①] 译注：肘是法国古长度单位，从肘部到中指端，约等于0.5米。

两侧内壁和上下两部分厚度均为两肘的壁龛,所有剩余的部分形成了房间的内部空间。房间内外均刻满了凹凸不平的雕像和古文字碑文。在外面,人们可以看到太阳在天边升起的画面,还有许多天体、行星轨道、人和动物的形象。人们在雕刻上呈现出不同的姿势体态:一些人原地不动;另一些人却在行走;这些人迈开双脚,那些人却在休息;一些人卷起衣服劳作,另一些人扛着材料;最后还可以看到那些发号施令的人们……该壁龛曾经牢固地建在大型花岗岩石基座上。但是荒诞愚蠢的人们失去了理智,疯狂地寻找被藏匿的宝藏,他们在基座下方开挖土壤,这就弄乱了壁龛的位置,破坏了它的基盘,改变了不同部位的重心,它们相互叠压,造成了岩身上出现轻微的裂缝。这座壁龛曾被放在一座巨石建造的神庙之中,而此神庙的建造则集中了最高的精确度、最完美的技艺。"

在这段描述中,人们可以辨认出一座用整块绿色玄武岩建造的小教堂,里面刻满象形文字。同时还可以观察到,被阿卜杜拉提夫称作"太阳"的是带翅膀的球体,它在这些由单独一块石头建成的小型神庙之三角楣上重复出现了3次。希尔维斯特·德·萨西也在阿卜杜拉提夫的引文中辨认出了独石小教堂,这一点也得到了马克里兹(Makrizi)的认同。这位著名的阿拉伯历史学家、地理学家谈道:"在孟菲斯,人们曾经见到这座用坚硬花岗岩制成的房屋。它是单独的一间,上面的铁尚未生锈。房屋上有雕刻的图像和文字;门的正面有挺起上半身的蛇之雕像。"① 这些蛇就是所说的阿伽忒俄斯(Agathodæmons),它们经常踞于独石小教堂前部的顶端,从正面展现其身体最宽的部分。这种象征性的装饰同样出现在了藏有伊希斯像的教堂中,而伊希斯像则位于"伊希斯台"(Table Isiaque)② 的中心。尽管在我们前述的雕刻中这些阿伽忒俄斯(Agathodæmons)已经变形,

---

① 见德·萨西先生对阿卜杜拉提夫作品中这段内容的翻译,第四章注释65。
② 译注:"伊希斯台"是一个铜台,上面刻有画像和伊希斯的秘密祭礼,以及大部分埃及神话人物及其不同特征。

第四章　上埃及及其边界、划分和埃及语名称

但对埃及建筑有一定了解的人不仅通过观察伊希斯台本身，而且通过观察埃涅阿斯·维库斯（Æneas-Vicus）、皮涅利乌斯（Pignorius）和凯吕斯（Caylus）制作的复制品，是可以辨认出这种装饰的。奥姆博斯神庙中圆柱间的墙上也有阿伽忒俄斯（Agathodæmons）构成的中楣。①

孟菲斯的独石小教堂在近公元 1449 年被毁。

古埃及人把这些独石小教堂用作神祇的礼拜堂。它们位于正殿最里面，是神庙中最偏僻的部分。那里曾经关有一种活体动物，它是人们所崇拜的神祇之象征。但尚未证实那里曾置有雕像。

正如阿卜杜拉提夫所说，孟菲斯独石碑附近的遗迹是神庙的遗迹；他通过介绍建造神庙墙体的巨石，描绘出了神庙的规模和壮丽程度。这位著名的神甫继续道："从建筑物上拆下的石头填满了这些废墟的表面。一些由我们刚刚谈到的巨石组成的围墙墙体仍然矗立；在别的地方，只留下一些基石或者一堆残砖败瓦。我看到了一座高大的拱门，其两边的侧墙均由一块石头构成，而由整块石头建造的拱顶②则掉落在了拱门前方。"

毫无疑问，这些细节足以证明该神庙是孟菲斯的重要神庙之一，当然我们也可以增加更多其他的细节内容。在我们看来，这实际上是这座都城最大最壮观的神庙，即卜塔神庙，而上述细节就是支持我们观点的证据。

多位国王在位期间曾经装扮修葺的孟菲斯最大建筑卜塔神庙完全消失，而规模小于卜塔神庙的建筑却留下了大型残迹是不可能的。其更为合理的情况是：即便城市的其他建筑被毁，卜塔神庙仍然可以继续存在。对此，我们将增加一些确定的事实介绍。例如西西里的狄奥多罗斯这样谈道："塞索西斯［同塞托斯·拉美西斯（Séthosis-Ramessès）］在孟菲斯的伏尔甘（卜塔）神庙中放置了他和妻子高 30

---

①　见前文，原著第一卷，第 168 页。
②　埃及人从来没有建造"拱顶"，阿卜杜拉提夫想说的是门的顶饰。

肘的雕像，及其子女们高20肘的雕像；每座雕像都是整块的石头。"①
接下来将介绍的是阿卜杜拉提夫在我们之前谈到的有"绿房间"或者"独石小教堂"的神庙遗迹中所观之景：

"对于在这些遗迹中出现的偶像雕像，无论是计算它们的数量，还是关注它们的巨大规模，都是一件无法描述的事情，人们对此很难想象；但更能激起崇拜之欲的则是其外形的精确、比例的恰当和形态的逼真。我们测量出其中一尊雕像，不算底座，高度超过30肘。从右至左，其宽度将近10肘，前后厚度也成相应的比例。这座雕像由整块红色花岗岩制成，上面又涂以红漆，这一层鲜艳的颜色似乎只是令古老的雕像焕发出一丝新的生机……展示出的雕像之中有一些手持直径为1拃②的圆柱体，似乎是一卷书……人们可以看到这些雕像脸庞优美，比例恰当，展现了能工巧匠们最为高超的技艺，是石头这一素材的完美呈现。唯一缺少的就是对血肉的模仿……我看到两只面对面放置的石狮。它们距离很近，面露凶光；除了规模巨大，超过了实际的大小，石狮在外形和比例方面均栩栩如生；只是它们遭到了破坏，被泥土覆盖。"

阿卜杜拉提夫的这些叙述都证明了装饰如此豪华的文物之重要程度。在这位阿拉伯学者所描述的巨型雕像和30肘高的独石红色花岗岩雕像中，人们能够辨认出塞托斯·拉美西斯儿子们的雕像，根据西西里的狄奥多罗斯之观点，这位英雄自己的雕像也是高30肘，由一整块石头制成。阿卜杜拉提夫谈到的两座石狮和菲莱岛上的石狮一样，可能也是神庙的主入口，或者是石狮小道的一部分；这条小道类似于通往底比斯创造之神神庙的斯芬克斯大道，位于孟菲斯的卜塔神庙之前。

当听到阿卜杜拉提夫夸赞埃及雕像外形优美时，人们可能会感到惊讶。欧洲的学者们习惯于看到比例很小、制作极其粗糙的埃及建

---

① 西西里的狄奥多罗斯，卷一。
② 译注：1拃为张开手掌后大拇指和小拇指两端的距离。

筑，或者只看到一些象征性浅浮雕的残片。所以至今他们只能获得关于埃及人雕刻艺术方面模糊不清的概念。埃及的艺术家们严格按照一种既定的类型进行雕刻，人们力求通过他们雕刻的与宗教相关的浅浮雕来判定其技艺的完美程度。但人们由此获得的对埃及雕刻师技艺的认识并不恰当，也没有做出十分合乎情理的考量。所以对于在欧洲不同陈列馆中展出的小部分人像雕塑中经常出现的外形瑕疵，人们将其归因于艺术家的愚昧无知。这是不合理的，因为这些艺术家在制作浮雕时所运用的方法令人钦佩，他们捕捉到了动物的特征及合适的原型。人们应当通过将在《埃及叙述》中出版的神殿前的石狮、斯芬克斯和底比斯神庙中的雕塑来研究埃及的雕刻艺术。在雕刻过程中，埃及人完全展现了自己艺术的天赋。只有看到这些建筑，人们对埃及艺术的看法才会有所修正，才会懂得欣赏画风的变化和埃及人雕刻的技巧。通过研究皇家图书馆中古代艺术展馆所陈列的黑色玄武岩半身像，人们将会了解和这些完美艺术类似的内容。这座半身像印刻在了米林（Millin）出版的优秀作品《未曾出版的文物》（*Monumens inédits*）第一卷，他以其极具价值的研究为大众所熟知。因而我在此十分乐于引用其研究成果，并借此机会由衷地感谢他给予我的所有关怀。我曾求教于他，并在他丰富的馆藏中找到大量资料，对此我也是衷心感激。

阿卜杜拉提夫还对他到访孟菲斯的情况做了描述，特别介绍了用小型石头和砖砌成的城墙。① 之后他谈到，穆斯林统治者用心保留了这些古代的珍贵遗迹。但人们无耻的贪婪之心冲破了国王的保护，最终推倒了这些历经多个世纪的沧桑并抵抗住革命运动的古迹。

在阿卜杜拉提夫之后很久，一些旅行家到访了孟菲斯的遗址，却没有发现任何引人注目的事物。布鲁斯在约 1769 年或者 1770 年到访了这座都城，在其遗址处，他看到了少量的残砖败瓦。②

---

① 阿卜杜拉提夫作品之希尔维斯特·德·萨西先生译本，卷一，第四章，第 190 页。
② 《尼罗河源头游记》，第三章，第 56 页。

在法国人远征埃及时，杜加（Dugua）少将跑遍了开罗和吉萨。在一封法兰西共和历八年雨月 10 日写给东方军队首席医生德斯热奈特（Desgenettes）先生的信件中，他浓墨重彩地描述了其考古之旅。① 杜加少将由傅立叶先生和科斯塔兹先生，以及雷尼耶（Reynier）将军和勒克莱尔（Leclerc）将军陪同，于法兰西共和历八年霜月 25 日出发前往吉萨的金字塔，他们在那里停留至当月 26 日，从而让努埃有时间来确定大金字塔其中一面的方向，之后他们前往萨卡拉地区。以下就是杜加少将关于孟菲斯遗址之旅的叙述："我们 27 日从萨卡拉出发，来到距其 1 古里处的梅特拉因内 ［Métrhainé，即米特-拉辛纳（Mit-Rahinéh）］。根据我所掌握的信息，我确信在那里可以重新找到孟菲斯的遗址。到达后，根据刻满象形文字的花岗岩石和雕像数量，我们坚信我们踏上了这座埃及古老都城的土地，这里的残砖败瓦围成 3 古里长的一圈，雕像便位于四周及其中间的空地上。如果说此时我们尚有些许疑虑，但在看到希罗多德提到的一座巨像遗迹之时便涣然冰释。根据希罗多德的说法，那里的巨像是由塞索斯特里斯命人修建在伏尔甘神庙的一个入口之前。法国人库泰勒命人带走了这座巨像的手腕，从这个手腕可以推测整座雕像应当有 45 法尺高。

"法国人雅各丹（Jacotin）修复了这些遗迹及其地理位置的详图，艺术家们立即绘制出了雕塑的各个部件和他们所看到的这个地方的景象；于是所有人回到开罗，希望一有机会便故地重游。"

这座古城的现状就是如此。它由埃及第一任国王建造，由其继任者装饰美化。无疑是在第三、第四、第六、第七和第八王朝时期，人们建造了这些奢华的建筑，从而使得孟菲斯在规模和壮丽程度上与底比斯相匹敌。它的辉煌壮丽尤其归功于第四王朝法老索菲斯一世（Souphis Ier）、索菲斯二世及他们的继任者门卡拉（Mankherès）。这几位国王在孟菲斯周边地区修建了大型建筑、金字塔，它们激发了人们

---

① 这封信刊登在了《埃及邮报》上，我们将会从中节选谈到的孟菲斯遗址现状的相关内容。

对古代艺术的崇拜。对它们的记忆即是对这座著名都城的记忆。

其希腊语名称 Μεμφις 稍稍讹用了埃及人对这座城市的称谓。许多语史学家曾尝试给出该名称真实的写法，他们多少都是幸运的。基歇尔神父是第一个想解释其意义之人，不同于任何一种可能性，他猜测这个名称埃及语写作"Ⲙⲱⲛⲫϯ, Môanphti"，其发音为 Monphta。^①他认为这个单词是由"ⲙⲱⲟⲩ, môou［水（eau）］"（他错误地写成了 ⲙⲱⲓ, môi）和"ⲫϯ, phti［神祇（Dieu）］"派生而来。根据他的观点，该名称就是指"神祇之水（eau de Dieu）"。他列举了毫无价值的理由来支撑自己的观点，而没有提到任何能够支持他的优秀权威人士，他认为希腊人是从 Ⲙⲱⲛⲫϯ 得出了 Μεμφις。

在运用埃及的文学著作来推翻基歇尔的推测之前，我们还将介绍雅布隆斯基的观点，即古埃及人对单词 Μεμφις 的拼写方法和意义。

这位博学的语史学家^②认为，法老时期人们把它写成"ⲘⲉϨⲚⲞⲨϤⲒ, mehanouphi"，他对这个单词的解释是"满是财宝的（pleine de biens）"。该词源接近于我们将要介绍的真实意义。

在我们从科普特语抄本^③中摘录的第一份埃及城市名称一览表中，有 3 座名为梅努夫（Ménouf）（即孟菲斯）的城市：第一座是"下梅努夫"，其埃及语名称是 Ⲡⲁⲛⲟⲩϥ ϦⲎⲦ；第二座是"上梅努夫"；第三座最靠南，是 Ⲙⲉϥⲓ, Méfi。根据我们地理名称一览表科普特作者的观点，它是"埃及的古都"^④。因此，我们不应当把孟菲斯的真实名称 Ⲙⲉϥⲓ 与下面将要谈到的两个 Ⲡⲁⲛⲟⲩϥ 相混淆。

这座都城是以名称 Méfi 出现在罗塞塔石碑的埃及语原文中，它在第五行出现了两次，尽管石头上有一道裂缝，但第一次出现的 Méfi 还是保留了下来。

阿拉伯人为了解释孟菲斯的埃及语名称 Ⲙⲉϥⲓ，虚构了一个传说。

---

① 《埃及的俄狄浦斯》，卷一；《埃及地理志》，第四章，第 26 页。
② 雅布隆斯基：《小册子》。
③ 科普特语抄本，皇家图书馆，圣日耳曼藏书，17 号，增刊。
④ Hia-Massr-el-Qadimah.

他们说，曾经有一个名为马萨尔（Massar）的国王定居于下埃及地区，陪同的 30 人"修建了一座巨城"，称作 Mafè，即"三十"。阿拉伯人之所以杜撰了这个传说，是因为他们认为自己发现了孟菲斯的埃及语名称 Ⲙⲉϥⲓ 和科普特语单词"ⲙⲁⲡ，map，三十"之间的相似性。但这种些微的相似之处并不能支持阿拉伯人的观点；此外如果想尽数解释，那就不应当寻求太刁钻的方法。

显然，希腊语单词 Μεμφις 是从 Ⲙⲉϥⲓ，或者确切地说是从"Ⲙⲉⲙ̀ϥⲓ，Memphi"演变而来。在《论伊希斯和奥西里斯》中，普鲁塔克几乎给出了这个埃及语名称的意义。他认为这个名称是指 ορμος αγαθων［避难所、庇护所（port，refuge）］。我们认为它是从"ⲙⲁ（场所）"、词根"ϥⲓ（保存）"，以及最后的"好的（être bon）"派生而来，由此构成了"ⲙⲁϥⲓ，Mafi"或者"Ⲙⲉϥⲓ，Ⲙⲁⲙ̀ϥⲓ，Ⲙⲁⲛ̀ϥⲓ，Ⲙⲉⲙ̀ϥⲓ①及 Ⲙⲉⲛ̀ϥⲓ"②，这些单词在埃及人的语言中是指"一个聚集了诸多有利条件的好地方"。这个拼写成 Ⲙⲉⲙ̀ϥⲓ 的名称为希腊人写作 Μεμφις；而写法和读音为 Ⲙⲉⲛ̀ϥⲓ 的单词则催生了出现在埃及的希腊语奖牌上的 Μενφις 和 Μενφειτες③。人们发现该名称也写成 Ⲙⲉⲙⲃⲉ，ⲙⲉⲛⲃⲉ④，而这是对 Ⲙⲉⲙϥⲓ 和 Ⲙⲉⲛϥⲓ⑤的讹用。

在希伯来文的宗教经典中，孟菲斯的名称为 Nouf 和 Mouf⑥，这

---

① 《圣经·以西结书》，三十，13 等。
② 译注：分别转写为 Mephi，Mamphi，Manphi，Memphi 及 Menphi，ph 也可以替换为 f。
③ 措厄加：《埃及帝国诺姆》，罗马，1807 年，4 开本。（Zoëga, Numi Ægyptii imperatarii; Romae, 1807, in-4°.）
④ 译注：转写为 Membe，Menbe。
⑤ 科普特语抄本，皇家图书馆，44 号，第 79 页正面。
⑥ 《圣经·何西阿书》，九，6；《圣经·以西结书》，三十，13 等。Ⲙⲉⲙ̀ϥⲓ 或者 Ⲙⲉⲛ̀ϥⲓ 与 Ⲛⲟⲩϥⲓ 或者 Ⲛⲟⲩϥⲓ 唯一的不同之处只是前缀 ⲙ̀ 和 ⲛ̀ 的使用，这两个前缀在用于构造埃及语形容词时并无差异。单词 ⲛ̀ⲟⲩϥⲓ 在阿卜拉克萨斯（Abraxas）上写成了 ΝΙΦ-US（译注：阿卜拉克萨斯为诺斯替教中之神祇，人身公鸡头，双足为蛇，在炼金术方面造诣极深；常被画作右手持盾、左手持鞭的形象，以作护身符。），而不是"ΧΝΟΥΦΙC 或者 ΧΝΟΥΜΙC，聪明才智"。马赛尔在《埃及十日》（第三卷，第 154 页）中谈到，他在一份科普特语词汇汇编中发现孟菲斯的名称写作 ⲙ̀ⲟϥ；但我们从来没有遇到过这种形式，这应当只是对 Ⲛⲟⲩϥⲓ 的讹用，就像 Ⲡⲁⲛⲟⲩϥ 是 Ⲡⲁⲛⲟⲩϥⲓ 的讹用一样。

两个单词与前面的例子在意义上也一致，均从词根 ϥⲓ 派生而来，只不过是作形容词 ⲙⲟⲩϥⲓ 和 ⲛⲟⲩϥⲓ（好的）。我们不了解 "Ⲧⲡⲁⲙⲫⲉⲗⲓⲁ，Tpamphélia"[①]——阿拉伯语为马斯尔（Massr）或者米斯尔（Missr）——是否应当用于指孟菲斯或者整个埃及。这个单词变化相当之大，以至于我们无法给出一个确切的解释。

以上就是我们尽力汇集的关于孟菲斯城之内容，包括其地理位置、规模大小、古迹及其埃及语名称。由于这是一项十分重要的议题，因此这段内容较长，请见谅。

布西里斯（Busiris）——普西里（Pousiri）

在孟菲[②]西北部，距其不远处便是布西里斯村，Βουσειρις。这个名称完全是埃及语，并且类似于赫内斯（Hnès）附近的布西里斯之名，其中包含了奥西里斯的名称 ⲟⲩⲥⲓⲣⲓ，并在其前面加上了古埃及人的冠词 ⲡ，从而组成了读音为 Bousiris 的单词 "Ⲡⲟⲩⲥⲓⲣⲓ，Pousiri"，希腊人由此得出了 Βουσειρις。

阿拉伯人知道这个地方最初的名称。正如我们之前经常提到的，他们习惯性地加上一个 A，即 Aboussir（阿布斯尔）。正是在布西里斯村庄，居住着习惯于登上金字塔顶端的人们。

四、马利斯即上埃及的诺姆

在介绍了上埃及不同的城市后，为了使研究工作更为全面，我们应当指出其中曾是诺姆首府的城市。我们曾经谈到，从早期的政权开始，整个埃及就划分成了各大行政区，埃及人把它们称作诺姆或 Pthosch。其中包含缇巴依德和中埃及的上埃及地区共有 26 个这样的行政区，且每一个都以其主城的名称命名；科普特语经卷中并没有向

[①] 科普特语抄本，皇家图书馆，43 号，第 59 页；44 号，第 79 页反面。
[②] 译注：即孟菲斯。

我们介绍上埃及地区的 26 个以城市名称命名的诺姆（Pthosch）；但毫无疑问的是，正如希腊和拉丁民族历史学家指出的那样，诺姆以前的首府名称在埃及血统的国王统治间被用以命名诺姆；他们的言论是上述观点十分有利的佐证，因而我们作了收集整理。

唯一需要补充说明的是希腊、拉丁和科普特作者们未曾提及的古迹，它们出现在了上埃及一座城市的遗址中；相比于周边的其他城市，这座城市的规模显示了其绝对优势地位。

综上所述，或是科普特语经卷，或是希腊和拉丁民族作者（尽管这些城市中的大部分在希腊人时期已遭破坏），或是建筑物，当然，最常见的是不同领域中的杰出权威人士间的通力合作证实了诺姆首府的称号，它们均被用以命名 26 个诺姆。

（一）缇巴依德的诺姆

古代地理学家们认为缇巴依德起始于他们命名为 Castellum Thebaïcum（卡斯特鲁姆·缇巴依库姆）或者 Thebaïca-Phylace（缇巴依卡·菲拉斯）的地方。这对应于埃及人所说的 Terôt（特罗特），阿拉伯人和现代旅行家们所说的 Tarouth-Esschèrif（塔鲁特·艾斯谢里夫）；地界终止于菲莱岛。但希腊人并不认可古埃及人划定的这个范围。因为已经证实的情况是，古埃及人特指的缇巴依德只包含了埃及的 10 个大行政区[①]，但希腊人所指的缇巴依德则包含了 13 个不同的大行政区。因此，应当着手编写一份新的诺姆名册；并且由于希腊和拉丁民族的地理学家们认为缇巴依德和埃普塔诺米德——即上埃及，仅有 24 个诺姆，因而编写这份新的诺姆名册更为必要。在法老统治时期，缇巴依德和中埃及包含 26 个诺姆[②]，故而 24 个诺姆的划分形式并不适用。同时需要指出的是，希腊人所说的安底诺（Antinoïte）诺姆在埃及国王统治时期并不存在。所以他们所知晓的上埃及大行政区的数量在埃及国王统治时期减少至 23 个。26 个埃及大行政区可以按以下顺序排列。

---

① 见前文，原著第一卷，第 71、72 页。
② 见前文，原著第一卷，第 71、72 页。

第四章　上埃及及其边界、划分和埃及语名称

在希腊人看来，上埃及最南部的诺姆是奥姆伯斯（Ombos），即埃及人所说的安波（Ambo）①，该城的大型建筑物证实了这一观点。因此可以确定斯旺（赛伊尼）以及圣岛皮拉克（Pélach，即菲莱岛）均是其属地。

希腊人把埃及的阿特博（Atbô）诺姆称作 Apollopolitès（大阿波利诺波利斯），或者更确切的是 Apollônopolitès。斯若勒斯杰勒（Sjolsjel）（昔里西列），皮托姆（Pithom）（图姆），厄勒梯亚和希拉孔波利斯可能都属于阿特博诺姆（Pthosch d'Atbô）。

欧洲古代地理学家们把排在上述诺姆之后的诺姆命名为荷蒙蒂斯，即埃及人所说的埃尔蒙特（Ermont）。并且他们由此推测，大型城市斯奈（拉托波利斯）隶属于大阿波利诺波利斯［阿特博（Atbô）］诺姆，或者隶属于荷蒙蒂斯诺姆。但是古城斯奈从来没有处于其他任何诺姆首府的司法管辖权限范围之内。在这里人们仍然可以欣赏到埃及最大的神庙和埃及建筑杰出的作品之一。斯奈城的建筑蔚为壮观，超出了荷蒙蒂斯建筑的壮丽程度，比肩大阿波利诺波利斯的建筑，这足以证明它本身就是一个大行政区的首府；科普特语经卷中特意指出了这一点，我们将只引用《圣·帕科缪行传及修会会规》中如下内容："ⲚⲈ ⲞⲨⲞⲚ ⲞⲨⲀⲒ ⲆⲈ ⲬⲈ ⲚⲀϩⲰⲘ ϩⲈⲚ ⲠⲐⲞⲰϤ ⲤⲚⲎ"，意为"在斯奈大行政区（Pthosch-Sné）曾经有一个人"②。人们还发现了拉托波利斯诺姆，即斯奈诺姆的两块希腊语奖牌。因此，斯奈无疑是缇巴依德一个诺姆的首府；克努比（Chnoubi）③，夫努姆（Phnoum）和阿斯弗恩（Asphoun，即阿芙罗蒂托波利斯）都是其中的一部分。所以斯奈诺姆的排列应当紧随阿特博诺姆之后。从斯奈诺姆一直往北去，连接的是埃尔蒙特（Ermonth）（即荷蒙蒂斯）诺姆，它包含了图菲（Touphi，即图菲乌姆）和图奥特（Touôt，即克罗科蒂洛波利斯）。

---

① 译注：文中亦写作 Ambô。
② 科普特语抄本，皇家图书馆，梵蒂冈藏书，69号。
③ 译注：即克努比斯。

大型城市阿蒙城（底比斯）只包含了两个大行政区。这座都城的东部被希腊人称作帝奥斯波利斯，是其中一个大行政区，古人将其称为 Thebarum-Nomus；而包含了底比斯另一部分位于尼罗河西岸区域的第二个诺姆则被冠以 Patourès, Phatouritès, Tathyrites, Pathurès 和 Phatouss 之名，这些名称的拼写方法很不确定，因而我们无法指出其真正的组成部分，并给出含义。

　　科夫特（Keft）(即科普托斯）诺姆包含了科斯·维尔维尔（Kôs-Birbir，即小阿波利诺波利斯），连接着底比斯诺姆和法图里特（Phatouritès）诺姆。滕托里（Tenthôri, Tentyris, 即滕提里斯）则紧随其后，它由旁潘（Pampan，即旁帕尼斯）、特穆尚（Thmounschons）地区以及其他我们尚未知晓名称的地方组成。塔本尼西［又叫塔本那（Tabenna）］、谢内塞特（Schènesêt，又叫谢诺波西亚）、弗波乌（Pboôu，即波珀斯）、特贝乌（Thbêou）、维尔硕乌特（Bershôout）、普斯若斯杰（Psjôsj）和特普拉内（Tpourané）隶属于后（Hou）——即希腊人所说的小帝奥斯波利斯诺姆。

　　安波（Ambô）、阿特博（Atbô）、斯奈（Sné）、埃尔蒙特（Ermont）、诺阿孟（Naamoun，底比斯东部地区）、法图里特（Phatouritès，底比斯西部地区）以及科夫特（Keft）、滕托里（Tenthôri）、后（Hou）并不是埃及人所说的缇巴依德地区所有的诺姆，因为我们只给出了这 9 个诺姆的名称。第 10 个诺姆位于后（Hou）诺姆之后，那么自然就是阿比多斯。事实上，尽管希腊作者和科普特作者均没有把阿比多斯确定为大区首府，但考虑到它在埃及血统国王统治期间原有的光辉壮丽，人们有理由相信它曾经就是大区首府。在斯特拉波的报告中，阿比多斯最早是一座"巨大的城市，仅次于底比斯，位列第二位"。但当斯特拉波见到它时，已经时过境迁，只留下一个破败的村庄。① 在这一地区巨大的都城消失之后，埃及最大的城市自然就应当是埃及君主统治的中心。

---

① 斯特拉波，卷十七，第 813 页。

希腊地理学家和科普特作者们没有提及这一方面，因此也未对上述结论提出异议，而事实上这个结论是很容易解释清楚的。阿比多斯是埃及最大的城市之一，这一事实毋庸置疑；但公认的是，它到了奥古斯都时期就只不过是一个小村庄了。[①] 从这两个确定的事实可以得出，阿比多斯城在经历政治动荡或者任何其他原因之后，于一个十分遥远的时代失去了辉煌。从那时起它就不再是诺姆首府，也就不再保有这一称号。在埃及血统的国王统治期间，这座城市还经历了灾难性的变化。因而希腊人，尤其是科普特人未曾提及它曾经的诺姆首府地位，也就不足为奇。以上至少是我们的观点。如今人们仍然仰慕着埋藏在阿比多斯遗迹中的建筑，它们是我们上述观点的有力佐证。因此阿比多斯就是缇巴依德地区第10个诺姆的首府。

（二）中埃及的诺姆

希腊人认知中古埃及人的中埃及地区的15个诺姆，分别是第一绿洲（Oasite premier）、提尼斯（Thinite）、帕诺波利斯（Panopolite）、安托奥波利斯（Antoeopolite）、第一阿芙罗蒂托波利斯（Aphroditopolite premier）、西普赛利斯（Hypselite）、利科波利斯（Lycopolite）、荷莫波利斯（Hermopolite）、西诺波利斯（狗城，Cynopolite）、奥克西林库斯（Oxyrynchite）、第二绿洲（Oasite second）、赫拉克里奥波利斯（Héracléopolite）、阿尔西诺伊（Arsinoïte）、第二阿芙罗蒂托波利斯（Aphroditopolite second）和孟菲斯。所有这些希腊化的诺姆名称均取自其首府城市的名称，而埃及人则把它们分别称作绿洲（Ouahé，又叫乌阿赫）、普索伊（Psoi）、谢敏（Schmin）、特克乌（Tkôou）、阿特博（Atbô）、硕特普（Schôtp）、斯奥乌特（Siôout）、什姆恩（Schmoun）、卡伊斯（Koéïs）[②]、潘斯杰（Pemsje）、绿洲（Ouahé，又叫乌阿赫）、赫内斯（Hnès）、皮永（Piom）、特佩赫（Tpêh）和孟菲（Memfi）。

---

① 引自斯特拉波。
② 译注：亦写作 Kais, Kaïs。

但是在古埃及人时代，马利斯的第二部分包含 16 个诺姆，而希腊人却只知晓其中的 15 个，因而这个地区还需要 1 个诺姆才算完整。对此，科普特语经卷提供了帮助。正是通过查阅这些著作，我们得以找出第 16 个大行政区，它的名称就是埃及人所说的图霍（Touhô）[①]，也是其首府城市的名称。我们在前文佩苏什（Pershousch）章节[②]中曾经提到过博尔吉亚博物馆中的一份抄本，其中就记载了"ⲡⲑⲟⲩ ⲧⲟⲩϣⲱ，图霍（Touhô）诺姆"。这份抄本中出现了许多巴什姆方言，其中写到了"ⲡⲧⲁϣ ⲧⲟⲩϣⲱ"，根据巴什姆方言的规则，它把孟菲斯语和底比斯语许多单词中的 o 改写成了 ⲁ。

图霍（Touhô）诺姆应当放在什姆恩（Schmoun，即荷莫波利斯）诺姆和卡伊斯（Koéïs，即西诺波利斯）诺姆之间。我们之前已经说过[③]，希腊人把图霍（Touhô）城叫作西奥多斯奥波利斯，但他们从来没有给予其诺姆首府的称号，不过显然古埃及人是把它当作诺姆首府的。

上述就是马利斯的大行政区。现在我们只需要介绍这 26 个诺姆的一览表。它以缇巴依德地区的 10 个大行政区开始，接着就是中埃及的 16 个大行政区。这些不同的诺姆在下表中是按照其地理顺序由南向北排列的，我们也将介绍每个诺姆所包含的城市。

马利斯的诺姆——包括缇巴依德和中埃及地区

（一）缇巴依德

诺姆	城市[④]
一、安波（Ambô）（即奥姆伯斯）诺姆	1. 安波（Ambô，又叫奥姆伯斯） 2. 斯旺（Souan，又叫赛伊尼） 3. 皮拉克（Pilakh，又叫菲莱岛） 4. 埃列凡提涅（*Éléphantine*） 5. 西斯旺（Souan-Ampèment，又叫西赛伊尼）

[①] 译注：西奥多斯波里斯。
[②] 见前文，原著第一卷，第 300 页。
[③] 见前文，原著第一卷，第 299 页。
[④] 对于未能找到其相应的埃及语的希腊语名称，则用斜体字母书写。（译注：表中译者加上了诺姆和城市埃及语称对应的希腊语名称翻译。）

第四章　上埃及其边界、划分和埃及语名称

（续表）

诺姆	城市
二、阿特博（Atbô）（即大阿波利诺波利斯）诺姆	6. 阿特博（Atbô，又叫大阿波利诺波利斯） 7. 斯若勒斯杰勒（Sjolsjel，又叫昔里西列） 8. 皮托姆（Pithom） 9. 希拉孔波利斯（*Hieracônpolis*） 10. 厄勒梯亚（*Éléthya*）
三、斯奈（Sné）（即拉托波利斯）诺姆	11. 斯奈（Sné，又叫拉托波利斯） 12. 克努比（Chnoubi，又叫克努比斯） 13. 阿斯弗恩（Asfoun，又叫阿芙罗蒂托波利斯）[①] 14. 夫努姆（Phnoum）
四、埃尔蒙特（Ermont）（即荷蒙蒂斯）诺姆	15. 埃尔蒙特（Ermont，又叫荷蒙蒂斯） 16. 图菲（Touphi，又叫图菲乌姆） 17. 图奥特（Touôt，又叫克罗科蒂洛波利斯）
五、诺阿孟（Naamoun）诺姆	18. 诺阿孟（Naamoun），或者是底比斯东部地区
六、法图里特（Phatouritès）诺姆	19. 门农（*Memnonium*）或者底比斯西部地区
七、科夫特（Keft）（即科普托斯）诺姆	20. 科夫特（Keft，又叫科普托斯） 21. 帕佩（Papê，又叫帕帕） 22. 科斯·维尔维尔（Kôs-Birbir，又叫小阿波利诺波利斯） 23. 东科普托斯（*Contra-Coptos*）
八、滕托里（Tenthôri）（即滕提里斯）诺姆	24. 尼·滕托里（Nitenthôri，又叫滕提里斯） 25. 旁潘（Pampan，又叫旁帕尼斯） 26. 特穆尚（Thmounschons）
九、后（Hô）[②]（即小帝奥斯波利斯）诺姆	27. 后城（Hô，即小帝奥斯波利斯） 28. 塔本尼西（Tabennisi） 29. 谢内塞特（Schènésêt，又叫谢诺波西亚） 30. 弗波乌（Pboôu，又叫波珀斯） 31. 特贝乌（Thbêou，又叫埃特贝乌） 32. 维尔硕乌特（Bershôout） 33. 特普拉内（Tpourané） 34. 普斯若斯杰（Psjôsj）
十、阿比多斯诺姆	35. 阿比多斯（*Abydos*），原诺姆首府，其司法权未知

375

---

① 译注：Asfoun 在原文中亦写作 Asphoun。
② 译注：亦写作 Hou。

法老统治下的埃及

（二）中埃及

诺姆	城市
十一、绿洲（Ouahé）诺姆	36. Ouahé（乌阿赫），希腊人所说的第一绿洲
十二、普索伊（Psoï）(即普托莱玛伊斯）诺姆	37. 普索伊（Psoï，又叫普托莱玛伊斯） 38. 普森候乌特（Psenhôout）
十三、谢敏（Schmin）(即帕诺波利斯）诺姆	39. 谢敏（Schmin，又叫帕诺波利斯） 40. 帕奈赫乌岛（Thmoui-Ampanèhêou） 41. 普雷于特（Plévit）① 42. 特斯米内（Tsminé） 43. 谢那罗莱特（Schenalolêt） 44. 阿特莱佩（Atrêpé，又叫阿特利佩）
十四、阿特博（Atbô）(即第一阿芙罗蒂托波利斯）诺姆	45. 阿特博（Atbô，又叫第一阿芙罗蒂托波利斯） 46. 弗波乌·特斯杰里（Phbôou-Tsjêli）
十五、特克乌（Tkôou）（即安特奥波利斯）诺姆	47. 特克乌（Tkôou，又叫安特奥波利斯） 48. 木提（Mouthi，又叫木提斯） 49. 斯林（Silin，又叫塞农） 50. 科斯·卡姆（Kos-Kam，又叫阿波利诺波利斯）
十六、硕特普（Schôpt）（即西普赛利斯）诺姆	51. 硕特普（Schôpt，又叫西普赛利斯） 52. 阿波提斯（*Abotis*） 53. 帕佛奥（Paphor）
十七、斯奥乌特（Siôout）（即利科波利斯）诺姆	54. 斯奥乌特（Siôout，又叫利波利斯） 55. 特杰里（Tjêli） 56. 曼卡波特（Mankapôt） 57. 曼巴洛特（Manbalôt） 58. 曼洛（Manlau）
十八、什姆恩（Schmoun）（即大荷莫波利斯）诺姆	59. 什姆恩（Schmoun，又叫大荷莫波利斯） 60. 科斯·科奥（Kôs-Kôo，又叫库萨） 61. 托尼（Thôni，又叫上塔尼斯） 62. 贝萨（Bêsa，又叫安底诺） 63. 斯如布勒（Sjoubouré） 64. 特罗特（Térôt） 65. 普西里（Pousiri，又叫阿布斯尔） 66. 斯塔鲁（Stallou） 67. 特罗特—什姆恩（Térôt-Schmoun）

---

① 译注：前文写作 Pléuit。

（续表）

诺姆	城市
十九、图霍（Touhô）（即西奥多斯奥波利斯）诺姆	68. 图霍（Touhô，又叫西奥多斯奥波利斯） 69. 恩希普（Nhip，又叫伊比尤/伊比乌姆） 70. 特莫内（Thmooné，又叫米尼耶特） 71. 佩苏什（Pershousch）
二十、卡伊斯（Kaïs）（即西诺波利斯）诺姆	72. 卡伊斯（Kaïs，又叫西诺波利斯，即狗城） 73. 塔玛（Tamma）
二十一、潘斯杰（Pemsje）（即奥克西林库斯）诺姆	74. 潘斯杰（Pemsje，又叫奥克西林库斯） 75. 卡内什（Kanesch） 76. 托斯吉（Tôsji） 77. 普赛奈罗（Pschénérô） 78. 特尔布（Terbe） 79. 埃赫里特（Ehrit，又叫内赫里特） 80. 潘克雷乌斯（*Pankôleus*）
二十二、第二绿洲（Ouahé）诺姆	81. 潘斯杰绿洲（Ouahé-Ampensjé）①
二十三、赫内斯（Hnès）（即赫拉克里奥波利斯）诺姆	82. 赫内斯（Hnès，又叫赫拉克里奥波利斯） 83. 普什（Pouschin） 84. 法尼斯若伊特（Phannisjôit） 85. 普奥·阿尼亚美奥（Phouoh-Anniaméou） 86. 特科曼（Tkemen） 87. 富奥伊特（Phouôït） 88. 那乌伊（Naui） 89. 什本缇（Schbenti）
二十四、皮永（Piom）（即克罗科蒂洛波利斯）诺姆	90. 皮永（Piom，又叫克罗科蒂洛波利斯，即鳄城） 91. 苏恩霍尔（Sounhôr） 92. 特皮赫—沙腊（Tphih-Schalla） 93. 普西里（Pousiri，又叫尼罗波利斯） 94. 纳伊斯（Naêsi，又叫伊希斯之城）②
二十五、特皮赫（Tpih）（即第二阿芙罗蒂托波利斯）诺姆	95. 特皮赫（Tpih，又叫第二阿芙罗蒂托波利斯） 96. 提罗斯杰（Tilosj） 97. 佩美（Pémé）
二十六、孟菲（Memfi）（即孟菲斯）诺姆	98. 孟菲（Memfi，又叫孟菲斯） 99. 普西里（Pousiri，又叫布西里斯）

---

① 根据希腊人的说法，我们谈到的两个绿洲是上埃及的两个诺姆。尽管在对马利斯地区的描述中未曾提及，但我们还是将其放在了此表中；而对它们的详细介绍将出现在汇集所有绿洲的《埃及自然属地》章节。

② 译注：前文亦写作 Naïsi。

第二卷

第五章　下埃及及其自然划分和政治划分、各地埃及语名称

一、自然状况

　　一直以来下埃及地区所呈现的面貌与上埃及差异巨大。尼罗河在此分成了多条支流，流往更为广阔的区域；众多船只在巨大的湖泊、数不胜数的运河中穿梭前行，方向各异，这里千帆竞渡、百舸争流，完全不同于上埃及千篇一律之场景。在上埃及，两座干旱的山脉束缚了河流，使其无法灌溉滋养到沙漠中心地带；而在下埃及，放眼望去美丽的原野满是最具价值的作物。埃及人与亚洲各民族以及北非人民的贸易往来使得人口涌向下埃及地区。较之马利斯，下埃及人口数量更多，城市数量也以恰当的比例增加；根据这两个地区各自的面积大小，实际上下埃及比上埃及拥有更多令人瞩目的城市。

　　这两个地区的自然条件极其不同：在下埃及地区仍然淹没于海水之中时，马利斯的部分地区已经形成，且遍布繁荣的城市。根据整个古代时期所留下的证据以及当地地质构造提供的确切信息①，下埃及最初不过是地中海的一个巨大海湾。同时可以推测得出，海水刚开始漫延至孟菲斯上方区域，从而淹没了中埃及的一部分地区。尼罗河在涨水时，顺流冲走了大量的淤泥，随着时间的推移，最终填满了尼罗河

---

① 德吕克：《地质学》等。（译注：德吕克为瑞士学者，他于1793年提出了具有近代意义的地质学（geology）一词。）

河口所在的海湾。可以认为，持续的沉积物最初形成了一大片沼泽。随后在大自然和人类的共同耕耘下，土地逐渐收干，从而形成了下埃及。至少上述观点是可能性最大的情况。但是这一假设遭到了反对，不过反对的理由并没有太大的说服力，也没有引用任何可以推翻上述观点的事实。我们认为没有必要在此介绍解释上述现象的其他观点。如果介绍，则会偏题。

下埃及呈一个平面，除了东部和西部分别受到阿拉伯山脉和利比亚山脉延长线的影响之外，没有受到任何山脉的阻断。但这些山脉只是下埃及的自然边界，结果就是：下埃及是一个巨大的平原。这一地理布局无可辩驳地证实了我们转述的关于下埃及形成的观点。正如哈利卡那索斯的希罗多德曾经观察到的那样，下埃及与中埃及的一部分地区的确是"尼罗河的礼物"。其土壤表层这种黑色的淤泥，是尼罗河每年沉积而成的水平层，多少都有一定的厚度。

下埃及北部的自然界标是地中海，南部的自然界标是中埃及的属地——孟菲斯的地界；阿拉伯山脉向东北延伸，向着亚洲和苏伊士海峡逐渐递降，直至一处广阔的低洼地带。这是一片比红海水平线更低的沼泽地，过去无疑曾是阿拉伯湾的延伸部分。这些大海的遗赠及其周围移动的沙丘向北延伸至地中海和塞波尼斯（Sirbonis）大沼泽，构成了下埃及的东部边界。而其西部则以利比亚山脉为界。该山脉向西北延伸，止于靠近马雷奥蒂斯（Mareotis）湖边的砂质小山丘，而一个并不宽阔的狭长半岛将该湖与大海分隔了开来。

埃及国王在不同时期强占了利比亚和阿拉伯的多个地区。不过这些埃及河谷之外的领地并没有在其自然边界之中，因此它们只能被视作埃及帝国的属地。对此我们将在"埃及属地"的描述和比较地理的专门章节中进行介绍。

二、下埃及的埃及语名称

人们并没有成功找出下埃及的埃及语名称。关于这一方面的许多

第五章　下埃及及其自然划分和政治划分、各地埃及语名称

观点一个比一个冒险，唯一看似正确的观点就是本儒神父的见解；他认为，单词"Xнмι, Chémi"——我们已在上文举证该单词泛指整个埃及——是下埃及的真实名称，而"Uapнc, Maris"则是指上埃及。诚如之前所见，Uapнc 是上埃及的埃及语名称；我们也曾指出[①] Xнмι 从来都不是指下埃及，在此我们只想对此再增加一项新的证据，即人们经常在科普特语抄本中看到"Uapнc ǹтε Xнмι，克米的马利斯"（也就是指"克米或者埃及的南部"）。这种定义上埃及的方式与本儒神父的观点完全相反。

在我们参阅的众多包含殉教圣人名册或者布道文的科普特语抄本中，没有任何一本给出了下埃及真实的埃及语名称。在经过纷繁复杂的研究之后，我们最终在皇家图书馆的一本底比斯语词典抄本中发现了它[②]。这本词典收录了大量沙希地方言的单词，按"门类（en portes）"（Bab）或者章节分类，其中第十七章[③]收录的是行省和城市名称，特别是埃及大的行政划分区和省级城市的名称，这些名称由南向北按地理顺序进行排列。人们可以看到，下埃及的埃及语名称紧随开罗的科普特语名称之后，为"Tcaꞩнт，Tsahêt"[④]，翻译成阿拉伯语为 Bahhry，意为"埃及靠海地区（partie de l'Égypte voisine de la mer）"，即下埃及。

要解释底比斯语名称 Tcaꞩнт 并不困难，它对应于孟菲斯语的 Tcaꜣнт，由意为"部分（partie）"的 Tca 或者 ca 和在科普特语书中有时意为"北部、北方（nord septentrion）"的 ꞩнт，即孟菲斯语的 ꜣнт 组成，因此 Tcaꞩнт 的意思就是"北部地区"，所以人们看到下埃及的名称就是与名称"Uapнc，南部地区"——即上埃及相对的 Tcaꞩнт。下埃及的另一个埃及语名称证实了我们给出的单词 Tcaꞩнт 之意义。该名称在上述提到的抄本中紧随第一个名称之

6

7

---

① 见前文，原著第一卷，第 104 页。
② 科普特语抄本，皇家图书馆，古藏书，43 号。
③ 第 58 页正面。
④ 第 59 页正面。

229

后，为"ⲠⲤⲁⲚⲈⲘϨⲒⲦ，Psanemhit"①。其字面意思是"北部地区"，而在阿拉伯语文本中它被翻译成了"Elouadjéh Elbahhry，埃及靠海地区（partie maritime de l'Égypte）"，因此对于埃及人用来指下埃及的这两个单词之词义是毋庸置疑的②。

三、尼罗河及其支流、尼罗河支流的埃及语名称

下埃及南部的边界位于尼罗河三条主要支流上方一小段距离之地。尼罗河在此处另外分出4条支流，共7条支流。尼罗河这次分流在孟菲斯以北5古里的地方。③希腊和罗马的诗人、历史学家都曾经赞颂过这些通往地中海的入海口及其数目。尽管支流的数量精准地确定为7个，但对于现代地理学家来说还是很难将它们从河流目前的分支中明确分辨出来。事实上很容易想象，几个世纪以来与尼罗河相连的一些运河已经阻断，加之埃及政府的不重视，大部分支流变得越发贫瘠，其余的几乎消失殆尽。同时那里多变的环境致使水系规模大幅缩小，以至于现代旅行家们认为那些支流只是运河；之后他们花费了大量的精力才辨认出这些运河实为灌溉肥沃了下埃及平原的著名支流。

古人关于这一内容的报告中又为上述不好克服的困难增加了新问题。他们在尼罗河支流的数量上达成了一致意见，但每个人给出的支流名称表却存在差异。希罗多德是这样给它们命名的：从最东边起，名称分别是佩吕斯亚克（Pélusiaque，又译佩罗锡克）、孟德锡耶内（Mendésiene）、布克里克（Bucolique）、塞本尼提克（Sébennytique）、萨伊提克（Saïtique）、博洛比提内（Bolbitine）、

---

① 第59页正面。
② 这并不意味着由埃及语名称 Tsahêt 和 Psanemhit 翻译而来的阿拉伯语单词 Bahhry 是指埃及如今称作 Bahhiré（布海拉）的省份，因为该地区是下埃及最西边的省份，而用来翻译名称 Tsahêt 和 Psanemhit 的 Bahhry 意为"埃及北部地区"，所以这显然是不合适的。（译注："布海拉省"为现在通用译法，故此处未按法语音译。）
③ 斯特拉波，卷十七。

卡诺皮克（Canopique）①；斯特拉波②则把它们称作佩吕斯亚克（Pélusiaque）、塔尼提克（Tanitique）、孟德锡耶内（Mendésiene）、法特尼克（Phatnique）、塞本尼提克（Sébennytique）、博洛比提克（Bolbitique）、卡诺皮克（Canopique）；最后地理学家托勒密只点名了尼罗河的5条支流，名称分别是阿伽忒达埃蒙（Agathodæmon）、塔利（Taly）、法尔穆提亚库斯（Phermuthiacus）或者塔尔穆提亚库斯（Thermouthiacus）、法特美提库斯（Phatmeticus）或者帕特美提库斯（Pathmetichus）以及布巴斯提库斯（Bubasticus）。③不过不应当认为托勒密并不知道尼罗河有7条支流，是因为他没有机会谈到另外2条，所以只说了其中5条的名字。而本书的主要研究目标是协调这些作者的观点，确定尼罗河7条支流的起源及流程，介绍其埃及语名称和名称的含义。我们将根据其由东至西的地理位置，来介绍这些不同报告中出现的支流。

（一）佩吕斯亚克（又译佩罗锡克）河

尼罗河的这条支流曾是最大的支流，也是所有支流中最东边的一条。它是从叙利亚进入埃及的第一条支流，现代地理学家对其进行了诸多探讨。有些人认为这条支流已经完全消失，而另一些则认为它只在埃及被阿拉伯人称作Scharqïèh（东部省）的地区留下了些许痕迹。唐维尔把支流佩吕斯亚克引向米特·达姆西斯（Mit-Damsis），并将其穿过相西亚（Shianshia）（尚沙，Schanscha）城，最终消失于曼萨拉（Manzaleh）湖。不过唐维尔在此犯了一个明显的错误；在远征埃及期间，负责勘测莫伊斯（Moëz）运河流向的马吕斯先生（Malus）和费夫尔先生（Fevre）④坚信该运河是从支流达米埃特（Damiette，又译杜姆亚特）河分流出来的。分流点在阿特利布（Atrib）即古阿特利

10

---

① 希罗多德，卷二，17。
② 斯特拉波，卷十七。
③ 托勒密，卷四。[译注：原文如此。-cus为拉丁化后缀，-que为法语化后缀。法尔穆提亚库斯又称法尔穆提亚克（Phermuthique）塔尔穆提库斯，（Thermouthiacus）又称塔尔穆提亚克（Thermouthiaque），法特美提库斯又称法特美提克（Phatmetique），帕特美提库斯又称帕特美提克（Pathmethique），布巴斯提库斯又称布巴斯提克（Bubastique）。]
④《埃及十日》，第一卷，第131页。

比斯以北1古里，比唐维尔确定的支流法特美提克河（Phathmétique）和佩吕斯亚克河的分界稍微偏南，离支流分界所在的米特·达姆西斯村约5古里，而唐维尔确定的这个村落相比于阿布斯尔（Aboussir）也过于靠南。随后马吕斯先生在莫伊斯运河东岸、距阿特利比斯7古里的地方发现了古城布巴斯特（Bubaste）的遗址。在莫伊斯运河的分流处，他还发现了名城塔尼斯的遗址。而这两条支流之后又合流形成了一个位于曼萨拉湖口前方两古里的巨大岛屿。塔尼斯城的名称也被用于命名尼罗河的支流，这就使得安德烈奥西（Andréossy）[①]将军把莫伊斯运河视作尼罗河的支流塔尼提克河，而这从某种程度上来说也是正确的。由此可见，唐维尔把支流佩吕斯亚克河定位到米特·达姆西斯必然是不恰当的，因为如果采纳唐维尔的观点，那么就会得出支流塔尼提克河位于支流佩吕斯亚克河东边，而这与所有古代地理学家的证词并不相符，他们均指出佩吕斯亚克河是尼罗河最东边的支流。

但是如果完全采纳安德烈奥西将军的观点，即把从莫伊斯村落到塔尼斯之间的莫伊斯运河视作支流塔尼提克河，那么关于阿特利比斯城和布巴斯特城的位置，也会得出与所有古代地理学家观点明显矛盾的结论。他们一致认为这两个地方在三角洲之外；但如果从阿特利比斯一直到布巴斯特下方之间的莫伊斯运河确实是支流塔尼提克河的话，那么这两座位于河边的城市也就不在三角洲之外了。由此也就可以推测出支流塔尼提克河在支流佩吕斯亚克河的东边，但已经证实的结论恰恰相反：支流佩吕斯亚克河是在支流塔尼提克河的东边。如果像一些作者所想的，把流经开罗附近的阿布尔·姆内加（Aboul-Mounedja）运河视作支流佩吕斯亚克河的余下部分，那么上述两座城市的位置也确实会有所偏移；但唐维尔证实了这种假设并不合理。

由此可见，此项重要议题一直存在许多难点。在我们看来只有唯一一种方法可以解决这些难点，并使古代地理学家的观点与下埃及这一地区的现状相符合。而这其实就是：1.假设现在的整条达米埃特支

[①]《埃及十日》，第一卷，第187页。

流就是支流佩吕斯亚克河，即从三角洲的顶点起直至莫伊斯运河的区域；2. 把莫伊斯运河视作佩吕斯亚克河的延伸，直至布巴斯特附近的岛屿下方，运河在此分成了两条支流；3. 始终把两条支流中向东流去的一支视作支流佩吕斯亚克河，因为它确实在提奈（Thineh）或者佩吕斯（Péluse，又译培琉喜阿姆）的入海口处汇入了大海；4. 最后，把此运河另一条支流，流经塔尼斯的那条命名为支流塔尼提克河①。以上就是我们的观点。当地的现状、最新的观察结论，尤其是根据法国工程师的勘测结果所制定的、由雷尼耶（Reynier）将军出版的下埃及地图对此作出了证实。

只要带着思辨精神来看前人言论，人们很容易对上述观点的真实性表示信服，因为它解释了相较于尼罗河支流佩吕斯亚克河和塔尼提克河，至今众多埃及城市的定位出现矛盾的原因。根据学识渊博、值得尊敬的拉谢的解释，正如我们之前谈到的且斯特拉波也已证实的那样，支流塔尼提克河是佩吕斯亚克河的分支。②

从那时起，人们明白了为什么托勒密在谈到"布巴斯提克河由佩吕斯亚克河口流出"时，把希罗多德和斯特拉波称为佩吕斯亚克的支流命名为布巴斯提克河（Bubastique）。布巴斯特城所在沿岸的支流以城市名称命名并不奇怪，但唐维尔在讨论中并没有想到这一十分重要的推论。正如我们之前所介绍的，他把支流佩吕斯亚克河放在了它实际所在位置以北5古里处，他便不得不把布巴斯特放在内陆中部，远离佩吕斯亚克河。正是由于这个错误导致他认为布巴斯特与支流佩吕斯亚克河毫无关联，所以他也没明白为什么托勒密把支流佩吕斯亚克河称作"布巴斯提克河"。但相反地，人们认为这太自然不过了。如今佩吕斯亚克河沿岸的布巴斯特城遗址就是绝佳的证明。在该城旧址附近还有一座岛屿③，而这显然就是米耶克佛利斯（Myecphoris）岛，古希腊地理学家们曾指出它"靠近布巴斯特"。在我们探讨下埃及这

---

① 第2条支流继续称作莫伊斯运河，直至曼萨拉湖。
② 希罗多德《历史》1802年法语译本，第二卷，第199页。
③ 马吕斯先生：《埃及十日》，第一卷，第134页。

一地区的城市位置和概况时，所有这些内容都有助于证实我们之前所发表的相关观点。

（二）塔尼提克河

我们刚刚谈到这条支流是布巴斯提克河或者说是佩吕斯亚克河的分支，它的名称源自其东岸的壮丽之城塔尼斯城。最终，这条支流经由地理位置为经度30°11′39″、北纬31°8′16″，如今称作奥姆·法雷杰（Omm-Faredje）的入海口汇入大海。

斯特拉波在佩吕斯亚克河之后随即就提到了支流塔尼提克河，但希罗多德却丝毫未曾谈及。相反地，在佩吕斯亚克河之后，他首先提到的是支流孟德锡耶内河，而后是斯特拉波没有谈论过的支流布克里克河。① 下埃及以前叫作布克里（Bucolies）的地方有多条运河流过，很明显，希罗多德把其中一条运河视作尼罗河七条支流之一，并根据这个地方的名称给这条运河命名为布克里克。而这明显是不恰当的。也有可能像我们之前介绍的，由于塔尼提克河只是佩吕斯亚克河的分支，所以这位哈利卡那索斯的历史学家把佩吕斯亚克河与塔尼提克河视为同一条支流。

（三）孟德锡耶内河

希罗多德和斯特拉波都提到了支流孟德锡耶内河，而托勒密却未曾提及。该河流紧随塔尼提克河之后，流向西北。它位于如今名为曼苏拉（Manssoura）的地方，也被称作阿什姆恩（Aschmoun）运河，是支流法特美提克河的分支。其名称来源于河流东岸的城市孟德斯，它是孟德斯诺姆的首府。河水在经度29°47′45″、北纬31°21′24″的迪贝（Dibéh）入海口汇入大海。②

（四）法特美提克河

尼罗河的第4条支流流向自东向西，希罗多德把它称作塞本尼提克，斯特拉波则将其称作法特尼克，也就是托勒密所说的法特美提

---

① 希罗多德，卷一，17。
② 努埃：《天文学观察》。

克。它是佩吕斯亚克河的分支。正如我们之前介绍的，它在如今称作卡夫尔·莫伊斯（Kafr-Môez）的地方与佩吕斯亚克河分开，向北部流去，而佩吕斯亚克河则流往东北方向。

它流往地中海的入海口位于欧洲人称作塔米亚提斯（Tamiathis）的下方，其现在的阿拉伯语名称是 Damiath 或者 Damiette（达米埃特），靠近经度 29°32′7″、北纬 31°30′7″。

希罗多德将其命名为塞本尼提克，因为它实际上流经如今称作萨曼努（Samannoud）的塞本尼图斯（Sebennytus）城。但正如我们即将看到的那样，斯特拉波并没有把这个名称用于命名这里所谈论支流的分支。尼罗河这条支流真实的埃及语名称是 Phathmétique（法特美提克，正如托勒密所说），但在斯特拉波的文章中被错误地拼写成了 Phathnique（法特尼克）[1]；事实上，单词 Phathmétique 用科普特语书写就是"ⲪⲁⲑⲙⲎⲧ，Phathmêti"，这在埃及语中意指"中部的支流（le bras du milieu）"；而这条支流正是位于其他 6 条支流的中间，其东边有孟德锡耶内河、塔尼提克河和佩吕斯亚克河，西边有法尔穆提亚克河（Phermutiaque）[2]、博洛比提克河（Bolbitique）、卡诺皮克河。这个单词的词源和拼写方式确凿无疑：因为我们给出的相关解释有理有据。托勒密也把这条支流称作布西里提克河（Busiritique），这是源于其沿岸靠近塞本尼托的城市布西里斯。

（五）塞本尼提克河，又称法尔穆提亚克河

尼罗河的第 5 条支流在西边，它起始于三角洲顶端，贯穿整个三角洲地区。[3] 希罗多德将其命名为萨伊提克河，很可能是因为它流经塞易斯诺姆的东部地区。对此韦瑟灵先生也持相同的观点。[4] 出于类似的原因，斯特拉波把这条支流称作塞本尼提克，因为它流经塞本尼图斯诺姆的西部地区。希罗多德与斯特拉波一样，他们都因其规模将

---

[1] 译注：原文如此。同原著第二卷，第 9 页 Phatnique。
[2] 译注：原文如此。同原著第二卷，第 9 页 Phermuthiaque。
[3] 希罗多德，卷二。——斯特拉波，卷十七。
[4] 韦瑟灵：《关于希罗多德的注释》，第 112 页，注释 91。

其视作尼罗河第三大支流。

托勒密保留了河流的埃及语名称，将其称作法尔穆提亚克（Phermoutiaque）河或者塔尔穆提亚克（Thermouthiaque）河。这两个埃及语名称没有经历任何篡改，它是由词根 ⲙⲟⲩ（死亡、丧生）、ⲉⲣ（做）以及阳性冠词 ⲫ 和阴性冠词 ⲧ 组合而成的。实际上如果去掉希腊语词尾，就可以得出 ⲪⲈⲢⲘⲰⲞⲨⲦ 和 ⲐⲈⲢⲘⲰⲞⲨⲦ[1]，意思分别是"招致丧生的人或事物（阳性）(celui qui cause la perte)"和"使得丧生的人或事物（阴性）(celle qui fait périr)"。词根 ⲙⲟⲩ（死亡）以 ⲙⲱⲟⲩⲧ 的形式出现在了复合词中，因此可以看到 ⲣⲉϥⲙⲱⲟⲩⲧ（mortuus，死亡的）（单数）和 ⲛⲏⲉⲧⲙⲱⲟⲩⲧ（mortui，死亡的）（复数）。其中后一个单词出现在了下面一段诗文中，它节选自我亲自查阅的一份科普特语抄本，这是每年重大节日向圣人致敬的埃及语圣歌汇编[2]。诗文如下：

ⲁⲡⲭⲣⲓⲥⲧⲟⲥ ⲡⲉⲛⲛⲟⲩⲧ
ⲦⲰⲚϤ ϦⲈⲚ ⲚⲎⲈⲦⲘⲰⲞⲨⲦ
ϨⲒⲚⲀ ⲚⲦⲈϤ ⲤⲰⲦ
ⲘⲪⲢⲎⲦ ⲚⲚⲒⲈⲦⲈⲚⲔⲞⲦ.

（"我主耶稣基督死而复生，以拯救休息中的世人。"）

19　　古人还告诉我们埃及人把一种毒蛇角蝰命名为 Thermouthis，ⲐⲈⲢⲘⲰⲞⲨⲦ[3]，它在科普特语经卷中一般被命名为 ⲡⲓⲁϩⲱⲣⲓ[4]，这个单词在科普特语词汇汇编中被翻译成了阿拉伯语 Elthâaban。由"ⲁϩⲱ，perditio（毁坏、丧失）"和"ⲓⲡⲓ，facere（做）"的缩写"ⲡⲓ"组成的单词 ⲡⲓⲁϩⲱⲣⲓ 与 Thermôout 一样，意为"perniciem（毁坏、丧失）、mortem faciens（使死亡）"。

---

[1] 译注：转写为 Phermôout 和 Thermôout，下同。
[2] 科普特语抄本，第221页正面。
[3] 埃蒂耶纳·博诺·德·孔狄亚克：《动物论》，卷十，第30节。
[4] 译注：转写为 piakôri。

以前的航行难度较之今日应当更大，而斯特拉波称作赛本尼提克的支流正是由于航行受阻而获得了埃及语名称ϥⲉⲣⲙⲱⲟⲩⲧ。其入海口位于如今称作布尔洛斯（Bourlos）的布陀斯（Butos）湖，支流穿过一片土地，经此湖泊注入大海，而其沿岸有一座埃及人命名为Nikesjôou（尼克斯若乌）、希腊人称作Parallos（帕拉洛斯）的小城。

（六）博洛比提克河，又称塔利河

希罗多德把这第6条支流称作博洛比提内（Bolbitine），斯特拉波称其为博洛比提克，托勒密则将其称作塔利。它是所有支流中最小的一条，为卡诺比克河的分支，其源头离大海不远，靠近如今名为德伊鲁特（Deirouth）的地方。值得注意的是，埃及所有叫作塔鲁特（Tarouth）、德伊鲁特（Deirouth）、塔拉埃特（Taraeth）或者达拉乌埃（Daraouéh）[1]的地方都在尼罗河上，且是在尼罗河分出两条支流或者是造出一条运河的源头之地。这一结论的真实性很容易得以证实，因此我们确信这些城市或者乡镇起源于埃及，且名称均为埃及语。事实上，"Deirouth，Taraeth，Tarouth"是埃及语单词ⲧⲉⲣⲱⲧ的阿拉伯语变体，它由词根ⲣⲱⲧ（出生、萌芽）或者ⲣⲏⲧ（分出支流、分流）派生而来，因此意思就是"河流分流（dérivation）"。我们知道，在埃及有5个名为ⲧⲉⲣⲱⲧ的地方，阿拉伯人把其中第一个地方称作塔鲁特（Tarouth），并另取别称赛尔邦（Sserbam）[2]或者艾斯谢里夫（Esscherif），它位于孟赫运河从尼罗河起源之地。在埃及语经卷中，它还保留了最初的名称"ⲧⲉⲣⲱⲧ，Térôt（特罗特）"[3]。第二个以此为名之处与第一处同属于什姆恩（Schmoun，即大荷莫波利斯）诺姆，阿拉伯人将其称作德鲁特·阿什姆恩（Derout-Aschmoun）。并且正如我们已经介绍过的[4]，它在埃及语经卷中写成了"ⲧⲉⲣⲱⲧ ⲱⲙⲟⲩⲛ，

---

[1] 译注：下文写作Daraoueth。
[2] 译注：前文亦写作Ssarban。见原著第一卷，第288页。
[3] 见前文，原著第一卷，第288页。
[4] 见前文，原著第一卷，第297、298页。

21　Térôt-Schmoun（特罗特·什姆恩）",但位置并没有完全确定。第三个同名的地方塔拉埃特·莫伊斯（Taraët-Moëz）位于支流法特美提克河从佩吕斯亚克河分流之处①,因此它获得了埃及语名称 Terôt（特罗特）。第四个同名之地被阿拉伯人命名为达拉乌埃（Daraoueth）,位于三角洲顶端。在那里尼罗河分流出 3 条支流,分别是卡诺皮克河、
22　法尔穆提亚克河及佩吕斯亚克河。最后,第五个②埃及人称作特罗特（Τєρωτ, Terôt）的地方阿拉伯人仍然冠以德伊鲁特（Deirouth）之名。并且正如前文所介绍的,它位于支流博洛比提内河与卡诺皮克河的分流处。基于这个特殊事实所得出的结论是真实可靠的,因此我们关于尼罗河支流源头的观点又多了一项新证据。

托勒密把博洛比提克河冠以塔利（Taly）之名,尽管我们无法给出这个单词的意义,但还是坚信它来源于埃及语。古代地理学家告知我们,这条支流是由最早的埃及人挖掘而成,其希腊语名称取自河流沿岸的城市博洛比提内。

（七）卡诺皮克河,又称谢特努菲河（Schetnoufi）

支流卡诺皮克河是最西边的一条河流,也是所有支流中最大的河流之一。它起始于三角洲顶端,在名城克诺珀斯（Canope）附近注入地中海。希罗多德和斯特拉波将其命名为卡诺皮克河,但托勒密则用了一个特殊之名相称,即阿伽忒达埃蒙。最初我们猜测这个名称是

---

①　见尼布尔游记第一卷中的下埃及地图。（译注：卡斯滕·尼布尔,德国历史学家、旅行家、探险家。）

②　博尔吉亚博物馆中的一份底比斯语残卷（《博尔吉亚博物馆抄本目录》,第 366 页）记载了隐修士保罗行传,这是由其弟子以西结叙述的,其中似乎向我们介绍了第六个名为特罗特（Τєρωτ）的地方。内容如下：“ⲀⲚⲀⲚ ⲆⲈ ⲀⲚⲘⲞⲞⲨⲈ ⲈⲢⲎⲤ ⲤⲀ ⲦⲞⲞⲨ ⲦⲎⲢⲎⲂ ⲰⲀⲚⲦⲈⲚⲈⲒ ⲈⲠⲦⲞⲞⲨ ⲚⲦⲈⲢⲰⲦ ⲀⲰⲀⲚⲤ,我们在特莱布（Têrèb）山上往南走,直至特罗特·阿尚山（Terôt-Aschans）ⲚⲦⲈⲢⲰⲦ ⲀⲰⲀⲚⲤ）。”这也很有可能与我们最先所想一致（见上文,原著第一卷,第 148 页）,应当写作"ⲚⲦⲈ ⲢⲰⲦⲀⲰⲀⲚⲤ,罗塔尚（Rôtaschans）",但由于表属格的冠词 ⲚⲦⲈ 并没有出现在这份残卷中,而是经常在类似的语句中看到冠词 Ⲛ̄ 或者 Ⲩ̀,例如 ⲠⲦⲞⲞⲨ ⲚⲤⲒⲞⲞⲨⲦ（斯奥乌特 Sioout 山）,ⲘⲘⲈⲢⲞⲈⲒⲦ（梅洛埃伊特 Meroëit 山）,ⲚⲀⲚⲦⲚⲞⲞⲨ（安底诺 Antinoé 山）、ⲘⲠⲔⲞⲞⲨ（普科乌 Pkoou 山）等,所以我们这里涉及的这段内容接受度更高,因而我们读到的特罗特·阿尚（Terôt-Aschans）山是对本作品第一卷第 148 页中相关内容的更正。

古埃及人给这条支流所取之名的类似翻译,并对此深信不疑。所以在此我们必须要对这一结论进行介绍。我们看到在古埃及人时期,支流卡诺皮克河的源头附近曾经有一个名为"ϢⲈⲦⲚⲞⲨϤⲒ,Schetnoufi(谢特努菲)"的村庄,由于该名称在埃及语中为"好的支流、好的分流(bonne branche,bonne division)"之意,所以我们确信支流卡诺皮克河曾经名为ϢⲈⲦⲚⲞⲨϤⲒ,而托勒密将其翻译成了希腊语Agathodæmon。并且最初其附近所建造的村庄就以尼罗河这条支流的名称来命名。名称ϢⲈⲦ ⲚⲞⲨϤⲒ是从ϢⲈⲦ,secare(切割、划分),dividere(划分)(动词),divisio(划分)(名词)和ⲚⲞⲨϤⲒ,bonus(好的)(阳性),bona(好的)(阴性),conservatrix(抵御、保存)派生而来。

我们认为可以补充说明的是,单词"ϢⲈⲦ,Schet"在埃及人看来是指尼罗河的支流,正因为如此,他们既会说"ϢⲈⲦⲚⲞⲨϤⲒ,好的支流"(Agathodæmon,即阿伽忒达埃蒙,卡诺皮克河);也会说"ϢⲈⲦϤⲈⲢⲘⲰⲞⲨⲦ,危险的支流、不好的支流"(法尔穆提亚克河);ϢⲈⲦ ⲦⲀⲖⲒ(塔利河,博洛比提克河);"ϢⲈⲦ ϤⲀⲐⲘⲎϮ,中间的支流"(法特美提克河);ϢⲈⲦ Ⲛ̀ϢⲘⲞⲨⲚ,Schet-Anschmoun(孟德锡耶内河);ϢⲈⲦ Ⲛ̀ⲬⲀⲚⲎ,Schet-Ansjanê(塔尼提克河);ϢⲈⲦ Ⲙ̀ⲠⲞⲨⲂⲀⲤⲦ或ϢⲈⲦ Ⲙ̀ⲠⲈⲢⲈⲘⲞⲨⲚ,Schet-Ampoubasti或Schet-Ampérémoun(布巴斯提克河或者佩吕斯亚克河)。这一推测并不需要探讨,因为如果支流卡诺皮克河的名称Schet-Nouphi及精确意义还不足以证明其真实性的话,那可能会有另外的某项证据加以证实。

如今,支流谢特努菲河(卡诺皮克河)从源头塔利河(博洛比提克河)到地中海中间的区域已经完全消失。支流卡诺皮克河的河水注入博洛比提克河的河床。很快卡诺皮克河下游部分便不复存在了。在它的入海口,未能被河水水流挡住的海水进入了陆地,从而形成了马蒂埃(Mâadièh)湖,卡诺皮克河曾经就是在那里汇入大海。

支流佩吕斯亚克河经历了同样的缩小过程。在希腊帝国统治晚期和阿拉伯人统治时期,大坝未能得到维护。而之后土耳其人的专制统治则是完全舍弃了这些大坝,以致佩吕斯亚克河的河水注入了支流塔尼提克河的河床，导致佩吕斯亚克河的水域大幅缩小。现在人们还可以在东部（Scharqieh）省的布巴斯特下方追踪到一些痕迹，但也十分困难了。

由此可以得出，如今称作曼萨拉湖的塔尼斯或者特尼斯（Tennis）湖大量侵没了下埃及东部的土地，正如海水侵没的西部地区形成了马迪埃湖一样。

我们对尼罗河众多支流的探讨就此为限，我们已尽力弄清下埃及这一区域地理上的重要问题。埃及委员会的工作及其在当地收集到的相关文献将会完全证实我们的观点，至少我们是如此期待的。

四、大三角洲和众多小三角洲

希腊人用 Delta 来命名由河流支流以及海水所围成的三角形或者类似于希腊字母 Δ 形状的区域。在一众三角洲中，以埃及三角洲最为出名，这也是唯一一个欧洲将其古老名称保留下来的三角洲。但人们经常听到的是整个下埃及地区被称为 Delta（三角洲）。这实际上是单词的滥用，它并不真实准确，因为希腊人所了解的以此为名之地只不过是下埃及的一部分地区，而不是整个下埃及。此外，托勒密还提到了多个三角洲地区，我们将在本章接下来的内容中介绍它们的边界范围。

（一）大三角洲及其埃及语名称

大三角洲的区域范围界限如下：东边是支流佩吕斯亚克河，西边是支流谢特努菲河（卡诺皮克河），北边是围成三角洲底边的地中海，通常估计这个区域约为 65 古里，呈 25° 角。

尼罗河的另外 5 条支流从各个方向穿过三角洲，一些流向东北；另一些则流往西北方向。丰沛的水量使得三角洲地区成为下埃及，乃至整个王国最肥沃的区域。各条支流，有时候甚至是短暂的雨水不断给土壤注入新的活力。特别充足的水量也使得尼罗河支流沿岸建起了多座城市与村庄，并且密集地出现了许多紧邻的人口稠密之城。

众所周知，单词 Delta 是希腊语，因此埃及人从来都没有用它命名帝国的这片土地。我们从未在科普特语经卷中发现 Delta 的埃及语名称，但是拜占庭的艾蒂安则给我们提供了复原其原始拼写的方法。根据这位五督政官[①]的说法，埃及人把三角洲称作 ΠΤΙΜΥΡΙΣ，而这个单词去掉希腊语词尾 ΙΣ 显然就是埃及语 Πτιμουρ[②]，它是由单词"μογρ，cingere（灰烬）"派生而来，意为"所有地方都被包围、环绕起来的"；也有可能埃及人简单地把三角洲称作 Πετμογρ[③]，其字面意思是"被围绕着的"，这就完全契合了被尼罗河河水和海水所"包围"及"环绕"的三角洲。

（二）众小三角洲

托勒密是唯一谈到上述的三角洲划分成了其他多个小三角洲的地理学家。但他却只确定了其中的 2 个。[④] 第一个小三角洲包含支流布巴斯提克河或者说是佩吕斯亚克河与法特美提克河之间的区域；另外一个则大概是在法特美提克河与塔尔穆提亚河或者说是塞本尼提克河之间的区域，而在支流塞本尼提克河与卡诺皮克河之间所形成的三角洲则很可能被人们视作第三个小三角洲。

尽管如此，可以确信这些自然的细分并没有被纳入政治划分之中。我们部分选取其中一些放在下埃及记述中作介绍，旨在使我们工作中的这一难点部分尽可能严谨。

五、三角洲地区以外的下埃及领地、其划分及其埃及语名称

除了大三角洲地区，下埃及还包含另外两个幅员辽阔的地方，分别位于东端和西端。西边从支流卡诺皮克河、东边从支流佩吕斯亚克

---

① 拜占庭的艾蒂安：《论城市和人民》，见单词 Δελτα。
② 译注：转写为 Ptimour。
③ 译注：转写为 Petmour。
④ 托勒密，卷四。

河引出的不同运河灌溉了每一片土地。

（一）三角洲地区以外的下埃及东部地区

提亚拉比亚（Tiarabia）

三角洲东部地区包含位于巴比伦下方、尼罗河支流佩吕斯亚克河和阿拉伯山脉之间的领土。尼罗河的支流在这里不再向北流去，而是改道向东，终止于阿拉伯湾附近；流沙所形成的沙丘挡住了这片领土的继续扩张，使其止于叙利亚一侧，它差不多对应于阿拉伯人称作盖勒尤卜（Qalioubiéh）[①]和东部（Scharqièh）的省份。下埃及的这一地区不及三角洲地区丰沃。在海滨地区，尤其是在佩吕斯周边，那里满是沼泽地。而其他地方灼热的沙子使得耕作者的辛勤劳动也成为无用之功，尽管他们努力想使这片多沙且毫无绿意的土壤变得肥沃；但在这片土地上，一些地方并没有因为烈日和滚烫的沙漠之风而干涸，变得寸草不生，相反得益于尼罗河的支流以及灌溉之渠，它们拥有了丰富的自然资源。不过覆盖着这些地方的青葱翠绿更加凸显了其周边沙漠地区的干旱和死气沉沉。

古希腊地理学家们把埃及的这个地方称为"阿拉伯地区（partie Arabique）"[②]。斯特拉波谈道："（埃及的）阿拉伯（L'Arabie）位于尼罗河与阿拉伯湾之间，佩吕斯位于其顶端。"这一段只能是被理解为埃及的阿拉伯，因为真正的阿拉伯在阿拉伯湾之外。该地区名称取自埃及的阿拉伯周边，再就是它所包含的诺姆中特别称作"阿拉伯（Arabique）"的一个诺姆。其希腊语名称是埃及语名称的准确翻译，在科普特语抄本中它是以孟菲斯方言"ⲦⲀⲢⲀⲂⲒⲀ, Tiarabia（提亚拉比亚）"[③]以及底比斯方言 ⲦⲀⲢⲀⲂⲒⲀ[④] 出现的。阿拉伯地理学家仅保留了古代"阿拉伯诺姆（nome Arabique）"的埃及语名称，将其写作

[①] 译注：下文亦写作 Qalyoub, Qalioub。
[②] 希罗多德，卷二；斯特拉波，卷十七；托勒密，卷四。
[③] 科普特语抄本，皇家图书馆，圣日耳曼藏书，17 号，增刊。
[④] 科普特语抄本，皇家图书馆，44 号，第 80 页正面。——科普特语抄本，皇家图书馆，46 号。（译注：转写为 Tarabia，塔拉比亚。）

Tarabiah（塔拉比亚）。连接红海与尼罗河，并最终与地中海汇合的著名运河正是处于埃及的这一地区。我们在介绍法老统治历史之时，将会谈到这条运河，正是这位法老最早设计了这一大型且实用的工程项目。我们将只谈及这条运河源起支流佩吕斯亚克河东岸，止于阿拉伯湾最北部被埃及人称作菲永·安沙里（Phiom-Anschari）之地。

（二）三角洲地区以外的下埃及西部地区

尼法伊亚特（Niphaïat）

下埃及第四部分最为靠西，其边界是支流卡诺皮克河的西岸和往西北方向延伸，直至渐渐消失于马雷奥蒂斯湖附近的利比亚山脉。该区域受邻近利比亚影响，大部分领地展现的都是类似于慢慢要将其吞噬的沙漠之景。在那里，埃及的西部，城市独因贸易闻名。也只因为贸易的往来，这些城市得以继续存在。埃及政府的政策反对与外邦交往过密。正如我们之前谈到的，政府担心如果民众通过与外邦经常性的往来而获得了一些新思想，那么国家的主要法律和宗教的神圣教义便会蒙受损害。正因为如此，埃及仅接纳极少数外邦，而且他们也只能在某些港口上岸，这其中许多港口就位于下埃及的这一地区。

根据斯特拉波的说法，利比亚是位于三角洲西部的亚历山大里亚和马雷阿周边地区之名。[1]在科普特语经卷中，马雷阿城被称作Νιφαιατ[2]，埃及人也用这个单词来指埃及的利比亚地区。单从表面来看，马雷阿的名称Νιφαιατ只能被视作为一个简单的别称，因为在埃及语中它确切的称谓是Мαрн。很可能古埃及人把三角洲以外、靠近利比亚山脉附近的下埃及西部地区也称作"Νιφαιατ，利比亚（la Libye）"，因为他们认为尼罗河东边的下埃及区域隶属阿拉伯和亚洲，西边的下埃及区域则隶属利比亚或者说非洲。[3]至少，这是我们的观点。

---

[1] 斯特拉波，卷十七，第555页。
[2] 科普特语抄本，皇家图书馆，圣日耳曼藏书，17号，增刊。（译注：转写为Niphaïat。）
[3] 斯特拉波，卷十七；——希罗多德，卷二。（译注：希罗多德《历史》卷二，15。）

六、下埃及的政治划分

下埃及的政治划分与马利斯（又称上埃及）的政治划分相同。首先它被划分成诺姆或者说是大行政区，之后每个诺姆都有专区，这些专区再分为各个乡镇。在斯特拉波的报告中，埃及血统的国王统治时期，下埃及诺姆的数量为10个。在这些大行政区的主要城市中，有一些地方的领土被埃及的两阶武士，卡拉希里斯人（Calasiries）和赫尔摩泰比斯人（Hermotybies）分别占据。

以上就是我们所知晓的法老统治时期下埃及唯一的政治划分。

由于无法确定每个诺姆领地的边界和范围，并且这种大概的了解也只能确定下埃及最大城市所在的方位。因此出于对这方面自身特性的考虑，我们不得不采纳较为任意的划分方式，不过这也是以我们上述提到的自然划分为基础的。

因此我们关于下埃及城市的研究工作将分成4个部分。

第一部分包括位于埃及的阿拉伯和支流佩吕斯亚克河之间的城市，也就是被称作 Ταραβια（Tiarabia，提亚拉比亚）的下埃及地区所有的城市。

第二部分包括支流佩吕斯亚克河和法特美提克河之间的城市。

第三部分将包含关于尼罗河支流法特美提克河和卡诺皮克河之间城市的研究。

最后，第四部分将介绍下埃及西部城市及其埃及语名称，埃及把该地区称作 Νιφαιατ（Niphaïat，尼法伊亚特）。

第一部分
提亚拉比亚（Tiarabia）

埃及的巴比伦（Babylone d'Egypte）——巴贝勒·克米（Babel-ante-Chémi）

埃及的巴比伦位于孟菲斯北部，尼罗河东岸，靠近埃及帝国的第二大都城。这座建于高地的城市源起巴比伦人，塞托斯·拉美西斯在他远征亚洲返回时把他们作为俘虏带了回来。这些最初被派往建设公共工程的人们奋起反抗，随后又在孟菲斯和赫利奥波利斯之间一个筑有防御工事的地方定居。在一段时间内，他们毁坏周边地区，不过很快又回到了劳作之中。故而塞托斯·拉美西斯原谅了他们的起义，允许他们在之前所占领的地区安定下来。"埃及的巴比伦"之起源可以追溯至这些人①，他们为了纪念自己的祖国、帝国的都城，把这里也称作巴比伦。②

在科普特语经卷中，这座城市或者更确切地说是这个要塞被称作"Βαβυλον，Babylon③，或 Θβαβυλον，Thbabylon④"，并且几乎一直是"Θβαβυλον ⲛ̄ⲕⲏⲙⲏ，Thbabylon-an-Kémé"⑤ 或者 "Θβαβυλον ⲛ̄ⲭⲏⲙⲓ，Thbabylon-an-Chémi⑥，埃及的巴比伦"。显而易见，单词 Βαβυλον 是希腊语形式，但由于亚洲的巴比伦之真实名称为 Babil，并且埃及获得了幼发拉底河流域古代居民所说的"巴比伦"之名，那么无疑埃及的巴比伦在法老统治时期的名称就是"Θβαβηλ ⲛ̄ⲭⲏⲙⲓ，Thbabil-an-Chémi"。在埃及帝国衰落后，波斯人保留了其原先之名，而希腊人则将其称作 Βαβυλων⑦。波斯人和罗马人⑧在统治埃及期间驻军于埃及的巴比伦（Babil-an-Chémi）；阿拉伯人将此地命名为巴比伦·米斯尔（Babyloun-Missr）⑨，这个名称是其埃及语名称的准确翻

---

① 西西里的狄奥多罗斯，卷一，第 52 页；——斯特拉波，卷十七。
② 上述引文出自西西里的狄奥多罗斯。
③ 科普特语抄本，皇家图书馆，43 号，第 59 页正面。
④ 科普特语抄本，皇家图书馆，圣日耳曼藏书，17 号，增刊。
⑤ 科普特语抄本，皇家图书馆，44 号，第 80 页正面。
⑥ 科普特语抄本中好几处都提及。
⑦ 斯特拉波，卷十七。
⑧ 斯特拉波，卷十七。
⑨ 科普特语抄本，皇家图书馆，43 号，第 59 页正面。在关于埃及的早期巨著中，罗齐耶尔（Rozière）先生的著作《比较地理及红海贸易》(*Mémoire sur la Géographie comparée et le Commerce de la mer rouge*) 就是其中之一，他认为由埃及语派生而来的名称 Babyloun 或者 Babelon 意为"太阳之门"。但只需要留意到"门"的阿拉伯语单词为 bab，阿拉伯语冠词为 el，如此，"太阳之门"的埃及语应当是 "ⲡⲓⲣⲟ ⲛ̄ⲧⲉ ⲫⲣⲏ，Piro-ante-phré"，由此罗齐耶尔先生的解释不攻自破。（译注：这里的 Rozière 就是指 François Michel de Rozière，他是远征埃及期间的科学艺术委员会成员。）

译，但更为常见的是马斯尔（Massr），而这就与佛斯塔特（Fosthath）混淆了。

利乌伊（Lioui）

名称 λιογι（Lioui，利乌伊）出现在了皇家图书馆的科普特语—底比斯语抄本中①。书中相应的阿拉伯语名称为 Qahirah（卡西拉），而这就是我们称作开罗的埃及首都。与阿拉伯语 Qahirah 没有任何关系的单词 λιογι 必然起源于埃及语，并且由于开罗属于现代称谓，所以很可能在古埃及人时期，λιογι 是开罗城建立之地本来的称谓。而且在亚历山大大帝到来前，科普特人一直把亚历山大里亚命名为 Ρακοτ（拉科提），所以科普特人也很可能在他们的书中保留了名为 λιογι 之地的原名，它曾位于现代开罗的所在地。

开罗有时候也被称作"†κεωρωμι，Tikeschrômi"②，其字面意思是"使人精疲力竭的人/物（qui brise l'homme）"，但从表面看来，这个名称是现代称谓。

赫利奥波利斯（Héliopolis）——翁（On）城

赫利奥波利斯位于尼罗河与阿拉伯山脉之间，是埃及血统的国王统治时期的主要城市之一。尽管它离孟菲北部仅有五六古里的距离，但其范围十分巨大，赫利奥波利斯因其古迹而位列埃及圣城前列。城市主神庙前有一条斯芬克斯大道，并且公元前 1900 年，法老塞托斯·拉美西斯命人在此修建了方尖碑。整座城市建在人造高地之上，其脚下有许多湖泊，不同的运河在此泄洪。③赫利奥波利斯正是通过这样的方式与尼罗河相互连通。这座城市因祭司和杰出学者而享誉盛名，他们于埃及帝国的全盛时期在神庙之内生活。于此，他们通过介绍精密科学的原理而揭开了圣殿之秘密；而到了奥古斯都大帝统治时期，这座城市则完全没落，尽管其往日辉煌之迹凋零破败，但这些宏

---

① 43 号，第 59 页正面。

② 科普特语抄本，皇家图书馆，69 号，《法尼斯若伊特的圣·若望之殉难》（*Martyre de saint Jean de Pannisjôit*）。

③ 斯特拉波，卷十七。

第五章　下埃及及其自然划分和政治划分、各地埃及语名称

伟的建筑却依然长久伫立。也正是在这些由热爱艺术的民众修建而成的奢华建筑中，其没落的后世子孙们把文献和理论传播给了希腊贤哲与立法者，虽然这些内容已经受到外来统治的影响而歪曲变化，因为无知和迷信而晦涩难辨。在斯特拉波时代，人们仍然可以在这些建筑中看到欧多克索和柏拉图学习的房间。① 记忆的目光尽数投向了这座盛名之城的各方各面。

拉谢先生翻译的希罗多德作品之后有一张地理学表，他在其中谈到埃及曾经有 2 座名为赫利奥波利斯的城市。一座位于三角洲之外，非常靠近巴比伦；而另一座则在三角洲之内。② 但在我们看来这个观点与古代所有地理学家和历史学家之观点相悖。他们中没有任何一人提到埃及有两个赫利奥波利斯，而是与我们之前的阐述相同，一致认为埃及唯一以此为名的城市位于尼罗河东边，因此也就是在埃及的阿拉伯地区，三角洲之外，但十分靠近三角洲顶端；斯特拉波的一段内容对此也作出了明确证实。而拉谢认为可以引用这段内容来帮助证实三角洲地区确有第二个赫利奥波利斯，并且它比另一个赫利奥波利斯更古老、更恢宏。在介绍了法库斯（Phacuse）和其他几个周边城市后，斯特拉波谈道："我们刚刚谈到的地方靠近三角洲的顶端，布巴斯特及其首府也在那里。而布巴斯特上方就是赫利奥波利斯所在的诺姆赫利奥波利斯（Héliopolite）诺姆。"拉谢③ 在翻译这段内容时稍有不同，从而得出了赫利奥波利斯位于三角洲之内，且靠近三角洲的顶端。

不过我们还是冒昧地指出，在斯特拉波说布巴斯特上方就是赫利奥波利斯时，就已经证明了赫利奥波利斯并不在三角洲之内，因为布巴斯特的位置相当明确，它在埃及人称作"ϯⲁⲣⲁⲃⲓⲁ，Tarabia④，提亚拉比亚"，希腊人称作阿拉伯大行政区的地方，而埃及的阿拉伯地区是封闭式的，位于三角洲之外、支流佩吕斯亚克河与环绕埃及本土的

---

① 斯特拉波，卷十七。
② 希罗多德：《历史》，拉谢译本，1802 年版，卷八，第 242 页。
③ 希罗多德：《历史》，拉谢译本，1802 年版，卷八，第 245 页。
④ 译注：原文如此，应转写为 Tiarabia。

山脉之间，靠近东部。① 由此必然可以得出布巴斯特并不是位于三角洲之内，所以在大行政区布巴斯特上方的赫利奥波利斯也应当位于下埃及的这一阿拉伯地区，也就是在三角洲之外。在斯特拉波明明白白地说"赫利奥波利斯位于埃及的阿拉伯地区"② 时，实际上就论证了上述观点，并且当地的现状也是例证；由于斯特拉波所论到的赫利奥波利斯之状况符合如今被称作马塔利亚（Mathariah）或者艾因·夏姆斯（Ain-Schams）的地方，所以唐维尔和现代地理学家有理由相信，这个地方就是赫利奥波利斯的真实方位。斯特拉波这位希腊地理学家所谈到的湖泊存于马塔利亚；在装饰神庙的花岗岩方尖碑中，仍然还有一座矗立于基座之上。③ 上面刻满象形文字，雕工精良，其中两面宽度为 6 法尺，另外两面宽度则为 5 法尺；在这座独石碑附近还有一座翻倒在侧的斯芬克斯巨像。它几乎埋进了花岗岩和砂岩石堆之中④，这无疑是属于通往位于神庙其中一座柱台前方之方尖碑的斯芬克斯大道。城墙墙体还有一部分幸存至今，它是以未经加工的砖修葺而成，厚度为 50 法尺。⑤ 因此赫利奥波利斯的遗迹证实了我们所谈城市之位置，即位于如今名为马塔利亚之处，也就是众所周知的"艾因·夏姆斯——太阳之泉（fontaine du soleil）"，正如我们将要介绍的，这个名称保留了古代埃及统治的显著痕迹。

希腊人给这座城市所取之名赫利奥波利斯（Ηλιου πολις）只是其埃及语旧称的翻译。这座城市一直是以单词"ωN，On"⑥ 的形式出现在科普特语经卷之中。而在希伯来原文中则拼写成 Aoun。在科普特

---

① 斯特拉波，卷十七，第 555 页。
② 斯特拉波，卷十七，第 555 页。
③ 傅尔蒙（Fourmont）：《赫利奥波利斯平原记述》（Description de la plaine d'Héliopolis），第 190 页及以下。
④ 傅尔蒙：《赫利奥波利斯平原记述》，第 191 页。
⑤ 《埃及邮报》，58 期，第 3 页。
⑥ 科普特语抄本，皇家图书馆，圣日耳曼藏书，17 号，增刊；——62 号，《圣人阿帕·提尔（又称提亚）的殉难》[Martyre de saint Apa-Til（ou Tia）]；——《圣经·以西结书》，科普特语原文，三十，17 和希伯来原文，三十，17。

语《圣经·旧约》中，赫利奥波利斯一直被称作 ⲱⲛ 或者 ⲱⲛ ⲧⲃⲁⲕⲓ，翁（On）城[1]，或者被称作 ⲱⲛ ⲉⲧⲉ ⲑⲃⲁⲕⲓ ⲙ̀ⲫⲣⲏ ⲧⲉ，On，太阳之城（qui est la ville du Soleil）。这一段话似乎指出了埃及语中的 ⲱⲛ 意为"太阳"；并且在圣西里勒关于何西亚书的述评中也对此作出了确认，书中写道："Ωυ δε εστι κατ'αυτους ο ηλιος，埃及人用 On 来指太阳。"[2] 其实，毫无疑问，单词 ⲱⲛ 明显与埃及语词根 ⲟⲩⲱⲛ（打开、使晴朗）、ⲟⲩⲱⲓⲛⲓ（光线、阳光）和 ⲟⲩⲱⲛϩ（显示、展示、表现出来）有紧密联系。

马吕斯先生在《埃及—日》第三卷中[3]肯定地谈到科普特人也把赫利奥波利斯称作 ⲁⲥⲉⲇⲉⲕ[4]，但这个单词并不是埃及语，因而并不适合著名城市翁（On）城。

普西里（Pousiri）

在翁（On）城境内的东北部，靠着阿拉伯山脉有一个村落，其名为普西里（Ποуϲιρι）[5]，即埃及人所谓的"奥西里斯之地"；同时它还有卡夫尔·阿布斯尔（Kafr-Aboussir）[6]之名，这两个单词在阿拉伯语中的意思是"阿布斯尔村"。

普提曼霍尔（Ptiminhôr）

这座城市位于翁（On）城西北部，尼罗河沿岸，靠近三角洲顶端，其埃及语名称为"Ⲡⲧⲙⲓ ⲛ̀ϩⲱⲣ[7]（荷鲁斯之乡）"。阿拉伯人在名称 Damanhour（达曼胡尔）中保留了这个埃及语名称，并且如今仍以其命名该地，且加上了别称 El-Schahid（沙伊德）；这座城市出

---

[1] 《圣经·创世记》，四十一，5∶45。
[2] 《西里勒论何西亚书》（*Cyrillus in Oseam*），第 145 页；——拉克罗兹，《埃及语—希腊语词汇》，第 118 页。
[3] 第 172 页。
[4] 译注：转写为 Asedek，阿瑟德克。
[5] 译注：转写为 Pousiri。
[6] 见德农游记中的下埃及地图，插图 7。
[7] 译注：转写为 Ptiminhôr。

现在了阿布尔菲达的作品①以及我们多次提及的《埃及城市及乡村概况》中②。

图霍·努布（Touho-Noub）

埃及各行省城市的阿拉伯语名录中出现了我们所描述的埃及城市周边地区一个名为 Tahha-Noub（塔哈·努布）③或者 Noub-Tahha（努布·塔哈）④的地方。这两个单词是埃及语，可以肯定在法老统治时期曾经有一个村庄以此为名。它位于阿拉伯人如今仍然叫作塔哈·努布（Tahha-Noub）的地方。埃及人将其写作"Ⲧⲟⲩϩⲟ ⲚⲚⲟⲩⲃ，Touho-an-Noub"，意为"黄金之地"；以前大量埃及城市的名称意义类似，因此人们经常会发现名为 Ⲛⲟⲩⲃ，Ⲡⲁⲛⲟⲩⲃ，Ⲧⲁⲛⲟⲩⲃ，Ⲕⲁϩⲓⲛⲛⲟⲩⲃ⑤的地方，这些单词与 Ⲧⲟⲩϩⲟ ⲚⲞⲨⲂ 意思一致。由于阿拉伯人对希腊人所知晓的埃及城市保留了其真实的埃及语名称，因此毫无疑问，对于希腊人未曾知晓的地方，阿拉伯人也采纳了它们的埃及语称谓；此外，大部分埃及城市和村庄的名称并不属于阿拉伯语，那就必然属于埃及语。在此我们排除了少量确属希腊语或者拉丁语的城市名称，比如 Iskandériah，Bourlos，El-Karioun；但是像名称 Atquou，Bisrir，Tallamsa，Sonhour，Deïrouth，Schanthour，Sarsanouf 以及许多其他的名称，并不一定是阿拉伯语、希腊语或者拉丁语，因此它们应当是属于在希腊人、罗马人和阿拉伯人之前居住于埃及的民族之语言。也正是根据这一毋庸置疑的准则，我们在研究工作中会理解，尽管希腊人没有给一些埃及城市命名，但它们应当更多地被视作埃及起源之城，是遥远年代的存在。

---

① 阿布尔菲达，*Teqouïm-el-Boldan*，第 190 页，左兹姆（Zozime）兄弟出版社，维也纳，1807 年版，8 开本。
② 《开罗郊区》，16 号，第 598 页。
③ 盖勒尤卜（Qalyoub）省，41 号，阿卜杜拉提夫作品翻译本，第 601 页。
④ 盖勒尤卜省，60 号，第 602 页。
⑤ 译注：分别转写为 Noub、Panoub、Tanoub、Kahinnoub。

第五章　下埃及及其自然划分和政治划分、各地埃及语名称

那姆恩（Namoun）

上一段结尾处的结论自然也适用于类似图霍·努布的村庄。这个村庄属于盖勒尤卜省，阿拉伯人称其为那姆恩·斯德尔（Namoun-al-Sidr）①。此名称显然是埃及语 Naмoyn，它表明这是一个特别向永恒荣耀之神——阿蒙神祝圣的村庄。旺斯莱布在他的《亚历山大里亚教会史》中也提到了一个名为那姆恩的科普特主教辖区②，一切均表明这是同一座城市。

皮什奥（Pischô）

在普沙提（Pschati）一位名为迈那（Mêna）的主教所写之《亚历山大里亚主教以撒行传》中，提到了乡镇皮什奥。"这位圣人主教生来就是埃及人，他来自名为皮什奥的乡镇。"（"oуреминхмi пе ɧen пєчгeнoc oуѐвoʌ пе ɧen oутмi ечмoут ѐроч xe пιωω"）③ 通过以撒生活的不同时局可以确定皮什奥（пιωω）属于下埃及，在支流佩吕斯亚克河东岸。其实埃及语单词 пιωω 的意思是"沙子"④；并且这个埃及古老乡镇所在之处阿拉伯语名称为 Ramléh（拉姆雷），也表"沙子"之意，它位于支流布巴斯提克河或者佩吕斯亚克河的东岸，距邦哈（Banha）上方有一段距离⑤。在《埃及行省和城市概况》中，此处被称作 Al-Ramléh（拉姆雷）或者 Ramléh-Banha（拉姆雷·邦哈），地处东部省⑥。在《圣·阿帕特（saint Apater）行传》中⑦，Пιωω 也被称作 Taпωω，意为"沙漠之城"。

---

① 《埃及行省及村庄概况》（*État des provinces et des villages de l'Égypte*）。——阿卜杜拉提夫作品之德·萨西先生译本；盖勒尤卜省，57 号，第 602 页。
② 第 24 页。
③ 科普特语抄本，皇家图书馆，62 号，第 211 页。
④ 《圣经·马太福音》，七，26 及书中其他地方。
⑤ 尼布尔：《阿拉伯游记》第一卷，第 66 页，79 号，《拉希德、开罗和达米埃特线路图》（*Carte itinéraire de Raschid, Kahira et Damiat*）。
⑥ 阿卜杜拉提夫作品翻译版本中《埃及行省各地汇编表》。
⑦ 科普特语抄本，皇家图书馆，63 号。

帕那霍（Panaho）

基歇尔在一份科普特语抄本中[①]发现了这座城市的埃及语名称为 Πλnaɣo[②]，阿拉伯人则将其称作 Banha（邦哈），这只不过是对埃及语名称稍作修改。这个乡镇或者说这座小城位于皮什奥北边，也位于支流佩吕斯亚克河东岸，靠近阿特利比斯，在其南部。尼布尔的旅行图上标注了此地的方位，图上所写的阿拉伯语名称为 Benha-Assal（本哈·阿萨勒）。而在雷尼耶将军的旅行图中，名称则是 Banha（邦哈）。《埃及行省和城市概况》中也提到了此地，名为 Banha-Alâsel（邦哈·阿塞勒）[③]，即"甜蜜的邦哈（Banha du Miel）"；它被放在了东部省。

这个地方埃及语名称的意思似乎很容易确定，它是从"ⲡⲁⲛⲁϩⲟ，宝藏之城（la ville du trésor）"中派生而来。事实上，拉克罗兹的词典中收录了单词 ⲁϩⲟ，且释义为"宝藏"[④]。如果我们对于拉克罗兹收录的单词 ⲁϩⲟ 之拼写正确性没有任何疑义，那么我们所确定的 Πλnaɣo 之意也是毋庸置疑的。ⲁϩⲟ 的复数形式为 ⲁϩⲱⲣ[⑤]，在单数形式中增加的字母 ⲣ 是语法中一种不为人熟知的不规则现象。诚然，所有学习过埃及语言之人均认可单词 ϩⲑⲟ（马）的复数形式确为 ϩⲑⲱⲣ，但是由于我们发现单词 ⲡⲓⲁϩⲟⲣ 是一个单数形式[⑥]，而人们所看到的却一直都是用单数形式 ϩⲑⲟ，并不是 ϩⲑⲟⲣ 来指"马"这一物种[⑦]，所以我们有理由相信这是因为人们在拉克罗兹的词典中错把 ⲡⲓⲁϩⲟ（宝藏）当成了 ⲡⲓⲁϩⲟⲣ。单词 ⲛⲓⲁϩⲱⲣ 的复数形式应当类似于 ⲡⲓϩⲟⲣ 或者 ⲡⲓⲟⲩϩⲱⲣ

[①] 基歇尔，第 208 页，拉克罗兹在《埃及—拉丁语词典》中进行了引述，见第 74 页。
[②] 译注：转写为 Panaho，帕那霍。
[③] 阿卜杜拉提夫作品翻译版，第 609 页，东部省，136。
[④] 《埃及语—拉丁语词典》，第 10 页。
[⑤] 《埃及语—拉丁语词典》，第 10 页。
[⑥] 图基：《科普特语语法》，第 41 页。
[⑦] 乔治神父在对用底比斯方言写成的《圣·帕涅斯尼夫行传》的翻译中，没有包含单词 ⲥⲧⲟ（马）出现段落的内容。其中谈到统治者 Culcianus 命令"ⲁⲡⲁ ⲡⲁⲛⲉⲥⲛⲏⲩ ⲛ̀ⲥⲁ ⲛ̀ⲥⲁⲧ ⲛⲟⲩⲥⲧⲟ，把阿帕·帕涅斯尼夫拴在马尾处。"乔治用 contoris funibus（拉住绳子）来翻译 ⲛ̀ⲥⲁⲛⲥⲁⲧ ⲛⲟⲩⲥⲧⲟ，而这显然是牵强的、没有根据的。

（狗）的复数形式 ⲛⲓⲟⲩϩⲱⲣ [狗（复数）]。

阿特利比斯（Athribis）——阿特利比（Athribi）

阿特利比斯城是下埃及的主要城市之一，也是诺姆首府。其地理位置是可以确定的，位于支流佩吕斯亚克河东岸，距法特美提克河与佩吕斯亚克河分流处上方 1 古里，经度 28°55′，北纬 30°28′30″。①

在埃及血统的国王统治时期，这座城市和下埃及所有大型城市一样，也是神庙林立、建筑奢华。不过其遗迹中并没有任何神庙的大型遗址。阿特利比斯是一座十分巨大的城市，其散落的遗迹长度仍然超过 600 托阿斯。② 穿过这些瓦砾，人们甚至可以寻找出城市两条主要街道的痕迹，其中一条走向由北向南；而另一条则由东边通往河岸③，这也是阿特利比斯最大、最美的街道。

希腊作家对这座城市名称的拼写方式千差万别，斯特拉波将其命名为 Αθρειβις④，希罗多德称其为 Αθριβις⑤，托勒密也把它称作 Αθριβις⑥，而其他的作者则将其命名为 Αθλιβις，Αθαρραβις⑦ 和 Αθαραμβη⑧。该城有时候也被称作 Αθριδην⑨，这显然是对单词 Αθριβις 的讹用。

如果所有作者只是由于其他原因承认这完全是埃及语，那么这些不同的拼写方式则证实了这座城市的名称并不是起源于希腊语。正如人们在抄本中所见，大部分我们之前提及的希腊语单词实际上都是对埃及语名称的小修改。这座城市在抄本中被命名为"ⲁⲑⲣⲏⲃⲓ，

---

① 努埃：《天文学观察》。
② 马吕斯先生：《埃及十日》第一卷，第 132、133 页。
③ 马吕斯先生：《埃及十日》第一卷，第 132 页。
④ 斯特拉波，卷十七。
⑤ 希罗多德，卷二。
⑥ 托勒密，卷四。
⑦ 拜占庭的艾蒂安：《论城市和人民》。
⑧ 赫卡塔埃乌斯，由拜占庭的艾蒂安引述。
⑨ Hiéroclès, Synecdemus imperii orientalis. 希洛克勒斯，《东方帝国旅行指南》。[译注：Synecdemus（法语为 Compagnon de voyage——旅行指南）是由拜占庭地理学家希洛克勒斯撰写，包含拜占庭帝国行政划分和各个城邦目录的文书。]

Athrêbi"① 或者为孟菲斯方言的"ⲁⲑⲣⲉⲃⲓ，Athrébi"② 以及底比斯方言的"ⲁⲑⲣⲏⲡⲉ，Athrêpe"③。

以上就是这座城市的真实埃及语名称，但其拼写方式变化多端，甚至是在科普特语抄本中也不例外。不过人们应当把上述提到的此名称之不同写法视为讹用；在这一点上需要注意的是，援引自希腊人的错误写法再次出现在了科普特人甚至是阿拉伯人的文字里。我们在一个布道文中看到了阿特利比斯的名称写作 ⲁⲑⲗⲏⲃⲉ④。该文书存于博尔吉亚博物馆中，是由亚历山大里亚大主教编撰而成的底比斯方言抄本⑤，题为《魔鬼的诱惑》(*sur les Tentations du diable*)；这个近乎于巴什姆方言的拼写方式对应于拜占庭的艾蒂安所说的 Αθλιβις。最后，科普特人所使用的关于名称 ⲁⲑⲣⲏⲃⲓ 的另一个错误写法就是 "Ѳⲣⲁⲃⲁ，Thraba"⑥ 或者 "Ѳⲣⲏⲃⲓ"⑦。托勒密在给阿特利比斯取名 Thribeum 时采用了前述形式，同时也给出了名称 Athribis。阿拉伯人也将其命名为 Trib（特利布），但这却十分罕见。⑧ 而在科普特语—阿拉伯语词典中，它一直被命名为 Atrib（阿特利布）。⑨

单词的意思并不能完全确定，根据《大词源学》(*Etymologicum magnum*) 中十分著名的一段内容可以得出，雅布隆斯基⑩ 认为它是由 "Ϩⲏⲧⲣⲓⲃⲓ，Cor-Piri" 派生而来。但除了他所查考的原著并不十分纯正，单词 ⲡⲓⲃⲓ 并不存在于科普特语经卷中之外，Ϩⲏⲧⲣⲓⲃⲓ 也与

---

① 科普特语抄本，皇家图书馆，梵蒂冈藏书，66 号，《阿帕·阿努（Apa-Anoub）的殉难》。
② 科普特语抄本，皇家图书馆，圣日耳藏书，17 号，增刊。（译注：原文如此，按照前文习惯，应转写为 Athrebi。）
③ 科普特语抄本，皇家图书馆，古藏书，43 号，第 59 页正面。
④ 译注：转写为 Athlêbé，阿特莱贝。
⑤ 措厄加：《博尔吉亚博物馆科普特语抄本目录》，第三部分，第 286 页。
⑥ 科普特语抄本，皇家图书馆，43 号，第 59 页正面。——科普特语抄本，皇家图书馆，44 号，第 80 页正面。——基歇尔，由拉克罗兹引用，第 24 页。
⑦ 译注：转写为 Thlêbi。
⑧ 尼布尔：《阿拉伯游记》，一，第 66 页。同时见其下埃及地图，第 70 页。
⑨ 科普特语抄本，皇家图书馆，之前提到的 17 号、43 号和 44 号。
⑩ 雅布隆斯基：《小册子》。

埃及语著作中一直用来命名阿特利比斯的 ⲁⲑⲣⲏⲃⲓ 差距甚远。对于措厄加提出的观点我们将不作论述。他认为①这座城市的名称是从"ⲁⲑⲱⲣⲃⲁⲕⲓ，Athôrbaki，哈托神之城（la ville d'Athôr）"派生而来。这个词源过于牵强，它与科普特语书中所保留的真实埃及语名称差异巨大，没有任何充分的理由作支撑。

阿特利比是一个诺姆的首府，在下一章节我们会作相关介绍。

埃及有两座名为 Athribi（阿特利比）的城市，一座位于上埃及；另一座就是此处所谈论的城市。希腊人一开始并没有给前一座城市保留其埃及语名称 Athribi，或者底比斯方言之名 Athrêpi，而是将其取名为我们前文谈到的 Crocodilopolis（克罗科蒂洛波利斯）②。

乌尚（Ouschêm）

该城位于阿特利比为首府的诺姆或者说是大区行政。对此，馆藏于博尔吉亚博物馆、由措厄加出版的底比斯语抄本中的段落无疑作出了证实；其中谈道："ⲟⲩⲉⲡⲓⲥⲕⲟⲡⲟⲥ ⲉⲡⲉϥⲣⲁⲛ ⲡⲉ ⲁⲡⲁ ⲡⲁⲡⲛⲟⲩⲧⲉ ⲟⲩⲡⲁⲣⲑⲉⲛⲟⲥ ⲅⲁⲣ ⲡⲉ ϫⲓⲛ ⲧⲉϥⲙⲛⲧⲕⲟⲩⲓ; ⲟⲩⲉ̀ⲃⲟⲗ ⲡⲉ ϨⲚ ⲟⲩⲡⲟⲗⲓⲥ ϫⲉ ⲟⲩϢⲏⲙ ϨⲘ ⲡⲧⲟϢ ⲚⲁⲐⲗⲏⲃⲉ"，意为"一个名为帕布努特（Papnouté，又名帕夫努斯，Paphnuce）的主教，是童子之身，他来自阿特利比斯诺姆的乌尚城"③。这一段也表明了不应当把乌尚（ⲟⲩϢⲏⲙ）城与马利斯地区亦称上埃及的乌什（ⲟⲩϢⲓⲛ，ouschin）城相混淆。④

埃及城市科普特语—阿拉伯语名录中也记载了这座城市的名称，它写作 ⲟⲩϢⲏⲙ，紧排在其所属之地阿特利比斯诺姆的名称之后。⑤ 在这份抄本中，乌尚城的阿拉伯语名称写成了 Aousim（阿乌西姆）和 Ousim（乌西姆），它们显然是从"ⲟⲩϢⲏⲙ，Ouschêm，Ouschim"派生而来。

---

① 措厄加：《埃及诺姆》（*Numi Ægyptii*），第 73、116 页。
② 见前文，原著第一卷，第 266 页。
③ 措厄加：《博尔吉亚博物馆科普特语抄本目录》，第 286 页。
④ 见前文，原著第一卷，第 313 页。
⑤ 科普特语抄本，皇家图书馆，43 号，第 59 页正面。

53 　　在下面一段关于圣灵（Saint-Esprit）的科普特语—底比斯语韵文诗节选中，我们也发现了乌尚（ⲟⲩϣⲏⲙ）城的名称，措厄加给出了该诗的原文[①]：

ⲁⲙⲟⲩ ⲛⲙⲙⲁⲓ ⲉ̀ⲧⲡⲟⲗⲓⲥ ⲟⲩϣⲏⲙ
Ⲛ̄ⲅⲙⲟⲟϣⲉ ⲛⲙⲙⲁⲓ ϣⲏⲙϣⲏⲙ
Ϣⲁⲛⲧⲉⲕⲛⲁⲩ ⲉ̀ⲧⲥⲟⲫⲓⲁ ⲙ̀ⲡⲉⲓϣⲏⲣⲉϣⲏⲙ
Ⲡⲙⲁⲣⲧⲩⲣⲟⲥ ⲉⲧⲟⲩⲁⲁⲃ ⲫⲓⲃⲁⲙⲱⲛ

（"在乌尚（Ouschêm）城内请跟随着我，沿着我的足迹，而后你将知晓这位年轻人——殉道者费巴蒙（Phibamôn）之智慧。"）

　　我们手头的一份科普特语—孟菲斯语抄本证实了这首诗中谈到的乌尚城和阿特利比斯诺姆的乌尚城是同一个地方。抄本第 18 部分有一首为了向名为费巴蒙（ⲫⲓⲃⲁⲙⲱⲛ，Phibamôn）的殉道者示以敬意而创作的颂歌，而这位殉道者则是出现在了上述的底比斯语抄本中。我们手头这份抄本的阿拉伯语礼规中写道，第 18 首颂歌于托比（Tobi）月 27 号唱诵，是为了向伟大的殉道者，阿乌西姆（Aousim）城的阿布·巴发姆（Abou-Bafam）示以尊敬，ELSCHAHID ELADHIM ABOU-BAFAM ELAOUSIMI。

　　阿布·巴发姆（Abou-Bafam）是殉道者底比斯语名字费巴蒙
54 （ⲫⲓⲃⲁⲙⲱⲛ）的阿拉伯语讹用，他在《感恩歌集》中被称为 ⲡⲓⲫⲁⲙⲱⲛ[②]，详见下面一段并不押韵的经文：

ⲗⲁⲟⲥ ⲛⲓⲃⲉⲛ ⲁⲩⲛⲁⲩ
Ⲉⲡⲓⲛⲓϣϯ ⲛ̀ϣⲫⲏⲣⲓ
Ⲛⲓⲃⲉⲗⲗⲉⲩ ⲛⲉⲙ ⲛⲓϣⲁϥⲉⲩ

---

① 《博尔吉亚博物馆科普特语抄本目录》，第 642 页。
② 译注：转写为 Piphmôn。

ⲁⲗⲧⲁⲗⲟⲟ ⲉⲑⲃⲉ ⲡⲓⲫⲁⲙⲱⲛ

("所有民众见证了一个巨大的奇迹！盲人和瘸子均以皮发蒙（Piphamôn）的名义得以治愈。")

乌尚城为科普特教派主教辖区之一，旺斯莱布神父将其命名为Aussim（奥西姆），并认为该城的科普特语名称是Bouchime[1]，而这只是单词Ouschêm的讹用；在Ouschêm前面加上阳性冠词ⲡ就构成了Ⲡⲟⲩϣⲏⲙ，Pouschêm或者Poushcim。

普塞纳科（Psenakô）

拜占庭的艾蒂安把一个名为Ψενακω的村庄放在了阿特利比斯诺姆[2]，这位词典学家把该名称收集在了地理学家阿尔特米多鲁斯著作的第8卷中[3]。这个地点名称显然是埃及语，用科普特语字母书写就是Ⲡⲥⲉⲛⲁⲕⲱ，从中人们首先辨认出了阳性单数冠词ⲡ，词根"ⲥⲉⲛ，transire（消逝、穿过、流动）"以及名词"ⲁⲕⲱ, perditio（毁坏、损毁）"，据此人们应该可以用"危险的道路（passage dangereux）"来翻译名称Ⲡⲥⲉⲛⲁⲕⲱ，但我们也只是把这种解释作为一种推测，尽管其可能性非常大。音节Ψεν也被希腊人用来翻译一些城市的埃及语名称中音节ⲡϣⲉⲛ，例如位于上埃及潘斯杰（Ⲡⲉⲙϫⲉ）（即奥克西林库斯）的村庄Ⲡϣⲉⲛⲏⲣⲱ之名，拜占庭的艾蒂安就写成了Ψενερος。在希腊人拼写的埃及语单词中Ψ代替了字母ⲡⲥ，比如，拜占庭的艾蒂安所转述的阿尔特米多鲁斯记载的埃及城市和村庄之埃及语名称Ψεντρις，Ψιναφος，Ψινεκταβις，Ψιτταχεμμις和Ψωχεμμις就是如此。不过我们完全不了解这些地方的确切位置。

同样的情况还出现在这位作者所转述的一众埃及城市名称中，显然这些名称属于当地的语言，但这些地方原先的位置却无法确定。

---

[1] 旺斯莱布：《亚历山大里亚教会史》，第17页。
[2] 《论城市和人民》，单词Ψενακω。
[3] 《论城市和人民》，单词Ψενακω。

布巴斯提斯—阿格里亚（Bubastis-Agria）? ——菲尔贝斯（Phelbès）

菲尔贝斯城距翁（On）城（赫利奥波利斯）东北部 10—11 古里，靠近阿拉伯山脉。正是这座山脉把该城与通往红海的沙漠分隔开来。其埃及语名称写作 Φελβες, Phelbès[①], Φελβης, Phelbês[②], Φλαβες, Phlabès[③], 甚至是从表面看来为 Φελβες 之讹用的 Φολπας, Pholpas[④]；阿拉伯人从单词 Φελβες 得出了这座城市的称谓 Belbeïs 或者 Bilbaïs。

唐维尔认为在贝尔贝伊斯（Belbeïs）[⑤]找到了法尔博埃图斯（Pharboethus）的旧址，但拉谢在其《地理学表》中对此提出异议[⑥]。我们的观点与博学的译者希罗多德一样，都认为法尔博埃图斯与贝尔贝伊斯并不是同一座城市，对此我们将在谈论法尔博埃图斯诺姆的首府时重新论述。我们希望证明菲尔贝斯（Φελβες）和法尔博埃图斯是两个完全不同的城市。在亚历山大里亚主教统治时期，菲尔贝斯是一个主教辖区的主教府所在地。[⑦]并且应当注意到，埃及所有的主教城市均存在于阿拉伯人入侵之前[⑧]。我们认为希腊人把菲尔贝斯叫作布巴斯提斯·阿格里亚，但却无法证实这一点。

在皇家图书馆的一份科普特语—阿拉伯语名录中，贝尔贝伊斯也以埃及语 Посок[⑨] 命名[⑩]，但我们并不知道这个名称的起源和意义。

菲尔贝斯位于经度 29°13′36″，纬度 30°25′36″，这座埃及城市的遗迹除了大量残砖败瓦，别无他物。[⑪]不过如今在现代贝尔贝伊斯城

---

① 科普特语抄本，皇家图书馆，圣日耳曼藏书，17 号，增刊。
② 措厄加：《博尔吉亚博物馆科普特语抄本目录》，第 95 页。
③ 科普特语抄本，皇家图书馆，69 号，《法尼斯若伊特的圣·若望之殉难》。
④ 科普特语抄本，皇家图书馆，43 号，第 59 页正面。
⑤ 译注：即菲尔贝斯。
⑥ 希罗多德：《历史》，拉谢译本，第八卷，Pharboethis 和 Pharboethitès。
⑦ 旺斯莱布：《亚历山大里亚教会史》，第 19 页。
⑧ 除了开罗以外。
⑨ 译注：转写为 Posok，波佐科。
⑩ 科普特语抄本，皇家图书馆，圣日耳曼藏书，17 号，增刊。
⑪ 远征军御医沃捷（Vautier）：《贝尔贝伊斯自然和医学地形概述》(*Notice sur la Topographie physique et médicale de Belbeïs*)，见《埃及十日》，第三卷，第 287 页。

的北部和东部，其古城墙的痕迹依然可见。①

图姆（Thoum）——皮托姆（Pithom）

唐维尔准确定位了图姆之方位，这位伟大的地理学家对此所阐述之理由无可辩驳。但是正如人们接下来所看到的，与图姆相比，其下埃及地图上赫洛奥波利斯（Hérôopolis）的位置并不准确。图姆位于阿拉伯山脉断口形成的一个河谷入口处。河谷向东延伸，通往赫洛奥波利斯附近，所以赫洛奥波利斯同样也位于图姆的东边，而不是东北，这与唐维尔所确定的位置一致；但是唐维尔把塞拉皮斯神庙放在了它实际的方向。我们上述谈到的所有内容勒佩尔先生均在论文中提及，它发表于奉皇帝陛下之诏出版的《埃及记述》第 1 期，涉及连接两大海域的运河②。

图姆的位置便利了红海与下埃及地区的贸易往来。由于邻近"法老们的运河（canal des Pharaons）"③ 这一宏伟工程，它与下埃及东部城市一起共享诸多便利条件。

在《帝国简介》中，这座小城的名称写作 Tohum 或者误写成 Tohu，而游记中经常写作 Thoum④。我们曾在马利斯（上埃及）的地理描述中看到一个同样名为 Toum（图姆）的地方⑤，其地理位置与下埃及的图姆一样，在一个群山"围绕的（resserré）"地方。因此可以认为这里谈到的图姆之埃及语名称同为"Ѳoм，Thom 或者 Пιѳoм，Pithom"，并且正如我们已经证明的，科普特人认为此名是指"狭窄的、被包围的（étroit, resserré）"地方⑥。不仅这两个地方的埃及语名称同为 Thom 或者 Pithom，也就是罗马人所说的 Toum 或者 Thoum（图姆），而且阿拉伯人对它们的称呼也类似，即埃及语 Пιѳoм 的字

---

① 《埃及十日》，第 288 页。
② 译注：此处是指连接红海与地中海的苏伊士运河。
③ 译注：即苏伊士运河。
④ 唐维尔：《埃及论文集》，第 118 页。
⑤ 唐维尔：《埃及论文集》，第一卷，第 172 页。
⑥ 唐维尔：《埃及论文集》，第一卷，第 172 页。——科普特语抄本，皇家图书馆，底比斯语词汇汇编，古藏书 46 号，第 2 页反面。

面翻译 Elbouaïb（狭道、隘口）。

在希罗多德和拜占庭的艾蒂安之作品中有一座名为帕图莫斯（Πατουμος）的城市，这两位作者将其定在埃及的阿拉伯地区。连接尼罗河与红海的运河在该城附近流过。这座城市的名称以菲图姆（Phitoum）的形式出现在了《圣经·出埃及记》的希伯来语文本中，评注《圣经》的希伯来学者将其发音为 Phitom[①]，而科普特语原文中则写作 Πιθωμ 或者 Πεθωμ[②]，这明显同于希罗多德和拜占庭的艾蒂安所提到的帕图莫斯（Patoum-os）[③]。

唐维尔在其《埃及论文集》中[④]、拉谢在其附于希罗多德作品杰出翻译之后的《地理学表》之中[⑤]，均把希罗多德所说的帕图莫斯（Patumos）[⑥]和赫洛奥波利斯（Hérôopolis）视为一致。但他们仅仅是以《圣经·创世记》中的一段内容为基础。[⑦]这段内容出现在了《圣经·旧约》的希腊语七十士译本中，其中提到了赫洛奥波利斯的名称；而同样是这段经文，其科普特语版本中的城市名称为 Πεθωμ，所以他们总结出 Πεθωμ 与赫洛奥波利斯以及希罗多德的帕图莫斯是同一座城市。

但是，正如圣人热罗姆（Jérôme）所得结论，赫洛奥波利斯城或者说皮托姆城绝对不可能出现在希伯来语文本中，因此《圣经·旧约》的七十名希腊文译者在这里犯了一个错误。事实上，罗谢尔（M.Rosière）于一份关于红海地区贸易与比较地理的学术论文中[⑧]指出了该错误产生的原因。他以不容置疑的方式证明了《圣经·旧约》的七十名希腊文译者十分不了解地理知识，所以把希伯来语的动名词

---

① 《圣经·出埃及记》，一，11。
② 《圣经·出埃及记》，一，11。（译注：转写为 Pithôm 或者 Pethôm，下同）。
③ 第 123 页。
④ 第 123 页。
⑤ 第 426 页。
⑥ 译注：原文如此，这是音译的地名。
⑦ 《圣经·创世记》，六十六，28。
⑧ 《埃及记述》，第 1 期，第 127 页。

LIHARROUT（ad praeparandum，去准备）当作一个城市名称，其中小品词 L（ad，去、往）置于前面；并且由于他们错误地用作城市名称的单词 Harout 与 Ηρων 或者赫洛奥波利斯的名称有一定关联，所以在希腊语文本中他们毫不犹豫地译作 καθ' Ηρωων πολιν，而不是与其希伯来语原文意义接近的 προς το παρασκευαζειν（ad praeparandum 去准备），因而这段经文的希腊语译本极其糟糕。

从上述内容人们可以清晰地看到，把宗教经典翻译成本民族语言却并没有在希伯来语原文中找到埃及语名称赫洛奥波利斯（Héröopolis）的科普特人盲目地用《圣经·出埃及记》中明确记载的城市名称 Πιθωμ 或者 Πεθωμ 来替代它，因此从《圣经·创世记》的这段内容是无法得出赫洛奥波利斯城、希罗多德的帕图莫斯城以及科普特文本中的皮托姆为同一座城市的结论。

另外，极易证实：《圣经·旧约》的七十名希腊文译者把希伯来语《圣经·出埃及记》①中特意谈及但绝对没有在我们上文讨论过的《圣经·创世记》之经文中出现的菲图姆（Phitoum）或者说皮托姆（Pithom）视为与赫洛奥波利斯不同的城市。

其实，在《圣经·出埃及记》第一章第十一段经文中，希伯来人确实把一座埃及城市称为菲图姆（Phitoum）。如果《圣经·旧约》的七十名希腊文译者认可菲图姆（Phitoum）与赫洛奥波利斯的同一性，那么他们就肯定会在 Ηρων πολις 的翻译中体现出来。但相反地，他们在翻译文本中保留了名称 Πιθωμ，因为他们并不知晓希腊人给这座下埃及城市所取的名称。同样这段内容在《摩西五经》的科普特语文本中写成了名称 Πιθωμ 也是有正当理由的，它确实是希伯来语版中名为菲图姆（Phitoum）的城市之埃及语名称。

根据这些显而易见的事实，我们自然可以得出赫洛奥波利斯是一座不同于皮托姆的城市，而我们现在要做的就是确定希罗多德称作帕图莫斯的皮托姆之方位。

---

① 《圣经·出埃及记》，一，11。

在认真阅读了上述讨论后，人们应当可以猜到我们把希伯来文本中的菲图姆（Phitoum）、希罗多德的帕图莫斯以及本段的讨论主题图姆或者皮托姆视为同一个地方。这些名称显然是一致的，只是缺少或是变化了埃及语冠词 πι，πε 或者 ϕι，但其一致性毋庸置疑，并且我们所给出的图姆所在地同时就是帕图莫斯和菲图姆的所在地。

布巴斯特（Bubaste）——普巴斯提（Poubasthi）

布巴斯特是下埃及著名且古老的城市之一，它存在于埃及第二王朝首领——法老波克霍斯（Bokhos）统治时期①。它位于经度 29°12′0″，纬度 30°33′30″，距菲尔贝斯东北部步行 6 小时的距离②。它与尼罗河支流佩吕斯亚克河隔出的岛屿相向而立，希腊人把这座岛屿称作米耶克佛利斯（Myecphoris）岛。

布巴斯特的主神庙因其建筑特征的纯正而引人注目，在埃及的其他城市中，有许多建筑比此处的神庙更雄伟、更壮观，但却很少有能与这里的神庙装饰之丰富、形态之庄严、比例之协调相提并论，也没有任何一个建筑能比布巴斯特的神庙更赏心悦目。③"尼罗河两条没有汇合的运河均通往神庙入口，然后从那里分叉将神庙包围，一侧一条。这两条运河各宽 100 法尺，沿岸绿树成荫。前庭高度为 10 奥吉（orgyies）④，饰有 6 肘高的精美雕像。神庙位于城市中心，该圣地曾被刻有大量雕像的围墙环绕；城墙内是一片沿神庙种植的树林，且都是参天大树。圣地长宽均为 1 斯塔德。"⑤

---

① 曼涅托王表，由尤西比乌斯引述（apud Euseb. Chronic.Canon）。
② 沃捷，上述概述的第 288 页。（译注：即《贝尔贝伊斯自然和医学地形概述》。）
③ 希罗多德，卷二，138。
④ 译注：奥吉（orgyie）是拜占庭时期的长度单位，尤其被税收机关用来丈量土地用于收取土税。实际使用中有两种情况：一种是短的奥吉，或者说是简单的奥吉，为 6 脚长或者 96 指长即 1.87 米，这种奥吉在商业和手工业中使用；第二种用法是长度为皇帝的 9 拃或 108 指长即 2.10 米，这是土地丈量员采用的长度。在用来丈量属于前两种税收性质的土地时，拜占庭帝国皇帝米海尔四世将其值修改为 9.25 拃，即 111 指长或者 2.17 米，而对于属于第三类的土地则沿用了其原来的值。但在斯特拉波《地理学》，上海三联书店，李铁匠翻译版中注释奥吉为古希腊长度单位，1.776 米。
⑤ 希罗多德：《历史》，拉谢译本，卷二，137。

第五章 下埃及及其自然划分和政治划分、各地埃及语名称

这座巨型神庙入口的对面是一条石子路。沿途的大树枝繁叶茂，石子路穿过公共区域往东延伸，直至托特神庙。这条路宽 3 普勒斯勒（plèthres）①，长 3 斯塔德②。

埃塞俄比亚人入侵埃及之时，他们的国王萨巴孔（Sabbakon）登上了孟菲斯的宝座。随后他命人加高了布巴斯特所建之处的土地，用来抵御洪水的入侵；但这座建造于埃塞俄比亚君主入侵前多个世纪的巨大神庙位于布巴斯特的最低处，所以它可见于城市的各个方位。③

从对布巴斯特诺姆首府的描述可以看出这座城市的所在地环境舒适。因此，在每年布巴斯提斯节庆到来之时会有逾 70 万人前往此地。人们从埃及各地纷至沓来。尼罗河与运河上遍布的船只穿梭不息，以乐器声为导航；庆祝节日时所供奉的大量祭品令人印象深刻，并且人们在节日期间所消耗的葡萄酒量超过了埃及所有其他地方的总和。④

根据西西里的狄奥多罗斯之说法⑤，在埃及有一个十分古老的碑文，上面专门记载了布巴斯特城是为了向伊希斯致以敬意而修建；但从这个碑文所摘录的文本显然证实了这并无可信之处。而可以确定的是，和其他所有埃及起源的城市一样，人们将永远无法知晓布巴斯特城的建城年代。

希腊语名称 Βουβαστος⑥ 和 Βουβαστις⑦，尤其是后一个名称与古埃及语名称 Ⲡⲟⲩⲃⲁⲥⲧ⑧ 差别不大，该名称在科普特语经卷中有时候写成 Ⲡⲟⲩⲁⲥⲧ，正如下面这段从《法尼斯若伊特的圣·若望之殉难》结尾处摘录的内容中所写⑨："ⲡⲓⲙⲁⲑⲏⲧⲏⲥ ⲛ̀ⲧⲉ ⲁⲃⲃⲁ ⲙⲏⲭⲁⲏⲗ ⲡⲓⲉⲡⲓⲥⲕⲟⲡⲟⲥ

---

① 译注：普勒斯勒（plèthre）为古希腊长度单位，是斯塔德的1/6，或者是古希腊的100尺，约30米。斯特拉波《地理学》，上海三联书店，李铁匠翻译版中注释为30.48米。
② 希罗多德：《历史》，拉谢译本，卷二，137。
③ 希罗多德：《历史》，拉谢译本，卷二，137。
④ 希罗多德，卷二，59 和 60。
⑤ 西西里的狄奥多罗斯，卷一，第 24 页。
⑥ 斯特拉波，卷十七。
⑦ 希罗多德，卷二，137、138。
⑧ 《圣经·以西结书》科普特语文本，三十，17 等。
⑨ 科普特语抄本，皇家图书馆，69 号。

ⲚⲦⲈ ⲠⲞⲨⲂⲤⲦ ⲚⲈⲘ ⲪⲖⲀⲂⲎⲤ",意为"米歇尔修士的弟子,普阿斯提(Pouasti)和弗拉贝斯(Phlabês)的主教"。显而易见,Ⲡⲟⲩⲁⲥⲧ 只不过是 Ⲡⲟⲩⲃⲁⲥⲧ 的讹用,因为科普特人把 Ⲃ 发音成 ⲞⲨ,他们甚至把这个字母读成法语中 V 的音。许多埃及语单词中出现了这种科普特人常用的字母对调的例子。另举一例:人们把 ⲀⲞⲨⲀⲚ(颜色)和 ⲀⲂⲎⲦ(修道院)也写成 ⲀⲂⲀⲚ 和 ⲀⲞⲨⲎⲦ。在希伯来语的《先知书》中,这座城市被称为 PHIBSST,这是评注《圣经》的希伯来学者修改后的名称,他们将其读成 Pibèsét,尽管它的正确意思是与埃及语名称"Ⲡⲟⲩⲃⲁⲥⲧ, Poubasti"相对应的单词 Pi-Bast 或者 Phi-Bast。由于希伯来人把孟菲斯写作 Méf 或者 Mouf,而不是埃及语的"Ⲙⲉϥⲓ, Mefi"或者"Ⲙⲟⲩϥⲓ, Moufi",所以他们同样也删除了"Ⲡⲓⲃⲁⲥⲧ"或者"Ⲫⲓⲃⲁⲥⲧ"的类似词尾。阿拉伯人还把该城的遗址称作巴斯塔(Bastah),即不考虑埃及语的冠词,或者是塔尔·巴斯塔(Tall-Bastah)(巴斯塔高地)。

古布巴斯特的遗址范围为 1200 到 1400 米,其封锁壕与埃及其他城市一样,由砖砌而成。在雕刻过的成堆花岗岩巨石中,人们依然可以看到一座方尖碑,其中一面布满了排列参差的星星。①

我们所参考的埃及语词汇汇编完全未能清晰解释单词 Ⲃⲁⲥⲧ 的意义。拜占庭的艾蒂安②推测 Βουβαστος 是想指埃及人所说的"猫"(αιλουρος)。而我们所了解的这种动物的唯一名称是 ⲠⲒⲰⲀⲨ,它是由词根 ⲰⲀⲨ(être utile,有用的)派生而来。③不过猫有可能被称作 Ⲡⲟⲩⲃⲁⲥⲧ,但在我们看来更合理的情况是:Ⲡⲟⲩⲃⲁⲥⲧ 作为埃及一位神祇之名,城市由此取名,并将其巨大的神庙用于向这位神祇献祭。希腊人认为这位神祇就是他们的阿尔忒弥斯(狄安娜),对此希罗多德作了论证④;由于 Ⲡⲟⲩⲃⲁⲥⲧ 的象征是一只猫,所以希腊人自认为埃及

---

① 马吕斯先生:《塔尼提克河游记》。——《埃及十日》,卷一,第 134、135 页。
② 《论城市和人民》。
③ 科普特语抄本,皇家图书馆,孟菲斯语和阿拉伯语词汇汇编,圣日耳曼藏书,17 号。
④ 希罗多德,卷二,156。

人对这种家养四足动物的称谓与其所象征的神祇之名一致。此外，埃及所有用于祝圣的猫在普巴斯提都有它们的公共墓地。① 埃及众多王朝中有一个就是起源于这座城市。

米耶克佛利斯（Myecphoris）

这座岛屿距普巴斯提（布巴斯特）东部不远，是由尼罗河支流佩吕斯亚克河作用形成。希罗多德把该岛视作埃及独立的一个诺姆来命名②，但他并没有正式谈到有一座名为米耶克佛利斯的城市。不过拉谢认为这个诺姆有这样一座城市。正如雷尼耶将军地图上所载，这座岛屿面积不大，并且十分靠近布巴斯特，所以很难想象它自成一个诺姆。在我们看来，希罗多德此处所说的"诺姆"只不过是一座城市的领地；相应的论据就是他谈到了特姆伊斯（Thmouis）诺姆和孟德斯诺姆，尽管特姆伊斯城属于孟德斯诺姆是公认的事实。对此，托勒密还专门做了确认。③

我们认为米耶克佛利斯隶属布巴斯特诺姆。岛屿名称起源于埃及语。这个单词的第一个音节与埃及语的 ⲙⲟⲩⲓ（岛屿）十分类似，而最后两个音节 phori 也是埃及语。"Φορι，Phori"意为"开花（Fleurir）、花开的（être fleuri）"，可能这座岛屿的埃及语名称就是指"繁花盛开的岛屿（île ornée de fleurs）"，这也与我们所给出的解释相类似。

美什托勒（Meschtôl）

米耶克佛利斯岛上有一个被阿拉伯人称作玛什图勒（Maschtoul）的地方。这个大型乡镇被标注在下埃及地图上，也以美斯图勒（Mestoul）的名称刻在了德农骑士先生辉煌的游记地图集中。

玛什图勒（Maschtoul）这个名称起源于埃及语，且无疑是指一个古老的地方。其最初的拼写方式是 ⲙⲉϣⲧⲱⲗ，由此构成了阿拉伯语的 Meschtoul。我们无法确定著名的赫卡塔埃乌斯所提到的城市

---

① 希罗多德，卷二，67。
② 希罗多德，卷二，166。
③ 托勒密：《地理学》，卷四。

Μαγδωλος 是否就在那个位置。拜占庭的艾蒂安转述了他的观点。并且这座城市也出现在了《圣经·出埃及记》和《圣经·耶利米书》的希伯来文本中,为密夺(Madjdoul)。但宗教经典中并没有清晰明确地指出这座城市的地理位置,只是含糊地写道:"PHI-HAHHIROT BAÏN MADJDOUL OUA BAÏN HAÏOM",意为"比哈希录(Phi-Hahhirot)位于密夺(Madjdoul)和海的中间"。① 仅从这段话可以得出密夺(Madjdoul)距海边有一段距离,因为比哈希录(Phi-Hahhirot)位于海和这座城市之间。但这个距离无法估算,所以不能确定阿拉伯人所说的玛什图勒(Maschtoul)和《圣经》中的密夺(Madjdoul)是同一个地方。

但毫无疑问的是:游记中提到的距佩吕斯 12 英里的玛格多鲁姆(Magdolum)也不是米耶克佛利斯岛的美什托勒,尽管这个地方的埃及语名称也是 Ⲙⲉⲱⲧⲱⲗ②。

出于这些考量,所以必须要对我们所描述的埃及境内两座同名的城市有所区分:一座位于米耶克佛利斯岛,也就是本章的主题;而另一座则出现在了安托南的游记和《圣经》中。唐维尔把后一座城市定在了支流佩吕斯亚克河沿岸,靠近佩吕斯。

阿拉伯人编订的《埃及城市及乡村概况》确认了我们的观点,即下埃及这一阿拉伯区域内存在两个名为 Ⲙⲉⲱⲧⲱⲗ 的地方。事实上,他们认为东部省有两个玛什图勒(Maschtoul),并用阿拉伯语别称对其进行了区分,一个叫作玛什图勒·塔瓦辛(Maschtoul-Alta-wahin);另一个则名为玛什图勒·卡德西(Maschtoul-Alqadhi)③。

如果就像拉谢先生所认为的那样,米耶克佛利斯岛上确实有一个美什托勒,那么能否说本章探讨的美什托勒就是它呢?这一推测我们暂且搁置。

---

① 《圣经·出埃及记》,十四,2。
② 《圣经·出埃及记》科普特语文本,十四,2。
③ 阿卜杜拉提夫作品之希尔维斯特·德·萨西译本,第 617 页,314、315 号。

托巴斯图姆（Thaubastum）——托乌巴斯提（Tôoubasti）

这座位置并不明确的城市应当距普巴斯提（布巴斯特）不远。根据安托南的游记，它似乎位于阿拉伯山脉附近，其埃及语名称就这一点作出了证实。实际上，它在游记中被写成了 Thaubastum（托巴斯特乌姆），在《帝国简介》中则被写成了 Thaubasteos（托巴斯特奥斯）。这两个名称是埃及语单词 Tⲱⲟⲩⲃⲁⲥⲧ①[巴斯提（Basti）或者普巴斯提（布巴斯特）山脉] 的拉丁语拼写和希腊语拼写，因为埃及语单词 ⲡⲟⲩⲃⲁⲥⲧ② 中的音节 ⲡⲟⲩ 只是阳性定冠词和不定冠词的组合，这个组合形式还出现在了显然由词根 ⲣⲟ（头、首领）派生而来的埃及语单词 ⲡⲟⲩⲣⲟ 或者 ⲫⲟⲩⲣⲟ（国王）中。而根据皇家图书馆的科普特语—阿拉伯语词汇汇编③，ⲣⲟ 写成阿拉伯语则是 El-Ras。拉克罗兹的埃及语词典中没有提到有此含义的单词 ⲡⲟⲩⲃⲁⲥⲧ，这最终就证明了埃及人把希腊人取名为布巴斯特的城市称作不带冠词的 ⲃⲁⲥⲧ。如今其遗址所在地区仍然被称作巴斯塔（Basta）或者塔尔·巴斯塔（Tall-Bastah），即"巴斯塔高地"之意。④ 因此很显然埃及人一般会说托乌巴斯提（Tⲱⲟⲩⲃⲁⲥⲧ），即斯提或者普巴斯提山脉，由此形成了希腊人的托巴斯特奥斯（Thaubasteos）和拉丁民族的托巴斯图姆（Thaubastum）。

佩赛尔普（Pesêrp）

在一份科普特语—阿拉伯语词汇汇编中可以读到："Пⲉⲥⲏⲣⲡ, KOURSI FI ALHHAUF, Pesêrp solium（seu Sella）in Alhhauf"⑤，意为"霍夫地区的首府佩赛尔普（或者赛利亚）"；由此可见这是阿拉伯省东部省的一个地名，它位于该省阿拉伯人称作霍夫（Hhauf）的行政区域或者地方。对此同份抄本也予以了肯定，该单词也以 Пⲉⲥⲉⲣⲡ 的

---

① 译注：转写为 Tôoubasti。
② 译注：转写为 Poubasti，下同。
③ 科普特语抄本，皇家图书馆，45 号，第 117 页反面。
④ 《埃及十日》，卷一，第 134 页。
⑤ 科普特语抄本，皇家图书馆，圣日耳曼藏书，17 号，增刊，第 142 页。

形式出现在了埃及城市和乡村的一份名录之中。① 其中写道:"Koursi fi elhhauf, solium in Alhhauf(霍夫的首府)"。我们并不了解单词 Ⲡⲉⲥⲏⲣⲡ 的意义。在我们引述的抄本第一段中可以看到②,人们将其与单词 Ⲡⲉⲥⲉⲣⲡ 进行了比较。这两个单词不应当被混为一谈,因为前一个是地点名称,而后一个翻译成阿拉伯语为 Khamrha,即阴性形式的"他的葡萄酒(vinum ejus)"。

这个地方的具体位置并不确定,但佩赛尔普(Ⲡⲉⲥⲏⲣⲡ)位于本章所探讨的埃及地区是毫无疑问的。

帕赫提(Pahthit)

在东部省的众多村庄中,有一座名为巴赫提(Bahtit)。③ 这个名称是埃及语,它对应于科普特语的"ⲡⲁϩⲑⲓⲧ, locus betarum(产甜菜的地方)",此地很可能因其周围盛产这种蔬菜而得名。单词 ϩⲧⲓⲉⲥ-ⲡⲓ 没有出现在拉克罗兹的词典中。我们从一份孟菲斯方言版的科普特语抄本中摘录了这个单词④,阿拉伯语将其译作 Alsilq,高里乌斯在其词典中则翻译成了拉丁语的 Beta olus(蔬菜甜菜)。

法库萨(Phacusa)—法克斯(Phakôs)

根据托勒密的说法⑤,法库萨(Phacusa)是阿拉伯诺姆之首府。斯特拉波和拜占庭的艾蒂安则认为它只是村庄的名称。但应当看到的是,斯特拉波和艾蒂安谈到了他们那个时代法库萨所在地的状况,而托勒密则是从它过去的重要性方面进行了考量。

拜占庭的艾蒂安模糊地标注了这座城市的方位,他仅谈到⑥ 法库萨"位于埃及和红海之间";斯特拉波则谈到,连接尼罗河与红海的运河起源于法库萨。不过这一说法被证实是错误的。⑦ 法库萨位于支

---

① 科普特语抄本,皇家图书馆,圣日耳曼藏书,17 号,增刊,第 192 页。
② 科普特语抄本,皇家图书馆,圣日耳曼藏书,17 号,增刊,第 142 页。
③ 阿卜杜拉提夫作品之希尔维斯特·德·萨西先生译本,121 号,第 608 页。
④ 科普特语抄本,皇家图书馆,圣日耳曼藏书,17 号,增刊。
⑤ 卷四。
⑥ 《论城市和人民》。
⑦ 见勒佩尔先生写入《埃及记述》第一期中的《论两大海域之间的运河》(Mémoire sur le Canal des deux Mers),第 151 页、第 152 页。

第五章　下埃及及其自然划分和政治划分、各地埃及语名称

流佩吕斯亚克河东岸，如今其遗迹可见于此，实际就是在普巴斯提（布巴斯特）下方，周边地区将其称作塔尔·法库斯（Tall-Faqous），即"法库斯高地"，或者简称法库斯（Faqous）。

我们曾经谈到，埃及人把位于尼罗河支流佩吕斯亚克河与阿拉伯山脉之间的埃及地区称作阿拉伯（Arabie），ⲦⲀⲢⲀⲂⲒⲀ（Tiarabia，提亚拉比亚）；但这个名称专门用来指法库萨为首府的诺姆。阿拉伯地理学家们确实把法库斯放在了塔拉比亚（Tarabia）地区，该地区属于下埃及名为"东霍夫"的区域。从许多阿拉伯地理学家的不同叙述中[①]可以得出，阿拉伯人称作"东霍夫"的地方是在佛斯塔特（Fosthath）下方，位于支流布巴斯提克河、阿拉伯山脉和叙利亚沙漠之间的整个下埃及地区。因此阿拉伯人所说的霍夫对应于前人所说的下埃及阿拉伯地区，埃及人将其称作提亚拉比亚（ⲦⲀⲢⲀⲂⲒⲀ），也就是阿拉伯人如今在埃及的居住地——东部省。阿拉伯历史学家本·希尔干（Ibn-Khilcan）肯定了这一点。他说过[②]"人们把名为Scharqiéh的埃及著名省份的整片耕作之地称为霍夫"。皇家图书馆中的一份科普特语抄本无疑也对这一同义词作出了肯定，其中出现了阿拉伯人所说的霍夫相对应的埃及语名称塔拉比亚（ⲦⲀⲢⲀⲂⲒⲀ）[③]。

因此东霍夫在阿拉伯人看来是指埃及人通常所说的提亚拉比亚（ⲦⲀⲢⲀⲂⲒⲀ），而阿拉伯人所说的塔拉比亚（Tarabia）就是埃及人特指的提亚拉比亚（ⲦⲀⲢⲀⲂⲒⲀ），即法库萨为首府的阿拉伯诺姆。对于阿拉伯人命名为霍夫的两个埃及行省也应当进行区分，其中东霍夫就是上述谈到的，而另一个西霍夫则对应于埃及语命名为尼法伊亚特（ⲚⲓⲫⲀⲒⲀⲦ）的地方，即下埃及的利比亚地区。

希腊地理学家对法库萨的城市名称写法众多，斯特拉波将其

[①] 见阿卜杜拉提夫作品之德·萨西译本，第376页。——卡特勒梅尔先生《关于埃及语言和文学的研究》，第179页及以下。

[②] 见阿卜杜拉提夫作品之德·萨西译本，第706页，其中谈到了这段内容。

[③] ⲦⲀⲢⲀⲂⲒⲀ, Alhhauf，科普特语抄本，皇家图书馆，圣日耳曼藏书，17号，增刊，第131页。

命名为 Φακκουσα①，拜占庭的艾蒂安写作 Φακουσσα②，托勒密则写作 Φακουσα③。唐维尔则采纳了最后一种写法，它显然最符合埃及语拼写方式，也契合如今这座城市遗址仍然保留的名称法库斯。我们看到，在上埃及地区，有许多城市的埃及语名称为"Κωc，Kôs（科斯）"④，人们确信 Φακουσα 与名称 Κωc 相同，它与埃及许多其他城市名称一样，开头加上了音节 φα。希腊人根据 Φακω 得出了 Phaccusa，Phacussa 和 Phacusa（法库萨），而阿拉伯人由此得出了 Faqous（法库斯）。

塞勒（Selœ）——斯勒（Slê）?

这座小城坐标为经度 29°40′0″，北纬 30°47′30″。⑤ 安托南的游记和《帝国简介》⑥ 中均以名称 Sellœ 提到了塞勒。唐维尔坚称它曾位于阿拉伯人称作萨拉（Ssalahieh）的城市，因为它保留了其旧称之痕迹。

塞勒位于法克斯⑦东北方向，在法克斯城与佩吕斯城之间，靠近从支流布巴斯提克河或者佩吕斯亚克河分流出来的一条运河。

名称 Selœ 很可能起源于埃及语，但人们至今无法从任何一个已知的埃及语单词中派生出该名称，唯一与它有一定联系的就是出现在《圣经·路加福音》埃及语文本中⑧的 Cλн，Slê，与之相对应的希腊语是 Σορος，拉丁语为 Feretrum。在瓦德出版的拉克罗兹《埃及语词典》中，这个单词被错误地翻译成了拉丁语 Pharetrum⑨，而不是 Feretrum。与许多埃及城市的名称"Κωc，sepultura，sepelire，墓穴、埋葬"相比，给埃及的城市取名为"Cλн，Feretrum，木棺"并不新奇，并且

---

① 卷十七。
② 拜占庭的艾蒂安引用自赫卡塔埃乌斯，《论城市和人民》。
③ 卷四。
④ 见前文，原著第一卷，第 219、284 页等。
⑤ 努埃：《天文学观察》，Ssâlehhigeh。
⑥ 皇家版本，第 29 页。
⑦ 译注：即上文的法库萨。
⑧ 第七章，14。
⑨ 第 93 页。

由 Κως 还派生出了与塞勒相邻的城市名称 Φακως。此外，一些人认为该城的阿拉伯语名称萨拉（Ssalahhieh）①源起人称萨拉丁（Saladin）的阿尤布王朝著名苏丹之名 Salahh-Eddin。

达菲尼斯（Tahphnehs）

该城位于尼罗河支流佩吕斯亚克河沿岸，距佩吕斯约 5 古里，希罗多德将其命名为 Δαφνης②，拜占庭的艾蒂安则将其称为 Δαφνη。在埃及血统的国王统治时期，达菲尼斯（Daphnês）城防坚固，君主们曾派遣强大的军队在此安营扎寨，用于抵御远古时期居住在下埃及该地区周围的阿拉伯人和叙利亚人之入侵。

名称达菲尼斯（Taphnés）③起源于埃及语，因为在希伯来语《先知书》中它被写作 Tahphnehs④，但该名称最早的拼写方式及含义则无法完全确定。

玛格多鲁姆（Magdolum）——美什托勒（Meschtôl）

和达菲尼斯一样，这座小城位于支流佩吕斯亚克河东岸，但可能更靠近佩吕斯城。玛格多鲁姆城也拥有坚固的城防，军队在此驻扎，目的与达菲尼斯一致。

我们看到埃及人称作美什托勒（Meschtôl）的城市必有 2 座，且均位于下埃及的阿拉伯地区⑤，一座是在米耶克佛利斯岛；另一座则位于支流佩吕斯亚克河东边，是本章节所探讨的主题。其名称以密夺（Madjdoul）⑥的形式出现在了《圣经》中，单词 Madjdoul 的发音接近埃及语版和希伯来语版《圣经》相同段落中出现的真实埃及语名称 Μεϣτωλ。

希伯来人为了使埃及语单词 Μεϣτωλ 类似于发音为 Magdal 或者

---

① 《埃及十日》，第一卷，第 24 页。
② 卷二，30。
③ 译注：上文亦写作 Daphnès。
④ 《圣经·耶利米书》，二，16；四十三，7，8；四十四，1；四十六，14。《圣经·以西结书》，三十，14，18 等。
⑤ 见前文，原著第二卷，第 70 页。
⑥ 《圣经·耶利米书》，四十四，1；四十六，14；《圣经·出埃及记》，十四，2；《圣经·民数记》，三十三，7。

Migdol 的 MGDL 或者 MGDOUL，故而将其拼写成由词根 GADAL 派生而来、意义为"塔"的 MGDL 和 MGDOUL（而不是写成 MSCHTOUL）。一些语文学家曾因这个相似性而犯错，不过人们应当记得，所有誊写外来单词的人都会无意识地倾向于把这些单词与自己语言中的某些单词进行类比，或者给它们加上一些语法形式。正如大家在我们引言中看到的那样①，这种普遍的做法尤其适用于阿拉伯人，再者就是希伯来人。

赛特隆（Sethron）——普萨里翁（Psariom）

拜占庭的艾蒂安谈到了亚历山大在其《埃及人》(*Égyptiaques*) 第 3 册书中提及的城市 Σεθρον，但他没有给出任何关于其位置的信息。但斯特拉波在其著作中谈到，Σεθρειτης 大行政区是三角洲包含的 10 个大行政区之一。相反，托勒密则保证 Σεθροιτης 诺姆位于支流布巴斯提克河或者佩吕斯亚克河的东边。不过唐维尔否定了他的说辞，他把托勒密的观点视作其关于三角洲的错误论断之一。②但在我们看来，唐维尔之所以认为托勒密犯了错，只不过是因为他自己并没有深入研究这位地理学家关于尼罗河支流的体系内容。并且很大一部分原因是唐维尔把托勒密称作布巴斯提克河③的支流佩吕斯亚克河的位置和流向弄错了。对于赛特隆的位置信息，我们采纳托勒密的结论，将其确定在三角洲之外，而不是斯特拉波所确定的就在三角洲之内。在我们看来，比起可能从未到访下埃及这一区域的斯特拉波，生于佩吕斯的托勒密（埃及人）应当更了解这里，因为佩吕斯是赛特隆及其所在诺姆附近的城市。

皮鲁（Πιρωογ）和阿索姆（λθωμ）两位修士殉道的历史中④谈到，这两位圣人在佩吕斯从士兵手中夺取了科伊斯（Κωις）镇一位祭司的遗体，并将其运往他们的出生之地——布西里斯诺姆的塔桑泊

---

① 见前文，原著第一卷，第 38、39 页。
② 《埃及论文集》，第 96 页。
③ 《埃及论文集》，第 10、11、12、13 页。
④ 科普特语抄本，皇家图书馆，梵蒂冈藏书，60 号。

提（Tasempoti）镇之后，前往亚历山大里亚。在那里他们自曝了基督徒的身份，接着就在佩吕斯附近、名为"普萨里翁（Ψcapιoм 或者 Πcapιoм，Psariom）"的地方殉道。这个埃及语名称去掉阳性冠词就是 Capιoм（萨里翁），这就与希腊人所说的 Sethron（赛特隆）和拉丁民族所说的 Sethrum（赛特鲁姆）类似。然而，上述提到的殉教圣人名册中关于 Sariom（萨里翁）位置的极少细节便足以使人们相信，希腊人的 Σεθρον 与埃及人的 Ψapιoм[①] 是同一座城市的可能性极大，且希腊语名称是从埃及语名称派生而来。

佩吕斯（Péluse，又译培琉喜阿姆）——佩雷姆恩（Pérémoun）

名城佩吕斯是埃及最后一个地方，它面积较大，靠近叙利亚边界。它是埃及王国东部的要塞，距以其名称命名的尼罗河支流的河口稍有一段距离，离海域 20 斯塔德[②]、即约 1020 托阿斯的距离，其城墙延伸开来与其距地中海的距离相同。佩吕斯曾被坚固的城墙包围，如今它们依然存在。[③] 这座城市还被大片沼泽地环绕，当地人称沼泽为 Bathra。它是埃及最坚固的军事要地之一，这片土地常常成为埃及人民为抵抗叙利亚人民和阿拉伯牧民而战斗的流血之所。塞托斯·拉美西斯征战归来，正是在佩吕斯躲过了他的兄弟——罪人阿马伊斯想要谋反而布下的埋伏。[④]

中世纪埃及人的书中经常提到下埃及一座名为"Πєpємoγn，Pérémoun（佩雷姆恩）"的城市，该城十分重要，因为它在戴克里先统治时期曾是某一政府的统治中心。[⑤] 出于城市范围大小和重要性的考虑，罗马人在下埃及的所有古城都各设立了一名地方长官，科普特人在经卷中对这些地方均进行了命名。但为何会出现埃及圣人的殉

---

① 译注：原文如此，上文写作 Ψcapιoм。
② 斯特拉波，卷十七。
③ 《埃及十日》，卷一，第 211 页。
④ 曼涅托，由约瑟夫斯引述，见《驳阿庇昂》(Manetho, apud Josephum contra Appionem.)。
⑤ 《圣人阿帕·提亚又称提尔的殉难》，科普特语抄本，皇家图书馆，梵蒂冈藏书，66 号。——《圣人阿帕·提亚又称提尔的殉难》，科普特语抄本，皇家图书馆，《圣人皮鲁（Pirôou）和阿索姆（Athom）的殉难》，60 号。

教圣人名册和行为传记中唯独佩吕斯从未提及呢？毕竟一直以来，尤其是在罗马皇帝统治时期，人们都对其绝佳的地理位置肯定有加。这一考量以事实为基础，因而我们完全相信科普特人命名为佩雷姆恩（ⲠⲈⲢⲈⲘⲞⲨⲚ）的城市无疑就是佩吕斯城。

在《阿帕·提亚的殉难》中，我们发现这个名称写法多样，其中谈到，这位圣人曾被派往蓬皮乌斯（Pompius），而"ⲠⲒϨⲈⲄⲎⲘⲰⲚ ⲚⲦⲈ ⲠⲈⲢⲈⲘⲞⲨⲚ，佩雷姆恩的地方长官——这位不信宗教之人（ⲠⲒⲀⲚⲞⲘⲞⲤ）命令将他扔进大海：ⲀϤⲞⲨⲀϨⲤⲀϨⲚⲒ ⲚⲤⲈϨⲒⲦϤ ⲈⲠϢⲰⲔ Ⲙ̀ⲪⲒⲞⲘ"①。由此可以得出佩雷姆恩十分靠海。这一点事实上也得到了另一份抄本的确认。该抄本明确了佩雷姆恩（ⲠⲈⲢⲈⲘⲞⲨⲚ）的具体位置，就在阿拉伯人称为富尔玛（Alfourma）的地方（抄本中写的就是这个名称），更常见的名称有法拉玛（Alfarama）或者法拉迈（Alframèh）。这个地方也十分出名，它"离佩吕斯现在的遗址距离很近，靠近大海"。

至此我们忽略了陈述一个事实，这对于确定埃及古城的确切位置十分重要，并且可用于建立起名称 ⲠⲈⲢⲈⲘⲞⲨⲚ，Péluse 和 Farama 的一致性，那就是如今的埃及城市新址的阿拉伯语名称尽管保留了其最初的埃及语名称，但它们大部分都不是建在古城旧址处，而是多少都与其有一大段距离。在此我们将列举阿斯旺（Asouan）、丹德拉（Dendéra）、阿什姆纳音（Aschmounaïn）、巴赫纳萨（Bahnasa）、阿特利布（Atrib）、达米埃特（Damiâth），它们并不在埃及人命名为斯旺（ⲤⲞⲨⲀⲚ, Souan）、滕托里（ⲦⲈⲚⲐⲰⲢⲒ, Thenthôri）、什姆恩（ϢⲘⲞⲨⲚ, Schmoun）、潘斯杰（ⲠⲈⲘϪⲈ, Pemsje）、阿特利比（ⲀⲐⲢⲎⲂⲒ, Athribi）、塔米亚提（ⲦⲀⲘⲒⲀⲦ, Tamiati），希腊人称之为赛伊尼（Syène）、滕提拉（Tentyra）、大荷莫波利斯（Hermopolis-Magna）、奥库西林库斯（Oxyrynchus）、阿特利比斯（Athribis）和塔米亚提斯（Tamiathis）的遗址处，而是在其周边地区。

这一事实确凿无疑，由此可以得出结论：早期的阿拉伯人给佩

---

① 科普特语抄本，皇家图书馆，梵蒂冈藏书，66号。

吕斯取名为法拉玛（Farama）或者富尔玛（Fourma），随着城市的衰落，人们在古城的东边又新建了一座城市，如今它比佩吕斯更靠近大海；最终这座新城效仿我们上述提及的那些城市，保留了称谓法拉玛（Farama）。甚至可以确定法拉玛古城（佩吕斯）城墙废弃的原因在于修建了一座新城。按照斯特拉波的说法，佩吕斯距离大海只有1020托阿斯。而可以确定的是，这座城市的遗址距大海1500托阿斯。① 据此，很可能修建法拉玛（Farama）新城旨在更靠近地中海，而这对贸易往来十分必要。最后我们认为，在阿姆鲁·本·阿斯进入埃及时夺取了佩吕斯——法拉玛老城。这位阿拉伯入侵者和冈比西斯及亚历山大大帝一样，从叙利亚边境进入埃及，应当是最先夺取了埃及东部的要塞——佩吕斯。

接下来的结论将进一步证实佩吕斯在阿拉伯人入侵埃及其间最先被称为法拉玛（Farama）。这个名称是埃及语，而希腊人所给出的名称"Πηλουσιος, Boueuse"只不过是"ΦєρÒмι, Feromi"的翻译，ΦєρÒмι 是由阳性冠词 Φ 和词根"єρ, esse（是），fieri（做好的），facere（做）"及"Òмι, lutum（淤泥），πηλος, boue（淤泥）"构成，因此意思无疑是"泥泞之地（le lieu boueux）"；该城得此名称正是因为其四周被泥泞的沼泽地环绕②。希腊人用 Πηλουσιος 来翻译这个名称，但阿拉伯人则是将其写成了 Farama，正如他们把 Tєиθωρι③ 写成了 Dendéra 或者 Dandara（丹德拉）。最终，从开始的名称 ΦєρÒмι④或者更确切的是 ΠєρÒмι⑤，人们随后得出了名称 ΠєρємογΝ⑥，甚至可能埃及人给这座城市同时取了这两个名称。

除了给佩吕斯取名为法拉玛（Farama），阿拉伯人还将其称作

---

① 见安德烈奥西将军的一封信，《埃及邮报》，第14期。——《埃及十日》卷一，第207页及以下。
② 斯特拉波，卷十七。
③ 译注：转写为 Tenthôri，滕托里。
④ 译注：转写为 Pheromi。
⑤ 译注：转写为 Perômi。
⑥ 译注：转写为 Peremoun。

Thinéh（提内），这个阿拉伯语单词与埃及语的 ⲪⲈⲢⲞⲘⲒ、希腊语的 ΠΗΛΟΥΣΙΟΣ 意义相同。希伯来著作中也以类似的名称提到了佩吕斯，在先知以西结的《圣经·以西结书》中它被称作 Ssin[①]，并冠以别称"埃及力量（la Force de l'Égypte）"。Ssin 在希伯来语中是指"淤泥"，这和希腊语名称佩吕斯（Péluse）、阿拉伯语专有名称提内（Thinéh）、埃及语名称斐洛米（Phérômi）或者佩雷姆恩（Péremoun）别无二致，所以这些名称都是指同一座城市。只是阿拉伯人给建在佩吕斯遗址附近的一座古堡也取名为 Thinéh（提内）。

至于出现在《圣经》中的名称 Lobna，一些作者[②]认为它也是用来指佩吕斯。人们很容易就会发现这个名称与埃及语的 ⲠⲈⲢⲈⲘⲞⲨⲚ 或者 ⲪⲈⲢⲞⲘⲒ 在意思上没有丝毫关系，因而无法证明它是指佩吕斯。因为洛本纳（Lobna）是叙利亚十分著名的城市，距佩吕斯很远，在拉姆雷（Ramléh）和埃拉里什（Elârisch）中间。佩雷姆恩附近是一个希腊人称为利科诺斯（Lychnos）的地方[③]，有时候人们会毫无缘由地把它和佩吕斯混淆[④]。

阿瓦里斯（Aouaris）或者赫洛奥波利斯（Hérôopolis）

我们之前提到的下埃及阿拉伯地区位于佩吕斯亚克河沿岸，或者距河岸稍有一段距离。一些其他的城市则更靠内陆，邻近阿拉伯湾或者叙利亚，在此我们将只介绍阿瓦里斯。

祭司们象征性地把堤丰的老巢放在了埃及的这一地区。这位埃及丰沃和幸福之凤敌正是在此确立了其邪恶的势力。埃及人宗教经典中记载的堤佛尼亚（Typhonia）[⑤]——"堤丰的老巢"或者阿瓦里斯（Aouaris，Abaris）[⑥]就是此地。

---

① 《圣经·以西结书》，第三十章，15、16 等。
② 见吉列（Gillet）神父翻译的《约瑟夫的犹太古建筑》(Antiquités juives de Josephe)，卷二，第 159 页。——希罗多德：《历史》，拉谢译本，卷二，第 475 页，卷八，第 433 页。
③ 热罗姆信札之五十一，卷四，第 161 页，马尔蒂安（Martian）出版社。
④ 《福斯特信札》，第 16、33、34 页。
⑤ 曼涅托，由约瑟夫斯引述，见《驳阿庇昂》，卷一。
⑥ 译注：原著第二卷第 66 页提到，科普特人把 ⲃ 发音成 ⲟⲩ，许多埃及语单词中有 ⲃ 与 ⲟⲩ 对调的情况。

这座城市是以赫洛奥波利斯的名称为希腊人所知晓。人们或许会发现这一说法与许多现代地理学家和博学者的观点大相径庭,但那些最具权威的证据则使我们不得不对该观点表示信服。赫洛奥波利斯与阿瓦里斯的一致性得到了拉谢先生的认可与支持,所以我认为不需要在此基础上另行增加新的证据来佐证。[1]

赫洛奥波利斯或者是赫洛翁波利斯(Hérôonpolis)的位置很长时间以来都是现代地理学家们的一项议题。前人对其介绍模糊不清,只说是靠近阿拉伯湾末端。[2] 据此,一些现代地理学家们得出结论:该城甚至是在红海边上,靠近苏伊士运河;而另一些则认为它位于尼罗河与红海之间,邻近苦涩的湖泊。唐维尔持后一种观点,这比其他任何一个观点都更接近事实。

显然可以确定的是,从埃及委员会成员对这些地方所作的研究中可以得出赫洛奥波利斯位于尼罗河支流佩吕斯亚克河与苦涩的湖泊之间,并且是在这些湖泊的西北方向、如今被地峡中的阿拉伯游牧部落称为阿布凯谢德(Aboukeycheyd)的地方。根据努埃《天文学观察》中的结论[3],赫洛奥波利斯的旧址位于巴黎子午线经度 29°45′50″,北纬 30°45′。真实情况确实就是如此,这座城市在极其远古时期十分靠近红海,因为其附近这些被称作苦涩湖泊的盐田以前无疑就是阿拉伯湾的一部分,并且事实上它们比阿拉伯湾的水平线更低。

这座城市现在的遗址明确证实了它存在于古埃及时期。人们在此还可以看到,在这种风格的建筑废墟中有一座美丽的花岗岩独石碑。它展现的是比实际更高大的 3 个人像,他们端坐于一张扶手椅上,椅背和扶手上雕刻有象形文字。[4]

---

[1] 希罗多德:《历史》,拉谢译本,卷八,第 62、429 页。
[2] 斯特拉波,卷十七;托勒密,卷四。
[3] 见勒佩尔先生写入《埃及记述》第一期中的《论两大海域之间的运河》(Mémoire sur le Canal des deux Mers),第 147、148 页。
[4] 见勒佩尔先生写入《埃及记述》第一期中的《论两大海域之间的运河》(Mémoire sur le Canal des deux Mers),第 147、148 页。

根据一些观察报告，我们把希腊人所说的赫洛奥波利斯与埃及第十八王朝历史上十分著名的城市阿瓦里斯视为同一处。现在我们只需要将其展开论述。

根据曼涅托的说法，阿瓦里斯位于支流佩吕斯亚克河东部。这使得马沙姆（Marsham）骑士甚至是措厄加，把佩吕斯视作埃及史学家所说的阿瓦里斯。但这些学者并没有任何坚实的证据来支撑自己的观点。我们之所以把希腊人所说的赫洛奥波利斯视作旧时的阿瓦里斯，理由如下：在曼涅托的著作中，里面谈到了在法老提玛奥斯（Timaos）统治期间，自东方而来的蛮族民众在阿瓦里斯定居，夺取了下埃及，他们来自阿拉伯。① 不过这些来自阿拉伯的民众应当最先夺取埃及与阿拉伯交界处的赫洛奥波利斯。他们不可能占领佩吕斯，因为这个牢固的城池是在埃及和叙利亚的边境地带；其次，在古埃及宗教学说中阿瓦里斯名为"堤佛尼亚"或者是"堤丰之城"，这是因为埃及神话将埃及的敌人——阿拉伯游牧民族视作堤丰之子，而阿瓦里斯曾是他们的居所和战斗之处。埃及第十八王朝法老图特摩斯（Thoummosis）正是在阿瓦里斯屠杀了大量的阿拉伯人，最终将他们尽数逐出埃及。然而根据艾蒂安的说法，埃及人曾经（象征性地）谈到堤丰是在赫洛奥波利斯城被击毙的，他的鲜血在那里漫延；② 因此在我们看来，拜占庭的艾蒂安的这段内容恰好印证了阿瓦里斯或者说是堤佛尼亚与赫洛奥波利斯是同一座城市。③

人们还可以提供关于希腊语名称 Hρω④ 或者 Hρων⑤ 与埃及语名称 Aouaris 相同的证据。事实上很有可能希腊人最早把 Aouari 错误地写成了 Hρω，之后他们为了在自己的语言中找到相应的词源，所以将其拼写成了 Hρων。可敬的拉谢也对此观点表示了赞同。

---

① 曼涅托，由约瑟夫斯引述，见《驳阿庇昂》。
② 拜占庭的艾蒂安：《论城市和人民》，见词条 Hρωπολις。
③ 拜占庭的艾蒂安：《论城市和人民》，见词条 Hρωπολις。
④ 斯特拉波，卷十七。
⑤ 《法兰西文学院论文集》，第 34 卷，第 124 页。

第五章　下埃及及其自然划分和政治划分、各地埃及语名称

似乎单词 Aouaris 之意描绘了埃及人对这座城市的恐惧，这里曾是游牧民族暴虐统治的中心。在我们看来，它是从埃及语词根 ογα [blasphême（亵渎神明的话）；malédiction（咒骂）]、ιpι [faire（做）] 派生而来。由这两个词根并通过缩写的方式，构成了单词"Ογapι, maledictionem faciens（亵渎宗教的城市）"，希腊人将这个单词写成了 Aouari-s。

当埃及人把这座城市当作"堤丰之城"时，他们无疑将其命名为"Θatφωογ 或者 Θatπgωογ, Thatiphôou（恶人之城）"。因为可以确定的是，希腊人写作 Τυφως 或者 Τυφων 的奥西里斯 [Ογcιpι（行善之人）] 兄弟之名用埃及语拼写就是"†πgογ 或者 †φωογ, Tiphôou"，这个单词绝对是指 dans malum（有罪之人），l'auteur du mal（作恶之人），le malfaisant（恶人）。根据普鲁塔克之观点，它与奥西里斯（Osiris）相反，在埃及语中是指 Αγαθοποιος，即"恶人"。①我们对单词堤丰（Typhon）的埃及语拼写方式所持观点不会招致任何异议，并且可以推翻许多作者给出的大量牵强的词源。

第二部分
支流佩吕斯亚克河和法特美提克河之间的城市 ②
（托勒密称其为小三角洲）

我们将地理描述中所探讨的埃及城市分成三小节。第一节包含支流佩吕斯亚克河与塔尼提克河之间的区域；第二节包含位于尼罗河支流塔尼提克河与孟德锡耶内河之间的区域；第三节则是阐述支流孟德锡耶内河与法特美提克河之间的区域。这样的细分方式将会使我们的研究更有序、更清晰；并且，这样的细分方式是基于当地的自然划分。尼罗河的两条运河把这一区域划分成了三部分，它们分别流经塔尼斯和孟德斯。同时也应当看到，作为我们这部分内容主题的 3 个细

---

① 《论伊希斯和奥西里斯》。
② 第一部分是在原著第二卷，第 33 页，标题为提亚拉比亚。

分部分构成了托勒密所说的第一小三角洲，它位于布巴斯提克河（支流佩吕斯亚克河）与布西里斯河（法特美提克河）之间。

（一）支流佩吕斯亚克河和塔尼提克河之间的城市

法尔博埃图斯（Pharbœthus）——法尔拜特（Pharbait）

古人曾经提到一座位于支流佩吕斯亚克河周边地区的下埃及城市，他们将其命名为法尔博埃图斯。托勒密并没有明确指出该城的位置，而在斯特拉波的作品中则是更不清晰。负责埃及比较地理研究的现代地理学家们对以往法尔博埃图斯所占的区域范围持不同观点，并且对斯特拉波和托勒密作品中关于其位置的章节进行了众说纷纭的阐述。在罗马人统治时期，这座城市曾是下埃及一个诺姆的首府。

西卡尔神父是首位试图确定法尔博埃图斯城的人。他认为该城曾位于如今坐落在支流布巴斯提克河或者说是佩吕斯亚克河东部的贝尔贝伊斯，因此是在三角洲之外。唐维尔对此表示赞同，西卡尔神父提出了贝尔贝伊斯与法尔博埃图斯之间存在显著相似性的假设。受这位耶稣会士的影响，唐维尔认为通过对调同一结构中的字母可以从 Phar 得出 Bal 或者 Bel，而由 Boeth 可以构造出 Béïs。由此可以得出 Belbéïs，Balbéïs 甚至是 Bilbéïs，从而替代 Pharbœthus。这种重新定位法尔博埃图斯的方法只是一个极其不成熟的假设，但唐维尔却对此深信不疑，故而采纳了西卡尔神父的观点。若不是因为这一点，我也不会多作深究。只是出于对这位伟大的地理学家唐维尔的尊敬，我将对西卡尔神父的观点提出异议，并尽力去证明其中的错误。

我们对法尔博埃图斯和贝尔贝伊斯一致性存在异议的第一个方面在于名称贝尔贝伊斯本身。假设贝尔贝伊斯是法尔博埃图斯的讹用，那么这只可能归因于阿拉伯人；如此，应当假设，习惯于在入侵埃及时对所征服的不同城市采用其埃及语名称的阿拉伯人一改往日作风，改变了这个地方的本名 Pharbœthus，而将其写作 Belbéïs。如果是这样的话，那么古埃及人的后代——科普特人说着他们古老的语言，每次在经卷中提到阿拉伯人称作贝尔贝伊斯的城市时，必然会给出其真正的埃及语名称 Pharbœth-us。不过事实并非如此，科普特人一直都将其命名为 Ϥⲉⲗⲃⲉⲥ[1]或者 Ϥⲗⲁⲃⲉⲥ[2]，而这显然就构成了阿拉伯语的 Belbéïs。由此可见科普特人所说的 Ϥⲉⲗⲃⲉⲥ 是与法尔博埃图斯（Pharbœthus）完全不同的一座城市。确实在两份抄本中出现了 Ϥⲁⲣⲃⲁⲓⲧ[3]，翻译成阿拉伯语就是 Belbéïs。但我们将要介绍的关于贝尔贝伊斯和法尔博埃图斯有所区别的论据则完全推翻了这仅有的两份抄本中的相关内容。尽管古代两位最著名的地理学家对此作出了论证，但其中的观点与许多其他抄本中的观点相对立，并且也与我们在此将要引述的正确事实背道而驰。

1. 我们从科普特语抄本中摘录的、涵盖内容最广的埃及城市名录中把 Ϥⲉⲗⲃⲉⲥ 和 Ϥⲁⲣⲃⲁⲓⲧ 视作两个不同的城市[4]。与第一个相对应的阿拉伯语名称是 Belbéïs（贝尔贝伊斯）；另一个则是 Belka（贝尔卡）。因此贝尔贝伊斯和法尔博埃图斯并不是同一个地方。

2. 旺斯莱布神父在其《亚历山大里亚教会史》中提供了一份《埃及古代主教城市名录》[5]。他首先提到了作为主教府所在地的比尔贝伊斯（Bilbeis，即贝尔贝伊斯），接着便是他所认为的科普特语名称为 Barbait（Pharbait，法尔拜特）的贝尔卡（Belka）。既然这两座城市分别都是主教府的所在地，那么可见旺斯莱布也是把它们区别开来的；并且由于旺斯莱布神父特意提到，他是从"一份古老的科普特语抄本中获得了这个名录，抄本是 1673 年他在斯乌特［Siut（Siouth）］主教府中时，名为昂巴·若望（Amba Jean）的主教给他的"。由此可见，旺斯莱布神父的引述作为权威也恰恰证实了贝尔贝伊斯与法尔博埃图斯是不同的城市。

3. 最后，斯特拉波和托勒密特意提到了法尔博埃图斯位于尼罗河

---

[1] 译注：转写为 Phelbes。
[2] 译注：转写为 Phlabes。
[3] 译注：转写为 Pharbait。
[4] 附录一。
[5] 第六章，第 17 页。

支流佩吕斯亚克河西边[1]，所以是在三角洲之内。但由于贝尔贝伊斯城是在沙漠边缘地带，即三角洲之外。所以显然法尔博埃图斯的所在地不可能是贝尔贝伊斯城的位置。

斯特拉波、托勒密、普林尼均把法尔博埃图斯放在了三角洲内，对此没有其他任何一位地理学家提出反对意见。他们的观点使得汉尼克（Hennicke）先生和拉谢先生对西卡尔和唐维尔的观点发起挑战。正如我们之前介绍的，这两位错误地把法尔博埃图斯当作贝尔贝伊斯。不过汉尼克先生在想要修正唐维尔错误的同时，却犯了一个新的错误。他把法尔博埃图斯定位在[2]三角洲之内是有缘由的，并且这也得到了斯特拉波和托勒密相关内容的证实。但他把其位置定在尼罗河支流塞本尼提克河的西边，却没有给出任何可信的理由，这显然就与托勒密的观点不同。托勒密认为法尔博埃图斯及其所属诺姆位于布西里提克河（法特美提克河）与布巴斯提克河（支流佩吕斯亚克河）之间。因此法尔博埃图斯不可能像汉尼克先生所设想的那样，位于塞本尼提克河西边，因为该支流本身就在布西里提克河（法特美提克河）的西边，所以托勒密把法尔博埃图斯定在了塞本尼提克河的东边。

4. 我们刚刚所谈到的内容足以证实法尔博埃图斯并不在贝尔贝伊斯所在区域，法尔博埃图斯与贝尔贝伊斯是完全不同的两座城市，并且法尔博埃图斯并不位于尼罗河支流塞本尼提克河的西岸。即使没有前三段中汇总的文献资料阐述，我们的观点也完全能够得到证实，因为法尔博埃图斯本身的遗址就充分证明了这一点。

事实上，人们在支流塔尼提克河的东岸、三角洲之内发现了一座埃及古城的遗址。它在佩吕斯亚克河西边，靠近阿拉伯人称之为赫伊赫（Héihéh）的城市。遗址中部是一个仍然保有名称哈尔拜特（Harbait）或者霍尔拜特（Horbait）的小村落[3]，人们仍然从这个缺少

---

[1] 斯特拉波，卷十七；托勒密，卷四，第五章。

[2] 汉尼克：《论希罗多德的非洲地理》（*Commentar. de Herodotaeâ Africae geograhiâ*），第57页。

[3] 《埃及十日》，第一卷，第136页。

冠词 P 的名称中辨认出法尔博埃图斯的埃及语名称。在埃及语或者科普特语经卷中，法尔博埃图斯被命名为 ΦαρΒαιτ，Pharbait。①且人们第一眼看到的是 Harbait 对应于埃及语 ϨαρΒαιτ，这个单词加上阳性冠词 π 就构成了 ΠϨαρΒαιτ 或者 ΦαρΒαιτ，Pharbait。希腊人仅仅通过给这个单词加上符合其语言特性的词尾，就构造出了 Φαρβαιθος，而阿拉伯人却只是删除了埃及语的冠词 π。

在马吕斯先生和费夫尔先生远征埃及，勘测莫伊斯（Moëz）运河的过程中，他们在法尔博埃图斯的遗址中发现了巨像的一只脚以及许多表明这座城市存在于埃及血统的国土统治时期的花岗岩残片。②他们写下的是其现在的阿拉伯语名称 Orbet（奥尔贝特），但人们发现，在希尔维斯特·德·萨西出版的《埃及城市和行省的阿拉伯化概况》（*état arabe des villes et des provinces de l'Égypte*）③中，其真正的拼写方式为 Harbaït 或者 Horbaït。

根据我们前述的事实，必然可以证明埃及语拼写方式为 ΦαρΒαιτ④、阿拉伯语为 Harbaïth 的法尔博埃图斯不可能与古埃及人知

---

① 科普特语抄本，皇家图书馆，圣日耳曼藏书，17 号，增刊。
② 《埃及十日》，第一卷，第 136 页。
③ 《埃及城市和行省的阿拉伯化概况》，阿卜杜拉提夫作品译本，第 620 页，378。
④ 我们在博尔吉亚博物馆的一份记录了《尼西亚公会议议事录》（les Actes du concile de Nicée）的底比斯语抄本中发现了希腊语名称 Φαρβαιθος 写成了 ΦαρΒαιθος。这个希腊语形式的名称的出现也并不令人感到意外，因为埃及其他一些城市在这份抄本中也是以希腊人的方式命名，尽管许多城市也有它们自己的埃及语名称。出席这次主教会议的埃及大主教名单如下，根据这份抄本我们将其做了翻译：

拉科提地区：亚历山大，拉科提（亚历山大里亚）的大主教。埃及和缇巴依德的主教们有 15 人；还包括：赛特（Scété）的主教阿塔斯（Athas），卡伊斯（Koëïs）的主教阿达曼提乌斯（Adamantius），特姆伊（Thmoui）[特姆伊斯（Thmuis）] 的主教提贝尔（Tibère），特帕尼奥斯（Tpanyos）（帕诺波利斯）的主教卡伊乌斯（Caius），赫拉克雷乌斯（Héracléus）（小赫拉克里奥波利斯）的主教波塔蒙（Potamon）……佩吕斯的主教多洛特（Dorothée）……帕内菲西斯（Panéphysis）的主教菲利普（Philipe）……法尔博埃图斯的主教艾尚（Etion），孟菲（Menvé）（孟菲斯）的主教安提奥库斯（Antiochus）；赫内斯（Hnês）（大赫拉克里奥波利斯）的主教皮埃尔（Pierre），安底诺的主教提拉努斯（Tyranus），斯奥乌特（Siôout）（利科波利斯）的主教普卢西亚努斯（Plusianus），特克乌（Tkôou）（安特奥波利斯）的主教帝奥斯（Dios），阿勒佛克拉农（Alphocranon）的主教哈尔波克拉托尔（Harpocrator）。

晓的贝尔贝伊斯城混淆。正如我们已经谈到的，古埃及人给贝尔贝伊斯取名为 Ϥⲉⲗⲃⲉⲥ①，由这个名称我们辨认出了希腊人所说的 Βουβαστις Αγρια。此外，令人十分意外的是，唐维尔为了采纳西卡尔神父的观点便极少提及斯特拉波和普林尼的正确结论，而西卡尔神父的观点仅仅是基于一种假设，是他的声誉和唐维尔的赞成使人们几乎将其结论视作真相。事实上城市遗址本身就证实了斯特拉波和普林尼关于法尔博埃图斯位于三角洲之内的观点。至此我们认为已经证明了自己的观点，而不应当止步不前了。

普塞内泰（Psénétai）

这个乡镇或者说小城位于法尔博埃图斯东北部，距支流佩吕斯亚克河有一段距离。在雷尼耶将军出版的下埃及地图以及奥利维埃先生游历东方之地图上，这个地方是以 Sénéta 的名称出现的；在德农骑士给出的下埃及地图上②，此地的名称也写作 Sénéda；埃及人则将其称作 Ⲯⲉⲛⲉⲧⲁⲓ，Psénétai（普塞内泰）③。阿拉伯人为此地保留的名称 Sénéta（塞内塔）和 Sénéda（塞内达）恰好就是埃及语名称去掉了阳性冠词 ⲡ 所得到的 Ⲥⲉⲛⲉⲧⲁⲓ，由此他们构造出了 Seneta, Seneda，就像他们由 Ϥⲁⲣⲃⲁⲓⲧ 构造出 Harbaït, Horbaït 一样。

在《埃及城市和行省的阿拉伯化概况》中，塞内泰（Ⲥⲉⲛⲉⲧⲁⲓ）城是以名称 Sanata（萨纳塔）的形式出现④，而我们完全不知道普塞内泰城埃及语名称的意义。

塔尼斯（Tanis）——斯加尼（Sjani）

塔尼斯是下埃及一个诺姆的首府。从表面看来，该地的辖区包含尼罗河支流佩吕斯亚克河与塔尼提克河之间领土范围内的所有地方，包括如今被称作曼萨拉湖的特尼斯湖。

塔尼斯城建在因其得名的支流塔尼提克河东岸。

---

① 译注：转写为 Phelbes。
② 《下埃及和上埃及游记》，地图集，插图 7。
③ 科普特语抄本，皇家图书馆，梵蒂冈藏书，61 号，《圣人波利（Poli）的殉难》。
④ 阿卜杜拉提夫作品译本，218 号，第 613 页。

与上下埃及几乎所有城市的起源一样，这座城市的建造年代也不可考。不过有一个总体的规律，借助于这一规律人们可以估算出一座埃及城市相对久远的时代，这一规律就是考虑城市与埃塞俄比亚的邻近度。也就是说越靠近瀑布群的城市一般来说就越古老，因为最早从埃塞俄比亚山岗上下来的人们为了移居至埃及，必然会在他们刚刚离开之处的附近停留。不过这也并不是一个铁律，因为底比斯城的神庙已经被证明比距埃塞俄比亚更近的埃尔蒙特（荷蒙蒂斯）、斯奈（拉托波利斯）、阿特博（大阿波利诺波利斯）、安波（奥姆伯斯）、斯旺（赛伊尼）和皮拉克（Pilach）（菲莱岛）的神庙更为古老。但这一事实并不表明我们所说的规律是错误的，因为人们自然会认可从埃塞俄比亚在埃及建立殖民地之初起，底比斯就是这个新生民族的主要据点。并且当艺术有所进步时，人们就会大兴土木，装扮主城；斯旺（Souan）、安波（Ambô）、阿特博（Atbô）、斯奈（Snê）的起源虽然可以追溯至相当久远的年代，却也是晚于底比斯城。所以这些城市应当是在很久之后才有了神庙和公共建筑。

但位于底比斯北部的城市，如滕托里（滕提拉），以及特别是中埃及的城市如阿比多斯、谢敏（帕诺波利斯）、斯奥乌特（利科波利斯）、什姆恩（大荷莫波利斯）、皮永（大克罗科蒂洛波利斯）和孟菲（孟菲斯）无疑晚于底比斯，并且大部分城市位于这座首府南部。

更为真实并且可以深信不疑的是，下埃及的城市远不及中埃及的城市古老，尤其比不上缇巴依德10座城市的古老程度。究其原因十分简单，因为三角洲不仅是在上埃及形成之后很久才形成，而且也比上埃及地区主要城市的建立晚了许多。因此可以说塔尼斯远没有赫利奥波利斯、孟菲斯、大荷莫波利斯以及上埃及的其他城市那么古老。

《圣经·旧约》中的一段内容介绍了塔尼斯的建城年代。由摩西派去探查圣地的探秘者"来到了希伯伦。那里居住着亚衲（Hênak）族人亚希幔（Akhiman）、示筛（Sisaï）、挞买（Thoulmaï），因为希伯伦比埃及城市塔尼斯早七年建城"①。希伯伦最早名为 Qarïath-Arbath，即为"阿尔巴特（Arbath）城"。阿尔巴特（Arbath）是亚衲（Hênak）的父亲，相传他在大洪水后不久便建立了希伯伦。由于塔尼斯比希伯伦晚七年建城，所以从这段话可以得出它是下埃及最古老的城市之一。

塔尼斯位于支流塔尼提克河东岸，距河口有一段距离。其城市范围十分广阔，城内有高大的建筑物。如今其遗迹仍然占据了大片土地，人们在那里可以看到 7 个花岗岩的方尖碑，部分已经断裂②，还有独石碑的残片、巨像的碎片以及埃及巨型建筑的待接石③。

一些现代年代学者们把某一个埃及王朝的统治中心放在了塔尼斯，但在我们关于埃及历史的研究中将要指出这个观点是多么空穴来风。这一观点之所以得到肯定，很大程度上是由于传说摩西年幼时被放在摇篮之中、遗弃了支流塔尼提克河上；④由于是法老的女儿将他救起，所以毫无疑问法老和他的公主女儿居住于塔尼斯。不过由于这一传说并不十分准确，所以至少皇权统治中心位于塔尼斯的说法是值得怀疑的。

我们从希腊人那里获知了名称 Τανις，而这只不过是对真正的埃及语名称稍事修改。在宗教经典的希伯来文本中，这座城市名为 Tzan 或者 Ssan（琐安）⑤，因为通常希伯来语的 Tzade 对应于阿拉伯人所说的 Ssad。有时候该名称也写作 Ssouan 或者 Tzouan。

拉谢先生在对希罗多德作品翻译之《地理学表》中否定了希伯来文本记载的 Tzouan 等同于希腊人的 Τανις 一说；他确信《圣经》中的 Tzouan 是一个皇权统治中心，但他认为这个希伯来语名称是指希腊人

---

① 《圣经·民数记》，八；希伯来文本，五，22；拉丁文本，五，23。
② 《埃及十日》卷一，第 137 页。
③ 若弗鲁瓦（Geoffroy）、迪普伊（Dupuy）、努埃和梅尚（Méchain）先生们曾经在法兰西共和历八年霜月到访了塔尼斯的遗址，他们在那里发现了雕刻过的天青石材质残片，认为这些是一座雕像的碎片。《埃及邮报》，第 23 期，第 2 页。
④ 优迪基乌（Euthychius）：《编年史》第一卷，第 96 页，波科克的阿拉伯语和拉丁语版。
⑤ 《圣经·民数记》，十三，23 等；《圣经·诗篇》，七十七，12、43。

所说的塞易斯。① 拉谢先生用来支持其观点的证据如下：1. 塔尼斯的位置不合理；2. 缺少建设所用的材料；3. 另外，根据约瑟夫的观点，拉谢先生把塔尼斯视作一座小城。我们曾在格勒诺布尔文学院的历史课程中讨论了这一观点。我们介绍到：1. 拉谢先生运用卡西安（Cassian）的论述来证实塔尼斯的位置不合理这一做法并不适用于塔尼斯本身；2. 文章提到了特内斯（Thenesi）②，它是指实际位于湖泊沼泽地中心岛屿上的小城特内苏斯（Thenesus）又称泰内苏斯（Thennesus），该城的名称正是来源于这个如今被称作曼萨拉的湖泊；3.7 个刻满象形文字的花岗岩方尖碑③、散落在遗迹中的花岗岩和砂岩石块证明了塔尼斯并不是没有办法获得建城所需的材料，相反其城墙内建筑壮丽、神庙奢华；4. 最后，塔尼斯是一个规模十分巨大的城市。在此我们将只引述斯特拉波和拜占庭的艾蒂安之正确观点，原文为"ΜΕΓΑΛΗ ΤΑΝΙΣ④，ΤΑΝΙΣ ΠΟΛΙΣ ΜΕΓΑΛΗ⑤，塔尼斯，埃及的巨大城市"。再者，把塔尼斯当作小型城市的约瑟夫是根据他那个时代的城市状况进行描述，而不是按照远古时代、其最辉煌时期的状况来做介绍。因为在法老时代与提图斯皇帝时期之间的一段时间内，塔尼斯由于遭受了一场与那些大城市共同的革命，便走向衰落、慢慢衰退，最终成为毫不起眼的一个地方；按照约瑟夫的说法，提图斯皇帝曾经过"小城塔尼斯"。比塔尼斯大许多的孟菲斯不也完全消失了吗？底比斯，这座巨城古都在罗马人时期乃至今天已被 3 个贫苦的村庄所替代。但在底比斯，那些不朽的建筑，如塔尼斯凌乱散落的遗迹中那 7 座方尖碑一样，均以一种无可辩驳的方式证实了这两座名城过去举足轻重的地位。

此外，如果我们刚刚谈到的所有这些还无法完全确定塔尼斯的重要性，而且一直以来如果被希伯来的先知们称为 Ssan，Tzan 或

---

① 希罗多德：《历史》，拉谢译本，卷八，第 534、535、536 页。
② 希罗多德：《历史》，拉谢译本，卷八，第 554 页，注释 4。
③ 《埃及十日》，卷一，第 137 页。
④ 斯特拉波，卷十七，第 802 页。
⑤ 拜占庭的艾蒂安：《论城市和人民》，见单词 Τανις。

者 Tzouan 的城市与希腊人所说的埃及城市塔尼斯是同一个地方的话，那么我们还将补充说明名称 Ssan 或者 Tzan 就是 Τανις 遗迹今天的名称。毕竟名称 Tzan 不可能适用于塞易斯，因为塞易斯如今被阿拉伯人称作 Ssa，并且正如我们接下来将要介绍的，其埃及语名称为 Saï（塞易）。由此可以证实《圣经》中的 Tzan 就是希腊人所说的塔尼斯。

希伯来语名称 Tzan 和希腊语名称 Τανις 只是最初的埃及语名称"ⅩⲀΝⅠ，Sjani"①之讹用，它翻译成阿拉伯语要么是 Ssan②，要么是 Ssaân③，阿拉伯语版的《摩西五经》中也是这样书写。埃及语名称也以 ⅩⲀΝⲎ④ 的拼写方式出现在了科普特语版《圣经·诗篇》中⑤，但这个单词以及最为常见的拼写方式 ⅩⲀΝⅠ 发音一直都是 Sjani。

雅布隆斯基认为 ⅩⲀΝⲎ 意为"谦逊的、微不足道的（Humilis）"⑥，原因在于该城位于下埃及顶端，因此其位置低于上埃及和下埃及内陆的其他城市，而其他 20 个城市的位置则差不多，所以不会称作 ⅩⲀΝⅠ 或者 ⅩⲀΝⲎ。此外，单词 ⅩⲀΝⲎ 并不完全指"谦逊的、微不足道的"，它还有"胃、腹部（Stomachus）"之意，作此意解时它写作 ΠⅠⅩⲀΝⲎ⑦。而它在指"水平（Planities）"时则写成了 ⲦⅩⲀΝⲎ，在这种情况下，它是由指"是平的（planus esse）"的 ⅩⲎΝ 派生而来；最后要说明的是，单词 ⅩⲀΝⲎ 一般指"柔软的（mollis）、柔和的（delicatus）、令人愉快的（jucundus）"，所以对于城市名称 ⅩⲀΝⲎ 我们更愿意采用此词义，这恰好与"舒适的城市、美丽的城市"相符合。

---

① 科普特语抄本，皇家图书馆，圣日耳曼藏书，17 号，增刊。
② 科普特语抄本，皇家图书馆，圣日耳曼藏书，17 号，增刊。
③ 科普特语抄本，皇家图书馆，圣日耳曼藏书，17 号，增刊，在词典中。
④ 译注：转写为 Sjanê，下同。
⑤ 《诗篇》七十七，12 和 43。——拉克罗兹，《埃及语—拉丁语词汇》，第 162 页。
⑥ 雅布隆斯基：《小册子》。
⑦ 翻译成阿拉伯语为 Midah，Midath，胃、腹部，科普特—阿拉伯语词汇汇编，圣日耳曼藏书，17 号，增刊。

第五章　下埃及其自然划分和政治划分、各地埃及语名称

（二）支流佩吕斯亚克河上游、支流塔尼提克河与支流孟德锡耶内河之间的城市

萨赫拉什特（Sahrascht）

博尔吉亚博物馆一份抄本的结束语中提到了这个乡镇。① 其中写道："ⲡⲓⲇⲓⲁⲕⲟⲛⲟⲥ ⲑⲉⲱⲇⲱⲣⲟⲥ ⲡϣⲏⲣⲓ ⲙⲉⲕⲟⲩⲣⲓ ⲡⲓⲣⲉⲙⲥⲁϩⲣⲁϣⲧ（西奥多执事，萨赫拉什特（Sahrascht）梅库里（Mekouri）之子）。"由于未能在科普特语书中找到确切的信息，因此很长时间内我们都不知道这个埃及村庄的具体方位。不过根据阿拉伯人保留下来的村庄名称，我们最终将其确定。事实上，人们在尼布尔给出的达米埃特支流和罗塞塔支流水流图中找到了 ⲥⲁϩⲣⲁϣⲧ② 的方位。③ 图中，萨赫拉什特镇位于法特美提克河东岸，在法特美提克河与佩吕斯亚克河分界处以北4古里多。阿拉伯人如今仍然把萨赫拉什特（ⲥⲁϩⲣⲁϣⲧ）的所在之地称为萨赫拉吉（Sahradj）。④ 但在《埃及行省、城市和村庄概况》中其阿拉伯语名称更多地写成萨赫拉吉特（Ssahradjt）⑤，因为阿拉伯语的 Ssahradjt 与埃及语名称 ⲥⲁϩⲣⲁϣⲧ 的发音完全一致。旺斯莱布把萨赫拉什特列入了科普特教派的主教辖区之内，将其命名为 Sahragt（萨赫拉吉特）。⑥

莱昂托波利斯（Léontopolis）——皮塔拉姆伊（Pithalammoui）?

托勒密把斯特拉波谈到的莱昂托波利斯城定位在阿特利比斯河与布西里斯河之间，即位于支流佩吕斯亚克河上游与法特美提克河之间。而根据唐维尔与西卡尔神父的观点，它则是在阿拉伯人称作 Tel-Essabé（特尔·艾萨贝）的地方，Tel-Essabé 意为"狮子之丘（colline du Lion）"，几乎等同于希腊语的"Λεωντος πολις，狮子之城"。不过

---

① 措厄加目录的第四十一条。
② 译注：转写为 Sahrascht，萨赫拉特。
③ 《阿拉伯游记》，卷一，第70页。
④ 《阿拉伯游记》，卷一，第70页。
⑤ 阿卜杜拉提夫作品之希尔维斯特·德·萨西先生译本，第614页，第252、253号。
⑥ 《亚历山大里亚教会史》，第24页。

在《埃及城市和乡镇概况》中，这个地方并不是命名为 Thall-Essaboû（狮子之丘，音译为塔尔·艾萨卜）或者 Thall-Essaboûah（母狮之丘，音译为塔尔·艾萨卜阿），而是写成了名称 Thall-Aldhibâ（塔尔·德西巴）①，即"鬣狗之丘（colline des Hyènes）"。西卡尔神父则把它写成了 Tal-Essabé（塔尔·艾萨贝）。如果该名称是古埃及语名称"Πιθαλﾌϩωιт，Pithal-an-Hôiti"之翻译，则希腊人便将其错误地翻译成了 Λεωντος πολις。

不过此处应当注意到城市的名称，尤其是埃及乡镇和村庄的名称，由于并不处于高贵优雅之列，所以通常都有多种写法。尼布尔《阿拉伯游记》中记载的从拉希德到开罗、从开罗到达米埃特线路中就有一个例证。② 据此，可能古莱昂托波利斯的所在地确实就像西卡尔神父所说的那样，名为"Tall-Essaboû，狮子之丘"。这样几乎可以确定其现在的阿拉伯语名称是最初埃及语名称的准确翻译，而这个埃及语名称可能就是"Θαмογι，Thamoui，狮子之城"，甚至可能是"Πιθαλὶμογι，狮子之丘"，因为单词 Θαλ 或者 Θελ 在埃及语和阿拉伯语中十分常见，并且似乎是从埃及语转到了阿拉伯语。

如果采纳唐维尔的观点，那么莱昂托波利斯距支流法特美提克河的东岸有一段距离，并且是在流经孟德斯的尼罗河支流南部。

特姆西奥提（Temsioti）

几乎所有的下埃及地图都标注了阿拉伯人称为达姆西斯（Damsis）或者米特·达姆西斯（Mit-Damsis）的城市位置，但标注方式或多或少都不够准确。正如我们在关于支流佩吕斯亚克河的研究中所介绍，唐维尔把这座城市定位在阿布斯尔，即古布西里斯以南。两地间距极大，超过 6 古里。但根据在埃及的法国工程师之研究，其中雷尼耶将军出版的下埃及地图才是正确结论：达姆西斯与阿布斯尔相距不远，只有 3 古里的距离；它位于支流法特美提克河的东岸，距萨

---

① 《亚历山大里亚教会史》，第 624 页，70 号。
② 卷一，第 58—77 页。

赫拉什特北部 8 古里。

达姆西斯的埃及语名称为 Ⲧⲉⲙⲥⲓⲱⲧ[①]，基歇尔神父在一份科普特语抄本中找到了这个写法，同时发现的还有其他一些埃及城市的名称[②]。同样是基歇尔神父，他还看到了和这个埃及语名称一起的阿拉伯语单词是 Domasisi，而不是 Damsis 或者 Demsis，但他并没有确定其位置信息，也没有确定这份词汇汇编中提到的大部分城市名称；并且当他想做这项研究时，犯下了许多错误。

普森什霍（Psenshiho）

埃及的阿拉伯人把这座城市称为尚沙（Schanscha），并将其归入代盖赫利耶（Daqahhliéh）省。[③] 唐维尔对它的定位稍稍偏南，这是由于他把达姆西斯的位置放在了比实际位置更为靠南而导致的错误，他冠以其阿拉伯语名称 Shianshia（相西亚）。在《圣人皮鲁和阿索姆修士的殉难》中[④]，这座城市的埃及语名称写作 Ⲯⲉⲛⲥⲓϩⲟ[⑤]；我们在佩吕斯的相关章节中提到这两位圣人出生于布西里斯诺姆的塔桑泊提。措厄加在其《博尔吉亚博物馆科普特语抄本目录》中出版了此行为传记的一部分内容，该行为传记同样出自博尔吉亚博物馆馆藏的梵蒂冈抄本之复本。

至于埃及语单词 Ⲯⲉⲛⲥⲓϩⲟ 的意义，我们无法给出任何解释，只能说音节 Ⲡⲥⲉⲛ 或者 Ⲯⲉⲛ 经常出现在下埃及地点名称的开头，比如 Psenshiho，Psénétai，Psénakô 以及上文提到的希腊人保留下来的众多其他名称[⑥]，而这些名称并没有出现在科普特语经卷之中。对于音节 Ⲯⲉⲛ 的意义我们已经阐述了自己的观点，认为它是指"通道（passage）"。此外，由于组成埃及城市和村庄埃及语名称的单词没有出现在科普特语词典和文章中，或者这些单词符合的语法规律并不十

---

① 译注：转写为 Temsiôti。
② 基歇尔，第 209 页，拉克罗兹将其引用至《埃及语—拉丁语词典》中，第 104 页。
③ 阿卜杜拉提夫作品译本，第 626 页，114 号。
④ 科普特语抄本，皇家图书馆，梵蒂冈藏书，60 号。
⑤ 译注：转写为 Psenshiho。
⑥ 见前文，原著第二卷，第 55 页。

分常见，甚至有时候被中世纪埃及语文章完全弃用，所以无法确定所有这些名称的意义。

特姆伊斯（Thmuis）——特姆伊（Thmoui）

特姆伊斯（Thmuis 或者更确切的是 Thmouis）城是我们所描述的下埃及地区主要城市之一，之后它甚至成为下埃及最大的城市之一。[①] 托勒密把特姆伊斯当作孟德斯诺姆的首府，而希罗多德[②]则分开命名了孟德斯诺姆和特姆伊斯诺姆。这两位观点之间的矛盾极易消除。在我们看来，只需要说明在埃及国王统治时期，特姆伊斯是孟德斯的属城，是孟德斯诺姆的一部分；而在之后的岁月里，由于某种我们无法估量的情况，孟德斯渐渐衰落，因此特姆伊斯成为孟德斯诺姆的首府。另外希罗多德对单词 nome 的定义就是埃及人所说的 ⲡⲑⲟϣ[③]这一观点很值得怀疑；我们认为希罗多德只是用诺姆来指城市"自己的领地（territoire propre）"，而不是斯特拉波理解的 Pthôsch 和单词 nome 指同属一个辖区内多个城市集结所组成的行省。

特姆伊斯并不位于尼罗河支流孟德锡耶内河河畔，而是距其有一段距离，几乎占据了支流塔尼提克河与孟德锡耶内河之间平原地带的中心位置。唐维尔相当精准地确定了其所处方位。尽管这是一座二线城市，但特姆伊斯的范围仍然十分广阔，在此我们将根据刊登于《埃及邮报》[④]中的一份报告对其遗迹进行描述。在距曼苏拉3古里、靠近特梅［Temay，即特马乌（Thmaouiéh）］村庄的地方有一个大土坝。从远处看去，它就像一个巨大的山丘立于平原之上。特姆伊斯建于此。这个人造土坝自东北向东南达3/4古里。大多数埃及城市，尤其是三角洲的城市，都修建在人造的高地之上，以免遭受洪水的侵害。由前文的介绍可见特姆伊斯也不例外。这座城市的遗址只留下了散落的碎片、砖块、陶器、花岗岩石块和其他的瓦砾；其

[①] 阿米安努斯·马尔凯里努斯，卷二十二。
[②] 卷二，166。
[③] 译注：转写为 pthosch。
[④] 第36期。

中一个地方还有 28 个尺寸相同的黑色花岗岩石棺。在这些石棺中间仍然矗立着一座完整的小型神庙。它由单独的一块红黑色花岗岩制成，且凿成了圣殿的样式。"其高度为 25 法尺 9 法寸，深度为 11.5 法尺。神庙立于同样材质的花岗岩石基座上，基座长 16 法尺，宽 12 法尺，厚 4 法尺。其开口朝东，周围环绕着一条可能用于容纳大门的沟槽。"①

尽管这个整块石头的建筑体积庞大，却一点也不像塞易斯和埃及其他一些城市的建筑，但也足以看出古埃及人高超的建筑技艺。

希腊人所知晓的这座城市名称为特姆伊斯（Thmouis）。它确为最初的埃及语名称，只是多了一个希腊语的词尾。在埃及语文本中，这个名称一直写作"Ѳмоүι, Thmoui"②。并且它在科普特语—阿拉伯语词汇汇编中也总是以该形式出现；③ 与科普特语名称 Ѳмоүι 一起的阿拉伯语名称在词汇汇编中一直都写作 Mouradih 或者 Maouaradéh；而《埃及城市和行省的阿拉伯语名录》中则将其写成了 Thmaouyéh 或者 Thamouyéh，显然这两个名称是由埃及语 Ѳмоүι 构成的。阿拉伯人参照了希腊人的写法，只是在此基础上增加了本民族语言中的一个词尾。

现在我们需要确定埃及语名称 Ѳмоүι 之含义，在这一点上，许多学者曾发表了自己的看法。其中维希耶·拉克罗兹在其《埃及语—拉丁语词典》中认为 Ѳмоүι 是指"狮子之城"④，并且他有理由不赞同圣人热罗姆的观点，热罗姆认为 Thmouis 是从公山羊的埃及语名称派生

---

① 《埃及邮报》，第 56 期，第 3 页。不过我们并不赞同报告人的观点，他认为这座整块石头的神庙是"著名的神谕（un oracle célèbre）"。前文我们谈到过这些整块石头的神庙只是用于存放神祇的象征。况且，埃及是否存在希腊人所说的"神谕"是很值得怀疑的。

② 见博尔吉亚博物馆中关于尼西亚公会议的底比斯语残片，措厄加：《博尔吉亚博物馆抄本目录》，第 244 页。——基歇尔，209 等。

③ 科普特语抄本，皇家图书馆，46 号。——科普特语抄本，皇家图书馆，圣日耳曼藏书，17 号，增刊。——科普特语抄本，皇家图书馆，65 号，《圣人维诺菲尔（Benofer）行传》，结束语。

④ 《埃及语—拉丁语词典》，单词 Ѳмоүι。

而来①。对此，我们一开始对拉克罗兹的观点表示了认同，赞成 Ⲑⲙⲟⲩⲓ 应当翻译成"狮子之城"②，但随后意识到这是错误的。对于雅布隆斯基③认为名称 Θμουις 是从埃及语 ⲙⲟⲩⲉ（光辉、壮丽）派生而来的观点我们先不予讨论，先不考虑这座城市埃及语名称的固定拼写方式为 Ⲑⲙⲟⲩⲓ，而不是 Ⲑⲙⲟⲩⲉ，我们仅仅认为单词 ⲑⲙⲟⲩⲓ 或者 ⲧⲙⲟⲩⲓ 是指"岛屿"，这在《圣人谢努提行传》中也得到了证实。书中提到了位于尼罗河西岸、谢敏（Schmin）城④对面的帕奈赫乌（Panêhêou）岛（ⲑⲙⲟⲩⲓ ⲙ̀ⲡⲁⲛⲉϩⲏⲟⲩ），岛上遍布花园和葡萄园。圣人谢努提奇迹般地使这座岛屿消失在了尼罗河水之中，连带着建造于此的所有花园和乡村房屋（ⲭⲁⲙⲁⲛⲱⲟⲩⲓ̀）。用于确定单词 ⲙⲟⲩⲓ 意义的另外一段内容之说服力稍逊。它出现在了《阿帕·提亚的殉难》中⑤，其中记载了名称索特利修斯（Sotêrichus），他是普沙提岛上小镇萨巴鲁（Sabarou）的祭司，ⲟⲩⲕⲟⲩⲭⲓ ⲛ̀ⲧⲙⲓ ⲡⲉ ⲛ̀ⲧⲉ ⲧⲙⲟⲩⲓ ⲡⲱⲁⲧ。这座得名于其首府普沙提、被视作是埃及基督教地区大主教府所在城市之一的岛屿就是希腊地理学家们所说的普罗佐皮提斯岛（île Prosopitide），我们将在下文对其进行介绍。

最后我们将介绍如今仍然被阿拉伯人用于命名特姆伊斯古城的名

---

① 《圣人热罗姆驳若凡（Jovin）》，卷二，第四章。这位神父认为 Thmouis 在埃及语中指"公山羊"。在科普特语经卷中我们没有发现任何一个单词是用于指与 Θμουις 最没有关联的公山羊；公山羊在这些书中一直是被称作 Ⲃⲁⲣⲏⲓⲧ。（见科普特语文本的《圣经·希伯来书》九，5：12、13、19；十，5：4）。小山羊的埃及语为 Ⲃⲁⲉⲙⲡⲓ，黄鹿或者狍子的埃及语为 ⲟⲁϩⲥⲓ，甚至是 ⲧⲃⲁⲉⲙⲡⲓ ⲛ̀ⲧⲱⲟⲩ（科普特语抄本，皇家图书馆，圣日耳曼藏书，500 号）。在底比斯方言中公山羊为 ⲥⲓⲏ 或者 ⲥⲓⲉ，作为法尤姆地区方言的巴什姆方言则称其为 ⲕⲓⲏ，对此我们在关于措厄加：《博尔吉亚博物馆科普特语抄本目录》的评论中做过介绍（百科全书杂志，1811 年 10 月，该论文的第 16—24 页；巴黎飒儒出版社出版，1811 年版，8 开本），并且我们还将在其他地方进行论证。

② 见前文，原著第一卷，《引言》，第 36 页。

③ 雅布隆斯基：《小册子》。

④ 科普特语抄本，皇家图书馆，梵蒂冈藏书，66 号。——措厄加：《博尔吉亚博物馆科普特语抄本目录》，第 36 页。

⑤ 科普特语抄本，皇家图书馆，梵蒂冈藏书，66 号。——措厄加：《博尔吉亚博物馆科普特语抄本目录》，第 26 页。

称，这是单词 ⲑⲘⲞⲨⲒ 意义为"岛屿"的一项最新证据。他们将其称作 Almaourad① 或者 Maouradêh，或者 Maouridah。而高里乌斯在其《阿拉伯语词典》中把阿拉伯人命名的称谓翻译成"locus adquem pertingit aqua［水靠近的地方，被水环绕的地方（lieu que touche l'eau, qui est entouré d'eau）］"。显而易见，Maouaradah 只不过是埃及语 ⲑⲘⲞⲨⲒ 的翻译，即"岛屿"。

尼曼托乌特（Nimanthôout）

这个地方隶属于特姆伊，这在《圣人维诺菲尔的殉难》之结束语中予以了证实。② 相比于特姆伊斯，其方位并不能确定。

单词 Ⲛⲓⲙⲁⲛⲑⲱⲟⲩⲧ③ 的意思是"托特（Thôout）之地"。托特神是古埃及人的二等神灵（divinité de la seconde classe），而这也可以翻译成"圣地（les lieux sacrés）、神像之地（les lieux des simulacres）"，因为 ⲑⲱⲟⲩⲧ 也指"圣地（les lieux sacrés）"，正如人们发现 Ⲑⲟⲩⲱⲧ 被译作阿拉伯语单词 Ssanam④、意指"神庙（un temple）⑤、神像（une idole）"。此外，由词根 Ⲑⲟⲩⲱⲧ 或者 ⲐⲟⲩⲎⲧ（congregare，一起，rassembler，聚集）派生而来的两个单词 Ⲑⲱⲟⲩⲧ 和 Ⲑⲟⲩⲱⲧ 意为"集合（rassemblement）、联合（congregatio）"，其派生方法与我们认为指"教堂"的希腊语单词 Εκκλησια 如出一辙。众所周知，神庙和神像一直是城市民众，有时甚至是一个行省居民的聚集地。科普特人，即埃及基督徒几乎一直是用希腊语单词 ⲉⲕⲕⲗⲏⲥⲓⲁ 来指埃及的基督教教堂，而不愿意采用古埃及语名称 ⲉⲣⲫⲉⲓ（神庙、教堂）。在他们的经卷之中，该单词一直都表示埃及人原始崇拜，也就是他们所说的偶像崇拜之祝圣神庙。科普特人有时候使用埃及语单词 ⲡⲓⲙⲁⲛⲑⲱⲟⲩⲧ⑥

---

① 科普特语抄本，皇家图书馆，46号。
② 科普特语抄本，皇家图书馆，梵蒂冈藏书，65号。——措厄加：《博尔吉亚博物馆科普特语抄本目录》，十六，第18页。
③ 译注：转写为 Nimanthôout。
④ 《科普特语—阿拉伯语词汇汇编》，皇家图书馆，圣日耳曼藏书，500号。
⑤ 科普特语抄本，皇家图书馆，圣日耳曼藏书，17号，增刊。
⑥ 译注：转写为 pimanthôouti。

来定义基督教教堂，逐字翻译就是"教会组织之地（le lieu de la congrégation）、集会之所（le lieu du rassemblement）"，而这只不过是希腊语"Εκκλησια，教堂"的准确翻译。

请允许我们在此对埃及语单词 ερφει 的意义提出推测：由于在法老统治时期，该单词适用于对神祇表达崇拜的大型祝圣建筑；且我们认为它是由 ερ（做）、φε（天空、天堂）以及 ηι（房屋、住所）构成，而孟菲斯方言正是通过缩减 ερφεηι 中的字母构成了 ερφει，因此这个单词可能是指"domus faciens caelum，存有天神形象的房屋"。对此，这个单词的巴什姆方言形式也在一定程度上作出了证实，在这第三种埃及方言中它写成了由 ελ（做）、πη（天空、天堂）和 ηι（房屋、住所）所构成的 ελπηηι。至于底比斯语单词 ερπε 则仅仅是指"faciens caelum，天神建造的"，而单词 ηι（房屋、住所）自然就成为言下之意。不管怎么样，所有这些仅仅是我们的一个简单推测，不过其可能性还是极大的。

《代盖赫利耶省城市和乡镇的阿拉伯语名录》中并没有提到曼图特（Mantout）或是尼曼托乌特。人们只在曼法卢特（Manfalouth）省①发现了一个以此命名的村庄，埃及人可能也把曼法卢特省称作 Νιμανθωογτ（Nimanthôout，尼曼托乌特），不过不应当将其与特姆伊周边地区的名称相混淆。

孟德斯（Mendès）——什姆恩·埃尔曼（Schmoun-an-Erman）

希腊人称作孟德斯的城市位于海滨地区一块高地上②，尼罗河一条名为孟德锡耶内的支流从这个诺姆的首府西北流过。

希腊作家们使用的名称孟德斯也是来源于埃及语，不过我们将证明埃及人并不用它来指我们称作孟德斯诺姆的首府。许多作者曾致力于给出单词 Μενδης 的释义，其中基歇尔基于希罗多德和苏达作品中的内容将其解释为"公山羊（bouc）"③；他毫不犹豫地在《大阶梯》中也做了介绍，将其写作 μενδης，同时根据自己的观点将其译作

---

① 阿卜杜拉提夫作品之希尔维斯特·德·萨西先生译本续《埃及行省概况》，第697页。
② 斯特拉波，卷十七。
③ 《埃及的俄狄浦斯，伊希斯神庙，埃及地理志》，第三章，第26页。

"hircus（公山羊）"。但毋庸置疑的是，如果这个单词确实有希罗多德和苏达给出的词义，那么埃及人的写法应当不同于基歇尔的猜测。因为已经证实，任何一个真正的埃及语单词在构词要素中都不会使用字母 ⲇ[①]。

雅布隆斯基假设单词"孟德斯（Mendès）"之形式并不是埃及语，从而避开了基歇尔所犯的错误。这位拉克罗兹的学生将其拼写成"ⲙⲉⲛⲑⲝ，Mentesj，Mentedj"，但与雅布隆斯基的大部分词源一样，这个写法也只是一个假设，他毫无证据地提出词根 ⲧⲱⲭⲓ（plantare，播种、移植、安置）之前可能写作 ⲑⲝ，由此构成了[②]拉丁语译作"qui seminat, qui progenerat（播种者，培育者）"的单词 ⲙⲉⲛⲑⲝ。对于雅布隆斯基把希腊人所说的孟德斯写作 ⲙⲉⲛⲑⲝ，我们仍然持反对意见，因为该单词与埃及语语法中的形容词词形没有任何关联；我们十分倾向于认为，古埃及人以某种特定方式所写的单词孟德斯是他们生殖之神的名称之一，可能也就是生殖能力之神的象征——公山羊之名，而这就与希罗多德和苏达的观点相符。

不管单词 Mendès 的写法和意义如何，埃及人都不用它来指希腊人所说的孟德斯城。在当地，这座城市真正的名称是基歇尔从一份科普特语—阿拉伯语抄本[③]中摘录的"ϢⲘⲞⲨⲚ ⲚⲈⲢⲘⲀⲚ，Schmoun-an-Erman"。根据抄本内容，这位耶稣会学者将其印成了 ϢⲘⲞⲨⲚ ⲚⲈⲢⲘⲀⲚⲒ[④]，而不是 ϢⲘⲞⲨⲚ ⲚⲈⲢⲘⲀⲚ[⑤]。不过很显然这个单词应该辨识为 ⲚⲈⲢⲘⲀⲚ，而不是 ⲚⲈⲢⲘⲀⲚⲒ，因为希腊人所说的孟德斯之埃及语名称意为"Schmoun de la grenade（石榴的什姆恩）"。一直以来埃及语经卷中都把这种水果称为 ⲈⲢⲘⲀⲚ，而从来都不是 ⲈⲢⲘⲀⲚⲒ。阿拉伯人给这座城市命名的名称欧什姆恩·阿罗曼（Oschmoun-Arromman）无

---

① 见前文，原著第一卷，《引言》，第 40、41 页。
② 《埃及万神殿》，卷一，第 284、287 页。
③ 基歇尔，第 209 页，拉克罗兹引用至作品第 131 页。
④ 译注：转写为 Schmoun-an-Ermani，下同。
⑤ 译注：转写为 Schmoun-an-Erman，下同。

疑证实了我们的上述观点，其意义与埃及语名称意义相同，均指"石榴的欧什姆恩"。这是因为埃及人和阿拉伯人用来指石榴的单词极为相似，甚至很有可能阿拉伯语单词的 romman 就是从埃及语 ɛpⲘⲁⲛ 派生而来。

下埃及的什姆恩获得了别称 ǹɛpⲘⲁⲛ（石榴的），旨在与中埃及的大城市什姆恩（Schmoun）（希腊人所说的大荷莫波利斯）区分开来。这个别称得名于什姆恩·埃尔曼（Schmoun-an-Erman）所在的埃及地区自然状况，根据阿拉伯地理学家哈利勒·本·沙因·达何里（Khalih-Ben-Schahin-Dhaheri）之描述，该地区"盛产石榴"①。

雅布隆斯基把这个别称视为一个明显的错误。他认为应当读作 ǹpⲱⲘⲁⲛⲓ②，即"罗马人的什姆恩（Schmoun des Romains）"③，而不是"ǹɛpⲘⲁⲛ，石榴的"。他最早提出这一假设是缘于旺斯莱布神父。他在其《埃及主教城市目录》中用"罗马人的什姆恩"翻译了阿拉伯语名称 Schmoun-Irroman（什姆恩·伊罗曼）④，从而促使雅布隆斯基猜测，阿拉伯人称作阿什姆纳音（Aschmounnaïn）的上埃及什姆恩之名用埃及语书写应当为 ⲱⲘⲟⲩⲛ ǹⲟⲩⲉⲓⲛⲓⲛ⑤，意为"希腊人的什姆恩（Schmoun des Grecs）"，这就与名称"ⲱⲘⲟⲩⲛ ǹpⲱⲘⲁⲛⲓ，罗马人的什姆恩"相对立。不过，但凡斯莱布神父注意到阿拉伯语单词 ARROMMAN 意为"石榴的"只不过是埃及语 ǹɛpⲘⲁⲛ 之翻译，并且如果雅布隆斯基对阿拉伯语稍有概念的话，他们两位则肯定不会提出没有任何可能性的观点。

埃及人并没有给中埃及的什姆恩另取别称，这就绝对足以说明别称属于下埃及的什姆恩，从而简单得以区分两座城市。在一些后期的

---

① 希尔维斯特·德·萨西:《阿拉伯古典名著选》，第一卷，第 244 页，第二卷，第 295 页。
② 译注：转写为 anrômani，下同。
③ 《埃及万神殿》，卷二，第 299 页。
④ 《亚历山大里亚教会史》，第 21 页。
⑤ 译注：转写为 Schmoun-an-oueinin。

科普特语著作中,中埃及什姆恩的名称写成了 ⲱⲙⲟⲩⲛ ⲃ̄[①],该写法出现在了之前我们引用过的一份抄本之中[②]。此处我们将转述科普特语颂歌中的一段内容,这里也同样出现了上述写法:

ⲕⲉ ⲅⲁⲣ ϧⲉⲛ ⲫⲁⲓ ⲉϩⲟⲟⲩ
ⲁϥⲓ ϣⲁ ⲛⲓⲣⲉⲙⲛ̀ⲭⲏⲙⲓ
ⲁϥⲙⲟϣⲓ ⲛⲉⲙⲱⲟⲩ
ⲙ̀ⲫⲣⲏϯ ⲛ̀ⲟⲩⲣⲱⲙⲓ
……
ⲡⲁⲗⲓⲛ ⲟⲛ ⲁϥⲙⲟϣⲓ
ϣⲁ ϣⲙⲟⲩⲛ ⲥⲛⲁⲩ
ⲁϥϫⲱⲣ ⲉ̀ⲃⲟⲗ ⲛ̀ⲛⲓϫⲁϫⲓ
ϧⲉⲛ ⲡⲓⲙⲁ ⲉⲧⲉⲙⲙⲁⲩ

("这一天他(耶稣)来到了埃及人这里,如凡人一般与他们同住。……随后又步行至什姆恩(ⲱⲙⲟⲩⲛ ⲃ̄),在那里将敌人击溃。"[③])

通过这一转述可以看到,出现在多份抄本中的 ⲱⲙⲟⲩⲛ ⲃ̄ 毫无疑问应当翻译成"两个什姆恩(les deux Schmoun)",就等同于 ⲱⲙⲟⲩⲛ ⲥⲛⲁⲩ,而不是翻译成雅布隆斯基所谓的"第二个什姆恩(la seconde Schmoun)"[④]。

关于单词 ⲱⲙⲓⲛ 和 ⲱⲙⲟⲩⲛ 的意义,我们已经在第一卷埃及人称

[①] 译注:见前文,原著第一卷,第 293 页,两个什姆恩。
[②] 见前文,原著第一卷,第 293 页。
[③] 每年重大节日时唱诵的科普特语颂歌集,颂歌二十五。最后一节诗文中出现了 ⲱⲙⲟⲩⲛ ⲃ̄,而非 ⲱⲙⲟⲩⲛ ⲥⲛⲁⲩ。在转述中为了押韵,我们用 ⲥⲛⲁⲩ 代替了数字字母 ⲃ̄。
这首颂歌在谈到耶稣时还提及了 ⲕⲱⲥⲕⲁⲙ 山:
ⲁϥϣⲱⲡⲓ ϧⲉⲛ ⲧⲉⲛⲙⲏϯ
ϧⲉⲛ ⲡⲓⲧⲱⲟⲩ ⲛ̀ⲕⲱⲥⲕⲁⲙ.
"他出现在科斯·卡姆(Kôs-Kam)山上,置身于我们中间。"这个名称是用来指我们在第一卷第 274 页所谈到的科斯卡姆(Koskam)城对面的利比亚山脉部分。
[④] 雅布隆斯基:《埃及万神殿》,卷一,第 298 页。

作 ⲱⲙⲓⲛ（谢敏）和 ⲱⲙⲟⲩⲛ（什姆恩）①，而希腊人称作帕诺波利斯和大荷莫波利斯的章节作了阐述②。大家之前已经看到，我们认为这些从类似于埃及语词根 ϩⲙⲟⲙ 或者 ϩⲙⲓⲙ（calefieri 变暖，incalescere 热）派生而来的单词是埃及人生殖之神的名称。此处我们将列举出作为观点佐证的新证据：

1. 希腊人向我们介绍的埃及第二个城市孟德斯城之埃及语名称为 ⲱⲙⲟⲩⲛ，类似于名称 ⲱⲙⲓⲛ（帕诺波利斯），这里特别崇拜生殖之神潘神；

2. 正如阿布尔菲达作品中记载③，以前阿拉伯人把这座城市称为欧什姆米（Oschmoum），而不是欧什姆恩（Oschmoun）。由此可以得出，如果想要通过在当地确实使用过的阿拉伯语名称 Oschmoum 来还原埃及语名称，那么就会得到 ⲱⲙⲟⲙ 或者 ⲱⲙⲟⲩⲙ④，而这就明显类似于词根 ϩⲙⲟⲙ（calefieri 变暖），但也并不是完全一致。由此甚至可以总结出孟德斯在当地名为 ⲱⲙⲟⲙ 或者 ⲭⲙⲟⲙ，以及 ⲱⲙⲟⲩⲛ，它的变化方法与之前介绍过的帕诺波利斯之埃及语名称 ⲭⲙⲓⲙ 和 ⲱⲙⲓⲛ 一样。而这些对比恰好证实了我们在这一点上所提出的看法准确无误。

以上就是我们所能收集到的关于希腊人称作孟德斯、埃及人称作什姆恩·埃尔曼（Schmoun-an-Erman）的相关资料。

（三）支流孟德锡耶内河与法特美提克河之间的城市

小帝奥斯波利斯（Diospolis-Parva）——诺阿孟（Naamoun）?⑤

尼罗河支流孟德锡耶内河在河口处分流成多条支流，所有支流均汇入之前被称作特尼斯或者泰内苏斯，而今名为曼萨拉的湖泊之中。唐维尔有理有据地把那里确定为希腊人命名为"帝奥斯波利斯"的城

---

① 见前文，原著第一卷，第259页。
② 见前文，原著第一卷，第290页。
③ 阿布尔菲达：《埃及记述》，左兹姆（Zozime）兄弟出版社出版，第230、232页。
④ 译注：转写为 Schmom 或者 Schmoum，下同。
⑤ 译注：根据第一卷底比斯章节中的内容应当写成 No-Amoun，见原著第一卷，第135页。

市所在地。① 斯特拉波确实谈到帝奥斯波利斯是位于孟德斯附近，并补充说明"και αι περι αυτην λιμναι, et lacus circa eam（并且被湖泊环绕）"，因此这个湖泊就只可能是曼萨拉湖。我们甚至十分倾向于认为如今曼萨拉城的所在地就是帝奥斯波利斯之旧址，曼萨拉湖也得名于这座城市。

这座城市的埃及语名称并没有出现在科普特语著作中。我们也不会看到诸如帕内菲西斯的名称，这是一座唐维尔错当成帝奥斯波利斯的埃及城市。我们还会另外介绍这两座相距甚远的城市，两者之间没有丝毫关联。

我们认为在希伯来语的先知书中找到了帝奥斯波利斯的埃及语名称。佐证此观点的相关证据相当具备说服力，或者说至少从表面来看是极具真实性的。

《圣经·那鸿书》中关于尼尼微城的倾覆是这样阐述的："你（尼尼微城）岂比诺阿孟强呢？诺阿孟坐落在众河之间，周围有水，海作他的壕沟②，水作他的城墙③。"④

这是希伯来文本中的内容，其中记载的城市名称 NAAMOUN 被翻译成了其他多个版本。在《圣经·旧约》的希腊语七十士译本中仅写成了 AMMΩN，阿拉伯语版本中则是写成 Ammoun。《圣经》拉丁语译本和塔库姆译本中用名称"亚历山大里亚（Alexandrie）"替代了希伯来文本中的埃及语名称"诺阿孟（Naamoun）"。这是一个巨大的错误，因为先知那鸿生活的时代远在亚历山大里亚建城前。在那个时代，亚历山大里亚只不过是一个埃及语名称为"拉科提（Rakoti）"而不是"诺阿孟（Naamoun）"的普通村庄。

---

① 《埃及论文集》，第 92、93 页。
② 注："海"指"尼罗河"。
③ 《圣经·那鸿书》，三，8。
④ 译注：此段译文出自《圣经》和合本，但关于 Naamoun 的音译，此处采用了《圣经》思高本的"诺阿孟"译法，而没有使用《圣经》和合本的翻译"挪亚们"，因为根据汉语的特点，"们"字可能会造成混淆；《圣经》思高本这一段的翻译为："你哪里能胜过那位于尼罗河上，四面环水的诺阿孟？她有海为屏障，有水为垣墙"。

在希腊语七十士译本的另一段内容中,希伯来语名称诺阿孟(Naamoun)被帝奥斯波利斯(Διοσπολις)所替代①,这个单词也出现在了科普特语文本中②。据此可将诺阿孟视作众多被希腊人称作帝奥斯波利斯(Διοσπολις)的埃及城市之一。

先知那鸿关于诺阿孟的描述完全不符合上埃及的小帝奥斯波利斯。我们之前谈到过上埃及的这座城市,它被埃及人命名为后(Hou)城。实际上这座城市远离大海,因而不可能被水包围。该描述也并不适用于底比斯(又称大帝奥斯波利斯)的城市。尽管几乎可以确定底比斯的埃及语名称也为 Naamoun,但相比于小帝奥斯波利斯,底比斯离大海更远。且从希伯来先知给出的关于诺阿孟(Naamoun)位置的细节中来辨认出这座巨大的城市也是不可能的。所以毋庸置疑,诺阿孟绝不是希腊人称作大帝奥斯波利斯、小帝奥斯波利斯的这两座均位于上埃及的城市之一。

但是先知对诺阿孟的描述从各方面来看均与下埃及的帝奥斯波利斯相符。该帝奥斯波利斯位于支流孟德锡耶内河的分支中间,东边是塔尼提克与佩吕斯亚克河,西边则是支流法特美提克河、塞本尼提克河、塔利河与卡诺皮克河。因此它就像先知所说的那样,是"坐落于众河之间"。特尼斯湖靠近这座城市,并且城市周围池塘环绕,这就是斯特拉波之前阐述的"et lacus circa eam(并且被湖泊环绕)",以及《圣经·那鸿书》中指出的"周围有水,水作他的城墙"。特尼斯湖把帝奥斯波利斯与海分隔了开来。严格来说,特尼斯湖本身也是地中海的一部分,而这就对应了先知说过的"海作他的壕沟"。

按先知那鸿的描述,可能足以证明这两座城市恰恰就是同一个地方,三角洲帝奥斯波利斯的位置与诺阿孟的所在地惊人的一致。并且如果注意到帝奥斯波利斯只是希伯来文本中所保留的埃及语 Naamoun(诺阿孟)之准确翻译,那么这一事实就几乎是确凿无疑的了。其实

---

① 《圣经·以西结书》,三十,16。
② 阿克布拉:《关于罗塞塔石碑》,第35页。

第五章　下埃及及其自然划分和政治划分、各地埃及语名称

帝奥斯波利斯（Διοσπολις）指"宙斯之城、朱庇特之城"。众所周知，希腊人把埃及人的阿蒙神（Amoun）视为他们的宙斯（Ζευς），也就是罗马人的朱庇特。①埃及语单词 Νaαmογn 逐字翻译就是"les choses qui appartiennent à Amoun，属于阿蒙神的东西"，即指"阿蒙神之城（la ville d'Amoun）、阿蒙神的属地（les lieux d'Amoun）"，就像"Νahcι, les choses qui appartiennent à Isis，属于伊希斯的东西"是指"伊希斯之城"一样。下文中我们将会看到，希腊地理学家和拉丁民族地理学家们也把 Νahcι 译作"Ισεον"与"Isidis oppidum，伊希斯之城"。

我们认为，所有这些理由都足以说明希伯来文本中称作 NAAMOUN 的城市与希腊人称作 Διοσπολις 的三角洲城市是同一个地方。尽管博沙尔不得不承认三角洲帝奥斯波利斯的方位与希伯来先知所说的诺阿孟的方位②极其相似，但他还是坚持认为那鸿想说的是底比斯。并且他补充道，与尼尼微城相比，帝奥斯波利斯是一座极小的城市。不过如果注意到那鸿只在唯一一份报告中将尼尼微城和诺阿孟做了比较，而这份报告是关于两者的位置及其各自作为战场的军事力量，而绝不是关于其范围和规模，那么这一异议则很快无法立足。此外，三角洲的帝奥斯波利斯似乎是一座颇具规模的城市，但它从来都不是埃及国王的居住之地，尽管此论断遭到了毫无根据的反驳③。

佩雷姆恩（Pérémoun）

所有的下埃及地图上都在支流法特美提克河的东岸、距支流孟德锡耶内河发源地北部约 1 古里处标注了一个名称为埃及语的地方。这是一个在华干地（Robert de Vaugondy）地图上被称作卡夫鲁·巴尔姆恩（Cafru-Barmoun）④的乡镇。而该地图大部分都是以西卡尔神父的地图为基础编制而成；唐维尔把这里称作 Béramoun（贝拉姆恩）；尼

---

① 见前文，原著第一卷，第 217 页。
② 博沙尔，*Phaleg*（译注：原文为 Phaleb，本书结尾的勘误表中更正为 Phaleg），第一卷，第 6、7 页。
③ 多里尼（D'Origny）：《埃及帝国国王年表》，第一卷，第 237、238 页以下。
④ 替代 Kafr-Barmoun。

布尔在下埃及的地图上称其为 Baramoun（巴拉姆恩）[①]；雷尼耶将军则是在其地图上给出了 Baramont（巴拉蒙）的名称；德·萨西在他的《埃及行省、城市和村庄的阿拉伯化概况》中给出了这个地方原始的拼写方式。其中这样写道："Albarmouneïn，从南到北，不包括巴达勒（Albadaléh）。"[②] 撇开冠词 al 不谈，单词 Albarmouneïn 或者更确切地说是单词 Baramouneïn 是 Barmoun 或者 Baramoun 的双数形式，而这就是指两个相邻且同名为巴拉姆恩（Baramoun）的地方。

事实上，在尼布尔从达米埃特到开罗的尼罗河游记中[③] 有这样两座村庄，一座名为 Kafr-el-Baramoun（卡夫尔·巴拉姆恩），位于最北部地区；另一座则直接称作 Baramoun（巴拉姆恩）。其中第一座就是华干地地图上出现的村庄；第二座则是唐维尔和雷尼耶将军所提到的村庄。至于《阿拉伯化概况》[④] 中谈及的巴达勒（Albadaléh），则是一座位于巴拉姆恩（Baramoun）南部、法特美提克河东岸的村庄。尼布尔游记中也提到了这个地方[⑤]，把它称作 Biddalé（毕达勒）。

单词 Baramoun 或者 Barmoun 其实就是埃及语 Ⲡⲉⲣⲉⲙⲟⲩⲛ 的阿拉伯语拼写方法，埃及人也用它来指名城佩吕斯。我们看到许多埃及城市都用同一个名称命名，比如名为什姆恩（Schmoun）的有 2 个，名为科斯（Kôs）的有 3 个，名为阿特利比（Athribi）的有 2 个，还有诸多名为普西里（Pousiri）的地方。因此有 2 个名为"Ⲡⲉⲣⲉⲙⲟⲩⲛ，Pérémoun（佩雷姆恩）"的地方也就不足为奇了。其中一个就是佩吕斯城；而另一个则为本段所谈论的村庄。

特克里（Tkéhli）

这个埃及城市名称出现在了我们曾多次引用的《圣人维诺菲尔行

---

① 《阿拉伯游记》，卷一，第 70 页。
② 阿卜杜拉提夫作品译本，第 621 页，8 号。
③ 《阿拉伯游记》，第一卷，第 62 页，34、35 号。
④ 译注：即《埃及行省、城市和村庄的阿拉伯化概况》，下文也将其称作《埃及的阿拉伯化概况》《埃及行省和城市概况》《埃及行省概况》《埃及城市和村庄概况》《埃及行省概况》《埃及概况》。
⑤ 《阿拉伯游记》，第一卷，第 62 页，37 号。

传》之结束语中。① 虽然《埃及的阿拉伯化概况》中没有提到这个地方，它也没有出现在可供查阅的阿拉伯地理学家的著作中，但我们还是可以确定其方位。根据记载名称 Tκεϩλι（Tkéhli，特克里）的结束语，人们应当在特姆伊斯周边地区去寻找此地。事实上，我们在尼布尔作品中找到了一处仍然被阿拉伯人称作 Daqahhli（代盖赫利）或者 Daqahhlé（代盖赫雷）的地方，而这显然就是发音为 Tkéhli 或者 Dkahli 的埃及语单词 Tκεϩλι 之阿拉伯语写法。

尼布尔把特克里的阿拉伯语名称读作 Dakàhhle②，它位于尼罗河支流法特美提克河东岸，距佩雷姆恩北约 5.5 古里。

下埃及现有行省之名都有一个源自阿拉伯语的意思，如 Scharqiiéh、Gharbiiéh、Menoufié、Bohaïréh 分别指东部省、西部省、梅努夫（Ménouf）省、湖泊（马雷奥蒂斯）省，而代盖赫利耶（Daqahhliiéh）省唯一的名称却无法用阿拉伯语精确表义；但这个名称确实来源于埃及语，且是根据城市代盖赫利（Daqahhli）之名构造而成。而上文我们介绍过，代盖赫利城的埃及语名称为 Tκεϩλι。并且，代盖赫利城如今位于代盖赫利耶省，这就证明了我们的观点是准确无误的。

皮沙罗（Pischarôt）

这座城市位于佩雷姆恩北部的内陆地区，靠近特尼斯湖，在塔米亚提斯（Thamiathis）附近地区。其名称在埃及城市的科普特语名录中③ 写作 Πιϣαρωτ④，译成阿拉伯语为 Albaschrouth。拉克罗兹也把这个名称收录在他的词典中，所采用的写法是他在基歇尔作品中发现的 Πιϣαρωτπ，不过我们已经指出这个写法是错误的。我们摘录名称 Πιϣαρωτ 的抄本中记载的是"Πιϣαρωτ πε，Albaschrouth"，它应当

---

① 科普特语抄本，皇家图书馆，梵蒂冈藏书，65 号。——措厄加《博尔吉亚博物馆抄本目录》，第 18 页。
② 《阿拉伯游记》，第一卷，第 61 页，21 号。
③ 科普特语抄本，皇家图书馆，圣日耳曼藏书，17 号，增刊。
④ 译注：转写为 Pischarôt。

被理解成"皮沙罗特和阿拉伯人称作巴什鲁特（Albaschrouth）的地方是同一座城市"。对此我们曾在上文后（Hou）城的章节中介绍过。① 根据科普特语抄本的记载，旺斯莱布认为巴什鲁特（Baschrouth）是基督教埃及时期的一个旧主教辖区。②

我们完全不了解单词 Пιϣαρωτ 的意思，也没有找到任何有关联的埃及语词根，因此也不会贸然对其做出猜测。

塔米亚提斯（Thamiathis）——塔米亚提（Tamiati）

拜占庭的艾蒂安提到了这座埃及城市，将其命名为 Ταμιαθις。显然人们可以从中辨认出名称 Damiath（达米埃特），这仍然是下埃及一座地理位置众所周知的城市所保留之名，我们称其为达米埃特（Damiette）。吉里乌斯（Gyllius）③ 和唐维尔最早提出塔米亚提斯和达米埃特是同一个地方的猜想，这位法国地理学家曾力求通过合理的推论来证明该观点。而科普特语经卷就是绝佳的证明。实际上书中提到了城市 Ταμιατι④ 或者 Ταμιατ⑤，但是也错误地写成 Ταμιαδι⑥ 和 Τεμιατ⑦。希腊语的 Tamiathis 和阿拉伯语的 Damiath，有时候也读作 Doumiath，显然都是从埃及语 Tamiati 演化而来的。

埃及城市塔米亚提（Tamiati）与现在的达米埃特并不完全是一个地方，它的位置更靠北，更靠近尼罗河支流法特美提克河与地中海的交汇处。在远古时期，塔米亚提附近一片荒漠，因为科普特语抄本是

---

① 见前文，原著第一卷，第239页。（译注：即原著第一卷，第239页中对 пе 的解读。）
② 《亚历山大里亚教会史》，第18页。
③ 译注：法国的自然科学家、地形学家和翻译家。
④ 科普特语抄本，皇家图书馆，古藏书，43号，第59页正面。
⑤ 见《圣额我略·纳齐安的训诫》（Homélie de saint Grégoire de Nazianze）结束语，科普特语抄本，皇家图书馆，梵蒂冈藏书，66号。——《博尔吉亚博物馆孟菲斯语抄本目录》，十七，第19页。（译注：转写为 Tamiati。）
⑥ 科普特语抄本，皇家图书馆，圣日耳曼藏书，17号，增刊。（译注：转写为 Tamiadi。）
⑦ 拉克罗兹：《埃及语—拉丁语词典》，第104页。（译注：转写为 Temiati。）

这样记载的①:"皮尚努菲(Ⲡⲓϣⲉⲛⲛⲟⲩϥⲓ, Pischennoufi),阿帕·梅纳(Apa-Mêna)之子,ⲡⲓⲣⲉⲙⲡⲓϣⲁϥⲉ ϧⲉⲛ ⲡⲑⲟϣ ⲛ̀ⲧⲁⲙⲓⲁϯ,来自塔米亚提诺姆的沙漠地带"。单词 ⲡⲓⲣⲉⲙⲡⲓϣⲁϥⲉ 也可以翻译成"来自皮沙飞或者皮沙飞的居民(originaire ou habitant de Pischafé)",如此皮沙飞很可能是村庄的名称;不过我们认为单词 ⲡⲓϣⲁϥⲉ② 应当取"沙漠"之意。

塔姆勒(Tamoul)

皇家图书馆的一份科普特语抄本中有这样一段话③:"ϯϯⲥⲟ……ⲙ̀ⲙⲱⲧⲉⲛ…ⲛ̀ⲧⲉⲧⲉⲛⲉⲣⲡⲁⲙⲉⲩⲓ…ⲁⲛⲟⲕ ϩⲁ ⲡⲓⲉⲗⲁⲭⲓⲥⲧⲟⲥ ⲛ̀ⲣⲉϥⲉⲣⲛⲟⲃⲓ ⲡⲓⲇⲓⲁⲕⲱⲛ ⲡⲓϣⲱⲓ ⲩⲓⲟⲥ ⲙⲁⲕⲁⲣⲓ ⲁⲙⲉ ⲡⲓⲙⲟⲛⲁⲭⲟⲥ ⲡⲓⲣⲉⲙⲡⲓϩⲟⲣⲙⲉⲥⲧⲁⲙⲟⲩⲗ ϧⲉⲛ ⲡⲑⲟϣ ⲧⲁⲙⲓⲁϯ." 等等,意为"我向您请求……希望您还记得我,我是最卑微的有罪之人,皮硕伊(Pischoï)的执事,马卡里·阿姆(Makari-Ame)④的儿子,塔米亚提诺姆皮奥尔梅斯塔姆勒(Pihormestamoul)的修士"。这段内容介绍了塔米亚提领地范围中的一个地方,科普特人将其命名为 Ⲡⲓϩⲟⲣⲙⲉⲥⲧⲁⲙⲟⲩⲗ(皮奥尔梅斯塔姆勒)。该名称由埃及语冠词 ⲡⲓ、科普特人写作 ϩⲟⲣⲙⲉⲥ 的希腊语单词 ορμος 以及 ⲧⲁⲙⲟⲩⲗ 构成。由此可见,除去借用的希腊语单词 hormés,便只剩下了塔米亚提诺姆某个地方的真正埃及语名称 Ⲧⲁⲙⲟⲩⲗ 或者 Ⲡⲓⲧⲁⲙⲟⲩⲗ。由于希腊语单词 ορμος 意为"港口",因而可以得出塔姆勒位于特尼斯湖沿岸,或者更确切地说是位于尼罗河支流法特美提克河的东岸。

特内苏斯(Thenesus)——**特内斯**(Thennêsi)⑤

我们将以对曼萨拉湖中岛屿的介绍作为下埃及第二部分描述之结尾。首先介绍的就是特内苏斯岛,又称特内斯(Thenesi)岛⑥。它因岛上的一座城市而得名。如今这座城市靠近湖泊的中心,狭长半岛之沟

---

① 《博尔吉亚博物馆抄本目录》,第 54 页。
② 译注:转写为 Pischafe。
③ 科普特语抄本,皇家图书馆,梵蒂冈藏书,66 号,抄本结尾注释处。——措厄加:《博尔吉亚博物馆抄本目录》,第 19 页。
④ 单词 ⲁⲙⲉ 指牧夫座,这很可能是皮硕伊的神父马卡里的别名。
⑤ 译注:Thennêsi 为科普特语名称 Ⲑⲉⲛⲛⲏⲥⲓ 的转写,下文亦写作 Thenesi。
⑥ 卡西安:《教父集》(二)(*Collat.II*),第一章。(译注:*Collationes Patrum*。)

渠西侧，支流塔尼提克河的河水经此汇入地中海。在古埃及人时代，特内苏斯［又称泰内苏斯（Thennesus）］城及属地距下埃及大陆有一定的距离，但比现在两地的间距更短。根据卡西安的观点[①]，甚至该城就位于沼泽之中。并且从某种程度上来说，它为海水或者因城市而得名的湖泊之水环绕。[②]

名称 Thennesus（泰内苏斯）或者卡西安著作中所写的、更为确切的名称 Thenesi（特内斯），只不过是对最早的埃及语名称稍作了修改，它就是记载于一份科普特语—阿拉伯语名录之中的 ΘENNHCI[③]。另一份抄本中则记载了 ἀθENNEC[④]，显然这是对 ΘENNHCI 的讹用。这两个埃及语单词翻译成阿拉伯语就是 Tennis（特尼斯），也就是这座岛屿至今使用的名称。

我们认为单词 ΘENNHCI 起源于埃及语；但一些学者认为它是希腊语单词 νησος 的变体，是在其前面加上了埃及语的冠词 Θ。不过对此我们并不赞同，我们认为尽管可以假设单词 ΘENNHCI 是一个变体，但它最初的拼写方法是："ΘANHCI，Thanêsi，Thanisi（伊希斯之城）"。此外，那些想要从中辨认出希腊语单词 νησος（岛屿）之人并没有注意到特内斯在建城之初时并不在岛上。它曾经被沼泽地包围，而这片沼泽地只有在海水与支流塔尼提克河、孟德锡耶内河河水之间失去平衡时才变成了湖泊。[⑤]

托尼（Thôni）

第二个岛屿坐落于支流孟德锡耶内河与特尼斯湖现在的交汇处附近，阿拉伯人将其称作 Thounah（图纳）。在马利斯（又称上埃及）的描述中，我们曾经看到过也有一座城市被阿拉伯人称作图纳

---

① 卡西安：《教父集》（二）（Collat.II），第一章。
② 见塔尼斯章节，原著第二卷，第 106 页。
③ 科普特语抄本，皇家图书馆，圣日耳曼藏书，17 号，增刊。（译注：转写为 Thennêsi。）
④ 科普特语抄本，皇家图书馆，古藏书，46 号，底比斯语。（译注：转写为 athennes。）
⑤ 《埃及十日》，第一卷，《安德烈奥西将军论曼萨拉湖》（*Mémoire du général Andréossi sur le lac Manzaléh*），第 197 页。

（Tounah）；① 毫无疑问，与马利斯的图纳（Tounah）一样，古埃及人也把下埃及的图纳（Tounah）命名为托尼（ΘωΝΙ）②。

第三部分
支流佩吕斯亚克河上游、法特美提克河以及谢特努菲河（卡诺皮克河）之间的下埃及城市

由于这一区域间的城市数量众多，因此确定每座城市的相对位置有一定的难度。加之位于支流卡诺皮克河与法特美提克河之间的三角洲区域是下埃及最寂寂无名的地区，因而这项工程就变得难上加难。事实上，穿越下埃及的欧洲旅行家们为了造访开罗，大部分都经支流罗塞塔或者支流达米埃特沿着尼罗河溯流而上，因此只介绍了尼罗河这两条支流沿岸的城市。而其他来自叙利亚的旅行家们则沿着萨拉和贝尔贝伊斯而行，途经达曼胡尔（Damanhour）最终来到开罗。这也是欧洲旅行家们的常规路线。由此确凿的事实可见，我们确实不了解三角洲内陆地区。其实所有的下埃及地图都很少标注支流达米埃特（法特美提克河）与支流罗塞塔（又称卡诺皮克河）之间的城市。但恰如上文所述，河流沿岸的城市应当排除在此范畴之外③。

由于一贯冗长的阿拉伯地理学家之作品无法弥补确切信息的缺乏，并且他们著作中对地理方位的介绍十分笼统，因而我们不可能精准确定一些埃及古城的位置。

这一部分将要阐述的区域之大迫使我们采取许多武断的划分方式，唯有如此才能更有条理地推进研究工作。因此该区域将被分成不同的段落来介绍。

第一段内容将包含位于西部支流谢特努菲、东部支流佩吕斯亚克河上游以及一条运河之间的城市。在雷尼耶将军的地图上，该运河

---

① 见前文，原著第一卷，第 285 页。
② 译注：转写为 Thôni。
③ 我们希望在条件允许的情况下能够到访埃及，因为我们想把一部分研究内容集中到三角洲内陆地区。

起源于卡里纳因（Karinaïn）附近的佩吕斯亚克河，自东南向西北斜穿过三角洲，汇入法雷斯塔克（Farestak）附近的支流卡诺皮克河（又称谢特努菲河）。

第二段内容将包含以下城市：1.东边佩吕斯亚克河上游段，也就是托勒密所说的"阿特利比斯河（Athribicus fluvius）"与法特美提克河直至地中海段；2.西边流经唐塔（Thantha）的运河，即我们视作支流法尔穆提亚克河（又称塞本尼提克河）区域；3.最后是北部地中海之间的城市。

第三段内容则包含支流法尔穆提亚克河、流向法雷斯塔克的运河、支流卡诺皮克河与地中海之间的城市。

我们认为有必要指出这部分的第二段将要描述的下埃及地区就是托勒密所说的"第二个小三角洲"，而第一段将着重介绍普罗佐皮提斯（Prosopitis）岛。

（一）支流谢特努菲河、佩吕斯亚克河上游段与卡里纳因运河之间的城市

三角洲（村庄）[Deltal (Village)]，特罗特（Terôt）

我们曾经谈到过，现代埃及所有仍然保留着名称 Thatout、Daraouet、Taraet 和 Daraouéh 的地方都表明了其古埃及时期的所在方位①，并且它们最早的称谓都是 Тєрωт（特罗特），意为分流、改道，究其原因是因为所有这些地方都位于尼罗河畔，在其分流之处，或者是在一条独立运河的改道之处。

在三角洲顶端尼罗河分成了两条支流，一条是流向西北的卡诺皮克河；另一条则是流往东北的佩吕斯亚克河。就在这个分流处曾经确确实实存在过一座古埃及人称为特罗特（Тєрωт）的村庄，因为这里还保留着名称达拉乌埃（Daraouéh）②，并且它在尼布尔的地图上也被称作 Daraùé。

---

① 见前文，原著第二卷，第 20、21 页。
② 见雷尼耶将军的地图。

第五章　下埃及及其自然划分和政治划分、各地埃及语名称

希腊人把此处命名为 Δελτα，对此，斯特拉波还特意进行了确认。他在谈论三角洲顶端的时候说道："και η κωμη δε η επ'αυτω καλειται Δελτα"，意为"那里也有一座名为三角洲的村庄"①。显然希腊人把这座小村庄命名为"Delta（三角洲）"的原因在于，这是从孟菲斯出发来到下埃及三角洲上的第一个地方。埃及人将其命名为特罗特也是出于其地理位置的考量。

埃及许多地方都以此名称命名，我们在本书的第一卷中提到过诸多这样的例子。

谢特努菲（Schetnoufi）

科普特语的殉教圣人名册经常谈到埃及一个名为 ϢⲈⲦⲚⲞⲨϤⲒ② 的村庄。在《阿帕·阿里的殉难》开头，有这样一段话："ⲦⲘⲀⲢⲦⲢⲒⲀ ⲚⲦⲈ ⲪⲎⲈⲐⲞⲨⲀⲂ ⲀⲠⲀ ⲀⲢⲒ ⲠⲒⲠⲢⲈⲤⲂⲨⲦⲈⲢⲞⲤ ⲚⲦⲈϢⲈⲦⲚⲞⲨϤⲒ"，意为"谢特努菲的祭司——圣人阿帕·阿里的殉难"③。在另一段中这位阿帕·阿里则被称作"ⲠⲒⲢⲈⲘϢⲈⲦⲚⲞⲨϤⲒ，谢特努菲的居民"④。

同是从这位圣人的殉难中节选的第三段内容指出了谢特努菲乡镇所在的大行政区。其中这样写道："ⲞⲨ ⲒⲤ ⲎⲠⲠⲈ ⲒⲤ ⲞⲨⲠⲢⲈⲤⲂⲨⲦⲈⲢⲞⲤ ⲚⲚⲀⲎⲦ ⲈⲠⲈϤⲢⲀⲚ ⲠⲈ ⲀⲠⲀ ⲀⲢⲒ ϨⲈⲚ ⲞⲨⲐⲘⲒ ϪⲈ ϢⲈⲦⲚⲞⲨϤⲒ ϨⲈⲚ ⲠⲐⲞϢ ⲠϢⲀϮ"，意为"在普沙提诺姆的谢特努菲镇，曾经有一位名为阿帕·阿里的祭司"⑤。

由于普沙提诺姆的范围一直延伸到三角洲顶端，在尼罗河支流卡诺皮克河与法尔穆提亚克河之间，且面积巨大，因此我们之前引用的段落尚不足以精确定位谢特努菲；但借助于圣人阿努的殉难史则可实现这一目标。该作品是由埃及人克贝赫斯的儒勒（Jules de Chbéhs）写成，他是一位虔诚之人，在能力范围内热心观礼圣人的殉难，并在经

---

① 斯特拉波，卷十七，第 542 页，日内瓦维尼翁出版社，1587 年版。
② 译注：应转写为 Schetnouphi，谢特努菲。
③ 科普特语抄本，皇家图书馆，梵蒂冈藏书，61 号，69 号。
④ 科普特语抄本，皇家图书馆，第 86 页反面。
⑤ 科普特语抄本，皇家图书馆，第 70 页反面。

历了从异教徒手中夺取圣人的遗体、举行荣耀的葬礼之后,由此写成了关于他们的故事。

儒勒谈到阿帕·阿努与战士们从阿特利比斯出发,经水路来到亚历山大里亚。"ⲛⲁⲩϭⲏⲣ ⲉ̀ⲣⲏⲥ ⲡⲉ ϣⲁⲧⲟⲩϥⲟⲥ ⲉ̀ⲟⲩⲧⲙⲓ ϫⲉ ϣⲉⲧⲛⲟⲩϭⲓ ⲟⲩⲟϩ ⲁⲩⲧⲁⲥⲑⲟ ⲉ̀ϩⲏⲧ ϩⲉⲛ ⲫⲓⲁⲣⲟ ⲙ̀ⲡⲉⲙⲉⲛⲧ",意为"他们驾船前往南部地区,来到了一个名为谢特努菲的乡镇,随后转向驶往北部进入西方的河流"①。

这一段话无疑证明了谢特努菲镇就位于三角洲的顶端,事实上载着圣人阿努前往亚历山大里亚的船只从阿特利比斯出发,向南沿着阿特利比克河也就是佩吕斯亚克河上游逆流而上,之后便来到了谢特努菲镇。然后船只往相反方向航行,也就是往北航行,进入西方的河流——支流卡诺皮克河。因此谢特努菲是位于三角洲顶端,也就是尼罗河分出两条主要支流的地方。其中一条卡诺皮克河流向西北;另一条佩吕斯亚克河则流向东北。② 同时也应当看到儒勒把卡诺皮克河命名为"西方的河流(fleuve d'Occident)",因为它是尼罗河支流中最为靠西的一条。据此可以说佩吕斯亚克河的名称为"Ⲫⲓⲁⲣⲟ ⲙ̀ⲡⲓⲉⲃⲧ,东方的河流",因为它的位置与支流卡诺皮克河,即"西方的河流"完全相反。

我们曾经说过③ⲱⲉⲧⲛⲟⲩϭⲓ 在埃及语中意为"好的支流、好的分流",且这个名称与该镇所在的位置有关,所以之后它就被应用到了支流卡诺皮克河,将其称作谢特努菲(Schetnoufi),意指"好的支流"。与它相对的则是支流法尔穆提亚克河,"Ⲫⲉⲣⲙⲱⲟⲩⲧ,停滞的支流、危险的支流"。单词的构成成分——形容词 ⲛⲟⲩϭⲓ(好的、保存

---

① 科普特语抄本,皇家图书馆,梵蒂冈藏书,66号,《圣人阿努的殉难》。
② 在圣人阿努的殉难史中也提到,将圣人身体运往其出生地纳伊斯(Naïsi)的船只从亚历山大里亚出发,"往南航行";随即来到了谢特努菲,驶入佩吕斯亚克河,接着又往北航行。由此可见,我们对这个乡镇的定位是准确无误的。
③ 见前文,原著第二卷,第22、23页。

第五章　下埃及及其自然划分和政治划分、各地埃及语名称

的）在埃及语中十分常见：比如男性名 ⲃⲉⲣϣⲉⲛⲟⲩϥⲓ①、可能为埃及主教城市名称的 ⲛⲓⲟⲩⲃⲉⲣϣⲉⲛⲟⲩϥⲓ——但我们并不知晓其所在方位②；再比如由肖翻译出版、收藏于博尔吉亚博物馆的纸莎草希腊语抄本中记载的男性名 Orsanoufi 和女性名 Taorsanoufi；最后就是单词 ϣⲉⲛⲛⲟⲩϥⲓ（bonne nouvelle, bonne visite，好消息、友好到访），它构成了形容词 ⲡⲓϥⲁⲓϣⲉⲛⲛⲟⲩϥⲓ（le porteur de la bonne nouvelle，报喜者），科普特人以此来修饰天使加百利，正如下面这段节选自向其致敬的颂歌中所写：

Ⲅⲉⲛⲟⲥ ⲛ̀ⲛⲓⲡⲓⲥⲧⲟⲥ
Ⲉⲧϩⲓⲭⲉⲛ ⲡⲕⲁϩⲓ
Ⲉⲩⲧⲁⲓⲟ ϩⲉⲛ ϩⲁⲛ ϩⲩⲙⲛⲟⲥ
Ⲅⲁⲃⲣⲓⲏⲗ ⲡⲓϥⲁⲓϣⲉⲛⲛⲟⲩϥⲓ
（"在应许之地，所有信众用颂歌赞美报喜的加百利。"③）

阿拉伯人把埃及人称作谢特努菲的乡镇命名为 Schathnouf（沙特努夫）。④ 根据其阿拉伯语名称，唐维尔把这个地方称作 Schatnuf，并在现代埃及地图上将其定位在三角洲顶端的南部，支流佩吕斯亚克河西岸，如今的支流达米埃特河上游；不过恰恰相反，我们认为已经证实谢特努菲镇就位于三角洲顶端，靠近如今称作达拉乌埃（Daraouéh）的特罗特（Ⲧⲉⲣⲱⲧ），对此前面的章节已做介绍。

---

① Ⲃⲉⲣϣⲉⲛⲟⲩϥⲓ ⲡⲓⲣⲉϥϣⲱ ⲛ̀ⲧⲉ ⲓⲉⲃⲗⲓⲗ, Berschénoufi, lecteur de Ieblil（贝尔谢努菲，耶布里勒的二品修士）。科普特语抄本，皇家图书馆，梵蒂冈藏书，62 号，《塔尔谢比圣人迪迪姆行传》。——措厄加：《博尔吉亚博物馆科普特语抄本目录》，第八十一本，第 136 页。
② 科普特语抄本，皇家图书馆，62 号，梵蒂冈藏书，普沙提主教迈那所著《亚历山大里亚主教以撒行传》。
③ 我们手头抄本中的第三十一首颂歌。
④ 阿布尔菲达：《埃及记述》，左兹姆兄弟出版社出版的阿拉伯语和希腊语版本，第 196 页。

谢姆米（Shmoumi）又称谢姆恩（Schemmoun）

谢姆米（ϬⲘⲞⲨⲘⲒ）[①]乡镇位于谢特努菲附近，距其只有约 3 古里的距离，靠近其西北部。谢姆米并不在尼罗河沿岸，而是距支流卡诺皮克河（又称谢特努菲河）东岸一小段距离。

上述介绍的所有关于谢姆米的位置详情均出自科普特语抄本及阿拉伯地理学家著作中相对应的不同段落。

在普沙提主教迈那用科普特语宣读并撰写而成的对普沙提另一主教马克罗布（Macrobe）的颂歌开头，人们读到这样一段内容："ⲡⲁⲓ ⲁⲅⲓⲟⲥ ⲭⲉ ⲟⲩⲛ ϯⲛⲟⲩ ⲉⲧⲉⲛⲉⲣϣⲁⲓ ⲛⲁϥ ⲙ̀ⲫⲟⲟⲩ, ⲱⲛⲁⲙⲉⲛⲣⲁⲧ, ⲛⲉ ⲟⲩⲉ̀ⲃⲟⲗ ⲡⲉ ϩⲉⲛ ϬⲘⲞⲨⲘⲒ ⲟⲩⲧⲙⲓ ⲛ̀ⲧⲉ ⲡ̀ⲧⲟϣ ⲉϥⲏⲡ ⲛ̀ⲧⲉ ⲉⲡⲁⲣⲭⲓⲁ ⲙ̀ⲡϣⲁϯ"，意为"亲爱的弟兄们啊，我们在这一天庆贺这位圣人（马克罗布）的节日。他来自普沙提管辖范围内普提霍特（Ptihot）州的谢姆米镇"[②]。这段内容不仅证明了谢姆米镇隶属于普沙提市，人们应当去普沙提周边地区去找寻这个地方，而且我们还发现了下埃及一个州的埃及语名称。了解谢姆米的方位也为我们确定这个州的边界范围提供了线索。

著名的阿拉伯地理学家阿布尔菲达精准定位了埃及乡镇谢姆米，他把这个地方命名为 Aschmoun-Djoreisch（阿什姆恩·德约热伊什）。在谈及希腊人以前称作孟德斯、埃及人称作什姆恩·埃尔曼（Schmoun-an-Erman）的阿什姆恩·塔纳赫（Aschmoun-Thannahh）之后，他补充道："至于阿什姆恩·德约热伊什（Aschmoun-Djoreïsch），则是一个位于尼罗河西边支流沿岸的乡镇。它在沙特努夫（Schatnouf）下方，尼罗河东岸，梅努夫省。"[③]事实上，人们在下埃及的正确地图上发现该乡镇位于三角洲顶端下方的谢特努菲，支流卡诺

[①] 译注：应转写为 Shmoumi，谢姆米。

[②] 科普特语抄本，皇家图书馆，梵蒂冈藏书，58 号。——《博尔吉亚博物馆科普特语抄本目录》，孟菲斯语第七十六本，第 133 页。

[③] Ouaamma Aschmoun Djoréïsch fahya qarieth âla alnil algharby min almanoufyyah, tahtt Schathnouf min albirr alscharqy. 阿布尔菲达，左兹姆兄弟出版社，第 196 页。该版本中写的是 Schathfouq，而不是 Schathnouf，但毫无疑问 Schathnouf 才是正确的写法。

皮克河的东边，对此阿布尔菲达也持相同观点。唐维尔地图上谢姆米被称作 Shumum（舒姆米）；雷尼耶将军的地图上则和阿布尔菲达一样，将此地写作 Aschmoun（阿什姆恩）；而最后在《埃及行省和城市概况》中这个地方则被称作 Oschmoun-Aldjoreisan（欧什姆恩·德约热伊桑）。①

由此推测，埃及人称作"Ⲡⲧϩⲟⲧ，Ptihot（普提霍特）"的州对应于支流卡诺皮克河、佩吕斯亚克河以及如今名为梅努夫的运河所形成的岛屿。埃及人命名为谢姆米（Shmoumi）的乡镇欧什姆米（Oschmoum）便位于该岛之上。上文我们提到的阿拉伯语文本中恰好谈到了一个名为科特（Qoth）的岛屿，科特（Qoth）与普提霍特（Ptihot）有一定关联，但其中谈到阿什姆恩·德约热伊什（Aschmoun-Djoreïsch）是在该岛对面。除非原文有误，否则人们可以确定埃及人所说的 Ⲡⲧϩⲟⲧ（普提霍特）便是阿拉伯人所说的 Djéziret-Alqoth（科特岛）。

显然，欧什姆米（Oschmoum）镇的阿拉伯语名称是从埃及人所说的 ϭⲙⲟⲩⲙⲓ（谢姆米）变化而来；阿布尔菲达著作中以及雷尼耶将军地图上出现的名称 Aschmoun（阿什姆恩）类似于科普特人对该镇的命名 Ϣⲉⲙⲙⲟⲩⲛ②，同时也与 ϭⲙⲟⲩⲙⲓ，Shmoumi（谢姆米）类似。

法尔西内（Pharsiné）

一份按地理位置排序的埃及城市科普特语—阿拉伯语名录中提到了 Ⲫⲁⲣⲥⲓⲛⲉ③，它位于梅努夫附近。④

其阿拉伯语名称为 Sarsana（萨尔萨纳）⑤，《埃及行省概况》印证了我们关于其位置的结论。书中把 Sirsina（西尔西纳）又称 Sarsana

---

① 阿卜杜拉提夫作品之希尔维斯特·德·萨西先生译本，第 651 页，8。
② 措厄加：《博尔吉亚博物馆科普特语抄本目录》，第 238 页。（译注：转写为 Schemmoun，谢姆恩。）
③ 译注：转写为 Pharsiné，法尔西内。
④ 科普特语抄本，皇家图书馆，圣日耳曼藏书，17 号，增刊。
⑤ 科普特语抄本，皇家图书馆，圣日耳曼藏书，17 号，增刊。

(萨尔萨纳)定位在了梅努夫(Ménoufyyah)。① 所以不应当把这个地方与法尤姆省的同名乡镇西尔西纳[亦称西尔西尼(Sirsini)]相混淆。②

显然,阿拉伯语名称 Sarsana 或者 Sirsina 来源于埃及语 Ϥⲁⲣⲥⲓⲛⲉ,也写作 Ϥⲁⲣⲥⲟⲩⲏⲛ③。基于对基歇尔的信任,拉克罗兹把这个单词收录在了词典之中。④

帕努夫·勒斯(Panouf-Rês),又称南帕努夫(Panouf du Midi)

阿拉伯人称作马努夫的埃及城市位置十分明确。所有下埃及的现代地图都相当精准地作了标注,其中该地被标为 Ménouf 或者 Menouf(梅努夫)。这座城市位于一条大运河的东北部,该运河发源于支流佩吕斯亚克河,汇入卡诺皮克河,呈东南往东北流向,由南往西围绕着马努夫。⑤ 所以这座城市距离三角洲顶端约 8 古里,与支流卡诺皮克河以及佩吕斯亚克河的距离也几乎均等。

自阿拉伯人入侵以来,马努夫城就是埃及一个行省的首府,于是便取行省之名 Manouffyah(马努夫)来命名。据此推测,这座城市很可能存在于罗马人、希腊人和埃及血统的国王统治时期。因为在阿拉伯人征服埃及时,马努夫是一个相当引人注目的地方,因而其名称被用于命名三角洲众大行政区之一。此外,在法老统治时期,其优越的地理位置应当不容忽视。

马努夫的城市名称无疑证明了它存在于埃及国王统治时期。事实上,马努夫只是对其埃及语名称"Ⲡⲁⲛⲟⲩϥ,Panouf"的稍事修改。此埃及语名称载于一份科普特语—阿拉伯语名录抄本之中⑥,其中也记录了相应的阿拉伯语名称 Manouf-el-Ola(马努夫·欧拉);并且抄本中 Ⲡⲁⲛⲟⲩϥ 加上了别称 ⲣⲏⲥ,而这在埃及语中是指"南方、南部

---

① 阿卜杜拉提夫作品之希尔维斯特·德·萨西先生译本,第 654 页,68。
② 阿卜杜拉提夫作品之希尔维斯特·德·萨西先生译本,第 682 页,61。
③ 译注:转写为 Pharsouné。
④ 《埃及语—拉丁语词典》,第 109 页。
⑤ 《埃及十日》——《三角洲地区梅努夫地形概述》(Notice sur la Topographie de Ménouf dans le Delta),《埃及十日》,第一卷,第 75 页。
⑥ 科普特语抄本,皇家图书馆,圣日耳曼藏书,17 号,增刊。

的"。由此可见，埃及人把如今阿拉伯人称作马努夫·欧拉（Manouf-el-Ola）的城市加上别称 ⲣⲏⲥ，从而命名为"Ⲡⲁⲛⲟⲩϥ ⲣⲏⲥ，PANOUF-RÊS（南帕努夫）"，旨在与下埃及的另一个城市有所区分；那座城市也叫 Ⲡⲁⲛⲟⲩϥ，但加上了别称 ϧⲏⲧ。诚如大家即将看到的，这是指"北帕努夫"。

阿拉伯人给马努夫取的别称 Ola 或者 Alé，抑或是 Alié（高的、上游的）仅仅只是埃及语别称 ⲣⲏⲥ（南方、南部的）的近似翻译；他们还把上埃及最初的名称"Maris（马利斯），Ⲙⲁⲣⲏⲥ，le lieu du midi（南部之地）"译作"SSAÏD，le lieu haut，le lieu montant（高地、向上延伸之地）"，原因在于他们认为南部比北部地势更高。

《埃及城市和村庄概况》中提到了作为行省首府的上马努夫。① 根据旺斯莱布所引用的一份科普特语抄本记载，这个地方也是亚历山大里亚主教辖区的主教府所在地。②

汉谢（Hanschêi）

一份科普特语—底比斯语名录中出现了埃及城市名称"Ⲋⲁⲛⲱϩⲓ，Hahschêi（汉谢）"③，并附上了现代阿拉伯语名称 Abiar④（阿比阿尔）。

阿拉伯作者偶尔会谈到阿比阿尔城，但欧洲的地理学家们并没有确定其所在方位，甚至于他们似乎都忽略了这座城市的存在。公元15世纪早期的阿拉伯地理学家阿布达拉施德·雅库提（Abdarraschid-Yakouti）谈到，阿比阿尔是一个靠近亚历山大里亚的地方。⑤ 不过其他地理学家，其中就有哈利勒·达何里，他们认为阿比阿尔是在梅努夫行省（Menoufyyah）；⑥ 对此旺斯莱布神父也予以了认可。⑦《埃及城市

---

① 阿卜杜拉提夫作品之希尔维斯特·德·萨西先生译本，第651页，1。
② 旺斯莱布：《亚历山大里亚教会史》，第23页。
③ 译注：应当转写为 Hanschêi，但由于下文第159页（边码）提到抄本中记载的是 Ⲋⲁⲋⲱϩⲓ，是作者商博良对其作了修改，改为 Ⲋⲁⲛⲱϩⲓ，故作者此处出现了混淆。
④ 科普特语抄本，皇家图书馆，43号，第59页正面。
⑤ 《国王抄本概述》（*Notices des manuscrits du roi*），卷二，第422页。
⑥ 希尔维斯特·德·萨西：《阿拉伯古典名著选》（*Chrestomatie arabe*），卷二，第297页。
⑦ 《亚历山大里亚教会史》，第18页。

和村庄概况》中把阿比阿尔作为一个小型行省的首府,这个行省目前只不过是马努夫省的属地。①

尽管像阿布达拉施德·雅库提所说的那样,亚历山大里亚附近可能有一个名为阿比阿尔的地方,但众多观点之中唯一正确的就是阿比阿尔是上马努夫省的城市之一。但这位阿拉伯地理学家提到了阿比阿尔周边的一个泡碱矿,由此我们可以推测出他意欲谈论的就是马努夫省的阿比阿尔,只不过是错误地说成了这个地方靠近亚历山大里亚。事实上,根据上述的明确论断,如果把他所说的阿比阿尔定位在马努夫省,那么它就是位于什哈特(Schihat)沙漠周边。那里的湖泊出产泡碱,并且这座城市紧邻塔拉内(Tarranéh)城,人们从这里运输泡碱,之后发往埃及其他地区。因此可能阿比阿尔与塔拉内共享这个庞大的贸易分支,并且正是这些不同的状况促使雅库提认为阿比阿尔有一个泡碱矿区。再者,亚历山大里亚领地范围内的城市和村庄概况及其周边富阿(Fouah)省与布海拉(Bohaïréh)省的概况中没有涉及任何一个名为阿比阿尔之地的提示。这一实际情况可被视作雅库提错误的最新证据;他错误地把阿比阿尔放在了亚历山大里亚省,但正如上述提到的哈利勒·达何里、《埃及行省概况》以及旺斯莱布所证实,它实际上是位于马努夫省。

诚如上文所述,古埃及人把这座城市命名为"ϨΑΝϢΗΙ,Hanschêi(汉谢)",阿拉伯语将其准确翻译成了名称 Abiar(阿比阿尔)。在埃及语中,这个名称指"许多口井(les puits)",而阿拉伯语中 bir 是指"一口井",Abiar 是 bir 的复数形式。实际上,抄本中文章所记载的是 ϨΑϢϢΗΙ,而不是 ϨΑΝϢΗΙ。但我们所作的修改应当是准确的,阿拉伯人对此埃及语名称的翻译就是最佳例证。

在科普特语—阿拉伯语名录中,紧紧排在城市"ϨΑΝϢΗΙ,Hanschêi(汉谢)"之前的下埃及乡镇名为 Πϣнιμοογ②,其相应的阿

---

① 阿卜杜拉提夫作品译本,第 657 页。
② 译注:转写为 Pschêimoou,普谢伊姆。

拉伯语名称为"Birmâ（水井）。我们对普谢伊姆（Pschêimoou）镇的位置状况一无所知，除非把西部（Gharbiéh）省一座名为Berma（贝尔玛）的村庄视作我们名录中提及的Birmâ（比尔玛）乡镇。但谨慎起见，我们并不认为应当就此作出判断，确定它们就是同一个地方，尽管没有任何其他信息否认这一可能性。

普斯吉斯杰贝尔（Psjisjbêr）或者吉杰贝尔（Djidjbêr）

《圣人马凯尔行传》(La vie de saint Macaire) 中谈到了下埃及的"Пхιхвнр，Psjisjbêr，普斯吉斯杰贝尔"。马凯尔是什耶特（Schiêt）地区［赛特（Scêté）沙漠］修道士们的神父，他出生于该镇，在那里其父母信从于一种异象。① 人们在《圣人马吉斯特里安行传》(les Actes de saint Magistrien) 中也读到，从什耶特出发的人们在行走了整整一夜后，穿过了"Пхιхвнр，Psjisjbêr，普斯吉斯杰贝尔"正对的尼罗河。② 由此自然可以看出普斯吉斯杰贝尔位于支流卡诺皮克河东岸。其实什耶特地区就是下埃及西部的赛特沙漠区，那里有许多的泡碱湖，从什耶特出发往东行走的人必然会经过尼罗河支流卡诺皮克河，其附近就是普斯吉斯杰贝尔。

当我们介绍埃及乡镇普斯吉斯杰贝尔的方位时，无疑会注意到唐维尔的现代埃及地图上特意标注了这个地方。其中指出在卡诺皮克河即如今的罗塞塔支流东岸，泡碱湖和什耶特沙漠对面，有一个名为Schebshir（谢布什尔）的乡镇；在我们经常提到的《埃及行省概况》中，该镇阿拉伯语名称的英语拼写方式为Schabschir（沙布什尔）③。

在我们看来，普斯吉斯杰贝尔［Пхιхвнр（Psjisjbêr）］与谢布什尔（Schebschir）就是同一个地方。显然阿拉伯语名称谢布什尔（Schebschir）是从埃及语名称变化而来，只是省略了阳性冠词п。

---

① 阿卜杜拉提夫作品译本续《阿拉伯化概况》，第635页，117。
② 科普特语抄本，皇家图书馆，62号，梵蒂冈藏书。
③ 第642页，《西部省》，269。

帕塔农（Pathanon）

什耶特地区圣马凯尔教会49位圣人骸骨转移的历史事件中谈到了一位名为以撒的老修士。他来自"Πaθanon，Pathanon（帕塔农）"镇，该镇享有"oγtmi eqtcωit ϧen xhmi（埃及著名乡镇）"的称号。① 其中还谈到，那些穿过普斯吉斯杰贝尔（Πxιxbhp）正对的尼罗河的人们从这里前往帕塔农（Πaθanon）镇。这段内容有助于我们更为精准地确定帕塔农之方位。我们最早认为它是在支流卡诺皮克河西边、什耶特附近。但事实却相反，该镇位于卡诺皮克河东边，因为要达到该镇，那些前来寻找圣人圣骨的人们从什耶特出发，经尼罗河来到普斯吉斯杰贝尔。因此帕塔农应当是在卡诺皮克河与卡里纳因（Qarinaïn）运河之间，并且相较于尼罗河西部支流卡诺皮克河，它更为靠近卡里纳因运河。

《阿拉伯化概况》证实了我们关于帕塔农方位的论断。事实上，马努夫省的乡镇名录中记载了Albatnoun（巴特努恩）镇②，这个单词在去掉冠词al后就是Batnoun，而这显然就是科普特人读作Bathanon的埃及语Pathanon之改写。

普罗佐皮斯（Prosopis）——普沙提（Pschati）

在中世纪的埃及语经卷中经常会提及普沙提城，书中将其描述成一座巨大的城市。根据科普特人著作记载，普沙提是埃及的一个大城市；实际上，博尔吉亚博物馆的一份底比斯语抄本记载，许多主教都前往"普沙提这个（下）埃及首座（或者说古老的）大城市，èπϣat tϣopπe m̄m̄ntpoπoλιc n̄khme"③。在《圣人阿帕·提尔的殉难史》中，这座城市也拥有同样的称谓。④

诚然，在埃及血统的国王统治时期，普沙提（Πϣat，Pschati）是下埃及一个诺姆的首府，因为科普特人提到了"Πθoϣ πϣat，

---

① 科普特语抄本，皇家图书馆，梵蒂冈藏书，58号。
② 阿卜杜拉提夫作品之希尔维斯特·德·萨西先生译本，第651页，12。
③ 《博尔吉亚博物馆抄本目录》，沙希地语抄本（Codices sahidici），第283页。
④ 科普特语抄本，皇家图书馆，梵蒂冈藏书，66号。

第五章　下埃及及其自然划分和政治划分、各地埃及语名称

Pthosch 亦称诺姆普沙提"①。在罗马人统治时期，普沙提曾是下埃及管辖之地的一个省会。因为我们在《阿帕·阿里的殉难史》中发现，在听说这位圣人后，"普沙提的总督派遣士兵前往谢特努菲，命其把圣人带到他面前（ⲡⲓϩⲏⲅⲉⲙⲱⲛ ⲇⲉ ⲛ̀ⲧⲉ ⲡϣⲁϯ ⋯⋯ ⲁϥⲟⲩⲱⲣⲡ ⲛ̀ϩⲁⲛⲙⲁⲧⲓ ⲉ̀ϧⲣⲏⲓ ⲉ̀ϣⲉⲧⲛⲟⲩϥⲓ ⲉ̀ⲑⲣⲟⲩⲉⲛϥ ⲛⲁϥ ）。"既然罗马人统治时期普沙提是总督府所在地，并且科普特语书中提到它是一个诺姆的首府，那么毫无疑问，古埃及人统治时期，这座城市在下埃及地区应当占据了要席。因此希腊人对这座城市的称谓以及城市的位置信息是有迹可循的，对此我们坚信能够给予读者满意的答案。

在我们看来，普沙提与希腊人所说的普罗佐皮斯无疑是同一个地方。实际上，希罗多德谈到过普罗佐皮提斯岛②，拜占庭的艾蒂安提到其首府称作 Προσωπις③；斯特拉波把普罗佐皮斯（Prosopitès）诺姆又称阿普罗佐皮斯（Aprosopitès）诺姆定位在阿特利比斯诺姆旁④；但托勒密是唯一准确定位了该诺姆的地理学家。他认为这个诺姆位于"大河"——支流卡诺皮克河与支流法尔穆提亚克河（又称塞本尼提克河）之间⑤，塞易斯诺姆南部。托勒密把普罗佐皮斯诺姆称作尼西（Nicii），并明确指出其首府靠近支流卡诺皮克河的东岸。

现在我们将要介绍的是，对于埃及人称作普沙提（Ⲡϣⲁϯ）的城市，阿拉伯人与现代旅行家们所确定的方位与希腊地理学家给出的普罗佐皮斯所处位置完全一致。这个地方也被叫作尼西，但不应当把它与斯特拉波所说的⑥亚历山大里亚附近的乡镇 Νικιου κωμη［尼西亚（Nicias）镇］混为一谈。

埃及城市的科普特语—阿拉伯语名录中介绍到，如今阿拉伯人把

---

① 《圣人阿帕·提尔的殉难史》，科普特语抄本，皇家图书馆，梵蒂冈藏书，61 号，70 页反面。
② 希罗多德，卷二，41。
③ 《论城市和人民》。
④ 卷十七，第 552 页，1587 年版。
⑤ 托勒密：《地理学》，卷四。
⑥ 卷十七，第 799 页，巴黎，皇家出版社，1720 年版。

以前名为普沙提（Πωατ）的城市仍然称作 Ibschadi（伊布沙迪）或者 Abschadi（阿布沙迪）。① 显然，它是在埃及语 Πωατ 的前面加上了谐音的 A。尼布尔在穿越三角洲上方的内陆地区所著之《从开罗到亚历山大里亚的游记》中提到了阿拉伯人所说的阿布沙迪（Abschadi）之方位。他根据科普特人的发音把 Πωατ 的阿拉伯语名称写作 Bschadi②，并以丹麦语的方式将其转写成了 Baeschàdae。同样也是在这位旅行家的著作中③，关于尼罗河两条巨大支流的地图上该名称写成了 Besjada（贝斯加达）。

根据这份地图，埃及人称为普沙提的布沙迪（Bschadi）城是在三角洲顶端西北方向约 13.5 古里处，距支流卡诺皮克河的东岸大约有 1 古里。

如果把古人对于普罗佐皮斯位置的论断与科普特人、阿拉伯人以及尼布尔对普沙提位置的观点相比较，人们就不会质疑这两座城市的一致性。其实根据托勒密的观点，普罗佐皮斯及其所在诺姆，是位于支流卡诺皮克河与塞本尼提克河之间；就这两条支流而言，普沙提及其领地是在同一方位。托勒密谈到，他称作尼西的普罗佐皮斯靠近卡诺皮克河东岸；而那里也是科普特人和阿拉伯人对普沙提的定位。根据托勒密的说法，普罗佐皮斯诺姆在塞易斯诺姆南部；其实普沙提位于 Sàlhadjar，即古城塞易斯南部 8 古里处；因此这两个诺姆应当是相互毗邻的。

在作出这些比较后，我们还要补充一个事实，这对于我们关于普沙提与普罗佐皮斯一致性的论断来说是具有决定性意义的：在希罗多德的著作中，人们可以看到有一座名为"普罗佐皮提斯"的岛屿，它就是得名于这座城市；同样，科普特语经卷中也提到了"普沙提岛"，接下来这段出现在《圣人阿帕·阿里的殉难史》中的内容就是例证：

"ⲚⲀⲢⲈ ⲞⲨⲠⲢⲈⲤⲂⲨⲦⲈⲢⲞⲤ ⲈⲐⲞⲨⲀⲂ ⲰⲞⲠ ϨⲈⲚ ⲤⲀⲂⲀⲢⲞⲨ ⲞⲨⲔⲞⲨϪⲒ ⲚϮⲘⲒ ⲠⲈ

---

① 科普特语抄本，皇家图书馆，圣日耳曼藏书，17 号，增刊。
② 尼布尔：《阿拉伯半岛游记》，第一卷，第 74 页。
③ 尼布尔：《阿拉伯半岛游记》，第一卷，第 70 页。

ⲛ̄ⲧⲉ ⲧⲙⲟⲩⲓ ⲡϣⲁϯ ⲟⲩⲙⲏⲧⲣⲟⲡⲟⲗⲓⲥ ⲛ̄ⲧⲉⲭⲏⲙⲓ ⲉⲡⲉϥⲣⲁⲛ ⲡⲉ ⲥⲱⲧⲏⲣⲓⲭⲟⲥ",意为"在埃及的大城市普沙提岛上,有一个萨巴鲁小镇,那里曾经有一位祭司,索特利修斯(Sotêrichus)是他的名字"[1]。综上所述,可以肯定普罗佐皮斯城以及希腊人所说的普罗佐提斯岛就是埃及人所说的"Ⲡϣⲁϯ, Pschati,普沙提"和"ⲧⲙⲟⲩⲓ ⲡϣⲁϯ, Timoui-Pschatî 或者 Ⲑⲙⲟⲩⲓ ⲡϣⲁϯ, Thmoui-Pschati,普沙提岛或者普沙提之岛"。

乔治神父在著作《圣·科卢图斯的圣迹》序言中也转述了我们上述提及的段落,但他把 ⲧⲙⲟⲩⲓ ⲡϣⲁϯ ⲟⲩⲙⲏⲧⲣⲟⲡⲟⲗⲓⲥ ⲛ̄ⲧⲉ ⲭⲏⲙⲓ 翻译成"Thmuis olim metropolis Ægypti(特姆伊斯曾是埃及的大城市)"。这与原文之意相差甚远,因为他把 Timoui 或者说 Ⲑⲙⲟⲩⲓ(岛屿)翻译成了城市名称,而他把真正的城市名称 Ⲡϣⲁϯ 当作了一个副词;除此之外,单词 ⲱⲁ、ⲡϣⲁ 或者 ⲡϣⲁϯ 在埃及语中从来就没有"以前、曾经"的意思。同时,乔治神父读成了 ⲧⲙⲟⲩⲓ ⲡϣⲁϯ ⲧⲟⲩⲙⲏⲧⲣⲟⲡⲟⲗⲓⲥ,而不是 ⲧⲙⲟⲩⲓ ⲡϣⲁϯ ⲟⲩⲙⲏⲧⲣⲟⲡⲟⲗⲓⲥ,而其读法是有悖于所有埃及语语法规则的。

至此就很容易确定普沙提岛,即希腊人所说的普罗佐皮提斯岛之边界范围。希罗多德在其作品第二卷中谈到该岛边界有 9 斯科伊尼。[2] 如果按照尼布尔所精准确定的位置把普沙提放到唐维尔的现代埃及地图上,那么它将位于一个方形岛屿之上。岛屿西边为支流卡诺皮克河,东边为塞本尼提克河,北边是源起卡诺皮克河、汇入塞本尼提克河的一条运河,南部则是梅努夫运河的一段;此处岛屿的边界范围略微大于希罗多德所确定的普罗佐皮斯岛之面积。

《埃及行省概况》谈到埃及有 3 个地方被阿拉伯人称作伊布沙德(Ibschadéh)或者阿布沙迪(Abschadi):第 1 个位于上埃及,隶属于欧什姆纳音(Oschmounaïn)省——即希腊人所说的大荷莫波利斯,

---

[1] 科普特语抄本,皇家图书馆,梵蒂冈藏书,66 号,第 158 页。
[2] 希罗多德,卷二,41。(译注:约合 100 千米。斯科依尼(schoenes)直译为"绳索"。——哥译本注)

它与普沙提——即希腊人所说的普罗佐皮斯毫无共同之处[1]；第 2 个则是在下埃及阿比阿尔省的贝努·纳斯尔（Bénou-Nasr）岛[2]；因此，对于我们认为名称 Пωaϯ（Pschati）仅适用于西部（Gharbiéh）省[3] 的伊布沙德（Ibschadéh），有人可能会提出反对意见，他们认为科普特语经卷中记载的名称 Пωaϯ（Pschati）应当同时也适用于贝努·纳斯尔岛上的伊布沙德（Ibschadéh）；尽管该反对意见最早看起来似乎颇具道理，而实际上却可能是极易推翻的。

其实，如果普沙提——即希腊人所说的普罗佐皮斯是位于贝努·纳斯尔岛上，那么按照托勒密的说法，这座城市及其诺姆就不会位于支流卡诺皮克河与赛本尼提克河之间。因为贝努·纳斯尔岛是由支流卡诺皮克河与佩吕斯亚克河（即支流罗塞塔河与达米埃特河），以及梅努夫运河形成的，对此阿拉伯地理学家哈利勒·达何里也予以了证实[4]。

此外，我们之前提到的尼西（Niciu）与普沙提是同一座城市。安托南游记中将其视作安德罗波利斯（Andropolis）与拉托波利斯之间的中间地带，且安德罗波利斯与尼西亦称普沙提之间的距离约为 31 罗马里。不过，如果采纳唐维尔的观点，认为安德罗波利斯位于如今的沙布尔（Schabour），并且如果人们反对我们将普沙提或者说是普罗佐皮斯定位于西部省的伊布沙德（Ibschadéh），而是将其放在贝努·纳斯尔岛的伊布沙德（Ibschadéh），那么在这种情况下，普罗佐皮斯距安德罗波利斯的距离将会超过 50 里，而安托南游记中则明确指出两地仅有 31 里远；不仅如此，游记中还指出普罗佐皮斯（又称尼西）距拉托波利斯 28 里。由于拉托波利斯位于支流卡诺皮克河西边，靠近三角洲顶端，且普罗佐皮斯（亦称普沙提）可能也在三角洲

---

[1] 阿卜杜拉提夫作品译本续之《阿拉伯化概况》，第 692 页，3。
[2] 阿卜杜拉提夫作品译本续之《阿拉伯化概况》，第 657 页，2。
[3] 译注：即上文提到的西部省，见原著第二卷，第 137 页。
[4] 希尔维斯特·德·萨西：《阿拉伯古典名著选》，第一卷，第 247 页及第二卷，第 297 页。

顶端的内陆地区——我们并不认可这一假设，则绝无可能再得出游记中记载的尼西与拉托波利斯相距 28 里。最后要说的是，贝努·纳斯尔岛不应当被视为普罗佐皮提斯岛，因为它的周界超过了 13 斯科伊尼的距离，而普罗佐皮提斯岛的周界只有 9 斯科伊尼。

综上所述，古埃及人命名为 Ⲡϣⲁϯ——普沙提的普罗佐皮斯城（亦称尼西），必然应当位于尼布尔称作 Bschadi 的地方，这里更靠近卡诺皮克河（亦称谢特努菲河）的东岸，它们之间的距离仅有 1 古里。不过唐维尔并不这么认为，他认为两者相距 3.5 古里；如此一来，安托南游记中确定的拉托波利斯、尼西以及安德罗波利斯之间的距离将恢复至相差无几的状态。

我们曾提到，希腊人最早称作普罗佐皮斯的普沙提城之后易名为尼西（Niciu 或者 Nicium），埃及主教管辖区名录中收录的正是后者，这份名录节选自旺斯莱布神父的科普特语抄本①。科普特人有时候也会使用尼西这个名称，一份埃及城市的科普特语—底比斯语名录中将其写作"Ⲛⲓⲕⲓⲉⲩⲥ，Nikieus"②，它还出现在了另一份抄本名录③中名称 Ⲡϣⲁϯ（Pschati）的旁边。在这两份名录中，该名称被翻译成了阿拉伯语的 Naqious 或者 Niqious。

毫无疑问，我们刚刚阐述的所有内容足以证明 Ⲡϣⲁϯ（普沙提）、普罗佐皮斯及尼西就是同一个地方，同时也足以证实这座三角洲的城市就在我们所确定的地方。

萨巴鲁（Sabarou）

萨巴鲁（Ⲥⲁⲃⲁⲣⲟⲩ，Sabarou）是普沙提岛上的一个小镇，我们曾经提到的《圣人阿帕·阿里的殉难史》中有一段内容对此作出了介绍。④

---

① 《亚历山大里亚教会史》，第 23 页。
② 科普特语抄本，皇家图书馆，古藏书，43 号，第 59 页正面。
③ 科普特语抄本，皇家图书馆，圣日耳曼藏书，17 号，增刊。
④ 见前文，原著第二卷，第 166 页。

阿塔尔拜什（Atarbêchis）——阿塔尔·巴基（Atar-Baki）?

希罗多德谈到，普罗佐皮提斯岛或者说普沙提岛上有大量的聚居地①，其中就有城市阿塔尔拜什。在希罗多德时代，这座城市因其一些居民有跑遍埃及收集死牛骨而后运往他们所在城市的习惯而名噪一时。埃及人把牛埋入地下，只露出一只犄角作为标记，当人们推测其肉体腐烂化解殆尽后，"阿塔尔拜什就有许多人跑遍众城把牛骨从土中挖出，他们把这些骨头运往一处并在那里进行掩埋"②。希罗多德如是说。

如果真有这样的习俗，那它的动机和目的是很难确定的。如果这是出于宗教信仰，那无疑就是那一时期的埃及宗教信仰发生了变化；自波斯人征服之日起，整个埃及陷入了长期的愚昧无知之中。人们相信，曾经在希罗多德时代，由于无知导致的迷信使得埃及宗教的教义遭到了曲解。至少在埃及本土的国王统治时期，阿塔尔拜什的居民如此热衷于收集散落在全埃及境内的牛骨是十分可疑的事情。

希罗多德给这座城市所取的名称 Αταρβηχις 显然是起源于埃及语，我们认为它只是把最初的名称 ⲁⲧⲁⲣⲃⲁⲕⲓ（Atarbaki）稍作修改；拜占庭的艾蒂安把该名称写作 Αταρβικις。尽管雅布隆斯基对希罗多德所说的阿塔尔拜什之埃及语拼写方法的推测③十分巧妙，却也并不完全正确。因为直到斯特拉波所说的阿芙罗蒂托斯波利斯（Aphroditêspolis）和希罗多德所说的阿塔尔拜什是同一个地方的猜测被证伪时，人们才会怀疑到阿塔尔拜什的埃及语名称就是雅布隆斯基所说的 ⲁⲑⲱⲣⲃⲁⲕⲓ，因为希罗多德把它写成了 Αταρβηχις，而不是 Αθωρβηχις。

我们认为应当参考哈利卡那索斯历史学家希罗多德的拼写方法，但并不是说就此定义雅布隆斯基的观点毫无根据。只是我们将会另行谈到其中存在的一些可疑之处，故而无法全盘采纳。

---

① 希罗多德，卷二，41。
② 希罗多德，卷二，41。
③ 雅布隆斯基：《埃及万神殿》，第一部分，第4、5页等。

塔努布（Thanoub）

我们曾经谈到一些埃及城市现在的名称既不是源于希腊语、拉丁语，也不是源于阿拉伯语，而绝对是起源于埃及语①，其中在卡诺皮克河东部、距其 1 古里多的乡镇之名就是一例。此地与普沙提城属于同一诺姆，在其北部 3 古里处。从表面看来，当地居民把这个乡镇称作塔努布（Thanoub）。② 尼布尔在尼罗河两条巨大支流的地图上将其称作 Tenoub。唐维尔的地图对此地的标注过于靠近支流卡诺皮克河，名称写作 Tunub，德农骑士地图上的写法也是如此。

单词 Thanoub 写成科普特语就是 ΘΑΝΟΥΒ，这在埃及语中是指"la ville de l'or，金子之城"。单词"ΝΟΥΒ，noub"经常出现在古埃及的城市名称之列，我们曾经看到过该地区有一个名为"ΤΟΥϨΟ ΝΟΥΒ，TOUHO-NOUB（图霍·努布），la demeure，le lieu de l'or（金子之所、金子之地）"的城市。接下来我们还要谈到城市"ΚΑϨ ǸΝΟΥΒ，KAH-AN-NOUB（卡汉努布），la terre d'or（金子之壤）"以及位于阿尔巴特（ΑΡΒΑΤ，Arbat）诺姆的村庄皮努布（ΠΙΝΟΥΒ，PINOUB，l'or（金子））。毫无疑问，以上这些对照不禁使人猜测塔努布镇的历史可以追溯到阿拉伯人征服埃及之前很久。

塔乌阿（Taoua）——塔瓦赫（Taubah）

唐维尔确定了这座城市的所在方位。③ 它在塔努布以南不远处，距东边的支流卡诺皮克河有一段距离。那里如今仍然保留着 Thaououah（塔乌乌阿）之名。

托勒密将其命名为 Ταουα，拜占庭的艾蒂安称其为 Τανα，安托南的游记中则写成 Tafa。所有这些名称均从埃及语"ΤΑΥΒΑϨ，Taubah"

---

① 见前文，原著第二卷，第 44、45 页。
② 尼布尔：《阿拉伯游记》，卷一；经三角洲顶端的内陆地区所写下的《从开罗到亚历山大里亚的游记》，第 75 页，27 号。
③ 《埃及论文集》，第 82 页。

派生而来①，科普特语经卷中用这个单词来指托勒密命名为塔乌阿（Taoua）的城市，其读音为 Tauvah；因此有些人将其写作 Taoua，而有些人则写成 Tava；最终根据发音，安蒂南的游记中用 f 代替了科普语字母 в 的发音；Teschdid②或者放在阿拉伯语名称中 ﻭ（waw）上表叠加的标记代替了埃及语名称中的字母群 ⲁⲩⲃ，auv。

一份科普特语—阿拉伯语抄本名录中把阿拉伯人命名为 Thaououah（塔乌乌阿）的城市写成了"Ⲧⲁⲗⲁⲛⲁⲩ, Talanau（塔拉诺）"③。因此我们认为，希腊人所说的塔乌阿就是埃及人的"Ⲧⲁⲗⲁⲛⲁⲩ，Talanau（塔拉诺）"，同时也称"Ⲧⲁⲩⲃⲁⲥ, Tauvah 或者 Taubah（塔瓦赫）"④。况且，没有任何证据显示这些名称分属两个不同的城市。

普滕斯托（Ptenstô）？

单词"Ⲡⲧⲉⲛⲥⲧⲱ，Ptenstô"作为下埃及的城市名称出现在了一份科普特语抄本中。⑤在一旁相应的阿拉伯语名称则写作 Danouthah（达努塔）。我们查阅了所有下埃及城市和村庄的阿拉伯语名录。除了唐维尔现代埃及地图上和德农骑士地图上标注的名称 Denoutar，并没有发现任何一份名录中记载了与 Danouthah 相关的称谓，哪怕只有一丁点儿的关联。

由此可见，极大程度上，很可能我们所提到的科普特语抄本中出现的名称应当被识读成 Danouthar，而不是 Danouthah⑥。如果真是这样，埃及城市普滕斯托（Ⲡⲧⲉⲛⲥⲧⲱ）可能位于卡诺皮克河的东岸，

---

① 科普特语抄本，皇家图书馆，梵蒂冈藏书，66 号，多处提到的《提夫勒（Tifré）之圣人以撒的殉难》。
② 译注：阿拉伯语音符。
③ 科普特语抄本，皇家图书馆，圣日耳曼藏书，17 号，见附件，一。
④ 译注：Ⲧⲁⲩⲃⲁⲥ 转写为 Taubah，文中转写为 Tauvah 是根据读音的转写。
⑤ 科普特语抄本，皇家图书馆，圣日耳曼藏书，17 号，增刊，见附件，一。
⑥ 科普特语单词 ⲡⲧⲉⲛⲥⲧⲱ 也可能是错误的写法，可能应该被识读作 ⲡⲧⲉⲛⲉⲧⲱ，而这可能就是埃及一个州的埃及语名称，我们会在下文对此展开阐述。另外一种假设是，阿拉伯语 Danouth 可能是从 ⲧⲉⲛⲉⲧⲱ 变化而来，该单词省略了 ⲡⲧⲉⲛⲥⲧⲱ 中的冠词 ⲡ。

在塔瓦赫以北 4.5 古里，也就是唐维尔现代埃及地图上称为 Dénoutar（德努塔尔）的地方。

（二）三角洲内陆位于支流法特美提克河与法尔穆提亚克河之间的城市

古埃及人称作法尔莫乌特（Phermôout）的支流法尔穆提亚克河有两条分支，之后又再度汇合，形成了一座巨型岛屿，岛上城市众多，本节将会对此进行详细介绍。雷尼耶将军的地图上标注了这两条分支的分割点，是在梅赫（Mehk）下方，再次合流则是在西部省省会——梅哈莱·克比尔（Mehallet-Elkebir）的北部。我们认为，支流法尔穆提亚克河的这一分流解释了为什么一些古代地理学家把它称作萨伊提克河，而另一些则称其为塞本尼提克河。在我们看来，这两个名称应当是分属于法尔穆提亚克河的两条分支；萨伊提克河是指西边的支流，它实际靠近塞易斯，而塞本尼提克河则是指东边流经塞本尼图斯附近的支流。首先我们将介绍位于法特美提克河与法尔穆提亚克河东部运河之间的城市，接着将会介绍位于法尔穆提亚克河所形成的岛屿之上的地方，最后第三部分则是介绍法尔穆提亚克河西部支流——即萨伊提克河与支流谢特努菲——亦称卡诺皮克河之间的城市。

提亚梅里（Tiamêiri）

上文多次提到的埃及城市名录中介绍了下埃及一个曾经名为"ⲦⲀⲘⲎⲒⲠⲒ，Tiamêiri"的乡镇或者说是城市，阿拉伯人把这里命名为达米拉（Damirah）①。基歇尔神父认为这个名称写作"ⲦⲀⲘⲈⲠⲒ，Tiaméri"，翻译成阿拉伯语也是 Damirah 或者 Démirah。② 单词 Ⲧⲁⲙⲏⲓⲡⲓ 还出现在了由孟菲斯方言撰写而成的科普特语—阿拉伯语词汇汇编中，我们之前提到的城市名录就节选于此③。通过相应的阿拉伯

---

① 科普特语抄本，皇家图书馆，圣日耳曼藏书，17 号，增刊，第 192 页。
② 基歇尔，第 208 页，由拉克罗兹引述；《埃及语—拉丁语词典》，第 3 页。
③ 科普特语抄本，皇家图书馆，圣日耳曼藏书，17 号，增刊，第 142 页反面。

语解释可以看到,这个埃及语名称适用于"尼罗河",同时也指名为达米拉(Demirah)的地方①。根据科普特语抄本记载②,基歇尔神父也把名称 ⲧⲁⲙⲏⲓⲡⲓ 当作尼罗河的众多称谓之一,其词义我们也已在前文作了介绍③。

至于阿拉伯人称作达米拉(Démirah),古埃及人取名为提亚梅里(Tiamêiri)的城市,阿拉伯地理学家没有明确指出该城的所在方位,我们参考的现代旅行家的叙述之中也未能确定。阿卜杜拉提夫的作品中写道,因为该地区的城市名为达米拉(Damira),所以埃及农民们把一种甜瓜命名为 Damiri。④《埃及行省概况》中把名为达米拉的两座城市放在了西部省。⑤根据这一提示,我们认为提亚梅里城位于尼罗河支流法特美克河的西边,而不是西部省的西边。在德农骑士先生的下埃及地图上,它的名称为 Mira,我们认为这是 Damira 或者 Damirah 的讹用。

据科普特语抄本记载,旺斯莱布神父把阿拉伯城市 Demiré 划入了主教城市之列,其科普特语名称为 Damairi [Tiamêiri(提亚梅里)]。⑥

塔桑泊提(Tasempoti)

《圣人皮鲁和阿索姆修士的殉难史》中记载,戴克里先皇帝与马克西米安副帝统治期间,在摧毁教会并于从拉科提(Ⲣⲁⲕⲟⲧ)⑦直至皮拉克(Ⲡⲓⲗⲁⲕⲥ)⑧的埃及所有城市确立地方长官之时,"布西里(Bousiri)诺姆的塔桑泊提镇有两位修士(皮鲁、阿索姆),ϩⲉⲛ ⲡⲓϭⲏⲟⲩ ⲇⲉ ⲉⲧⲉⲙⲙⲁⲩ ⲛⲉ ⲟⲩⲟⲛ ⲟⲩϭⲟⲛ ⲃ̄ ϩⲉⲛ ⲟⲩⲧⲙⲓ ϫⲉ ⲧⲁⲥⲉⲙⲡⲟⲧ ⲛⲧⲉ

---

① 科普特语抄本,皇家图书馆,圣日耳曼藏书,17 号,增刊,第 142 页反面。
② 基歇尔,第 214 页,由拉克罗兹引用;《埃及语—拉丁语词典》,第 3 页。
③ 见前文,原著第一卷,第 138、139 页。
④ 阿卜杜拉提夫作品之希尔维斯特·德·萨西先生译本,第 34 页。
⑤ 阿卜杜拉提夫作品之希尔维斯特·德·萨西先生译本,第 633 页,46 号。
⑥ 《亚历山大里亚教会史》,第 20 页。
⑦ 译注:转写为 Rakoti,即亚历山大里亚。
⑧ 译注:转写为 Pilakh,即菲莱岛。

ⲡⲑⲟⲱ ⲃⲟⲩⲥⲓⲣⲓ"①。

因此，人们应当去阿拉伯人称作阿布斯尔（Aboussir）、科普特人称作布西里（ⲃⲟⲩⲥⲓⲣⲓ）、希腊人称作布西里斯（Busiris）的城市附近去找寻塔桑泊提镇。事实上，雷尼耶将军的地图上标注了一个名为松巴特（Sombat）的乡镇，它位于阿布斯尔以南3古里；尼布尔在《从达米埃特到开罗的游记》中称其为松巴德（Sunbàd）。

ⲧⲁ是阴性冠词的变体，是一个主有代词。Ⲧⲁⲥⲉⲙⲡⲟⲧ去掉音节ⲧⲁ就得到了科普特人读作Samboti的Ⲥⲉⲙⲡⲟⲧ；由此可见，现在的阿拉伯语名称Sombat或者Sunbad显然就是从埃及语"Ⲥⲉⲙⲡⲟⲧ，Samboti"派生而来。既然塔桑泊提与松巴特（Sombat）的一致性已经得到认可，那么埃及乡镇塔桑泊提应当是位于支流法特美提克河的西岸，布西里斯城以南3古里。但我们对埃及语单词Ⲧⲁⲥⲉⲙⲡⲟⲧ的词义一无所知。

帕诺（Panau）

《圣人以撒的殉难史》之标题提到了帕诺（Ⲡⲁⲛⲁⲩ，Panau）诺姆。原文如下：ⲧⲙⲁⲣⲧⲩⲣⲓⲁ ⲛ̀ⲧⲉ ⲡⲓⲁⲅⲓⲟⲥ ⲁⲃⲃⲁ ⲓⲥⲁⲁⲕ ⲡⲓⲣⲉⲙⲧ̀ⲫⲣⲉ ϧⲉⲛ ⲡⲑⲟⲱ ⲡⲁⲛⲁⲩ ⲉⲧⲁϥϫⲟⲕⲥ ⲉ̀ⲃⲟⲗ ⲥⲟⲩⲝ̄ ⲙ̀ⲡⲓⲁⲃⲟⲧ ⲡⲁϣⲟⲛⲥ"，意为"提夫勒的圣人修士以撒之殉难，发生于帕诺诺姆，结束于帕尚（Paschons）月的第六天"②。

人们能够精确定位该诺姆的首府城市帕诺（Ⲡⲁⲛⲁⲩ，Panau），它也是诺姆名称的起源。拉克罗兹根据基歇尔神父的观点把帕诺城的名称写入了其埃及语词典中；基歇尔从一份抄本中摘录了埃及语的帕诺所对应的阿拉伯语名称，即Bana③。皇家图书馆的一份孟菲斯语词汇汇编抄本中也出现了Ⲡⲁⲛⲁⲩ，也被译作阿拉伯语Bana④，由此可以得

---

① 科普特语抄本，皇家图书馆，60号，梵蒂冈藏书。——《博尔吉亚博物馆抄本目录》，三十三，第53页。
② 科普特语抄本，皇家图书馆，66号，梵蒂冈藏书，第82页。
③ 《埃及的俄狄浦斯》，第一卷；《埃及地理志》，第41、47页。
④ 科普特语抄本，皇家图书馆，圣日耳曼藏书，17号，增刊，第142页反面。

出结论：埃及人称作 Ⲡⲁⲛⲁⲩ（帕诺）的城市如今就是阿拉伯人所说的 Bana（巴纳）。

在罗伯特·德·华干地的埃及地图上，Bana（巴纳）所注名称为 Béna（贝纳），且位于阿布斯尔——即希腊人所说的布西里斯南部。在尼布尔绘制的尼罗河两条主要支流的流向图中，这座城市被称为 Benha（本哈），其所在方位类似于罗伯特·德·华干地给出的位置；因此帕诺应当是与支流法特美提克河的西岸有一段距离，距塔桑泊提镇以北 2 古里，距布西里斯城以南 1 古里。

基歇尔神父[①]和乔治神父[②]毫无缘由地认为，埃及人命名为帕诺（Ⲡⲁⲛⲁⲩ）的城市就是希腊人所说的帕诺波利斯。但我们刚刚阐述的事实是一目了然、绝无疑义的。所以这两位作者的错误结论并不能作为反对我们的权威意见；况且众所周知，帕诺波利斯位于上埃及地区[③]，而帕诺［亦称巴纳（Bana）］是在三角洲内陆地区。

我们并不了解埃及语名称 Ⲡⲁⲛⲁⲩ 之意；如果没有十足的事实支撑，我们也是不愿意随意猜测的。基歇尔给出的意义纯属无稽之谈。[④]

提夫勒（Tiphré）

上述章节中我们提到提夫勒（ⲧⲫⲣⲉ，Tiphré）隶属于帕诺城；上述的抄本中常常把修士以撒定义为"ⲡⲓⲣⲉⲙⲧⲫⲣⲉ，PIREMTIPHRÉ"，即"帕诺诺姆提夫勒的居民或者来自帕诺诺姆的提夫勒"。基歇尔神父在一份科普特语抄本中找到了提夫勒（ⲧⲫⲣⲉ）镇的名称，紧随其后的是阿拉伯人所取之名 Défra（德弗拉）[⑤]，它与最初的埃及语名称 ⲧⲫⲣⲉ 稍有差异。旺斯莱布根据科普特语抄本之记载[⑥]，把这个乡镇以名称 Défré（德弗雷）的形式归入了埃及主教城市之列，而《西部省

---

① 《埃及的俄狄浦斯》，第一卷，第 41 页。
② 《圣·科卢图斯的圣迹》，序言，第 39 页。
③ 见前文，原著第一卷，第 257 页。
④ 上述内容出自《埃及的俄狄浦斯》，第一卷。
⑤ 拉克罗兹引自基歇尔，第 210 页；《埃及语—拉丁语词典》，第 111 页。
⑥ 旺斯莱布，第 20 页。

的城市和村庄阿拉伯化概况》中则把它命名为 Défri（德弗里）[1]。

布西里斯（Busiris）——普西里（Pousiri）

布西里斯在埃及享誉盛名，因为它与构成民族整个民众信仰的宗教神话息息相关。人们将其视作伊希斯深爱的丈夫、埃及的恩人与守卫者——奥西里斯的出生之地。

布西里斯无疑是在如今阿拉伯人称作布斯尔（Boussir）的地方，其更为常见的名称是阿布斯尔（Aboussir）。唐维尔和可敬的现代地理学家们对此也表示了赞同。因此实际上，就像希罗多德所说的[2]，布西里斯几乎靠近三角洲的中心地带，而不是拜占庭的艾蒂安[3]宣称的"在埃及的中间，在三角洲"，他错误地翻译了哈利卡那索斯历史学家希罗多德前面引述的话语。位于支流法特美提克河西岸的布西里斯得名于其附近的布西里提克河。它距三角洲顶端 20 古里，距支流法特美提克河汇入地中海的入海口也几乎同等距离。布西里斯与塞本尼图斯城相隔 1 古里多。

在埃及血统的国王统治时期，人们在布西里斯举行盛大的庆祝活动，以示对埃及土地的守护女神伊希斯之尊敬。[4]人们热衷于从王国各地前往布西里斯，那时男男女女，熙熙攘攘，好不热闹。[5]在用一头牛向伊希斯献祭后，人们砍下牛腿，剥去牛肩部和上胯部的表皮。而后人们用面粉、葡萄干、蜂蜜、乳香、没药填满牛身的剩余部位，然后抹上油用火炙烤。[6]仪式期间，所有在布西里斯到场参加活动的人均拍打胸脯，发出巨大的哀嚎声。希罗多德知晓人们如此拍打的原因，以及为了纪念谁而发出哀嚎，但他说他不能泄露这个秘密。[7]

---

[1] 第 639 页，183。
[2] 希罗多德，卷二，59。
[3] 《论城市和人民》，见单词 Βουσιρις。
[4] 希罗多德，卷二，61。
[5] 希罗多德，卷二，40。
[6] 希罗多德，卷二，61。
[7] 希罗多德，卷二，40、61 等。

三角洲这座著名的城市被希罗多德称作 Βουσιρις[①]，而斯特拉波则称其为 Βουσειρις[②]。不管是古代还是现代，许多作者由这个名称得出了不同的解释，但大部分都是荒谬的无稽之谈，或者是纯粹的假想。在此我们将转述一些主要观点，首先是古人之见：

普鲁塔克认为布西里斯与 Ταφοσιρις 的意义相同[③]；这从一定意义上来说是正确的，但 Ταφοσιρις 在埃及语中并不是表面之意"奥西里斯之墓"。关于这一点，我们将要说明的是，普鲁塔克错把单词 Ταφοσιρις 当作了意为"墓穴"的希腊语单词 ταφος 与名称 Osiris 的缩合；我们接下来会介绍 Taphosiris 纯粹就是埃及语。

根据拜占庭的艾蒂安之转述[④]，一些古代学者们认为布西里斯城取名自奥西里斯授职的地方长官 Busiris（布西里斯）。对此，我们并没有异议；而另一些人则认为[⑤]，女神伊希斯把布西里斯（Bousiris）的身体藏在了一头木制的牛中，并将其埋于布西里斯城，由此城市得名 Βουσοσιρις。

对于三角洲地区布西里斯名称的起源，刚才这一观点相当荒谬，但这一说法却成了基歇尔神父关于布西里斯城埃及语名称拼写方式和意义的依据。由于 Βουσοσιρις 显然是由希腊语单词 Βους（牛）——暗指装布西里斯身体的木质牛，与名称 Osiris 构成，所以基歇尔神父得出结论，埃及人把希腊人称作 Bousiris（布西里斯）的城市写成"Ⲃⲩⲥⲓⲣⲓ，Busiri"，意指"奥西里斯之牛"[⑥]。尽管这位耶稣会士卖弄了一番自己的渊博学识，但得出的论断却经常是错误的，他没有考虑到单词 ⲃⲩⲥ 或者 ⲃⲟⲩⲥ 是希腊语，而不是埃及语，所以由此组合而成的城市名称不可能是纯粹的埃及语。他认为，《圣经》中的单词

---

① 希罗多德，卷二。
② 斯特拉波，卷十七。
③ 《论伊希斯和奥西里斯》。
④ 《论城市和人民》，见单词 Βουσιρις。
⑤ 《论城市和人民》，见单词 Βουσιρις。
⑥ 《埃及的俄狄浦斯》，第一卷，第三章，第 24 页。

Phatourès[①]是指布西里斯城。但这一观点没有任何的依据，而只有他本人对此单词作出的解释。

尽管保罗·厄内斯特·雅布隆斯基的解释也是错误的，但却更为合理。这位学者[②]从埃及语"Bϩογcιpι，Béousiri（奥西里斯之墓）"得出单词 Βουσιρις，对此措厄加也予以采纳[③]；不过希腊人称作布西里斯的城市名称在中世纪埃及语经卷中的写法则完全否定了他们的解释。接下来我们将会介绍，书中记载的是 Βογcιpι，或者说更为正确的写法为"Πογcιpι，Pousiri"（绝不是 Bϩογcιpι，Béousiri）。此相同结论也推翻了雅布隆斯基提出的拼写方式 Βaϣop[④]就是希腊人所说的 Βουσιρις 相应之埃及语。甚至单词 Baschor 可能还与 Bousiris 的希腊语拼写方法更为相似。当然事实上并不完全一致，且无论雅布隆斯基会提出什么样的推理来证实，一直有待思考的是为何一座城市会取名"Βaϣop，Baschor"，即"狐狸"。

拉谢先生在其关于希罗多德《历史》第二卷的评注中[⑤]也介绍了布西里斯城名称的释义。他提出其名称是由 Bou 和 Osiris 派生而来，并指出 Bou 在埃及语中是指墓穴，由此构成了名称"Bousiris（奥西里斯之墓）"。但是单词 Bou 在埃及语文本中并不是指墓穴，拉谢先生这位令人尊敬的古希腊语学者之观点只是基于赫西基奥斯的记载，却没有注意到希罗多德的文章中记载的是 βουτοι，而不是 βου。尽管许多词典中没有出现单词 βουτοι 或者更为确切的 βουτ——不考虑希腊语词尾 οι，且科普特语文本中也无迹可寻，但在埃及语中它可能有赫西基奥斯所给出

188

189

---

① 《埃及的俄狄浦斯》，第一卷，第三章，第 24 页。希伯来原文中出现的单词 Pathurès 是指埃及的一部分地区，我们认为它只不过是埃及语单词 ⲘⲀⲢⲎⲤ［le lieu du midi（南部之地）］的变体，意指上埃及；单词 Pathurès 其实就是埃及语一底比斯语单词"ⲠⲦⲞⲨⲢⲎⲤ，Ptourès"，意为"南部"，或者更严格来说是指"南风"，正如下面这段底比斯方言的《雅歌》中所写：ⲦⲰⲞⲨⲚⲄ ⲠⲈⲘϪⲒⲦ ⲀⲘⲞⲨ ⲈⲠⲦⲞⲨⲢⲎⲤ，相应的拉丁文《圣经》为 surge aquilo et veni auster（北风啊，兴起；南风啊，吹来），4—16。

② 雅布隆斯基：《小册子》，第一卷。
③ 《论方尖碑的起源及用途》，对开本，第 288 页。（译注：转写为 Baschor。）
④ 《小册子》，第一卷。
⑤ 希罗多德：《历史》，拉谢译本，第二卷，第 293 页。

的意义"墓穴",因为我们远未拥有一本近乎完整的埃及语词典。

所有认为单词 Bousiris 是指"奥西里斯之墓"的学者都是基于普鲁塔克的一段话。他谈到,根据欧多克索斯(Eudoxe)的阐述,奥西里斯曾埋葬于布西里斯;[①]并且他还谈到,在埃及,人们认为布西里斯这座城市见证了奥西里斯的出生;但所有这些传说很可能都是源于埃及,且是在布西里斯建城之后很久,因此人们不应当执着于用这些神话去解释城市之名。此外,正如我们之前介绍的,正因为埃及语经卷中记载了城市布西里斯(Βουσιρις)的正确名称,因此所有这些猜测均不攻自破。其中孟菲斯方言的书中将其写作"Ποуcιρι,Pousiri"[②];在博尔吉亚博物馆的底比斯语抄本残片中则写成"Ποуcιρε,Pousiré",文中提到了一位圣人"Παнcε πρὶμποуcιρε,帕埃斯(Paése 或者 Païse)[③], de la ville de Pousire,来自 Pousire 城"[④]。不过书中更为常见的写法是:"Βοуcιρι,Bousiri"[⑤],而不是 Ποуcιρι;但这是一个错误的写法,尽管它十分接近该城市的希腊语名称,尽管这个希腊语名称的确是由埃及语名称所构成。

在两门埃及语方言中,希腊人所说的布西里斯之真实称谓分别是 Ποуcιρι 和 Ποуcιρε,它们恰好就是在希腊人和罗马人所说的奥西里斯之名"оуcιρι,OUSIRI"前加上了阳性冠词 п,它在罗塞塔石碑埃及语原文中也附在了名称奥西里斯(оуcιρι)前面[⑥]。

塞本尼图斯(Sebennytus)——斯杰姆努提(Sjemnouti)

毋庸置疑,古城塞本尼图斯的位置就是唐维尔确定之处,它对应于如今阿拉伯人仍然称作萨曼努(Samannoud)的地区。塞本尼图斯坐落于支流法特美提克河的西岸,靠近布西里斯北部;支流法尔穆提

---

① 普鲁塔克:《论伊希斯和奥西里斯》。
② 科普特语抄本,皇家图书馆,梵蒂冈藏书,60 号,《圣人皮鲁和阿索姆的殉难》。
③ 这个专有名称是指"献给伊希斯的男人","属于伊希斯的男人",即 ISIACUS(译注:此为拉丁语男子名。)。
④ 《博尔吉亚博物馆抄本目录》——沙希地语抄本,一百四十三,第 238 页。
⑤ 科普特语抄本,皇家图书馆,圣日耳曼藏书,17 号,增刊,第 192 页。
⑥ 第 6 行,简略地出现了两次。

第五章　下埃及及其自然划分和政治划分、各地埃及语名称

亚克河也十分靠近塞本尼图斯，从西边流过。正如上文所述，无疑是出于这样的地理条件，这段支流获得了塞本尼提克（Sébennytique）之称谓。

如今很难在塞本尼图斯城寻得其古老痕迹，众多神庙早已灰飞烟灭，不过有时候其周边地区也会出土一些引人关注的古代作品残迹。其中就有保存于巴黎古代艺术展馆之中黑色玄武岩质的健硕埃及人半身像。并且上文我们也已提到，这座雕像首次公诸于世得益于勤勉的学者米林先生。[1]

希罗多德和托勒密把该城的名称写成 Σεβεννυτος，在希洛克勒斯作品中则是出现了其变体 Σεβουντος[2]；但这些单词只不过是原先埃及语名称的变体。在孟菲斯方言中，它写成"ϪⲈⲘⲚⲞⲨϮ, Sjemnouti"[3]，而在底比斯方言中则写作"ϪⲈⲘⲚⲞⲨⲦⲈ, Sjemnoute 或者 ϪⲈⲘⲚⲞⲨⲦ, Sjemnout"[4]。有时此名称也被科普特人错误地拼写成"ⲤⲈⲂⲎⲚⲚⲎⲦⲞⲨ, Sebênnêtou"[5]，不过对此他们很可能是想用希腊人的方法来书写这个名称。

古埃及人因神祇至高无上的权力而将其命名为意指"强者（le fort）"的"Ϫⲉⲙ, Sjem 或者 Ϫⲱⲙ, Sjôm"[6]。由此雅布隆斯基认为塞本尼图斯城最初的名称"ϪⲈⲘⲚⲞⲨϮ, Sjemnouti"就是这个神祇权力之称。希腊人认为这位神祇对应于他们的大力神赫拉克勒斯。这是有极大可能性的，我们在此将只补充一点，即 ϪⲈⲘⲚⲞⲨϮ 可以不加区别地翻译成"神授之力量（force divin）"或者"神之力量（Force de Dieu）"，甚至可以翻译成"强大的神（Dieu fort）"。

---

[1]　见前文，原著第一卷，第358页。
[2]　《东方帝国旅行指南》(*Synecdemus in imperium orientale*)。
[3]　科普特语抄本，皇家图书馆，圣日耳曼藏书，17号，增刊，第142页反面，第193页正面。——66号，梵蒂冈藏书，《纳伊斯圣人阿帕·阿努的殉难》，及其他各处等。
[4]　科普特语抄本，皇家图书馆，43号，古藏书，第59页正面。
[5]　科普特语抄本，皇家图书馆，古藏书，46号。
[6]　雅布隆斯基：《埃及万神殿》，第一册，卷二，第186、187页及以下。

并且，中世纪的埃及人，也就是信仰天主教的科普特人也用"强者（fort）"和"能力者（puissant）"来命名神祇。一份用底比斯方言写成的科普特语词汇汇编中[①]记载了神祇的众多称号，其中就有"Πχωωρε, Psjôôré, le fort（强者）"[②] 以及"Πχοεις ππδοм, Psjôeïs-Annshom, le Seigneur des puissances（力量之主）"[③]。

伊希斯之城（Isidis-Oppidum）——纳伊斯（Naïsi）

唐维尔惯有远见卓识，他确定了普林尼称为"伊希斯之城"、拜占庭的艾蒂安称作"伊瑟翁（Iseon）"的所在方位。这位法国地理学家将其对应于如今阿拉伯语名称为巴赫巴伊特（Bahbaït）或者巴赫贝伊特（Bahbéit）的地方。在那里人们可以瞻仰巧夺天工的埃及神庙之遗迹。据此可以得出，"伊希斯之城"位于塞本尼图斯以北约3古里，毗邻支流法特美提克河西岸。

科普特语著作中提到了下埃及的一个乡镇，古埃及人称其为"Ναηci, Naési 或者 Naïsi（纳伊斯）"。《年轻的圣人阿帕·阿努行传》中特别提到了这里："†мартγρια ντε πιαγιοс мартιροс ντε πενοcιηcπχc фнеθογαβ απανογβ πιρεмνανcι ϩεν πθογ νιмεϣοτ……"[④]，意为"我主耶稣基督的神圣殉道者之殉难，圣人阿帕·阿努来自尼梅硕提（Nimeschoti）诺姆纳伊斯（Naési）"。根据这本殉教圣人名册中的两段内容，我们证实了纳伊斯就是伊希斯之城；其中一段这样介绍道："阿努从纳伊斯出发沿着河流往南行走，直至斯杰姆努提（Sjemnouti）（αμμοϣι ἐρнc μμαγατ ϩιχεν φιαρο ϣατεqι ἐχεμνογ†）"，这无疑证实了纳伊斯是位于塞本尼图斯的北部；而"伊希斯之城"相对于塞本尼图斯也处于同样的方位。不仅如此，用科普特语撰写阿努殉难史的克贝赫斯的儒勒也转述了这位圣人在亚历山大里亚对他所说的话："ανοκ ογρεмcаϩнт ϩεν πθογ

---

① 科普特语抄本，皇家图书馆，46号。
② 翻译成阿拉伯语就是 Qaouy。
③ 翻译成阿拉伯语就是 Rabb'oulqaououat。
④ 科普特语抄本，皇家图书馆，梵蒂冈藏书，66号，第233页。

ⲛⲓⲙⲉϣⲟϯ ϩⲉⲛ ⲟⲩⲕⲟⲩϫⲓ ⲛ̀ϯⲙⲓ ϫⲉ ⲛⲁϩⲥⲓ ⲥⲁϩⲏⲧ[①] ⲙ̀ⲫⲓⲁⲣⲟ",意为"我是下埃及的居民,我来自尼梅硕提诺姆名为纳伊斯的小村庄,村庄坐落在河流的北边"[②]。人们在雷尼耶将军的地图上可以看到,"伊希斯之城"也位于尼罗河支流法特美提克河北部;由于法特美提克河在流至塞本尼图斯时折往东北方向,因此巴赫巴伊特——即普林尼所说的"伊希斯之城"、科普特语经卷中记载的"纳伊斯"是坐落在这条尼罗河支流的西北边。

根据前述内容可以看到,关于"伊希斯之城"与"纳伊斯"两者间位置的论断惊人地相似。不仅如此,我们还注意到这两个名称的意义也完全一致,因此这无疑就证实了"纳伊斯"、普林尼所说的"伊希斯之城"以及拜占庭的艾蒂安所说的"伊瑟翁"是同一个地方。其实,"伊希斯之城"和 Ισεον(伊瑟翁)都是指"伊希斯的城市(la ville d'Isis)"、"伊希斯的地方(le lieu d'Isis)"或者是"献给伊希斯的地方(le lieu consacré à Isis)"。埃及语单词"ⲛⲁϩⲥⲓ,Naési",或者按照科普特人的发音更为确切的写法 Naïsi 绝对是指"属于伊希斯的东西(les choses qui appartiennent à Isis)",也就是指"伊希斯的地方(les lieux d'Isis)。"

对我们给出的单词 ⲛⲁϩⲥⲓ 之释义也有人提出异议。但这唯一的反对意见只考虑了伊希斯名称本身的拼写方式 ⲏⲥⲓ,而希腊人和拉丁民族却一直以来都将其翻译成 Isis。我们首先要介绍的是,希腊语和拉丁语单词 Isis 结尾的 s 并不是词根,而只不过是这两种语言都有的词尾,因此我们只需要证实以 ⲏ 开头的拼写方式 ⲏⲥⲓ 是最早的埃及语拼写方式。

1. 埃及语名称 ⲏⲥⲓ 经常出现在科普特语经卷之中,并与许多地点、男性、女性专有名称组合,而从来没有以其他形式出现。因此,比如我们已经谈论过的单词 ⲧⲁⲃⲉⲛⲛⲏⲥⲓ,它和 ⲧⲁⲃⲉⲛⲛⲏⲥⲉ 一样,意指"伊希斯的棕榈树所在之地(le lieu des palmiers d'Isis)",这是上

[①] 单词 ⲥⲁϩⲏⲧ(北部地区)也是下埃及的埃及语名称,上文中我们提其底比斯语写法为 ⲧⲥⲁϩⲏⲧ。见前文,原著第二卷,第 6、7 页。

[②] 见前文,原著第一卷,第 236、237 页。

埃及后（Hô）诺姆的一座岛屿①。此外，上文提到的②城市泰内苏斯最初的埃及语名称是"ΘaǸHCI，TANÉSI，celle（la ville）d'Isis，伊希斯（HCI）之城"。《年轻的殉道者阿帕·阿努的殉难史》中提到了一个名为帕埃斯（ΠaHCI，Paési）的圣人，这个名字就是指"属于伊希斯的男人，即Isiacus，甚至是Isidore"③。博尔吉亚博物馆的抄本残片中也记载了该名称的底比斯语写法，为ΠaHCE。④伊希斯名称的埃及语写法HCI也出现在了科普特语专有名称"ΠϢENTaHCI，Pschentaési⑤和ϨωPCIHCI，Horeiêsi"中；阿克布拉先生认为ϨωPCIHCI是指"荷鲁斯，伊希斯的儿子"⑥。

2. 伊希斯埃及语名称的写法HCI在埃及历史久远，因为博尔吉亚博物馆的希腊语抄本中包含了一份修建公共工程所雇用的工人名单，其中出现了男子名Πaησις、Πaησι和Πουησεως。而上文我们谈到，这里的前两个名字恰好与科普特语名称ΠaHCI完全对应，最后一个则只不过是类似的复合词；该抄本出土于吉萨，由肖主持出版。人们从中也可以看到女子名Θaησε，相应的科普特语为ΘaHCE。这在底比斯语中是指"属于伊希斯的女人"，且是ΠaHCE的阴性形式，而这在孟菲斯语中则写成ΘaHCI。另外抄本中还出现了类似于男子名Πουησεως的女子名Θaησεως。由此可见，希腊人，特别是住在埃及的希腊人在书写伊希斯的名字时，用H替代了I，同样的方法也出现在了科普特人的经卷之中。

3. 在一块比肖出版的抄本历史更为久远的埃及文物上，伊希斯的名字是以H开头。这块石碑就是罗塞塔石碑。该石碑上的埃及语原文把伊希斯之名简写成HC，而不是完整的HCE，同样，奥西里斯之名

---

① 见前文，原著第一卷，第246页。(译注：原著中注的是第246页，但查阅原文，应当是第236页。)
② 见前文，原著第二卷，第142页。
③ 译注：希腊语男子名。
④ 《博尔吉亚博物馆抄本目录》，第238页。
⑤ 《博尔吉亚博物馆抄本目录》，第72页。
⑥ 《关于罗塞塔石碑》，第45页。

ⲡⲟⲩⲥⲓⲣⲉ 也被简写成 ⲡⲟⲩ①。

4. 最后,尽管埃及人和希腊人效法科普特人,把伊希斯女神的名字开头写成 ⲏ,从而得出了 ΗΣΙΣ,但他们还是将其读作 Isis。

综上所述,可以得出必然的结论:ⲏⲥⲓ 是伊希斯名字真正的埃及语拼写方式,并且我们对单词 Ναⲏⲥⲓ 的解释也是准确无误的。

因此"Ναⲏⲥⲓ, Naïsi"就是指"伊希斯之城""献给伊希斯的地方";而普林尼的"伊希斯之城(Isidis-Oppidum)"及拜占庭的艾蒂安的伊瑟翁(Ιεσον)则正是埃及语名称的准确翻译。人们应当也注意到,"伊希斯之城——NAïSI(纳伊斯)"距"奥西里斯之城——POUSIRI(普西里)"不远;同样,我们也在上埃及地区发现了一座"奥西里斯之城——POUSIRI(普西里)"②,它靠近另一座被希腊和拉丁民族地理学家们称为"伊希斯之城"或者"伊瑟翁"的城市③。突出强调这些位置的相似性是有价值的,因为在我们看来,毫无疑问古埃及人是出于宗教方面的考量,所以用埃及守护神夫妇的名字来命名这些城市。

三角洲地区的纳伊斯城遗址如今仍然距尼罗河 1 古里,且位于一些旅行家命名为布哈贝伊特(Bhabeït)的村庄东边,而另一些旅行家则把这里称作贝伊贝特(Beïbeth);其正确的拼写方式为记载于《埃及概况》之中的博赫巴伊特(Bohbaït)④。曾经到访当地的西卡尔神父在那里发现了埃及最壮丽的众神庙之一的遗迹,其建造用石十分宽大厚实。就像西卡尔神父描述的那样⑤,尽管这座建筑不完全是用花岗岩修建而成,但使用数量也相当庞大。神庙遗迹上的主要雕刻画展示了向伊希斯像献祭的祭品,如此人们在读到西卡尔神父对这些浅浮雕的

198

199

---

① 罗塞塔石碑,埃及语原文,第 6 行靠近结尾处。
② 希腊人将其称作"尼罗波利斯",见前文,原著第一卷,第 321 页。
③ 见前文,原著第一卷,第 322 页。
④ 阿卜拉杜拉提夫作品译本,第 636 页,138。
⑤ 《耶稣会士书简集选》,第六卷,第 428、429 页。

描述时便不会产生丝毫的怀疑。人们在德农的埃及游记地图集中将会看到一幅纳伊斯遗迹的鸟瞰图①。散落的神庙遗迹处于封锁壕中心。封锁壕长280托阿斯，宽60—80托阿斯，但近乎全部毁坏，埋于沙土之中。

该建筑的宏大规模证明了纳伊斯在古埃及人心目中的重要性。但同样令人惊讶的是，最早期的希腊作家们未曾提及这里，并且正如大家所想，普林尼和拜占庭的艾蒂安是仅有的两位谈到这座城市之人。相反，我们坚信希罗多德知道这座城市，并将其命名为"Ανυσις, Anysis（阿尼希斯）"②。该单词恰好对应于埃及语"Nhci, Anisi, 伊希斯的（Isiaque）、属于伊希斯的（qui appartient à Isis）"。令人尊敬的拉谢先生对此表达了不同的观点，他认为阿尼希斯城对应的是先知以赛亚称为哈尼斯（Hhaness）③的城市；④不过我们在赫拉克利奥波利斯章节中介绍过⑤，哈尼斯应当是指Tahhaphnèss（塔哈弗内斯）⑥，《圣经》塔库姆译本中也是这样写道。

提希斯（Τισις）作为城市名称出现在了拜占庭的艾蒂安之著作中，我们认为这也是埃及人对纳伊斯的称呼。这位词典学家谈到Τισις城是由Τισις修建的，但事实上人们必然能从中辨认出伊希斯的名称，只不过是在它前面加上了阴性冠词τ，构成了"Thci, Tisi"，由此希腊人写成了Τισις。艾蒂安给他认为的这座城市建造者之命名也印证了我们的论断。以上这些就是我们所能收集到的关于三角洲伊希斯城之资料。至于伊希斯城所在的尼梅硕提诺姆（Nιμεϣοτ），我们将会在关于下埃及诺姆的章节中进行阐述。

帕内菲斯（Panephysis）——帕内佛斯（Panéphôsi)?

《圣人塞拉皮翁（Sérapion）的殉难》⑦中提到了"帕内佛斯

---

① 插图17。
② 卷二，137。
③ 译注：在原著第一卷原文第313页中写作Hhanass。
④ 第三章，4。
⑤ 见前文，原著第一卷，第313页。
⑥ 即希腊人所说的达菲尼斯，见前文，原著第二卷，第78页。
⑦ 科普特语抄本，皇家图书馆，梵蒂冈藏书，67号。

（Πανεφωсι，Panéphôsi）"城，它与纳伊斯一样，隶属于尼梅硕提诺姆。很长一段时间我们都无法完全确认这座城市就是希腊人所说的帕内菲斯（Panephysis）。唐维尔认为帕内菲斯（Panephysis）是指下埃及的小蒂奥斯波利斯。鉴于他的权威性，我们在此问题上犹豫不决；因为从一方面来看，唐维尔用来支撑其观点的理由相当含糊，卡西安的记述也不是很具有说服力；而另一方面，抄本中的相关内容则十分肯定帕内佛斯（Panéphôsi）位于尼梅硕提诺姆，且埃及语名称"Panéphôsi，Πανεφωсι"与希腊语的 Panephysis 极为相似，人们由此认为这两座城市就是同一个地方。

但这两者的同一性一直都是有待考证的。因为托勒密曾经特意谈到，这座城市坐落于支流布巴斯提克河（即佩吕斯亚克河）与布西里提克河（法特美提克河）之间；但是如果把帕内菲斯与帕内佛斯视作同一个地方，那这座城市将是坐落在支流布西里提克河与法尔穆提亚克河之间。不管怎么样，可以确定的是尼梅硕提诺姆有一个埃及语名为帕内佛斯的城市。但同时也可以肯定，名称帕内菲斯从来都不是像唐维尔所想的那样属于小蒂奥斯波利斯。①

此外，我们在博尔吉亚博物馆的科普特语—底比斯语抄本中发现希腊语名称帕内菲斯写成了"Πανεφεсον，Panépheson"②。

巴里斯（Baris）——巴里（Bari）

这座小城位于尼罗河支流法特美提克河——即今天的支流达米埃特河西岸，塔米亚提斯附近，不过是在河流的对岸。③

Βαρη 或者 Βαρις 似乎是纯埃及语名称的改写。确实，希腊作者们曾经提到单词 Βαρις，认为它属于埃及语，意指"小船、船"④，并

---

① 《埃及论文集》，第 93 页。
② 《博尔吉亚博物馆抄本目录》，第 244 页。
③ 《论东方基督徒》（*Oriens Christianus*），第二卷，《埃及行省》。
④ 扬布里柯（Iamblichus）：《论秘密》（*de Mysteriis*），第六部分，第五章。——希罗多德，卷二。——西西里的狄奥多罗斯，卷一。——普鲁塔克，《论伊希斯和奥西里斯》。——赫西基奥斯，《赫西基奥斯词典》。

且在科普特人的经卷中①人们发现它也以同样的词义写成了"Βαρι，Bari"。因此就这一方面来说是不可能有任何疑义的。

不过有人对这个单词的埃及语起源提出了疑问。托马斯·葛尔（Thomas Gale）在他关于扬布里柯的评论中②注意到，Βαρις 与《圣经·旧约》③中出现的希伯来语单词 Abarah（船、大船）极其相似，伊纳切·罗西先生④认为单词 Βαρι 也是从希伯来语单词 Abarah 派生而来；但这一观点在我们看来是毫无根据的，单词 Βαρι 纯粹就是埃及语。它是由词根"ΒΑΙ，palma，ramus palmarum（棕榈树、棕榈树枝）(ΒΑ 是底比斯方言)"和"ΙΡΙ，facere，（做、制作）"缩合而成，意为"由棕榈树枝制作的（fait de branches de palmier）"；埃及语中也将其称作"ΡΙΒΗ，ribê[小船（une barque）]"，恰好就是对此作出的证实，ΡΙΒΗ 显然只是将上述词根的位置作了调换。在由词根 ΒΑΙ（棕榈树枝）和 ΙΡΙ（做、制作）构成的单词中有一个"ΒΑΙΡΙ，baïri"，它再作缩合就得到了单词"ΒΙΡ，bir，corbeille（篮、篓、筐）"，而这就类似于单词"Βαρι，bari，ribê（小船）"，因为在埃及，篮筐是用棕榈树叶编织而成的。对此，《圣人马凯尔行传》中有一段话做了确认。马凯尔讲述了两个年轻人前来什耶特找他："ΟΥΟϨ ΑΥϢΕΝΤ ΧΕ ΕΥΕΡϨΩΒ ἙΟΥ ΜΠΑΙΜΑ ΠΕΧΗΙ ΝῶΟΥ ΧΕ ΤΝΕΒΤ ΟΥΟϨ ΑΙΟΙ ϢΑΝ ΝΑΝϢ ΙϬΙ ΒΑΙ, ΑΙΤΑΜΩΟΥ ἙΤΑΡΧΗ ΝΤΝΕΒΤ ΝΕΜ ΠΙΡΗΤ ΝϢΩΛΚ ΠΕΧΗΙ ΝῶΟΥ ΧΕ ΜΑΘΑΜΙΕ ΒΙΡ"，意为"他们问我，在这里他们将承担什么工作；我告诉他们要做编织的工作。所以我拿了一些棕榈叶，给他们演示了编织技巧和方法，（然后）我对他们说：'编篮子吧'"⑤。

由此可见，单词 Βαρι（小船）和 ΒΑΙΡΙ（篮、篓、筐）之惊人的

---

① 拉克罗兹：《埃及语—拉丁语词典》。
② 扬布里柯（Iamblichus）：《论秘密》(de Mysteriis)，牛津大学出版社，1678 年版，第 285 页。
③ 《圣经·撒母耳记》，十九，18。
④ 《埃及语词源学》，第 33 页。
⑤ 科普特语抄本，皇家图书馆，64 号。——措厄加，《博尔吉亚博物馆抄本目录》，第 124 页。

相似性肯定了这两者是由词根 ⲃⲁⲓ（棕榈）和 ⲓⲡⲓ（做、制作）构成。
Ⲃⲁⲡⲓ 纯粹就是埃及语，完全符合埃及语的特征，而不是从词根为 Abar 的希伯来语单词 Abarah 派生而来。

特莫内（Thmonê）

我们多次在本书中提到的科普特语—阿拉伯语抄本名录记载了称作"特莫内（ⲐⲘⲞⲚⲎ，Thmoné）"的埃及城市名称，阿拉伯人将其命名为 Moniet-Tanah（莫尼耶特·塔纳）。① 由于该名录中提到的城市几乎都是按照地理位置排序的，因此可以得出特莫内是位于布西里斯和塞本尼图斯周边。不过这一结论并不完全准确。

旺斯莱布神父这位令人尊敬的旅行家也提到了这座城市，基于科普特语抄本的权威记载，他将其排在了埃及的主教府之列。② 他转述了城市的阿拉伯语名称米尼耶特·塔内（Miniet-Tané），其埃及语名称或者说是科普特语名称为 Themonia-Téni（特莫尼亚·特尼），而后者仅仅只是 ⲐⲘⲞⲚⲎ 的简单变体。至于单词 Téni，毫无疑问是用来把这座城市与另一个位于中埃及且名为 ⲐⲘⲞⲚⲎ（底比斯方言为 ⲦⲘⲞⲞⲚⲈ）的城市③进行区分的别称。

我们曾经提过，单词 ⲐⲘⲞⲚⲎ 是指 mansio（宅邸），它是由词根"ⲘⲎⲚ，MÊN，manere（停留）"派生而来；因此接下来只需要介绍阿拉伯语单词 Miniet 仅仅只是埃及语中单数"ⲘⲞⲚⲎ，MONÊ，mansio（宅邸）"，复数"ⲘⲞⲚⲰⲞⲨⲒ，MONÔOUI，mansiones（宅邸）"的变体，它并不属于阿拉伯语。埃及城市和村庄现在的名称中经常使用到的单词 Schobra 也是一样的情况，这只是对埃及语单词"ⲬⲈⲂⲢⲰ，sjebrô 或者 djébrô"稍作了修改。

帕什那木尼斯（Pachnamunis）——巴基那木恩（Bakinamoun）

托勒密把以塞本尼图斯为首府的诺姆分成了两个部分。他把帕什那木尼斯城（Pachnamunis，Παχναμουνις）定为该大行政区下部区域

---

① 科普特语抄本，皇家图书馆，圣日耳曼藏书，17 号，增刊。
② 《亚历山大里亚教会史》，第 23 页。
③ 见前文，原著第一卷，第 298 页。

的中心，并把这座城市及其属地的方位界定在了支流法尔穆提亚克河（塞本尼提克河）与阿特利比提克河（法特美提克河）之间。根据这些信息，唐维尔认为该城市靠近支流塞本尼提克河东岸，但我们并不知道其观点的依据为何。

在科普特语著作中我们没有发现任何城市埃及语名称与Pachnamunis（帕什那木尼斯）有所关联，但这个名称本身确实起源于埃及语。可能它只是"Ｂⲁⲕⲓⲛⲁⲙⲟⲩⲛ，Bakinamoun（阿蒙神之城）"的讹用，由此得出了PACHNAMOUN，而is只不过是一个希腊语词尾。尽管只是基于猜测，但以上确是我们所认可之观点。

帕拉洛斯（Paralos）——尼克斯若乌（Nikesjôou）

对于希腊人称作帕拉洛斯（Παραλος）的地方，其所在方位众所周知。唐维尔理由充分地指出其遗址就位于如今阿拉伯语名称仍然为布尔洛斯（Bourlos）之处，而此阿拉伯语名称显然也是由希腊语Παραλος所构成。这个村庄位于一个狭长的半岛上，岛屿把布陀斯湖——即今天的布尔洛斯湖与地中海分隔了开来；而村庄的所在地就是尼罗河支流法尔穆提亚克河汇入大海之地。

这个地方的埃及语名称为"Ⲛⲓⲕⲉⲭⲱⲟⲩ，Nikesjôou"，我们在一份科普特语抄本中发现它所对应的阿拉伯语为Bourlous-Arrimal（布尔鲁斯·阿里马勒）①，即"沙漠的布尔洛斯（Bourlos des Sables）"。阿拉伯人给布尔洛斯加上了别称ARRIMAL（沙漠），在我们看来这是对埃及语名称Ⲛⲓⲕⲉⲭⲱⲟⲩ的翻译，因为ⲕⲉⲭⲱⲟⲩ（省略了复数冠词ⲛⲓ）似乎是"ⲕⲉⲭⲱ，Kesjô"的复数形式，而从"ⲕⲟⲩⲭⲓ，Kousji，parvus（小的），minutus（不显著的）"派生出来的单词ⲕⲉⲭⲱ在埃及语中可以有"沙子"的含义。此外，这个名称适用于这片沿海之滨——希腊语名称"Παραλος，Maritime（海上的、沿海的）"表明了这一点，且完全沙土化的地方。

人们在科普特语著作还发现希腊语名称Παραλος（Paralos，

---

① 科普特语抄本，皇家图书馆，圣日耳曼藏书，17号，增刊。

帕拉洛斯）写作"Παραλλου, Parallou（帕拉鲁）"[1]，甚至是"ἀμπαραλλου, Amparallou（安帕拉鲁）"[2]。之后这成为科普特教会主教府的名称[3]。

（三）位于支流法尔穆提亚克河形成之岛屿上的城市

毕布罗斯（Biblos）——佩布罗（Pépleu)?

尽管克特西亚斯（Ctésias）[4]与拜占庭的艾蒂安均提到过毕布罗斯城，但其位置尚无法完全确定。最常采纳的观点认为它位于普罗佐皮提斯岛（埃及人所说的普沙提岛）；对此，尽管克特西亚斯是权威人士，唐维尔也表示了认可，但该结论也并不是确切无疑的。

在此，我们将只对这座城市的埃及语名称展开论述；我们认为其之前的写法为Πεπλεγ。

事实上，《法尼斯若伊特的圣·若望之殉难》[5]提到了一个名为"Πεπλεγ, Pépleu（佩布罗）"的乡镇；但按照行文之意，这个乡镇位于上埃及；在《埃及的阿拉伯化概况》中也出现了一个名为毕布罗（Biblau）的村庄[6]，该村庄属于阿什姆纳音省。其阿拉伯语名称Biblau（毕布罗）显然是从埃及人所说的Pépleu（佩布罗）变化而来。但此中埃及乡镇不应当被视作毕布罗斯城，因为它并不在此，而是位于三角洲地区。根据上埃及有一个地方名为Pepleu，我们只能推断出当地人可能把三角洲的城市毕布罗斯也这样命名。以上就是我们的观点，对于毕布罗斯的评论我们也到此为止，不再展开。

唐塔托（Tantatho）

《圣·阿帕特行传》给我们介绍了三角洲一座名为"Τantaθo,

---

[1] 科普特语抄本，皇家图书馆，43号。见附录，3。
[2] 科普特语抄本，皇家图书馆，圣日耳曼藏书，17号。
[3] 旺斯莱布：《亚历山大里亚教会史》，第18页。
[4] 译注：希腊历史学家。
[5] 科普特语抄本，皇家图书馆，梵蒂冈藏书，69号。
[6] 《埃及行省概况》，第694页，37。

Tantatho，唐塔托"的城市；① 《埃及的阿拉伯化概况》中也提到了这个地方，但名称为 Thandata（唐达塔）；② 雷尼耶将军的地图上把它写成了 Tanta（唐塔）。

根据这些准确的信息，唐塔托城位于支流法尔穆提亚克河形成的岛屿之上，在西边分支沿岸，南帕努夫（Panouf-Rès）(马努夫)以北 10 古里，距斯杰姆努提（Sjemnouti）(塞本尼图斯) 西南 6 古里，且距支流法特美提克河与卡诺皮克河同等距离。

人们在《埃及邮报》中发现了关于唐塔托地形及其现状的一些详细资料，其中唐塔托的阿拉伯语名称写成了 Ttentta。③

提沙伊利（Tischaïri）

在唐塔托东北约 7 古里的地方有一座小城，古埃及人将其命名为"Tischaïri，ⲧⲱⲁⲓⲡⲓ，提沙伊利"。基歇尔神父在一份科普特语抄本中找到了这个埃及语名称，且附在一起的阿拉伯语单词为 Almahalleh，但基歇尔神父将其错误地读成了 Elmaghle。④ 根据另一份更符合事实的抄本记载，旺斯莱布神父向我们介绍道，科普特语或者说埃及语称为 Téschairi [Tischaïri，ⲧⲱⲁⲓⲡⲓ（提沙伊利）] 的城市就是阿拉伯人命名为 Mohellé-la-Grande（大莫赫勒）的城市。⑤ 今天这座三角洲地区的城市以名称马哈来·克比尔（Mahhallet-Alkébir）著称，它与如今的萨曼努即斯杰姆努提（Sjemnouti）（塞本尼图斯）西部相距 2 古里，是阿拉伯行省西部省之省会。因此毫无疑问，埃及人所说的 ⲧⲱⲁⲓⲡⲓ（提沙伊利）与阿拉伯人所说的 Mahhallet-Alkébir（马哈来·克比尔）就是同一个地方。

至于埃及语单词 ⲧⲱⲁⲓⲡⲓ 的意义，我们并不十分确定。通常它是

---

① 科普特语抄本，皇家图书馆，梵蒂冈藏书，63 号。
② 第 643 页，299。
③ 《埃及邮报》，第 111 期。
④ 基歇尔，第 208 页，由拉克罗兹引述；《埃及语—拉丁语词典》，第 180 页。
⑤ 《亚历山大里亚教会史》，第 23 页。

指"床（lit, cubile）"①，并且它是从复合词根"ⲱⲁⲓ, oriri（上升）"及"ⲓⲡⲓ, facere（做、制作）"派生而来。在底比斯方言中，单词"ⲧⲉⲱⲁⲓⲣⲉ, teschairé"是指"festivitas（享受、款待、宴会）"。但在这些词义中究竟哪一个适用于本章所介绍的城市，我们并不清楚。

科索伊斯（Xoïs）——思科霍乌（Skhôou）

科索伊斯（Ξοις）城是下埃及的大城市之一，斯特拉波、托勒密和拜占庭的艾蒂安均提到过这个地方。唐维尔曾以并不准确的方式提到了这座城市的方位；在确定城市位置之前必须要证明Ξοις与科普特语著作中经常提到的"Ⲥϩⲱⲟⲩ, Skhôou（思科霍乌）"是同一个地方，而这是十分容易的。事实上，皇家图书馆的一份科普特语抄本中用名称"Ⲝⲉⲱⲥ, Xéôs（希腊语Ξοις的讹用）"、埃及语"Ⲥϩⲱⲟⲩ, Skhôou"和阿拉伯语"Sakha"来指同一座城市。②基歇尔也发现了一段类似的内容，他认为这些名称属于塞易斯城；③不过这一论断是错误的，因为在埃及语中，塞易斯的名称从来都不是Ⲥϩⲱⲟⲩ，并且科普特语Ⲝⲉⲱⲥ明显只是对希腊语名称Ξοις做了轻微的改动。所以有待证明的是科索伊斯（Xoïs）城就是埃及人所说的"Ⲥϩⲱⲟⲩ, Skhôou（思科霍乌）"，阿拉伯人所说的Sakha（萨卡）。

唐维尔在其古埃及地图中把科索伊斯定位在了布西里斯南部，尼罗河支流法特美提克河所形成的一个岛屿之上。这个位置是完全不准确的，因为它与斯特拉波及托勒密在这一问题上的结论相悖。

斯特拉波④特意谈到，科索伊斯曾位于"内陆、支流塞本尼提克河（亦称法尔穆提亚克河）河口下方"，并且是在一座岛屿上，岛屿因科索伊斯而得名。斯特拉波说科索伊斯"在内陆"只不过是相对于布西里斯城和塞本尼图斯城而言的，因为这两座城市位于支流法特美提克河沿岸；但如果人们认可唐维尔对科索伊斯方位的论断，那就另

---

① ⲧⲱⲁⲓⲣⲓ ⲧⲟⲩⲃⲏⲟⲩⲧ, cubile sanctificatum（圣殿中的床）。《希伯来》，十三，4。
② 科普特语抄本，皇家图书馆，圣日耳曼藏书，17号，增刊。
③ 拉克罗兹：《埃及语—拉丁语词典》，第100页。
④ 斯特拉波，卷十七。

当别论。除此之外,斯特拉波介绍道,科索伊斯位于塞本尼图斯和支流塞本尼提克河河口之间,但如果按照唐维尔的假设,既然科索伊斯位于塞本尼图斯南部,那么斯特拉波的这一说法也是不成立的。最后,托勒密也谈到科索伊斯及其属地是在支流阿特利比提克河(法特美提克河)与法尔穆提亚克河(塞本尼提克河)之间;① 如果按照唐维尔的设想,科索伊斯这座城市是在法特美提克河形成的岛屿上,那么托勒密的论断也是错误的。因此考虑到这些因素,科索伊斯的位置应当是另有他处。

尼布尔的《阿拉伯游记》中有一篇② 斜穿过三角洲、从拉希德到开罗的游记。其中指出了萨卡所在的方位;无疑,人们并没有忘记 Sakha(萨卡)是科索伊斯现在的阿拉伯语名称,因此一旦确定了萨卡的位置,也就确定了科索伊斯之方位。这篇游记中记载了萨卡与马哈来·克比尔和马哈来·阿布·阿里(Mahhallet-Abou-Ali)的距离相同③,也就是说它处于这两座城市的中间地带,分别都是 6 古里左右。由此,完全可以得出结论,在埃及血统的国王统治时期,科索伊斯是在提沙伊利(马哈来·克比尔)西北 6 古里处,距斯杰姆努提(Sjemnouti)(塞本尼图斯)西北 9 古里,而不是地理学家唐维尔认为的在这座城市以南 3 古里处。

通过介绍科索伊斯的位置,我们发现它在雷尼耶将军出版的下埃及地图上应当位于支流法尔穆提亚克河所形成的巨大岛屿内部;这样看来,斯特拉波和托勒密关于科索伊斯方位的论断是最为准确的。这些事实也完全印证了我们的观点。

希腊语名称 Ξοις 和阿拉伯语名称 Sakha 都是埃及语名称"Cϩⲱⲟⲩ, Skhôou"之讹用。后者记载于众多埃及城市的科普特语

---

① 托勒密,卷四。
② 第一卷,第 75、76、77 页。
③ 第一卷,第 76 页,22。

名录[1]和其他埃及语抄本[2]之中。人们在其中一份埃及语抄本中发现某个"ϩειρον，Kheiron"的落款，这可以解释为"Πιρεμςϩωου，PIREMSKHÔOU, originaire ou habitant de Skhôou（来自思科霍乌或者思科霍乌的居民）"[3]。最后，在一份底比斯方言的埃及城市名录中，这座城市被称作"Сεκοου，Sekoou"[4]，显然，这是孟菲斯语"Сϩωογ，Skhôou"或者更确切地说是底比斯语"Сϧοογ，Shoou"之讹用。

单词Сϩωογ的意义很难确定，尽管我们自己心中有数，但在此也就不予阐述了。主要是担心我们的论断过于冒险、过于主观；我们只能说这个埃及语单词肯定是从词根"Сαϩ, scribere, écrire（写）"派生而来。

提亚诺谢（Tianoscher）

基歇尔神父在一份抄本中发现了这座埃及城市的名称，是写成了科普特人发音为Dianoschar的†αnοψεр[5]。如今阿拉伯人仍然称作Danouschar（达努沙尔）的名称就是由此而来，他们把这个地方归入了西部省的村庄之列。[6]但我们看到，基歇尔神父错误地把它和缇巴依德城的滕提拉混淆了，滕提拉的埃及语名称为"Тεnθωρι，Tenthôri"。

（四）支流法尔穆提亚克河与卡诺皮克河之间的地方

塞易斯（Saïs）——塞易（Saï）

塞易斯是埃及著名的城市之一，也是三角洲地区最大的城市。这里不仅建筑气势恢宏、楼宇奢华瑰丽，而且以著名的司祭团体而闻名于世，但希腊先贤们来此学习科学和哲学知识时，该团体已经走

---

[1] 科普特语抄本，皇家图书馆，圣日耳曼藏书，17号，增刊。——基歇尔，第207页，由拉克罗兹引用；《埃及语—拉丁语词典》，第100页。

[2] 科普特语抄本，皇家图书馆，梵蒂冈藏书等，58号，第11页。

[3] 科普特语抄本，皇家图书馆，《军事保民官圣人西奥多的殉难》，科普特语抄本，梵蒂冈藏书，63号。

[4] 科普特语抄本，皇家图书馆，古藏书，43号，第59页正面。

[5] 译注：转写为Tianoscher，提亚诺谢。

[6] 《埃及概况》，第639页，206。

向衰败。国王统治时期，这座城市及其所在诺姆见证了古代工匠们装饰技艺之巧夺天工，众神庙均被装饰得富丽堂皇、耀眼夺目。尤其是在第二十五王朝，即塞易斯（Saïtes）王朝时期①，这座城市得到了极大的发展；塞易斯王朝的统治终结于卓越的阿玛西斯命运不济之子普萨美提克二世（Psammachérites）。塞易斯主要的建筑无疑就是奈斯神庙（Naët），NaHT 就是指"慈悲的神"。希腊人将其视作雅典娜，也就是拉丁民族的密涅瓦；②塞易斯王朝的第四位国王普萨穆提斯（Psammouthis）（希腊人称作普萨美提克）之墓就在那里。这座神庙饰有高大的方尖碑，其周围有一个宽大的水池，水池边缘铺上了石头③，其用途为用于宗教仪式中净手以及满足宗教建筑配套的需求。其柱廊建造于阿玛西斯统治时期，规模宏大，众多巨大的狮身人面像装饰其中，令人叹为观止。④建筑其他部分的修建时间在阿玛西斯统治之前很久。这位国王命人从孟菲斯和埃列凡提涅岛的采石场运来许多大石头，对它们进行了修葺，使之焕然一新。⑤但最出彩的建筑无疑是独石神庙或者说是独石小教堂。法老阿玛西斯出于对艺术和对其父辈宗教的热爱，命人从埃列凡提涅岛的花岗岩采石场开凿出石块，而后运往塞易斯⑥，运输距离超过了180古里。在收录于《碑文学院论文集》的一篇论文中⑦，凯吕斯（Caylus）估计这块巨石的重量至少达570333古斤⑧，由此这项工程的艰辛可见一斑。人们还会看到，埃及人从更远的距离运输了更为庞大的石头⑨。

---

① 译注：塞易斯王朝是古代埃及第二十六王朝，此处原文有误，作者下文也提到了塞易斯王朝是第二十六王朝，其统治者被称作塞特王。
② 斯特拉波，卷十七。
③ 希罗多德，卷二，170。
④ 希罗多德，卷二，175。
⑤ 希罗多德，卷二，175。
⑥ 希罗多德，卷二，175。
⑦ 第三十一卷，历史（Hist.）第27页。（译注：即《法兰西文学院论文集》。）
⑧ 译注：法国古斤，巴黎为490克，各省为380—550克不等。
⑨ 见下文布陀斯章节。

第五章　下埃及及其自然划分与政治划分、各地埃及语名称

阿玛西斯还命人在塞易斯放置了一座长 75 法尺的巨像，石像仰面而躺。① 阿玛西斯之墓就在神庙围墙内，正是因为他，这座神庙才被修葺得如此奢华壮丽。这是一座柱廊式石造建筑，柱头雕刻有棕榈叶，这与人们在埃德夫宏伟神庙柱廊上观赏到的柱头类似。② 神庙最里面是一个带两扇门的独石壁龛，阿玛西斯的遗体就安放其中。③ 更靠近神庙主体的是法老乌阿弗雷（Ouaphré）（希腊人称作阿普里伊 Apriès）及其父辈——来自塞易斯的第二十六王朝的国王之墓。④

一年中有一段时间，人们会在塞易斯举办庆祝活动，全国各地的人都会踊跃前往参加。夜间会举行庄严的祭拜，之后塞易斯所有居民在他们住所周围和室外点亮灯火。这种全体点灯的行为不仅出现在塞易斯，埃及的其他地区也会发生。这一隆重的仪式被称作"点灯节（la Fête des Lampes ardentes）"⑤。

塞易斯城被希腊人视作凯克洛普斯的出生之地。⑥ 亚历山大学派的编年史明确提到雅典城是由塞易斯王朝所建⑦，这一论断也得到了权威人士的认可，包括希罗多德、阿波罗多洛斯（Apollodore）、帕萨尼亚斯（Pausanias）、斯特拉波、优西比乌斯（Eusèbe）和查士丁（Justin）⑧。

著名地理学家唐维尔以十分肯定的方式界定了塞易斯的方位，他将其放在了距三角洲顶端约 18 古里、尼罗河支流卡诺皮克河以东近 2 古里的地方。事实上在这里，有一座村庄仍然保留着名称 Ssa（萨）

---

① 希罗多德，卷二，176。
② 见德农先生的地图集，插图 59，2。
③ 希罗多德，卷二，169。
④ 希罗多德，卷二，169。
⑤ 希罗多德，卷二，62。
⑥ 西西里的狄奥多罗斯。——Tzetzes, Chiliade V, hist.18.［译注：此处指若望·特泽特泽斯 Jean Tzétzès，拜占庭时期的语法学家和诗人，其作品数量众多，题材丰富，文艺复兴时期的尼古拉·杰尔贝勒（Nicolas Gerbel）将他的作品《政治诗史集》（Livre d'histoires en vers politiques）分成了 13 部"Chiliades"（千首诗集, milliers de vers），并保留了标题 Chiliades。］
⑦ 第 66 页，慕尼黑出版社，1624 年版。
⑧ 希罗多德，卷二。——阿波罗多洛斯，卷三，第 26 章。——斯特拉波，卷九。帕萨尼亚斯，卷一，第二章。——优西比乌斯，卷二。——查士丁，卷二，第 6 章，等。

或者 Ssa-al-Hadjar（萨·哈加尔），即"Ssa de la Pierre（石头的萨）"，村庄附近就是塞易斯这座美丽城市的破败遗址。宏伟高大的建筑早已消失殆尽，只散落着雕塑的碎石，以及一些埃及石像，尼布尔发现石像依然矗立，被法拉欣①或者说是农民用来支撑他们简陋的茅屋②。

希腊人用名称 Σαις 来命名这座城市，这其实只是在埃及语名称后加上了希腊语词尾。我们在皇家图书馆的一份抄本中发现其最初的写法是 Cⲁⲓ。实际上，在《亚历山大里亚主教以撒行传》中也出现了这个单词，这位圣人隐居在靠近撒迦利亚（Zacharie）附近的什耶特，"Ⲫⲏⲉⲧⲁϥⲉⲣ ⲉⲡⲓⲥⲕⲟⲡⲟⲥ ⲉⲧⲡⲟⲗⲓⲥ Cⲁⲓ，他之后成为 Saï（塞易）的主教"③。同样是在这本由普沙提（普罗佐皮斯）主教迈那（Ména）撰写的《亚历山大里亚主教以撒行传》中，还提到了塞易（Cⲁⲓ，Saï）的主教俄里翁（Ⲱⲣⲓⲱⲛ，Oriôn）。④

因此毫无疑问塞易斯真实的埃及语名称就是 Saï（塞易），而对于 Σαις 的埃及语写法，雅布隆斯基认为是"Ⲱⲁⲓ，Schaï⑤，festum（节庆、庆祝）"，基歇尔的观点则是"Cⲱⲟⲩ，Sôou"，他认为这是指"agneau（羔羊）"⑥，但两者均没有任何依据。

斯乌夫（Siuph）或（Siouf）

这座小城只有希罗多德提到过，根据他的说法，它位于阿玛西斯的出生地塞易斯诺姆。

伦内尔少校以研究非洲地理闻名，他认为斯乌夫位于如今被称作 Ssaouaféh（萨乌阿菲）的地方。⑦对此我们无法认同，因为萨乌阿菲

---

① 译注：法拉欣是埃及在古埃及文明被基督教文明和阿拉伯文明所取代以后，仍继续在尼罗河冲击河谷即中东其他地方耕耘的，主要带着古埃及种族基因的佃农。
② 《阿拉伯游记》，第一卷，第 79 页。
③ 科普特语抄本，皇家图书馆，梵蒂冈藏书，62 号。
④ 科普特语抄本，皇家图书馆，梵蒂冈藏书，62 号。
⑤ 雅布隆斯基：《小册子》。
⑥ 基歇尔：《埃及的俄狄浦斯》，第一卷，第 43 页。
⑦ 《希罗多德地理系统之研究与解释》（*The geographical system of Herodotus examined and explained*），第 531 页。

是位于支流卡诺皮克河西岸，而塞易斯城及其属地均是在东岸。事实上，很有可能古埃及人按照河流本身的自然划分把下埃及分成了不同的大行政区。

我们相信已经辨认出斯乌夫的旧址是一个村庄所在地。它与塞易斯一样，同在尼罗河东岸，并且离塞易斯诺姆的首府东北部仅有3古里的距离。这座村庄名为 Safi（萨菲），似乎保留了旧称 Σιουφ 的痕迹，其埃及语拼写方式可能是 ⲥⲓⲟⲩϥ①。

斯杰布罗·马泰尼（Sjébro-Mathêni）

从《亚历山大里亚主教以撒的殉难》之记载中可以得出，村庄斯杰布罗·马泰尼（ⲭⲉⲃⲣⲟ-ⲙⲁⲑⲏⲛⲓ，Sjébro-Mathêni）位于塞易斯附近，可能也隶属于塞易斯诺姆。事实上，书中是这样讲述的："ⲛⲉ ⲟⲩⲉⲃⲟⲗ ⲡⲉ ϩⲉⲛ ⲟⲩⲧⲙⲓ ⲉⲟⲩⲙⲟⲩⲧ ⲉⲣⲟϥ ϫⲉ ⲭⲉⲃⲣⲟⲙⲑⲏⲛⲓ"，意为"以撒，他来自一座名为斯杰布罗·马泰尼（Sjébromathêni）的村庄，前去向塞易（即塞易斯）的主教撒迦利亚求教"②。

从某种程度上来说，《埃及的阿拉伯化概况》进一步印证了我们的观点，书中把名为硕布拉·特尼（Schobra-Teni）的地方放在了西部省（塞易斯位于该省），而此名称显然就是埃及语"ⲭⲉⲃⲣⲟⲙⲑⲏⲛⲓ，Sjébromathêni"的讹用。③

瑙克拉提斯（Naucratis）

这座城市隶属于塞易斯诺姆。④ 这是埃及国王统治时期外国商人可以自由进出的唯一城市。⑤ 后来法老阿玛西斯允许希腊人在此定居。⑥ 瑙克拉提斯位于支流卡诺皮克河东岸、塞易斯西边。

我们并不了解其埃及语名称的意义。

---

① 译注：转写为 Siouph。
② 科普特语抄本，皇家图书馆，梵蒂冈藏书，62号。——《博尔吉亚博物馆抄本目录》，第109页，五十七。
③ 《埃及城市和行省概况》，阿卜杜拉提夫作品译本，第641页，257。
④ 托勒密，卷四。
⑤ 希罗多德，178。
⑥ 希罗多德，卷二，179。

斯加帕森（Sjapasen）

这个地名出现在了一份关于城市的大型科普特语名录中，其中埃及语"ⲭⲁⲡⲁⲥⲉⲛ，Sjapasen（斯加帕森）"被翻译成了阿拉伯语 Schabbas（沙巴斯）。尼布尔的游记和地图中都标明了这个地方的所在方位，游记中将其阿拉伯语名称写作 Schabas-Esschohadae[①]（沙巴斯·埃斯硕哈达埃），地图上则写成了 Djabasa（加巴萨）。因此斯加帕森（ⲭⲁⲡⲁⲥⲉⲛ，Sjapasen）距塞易斯东北部 3 古里，离支流卡诺皮克河东部也几乎是同等距离。

《埃及概况》中把多个名为 Schabas（沙巴斯）的地方放在了西部省：1. Schabas-Almelhh（沙巴斯·梅尔赫）；2. Schabas-Anbaréh（沙巴斯·安巴雷）；3. Schabas-Sounhour（沙巴斯·苏恩胡尔），也叫作 Schabas-Asschohada[②]（沙巴斯·阿斯硕哈达）。很显然，最后一个就是尼布尔所说的 Schabas-Esschohadae（沙巴斯·埃斯硕哈达埃）；至于 Schabas-el-Emir（沙巴斯·埃米尔），尼布尔则将其放在了 Schabas-Esschohadae（沙巴斯·埃斯硕哈达埃）附近[③]，它可能对应的就是 Schabas-Anbaréh（沙巴斯·安巴雷），在《埃及概况》中也被称作 Schabas-Omar（沙巴斯·奥马尔）[④]。对于 Schabas-Al-Melhh（沙巴斯·梅尔赫）的位置，我们一无所知。

根据一份科普特语抄本的记载，旺斯莱布把 Schabbas（沙巴斯）视为埃及前主教辖区之一，其对应的埃及语为 ⲭⲁⲡⲁⲥⲉⲛ。[⑤]

帕纳班（Panaban）

阿拉伯人还把两个同名为比努安（BINOUAN）（Binouanaïn 比努阿纳因）的乡镇放在了西部省[⑥]，它们的埃及语名称（假设这两个地

---

① 《阿拉伯游记》，第一卷，第 76 页，18。
② 阿卜杜拉提夫作品译本续之《埃及概况》，第 641 页，245、246、247。
③ 《阿拉伯游记》，第一卷，第 76 页，19。
④ 上述提到的《概况》一书（译注：即《埃及概况》），第 641 页，246。
⑤ 《亚历山大里亚教会史》，第 24 页。
⑥ 《埃及概况》，第 632 页，33。

方同时存在于法老统治帝国的早期）无疑就是"ⲠⲀⲚⲀⲂⲀⲚ，Panaban（帕纳班）"。这是基歇尔神父在一份科普特语抄本中发现的地名，翻译成阿拉伯语就是 Al-Binouan（比努安），他错误地读成 Banuan。①《圣·阿帕特行传》也提到了一座名为"ⲠⲒⲚⲈⲂⲀⲚ，Pineban"的乡镇，但无法确定这个单词所指的地方是否就是帕纳班（ⲠⲀⲚⲀⲂⲀⲚ，Panaban）。

旺斯莱布把这座城市称为 Bénévan（贝内旺），它是科普特教会的主教辖区。②

什特莱特（Schintelet）

乡镇尚达拉特（SCHANDALAT）和帕纳班一样，也被阿拉伯人放在了西部省。③ 埃及人给这里取名"ⲰⲒⲚⲦⲈⲖⲈⲦ，Schintelet（什特莱特）"。基歇尔④发现科普特语抄本中将其翻译成阿拉伯语 Schandalat（尚达拉特），并错误地读成 Sandolet。其实这个阿拉伯语名称只不过是对最初的埃及语名称稍作了修改。

佩鲁奥依尼托提（Perouôinithoiti）

在一份按照地理顺序排序的埃及城市名录中，介绍了思科霍乌（Ⲋϩⲱⲟⲩ，Skhôou）附近一个名为佩鲁奥依尼托提（ⲠⲈⲢⲞⲨⲰⲒⲚⲒⲐⲞⲒⲦⲒ，Perouôinithoiti）的地方⑤，其相应的阿拉伯语名称为 Tida-oua-Alfarahhin（提达·乌阿·法拉赫因）。此处与思科霍乌（Skhôou）同样隶属于西部省。事实上，《埃及的阿拉伯化概况》中⑥ 记载它的名称为 Tidéh-oua-Alfaradjoun（提德·乌阿·法拉准）。基歇尔神父也从一份科普特语抄本中摘录了这个地方的名称"ⲠⲈⲢⲞⲨⲞⲒⲚⲒⲐⲞⲒ，Perouoinithoi"，翻译成阿拉伯语就是 Tida-oua-Alfaradjoun，但他错误地读成了 Tebda-

---

① 基歇尔：《大阶梯》，第 208 页。——由拉克罗兹引用，《埃及语—拉丁语词典》，第 74 页。
② 《亚历山大里亚教会史》，第 19 页。
③ 《埃及概况》，第 642 页，280。
④ 《大阶梯》，第 209 页。
⑤ 科普特语抄本，皇家图书馆。——皇家图书馆，圣日耳曼藏书，17 号，增刊。
⑥ 第 637 页，152 号，西部省。

oua-Alfaragin。① 阿拉伯语名称 Tida-oua-Alfaradjoun 中出现了 Tida 和 Alfaradjoun，由此可以推测这个单词是指两个相邻但不同的地方；不过尽管这个结论看起来可能性很大，却也无法完全肯定。提达（Tida）是旺斯莱布根据科普特语抄本给出的名称，它是埃及古代主教府之一。②

特克比（Tekébi）

唐维尔引用了旺斯莱布神父的观点，他把这座阿拉伯语名为 Dégué（德各）的城市放在了尼罗河支流塞本尼提克河的东边；③ 不过旺斯莱布之记载与他的观点相反。这位旅行家谈到，从曼苏拉（Manssourah）出发前往特克比（Tekébi）附近的杰米亚内（Djémiané），他最先穿过支流达米埃特（法特美提克河）；接着向西行走到达尼罗河支流，该河流流经梅哈莱·克比尔（Mehallet-Alkébir）④（埃及语为 ⲧⲱⲁⲓⲡⲓ），而后在布鲁洛斯（Broullos）汇入大海。他在这条支流处登船，最终来到了杰米亚内（Gémiané）或者说是特克比（Tékébi）⑤，于布鲁洛斯汇入海洋的河流——即尼罗河支流法尔穆提亚克河（亦称塞本尼提克河）从其东边流过⑥；因此特克比是在尼罗河这条支流的西边，而不是唐维尔认为的东边。

因此特克比位于塞易斯东北约 8 古里处，斯加帕森以东 5—6 古里，支流法尔穆提亚克河西岸。

特克比是旺斯莱布在科普特语抄本中发现的埃及语名称，它与阿拉伯人所说的 Dégué 是同一个地方。⑦ 其埃及语拼写方式似乎是"ⲧⲉⲕⲉⲃⲓ，Tékébi 或者 ⲧⲭⲱⲃⲓ，Tchôbi"。这里曾经是亚历山大里亚主教统治时期的主教府所在地。在现代，特克比遗址周边有一座名为杰

---

① 《大阶梯》，第 208 页。——拉克罗兹，第 75 页。
② 《亚历山大里亚教会史》，第 25 页。
③ 《埃及论文集》，第 87 页。
④ 译注：前文写成 Mehallet-Elkebir。
⑤ 《新埃及游记叙述》，第 57、58 页。
⑥ 《新埃及游记叙述》，第 58 页。
⑦ 《亚历山大里亚教会史》，第 20 页。

米亚内（Djémiané）的教堂，它成为科普特人宗教朝圣的圣地。

奥努菲斯（Onouphis）

从希罗多德、托勒密和希洛克勒斯关于奥努菲斯位置的论断总结得出的所有结论都相当模糊。西卡尔神父把奥努菲斯定位于阿拉伯人取名 Banoub（巴努布）之地，也就在支流塞本尼提克河西岸。唐维尔采纳了他的观点，但这与托勒密和希洛克勒斯关于城市位置的结论相互矛盾。而我们对于其所在方位和埃及语名称则是不敢妄自论断的。

布陀（Buto）——普特纳托（Pténatô）或者普特内托（Pténétô）

托勒密把城市布陀斯（Βουτος）放了了"大河"即支流卡诺皮克河与支流法尔穆提亚克河或者说是塞本尼提克河之间。① 希罗多德把该城命名为 BOUTO（布陀），认为"它靠近支流塞本尼提克河的河口处，并且"该河口就是这条尼罗河支流与大海交汇的地方"。② 从上述这些论断中可以得出，布陀斯（Boutos）位于支流塞本尼提克河西岸，因为如果它在东岸，那它就像托勒密明确证实的那样，并不位于塞本尼提克河与卡诺皮克河之间。由于这座城市靠近法尔穆提亚克河的河口处，因此唐维尔把布陀斯定位在了距支流塞本尼提克河极其远的地方，拉谢先生对此也持相同的观点③。

在埃及血统的国王统治期间，布陀城的壮丽神庙星罗棋布。在荷鲁斯与布巴斯提斯神庙附近矗立着一位埃及神祇之庙宇，希罗多德把这位神祇赋予了希腊语名称勒托（Lêthô）。④ 神庙的柱廊宽广宏大、高高耸立；希罗多德在其院墙内看到了一座由一整块石头修建而成的建筑，其长宽均相等，高度超过"50 法尺"。⑤ 屋顶是另一块巨石，这些巨大的石块无疑是埃及人运至此地的，因为只有在离布陀斯很远的地方才存在采石场。

---

① 托勒密，卷四。
② 希罗多德，卷二，155。
③ 希罗多德：《历史》，拉射译本，第八卷。——《地理学表》，布陀斯章节。
④ 希罗多德，卷二，155。
⑤ 希罗多德，卷二，155。

勒托神庙附近是埃及民间神话中出现的著名岛屿,名为"凯米斯(Chemmis)"①。它位于巨大的湖泊之中,伊希斯把自己的儿子荷鲁斯藏匿于此,从而躲避堤丰的怒气寻仇。希罗多德谈到,埃及人认为这座岛屿是浮岛,但他又补充说明道:"对我来说,我既没有看到它漂浮,也没有看到它移动。当听说这里有浮岛的时候,我万分诧异。"②此外,棕榈树叶和许多不同种类的树遮挡住了凯米斯岛。

托勒密把 Φθενοθης 称作诺姆,布陀就是其首府;普林尼则将其命名为 Ptenethu③。这两个单词只是对科普特语经卷中记载的该诺姆及其首府的埃及语名称"Ⲡⲧⲉⲛⲉⲧⲱ,Pténétô(普特内托)"做了轻微变动④。

现在需要解释的是,为什么希腊人把埃及人称作 Ⲡⲧⲉⲛⲉⲧⲱ(Pténétô,普特内托)的城市命名为 Βουτω⑤ 或者 Βουτος⑥。希罗多德提到勒托是荷鲁斯的乳母,其主神庙是在布陀。⑦ 普鲁塔克把这位乳母命名为 Butos(布陀斯)⑧。从这个比照中应当可以得出以下结论,即勒托的埃及语名称是 Βουτω,并且希腊人赋予了这座城市以人们所崇敬的主神之名"Ⲡⲧⲉⲛⲉⲧⲱ,Pténétô(普特内托)"。正是如此,比如他们之所以把埃及人称作什姆恩(Ⲱⲙⲟⲩⲛ,Schmoun)、特皮赫(Ⲧⲡⲏⲥ,Tpeh)、赫内斯(Ϩⲛⲏⲥ,Hnès)、阿特博(ⲀⲧⲂⲱ,Atbô)的城市命名为阿波利诺波利斯、荷莫波利斯、阿芙罗蒂托波利斯以及赫拉克利奥波利斯,是因为他们认为这些城市的居民对希腊神灵阿波罗、赫尔墨斯、阿佛洛狄忒及赫拉克勒斯有特殊的崇拜之情。

---

① 希罗多德,卷二,156。
② 希罗多德,卷二,156。
③ 《自然史》,卷五,第 9 章.《论亚洲》(*De Asia*),第 255 页,第一卷,埃尔思维里乌斯(Elzevirius)出版社(译注:上卷写的是 Elsevirius。),1635 年版。
④ 《塔尔谢比圣人迪迪姆的殉难史》(*Martyre de Dydime de Tarschebi*),藏于皇家图书馆的科普特语抄本中,梵蒂冈藏书,62 号。——措厄加,《博尔吉亚博物馆抄本目录》,77 号,第 135、136 页。
⑤ 希罗多德,59、63、155。
⑥ 斯特拉波,卷十七。——拜占庭的艾蒂安,《论城市和人民》,等等。
⑦ 希罗多德,卷二,156。
⑧ 《论伊希斯和奥西里斯》。——上述引文出自拜占庭的艾蒂安。

一份科普特语抄本给我们提供了名称 Nαθω[1]，认为这是一座阿拉伯语名为 Sahharadjt（萨哈拉吉特）的埃及城市之称。[2] 我们极倾向于认为，这份名录的科普特作者在此犯了一个错误，他把 Nαθω 当作萨哈拉吉特（Sahharadjt）的埃及语名称；因为上文已经介绍过，这座城市的埃及语名称为"Cαϩαραϣτ，Sahrascht（萨赫拉什特）"，而阿拉伯语 Sahharadjt 就是由此演变而来。[3] 印证我们观点的论据就是同一份抄本中再次出现了埃及语名称 Nαθω，它翻译成阿拉伯语就是 Nata-Bélad，这就说明 Nata 是地区名称，而不是 Sahharadjt。[4] 因此我们认为，按照阿拉伯语的翻译，用来指一个地区的单词 Nαθω 与 Πτενετω（Pténétô，普特内托）是同一个地方，并且与后者一样，它只不过是一个大行政区的名称，希腊人将其用来命名首府布陀斯。

塔尔谢比（Tarschébi）

毫无疑问，这个乡镇隶属于城市"Πτενετω，Pténétô（普特内托），布陀斯"。实际上人们在克贝赫斯的儒勒用埃及语写成之《圣人迪迪姆的殉难》中发现圣人自己谈道："ἀnok oυèβoλ ϩεn ταρϣεβι ϩεn πτενετω"[5]，意为"我来自普特内托的塔尔谢比"。在殉难史的标题和正文中，人们把他视作"oυρεμταρϣεβι ϩεn πτενετω，OUREMTARSCHEBI KHEN PTÉNÉTÔ"，意为"普特内托地区塔尔谢比的居民"。

梯耶梅洛（Tiemrô）

《圣人迪迪姆的殉难史》在谈到普特内托地区多名与这位圣人一起遭受折磨的基督教徒时，介绍了该州部分乡镇的埃及语名

---

[1] 译注：转写为 Nathô，纳托，下同。
[2] 科普特语抄本，皇家图书馆，圣日耳曼藏书，17 号，增刊。
[3] 见前文，原著第二卷，第 109 页。
[4] 科普特语抄本，皇家图书馆，圣日耳曼藏书，17 号，第 142 页反面。
[5] 科普特语抄本，皇家图书馆，梵蒂冈藏书，62 号。

称，比如"ⲧⲉⲙⲣⲱ，Tiemrô（梯耶梅洛）"①，一个名为帕克莱斯加（Ⲣⲁⲕⲗⲏⲇⲁ）②的祭司就来自此地。单词 ⲧⲉⲙⲣⲱ 在埃及语中意指"港口（un port）"，这似乎就表明该村庄位于普特内托湖（布陀斯湖）沿岸，即今天的布尔洛斯湖沿岸，或者是在支流法尔穆提亚克河沿岸。阿拉伯人把埃及语名称"ⲧⲉⲙⲣⲱ，TIEMRÔ"写成 Dimrou（迪姆鲁）或者 Domrou（多姆鲁），并将其归于西部省的乡镇之列。③可能在《论东方基督徒》中被命名为 Démoroua（德莫鲁阿）之地④就是梯耶梅洛，科普特人将其念为 Diemrô。

科普里特奥斯·科梅（Copritheôs-Kômê）——科普莱特（Koprêt）

勒基安神父谈到了下埃及一个小乡镇的名称，希腊语将其称作"Κοπριθεως κωμη，科普里特镇（le bourg de Koprith）"⑤。毋庸置疑，这个地方就是普特内托（Ⲡⲧⲉⲛⲉⲧⲱ）的属地科普莱特（Ⲕⲟⲡⲣⲏⲧ，Koprêt），亦称科普里特（Koprit），并且它也出现在了《圣人迪迪姆的殉难》中。这些名称惊人地相似，因此就其同一性而言几乎是没有疑问的。但有人认为 Κοπριθεος κωμη 是阿拉伯人称作 Bana（巴纳）的地方⑥，而 Bana 的埃及语名称是上文介绍过的 Ⲡⲁⲛⲁⲅ（帕诺）⑦，因此该论断绝无任何可能性。除此之外，阿拉伯人在他们西部省的地点名录中保留了科普莱特的埃及语名称 Ⲕⲟⲡⲣⲏⲧ，将其写作 Qobrith 或者 Qabrith。⑧

松沙尔（Sonshar）

一份用底比斯方言写成的科普特语抄本名录中出现了一个名为"Ⲥⲟⲛϭⲁⲣ，Sonshar（松沙尔）"的地方，它隶属于下埃及；⑨其相应

---

① 科普特语抄本，皇家图书馆，梵蒂冈藏书，62 号。
② 译注：转写为 Paklêsja。
③ 《埃及的阿拉伯化概况》，第 639 页，195 和 196。
④ 《论东方基督徒》，第二卷，《埃及行省》，第 518 页。
⑤ 《论东方基督徒》，第二卷，第 519 页。
⑥ 《论东方基督徒》，第二卷，第 519 页。
⑦ 见前文，原著第二卷，第 182、183 页。
⑧ 《埃及的阿拉伯化概况》，第 644 页，312。
⑨ 科普特语抄本，皇家图书馆，古藏书，43 号，第 59 页正面。

的阿拉伯语名称为 Sandjar（桑加尔），显然这是从埃及语 Conϭap 演变而来。《埃及的阿拉伯化概况》中把桑加尔（Sandjar）放在了内斯特拉乌阿（Nestéraouah）省，或者更确切地说是内斯特拉乌阿州。① 因此毫无疑问，在埃及人时期，松沙尔（Conϭap）存在于普什尼耶乌（Пϣɪɴɪʜоʏ，PSCHINIÊOU）（即内斯特拉乌阿）周边。松沙尔是科普特教会的一个主教辖区。②

卡巴萨（Cabasa）——克贝赫斯（Chbéhs）

根据托勒密的观点，卡巴萨城及其属地位于支流法尔穆提亚克河与"大河"——支流卡诺皮克河（埃及语为谢特努菲）之间。其实，支流罗塞塔河（卡诺皮克河）附近有一个仍然被阿拉伯人称作 Kabas（卡巴斯）的乡镇③，并且是在富阿（Fouah）城以南约4古里处。毫无疑问，那里就是希腊人称作卡巴萨（Καβασα）的城市，该城市名还出现在了埃及的皇家奖牌上。

卡巴萨的埃及语名称为孟菲斯方言的"Xвεϩc，Chbéhs（克贝赫斯）"，它多次出现在了《纳伊斯圣人阿努的殉难史》中。这段历史的撰写者名为儒勒，他一直以来就被认为是"Пɪρεмxвεϩc，PIREMCHBEHS，来自克贝赫斯"。④ 这一称号同样出现在了由他撰写的《塔尔谢比圣人迪迪姆之殉难史》中。⑤ 这位生活于戴克里先统治时期的作者还撰写了圣人埃皮姆所遭受的磨难。⑥ 最后他这是这样结束《圣人阿努的殉难》的："ⲁⲛⲟⲕ ⲡⲉ ⲓⲟⲩⲗⲓⲟⲥ ⲡⲓⲣⲉⲙⲭⲃⲉϩⲥ ⲧⲟⲥ ⲙ̄ⲙⲉⲑⲣⲉ ⲛ̄ⲛⲏⲉⲧⲁⲩϣⲱⲡⲓ ⲙ̄ⲙⲟⲩ ⲧⲏⲣⲟⲩ"，意为"我是克贝赫斯的儒勒，我见证所有发生在他（阿努）身上的事情"。因此这些不同的事例均证实 Xвεϩc 是卡巴萨（Cabasa）用孟菲斯方言书写而成的埃及语名称之正确拼写。

---

① 上述提及的《阿拉伯化概况》。
② 旺斯莱布：《亚历山大里亚教会史》，第24页。
③ 西卡尔神父的手绘地图。——唐维尔，《埃及论文集》，第79页。
④ 科普特语抄本，皇家图书馆，梵蒂冈藏书，66号，《圣人阿努的殉难史》。
⑤ 科普特语抄本，皇家图书馆，梵蒂冈藏书，62号。
⑥ 科普特语抄本，皇家图书馆，66号。

在乔治神父根据维莱特里的博尔吉亚博物馆馆藏抄本①所出版之《圣人帕涅尼斯夫行传》中②，人们发现这座城市的底比斯方言名称写作"Κβαϩc, Kbahs"。Κβαϩc 与孟菲斯语的 Χβεϩc（也写成 Χβαϩc）相比，只是把 Χ 替换成了 Κ，这是在把孟菲斯语变成沙希地方言或者底比斯方言时均会出现的惯例。

普萨拉杜斯（Psaradous）

普萨拉杜斯（Ψαραδουc, Psaradous）也是普特内托（Πτενετω, Pténétô，即布陀斯）领地范围内的一个乡镇。③ 该名称在去掉埃及语冠词 π 后就是"Cαραδουc, Saradous（萨拉杜斯）"，这似乎更像是一个希腊语起源的名称，而不是一个被讹用的埃及语名称。阿拉伯人保留了该名称，将它写成 Sardous（萨尔杜斯）。④

普什尼耶乌（Pschiniêou）

古埃及人把如今阿拉伯人称为 Nestéraouéh 或者 Nestéraouah（内斯特拉乌阿）的城市命名为"Πϣινιηου, Pschiniêou（普什尼耶乌）"。对此，皇家图书馆的一份科普特语及阿拉伯语名录中亦有记载。⑤ 基歇尔神父还把单词"Πιϣινιεγ, Pischiniéu"视为阿拉伯人所说的内斯特拉乌阿城之科普特语名称。⑥ 如果基歇尔神父是按照他在抄本中发现的名称如实地印行，那么显然这个名称是被篡改过的，并且它的正确拼写方法是"Πϣινιηου, Pschiniêou 或者 Πιϣινιηου, Pschiniêo"，而不是"Πιϣινιεγ, Pischiniéu"。

阿拉伯地理学家关于内斯特拉乌阿地理位置的介绍极不详尽，但是阿布尔菲达却相当明确地指出了它的所在方位。他谈到，"如果从 Damiath（达米埃特）出发，沿着海岸往西走，就来到了布尔洛

---

① 措厄加：《博尔吉亚博物馆抄本目录》，第 238 页。
② 《圣·科卢图斯的圣迹》，第 190 页。
③ 科普特语抄本，皇家图书馆，古藏书，62 号，《圣人迪迪姆的殉难》。
④ 《埃及的阿拉伯化概况》，第 64 页，225，西部省。
⑤ 科普特语抄本，皇家图书馆，圣日耳曼藏书，17 号，增刊。
⑥ 基歇尔：《大阶梯》，第 208 页。

斯，之后到的是内斯特拉乌阿，而后再是拉希德（罗塞塔）等。"① 从这段话必然可以得出普什尼耶乌（Πϣινιнογ，Pschiniêou）（内斯特拉乌阿）位于分隔布陀斯湖（布尔洛斯湖）和地中海的狭长地带。我们已经了解到② 尼克斯约乌（Νικεχωογ，Nikesjôou）（阿拉伯人所说的布尔洛斯）也位于同一座狭长半岛，且是在法尔穆提亚克河入海口的东岸；根据阿布尔菲达的明确记载，内斯特拉乌阿是在布尔洛斯（Nikesjôou，尼克斯若乌）的西边。因此毋庸置疑，内斯特拉乌阿也在同一入海口上方、布尔洛斯与罗塞塔之间。从表面看来，相较于与布尔洛斯之间的距离，内斯特拉乌阿更靠近拉希德。而在阿拉伯人统治时期，这两座城市均隶属于内斯特拉乌阿州。③

梅特利斯（Métélis）——梅拉斯杰（Melasj）?

唐维尔确认了梅特利斯的旧址在富阿，这是下埃及位于支流罗塞塔（卡诺皮克河）东岸的城市。④ 旺斯莱布神父似乎是最早提出这一观点的。他当时谈到，科普特语名为 Messil（梅斯勒）或者 Métélis（梅特利斯）的地方与 Fuva（富阿）⑤——即希腊人所说的梅特利斯为同一座城市。

我们之前从皇家图书馆复制过来的埃及城市科普特语和阿拉伯语名录一定程度上证实了旺斯莱布的说法。其中写道"Ⲙⲉⲗⲁⲭ，MESSIL，OUA-HOUA-FOUAH，Mélasj（梅拉斯杰）或者 Méladj（梅拉杰），阿拉伯语为 Messil（梅斯勒），即 Fouah（富阿）"⑥；但人们并不认可 Méladj（梅拉杰）与 Μετηλις（梅特利斯）是同一个地方。基歇尔神父也在一份科普特语抄本中发现了埃及语名称"Ⲙⲉⲗⲉⲭ,

238

---

① 阿布尔菲达：《埃及记述》，阿拉伯语原文第 228、230 页，左兹姆兄弟出版社的希腊语原文第 229、231 页。
② 见前文，原著第二卷，第 207 页。
③ 阿卜杜拉提夫作品译本续之《埃及的阿拉伯化概况》，第 669 页，1、2 及 5，内斯特拉乌阿（Nestéraauéh）省。
④ 《埃及论文集》，第 77 页。
⑤ 《亚历山大里亚教会史》，第 23 页。
⑥ 科普特语抄本，皇家图书馆，圣日耳曼藏书，17 号，增刊。

365

Meledj①"被翻译成阿拉伯语 Messil（梅斯勒）和 Fouah（富阿）②，却丝毫没有提到 Métélis（梅特利斯）。

我们认为，鉴于阿拉伯语的 Messil 与希腊语名称 Μετηλις 相差甚远，所以其一致性有待商榷；但我们之所以没有在埃及人命名为 Ⲙⲉⲗⲁⲭ（梅拉斯杰）、阿拉伯人称作 Messil（梅斯勒）的地方确认为希腊人所说的 Μετηλις（梅特利斯），主要是因为托勒密的结论。他明确地把梅特利斯放在了支流卡诺皮克河与博洛比提克河之间。这个位置与人们误认为就是梅斯勒（Messil）的富阿所在地没有任何相似之处。

此外，名称 Ⲙⲉⲗⲁⲭ 或者 Ⲙⲉⲗⲉⲭ 源起于埃及语，我们甚至推测这个埃及语名称也写作"Ⲙⲉⲭⲁⲗ，Mesjal 或者 Ⲙⲉⲭⲉⲗ，Mesjel"，阿拉伯语的 Messil 就是由此而来。同样，埃及语地名"ⲧⲭⲟⲭ，Tilosj"也写作"ⲧⲭⲟⲗ，Ti-Sjol"，由此构成了阿拉伯语 El-Ssol。③ 我们将在随后的章节中确定梅拉杰（Méladj）的准确方位。

布阿（Boua）亦称富阿（Voua）④

一份底比斯方言的科普特语抄本中把"Ⲃⲟⲩⲁ，Boua（布阿）或者 Voua（富阿）"视作 Fouah（富阿）⑤，而 Fouah 就是希腊人所说的梅特利斯城之阿拉伯语名称；另一方面，我们看到，Ⲙⲉⲗⲁⲭ（Mélasj，梅拉斯杰）翻译成阿拉伯语为 Messil（梅斯勒），或者是 Fouah（富阿）。从这个对比似乎可以得出，古埃及人把现在的富阿城命名为"梅拉杰（Ⲙⲉⲗⲁⲭ，Méladj）"，同时也称为"Ⲃⲟⲩⲁ，Voua（富阿）"。不过可能这些名称分属于两个不同的地方，但因为地缘相近造成了混淆；鉴于此种情况，可能应当在 Ⲃⲟⲩⲁ——阿拉伯语为 Fouah（富阿）的周边去找寻 Ⲙⲉⲗⲁⲭ（梅拉斯杰）——阿拉伯语为 Messil（梅斯

---

① 译注：原文如此，按照文中习惯，转写为 Melesj，梅勒斯杰，下同。
② 《大阶梯》，第 207 页。
③ 见前文，原著第一卷，第 333 页。
④ 译注：一定条件下科普特人把 B 发音为 V，此处根据不同转写音译做了区别。
⑤ 科普特语抄本，皇家图书馆，43 号，第 59 页正面。

第五章　下埃及及其自然划分与政治划分、各地埃及语名称

勒）的所在方位。事实上，人们在富阿省的辖区中发现了一个名为达马利基（Damalidj）的乡镇。① 这个单词并不是别的，而恰恰就是在 Ⲙⲉⲗⲉⲭ 或者 Méladj 前加上了埃及语冠词 ⲧ，从而得到了"ⲧⲙⲉⲗⲉⲭ，Dimélédj"，显然 Damalidj 或者 Démalidj 就是由此而来。除此以外，名称 Damalidj 在埃迪里西作品中写作 Melidj②，而 Melidj 只不过是埃及语名称"Ⲙⲉⲗⲉⲭ，Meledj"的准确阿拉伯语转写。尼布尔错把埃迪里西作品中的单词 Melidj 视为一个讹用，他告诉我们这个地方如今名为 Mehhallet-Malik（梅哈莱·马里克）。在唐维尔和尼布尔绘制的地图上，它位于富阿以南仅有 1 古里多的地方。那里以前是一座埃及人命名为"Ⲙⲉⲗⲁⲭ，Meladj（梅拉杰）或者 Ⲙⲉⲗⲉⲭ（梅勒斯杰）"的小城。

至于埃及语名为 Ⲃⲟⲩⲁ，Voua，且不同于 Ⲙⲉⲗⲉⲭ（梅勒斯杰）的城市富阿之方位也为大众所周知。

（五）支流塔利河（博洛比提克河）与支流谢特努菲河（卡诺皮克河）之间的城市

博洛比提内（Bolbitine）——提拉什特（Tiraschit）

在希腊人时期，拜占庭的艾蒂安的著作中名为 Βολβιτινη 的城市位于埃及人称作"塔利"的尼罗河支流边上。博洛比提内距其河口位置不远。

唐维尔与尼布尔确认了现在的拉希德（罗塞塔）就是博洛比提内之旧址；并且很可能 Raschid（拉希德）只不过是这座城市埃及语名称的阿拉伯语字母书写方式。事实上，人们在埃及城市名录中发现了名称"ⲧⲣⲁϣⲓⲧ，Tiraschit"，该科普特语对应于阿拉伯语的 Raschid。单词 ⲧⲣⲁϣⲓⲧ 或者在去掉阴性冠词 ⲧ 后得到的更确切写法"ⲣⲁϣⲓⲧ，Raschit"是埃及语，并且是由词根"ⲣⲁϣⲓ，RASCHI，être joyeux（高兴

241

---

① 阿卜杜拉提夫作品译本续之《埃及的阿拉伯化概况》，第 669 页，9。
② 尼布尔：《阿拉伯游记》，第一卷，第 59 页。

的）"派生而来；同样地，ⲃⲏⲧ［ramus palmarum（棕榈枝）］、ϩⲁⲗⲏⲧ［avis（鸟、预兆）］、ⲣⲁϩⲧ［fullo（缩绒工、毡合工）］是从孟菲斯方言之 ⲃⲁⲓ［palma（棕榈树）］、ϩⲁⲗⲁⲓ［volare（飞）］和 ⲣⲁϩ［lavare（洗）］派生而来；底比斯语单词 ⲥϩⲟⲩⲱⲣⲧ［maledictus（被诅咒的）］则是由 ⲥϩⲟⲩⲱⲣ［maledicere（责骂）］派生而来。因此名称 Ⲣⲁϣⲓⲧ 似乎是指一个"舒适的、令人快乐的"地方。众所周知，现代旅行家们已经证实拉希德（罗塞塔）地区仍然是埃及最舒适的地方。

特克乌（Tkôou）

所有由欧洲人绘制的下埃及地图上均有一个名为 Edko（埃德科）或 Etko（埃特科）的地方，其所处方位是在一个湖泊沿岸，在现代，该湖泊靠近支流卡诺皮克河下游，因其沿岸地区而得名埃特科（Etko）。正如人们在《埃及的阿拉伯化概况》中所见①，此地真正的阿拉伯语拼写为 Atkou（阿特库）；我们将会证明其埃及语名称为 Ⲧⲕⲱⲟⲩ，Tkôou（特克乌）。

由大主教狄奥斯库若（Dioscore）撰写的《特克乌（Ⲧⲕⲱⲟⲩ，Tkôou）主教——圣人马凯尔的颂歌》中有这样一段话："ⲁ ⲧⲕⲱⲟⲩ ⲧⲕⲟⲩⲭⲓ ⲙ̀ⲡⲟⲗⲓⲥ ⲧⲟⲩⲱ ⲙⲙⲟⲕ ⲉϩⲣⲏⲓ; ⲁ ⲧⲛⲓⲱϯ ⲙ̀ⲡⲟⲗⲓⲥ ⲣⲁⲕⲟⲧ ϣⲟⲡⲕ ⲉ̀ⲣⲟⲥ"，意为"特克乌小城养育了你（哦，马凯尔），拉科提（亚历山大里亚）张开怀抱接纳了你"②。显然，这里提到的特克乌是指靠近亚历山大里亚的小城阿特库（Atkou）。在埃及，还有另外一个名为特克乌（Ⲧⲕⲱⲟⲩ，Tkôou）的地方，它以前并且现在仍然是一个大型城市。对此，称号"ⲧⲕⲟⲩⲭⲓ ⲙ̀ⲡⲟⲗⲓⲥ（小城）"是完全不适合的。甚至如今这座城市的名称为 Qaou-el-Kébir（卡乌·克比尔），意为"大卡乌（Qaou-la-Grande）"③。

---

① 《埃及的阿拉伯化概况》，第 670 页，6。
② 科普特语抄本，皇家图书馆，梵蒂冈藏书，68 号。——《博尔吉亚博物馆抄本目录》，第 102 页。
③ 见前文，原著第一卷，第 270 页及以下（关于"特克乌"）。

第五章　下埃及及其自然划分与政治划分、各地埃及语名称

第四部分
支流卡诺皮克河与利比亚之间的下埃及城市

尼法伊亚特（Niphaïat）

这部分内容将涵盖支流卡诺皮克河与利比亚山脉之间的城市，即包含所有位于下埃及西部、三角洲之外的城市。我们曾谈到古埃及人把该地区称作"Nιφαιατ，Niphaïat（尼法伊亚特）"，因其靠近利比亚，亦被称作下埃及的利比亚地区[①]，就如同由于靠近阿拉伯人的聚居地，下埃及的东部地区被称为"Tιαραβια，Tiarabia（提亚拉比亚）"。

这一部分所涉及的埃及地区在埃及血统的国王统治时期遍布村庄，那里田野肥沃。众多的沟渠把尼罗河河水引向马雷奥蒂斯湖附近的利比亚山脉终点处的沙丘脚下。丰沛的河水滋养了这些沙丘地带，并把养料输送至广阔的利比亚沙漠边缘。如今这些沟渠已被填满，支流达米埃特的水域被卡诺皮克河扩充，仅河岸地区尚有人居住；内陆地区只剩下一些建在古代大型城市遗址中的穷困村庄。我们将在这些令人惋惜的残骸中，尽力辨认出埃及辉煌时期曾经屹立于此的城市旧址。

特勒努提斯（Thérénuthis）——特勒努提（Térénouti）

支流卡诺皮克河西岸、距三角洲顶端9古里之处，是一座为希腊人知晓的城市，他们将其命名为特勒努提斯（Τερενουθις）。由于靠近盛产泡碱的湖泊，和现在一样，该城以前也是人们在埃及进行这一自然资源贸易的货物集散地。这种盐应用于保存尸体的防腐香料，因此它在埃及王国时期的消耗量十分巨大。相较于其他任何因由，此类贸易是特勒努提斯城繁荣兴盛的最大贡献者。

其希腊语名称 Τερενουθις 只不过是对埃及语"Τερενουτ，

[①] 见前文，原著第二卷，第28、30页。

Térénouti"①或者说孟菲斯方言"Ⲧⲉⲣⲉⲛⲟⲩⲑⲓ, Térénouthi"②以及底比斯方言"Ⲧⲉⲣⲉⲛⲟⲩⲧⲉ, Térénouté"③做了轻微改动。其中前两个写法在城市名录中被翻译成了阿拉伯语的 Taranouth（塔拉努特）④或者 Tharranéh（塔拉内）⑤，而最后一个写法则只是从埃及语"Ⲧⲉⲣⲉⲛⲟⲩⲑⲓ, Térénouthi"演变而来的阿拉伯语 Taranouth（塔拉努特）之讹用。我们经常提及的《埃及的阿拉伯化概况》⑥中记载为 Al-Tharranéh（塔拉内）。

特勒努提城遗址如今位于塔拉内（Tharranéh）镇附近，现名为 Abou-Bellou（阿布·贝鲁）。⑦人们不时从这些废墟中出土古代的断简残篇，也会发现残破的埃及雕塑和刻有象形文字的石块。⑧

旺斯莱布神父在游历埃及期间曾在塔拉内居住了一段时间。他谈到，这座科普特语名为 Taranut（Ⲧⲉⲣⲉⲛⲟⲩⲧ，特勒努提）的城市是亚历山大里亚的主教府之一。⑨

拉康（Lakan）

我们在一份科普特语—底比斯语和阿拉伯语名录中发现了下埃及一个名为"ⲗⲁⲕⲁⲛ, Lakan（拉康）"的地方。相应的阿拉伯语为 Laqanéh（拉卡内）⑩，它似乎是从埃及语 Lakan 变化而来。

我们认为，这座科普特语名为 ⲗⲁⲕⲁⲛ 的城市存在于今天名为卡

---

① 科普特语抄本，皇家图书馆，梵蒂冈藏书，62 号，《亚历山大里亚大主教以撒行传》。——基歇尔，《大阶梯》(Scala Coptic.)，第 207 页等。
② 科普特语抄本，皇家图书馆，圣日耳曼藏书，17 号，增刊。
③ 《博尔吉亚博物馆科普特语抄本目录》，沙希地语抄本（Codices sahidici），第 342 页等。
④ 科普特语抄本，皇家图书馆，17 号，同上述内容。——上述引文出自基歇尔。
⑤ 上述引文出自基歇尔。
⑥ 阿卜杜拉提夫作品译本之《埃及概况》，第 661 页，49。
⑦ 索尼尼：《埃及游记》，第二卷，第 228 页。
⑧ 《埃及十日》，第一卷，第 65 页。
⑨ 《亚历山大里亚教会史》，第 24 页、第 25 页。
⑩ 科普特语抄本，皇家图书馆，古藏书，43 号，第 49 页正面。

姆（Alqam）的地方①，它位于尼罗河支流卡诺皮克河西岸、特勒努提以北 3 古里多。如今的卡姆只是一座小村庄，但它周边的遗迹则证实了其古老的存在。人们在这片废墟中发现了一个装满古代奖牌的圣器。②除此之外，尼布尔转述道，在卡姆村旁，巨大的高地和遗迹引人注目，这些都是古代城市的标志。③这些事例均印证了我们的观点。

什勒伊米（Schlëïmi）

一份科普特语抄本的结束语处如此写道："ⲁⲣⲓⲫⲙⲉⲅⲓ ⲙ̀ⲡⲉⲧⲣⲟⲥ ⲅⲓⲟⲥ ⲡⲓⲗⲟⲧⲟⲥ ⲡⲓⲣⲉⲙϣⲗⲏⲓⲙⲓ"，意为"请你们记住什勒伊米的皮罗图斯（Pilotus）之子皮埃尔"④。这段话介绍了下埃及的一个乡镇，根据我们的看法，阿拉伯人保留了其埃及语名称"ϣⲗⲏⲓⲙⲓ，Schlëïmi"，将其写作 Schliméh⑤或者 Schléiméh。《埃及的阿拉伯化概况》中记载的则是 Aschliméh（阿什里美）⑥。这最后一种拼写方式只不过是埃及语 ϣⲗⲏⲓⲙⲓ 之变体，它在词首加上了一个 a（读音为 Alif），这个前缀出现在了阿拉伯人对众多城市的埃及语名称改写之中。

什勒伊米曾位于支流卡诺皮克河西岸，拉康以北 9 古里处。唐维尔绘制的现代埃及地图上将这个乡镇命名为 Eshlimé（埃什里美，即阿什里美）。

拉姆西斯（Ramsis）

在什勒伊米西北 2.5 古里的地方是一个名为拉姆西斯的小村庄，那里是一座埃及古城的遗址所在地。⑦这座城市曾位于起源于什勒伊

---

① 见唐维尔、尼布尔、雷尼耶将军的地图和《埃及概况》第 666 页，162。
② 索尼尼：《埃及游记》，第二卷，第 231 页。
③ 尼布尔：《阿拉伯游记》，第一卷，第 79 页。
④ 科普特语抄本，皇家图书馆，梵蒂冈藏书，61 号。——《博尔吉亚博物馆科普特语抄本目录》，第 64 页。
⑤ 尼布尔：《阿拉伯游记》，第一卷，第 70 页，25。
⑥ 阿卜杜拉提夫作品译本续，第 660 页，27。
⑦ 尼布尔：《阿拉伯游记》，第一卷，第 78 页。

米北部的大运河沿岸①，该运河把尼罗河河水引向了马雷奥蒂斯湖。

在《埃及的阿拉伯化概况》②中发现的名称 Ramsès（拉姆塞斯），或者更确切的 Ramsis（拉姆西斯）是古埃及语名称。这很可能与《圣经》中的 Ramssiss（兰塞）是同一座城市③。我们无从知晓这个埃及语名称的意义。其最早的拼写方式可能是 Ρамснс，根据科普特人的读法其发音为 Ramsis。

小荷莫波利斯（Hermopolis-Parva）——普提曼霍尔（Ptiminhor）

唐维尔阐述道，Ερμουπολις μικρα 亦称"小赫尔墨斯城"，曾位于如今名为 Damanhour（达曼胡尔）的地方。此地十分著名；荷莫波利斯的位置距起源于卡诺皮克河支流、之后汇入马雷奥蒂斯湖的运河有一段距离。由于人们想把尼罗河河水引向亚历山大里亚，所以该运河的流向发生了改变。

埃及有多座名为"荷莫波利斯"的城市④，地理学家们关注的主要是其中两座：一座被希腊人命名为"Ερμουπολις μεγαλη（大赫尔墨斯城）"⑤。正如我们之前看到的，它位于中埃及，其埃及语名称为"ϢΜΟΥΝ，Schmoun（什姆恩）"；另一座便是本章节的主题，被希腊人称为"Ερμουπολις μικρα（小赫尔墨斯城）"⑥。但不同于前者，埃及人并不把它称为"ϢΜΟΥΝ，Schmoun（什姆恩）"。

希腊人按照他们的方言来给埃及城市命名，而不遵循任何固定规则。因此，比如他们无视两座城市的埃及语名称"ατβω，Atbô（阿特博）"和"Κως，Kôs（科斯）"没有任何关联，而把它们命名为同名的"Απολλωνος πολις，阿波罗之城"。

两座"荷莫波利斯"城也是同样的情况：正如我们已经提

---

① 索尼尼：《埃及游记》，第二卷，第146页、第147页。
② 第664页，127，多哈伊乐赫（Dohaïreh）省。
③ 《圣经·创世记》，四十七，11；《圣经·民数记》，三十三，3。
④ 拜占庭的艾蒂安，见单词 Ερμουπολις。
⑤ 赫罗狄安，由拜占庭的艾蒂安引述。
⑥ 赫罗狄安，由拜占庭的艾蒂安引述。

第五章　下埃及及其自然划分与政治划分、各地埃及语名称

到过的，其中一座"大荷莫波利斯"埃及语名为 ϢⲘⲞⲨⲚ（什姆恩），而另一座"小荷莫波利斯"之名 Ⲧⲓⲙⲓⲛϩⲱⲣ（提曼霍尔）则记载于节选自《罗西亚克历史》（Histoire Lausiaque）中关于修士帕莫（Pamô）的段落。其中这样写道："ⲚϪⲈ ⲠⲒⲘⲀⲔⲀⲢⲒⲞⲤ ⲀⲂⲂⲀ ⲠⲀⲘⲰ ⲪⲎⲈⲦⲀϤⲦⲤⲂⲰ ⲚⲀⲂⲂⲀ ⲆⲒⲞⲤⲔⲞⲢⲞⲤ ⲠⲒⲈⲠⲒⲤⲔⲞⲠⲞⲤ ⲚⲈⲘ ⲀⲂⲂⲀ ⲀⲘⲘⲰⲚ ⲚⲈⲘ ⲀⲂⲂⲀ ⲒⲰⲀⲚⲚⲎⲤ ⲠϢⲎⲢⲒ ⲘⲠⲤⲞⲚ ⲚⲀⲂⲂⲀ ⲆⲢⲀⲔⲞⲚⲦ ⲠⲒⲈⲠⲒⲤⲔⲞⲠⲞⲤ ⲚⲦⲈ ⲦⲒⲘⲒⲚϨⲰⲢ……"，意为"非常幸运的修士帕莫，他曾教授主教狄奥斯库若、修士阿蒙（Ammôn）和修士若望（Jean），是修士德拉康提乌斯（Dracontius）教友之子，提曼霍尔（Timinhor）的主教……"①。

"ⲦⲘⲒⲚϨⲰⲢ，Timinhôr 或者 Timi-an-Hôr"是"小荷莫波利斯"埃及语名称的正确拼写方式，但其实它有多种写法：在一份埃及城市名录中它写作"ⲠⲒⲆⲒⲘⲈⲚϨⲰⲢ，Pidimenhôr"，翻译成阿拉伯语就是 Damanhour（达曼胡尔）。②根据另一本科普特语抄本，基歇尔神父将其写成"ⲠⲦⲒⲘⲈⲚϨⲰⲢ，Ptimenhôr"，而这似乎是属于底比斯方言。③我们在一个结束语部分发现它被写成了"ⲠⲦⲒⲘⲈⲚϨⲞⲨⲢ，Ptimenhour"④；但"ⲆⲒⲘⲈⲚϨⲰⲢ"和"ⲦⲘⲈⲚϨⲞⲨⲢ"只不过是真实的埃及语名称"ⲦⲘⲒⲚϨⲰⲢ"之错误写法。

许多学者之前对小荷莫波利斯埃及语名称的写法和意义都阐述了自己的观点。雅布隆斯基认为，根据阿拉伯语名称 Damanhour（达曼胡尔），可以得出其古埃及语名称为"ⲦⲀⲘⲀⲚϨⲞⲨⲢ，Tamanhour"，并将其解释为"locus horroris（恐怖的地方）"⑤；但是，就像我们之前所说的，埃及人把这个名称写成"ⲦⲘⲒⲚϨⲰⲢ，Timinhôr"，不仅是在拼写

---

① 《罗西亚克历史》残片，科普特语抄本，皇家图书馆，梵蒂冈藏书，64 号。
② 科普特语抄本，皇家图书馆，圣日耳曼藏书，17 号，增刊。
③ 《大阶梯》，第 207 页。
④ "Ⲫϯ ⲚⲀⲒ ⲘⲪⲎⲈⲦⲀϤⲤϨⲀⲒ ⲘⲠⲒⲈⲂⲒⲎⲚ ⲚⲦⲀⲖⲈⲠⲰⲢⲞⲤ ⲚⲀⲦϢⲀⲨ ⲠⲈⲦⲢⲞⲤ ⲠϢⲎⲢⲒ ⲘⲀⲠⲞⲨⲖϤⲀⲢⲀϪ ⲚⲢⲈⲘⲦⲘⲈⲚϨⲞⲨⲢ."［"神啊！请怜悯写下这话的人吧，这位历经苦难、不幸而无用之人皮埃尔，是提曼胡尔（Timenhour）的阿布尔法拉杰（Aboulfaradj）之子。"］科普特语抄本，皇家图书馆，《法尼斯若伊特的圣·若望之殉难》，梵蒂冈藏书，69 号。
⑤ 雅布隆斯基：《小册子》，第一卷。

方式上有所不同，而且正如大家接下来将会看到的，更多的是意义上的差别。

伊纳切·罗西先生给出了科普特经卷中记载的名称 Ⲡⲧⲙⲓⲛϩⲱⲣ 之正确释义。和人们最早对埃及语名称作出的解释一样，他将其翻译成"荷鲁斯镇①、荷鲁斯城"；但对于他提出的单词 ⲧⲙⲓ 由希腊语 δημος 派生而来之观点我们并不认同②。毫无疑问，ⲧⲙⲓ 纯粹就是埃及语。如果这两个单词中的一个是从另一个派生而来，那无疑也是希腊语单词从埃及语派生而来。

此外，可以肯定的是，ⲧⲙⲓⲛϩⲱⲣ 在埃及语中意指"荷鲁斯镇"，而希腊人错把它翻译成了"赫尔墨斯城，Ερμουπολις"。

莫孟菲斯（Mômenphis）——帕努夫·凯特（Panouf-Khêt）

莫孟菲斯城位于提曼霍尔以西约 7 古里，且在源起卡诺皮克河、汇入马雷奥蒂斯湖的运河沿岸。③城市神庙中曾饲养了一头献祭的母牛。

一份下埃及城市的科普特语名录中记载了城市帕努夫·凯特（Ⲡⲁⲛⲟⲩϥ ϩⲏⲧ, Panouf-Khêt），其阿拉伯语名称为 Manouf-Elseffly（马努夫·塞弗利），意为"下马努夫"。④

由于莫孟菲斯的所在地仍然保留着名称 Manouf（马努夫）⑤，因此我们相信"Ⲡⲁⲛⲟⲩϥ ϩⲏⲧ, Panouf-Khêt"是它之前的埃及语名称。

事实上，阿拉伯人给 3 座埃及城市取名马努夫。第一座是位于中埃及，更常见的称谓为 Ménf 的孟菲斯，其埃及语名称是"Ⲙⲉϥⲓ, Méfi 或者 Ⲙⲉⲙϥⲓ, Memfi"，对此我们已经予以证实。⑥另外两座城市则位于下埃及，其中最靠南的一座被阿拉伯人命名为 Manouf-Alôlia

---

① 《埃及语词源学》，第 43 页。
② 《埃及语词源学》，第 337 页。
③ 唐维尔：《埃及论文集》，第 73 页。
④ 科普特语抄本，皇家图书馆，圣日耳曼藏书，17 号，增刊。——基歇尔《大阶梯》，第 207 页；拉克罗兹引述至《埃及语—拉丁语词典》，第 74 页。
⑤ 唐维尔引自西卡尔神父，第 73 页。
⑥ 见前文，原著第一卷，第 362 页及以下。

（马努夫·阿洛利亚），意为"上马努夫"。埃及人称其为"Ⲡⲁⲛⲟⲩϥ ⲣⲏⲥ, PANOUF-RÊS（南帕努夫）"①。这是阿拉伯行省马努夫省的省会——马努夫城，其位置标注在了所有的现代埃及地图上；而阿拉伯人所说的另一座马努夫城，即下埃及的另一个马努夫城则位于莫孟菲斯的所在地。并且由于它位于该地区边缘，人们确信它就是上文科普特语—阿拉伯语名录中所谈到的"下马努夫"。除此之外，从各方面来看，埃及语名称"Ⲡⲁⲛⲟⲩϥ ϩⲏⲧ, Panouf-Khêt"即"北帕努夫"都与该城相对应，因为它在"Ⲡⲁⲛⲟⲩϥ ⲣⲏⲥ（南帕努夫）"以北 24 古里。所以我们认为，希腊人所说的城市莫孟菲斯（Μωμεμφις）②无疑就是埃及人所说的城市帕努夫·凯特（Ⲡⲁⲛⲟⲩϥ ϩⲏⲧ, Panouf-Khêt）。这座城市被旺斯莱布神父纳入了科普特教会主教府之列③，名为 Ménuf-il-Sefli（梅努夫·塞夫里）。

苏恩霍尔·塔洛特（Sounhôr-Thalaut）

在皮永（Ⲡⲓⲟⲙ, Piom）（希腊人所说的阿尔西诺伊）诺姆的介绍中我们已经谈到一座埃及语名为"苏恩霍尔（Sounhôr）"的城市，阿拉伯人将其称为桑胡尔（Sanhour）。④ 而另一个同名的乡镇则是位于此处所介绍的埃及区域范围之内，它以名称 Sonhour-Thalaut（松胡尔·塔洛特）为阿拉伯人所熟知⑤，我们认为，这个名称起源于埃及语。实际上，Sonhour 只不过是前文介绍过的中埃及城市名称"Ⲥⲟⲩⲛϩⲱⲣ, Sounhôr（苏恩霍尔）"之阿拉伯语转写。单词 Thalaut 是用来与下埃及皮永城的 Sounhôr（苏恩霍尔）进行区分。我们认为 Ⲥⲟⲩⲛϩⲱⲣ Ⲑⲁⲗⲁⲩⲧ⑥ 或者甚至是"Ⲑⲁⲗⲱϯ, Thalôti"在埃及语中意指"莲花之城苏恩霍尔（Sounhôr du Lotus）"。

---

① 见前文，原著第二卷，第 155 页。
② 希罗多德，卷二，169。——斯特拉波，卷十七。——拜占庭的艾蒂安《论城市和人民》。
③ 《亚历山大里亚教会史》，第 23 页。
④ 见前文，原著第一卷，第 327 页。
⑤ 《埃及概况》，第 665 页，139。
⑥ 译注：转写为 Sounhôr-Thalaut。

事实上，单词 Λωτος 似乎并不是起源于希腊语，最早很可能属于埃及语。在埃及方言中，应当是存在 "λaγτ，laut 或者 λωϯ，lôti"，希腊人轻而易举将其转写成了 Λωτος。其实单词 λaγτ 和 λωϯ 被用于许多埃及语专有名称中。这样的例子出现在由肖出版、博尔吉亚博物馆馆藏的纸莎草记载之希腊语抄本中，其中提到：1. 一位名为 Πελaγτ 的男性，相应的埃及语为 Πελaγτ 或者 Πελaγτε①，意为 "莲花，le lotus"②，这似乎是底比斯语的写法；2. 一名名为 Κελλaγτε 的女性，底比斯方言写作 Κελλaγτε③，此名意为 "含苞待放的莲花（involuta loto, ceinte de lotus）"；3. 最后，同一份抄本中也记载了男性名字 Παλωτις，这属于孟菲斯方言。在孟菲斯方言中 "Παλωϯ，Palôti" 无疑是指 "loticus（莲花的）"。对此，我们表示认同。

特罗特（Térôt）

支流塔利河（亦称博洛比提克河）起源于卡诺皮克河，靠近如今名为达伊鲁特（Daïrouth）的乡镇。④ 该镇在提曼霍尔东北方向，距其 5.5 古里，且位于支流谢特努菲河（亦称卡诺皮克河）东岸。我们曾经谈到，这个地方的埃及语名称为 Τερωτ，Térôt⑤，意为 "derivatio（改道、分流）"。这是因为，和其他许多同名的乡镇一样，该镇处在尼罗河支流的发源地。

阿尔巴特（Arbat）

在我们所描述的埃及布海拉省有一个阿拉伯人命名为吉尔贝塔（Khirbéta）的城市。⑥ 科普特语名录中向我们介绍了这座城市的埃及语名称，写作 "ἀρβaτ，Arbat"，相应的阿拉伯语为 Kharbéta（卡尔贝塔）或者 Khirbita（吉尔贝塔）。最近离世的索尼尼让自然科学界深

---

① 译注：转写为 Pelaut 或者 Pelaute，佩洛特。
② 在上述什勒伊米章节中提及的科普特语结束语中，人们也可以读到男性名字 Πιλοτος，Pilotos，"莲花"，这个名称就恰好证明了我们对底比斯语 Πελaγτε 的释义。
③ 译注：转写为 Kellaute。
④ 《埃及概况》，第 670 页，12。
⑤ 见前文，原著第二卷，第 20、22 页。
⑥ 《埃及概况》，第 663 页，106。

感惋惜，但他的埃及游记却展示了他穿过布海拉省，来到了他称作赫尔贝特（Hérbété）的卡尔贝塔（Kharbéta）之经历。① 根据其沿途的见闻，埃及语名为 ⲀⲢⲂⲀⲦ 的卡尔贝塔城就在支流卡诺皮克河以西 3 古里、拉康西北方向距离 10 古里的位置。

斯杰布罗·梅内森（Sjébro-Ménésin）

科普特两位圣人的行为传记中把名为"Ⲭⲉⲃⲣⲟⲙⲉⲛⲉⲥⲓⲛ，Sjébro-Ménésin（斯杰布罗·梅内森）"的乡镇定位在阿尔巴特诺姆。② 在众多殉道者尸骨转移至什耶特一座教堂的历史中也提到了这个地方。其中描述了该宗教仪式的举行："Ⲛⲁϩⲣⲁϥ ⲛ̀ⲁⲃⲃⲁ Ⲓⲱⲁⲛⲛⲏⲥ ⲡⲓϩⲩⲅⲟⲩⲙⲉⲛⲟⲥ ⲉⲑⲟⲩⲁⲃ ⲡⲓⲣⲉⲙⲭⲉⲃⲣⲟⲙⲉⲛⲉⲥⲓⲛⲉ"，意为"斯杰布罗梅内西内（Sjébroménésiné）修道院的院长——修士若望出席了该仪式"③。

我们不知道"Ⲭⲉⲃⲣⲱⲙⲉⲛⲉⲥⲓⲛⲉ，Sjébrôménésiné"的写法与最早介绍的"Ⲭⲉⲃⲣⲟⲙⲉⲛⲉⲥⲓⲛ，Sjébroménésin"相比是否更可取；由于我们未能在《埃及的阿拉伯化概况》中找到此地的阿拉伯语名称，因此也无法以此作为参考。

特洛谢（Théroshé）

科普特语抄本向我们介绍了一个埃及语名为"Ⲑⲉⲣⲟⲥⲉ，Théroshé"的地方，其阿拉伯语名称为 Taroudjéh（塔鲁杰）。④《埃及的阿拉伯化概况》中将其列入布海拉省⑤，即在本章所谈的下埃及地区。

卡诺普（Canope）——卡西安努布（Kahi-annoub）

卡诺普城——更佳的称谓为"卡诺布（Canobe）"的城市位于支流卡诺皮克河河口位置，离海很近，在与城市同名的尼罗河支流西岸。在埃及血统的国王统治时期，这座城市似乎并不是特别重要。而

---

① 《上埃及和下埃及游记》，第二卷，第 148 页。
② 科普特语抄本，皇家图书馆，梵蒂冈藏书，63 号，《圣人马克西姆和多美提乌斯行传》（Actes des saints Maxime et Dométius）。
③ 科普特语抄本，皇家图书馆，58 号。——《博尔吉亚博物馆抄本目录》，第 95 页。
④ 科普特语抄本，皇家图书馆，古藏书，43 号，第 59 页正面。
⑤ 第 663 页，93。

它之所以能成为后起之秀，主要是源于人们对塞拉皮斯神的崇拜。由托勒密王朝在此修建的神庙最早引起了埃及的希腊人竞相朝拜。不久之后，埃及人被迫接受对塞拉皮斯神的崇拜。由此吉拉德王朝①把对水泽神女西诺珀（Sinope）②的崇拜带到了埃及。

卡诺普城遗址离阿布奇尔（Abouqir）不远，面积广阔。那里有大量的希腊式残垣断壁，不过有时候也会出土古埃及风格的文物古迹。③

希腊人想把卡诺普城的起源与他们的英雄史连接起来。他们所持的观点之一就是，这座城市是因克诺珀斯（Canobus）（Κανωβος）而得名。克诺珀斯是国王墨涅拉俄斯④的领航员，他卒于卡诺普城所在的这片埃及海岸区域。这一观点的得出只是基于神话，源于希腊人自己的喜好。他们想在离希腊最遥远的地方重新找到本民族英雄的痕迹。但是雄辩家雅里斯底德证实，卡诺普源起希腊纯属无稽之谈，他谈道："我自己从卡诺普一位有一定职级的祭司处了解到这个地方在墨涅拉俄斯登陆前好几个世纪就称作 Canobe。按照他的发音是无法用希腊语字母书写出来的。"但他补充道："在我们的语言中，这是指'χρυσουν εδαφος，金土地（terre d'or）'。"⑤

正如希腊人所写的单词 Κανωβος，这其实不过是埃及语"Ⲕⲁϩⲓⲛⲛⲟⲩⲃ，KAHI-ANNOUB，金土地（terre dorée）"、底比斯方言"Ⲕⲁϩⲛⲛⲟⲩⲃ，Kahannoub"的讹用。⑥甚至很可能埃及人将其简单地说成"Ⲕⲁϩⲛⲟⲩⲃ，Kahnoub"，这个缩写形式与希腊语拼写方式 Κανωβος 十分类似。

此外，由于埃及语单词中存在字母 ϩ，H，这就使得希腊人无法按照当地居民的发音来书写这座城市的名称，不过他们可以发挥自己的想

---

① 译注：即托勒密王朝。
② 译注：水泽神女西诺珀是河神阿索波斯（Asopos）之女。
③ 索尼尼：《埃及游记》，卷一，第 390、391 页及以下。
④ 译注：希腊神话中斯巴达的国王。
⑤ 雄辩家雅里斯底德：《埃及演说》。
⑥ 拉克罗兹：《语文学论述》，由张伯伦（Chamberlayne）在《主日证道集》中引述——雅布隆斯基：《埃及万神殿》，第三部分，卷五，第四章，第 141 页。

象力来弥补这一点；但我们倾向于认为，相较于法语中 H 的发音，埃及人语言中字母 ⳉ（读作为 Hori）的发音更接近阿拉伯语中 Hha 的发音。

所以卡诺普的埃及语名称就是"Kaⳉìnnoyb，Kahiannoub"，意为"金土地"。埃及的许多地方都同名，对此我们已经在塔努布（Ɵanoyb，Thanoub）章节做过介绍。①

美努提斯（Menuthis）——马努提（Manouti）

拜占庭的艾蒂安介绍了一座位于卡诺普周边的乡镇，希腊语名为 Μενουθις。

我们曾经说过，由于希腊人想把一切都和他们的传说联系起来，因此他们认为埃及城市卡汉努布（Kaⳉìnnoyb）②是因国王墨涅拉俄斯的领航员克诺珀斯（Κανωβος）而得名，他们将其称为 Κανωβος 或者 Κανωπος。显而易见，此观点不存在任何可能性。也有人认为梅努提斯（Μενουθις）镇得名于领航员克诺珀斯妻子之名。③但只需要说明名称 Μενουθις 是埃及语，便可证实这并不是克诺珀斯妻子的名字。因为他的妻子和他一样，也是出生于希腊，所以应当是有希腊语名字。

雅布隆斯基用两种方式对单词 Ménouthis 做了解释，他认为该单词是从"Ⲙⲉinoyt，Mei-Nouti，amans deum（神之爱人）"派生而来，或者是从"Ⲙⲏnoyt，Ménouti"派生而来，他认为这个单词在埃及语中意指"水神（dieu de l'eau）"。④第一种说法表面上有几分可信，但"神之爱人"的名字必然是不适用于一个乡镇的。而雅布隆斯基提出的第二种说法，即 Ⲙⲏnoyt 是错误的，因为严格来说 ⲙⲏ 在埃及语中从来都不是指"AQUA，eau（水）"，"水"的正确写法是"Ⲙⲱoy，Môou"。不过确实与"ⲉⲣⲙⲏ，aquam facere（产生水，即眼泪）"一样，后面这个单词在构造中使用到了 ⲙⲏ；但此含义只适用于在单词词尾的时候，而从来不是用在像单词 ⲙⲏ-noyt 中

---

① 见前文，原著第二卷，第 173 页。
② 译注：即卡西安努布，此为上文谈到的底比斯语写法。
③ 雅布隆斯基在《埃及万神殿》中转述了该观点，见第二卷，第 152 页、第 153 页。
④ 《埃及万神殿》，第 154 页。

那样的词首情况；在词首情况下如果是有"水"的含义，那么它应当写成 ⲙⲟⲩ，对此众多的例子均能为证，比如：孟菲斯方言中的单词 ⲙⲟⲩⲛ̀ϩⲱⲟⲩ，aqua flueris（流动的水），意指"雨水"；ⲙⲟⲩⲥⲉⲗⲥⲟ，aqua tepida（温水）；ⲙⲟⲩϩⲏⲙ，aqua servida（热水）[①]；ⲙⲟⲩϩⲱⲝ，aqua frigida（冷水）；以及底比斯方言中的单词 ⲙⲟⲩⲛ̄ⲃⲛⲛⲉ，aqua dactylina（马兜铃水）[②]；ⲙⲟⲩⲛ̀ϩⲙⲟⲩ，salsugo（盐水、海水）；ⲙⲟⲩⲛ̄ⲥⲱⲣⲙ̄，aqua errans（流动不定的水），意指"流水"以及众多其他的构造词。

我们认为，拜占庭的艾蒂安记载的地点名称 Μενουθις 写成埃及语就是"ⲙⲁⲛⲟⲩϯ，Manouti 或者 ⲙⲁⲛ̀ⲛⲟⲩϯ，Mannouti"，这曾有"圣地（lieu divin）"或者"神祇之所（lieu de Dieu）"的含义。

托尼斯（Thônis）——托尼（Thôni）

斯特拉波在介绍位于地中海沿岸、卡诺普和亚历山大里亚之间的城市时，谈到了古代埃及的海上贸易城市托尼斯（Θωνις），但它在这位希腊地理学家所生活的年代已经不复存在。[③] 我们之前介绍过有两座城市的埃及语名称为"ⲑⲙⲛⲓ，Thôni"[④]；无疑这里谈到的城市也拥有相同的名称。事实上，希腊语名称 Θωνις 只不过是在埃及语名称基础上加了一个希腊语词尾。

托尼位于卡汉努布（Kahannoub，即卡诺普）[⑤]，沿海岸而建，且在支流谢特努菲河（卡诺皮克河）与马雷奥蒂斯湖之间。

小塔珀西里斯（Taposiris-Parva）——塔普西里（Tapousiri）

从卡诺普出发沿着海岸线往西行走，就到达了托尼，而后便是希腊人称作"Ταποσειρις μικρα（小塔珀西里斯）"[⑥] 的乡镇，这是为

[①] 译注：原文如此，应为 aqua fervida（热水）。抄本中 s 与 f 容易混淆，拉丁语中没有 servida 一词。由作者在原著第一卷，第 296 页脚注中对 ϩⲏⲙ 的解释，及此处对 ⲙⲟⲩ 的解释可得出 ⲙⲟⲩϩⲏⲙ 指"热水"，故拉丁语应为 aqua fervida。

[②] 译注：根据《科普特语词源词典》(Dictioncaine étymologique de la langue copte 的解释，这一拉丁语翻译有误，因为古埃及并不知道马兜铃水的提炼法。)

[③] 斯特拉波，卷十七。

[④] 见前文，原著第一卷，第 235 页；原著第二卷，第 142 页。

[⑤] 译注：上文写作 Kahi-annoub，卡西安努布，Kahannoub 是底比斯方言。

[⑥] 斯特拉波，卷十七。

了与另一个靠近利比亚的同名之地有所区分。Ταποσειρις 只是埃及语"Ⲧⲁⲡⲟⲩⲥⲓⲣⲓ, Tapousiri"的希腊语转写,意思是"奥西里斯的属地或者奥西里斯的城市"。

拉科提斯(Rhacotis)——拉科提(Rakoti)

亚历山大大帝选址建城,并冠以自己的名字。就在他所选的这片土地上,曾经有一个希腊人称作拉科提斯(Ρακωτις)的小村落。[1] 它属于亚历山大里亚的一个区,并保留了其埃及语名称 Rhacotis(拉科提斯)。[2]

科普特语经卷中亚历山大里亚很少被称作"ⲁⲗⲉⲝⲁⲛⲇⲣⲓⲁ, Alexandria",而是几乎一直以来都以最初的埃及语名称"Ⲣⲁⲕⲟⲧ, Rakoti"示人。这是孟菲斯方言的写法[3],底比斯方言则是"Ⲣⲁⲕⲟⲧⲉ, Rakoté"[4],希腊语 Ρακωτις 就是由此而来。

不过希腊语单词"ⲁⲗⲉⲝⲁⲛⲇⲣⲓⲁ, Alexandria"出现在了一些埃及城市科普特语名录中,就在单词 Ⲣⲁⲕⲟⲧⲉ 旁边[5],并且其他一些抄本中也有同样的记载。前文提到的科普特语诗集中有一首颂歌,唱诵于"êpêp, ⲏⲡⲏⲡ"月——即希腊人所说的埃皮非月的五号,内容如下:

Ⲣⲁⲱⲓ ⲱϯⲡⲟⲗⲓⲥ
Ⲣⲱⲙⲏ ⲛⲉⲙ ⲁⲗⲉⲝⲁⲛⲇⲣⲓⲁ̀
Ⲛⲉⲙⲭⲏⲙⲓ ⲛⲉⲙ ⲉⲫⲉⲥⲟⲥ
Ⲛⲉⲙ ⲁⲛϯⲟⲭⲓⲁ̀

["罗马、亚历山大里亚、克米(Chêmi)[6]、以弗所(Ephèse)和安

---

[1] 斯特拉波,卷十七。——普林尼,《自然史》,卷五,12。——拜占庭的艾蒂安,《论城市和人民》,见单词 Ρακωτης。

[2] 塔西佗,《历史》(*Historiarum*),第四卷,第 260 页;以及《罗马史》(*Historiae romanae scriptores qui extant*),第二卷。

[3] 《圣经·新约》科普特语版,《使徒行传》,六,9;二十七,6;二十八,11。——《殉教者名册》多处提及。

[4] 科普特语抄本,皇家图书馆,43 号,第 59 页正面。——44 号,第 80 页正面。——古藏书,46 号等等。

[5] 科普特语抄本,皇家图书馆,43 号,第 59 页正面。——44 号,第 20 页正面。

[6] 单词"Ⲭⲏⲙⲓ, Chêmi"通常用来指埃及,但此处似乎是指开罗。

提阿（Antioche），你们尽情狂欢吧。"[1]]

名称亚历山大里亚也出现在了罗塞塔石碑的埃及语原文之中，该文物相较于科普特人的经卷记载更为久远。石碑上写道"Ⲙⲁⲛⲁⲗⲉⲕⲥⲁⲛⲧⲣⲟⲥ，Manaleksantros"，意指"亚历山大之地（le lieu d'Alexandre）"，也就是亚历山大里亚城[2]。

我们并不了解埃及语单词 Rakoti 的含义。

马雷阿（Maréa）——马莱·尼法伊亚特（Marê-Niphaïat）

埃及人统治时期，拉科提以西 4 古里的一个狭长半岛上有一座希腊人所熟知的巨大城市，名为马雷阿[3]，该狭长半岛因其外形而被托勒密称作"Ταινια[4]，Ruban（带状物、带子）"，它将马雷奥蒂斯与地中海分隔了开来。这座城市曾经是埃及一个诺姆[5]的首府。唐维尔坚信其旧址位于如今名为马里乌特（Mariouth）的地方。[6]

希罗多德将其名称写作 Μαρεα[7]，西西里的狄奥多罗斯写成 Μαρια[8]，拜占庭的艾蒂安则写作 Μαρεια[9]。这些不同的名称似乎都只是对"Ⲙⲁⲣⲏ，Maré 或者 Mari"稍作了修改，而在我们看来，Ⲙⲁⲣⲏ 是这座城市最早的埃及语名称，意思是"太阳的馈赠（don du soleil）"。而这很可能就是得名于城市建造者，他也叫"Ⲙⲁⲣⲏ，Mari"，可能与希罗多德和西西里的狄奥多罗斯所说的马埃利斯（Maeris）也是同一个人；该城市名称也可能源起于我们完全不了解的情况。无论哪种假设，需要探究的在于，相较于希腊和拉丁民族的作

---

[1] 抄本第二十六首颂歌。
[2] 第 10 行。
[3] 阿特纳奥斯：《欢宴的智者》（Athénée, Deipnosophia），第一卷，第二十五章。（译注：阿特纳奥斯，出生于埃及瑙克拉提斯，古希腊修辞学家和语法学家。）
[4] 卷四，第五节。
[5] 阿特纳奥斯：《欢宴的智者》（Athénée, Deipnosophia），第一卷，第二十五章。
[6] 《埃及论文集》，第 65 页。
[7] 卷二，18。
[8] 《历史集成》（Bibliotheca）（译注：即 Bibliotheca Historica。），卷一。
[9] 《论城市和人民》。

者们称为"摩里斯湖"或者"马利斯湖"的（法尤姆省）皮永湖，马雷奥蒂斯湖[亦称马利（Mari）湖]因沿岸城市马利（Цaрн，Mari）而得名是否并没有错，而可能是希腊人错把名称"摩里斯"用于命名法尤姆省的湖泊，实际上它可能只是马雷阿的名称。但此处我们对这一问题不去做更多的论述。

科普特语经卷中把阿拉伯语的 Mariouth 翻译成埃及语"Φaιaτ，Phaïat，或者 Nιφaιaτ，Niphaïat"①。我们曾经谈到尼法伊亚特（Nιφaιaτ）在埃及语中是指希腊人所说的利比亚。②我们认为科普特人对马雷阿的称谓 Nιφaιaτ 是这座城市的别称，因为它位于下埃及的利比亚地区，并且在埃及血统的国王统治时期，它可能是首府城市。到了希腊人统治时代，马雷阿大为衰败。首先是因为旁边的亚历山大里亚城吸引了大量民众，之后波及了附近城市间的贸易往来。正如前文提到的阿特纳奥斯所述，我们在此所讨论的马雷阿，仅限于它还是一个大城市时期。

阿匹斯（Apis）

希罗多德介绍的这座小城位于马雷阿周边地区。③名称 Aπις 似乎起源于埃及语，这与孟菲斯城饲养的祝圣公牛同名。对其埃及语拼写方式我们不在此处做赘述，因为这需要较长的篇幅进行讨论。我们将会在《埃及宗教论》(Traité sur la Religion égyptienne) 中详细介绍。

塔珀西里斯（Taposiris）——塔普西里，普西里（Tapousiri，Pousiri）

在马雷阿湖泊的西端、地中海沿岸，过去有一座被希腊地理学家命名为塔珀西里斯④或者塔佛西里斯（Taphosiris）⑤的城市。

---

① 科普特语抄本，皇家图书馆，圣日耳曼藏书，17 号，增刊。
② 见前文，原著第二卷，第 31 页。
③ 希罗多德，卷二，18。
④ 托勒密，卷四。——拜占庭的艾蒂安，《论城市和人民》。
⑤ 普罗克洛：《论建筑》(Proclus, de aedific.)，第四卷，第一章。(译注：普罗克洛是最后一位主要的希腊哲学家，新柏拉图主义的集大成者。)——拜占庭的艾蒂安，《论城市和人民》。

其为数不多的遗迹如今仍然位于一个名为阿布斯尔（Aboussir）、或者俗称"阿拉伯之塔（Tour des Arabes）"的地方。这些遗址的埃及语名称为"Ⲡⲟⲩⲥⲓⲣⲓ，Pousiri"——阿拉伯人所说的 Aboussir（阿布斯尔）就是由此构成，以及"Ⲧⲁⲡⲟⲩⲥⲓⲣⲓ，Tapousiri（塔普西里）或者 Ⲧⲁⲫⲟⲩⲥⲓⲣⲓ，Taphousiri（塔弗西里）"——意为"奥西里斯之城（la ville d'Osiris）"，希腊语名称 Ταποσειρις 和 Ταφοσιρις 是它们的如实转写。

塔珀西里斯是埃及靠利比亚一面最后一座城市。

普林提尼（Plinthine）

这座城市似乎距塔普西里很近，靠近以其名称命名的海湾尽头。但这个埃及人所熟知的名称并不在我们的研究范围之内。

第六章　下埃及的诺姆

在对上埃及诺姆的首府做说明时，我们不得不借助于科普特语经卷来对希腊人未曾提及的几个诺姆进行补充介绍，这些诺姆在埃及血统的国王统治时期是绝对存在的。现在我们要去探讨下埃及的大行政区划分，那么就需要克服完全不同的另一障碍。事实上，斯特拉波讲述道，在早期，下埃及仅有10个大行政区，但希腊地理学家们却命名了29个。

不过在此需要指出，斯特拉波在谈到埃及血统的国王统治下的诺姆划分时，把下埃及的10个诺姆放在了三角洲地区，也就是在支流卡诺皮克河与佩吕斯亚克河之间；[①] 因此三角洲以外、西边卡诺皮克河与利比亚之间、东边佩吕斯亚克河与阿拉伯半岛之间的地域均不属于该划分范围内。

其实埃及人把下埃及的这两个地区看作两个别国的属地，一个隶属于利比亚；另一个则隶属于阿拉伯半岛。这就解释了为什么埃及人把前一个地区命名为"Nιϕaιaτ，Niphaïat（尼法伊亚特），即利比亚地区（PARTIE LIBYQUE）"；而另一个则称作"†ιaρaвιa，Tiarabia（提亚拉比亚），即阿拉伯地区（PARTIE ARABIQUE）"。

因此我们只应当去三角洲地区寻找这10个诺姆；而这个数量，

---

① 斯特拉波，卷十七。

再加上马利斯的 26 个诺姆 ①，我们总共介绍的就会是 36 个大行政区。根据斯特拉波的观点，这些诺姆就构成了埃及帝国最早的划分。本章的第一段将涉及三角洲的 10 个诺姆。

在另外两个段落中，我们将介绍尼法伊亚特和提亚拉比亚地区的主要城市。按照城市位置及范围，它们可被视为具有一定规模的区域之首府。

一、三角洲地区的诺姆

希腊和拉丁民族的地理学家们认为三角洲地区有以下 16 个诺姆：梅特利斯（Métêlitès）、菲特诺斯（Phtênotès）、卡巴西斯（Cabasitès）、塞易斯（Saites）、瑙克拉提斯（Naucratitès）、普滕布提（Pthembuti）[亦称塔瓦（Tava）]、普罗佐皮斯（Prosopitès）、上塞本尼图斯（Sebennytes superior）、下塞本尼图斯（Sebennytes inferior）、奥努菲斯（Onuphitès）、布西里斯（Busiritès）、科索伊斯（Xoïtès）、孟德斯（Mendesius）、努特（Nout）、塔尼斯（Tanitès）、法尔博埃图斯（Pharbaethitès）。但由于在古埃及人时期，那里只有 10 个诺姆，因此我们需要研究其中哪六个诺姆是在埃及血统的国王统治之后建立的。对此我们将在这里作说明。

1. 梅特利斯城和瑙克拉提斯城的声望与辉煌仅仅是因为希腊人与埃及人的贸易往来；不过，鉴于希腊与埃及的贸易往来只能追溯到法老普萨美提克（Psammouthis，也称作 Psammitichus）统治时期 ②，也就是在晚于三角洲分为 10 个大行政区的时代，因此很自然，在早期，梅特利斯和瑙克拉提斯是两个极其不起眼的地方，不足以成为诺姆首府，甚至可能梅特利斯始于希腊人时期。

---

① 译注：见前文，原著第一卷，第 366 页，应为 26 个诺姆，但此处原文写的是 16 个。
② 希罗多德，卷二，154。

2. 科索伊斯城应当仅在斯特拉波之后的时代才成为诺姆的首府，因为当时它是塞本尼提克大行政区的一部分。正如这位地理学家明确提到的："在支流法特尼提克河（法特美提克河）与塞本尼提克河之间的是科索伊斯，它是塞本尼提克大区的岛屿城市①（Ξοις εστι και νησος και πολις εν τω Σεβεννυτικω νομω）"。

3. 古代地理学家们谈到的关于帕内菲西斯（Panéphysis）的所有内容均是泛泛而论，而这座城市的位置又很不确定，因此在三角洲的城市中它似乎并不占据十分突出的地位；但如果如托勒密所想的那样，它曾经是内乌特（Neut 或者 Néout）诺姆的首府，那么这只能是在居鲁士的儿子——冈比西斯入侵埃及之后。

4. 塔乌阿也是相同的情况，最早的时候，这座城市的规模极小，不足以成为埃及大行政区的首府；只有到了希腊人占领埃及，并把埃及划分成前所未有的诺姆数量后，它才成为诺姆首府。

根据上述这些论述，除去诺姆梅特利斯、瑙克拉提斯、科索伊斯、帕内菲西斯和塔乌阿，那么本章开头我们所转述的三角洲诺姆的希腊语列表中只剩下 11 个诺姆。但正如我们已经说过的，根据斯特拉波的确切记载，埃及人只把三角洲地区划分成了 10 个大行政区，这个数量恰好在 11 个诺姆之内，仅仅需要注意的是，诺姆上塞本尼图斯和下塞本尼图斯最初只是同一个诺姆。

所以，在法老统治时期，三角洲 10 个诺姆的首府由东至西分别是法尔博埃图斯、塔尼斯、孟德斯、普罗佐皮斯、塞易斯、布西里斯、塞本尼图斯、奥努菲斯、布陀斯、卡巴萨，埃及人把这些城市称作"Ϥⲁⲣⲃⲁⲓⲧ, Pharbait（法尔拜特）、Ϫⲁⲛⲓ, Sjani（斯加尼）、Ϣⲙⲟⲩⲛ ⲛ̀ⲉⲣⲙⲁⲛ, Schmoun-an-Erman（什姆恩·埃尔曼）、Ⲡϣⲁϯ, Pschati（普沙提）、Ⲥⲁⲓ, Sai（塞易）、Ⲡⲟⲩⲥⲓⲣⲓ, Pousiri（普西里）、Ϫⲉⲙⲛⲟⲩϯ, Sjemnouti（斯杰姆努提）、Ⲟⲩⲛⲟⲩϭⲓ②, Onuphis（奥努菲

---

① 斯特拉波，卷十七，第 802 页。
② 我们认为这是 Onouphis 的埃及语拼写方式。

斯），Ⲡⲧⲉⲛⲉⲧⲱ，Pténétô（普特内托）和 Ⲭⲃⲁϩⲥ，Chbahs（克贝赫斯）"。

我们已经介绍过埃及人把诺姆称作"Ⲡⲑⲟϣ，Pthosch"，并且每一个诺姆都以其首府的名称而为人知晓。这样的例子有：埃及语记载"ⲁⲛⲟⲕ ⲟⲩⲣⲙⲡⲣⲟⲟⲩϣ ϩⲙ ⲡⲧⲁϣ ⲧⲟⲩϩⲟ"，意为"我来自图霍（Touho）[①]诺姆（PTOSCH-TOUHO）的佩苏什"[②]。不过也有一些诺姆有特殊的名称；塞本尼图斯之名就是如此，它通常被称为"Ⲡⲑⲟϣ ⲛⲓⲙⲉϣⲟⲧ，Pthosch-Nimeschoti"，意为"le nome des Champs（乡野诺姆）"[③]；不过这个名称可能更多的是专指该诺姆的部分区域。但不管怎么样，中世纪的埃及语著作中如是记载。

下文就是三角洲地区最早 10 个诺姆及其属地城市的列表。有人认为这个表格可能并不准确，因为精确界定每个诺姆的边界是不太可能的。不过以三角洲的自然划分为基础，我们认为已经算是接近了真实情况，因为其自然划分显著影响了三角洲地区的政治划分。

三角洲地区的诺姆（亦称 PTHOSCH）及其属地城市

诺姆	城市
一、法尔拜特（Pharbait）（法尔博埃图斯）诺姆	1. 法尔拜特（Pharbait，又叫法尔博埃图斯） 2. 普塞内泰（Psénétai）
二、斯加尼（Sjani）（塔尼斯）诺姆	3. 斯加尼（Sjani，又叫塔尼斯），我们并不知晓其属地，可能其中应当包含： 4. 莱昂托波利斯（*Leontopolis*） 5. 萨赫拉什特（Sahrascht） 6. 特姆西奥提（Temsiôti） 7. 普森什霍（Psenshiho） 8. 特内斯（Thennési，又叫特内苏斯）

[①] 译注：即上文提到的西奥多斯奥波利斯，见前文，原著第一卷，第 333 页。
[②] 《保罗·埃尔米特行传》；措厄加：《博尔吉亚博物馆科普特语抄本目录》，第 366 页。
[③] 科普特语抄本，皇家图书馆，66 号，梵蒂冈藏书，《圣人阿帕·阿努的殉难》。——见前文，《伊希斯城》章节，原著第二卷，第 194 页。

第六章　下埃及的诺姆

续表

诺姆	城市
三、什姆恩（Schmoun） （大荷莫波利斯）诺姆	9. 什姆恩·埃尔曼（Schmoun-an-Erman，即孟德斯） 10. 特姆伊（Thmoui，又叫特姆伊斯） 11. 尼曼托乌特（Nimanthôout） 12. 诺阿孟（Naamoun） 13. 佩雷姆恩（Pérémoun） 14. 特克里（Tkéhli） 15. 皮沙罗特（Pischarôt） 16. 塔米亚提（Tamiati，又叫塔米亚提斯） 17. 塔姆勒（Tamoul） 18. 托尼（Thôni，又叫托尼斯）
四、普沙提（Pschati） （普罗佐皮斯）诺姆	19. 普沙提（Pschati，又叫普罗佐皮斯） 20. 特罗特（Terôt） 21. 谢特努菲（Schetnoufi） 22. 普提霍特州（Ptihot）（州） 23. 谢姆米（Shmoumi） 24. 法尔西内（Pharsiné） 25. 帕努夫·勒斯／南帕努夫（Panouf-Rês） 26. 汉谢（Hanschêi） 27. 普斯吉斯杰贝尔（Psjsjbêr） 28. 帕塔农（Pathanon） 29. 阿塔尔·巴基（Athar-Baki） 30. 塔努布（Thanoub） 31. 塔瓦赫（Taubah，又叫塔乌阿）
五、普西里（Pousiri） （布西里斯）诺姆	32. 普西里（Pousiri，又叫布西里斯） 33. 提亚梅里（Tiamêiri） 34. 塔桑泊提（Tasempoti） 35. 帕诺（Panau） 36. 提夫勒（Tiphré） 37. 唐塔托（Tantatho）
六、尼梅硕提（Nimeschoti）诺姆	38. 斯杰姆努提（Sjemnouti，又叫塞本尼图斯） 39. 提沙伊利（Tischairi） 40. 纳伊斯（Naesi，又叫伊希斯之城） 41. 帕内佛斯（Panéphôsi） 42. 思科霍乌（Skhôou，又叫科索伊斯） 43. 提亚诺谢（Tianoscher） 44. 特莫内（Thmoné）
七、塞易（Sai）（塞易斯）诺姆	45. 塞易（Sai，又叫塞易斯） 46. 斯乌夫（Siouf） 47. 斯杰布罗·马泰尼（Sjébromathéni）

续表

诺姆	城市
八、乌努菲（Ounouphi）诺姆（奥努菲斯）	48. 乌努菲（*Ounouphi*，又叫奥努菲斯），其属地无从知晓。
九、普特纳托（Ptênato）诺姆（布陀）	49. 普特纳托（Ptênato，又叫布陀） 50. 特硕比（Tchôbi） 51. 塔尔谢比（Tarschébi） 52. 科普莱特（Koprêt，又叫科普里特奥斯·科梅） 53. 尼克斯若乌（Nikesjôou，又叫帕拉洛斯）
十、克贝赫斯（Chbéhs）诺姆（卡巴萨）	54. 克贝赫斯（Chbéhs，又叫卡巴萨） 55. 斯加帕森（Sjapasen） 56. 梅拉斯杰（Mélasj） 57. 布阿亦称富阿（Boua） 58. 松沙尔（Sonshar） 59. 普什尼耶乌（Pschiniêou） 60. 提拉什特（Tiraschit，又叫博洛比提内） 61. 特克乌（Tkôou）

二、提亚拉比亚，亦称下埃及的阿拉伯地区

我们在本章开头介绍过，埃及帝国早期，下埃及的阿拉伯地区并没有以诺姆来划分。因为根据当地普遍观点，该区域并不属于埃及本土范围。① 不过毋庸置疑的是，这片土地被分成了不同的区域，以便政府管理；其中每个地区包含一座城市及属地范围内的乡镇和村庄。之后，希腊人给这些不同区域冠以诺姆的名称。自此，在法老统治之后的时代，下埃及的大行政区数量增至我们先前提到的29个。如此，正是因为时代的不同，所以关于诺姆数量，斯特拉波与古代其他地理学家们的观点存在矛盾。

我们将在此处给出下埃及阿拉伯地区的区划表，但这个表格不可

---

① 见前文，原著第二卷，第74、75、76页。

能完美无缺、毫无差错，它只是基于一定的概率以及我们对该地区的研究结果。

下埃及提亚拉比亚（亦称下埃及阿拉伯地区）的划分

一、翁（On，又叫赫利奥波利斯）的属地	1. 翁城（On，又叫赫利奥波利斯） 2. 利乌伊（Lioui） 3. 巴贝勒·克米（Babêl-an-Chêmi，又叫埃及的巴比伦） 4. 普提曼霍尔（Ptiminhor） 5. 图霍·努布（Touho-Noub） 6. 普西里（Pousiri）
二、阿特利比（Athrêbi①，又叫阿特利比斯）的属地	7. 阿特利比（Athrêbi，又叫阿特利比斯） 8. 普乌尚（Pouschêm②，又叫乌尚） 9. 帕那霍（Panaho） 10. 皮什奥（Pischô）或者塔普硕（Tapschô） 11. 那姆恩（Namoun） 12. 普塞那科（Psénakô）
三、普巴斯提（Poubasti，又叫布巴斯特）的属地	13. 普巴斯提（Poubasti，又叫布巴斯特） 14. 菲尔贝斯（Phelbês） 15. 皮托姆（Pithôm，又叫图姆） 16. 托乌巴斯提（Thôoubasti③，又叫托巴斯图姆） 17. 美什托勒（Meschtôl） 18. 米耶克佛利斯（*Myecphoris*）
四、提亚拉比亚本土（Tiarabia, proprement dit）	19. 法克斯（Phakôs，又叫法库萨） 20. 阿乌阿拉（Aouara） 21. 塞勒（*Seloe*）
五、萨里翁（Sariom，又叫赛特隆）的属地	22. 普萨里翁（Psariom，又叫赛特隆） 23. 美什托勒（Meschtôl，又叫玛格多鲁姆） 24. 达菲尼斯（Tahhphnés） 25. 佩雷姆恩（Pérémoun，又叫佩吕斯）

这些属地范围恰好对应了希腊人所说的诺姆赫利奥波利斯（Heliopolitès）、阿特利比斯（Athribitès）、布巴斯提斯（Bubastitès）④、

---

① 译注：文中亦写作 Athribi。
② 译注：原著正文中出现的是 оγωнм，Ouschêm，此处作者加上了科普特语的阳性冠词 п，构成了 Поγωнм，Pouschêm。
③ 译注：上文写作 Tôoubasti。
④ 译注：即布巴斯特。

阿拉比亚（Arabiae）[①]以及赛特罗伊斯（Sêthroïtès）[②]。由此可见，在希腊人和罗马人统治时期，科普特人写作时效仿其统治者，用诺姆（Πεοψ）名称来命名阿特利比斯地区[③]和埃及该区域内的其他城市，也就不足为奇了。

三、尼法伊亚特，亦称下埃及的利比亚地区

我们所谈到的关于提亚拉比亚的内容同样也适用于尼法伊亚特。也就是说，在法老统治时期，该地区是以州来划分，而不是以诺姆来划分，因为埃及的36个诺姆中，有10个位于缇巴依德，16个位于中埃及，另外10个在下埃及。[④]下面的表格并没有系统地列出尼法伊亚特地区的城市和乡镇。这是由于收集整理的相关资料过于宽泛，所以我们不敢像给提亚拉比亚分类那样，对这里进行某类划分。我们仅限于给出下埃及这一地区的城市名录。这些城市按照地理位置排序，同时用星号标注那些可能是州首府的城市。

尼法伊亚特城市及乡镇

1. 莱托波利斯*（Létopolis）	6. 拉美西斯（Ramessés）
2. 特勒努提（Terenouti）	7. 什勒伊米（Schléimi）
3. 拉康（Lakan）	8. 苏恩霍尔（Sounhôr）
4. 阿尔巴特（Arbat）*	9. 普提曼霍尔（Ptiminhôr）*
5. 斯杰布罗·梅内森（Sjébro-Ménésin）[⑤]	10. 特洛谢（Théroshe）

---

① 译注：即提亚拉比亚。
② 译注：即赛特隆。
③ 见前文，原著第二卷，第52页。
④ 斯特拉波，卷十七。
⑤ 属于阿尔巴特州。

第六章 下埃及的诺姆

续表

11. 特罗特（Terôt，又作 Térôt）	16. 塔普西里（Tapousiri）
12. 帕努夫·凯特/北帕努夫（Panouf-Khêt）*	17. 拉科提（Rakoti）
13. 马努提（Manouti）	18. 马莱·尼法伊亚特（Marê-Niphaïat）
14. 卡汉努布（Kahannoub）*	19. 阿匹斯（*Apis*）
15. 托尼（Thôni）	20. 塔弗西里，普西里（Taphousiri, Pousiri）

希腊人把诺姆亚历山大里亚、梅内拉乌斯（Ménélaüs）和安德罗波利斯排在了埃及的这片区域中。埃及血统的国王统治时期，亚历山大里亚极不起眼，尚不足以成为一个区的首府，成为一个诺姆更是无从谈起。我们不知道梅内拉乌斯和安德罗波利斯的方位与城市的埃及语名称，因而无法就其面积和位置发表任何意见。

第七章　埃及的属地

我们曾经说过，只有尼罗河泛滥所滋养或者尼罗河支流所浇灌的土地上所建之城才应当被视作埃及本土的一部分。由此必然可以得出，利比亚山脉与阿拉伯山脉之外的所有地方都不属于埃及本土；但由于人们在那里发现了许多城市，且古代作者们最早证实了它们起源于埃及。更有甚者，由于它们的名称是从埃及人的语言派生而来，所以毋庸置疑，从远古的时代起这些城市就属于埃及及其君主。曼涅托转述的一个事例也证明，从埃及君主制施行之日起，埃及附近的利比亚地区就被法老所征服、处于他们的权杖之下。赫利奥波利斯的祭司向我们讲述道，在第三王朝的国王纳克罗弗统治时期，利比亚人揭竿而起，反对这位国王的统治。但之后不久，他们又回到了这位国王的统治之下。毫无疑问，埃及人同样也是诉诸武力，从而夺取了埃及与叙利亚和阿拉伯半岛交界的众多区域。因此在本章节中，我们将会在"埃及属地"的名号之下介绍上述刚谈到的地区以及并入埃及的利比亚地区。

本章将分成两部分，第一部分将介绍位于利比亚的埃及属地，而位于阿拉伯半岛一侧的埃及属地则是第二部分的内容。

第七章　埃及的属地

一、利比亚的埃及属地

绿洲（les Oasis，埃及语名称为 Neouahé）

在埃及西部、利比亚地区，人们发现了一些溪流浇灌的区域，这些溪流在这里发源，便利了植物及各种树木的生长，也促进了农业的发展。这些被沙漠包围的肥沃地区便被埃及人称作"绿洲"。[1] 某种程度上来说，它们与外界隔绝，就像沙漠中央的小岛；若想到达那里，需要经历长途跋涉，沿途没有植被、没有葱茏的草木、极度干燥、烈日灼烧。

这些相隔甚远的地区属于埃及 [2]，但人们却无法以任何方式确定埃及人在那里定居的年代。不过可以推测，这些地区归入埃及帝国，同时，正如我们之前提到的，许多利比亚人从埃及君主制度建立之初起，便臣服于法老的统治。

希罗多德只谈到了 1 个绿洲 [3]，并且他介绍的所有内容均涉及最南部。斯特拉波介绍了 3 个绿洲，并相当精确地给出了它们的方位。其中第 1 个号称"大绿洲"；第 2 个是"小绿洲"；第 3 个则俗称"阿蒙绿洲"；在介绍完埃及人对单词 Oasis（绿洲）的拼写及释义后，我们将对这些绿洲专门逐一介绍。

希罗多德把它们的名称写成 Οασις，斯特拉波和拜占庭的艾蒂安则写成 Αυασις。阿拉伯人也区分出了 3 个绿洲 [4]，将它们命名成复数的 "Ouahhat" [5] 和单数的 "Ouahh" [6]。后一个阿拉伯语名称几乎就是古埃及语名称 "Oyaϩε，OUAHÉ" 的准确转写。它属于底比斯方言，并

---

[1] 斯特拉波，卷十七。
[2] 斯特拉波，卷十七。
[3] 希罗多德，卷三，26。
[4] 阿布尔菲达，*Dzikr-Diar-Missr*，第 180 页，维也纳，左兹姆兄弟出版社，1807 年版。
[5] 阿布尔菲达，*Dzikr-Diar-Missr*，第 178 页。
[6] 阿布尔菲达，*Dzikr-Diar-Missr*，第 180 页。

出现在了科普特语和阿拉伯语版的埃及地方名录中。①

单词 ογλϩε 的意思可能本身就出现在了地理学家斯特拉波的下面两段内容中："Αυασεις δε οι Αιγυπτιοι καλουσι τας οικουμενας χωρας, περιεχομενας κυκλω μεγαλαις ερημιαις"，意为"埃及人把被巨大沙漠包围的居住地区称作 Auasis"；"Και αυται δε κατοικιαι εισιν αξιολογοι"，意为"所有这些地方（绿洲）都是宜居之地"。科普特语中，绿洲的埃及语名称 ογλϩε 实际上意指"mansio（宅邸），habitatio（住宅）"。它是从底比斯语词根"λϩε, stare（站立）"派生而来，加上了不定冠词 ογ，从而构成了"ογλϩε, mansio（宅邸）"。ογλϩε 也可以从同样意为"manere（保留、留下）"的底比斯语词根"ογωϩ, ογλϩ, ouôh, ouah"派生而来，其中的 λϩε 只是一个变体。词根 ογωϩ 和 λϩε 是"τλϩε, τλϩο, sistere（停止）"最初的写法，由此构成了许多埃及城市的名称"τογϩο, mansio（宅邸）"，这是一目了然的。②

因此毫无疑问，希腊语单词 Οασις 和 Αυασεις，以及阿拉伯语 Ouahh 只不过是埃及语-底比斯方言"ογλϩε, OUAHÉ, mansio（宅邸）"的变体。因此绿洲的埃及语名称为"Νεογλϩε, NÉOUAHÉ, mansiones [宅邸（复数）]"。

（一）大绿洲（De la grande Oasis）——普索伊绿洲（Ouahé-Psoï）

我们之前已经介绍过，历史学家希罗多德只谈及了大绿洲。他将其定位在利比亚，距底比斯有 7 天的路程，并且他补充道，只有一条沙路通往此处。③希腊人也把这个绿洲命名为"幸福岛（Ile des Bienheureux）"。④

斯特拉波把大绿洲称作第一绿洲。他认为其与阿比多斯处于同一纬度，离阿比多斯有 7 天脚程。

---

① 科普特语抄本，皇家图书馆，古藏书，46 号。见附录三。
② 见前文，原著第一卷，第 299、第 300 页。——原著第二卷，第 42 页。（译注：原文如此，经查证应当是在第二卷，第 43 页。）
③ 希罗多德，卷三，26。
④ 希罗多德，卷三，26。

按照最新的结论，即法国人远征埃及期间所获取的结论显示，斯特拉波比希罗多德更精准地定位了大绿洲的所在方位。事实上，里波（Ripault）先生在埃及根据绿洲当地居民所提供的正面信息写成了一篇论文，其中记载：大绿洲几乎是与吉尔杰（Djirdjéh）[①]处于同一纬度，为 26.5°。[②]因此正如斯特拉波所说，它确实位于阿比多斯的对面。

诚如大家所见，3 个绿洲的埃及语通用名是"ΟΥΑϨΕ，OUAHE，mansio（宅邸）"，但每一个也都有另外的称谓，从而得以相互区分。旺斯莱布从一份科普特语抄本中摘录了埃及主教城市名录，其中提到了名称"ΟΥΑϨΕ ΨΟΙ，OUAHÈ-PSOI"，即"普索伊（Psoi）绿洲"。[③]这个就是指大绿洲，可能是因为该绿洲中有一座同名的城市，抑或是因为它位于上埃及城市普索伊（ΨΟΙ，Psoï）对面的沙漠之中。普索伊是诺姆首府，靠近阿比多斯的旧址。

西贝（Hibe 或 Hibé）

《帝国简介》中提到，大绿洲有一个名为 HIBE（西贝）的军事要塞，此名称似乎是埃及语。单词"ϨΙΒΕ，Hibé"记载于底比斯方言的科普特语经卷中，意思是"低矮的、扁的、深陷的"。由此可以推测，这个名为西贝的地方位于一片低洼处，在河谷的低地之中。

提诺德斯山（Tinodes-Mons）——普硕山（Ptoou-Ampschô）

在大绿洲以北不远处有一座山脉因其自然环境而被希腊人称作 TINODÈS（提诺德斯），阿拉伯人称作 RAMLIÉH（拉姆勒）[④]，意为"沙土之山"。如果像唐维尔所证，这两个名称事实上属于同一个地方，那么很有可能是埃及人所取名称之翻译，而该名称无疑就是"Πτοογ ὑπϣω，PTOOU-AMPSCHÔ（沙土之山）"。

（二）小绿洲（De la petite Oasis）——潘斯杰绿洲（Ouahé-Pemsjé）

位于大绿洲北部的小绿洲地处纬度 29°2′[⑤]，与中埃及的著名城市

[①] 译注：前文写作 Djirdjé，见前文，原著第一卷，第 253 页。
[②] 《埃及十日》第一卷，第 151 页。
[③] 《亚历山大里亚教会史》，第 25 页。
[④] 唐维尔：《埃及论文集》，第 189 页。
[⑤] 见里波先生的论文，《埃及十日》第一卷，第 151 页。

奥克西林库斯相向而望。斯特拉波将其定位于摩里斯湖周边，也差不多就是这个地方。①

该绿洲与普索伊绿洲（大绿洲）的自然状况相同。相对丰富的资源使得那里清新、丰沃。不过由于绿洲带给人们足够的舒适体验而使得希腊人将其命名为"幸福岛"是很值得商榷的，他们是用想象力来美化了沙漠本身。

有时候阿拉伯人用名称 Bahnésa（巴赫内萨）或者 Behnésé（贝赫内塞）绿洲来指小绿洲，据此我们就可以重新找出这片绿洲的埃及语名称。其实我们发现，大绿洲之所以取名为"Ouahé-Psoï, ⲞⲨⲀϨⲈ ⲠⲤⲞⲒ, 普索伊绿洲（Oasis de Psoi）"，是因为它位于上埃及普索伊城对面；小绿洲也是同样的情形。上文介绍过，小绿洲与奥克西林库斯位于同一纬度，我们也证实了这座城市的埃及语名称为"ⲠⲈⲘϪⲈ, Pemsjé"，并且阿拉伯人则仍然将其称为 Bahnésa（巴赫内萨）。所以很显然，阿拉伯人对小绿洲的称谓 Ouahh de Bahnésa（巴赫内萨的绿洲）只是对埃及人给出的名称"ⲞⲨⲀϨⲈ ⲠⲈⲘϪⲈ, OUAHÈ-PEMSJÈ, 潘斯杰绿洲（Oasis de Pemsjé）"之翻译。甚至很可能在小绿洲中也有一座名为潘斯杰（ⲠⲈⲘϪⲈ, Pemsjé）的城市。实际上，阿拉伯人说的是绿洲中的巴赫内萨（Bahnésa des Oasis）。②

（三）阿蒙绿洲（De l'oasis d'Ammon）-阿蒙绿州（Ouahé-Amoun）?

相较于其他两个绿洲，阿蒙绿洲的旧址更加难以确定。

希罗多德谈到了阿蒙神谕所③，却没有提及同名的绿洲。可能此神谕所并不是亚历山大穿过利比亚沙漠、前往求神降示之处；它可能位于埃及本土，在底比斯或者这一地区的其他任何城市。不过，如果认为前往求教的人们是想冒充利比亚人④，那么就可以推测他们派代表前往的神谕所位于利比亚，并且从表面看来，这就是阿蒙绿洲的神

---

① 斯特拉波，卷十七。
② 阿布尔菲达，*Dzikr-Diar-Missr*，第212页，左兹姆兄弟出版社。
③ 卷二，18。
④ 卷二，18。

谕所。

斯特拉波认为第三个绿洲在阿蒙神谕所附近。① 由此似乎可以得出，神庙并不在绿洲内，但由于绿洲的方位靠近这座著名的神谕所，因而取了阿蒙的名称。然而很可能的情况是，即使阿蒙神庙不在绿洲范围之内，两者间也只有很短的距离。

博物学家普林尼谈到，阿蒙神谕所距孟菲斯有 12 天的脚程。② 按照一天的行程为 7 古里来计算，那么 12 天的脚程就是 84 古里；布朗（Brown）地图上精确标注了两地的间距，就是孟菲斯与如今名为锡瓦（Siouah）③ 的绿洲之间的距离。里波先生与巴比耶·博卡日（Barbier du Bocage）④ 先生也把阿蒙绿洲定位在了锡瓦；里波先生在其关于绿洲的论文中提到了这一点⑤，而巴比耶·博卡日先生则是在他为德·圣·克鲁瓦（De Sainte Croix）先生之学术著作《亚历山大的历史学家》(Hitoriens d'Alexandre) 所绘制的地图上进行了标注。至于神谕所所在神庙的方位，如果考虑到斯特拉波在这一方面的权威，鉴于他把绿洲和阿蒙神庙区分在两个不同的地方，那就不应当将神庙确定在锡瓦；但是唐维尔毫不犹豫地把这两个地方视作同一处。并且如果考虑到普林尼给出的孟菲斯和阿蒙神谕所之间的距离恰好就是孟菲斯与锡瓦的间距，那么法国伟大的地理学家唐维尔之观点的准确性则上升到了一个新高度。

巴比耶·博卡日先生采纳了唐维尔的观点，即神庙与阿蒙神谕所位于第三个绿洲内，而并不是在绿洲之外。相较于斯特拉波把两者分开的结论，我们认为这一观点更为可取，并将对普林尼提出的该同一性补充如下缘由：

---

① 斯特拉波，卷十七，第 813 页 D。
② Memphis unde ad Hammonis Oraculum XII iter est. C. Plin., Hist. Nat., lib. V, cap. 10, page.256, petite édition des Elzevirs.（阿蒙神谕所距孟菲斯 12 天的脚程，历史学家、博物学家普林尼，卷五，第十章，第 256 页，埃尔思维里乌斯出版社。）
③ 译注：文中亦写作 Syouah，见前文，原著第一卷，第 263 页。
④ 译注：巴比耶·博卡日是法国地理学家与地图学家。
⑤ 《埃及十日》，第一卷，第 151 页。

毫无疑问，锡瓦绿洲是埃及属地的一部分。这一点是不存在任何不确定性的，因为至今锡瓦仍然有一座半毁的埃及神庙。① 以下就是布朗给出的相关描述，他曾经到访此地：

　　"在向导们的带领下，我行走于众花园中辟出的林荫小道上。大约2英里后，我们来到了名为Birbé（比尔贝）的地方。我承认，当我见到那里有一座年代久远的建筑时，着实颇为讶异。尽管建筑并不宏伟，但无论从哪一方面来看，它都非常引人注目。那里面只有单独的一个房间，但墙体建造所用的石材与修建金字塔的巨石相同。房间长32法尺，宽15法尺，高18法尺，其屋顶最初由6块巨石连接墙体构成。房间一侧的墙体中开了一扇门作为主入口。与这一侧相邻的两面分别有另外的门，且它们相互平行。而房间的最后一侧则几乎完全毁坏；尽管如此，也可以判断出这个房间的面积仅限于此，不会更大了。——外墙遍布雕刻，上面有3排雕像，似乎是一个队列。'队列中间间隔的地方刻满了象形文字'。拱顶的装饰方法也是如此。上面的雕刻清晰可辨，甚至一些地方的画像颜色仍然保留着。在这座建筑的周边，'还有许多其他夺人眼球的雕刻'，等等。"②

　　不仅这座神庙是埃及风格，而且锡瓦居民给它所取的名称BIRBÉ（比尔贝）也是埃及语。单词BIRBÉ只不过是埃及语 Пρπε 的变体，科普特人将其读作BERBÉ或者BARBA，意为"神庙"。

　　那么现在可以确信锡瓦的埃及神庙是阿蒙神谕所宗教建筑的一部分了吗？首先，不管这个推测看起来多么冒险，但通过深入的研究还是很容易发现其极大的可能性。

　　1. 我们特别强调普林尼给出的孟菲斯与阿蒙神谕所之间的间距，刚好就是我们之前提到的孟菲斯遗址与锡瓦之间的距离。

　　2. 西西里的狄奥多罗斯认为阿蒙神庙所在的绿洲长50斯塔德，布朗则认为锡瓦绿洲长约6英里，对应于48斯塔德又601度，也就

---

① 布朗：《叙利亚与非洲游记》，第一卷，第32页。
② 布朗：《叙利亚与非洲游记》，第26、27、28页。

接近狄奥多罗斯所说的 50 斯塔德。

3. 西西里的狄奥多罗斯在介绍了阿蒙人的 3 重围墙后，又补充说道："在其不远处另有一座绿树环绕的阿蒙神庙（ετερος ναος Αμμωνος），旁边有一方喷泉，泉水的冷暖取决于太阳与地平线的距离。"①

我们确信这段内容无疑与布朗所描绘的埃及遗迹相关。

其实，狄奥多罗斯所谈到的树木是几乎覆盖锡瓦全境的棕榈树；② 而靠近大阿蒙神庙的另一座阿蒙神庙恰好就是锡瓦的神庙（Birbé, Ⲡⲡⲉ），对此狄奥多罗斯谈到的喷泉就是最佳例证。如今该喷泉仍然靠近布朗介绍的遗迹旁边，下面就是这位旅行家关于喷泉的描述："锡瓦拥有丰富的淡水与咸水资源，但淡水水源大部分都是热的，据当地人的报告所述，其中靠近我所说的遗迹之水源时冷时热。"③

因此毫无疑问，锡瓦与阿蒙绿洲就是同一个地方。

通过这些对比，我们不禁感到惊讶，曾经到访过锡瓦的布朗竟然没有发现狄奥多罗斯描绘的阿蒙绿洲与他的亲眼所见极其相似，而是去别处寻找阿蒙绿洲。

根据狄奥多罗斯的明确表述，发布神谕的阿蒙神庙存在于布朗曾经到访其遗址的小神庙周边；但现如今圣地的任何遗迹都不复存在，更不用说其外围的 3 座城墙了。小阿蒙神庙旁的喷泉名为"太阳泉"④，其埃及语名称应当是"ⲦⲘⲞⲨⲘⲈ Ⲙ̄ⲠⲢⲎ, Tmoume-Amprê"。

这片绿洲现在的名称 Siouah（锡瓦）似乎起源于埃及语。我们认为，类似于绿洲的统称"Ⲟⲩⲁϩⲉ, Ouahe"，"Ⲥⲓⲟⲩⲁϩ, Siouah"是最初写成 Ⲟⲩⲁϩ 的 Ⲥⲟⲟⲩϩ 之派生词。

埃及人也把锡瓦称作"Ⲟⲩⲁϩⲉ ⲁ̀ⲘⲞⲨⲚ, Ouahè-Amoun（阿蒙绿

---

① 西西里的狄奥多罗斯，卷十七，第 528 页。
② 布朗，第一卷，第 35 页。
③ 布朗，第一卷，第 35 页。
④ 西西里的狄奥多罗斯，卷十七，第 528 页。——昆图斯·库尔克（Q. Curce），卷七，第 184 页。（译注：昆图斯·库尔克，古罗马历史学家，《亚历山大大帝史》的作者之一。）

洲）"。如此，希腊人所给出的名称确实是该绿洲埃及语名称之翻译。

上述关于绿洲的基本知识就是我们认为应当集中阐述的内容，尤其是阿蒙绿洲。

斯基泰地区（Scythiaca-Regio.）——**什耶特**（Schiêt）

托勒密提到了埃及的利比亚地区里的一个区域，它位于马雷奥蒂斯湖南部，托勒密将其命名为"斯基泰地区（Scythiaca-Regio）"①。在唐维尔的现代埃及地图上，这个州是用阿拉伯语名称 Barraï-Sciahiat 标注的，或者更确切地说，是 Barriah-Schihat，"什亚特（Schihat）沙漠"。这与因有众多静心修行的基督教隐修士而出名的赛特沙漠是同一个地方。

不过需要指出的是，托勒密所说的"斯基泰地区"并不完全对应于阿拉伯人所说的什亚特沙漠（Barriah-Schihat）。这位希腊地理学家命名的"斯基泰地区"应当是专门对应于"泡碱湖所在的大河谷"，而环绕河谷的沙漠则构成了阿拉伯人所说的什亚特沙漠（Barriah-Schihat）。

名称 Σκυθιακη，Scythiaca 和阿拉伯人所说的 Schihat 只不过是保留在科普特语经卷中该地区埃及语名称"ϢIHT，Schiêt"之讹用。②

埃及语单词 ϢIHT 有时候也写作 ϢIϨHT③，甚至是 ϢHϨHT④。

面对这两个不同的拼写方式，要求人们找出其中更为常用的写法。在这一点上，似乎仅需要区分它们通行的时代便可得出论断，也就是说其中一个是最初的写法，而自基督教出现在埃及之日起，出于

---

① 卷四。
② 科普特语抄本，皇家图书馆，梵蒂冈藏书，58 号，《什耶特 49 位殉道者的骸骨运输》（Histoire de la translation des os de 49 martyrs à Schiêt）。——《博尔吉亚博物馆抄本目录》，沙希地语抄本，第 318、338、342 页等。
③ 《博尔吉亚博物馆抄本目录》，十九，第 19 页，《提夫勒的圣人以撒的殉难》结束语处。
④ 在皇家图书馆梵蒂冈藏书区 69 号的科普特语抄本中，《提夫勒的圣人以撒的殉难》结束语处是这样记载的："ⲀϤⲠⲎⲒϤ ⲈϨⲞⲨⲚ ⲈⲦⲀⲢⲒⲀ ⲚⲈⲔⲔⲀⲎⲤⲒⲀ ⲚⲦⲈ ⲠⲈⲚⲒⲰⲦ ⲈⲐⲞⲨⲀⲂ ⲀⲂⲂⲀ ⲘⲀⲔⲀⲢⲒ ⲚⲦⲈ ϢⲎϨⲎⲦ."["他把（这个样本）放在了什耶特的神父马凯尔圣修士所在圣教会中。"] 措厄加将其收录在《博尔吉亚博物馆的抄本目录》中（上述注释中有这段内容），他将其写成了 ϢⲒϨⲎⲦ，而不是 ϢⲎϨⲎⲦ；但梵蒂冈藏书区抄本之记载为 ϢⲎϨⲎⲦ。

宗教的考量便诞生了第二种写法。

其实，最古老的科普特语抄本中记载都是ϢIHT，只是最近期的抄本中写成了"ϢIϨHT，Schihêt"；由此必然可以得出两个写法中更早出现的"ϢIHT，Schiêt"本身就是埃及语名称；而就如这个单词的本意所证，ϢIϨHT是后来的写法。它是由词根"Ϣι，mesurer（测量、测定）"和"ϨHT，coeur（心）"组合而成，意为"mesure du coeur（心之度量）或者 mesure des coeurs（众心之度量）"。这是埃及基督徒所取之富有神秘色彩的名称，用来指那些最负盛名的隐遁圣人之居住地，以及众多修道院的所在之处。雅布隆斯基确定了单词ϢIϨHT的含义[①]，但却没能将其从最早的名称ϢIHT中辨别出来，因为他把后者视为一个错误的写法。

最初的真实埃及语名称ϢIHT并不与中世纪埃及人给同一地区所取的名称ϢIϨHT意义一致。ϢIHT是词根"ϢιAι，extendere（扩大、延伸）、in longum extendere（延长）"的派生词，由此衍生出了意指"狭长河谷"的ϢIHT。根据所有旅行家的说法，其实这就是泡碱湖所在的河谷地区。[②] 由此可见，信仰基督教的科普特人仅仅加上了一个字母Ϩ（H）（读作 Hori）就轻而易举地赋予了最初的名称ϢIHT以崭新的形式。并且由于宗教信仰，什耶特地区修建了大量的修道院。而为了与其宗教相关联，他们还更改了这个词的意义。阿拉伯语的 Schihat 是从第二个形式 ϢIϨHT 派生而来。

斯亚提斯（Scyathis）——什耶特（Schiêt）

什耶特（ϢIHT）地区有一座小城，托勒密将其称作斯亚提斯（Scyathis），唐维尔则将其定位在了泡碱湖所在河谷的东南方；但因其得名于该河谷，所以我们认为它应当是在河谷内。

Scyathis 只不过是埃及语ϢIHT的希腊式改写，拜占庭的艾蒂安把这座城市命名为斯托波利斯（Scythopolis）。

---

① 雅布隆斯基：《小册子》，第一卷。
② 索尼尼：《埃及游记》，第二卷，第 161 页。——安德烈奥西将军：《论泡碱湖所在河谷》(Mémoire sur la vallée des lacs de Natron)，载于《埃及十日》，第二卷，第 93 页等。

尼特里奥提斯诺姆（Nome Nitriotis）——皮霍桑诺姆（Pmampihosem）?

斯特拉波指出，在莫孟菲斯上方，有一个大行政区。其名称尼特里奥提斯（Nitriotis）源于两个出产大量硝石的地方。所有的地理学家都认可该诺姆应当位于如今的泡碱湖河谷区域。鉴于这一点是确切无疑的，那么接下来我们只需要给出该地区的埃及语名称。

上文已经谈到泡碱湖河谷埃及语名为"ϢⲎⲦ（什耶特），长的河谷（la Vallée longue）"；但这个河谷地带出产泡碱的湖泊所在区域埃及语名应为Ⲡⲙⲁⲙ̀ⲡⲓϩⲟⲥⲉⲙ[①]，意为"泡碱之地（le lieu du Natron）"，而这就对应了希腊人所说的尼特里奥提斯诺姆。

尼特里亚山（Mons-Nitriae.）——皮霍桑山（Ptôou-Ampihosem）

苏格拉底和尼塞福尔·卡里斯特（Nicéphore-Callixte）[②]曾谈及尼特里亚山；[③]科普特经卷中也提到过这个地方，并将其命名为Ⲡⲧⲟⲟⲩⲙ̀ⲡⲓϩⲟⲥⲉⲙ，意为"泡碱山（Montagne du Natron）"。对此《什耶特的马凯尔行传》中是这样记载的："这位圣人在三角洲地区的村庄普斯吉斯杰贝尔（Pjisjber）——其方位我们早已确定[④]，请求他的父亲允许他带着工人及骆驼，与众人一起前往泡碱（Pihosem）山，从那里运回泡碱（ⲉϥⲉⲣⲉⲧⲓⲛ ⲙ̀ⲡⲉϥⲓⲱⲧ ϫⲉ ϩⲓⲛⲁ ⲉϥⲉϣⲉ ϩⲱϥ ⲛⲉⲙ ⲛⲉϥⲉⲣⲅⲁⲧⲏⲥ ⲛⲉⲙ ⲛⲉϥϭⲁⲙⲟⲩⲗ ⲉ̀ⲡⲓⲧⲱⲟⲩ ⲙ̀ⲡⲓϩⲟⲥⲉⲙ ⲛⲉⲙ ⲡⲓⲙⲏϣ ⲉⲧϩⲁ ⲉ̀ⲙⲁⲩ ⲛ̀ⲧⲉϥⲉⲛ ϩⲟⲥⲉⲙ ⲉ̀ⲃⲟⲗ）。"[⑤]

因此毫无疑问，尼特里亚山与科普特人所说的"泡碱山（Ⲡⲧⲱⲟⲩ ⲙ̀ⲡⲓϩⲟⲥⲉⲙ）[⑥]"就是同一个地方。由于这座山临近泡碱湖，故而泡碱山成为了埃及人对它的称呼。同时这也就印证了我们的结论：尼特里奥提斯诺姆就是皮霍桑诺姆（Ⲡⲙⲁⲙ̀ⲡⲓϩⲟⲥⲉⲙ，Pma-Ampihosem）。

[①] 译注：转写为Pmampihosem。
[②] 译注：拜占庭时期的修士、历史学家。
[③] 唐维尔：《埃及论文集》，第74页。
[④] 见前文，原著第二册，第160页。（译注：前文写作Psjisjbêr。）
[⑤] 科普特语抄本，皇家图书馆，梵蒂冈藏书，69号。
[⑥] 译注：转写为Ptôou-Ampihosem。

尼特里亚（Nitria）——法皮霍桑（Phapihosem）?

尼特里亚山旁曾经有一座同名的城市，圣人热罗姆将其称作尼特里亚。① 我们可以确定，它的埃及语名称为"Ⲡⲓϩⲟⲥⲉⲙ 或者 Ⲫⲁⲡⲓϩⲟⲥⲉⲙ②，泡碱之城（la ville du Natron）"。最早的时候，很可能人们把从湖泊中获取的泡碱放置于此，之后再将其运往特勒努提。最后泡碱从特勒努提输送至埃及各地。正是在这样的情形之下，这座城市获得了埃及语名称 Phapihosem（法皮霍桑），而 Nitria（尼特里亚）只是其中一个翻译。科普特语著作中对比未有记载。

皮亚姆恩（Piamoun）

根据什耶特地区圣人马凯尔大教会中众多殉道者骸骨运输历史的记载③，该地区确实有一个名为"Ⲡⲓⲁⲙⲟⲩⲛ，Piamoun（皮亚姆恩）"的地方。书中还提到，什耶特的人们前往三角洲位于卡诺皮克河与如今名为卡里纳因运河之间的村庄帕塔农④，"他们从皮亚姆恩出发，经过普斯吉斯杰贝尔（Psjêsjbêr）河（ⲁⲩⲓ ⲉⲃⲟⲗϩⲉⲛ Ⲡⲓⲁⲙⲟⲩⲛ……ⲁⲩϭⲓⲛⲓⲟⲣ ⲉⲙⲏⲣ ⲉⲡⲭⲏⲭⲃⲏⲣ⑤）"。从这段内容中我们可以得出，名为皮亚姆恩（Ⲡⲓⲁⲙⲟⲩⲛ，Piamoun）的地方位于什耶特东部，靠近特勒努提（Ⲧⲉⲣⲉⲛⲟⲩⲧ，Térénouti）。

希腊人称作阿蒙（Αμμων）的神祇埃及语名为"Ⲡⲓⲁⲙⲟⲩⲛ，Piamoun"，相较于希腊语名称，其前面加上了阳性冠词 ⲡⲓ。我们并不了解是在什么样的背景之下，这个地方被赋予了这样一个相关的名称。

佩尔努斯杰（Pernousj）或者佩尔努杰（Pérnoudj）

科普特语抄本经常会提到"佩尔努斯杰山（Ⲡⲧⲱⲟⲩ ⲛ̀ⲧⲉⲡⲉⲣⲛⲟⲩϫ）"⑥，它也在我们所介绍的州县之内。《埃及的阿拉伯化概况》中记载了巴

---

① 唐维尔：《埃及论文集》，第 74 页。
② 译注：转写为 Pihosem 或者 Phapihosem。
③ 科普特语抄本，皇家图书馆，梵蒂冈藏书，58 号。
④ 见前文，原著第二卷，第 161 页。
⑤ 译注：前文亦写作 ⲡⲭⲓⲭⲃⲏⲣ，转写为 Psjisjbêr。见原著第二卷，第 160 页及其他各处。
⑥ 科普特语抄本，皇家图书馆，梵蒂冈藏书，69 号，圣帕克缪学会。——《博尔吉亚博物馆科普特语抄本目录》，第 69、71、124、131 页等。

伊雷（Bahhira）省①一个名为巴尔努杰（Barnoudj）的乡镇②，而这显然就是埃及人所说的佩尔努斯杰（Ⲡⲉⲣⲛⲟⲩⲭ，Pernousj），科普特人读作 Barnoudj。尽管可以肯定这两个名称是指同一个地方，但却无法从中找出其准确方位的任何蛛丝马迹。只能得出，在埃及西部、与利比亚交界的地区曾有一个名为佩尔努斯杰（Ⲡⲉⲣⲛⲟⲩⲭ，Pernousj）的乡镇，该乡镇得名于其周边、中世纪时期隐修士们所居住的山脉。

二、埃及的东部属地

众多的历史事件证实了埃及人曾多次入侵叙利亚。法老普萨穆提斯（即普萨美提克）包围了亚锁都（Azotus）；③ 尼科（Nekhaô）（亦作 Nécos）夺取了叙利亚要城卡杜提斯（Cadytis）；④ 阿普里斯（Apries）（亦作 Ouaphrê）则是进军赛达（Sidon）、迎战提尔人，并在与塞浦路斯人的海战中取得大捷；最终阿玛西斯完全攻占塞浦路斯岛。⑤ 历史所留下的古迹无可非议，它们见证了埃及人的霸业，曾经的红海之上遍布法老尼科的埃及军舰⑥，阿拉伯半岛上的某些地方自然也归入了他们的统治之下。然而我们对于埃及东部属地的基本概念相当模糊，所以只能得出一个笼统的结论：这里的属地不及埃及西部属地之广阔。可以确定的是，埃及仅对叙利亚实施了短暂的统治，并且只是依靠武装力量来维持。甚至，恰恰就是在最后几个王朝的法老们对叙利亚的频繁入侵中，触发了埃及人与波斯人的战争。而冈比西斯之所以摧毁埃及、颠覆法老王的统治根基，无疑是为了满足自己的勃勃野心，同

---

① 译注：前文写作 Bahhiré，见前文，原著第二卷，第 4 页，注释 2。
② 《阿拉伯化概况》，第 662 页，83。
③ 希罗多德，卷二，157。
④ 希罗多德，卷二，159。
⑤ 希罗多德，卷二，161。——西西里的狄奥多罗斯，卷一，68。
⑥ 希罗多德，卷二，182。

时也是为了保护自己的盟友叙利亚人民,甚至是为了保护其附庸国。

不管怎样,与叙利亚接壤的埃及属地边界范围十分明确;如果把卡西乌斯山(Mont-Casius)作为埃及王国与叙利亚的自然分界[①],那么奥斯特拉辛(Ostracine)与里诺科汝拉(Rhinocorura)就是仅有的、埃及管辖范围内的叙利亚城市。

(一)埃及辖地内的叙利亚城市

奥斯特拉辛(Ostracine)

这是一座海滨城市,距沼泽地赛尔伯尼斯(Serbonis)有一定的距离。埃及人的民间宗教学说认为,不祥的身心灵之父——堤丰的住所便是在这片沼泽地的淤泥和流沙之中。[②]雅布隆斯基似乎确定了这片沼泽的埃及语名称,他认为 Serbonis 或者 Sirbonis 是从埃及语单词"Ⲭⲉⲣⲃⲱⲛ,Sjerbôn"变化而来,意指"散发恶臭的行为"[③]。至于奥斯特拉辛的埃及语名称,我们则是一无所知,甚至可能这座城市在埃及血统的国王统治时期并不存在。

里诺科汝拉(Rhinocorura),亦称里诺科卢拉(Rhinocolura)

如果认同西西里的狄奥多罗斯之观点,那么城市里诺科汝拉的起源则与埃及历史相关。这位作家阐述道,埃塞俄比亚的国王阿克提桑(Aktisane)击败埃及国王阿莫西斯(Ammosis)、夺取其王权后,没有把埃及的一些戴罪之徒判处死刑,而是施以劓刑,并发配他们居住到叙利亚的边境城市。由此城市得名里诺科汝拉(Rhinocorura),这在希腊语中是指"割掉的鼻子"。[④]

据此,伊纳切·罗西先生认为里诺科卢拉当前的名称 Al-Arisch(阿里什)只不过是埃及语名称"Ⲭⲟⲣⲯⲁ,Sjorscha"的讹用,其意思与希腊语的 Rhinocolura 相同,均指"没有鼻子的人、被削去鼻子的

[①] 希罗多德,卷二,159。
[②] 希罗多德,卷二,158。
[③] 《埃及万神殿》,卷五,第二章,第107页。
[④] 西西里的狄奥多罗斯,第一卷,第55页。

人"①。对此我们并不认可，认为这个词源毫无根基，相关缘由我们将在此列举。

1. 两者差别过大，单词 ARISCH 由 "Ⲭⲟⲣⲱⲁⲓ，Sjorschai 或者 Ⲭⲟⲣⲱⲁ，Sjorscha" 演变而来的说法难以令人信服。

2. 阿拉伯人在转写城市的埃及语名称时，他们只会体现出元音的变化，而从来不会在词源这一点上做改变。因此，比如他们把 Ⲧⲉⲛⲑⲱⲣⲉ，Ⲧⲙⲓⲛϩⲱⲣ，Ⲫⲉⲣⲟⲙⲓ 写成 Dandara，Damanhour，Farama。有时候他们也会改变辅音，但这种情况是迫于其语言特性的要求，或者他们用相同结构的字母进行替代，例如他们把单词 Ⲡⲉⲣⲉⲙⲟⲩⲛ（Pérémoun，佩雷姆恩）转写成了 Baramoun。

3. 一直有待研究的是，狄奥多罗斯的叙述究竟基于哪一点。时间上更接近原始资料的希罗多德没有谈到任何与沙巴卡国王相似的内容，而这位埃塞俄比亚国王就是狄奥多罗斯所说的国王阿克提桑。我们倾向于认为这个故事本身就是希腊人杜撰的神话；这座城市名称拼写方式的不确定性似乎也是一项相关证据，它有时候写成 Rhinocorura，有时候则是 Rhinocolura，甚至是 Rhinocurura。因此至少可以说罗西先生的结论极富冒险精神。

圣人埃皮法尼斯（Épiphanes）称，里诺科卢拉的埃及语名称为 Néel 或者 Néchel②，但这个单词并不是埃及语，甚至可能是人们错把它用来指里诺科卢拉③。我们认为这座最后一个由埃及人统治的叙利亚城市并没有埃及语名称，而是被建城的叙利亚人命名为 Arisch（阿里什），如今它也保留了这个称谓。

（二）阿拉伯半岛的埃及属地

人们对阿拉伯半岛以及埃及与红海之间非洲地区的埃及人居住情况不甚了解。然而可以确定的是，他们的领地范围靠近阿拉伯湾顶

---

① 《埃及词源》，第16、17页。
② 埃皮法尼斯：《继承者》(Haeres)，第六十八章，第703页。
③ 见米尼奥（Mignot）修士关于腓尼基人的第二篇论文。《法兰西文学院论文集》，第三十卷；论文集，第168页。

端，国王命人开凿的运河通往此地。

位于红海尽头与阿伊拉（Aïlah）海湾之间的阿拉伯半岛区域内的海岸也遭到了埃及人的殖民，那里的文物古迹就是最佳例证。我们前文谈到过尼布尔在艾克里特山（Djébel Mokatteb）发现的埃及石块。①在此，我们将会对其作出最为详细的阐述。

这些石块被视作一片埃及墓地。它在苏伊士运河东南方向28古里、海湾的另一侧，距内陆的海岸有六七古里；并且是在一座十分险峻的山峰上。尼布尔是这样介绍的："历经千难万险来到这里后，我们认为终于找到了镌刻在石头上的铭文；但对于在沙漠中间以及海岸边如此峻峭的山上，能够见到一片宏伟的墓地，着实令人惊讶不已；我称其为埃及墓地，因为我相信任何一个欧洲人看到眼前这一幕，都会这样来称呼。尽管埃及大部分的古迹被时光掩入了沙土之中，人们无法得见。但这里大量的石头依然可见，或垂直耸立，或倾倒断裂；石块长5—7法尺、宽0.5—2法尺，上面刻有埃及象形文字；因此这些只可能是墓碑。"②这些石块旁还有一座只剩墙体的建筑半掩入土，许多刻有象形文字的石头散落其中。与建筑本身的墙体一样，一根满是象形文字的石柱支撑着尽头的小房间；同时，那里也有埃及雕像和类似于上埃及神庙建筑的部分结构。③

如果把艾克里特山（Djébel Mokatteb）的埃及遗迹视作为埃及墓地，那么就可以考虑在红海东海岸定居的埃及人是否并不用防腐香料保存他们的尸体；但应当注意的是，即使把环绕艾克里特山（Djébel Mokatteb）埃及神庙的石头视作墓碑，也并不说明这些墓碑所纪念的逝去之人就埋在下方。甚至有可能，藏有干尸的地下墓穴就在这些墓碑下方，而这就是尼布尔没有想到也没有时间去验证的了。

但即使人们并不认同尼布尔认为此处就是墓葬区的观点，这一绝对起源于埃及的古迹却足以说明埃及人长期居于周边。他们来此的动

---

① 见前文，原著第一卷，第60、61页。
② 《阿拉伯游记》，第一卷，第189页。
③ 《阿拉伯游记》，第一卷，第189页。

机只可能是出于明确的商业投机：其实，埃及人在阿拉伯半岛这一区域定居的原因，不管从哪个角度来看，其他任何的动机都不如商业贸易来得合情合理。对此我们能够想到的另一个证据就是，在多石的阿拉伯半岛上，这里十分便于商贸往来；腓尼基人在托尔（Tor），即在离尼布尔发现的埃及遗址不远处的商业机构也证实了这一点。因此，如今人们很难也许根本无法想象这片阿拉伯湾海岸以前提供的诸多便利条件，因为欧洲与波斯、印度与整个亚洲之间贸易的方向完全不同于远古时代埃及人和腓尼基人定居于海滨地区时期的贸易方向。

我们关于埃及属地的研究止于此，对于位于东部的属地，我们只能得出一个笼统的结论，尽管稍显含糊，却也足以证明埃及人曾定居于红海东岸的阿拉伯半岛沿岸。而关于利比亚属地的结论则没有丝毫的不确定因素，我们已经可以完全确定。除此之外，还可以看到，类似于缇巴依德地区建筑风格的古迹证实了埃及人曾在其故土之外的东西部定居，而这也是我们确认他们曾在利比亚和阿拉伯半岛居住的最有力证据。

第八章　方位不确定之地的埃及语名称

本章内容包含科普特作家提及之地的埃及语名称,但其准确方位遍寻不着;同时还包括《埃及的阿拉伯化概况》中记载的城市埃及语名称;以及希腊作家们转述的所有名称,这些地方的具体位置也不为人所知。因此,这一章将包含主要的3个部分。

一、科普特作家们流传下来的埃及语地点名称[1]

耶布里勒（Jeblil）[2]

埃及地点名称"Ιεβλιλ, Ieblil, 耶布里勒"出现在了《塔尔谢比之圣人迪迪姆行传》[3]中,其中谈到了某位"贝尔谢努菲——耶布里勒的二品修士（ⲃⲉⲣϣⲉⲛⲟⲩϥⲓ ⲡⲓⲣⲉϥϣⲱ ⲛ̄ⲧⲉ Ιεβλιλ）"。

卡西·奥尔（Kahi-Or）

《圣人西奥多行传》中提到了这个乡镇[4],其附近有一个同名的修道院。Ⲕⲁϩⲓ ⲟⲣ 似乎起源于埃及语,很可能是"Ⲕⲁϩⲓ-ϩⲱⲣ, Kahi-hôr",甚至是"Ⲕⲁϩⲓϩⲟⲣ, Kahihor（荷鲁斯之地）"的讹用。这个地方可能

---

[1] 这份名录是按照字母顺序排列的。
[2] 译注:原文如此,根据前后文,应把 Ιεβλιλ 转写为 Ieblil。
[3] 科普特语抄本,皇家图书馆,43 号,第 59 页正面。
[4] 科普特语抄本,皇家图书馆,梵蒂冈藏书,69 号。

是在什姆恩（ϢΜΟΥΝ，Schmoun）——即中埃及的大荷莫波利斯周边，该名称可能就是唐维尔现代埃及地图上位于欧什姆纳音［Schmoun（什姆恩）］北部、名为胡尔（Hour）之地的埃及语名称。《埃及的阿拉伯化概况》中也把这座村庄命名为胡尔（Hour）。①

科伊斯（Kôis）

《皮鲁和阿索姆的殉难史》中记载了城市科伊斯（Κⲱⲓⲥ，Kôis）②，这与希腊人所说的上埃及城市西诺波利斯（Κοειⲥ）是同一个地方吗？我们认为这是不可能的。

努瓦（Nouoi）

上述提到的行为传记似乎证实了我们关于名为卡西·奥尔（Κⲁϩⲓⲟⲣ，Kahior）之方位的猜测；其中还提到了一座名为"努瓦（Νογοⲓ，Nouoi）"的修道院，它与埃及所有修道院一样，名称均取自其所在乡镇之称谓。《阿拉伯化概况》中同样把名为纳乌阿伊（Naouay）③的乡镇放在了欧什姆纳音（Oschmounaïn）省，但唐维尔的地图上并没有标注其具体位置。我们认为，人们不应当把它与《塔尔谢比圣人迪迪姆之殉难》中记载的赫内斯（Hnès）（赫拉克里奥波利斯）诺姆的村庄那乌伊（Νⲁⲩⲓ，Naui）混为一谈④，并且我们可能错把它看成了阿拉伯人所说的纳乌阿伊（Naouay）⑤。

南哈提（Nenhati）

《圣人西奥多行传》中提到了埃及一个名为"Νⲉⲛϩⲁϯ，Nenhati（南哈提）"的地方，我们对其所在方位一无所知。

佩利普（Pelhip）

《撒母耳的颂歌》残片现如今存于博尔吉亚博物馆，我们从中

---

① 第697页，102，欧什姆纳音（Oschmounaïn）省。
② 科普特语抄本，皇家图书馆，梵蒂冈藏书，60号。
③ 《埃及的阿拉伯化概况》，第697页，101。（译注：前文写作Naouai，见原著第一卷，第320页。）
④ 科普特语抄本，皇家图书馆，梵蒂冈藏书，62号。——《博尔吉亚博物馆科普特语抄本目录》，第136页。
⑤ 见前文，原著第一卷，第320页。

发现了下埃及城市佩利普的名称。相关段落如下:"Ⲧⲡⲁⲧⲣⲓⲁ ⲇⲉ ⲙ̄ⲡⲡⲉⲧⲟⲩⲁⲁⲃ ⲁⲡⲁ ⲥⲁⲙⲟⲩⲏⲗ ⲟⲩⲉ̄ⲃⲟⲗ ⲡⲉ ϩⲛ̄ ⲧⲉⲭⲱⲣⲁ ⲙ̄ⲡⲙ̄ϣⲓⲧ ⲉϥⲏⲡ ⲉⲧⲥⲩⲛϩⲱⲣⲓⲁ ⲛ̄ⲧⲡⲟⲗⲓⲥ ⲙ̄ⲡⲉⲗϩⲓⲡ ⲉ̄ⲃⲟⲗϩⲛ ⲟⲩⲧⲙⲉ ϫⲉ ⲧⲕⲩⲗⲗⲱ", 意为"圣人阿帕·撒母耳的出生地在下埃及的特库罗(Tkullô)镇(ⲧⲭⲱⲣⲁ ⲙ̄ⲡⲙ̄ϣⲓⲧ), 靠近'佩利普城'"①。

普瓦安·沙穆勒(P-hoi-an-Shamoul)

另一份抄本中提到了这个村庄②, "Ⲡϩⲟⲓ ⲛ̄ϭⲁⲙⲟⲩⲗ, P-hoi-an-Shamoul(普瓦安·沙穆勒)"的意思是"骆驼之墙"。西西里的狄奥多罗斯谈到了埃及的一个筑有防御工事之地, 其希腊语名称为Καμηλων τειχος, 意为"骆驼之墙(Mur des Chameaux)", 佩尔狄卡斯远征时在那里围攻托勒密。③这个村庄离尼罗河不远, 但是不应当把西西里的狄奥多罗斯命名为Καμηλων τειχος的要塞与底比斯语残片中记载的乡镇普瓦安·沙穆勒(Ⲡϩⲟⲓ ⲛ̄ϭⲁⲙⲟⲩⲗ)视作同一个地方。看起来, 后者位于我们在马利斯章节介绍过的上埃及小城市特穆尚(Ⲧⲙⲟⲩϣⲟⲛⲥ, Tmouschons)周边④, 而Καμηλων τειχος则是在下埃及, 佩吕斯附近。

普卡赫·安贝雷(Pkah-Anbéré)

同样是这份底比斯语残片, 它记载了《修士亚伯拉罕的圣迹》, 其中介绍了一个名为"Ⲡⲕⲁϩ ⲛ̄ⲃⲣ̄ⲣⲉ, Pkah-Anbéré(普卡赫·安贝雷)"的地方⑤, 意指"新的土地(terre neuve)"。

普萨纳硕(Psanascho)

《亚历山大里亚主教以撒行传》中记载了一个乡镇的名称"Ⲡⲥⲁⲛⲁϣⲟ, Psanacho(普萨纳硕)", 众多信徒在这里接受这位圣人的洗礼。⑥

---

① 《博尔吉亚博物馆科普特语抄本目录》, 第545、546页。
② 《博尔吉亚博物馆科普特语抄本目录》, 第548页。
③ 西西里的狄奥多罗斯, 卷十八, 第614页, D。
④ 见前文, 原著第一卷, 第235页。(译注:原著脚注中写的是第255页, 经查证为第235页。)
⑤ 《博尔吉亚博物馆抄本目录》, 第547页。
⑥ 科普特语抄本, 皇家图书馆, 梵蒂冈藏书, 62号。——《博尔吉亚博物馆抄本目录》, 第109页。

普谢伊姆（Pschêïmoou）

一份科普特语—底比斯语和阿拉伯语名录中提到了下埃及一个名为"Πϣηιμοογ，Pschêïmoou（普谢伊姆）"的地方[1]，该名称意为"水井（puits d'eau）"，相应的同义阿拉伯语名称为 Bir-Mâ[2]，我们未能对该村庄的所在地展开研究。

普桑贝勒（Psenbéle）

《宗徒西满的殉难》[3]选段中介绍了普桑贝勒村庄：ΠCΝΒΛΛΕ ϨΝ ΝΠΟϢ ΝϢΜΙΝ[4]，谢敏（SCHMIN）（希腊人所说的帕诺波利斯）诺姆的 PSENBELÉ（普桑贝勒）；但其中并没有介绍它在谢敏（Schmin）的确切方位。

帕那霍山（Ptoou-am-Panaho）

《圣人以撒行传》[5]谈到了帕那霍山（Πτοογ ὑπαναϨο）。我们在本卷开头确定了其同名城市的方位[6]，但对于这座山脉是否在周边地区则一无所知。我们之所以会产生疑虑，是因为帕那霍（ΠαναϨο）城位于下埃及尼罗河沿岸，与山脉相距甚远。不过也可能当时的情况并非如此。

收录于《博尔吉亚博物馆抄本目录》的上述行为传记之科普特语原文[7]记载的名称是ΠαμαϨο[8]，而不是正确写法 ΠαναϨο。

普科乌山（Ptoou-am-Pkôou）

在本书撰写过程中，我们经常会谈及《保罗·埃尔米特行传》，该书由保罗的信徒以西结写成，语言采用的是底比斯方言糅合大量的

---

[1] 见前文，原著第二卷，第159页。
[2] 科普特语抄本，皇家图书馆，梵蒂冈藏书，43号，第59页正面。
[3] 译注：Saint Simon 在《圣经·新约》中经常被称为热诚者西满，新教则翻译为奋锐党的西门，是基督的十二门徒之一，基督教圣人。
[4] 《博尔吉亚博物馆抄本目录》，第237页。
[5] 科普特语抄本，皇家图书馆，梵蒂冈藏书，62号。
[6] 见前文，原著第二卷第46页。
[7] 第108页。
[8] 译注：转写为 Pamaho。

第八章　方位不确定之地的埃及语名称

巴什姆语。该抄本藏于博尔吉亚博物馆，其中提到了"普科乌山（la montagne de Pkoou）"；相关内容如下："ⲁⲛⲓ ⲉⲣⲏⲥ ⲉⲧⲡⲉⲧⲣⲁ ⲛ̄ⲥⲓⲟⲟⲩⲧ ⲁⲛⲭⲓ ⲛⲁⲛ ⲛ̄ⲟⲩⲕⲟⲩⲓ̈ ⲙ̄ⲙⲁⲛϣⲱⲡⲉ ϩⲙ̄ ⲡⲙⲁ ⲉⲧⲙ̄ⲙⲁⲩ[①]—ⲁⲥϣⲱⲡⲉ ⲇⲉ ⲛ̄ⲟⲩϩⲟⲟⲩ ⲁϥⲉⲓ ϣⲁⲣⲁⲛ ⲛ̄ϭⲓ ⲟⲩⲛⲟϭ ⲉⲛϩⲁⲅⲓⲟⲥ ⲛ̄ⲧⲉⲡⲛⲟⲩⲧⲉ ⲉⲡⲉϥⲣⲁⲛ ⲡⲉ ⲁⲡⲁ ⲡϣⲁⲓⲛ̄ⲧⲉⲓⲉⲣⲉⲙⲓⲁⲥ ⲉϥϣⲟⲟⲡ ϩⲙ̄ ⲡⲧⲟⲟⲩ ⲙ̄ⲡⲕⲱⲟⲩ ⲛ̄ⲥⲁ ⲡⲓⲉⲃⲧ ⲙ̄ⲡⲓⲉⲣⲣⲟ"，意为"我们前往南部斯奥乌特（Siôout）的洞穴[②]，在那里稍事停留。突然有一天，一位名叫阿帕·普夏安特耶雷米阿（Apa-Pshaiantéiérémias）的重要神使前来拜访，他就住在河东岸的'普科乌山'"[③]。由此可见，普科乌山似乎离斯奥乌特（Siôout）并不遥远，就位于尼罗河对岸。

普索乌山（Ptôou-am-Psôou）

由其信徒比萨撰写的《圣人谢努提行传与圣迹》向我们介绍了"普索乌山（la montagne de Psôou, Ⲡⲧⲱⲟⲩ ⲙ̄ⲡⲥⲱⲟⲩ）"，这是隐修士皮硕伊（Ⲡⲓϣⲟⲓ, Pischoï）的居住之地。不过措厄加对此提出的相关修改我们是持保留意见的。[④]

艾波特山（Ptoou-an-Ebôt）

博尔吉亚博物馆馆藏的残片中记载有这座山的名称，它与修士帕尼内（Ⲡⲁⲛⲓⲛⲉ, Paniné）和帕诺（Ⲡⲁⲛⲏⲩ, Paneu）有关。其中写道，这两位圣人"一起前往普索伊诺姆，来到了一座名为艾波特的山脉处（ⲁⲩⲙⲟⲟϣⲉ ⲙ̄ⲛ̄ⲛⲉⲩⲉⲣⲏⲩ ϣⲁⲛⲧⲟⲩⲉⲓ ⲉⲡⲧⲟϣ ⲙ̄ⲡⲥⲟⲓ, ⲁⲩⲱ ⲁⲩⲉⲓ ⲉⲩⲧⲟⲟⲩ ⲉϣⲁⲩⲙⲟⲩⲧⲉ ⲉⲣⲟϥ ϫⲉ ⲡⲧⲟⲟⲩ ⲛ̄ⲉⲃⲱⲧ）"。[⑤] 根据这段话可以看到，艾波特山在普索伊诺姆南部，或者就在普索伊诺姆。如果这座山是在普索伊南部，并且它的名称是来源于名为"艾波特（Ⲉⲃⲱⲧ）"的城市，那么这座城市可能就是希腊人所说的阿比多斯；不过文中并没有明确

318

---

① 译注：原文此处为 ⲉⲧⲛ̄ⲙⲁⲩ，作者在上册卷尾处作勘误。
② 希腊人所说的利科波利斯，阿拉伯人所说的阿斯乌特（Asiouth）。
③ 《博尔吉亚博物馆抄本目录》，第 370 页。
④ 《博尔吉亚博物馆抄本目录》，第 34 页。
⑤ 《博尔吉亚博物馆抄本目录》，第 551 页。

山脉的具体位置。尽管说帕尼内和帕诺前往普索伊诺姆是为了到访艾波特山，但也无法确认这座山就是在尼罗河西岸，因为如果是这样的话，那它就是阿比多斯了。

胡奥尔山（Ptoou-an-Houôr）

博尔吉亚博物馆一份收录了圣人行为和箴言的重要抄本中谈到了一个名为"巴内（Bane，Bané）"的隐修士，他居住在埃及的胡奥尔山：ογa ϩⲛ ⲕⲏⲙⲉ ⲉⲡⲉϥⲣⲁⲛ ⲡⲉ ⲃⲁⲛⲉ ⲉ̄ⲛⲉϥϣⲟⲟⲡ ⲡⲉ ϩⲙ̄ ⲡⲧⲟⲟⲩ ⲛ̄ϩⲟⲩⲱⲣ。① 这座山的具体方位我们并不知晓。

卡拉蒙山（Ptoou-an-Kalamôn）

阿帕·撒母耳（Apa-Samuel）之颂歌向我们介绍了位于皮永诺姆的卡拉蒙山：Ⲡⲧⲟⲟⲩ ⲛ̄ⲕⲁⲗⲁⲙⲱⲛ ϩⲙ̄ ⲡⲧⲟϣ ⲡⲓⲟⲙ；② 但我们并不能完全确定这座山究竟在湖泊以及皮永城（Ⲡⲓⲟⲙ）——即希腊人所说的大克罗科蒂洛波利斯的哪个方位。在我们看来，名称"Ⲕⲁⲗⲁⲙⲱⲛ，Kalamôn"本身不是埃及语。如果假设该名称的起源可上溯至埃及帝国时代，那么它的写法是 Ⲕⲁⲗⲁ̀ⲙⲟⲩⲛ 才更符合规律。

奈克罗恩山（Ptoou-an-Neklône）

同样是这一段内容，它还谈到了奈克罗恩山（Ⲡⲧⲟⲟⲩ ⲛ̄ⲛⲉⲕⲗⲱⲛⲉ，Ptoou-an-Neklône③）。这座山是否就是唐维尔所说的位于加拉（Gara）湖北部、法尤姆地区的 Gebel-Naklon——纳克隆（Naklon）山呢？这是有极大可能性的。

塔基纳什山（Ptoou-an-Takinasch）

该抄本的底比斯语版中提到了"塔基纳什山，Ⲡⲧⲟⲟⲩ ⲛ̄ⲧⲁⲕⲓⲛⲁϣ"④，但我们并不知晓其所在方位。

珀翁·阿努布（Pauon-Annoub）

根据下面一段节选自博尔吉亚博物馆底比斯方言抄本中的记载，

---

① 《博尔吉亚博物馆抄本目录》，第 348 页。
② 《博尔吉亚博物馆抄本目录》，第 546 页。
③ 《博尔吉亚博物馆抄本目录》，第 546 页。
④ 《博尔吉亚博物馆抄本目录》，第 546 页。

这是一条河流的名称。修士杜拉（Douras）是这样讲述其导师——修士贝萨里翁（Bessarion）的圣迹之一的："ⲁϥⲱⲏⲗ ⲁⲩⲱ ⲁϥⲟⲩⲱⲧⲃ̄ ⲙ̄ⲡⲓⲉⲣⲟ ⲉⲧⲟⲩⲙⲟⲩⲧⲉ ⲉⲣⲟϥ ϫⲉ ⲡⲁⲩⲟⲛⲛ̄ⲛ̄ⲟⲩⲃ ⲡϩⲉⲣⲙⲁⲛ ⲉϥⲙⲟⲟϣⲉ ⲛ̄ⲣⲁⲧϥ ϣⲁⲛⲧⲉϥⲃⲱⲕ ⲉ̀ⲡⲉⲕⲣⲟ."["他（贝萨里翁）向河流'珀翁阿努布·荷尔曼（Pauonannoub-P-herman）'祈祷，并从其上面走过，直到对岸。"①]

单词 ⲡⲁⲩⲟⲛⲛ̄ⲛⲟⲩⲃ 意指"金色（couleur d'or）"；同时也被翻译成 chrysorrhoan，在希腊语中其词义与古代拉丁语抄本中对 ⲡⲁⲩⲟⲛⲛ̄ⲛⲟⲩⲃ 的释义相同②，该抄本包含了措厄加出版的部分底比斯语文段。至于单词"ⲡϩⲉⲣⲙⲁⲛ，P-herman"，我们不清楚是否应当与 Pauonannoub 合并在一起，作为河流的专有名称；不过我们也不会采纳措厄加的观点，他建议的写法是 ⲡⲁⲩⲟⲛⲛ̄ⲛⲟⲩⲃ ϩⲙ̄ ⲡⲧⲟϣ ⲡϩⲉⲣⲙⲁⲛ，并将其译作"荷蒙蒂斯（Hermontis）诺姆的珀翁阿努布（Pauonannoub）"。这一修正在我们看来稍显牵强，此外，科普特人也从未用意为"石榴"的单词 ⲡϩⲉⲣⲙⲁⲛ 来指荷蒙蒂斯城。前文已经介绍过荷蒙蒂斯的埃及语名称为 ⲉⲣⲙⲟⲛⲧ（埃尔蒙特）。③

谢姆恩（Schemmoun）

最早我们认为，这座村庄的名称"ϣⲉⲙⲙⲟⲩⲛ，Schmmoun（谢姆恩）"与博尔吉亚博物馆馆藏的一份残片中记载之称谓"ϭⲙⲟⲩⲙⲓ，Shmoumi（谢姆米）"是指同一个地方④，该残片记载了圣人帕埃斯（Paësi）及其姐妹——圣人泰科勒（Thècle）的行为传记。⑤ 我们无法确定村庄的具体方位，但似乎它比谢姆米更靠近大海。

唐波科（Tambòk）

《丹尼尔（Daniel）修士行传》向我们讲述了"埃及一个名为唐波

---

① 《博尔吉亚博物馆抄本目录》，第336页。
② 格勒诺布尔公共图书馆拉丁语抄本，第302页。
③ 见前文，原著第一卷，第196、197页。
④ 见前文，原著第二卷，第151、152页。
⑤ 《博尔吉亚博物馆抄本目录》，第238页。

科（Tambôk）的小村落（ⲦⲀⲘⲂⲰⲔ ⲞⲨⲔⲞⲨⲬⲒ ⲚϮⲘⲒ ⲚⲦⲈ ⲬⲎⲘⲒ）"①。但对于其所处方位，我们未能收集到任何相关信息。

塔玛赫（Tammah）

《圣人帕埃斯的殉难》提到了名为塔玛赫（ⲦⲀⲘⲘⲀϨ）②的地方③，它位于河岸处④；这是我们所能知晓的关于其方位仅有的信息。

塔玛提（Tammati）

《提夫勒圣人以撒的殉难》⑤中谈到了"ⲦⲀⲘⲘⲀϮ，Tammati（塔玛提）"，它与"ⲦⲀⲘⲘⲀϨ，Tammah（塔玛赫）"是同一个城市吗？根据这本殉教圣人名册的不同段落记载，似乎可以确认塔玛提（ⲦⲀⲘⲘⲀϮ）位于 ⲦⲀⲨⲂⲀϨ⑥——托勒密称之为"塔乌阿（Taoua）"的北部。

特巴卡特（Thbakat）

据《圣·帕科缪行传及修会会规》记载⑦，特巴卡特（ⲐⲂⲀⲔⲀⲦ，Thbakat）似乎是一个靠近上埃及塔本尼西的地方，并且是在后（Hou）（小帝奥斯波利斯）诺姆。

特库罗（Tkullô）

前文佩利普章节中介绍过，特库罗（ⲦⲔⲨⲖⲖⲰ，Thkullô）靠近城市佩利普（ⲠⲈⲖϨⲒⲠ，Pelhip），但我们同样不知道其具体方位。

图佛特（Touphôt）

据《圣人阿帕·阿努的殉难史》记载⑧，小城图佛特（ⲦⲞⲨⲪⲰⲦ，Touphôt）是在下埃及地区，远离三角洲顶端。

---

① 科普特语抄本，皇家图书馆，梵蒂冈藏书，62 号。——措厄加，《博尔吉亚博物馆抄本目录》，第 92 页。
② 译注：转写为 Tammah。
③ 《博尔吉亚博物馆抄本目录》，第 238 页。
④ 《博尔吉亚博物馆抄本目录》，第 238 页。
⑤ 科普特语抄本，皇家图书馆，69 号。——《博尔吉亚博物馆抄本目录》，第 20 页。
⑥ 译注：应转写为 Taubah，塔瓦赫。
⑦ 科普特语抄本，皇家图书馆，梵蒂冈藏书，69 号。
⑧ 科普特语抄本，皇家图书馆，梵蒂冈藏书，66 号。——《博尔吉亚博物馆抄本目录》，第 31 页。

特森缇（Tsenti）城与特森缇山

科普托斯主教莫伊斯所任命的城市主教——圣人皮蒂森的颂歌中讲述了一位在特森缇城的山上生病的修士，原文如下：ne oyon oycon ⲇe on eϥϣⲱⲛⲓ ϩen ⲡⲧⲱⲟⲩ ⲛ̀ⲧⲥⲉⲛⲧ ⲧ̀ⲃⲁⲕⲓ[①]。按此颂歌内容，特森缇（Ⲧⲥⲉⲛⲧ，Tsenti）城是在缇巴依德地区，靠近科普托斯。

二、阿拉伯人记录并沿用的方位不明之地的埃及语名称

至此，我们阐述的所有内容均完全证实了在阿拉伯人入侵埃及时，沿用了仍使用埃及语的科普特人所保留的地点名称。诚如大家所见，我们从科普特语抄本中节选的所有城市埃及语名称同样记录于阿拉伯地理学家的作品和《阿拉伯化概况》之中，只是形式稍有差异。因此，根据已证事实可以得出，《埃及的阿拉伯化概况》中也包含了大量其他科普特作家们所没有谈及的埃及语地名。

正是按此推论，我们根据阿布杜拉提夫作品之希尔维斯特·德·萨西译本续之《埃及的阿拉伯化概况》中所述内容，在此给出埃及语名称的列表。表格中，我们将遵循此概况中记载的常见划分形式，只补充一些关于这些名称的古埃及语拼写方式。

（一）开罗郊区

Bélaqs[②]

---

① 科普特语抄本，皇家图书馆，梵蒂冈藏书，66号。——《博尔吉亚博物馆抄本目录》，第42页。

② 这个名称肯定与 Ⲡⲗⲁⲕⲥⲉ，Plakse，extremitas（尽头、最远处、终止），angulus（角度、角落），frontière（边境、边界）有关；它类似于菲莱岛的埃及语名称 Ⲡⲉⲗⲁⲕϩ，Pelakh。

法老统治下的埃及

（二）盖勒尤卜（Qalioub）省

Djidjhour①	Damirouth
Santhéh②	Naouy 或者 Naoua③
Berschoub	

（三）东部（Scharqiyéh）省

Abdjoudj④	Sindanahour⑤
Baschniny⑥	Senoufa⑦
Bal-Amoun⑧	Sanhoub⑨
Baschlousch⑩	Schemendil
Baschla	Schenschalmoun
Tarout-Tasféh⑪	Thamboul
Kharbet⑫	Banoub⑬
Santris⑭	Noub⑮

---

① 它可以写成埃及语 xixϩⲱⲣ（荷鲁斯之手）。在本书中大家看到过意义相当特别的埃及城市名称。

② 它似乎是上埃及一座城市的名称 ⲥⲉⲛϯ（见前文，原著第二卷，第 324 页）（译注：原著中写的是第 322 页，经查证为第 324 页。），或者是 ϣⲟⲛϯ［acacia（刺槐），spina（脊柱、刺）］之改写。

③ 埃及语名称似乎是 ⲛⲁⲅⲓ，与赫内斯（Henês）诺姆（译注：即赫拉克里奥波利斯，赫内斯的科普特语写法 ϩⲛⲏⲥ 转写方法前文有 Hnês、Hnés 或者 Hnas，此地的科普特语名称亦写作 ϩⲛⲉⲥ，转写为 Hnes，但此处的 Henês 为原文所写。）的一个村庄同名（见前文，原著第一卷，第 320 页）。

④ Ⲡⲭⲱⲭ，与后（Hô）诺姆的一个乡镇同名（见前文，原著第一卷，第 248 页）。

⑤ ⲥⲉⲛⲧⲛϩⲱⲣ，"荷鲁斯的创造（création d'Horus）"。

⑥ 埃及的阿拉伯人把莲花命名为 Baschnin，我们认为这起源于埃及语。

⑦ ⲥⲁⲛⲟⲩϭⲓ，"好的（la Bonne）"。

⑧ 这个名称可能是埃及语 ⲃⲁⲗⲁⲙⲟⲩⲛ，"阿蒙之眼（l'oeil d'Amoun）"的改写。

⑨ ⲥⲁⲛϩⲱⲃ。

⑩ 这是科普特语的 Ⲡⲁϣⲗⲱⲟⲩϣ，意为"瘫子之所（le lieu du Paralytique）"。

⑪ Ⲧⲉⲣⲱⲧ，与埃及许多其他地方同名。

⑫ ⲁⲣⲃⲁⲧ，与布海拉省的卡尔贝塔同名（见前文，原著第二卷，第 256 页）。

⑬ Ⲡⲁⲛⲟⲩⲃ，"黄金地（le lieu de l'Or）"。

⑭ ⲥⲁⲛⲧⲉⲣⲏⲥ 或者 ⲥⲁⲓⲛⲧⲉⲣⲏⲥ，即南部的 Sa 或者 Sai。

⑮ Ⲛⲟⲩⲃ，"金子（l'or）"。

（四）代盖赫利耶（Dakahhliyéh）省

Tambouq①	Schobra-Hour②
Damandjalt③	Schenoudéh④
Sandoub	Sarsanouf

（五）西部（Gharbiyéh）省

Abdjoul⑤	Djidjhour⑥
Ischlim⑦	Abschit⑧
Banoub⑨	Damkasch⑩
Barim 或者 Rim⑪	Sonhour⑫
Basmou⑬	Schaschty⑭
Barnoub⑮	Tha
Damschit⑯	Tamris⑰
Damandjarh⑱	Nadjridj

---

① Ⲧⲁⲙⲃⲱⲕ，同名于科普特语经卷中提到的一座村庄（见前文，原著第二卷，第 321 页），也可能就是同一个地方。
② Ⲭⲉⲃⲣⲱⲋⲟⲩⲣ；其他乡镇的名称为 Ⲭⲉⲃⲣⲟ，而其实是一个称号。
③ Dama 似乎原来是写作 ⲧⲙⲓ，其最初的名称可能是 ⲧⲙⲓⲛ̀ⲭⲁⲁⲧ。
④ 科普特语可能是 Ⲱⲉⲛⲟⲩⲧ。
⑤ Ⲡⲭⲱⲗ，科普特人读作 Abdjôl。
⑥ Ⲝⲓⲭⲋⲱⲣ（见前文，原著第二卷，第 324 页。）（译注：原著中写的是第 324 页，经查证应当为第 325 页。）
⑦ Ⲱⲗⲏⲓⲙ，与布海拉省的 Aschlimé 一样（见前文，原著第二卷，第 247 页）。
⑧ Ⲡⲱⲓⲧ，科普特人读作 Abschit，意为 "mensura, mesure（度量）"。
⑨ Ⲡⲁⲛⲟⲩⲃ。
⑩ Ⲧⲁⲙⲕⲁⲱ，"芦苇地（le lieu des roseaux）"。
⑪ Ⲣⲓⲙ 或者 Ⲡⲁⲣⲓⲙ，位于尼罗河东岸（索尼尼，第二卷，第 239 页），那里有埃及遗址，可能就是希腊人所说的 Papremis 或者 Paprimis。
⑫ Ⲥⲟⲩⲛⲋⲱⲣ，与科普特语抄本中提到的另一座城市同名。
⑬ Ⲡⲁⲥⲙⲟⲩ，"福地（le lieu béni）"。
⑭ 与 "ⲱⲟⲱⲧ, clavis（键、钥匙）" 有一定的相似之处。
⑮ Ⲡⲉⲣⲛⲟⲩⲃ，Ⲡⲁⲛⲟⲩⲃ 的变体。
⑯ Ⲧⲁⲙⲱⲓⲧ，Damschit，urbs mensurae（测定的城市），Abschit，Ⲡⲱⲓⲧ 的变体。
⑰ Ⲧⲁⲙⲣⲏⲥ，DAMRIS，南部的 TA。
⑱ ⲧⲙⲓⲛ̀ⲭⲁⲣⲋ。

Damanhour①	Nimra②
Damidjmoun③	Naouay④

（六）马努夫（Manouf）省

Ibdjidj⑤	Bitibs⑥
Ischni⑦	Schennouféh⑧

（七）阿比阿尔（Abyar）省

Ibschadéh⑨	Damalidj⑩
Daldjamoun	

（八）布海拉（Bohaïréh）省

Bichaï⑪	Schascht⑫
Tillemsa⑬	Schanscha⑭
Dinschal	

---

① ⲦⲘⲒⲚϨⲰⲢ，"荷鲁斯镇（le bourg d'Horus）"。
② ⲚⲒⲈⲘⲢⲰ，"港口（les ports）"。
③ ⲦⲘⲒϢⲘⲞⲨⲚ，"什姆恩镇（le bourg de Schmoun）"。
④ ⲚⲀⲨⲒ，同名于科普特人提到的其他埃及地点。
⑤ ⲠⲬⲒⲬ，manus（手）。
⑥ ⲠⲒⲦⲈⲂⲤ.
⑦ ϢⲚⲎ，jardin（花园）。
⑧ ϢⲈⲚⲚⲞⲨϦⲒ，好消息（bonne nouvelle）。此名称可能是由埃及的基督徒们所取。
⑨ ⲠϢⲀⲦ，与另一座城市同名（见前文，原著第二卷，第 165 页）。
⑩ ⲦⲘⲈⲖⲈⲬ，与另一座城市同名（见前文，原著第二卷，第 240 页）。
⑪ ⲠⲒϢⲞⲒ 或者 ⲠⲒϢⲀⲒ，此名称可能是由埃及的基督徒们所取。
⑫ ϢⲞϢⲦ.
⑬ 可能是 Ⲑⲁⲗⲙⲥⲁϩ，Thalamsah，"鳄鱼之丘（colline du Crocodile）"。
⑭ ⲤⲈⲚϢⲒϦⲞ，同名于下埃及的另一座城市，也被阿拉伯人称作 Schancha（见前文，原著第二卷，第 113 页）。

（九）富阿（Fouah）省

| Natoubes[1] | |

（十）吉萨（Djizéh）省

| Aoussim[2] | Thamouaïh |
| Schobra-Ment | |

（十一）法尤姆（Fayyoum）省

Aboussir[3]	Sirsini[4]
Jhrit[5]	Senourès
Tathoub	Haouarah
Domouh	

（十二）巴赫内萨（Bahnèsa）省

Aschment	Tarschoub
Domouh	Manbal
Sadament	Manhary[6]
Schalkam	Nana
Taha-Bousch[7]	Behnana

---

① 那里有埃及遗迹。（尼布尔：《阿拉伯游记》，第一卷，第 78 页）。
② Ογωнм.
③ Πογcιpι，与埃及其他所有的 Aboussir 同名。
④ Φapcinε，与另一座阿拉伯语名为 Sirsini 的城市同名（见前文，原著第二卷，第 154 页）。
⑤ Εϩριτ，与上埃及另一座城市同名，也被阿拉伯人称作 Jhrit（见前文，原著第一卷，第 308 页）。
⑥ 见原著第二卷，第 330 页，即本页，脚注④。
⑦ Τογϩο Πογωιν，类似于 Πογωιν（见前文，原著第一卷，第 313 页）。

（十三）欧什姆纳音（Oschmounaïn）省

Ibschadèh①	Sament
Odoum	Sindjirdj
Raïramoun	Tahnaschaha
Amschoul	Mantout②
Biblaou③	Manhary④
Tanouf	Mansafis
Dirwet-Oschmoun⑤	

（十四）曼法卢特（Manfalouth）省

Banoub⑥	

（十五）艾斯尤特（Osyouth）省

Bischaï⑦	Tahanhour⑧
Tima	Schaglagil

（十六）伊赫米姆（Ikhmim）省

Damnou	Schansif
Sament	

（十七）库斯（Qouss）省

Damacrat	Schanhour
Daschni⑨	

---

① Πωλτ.
② Πιμανθωουτ，与下埃及的一个地方同名。
③ Πεπλεγ，见毕布罗斯章节（见前文，原著第二卷，第 208 页）。
④ 可能是 Μανϩαρες，Speculum（镜子），lieu de la garde（防卫之地）。
⑤ Τερωτ ωμογν（见前文，原著第一卷，第 297 页）。
⑥ Πανογβ（见前文，原著第二卷，第 326 页，注释 13）。（译注：原著中为第 325 页，注释 11；经查证为第 326 页，现译文中注释 13。）
⑦ Πιψοι（见前文，原著第二卷，第 328 页）。（译注：原著第二卷第 328 页并无注释 74，也无相关内容，但原著此处脚注增加了注释 74，此处翻译时已删除。）
⑧ Τογϭονϩωρ，"荷鲁斯的居所（la demeure d'Horus）"。
⑨ Ταψνη，"花园之城（lieu où il y a des jardins）"。

三、希腊人保留的方位不明的埃及城市名称

这一部分按字母顺序排列，包括位置信息尚不明确的埃及城市之称谓，以及拜占庭的艾蒂安零散记录的埃及城市名称。所有被视作希腊语的名称均以星号标注。

Αγκυρων*	Αφθαλα
Ανυσις	Αφθαια νομος
Αργεου νησος*	Βοσιραρα
Αρκαδια*	Διοχιτης*
Αρυπη	Δουλιοπολις*
Αρχανδρουπολις*	Ερυθροβολος *
Ευονυμιται（λαος）	Πολις（πολις Αιγυπτου）
Θαλαβαυση	Σαδαλις
Ιερανυσος*	Σαμψειρα
Ινυσσος	Σηνος
Κασσανορος	Σιγυνος*
Κορκυρις	Συις②
Κραμβουτις	Τευωχις
Κρως	Τισις③
Κυρτος	Τριχις
Μυλων*	Τυανα
Νιβις①	Φενεβηθις
Ξενεφυρις	Χορτασω
Ολβοι	Ψεντρις
Ονειαβατης	Ψενυρις
Παρεμφις	Ψιναφος
Παστερις	Ψινεκταβις
Πεμπτη	Ψιτταχεμμις
Περικερμις*	Ψωχεμμις
Πιναμυς	Ωφτις

---

① 见前文，原著第一卷，第297页。
② 见前文，原著第一卷，第255页。
③ 见前文，原著第二卷，第200页。

法老统治下的埃及地理同义词表

我们相信,本书以按地理顺序排列的埃及各地之埃及语、希腊语、阿拉伯语及其通俗名称表结尾是大有裨益的;同时,它将也是我们研究工作的完整解析。表格中,我们收集了埃及语名称的不同方言之书写方式,包括底比斯方言、孟菲斯方言,甚至是科普特人所讹用的语言。通常,阿拉伯地理学家和历史学家们按照不同的拼写方式记录了同一个地方的不同名称;而我们认为,应当采用这些拼写方式中最接近埃及语名称的写法。至于其通俗名称,我们则是呈现代作家与旅行家们的叙述,尽管它们普遍是错误的,且与阿拉伯语名称相距甚远。但从理解角度来看,可以说应当要尊重这些错误。因此我们会避免在表格中对亟待更正的埃及各地通俗名称这一部分内容作出修订。

埃及语名称(或者科普特语名称)	希腊语名称	阿拉伯语名称	通俗名称

一、埃及边境地区

Πκαϩⲛ̀ⲛⲟⲟⲩ Ⲛⲉϭⲟⲟⲩ Ⲉⲑⲁⲩⲱ	Αιθιοπια	El-Hhabbesch	埃塞俄比亚

续表

Ⲛⲟⲩⲃ			
Ⲧⲛⲃⲏ	Νουβαι	El-Noubah	努比亚
Ⲧⲗⲓⲃⲏ①			
Ⲧⲁⲛⲟⲩⲃⲁⲧⲓⲁ②			
Ⲫⲁⲓⲁⲧ	Λιβυη		利比亚
Ⲛⲓⲫⲁⲓⲁⲧ			
Ⲃⲁⲗⲛⲉⲙⲙⲱⲟⲩⲓ	Βλεμμυες		布雷米斯（Les Blemmyes）③
Ⲫⲓⲟⲙⲛ̇ϣⲁⲣⲓ	Ερυθρεα θαλασσα	Bahhr Qolzoum	红海

二、埃及的称谓

Ⲭⲙⲏ④			
Ⲭⲏⲙⲓ	Αιγυπτος	Missr	埃及
Ⲕⲏⲙⲉ			

---

① 这个名称似乎应当指利比亚，但正如科普特语名录中所记载的，科普特人用它来指努比亚，见附录一。

② 这是科普特人讹用的一个名称，几乎等同于古人所说的纳巴泰（Nobatae）。（译注：纳巴泰是努比亚的一个部落，其领地范围包含今苏丹北部和埃及南部的区域。）

③ 译注：Les Blemmyes 是指无头人，是记载于《博物志》中的传说生物，是曾生活在埃及西南部的一个努比亚部落。此处因为是地名，故音译。

④ 这是《罗塞塔石碑》埃及语铭文中记载的埃及语名称，第 1 行出现了 2 次；第 6 行出现了 2 次；第 7 行出现了 2 次；第 11、12、13、18、19、21、23 行出现了 2 次；并出现在了第 28、29、30 和 31 行。

名称 Ⲭⲙⲏ 也记载于德农男爵先生出版的抄本中，见《埃及游记》，插图 136，第 1 栏，第 12 行和第 13 行；第 5 栏，第 10 行。

三、埃及人的称谓

Ⲛⲣⲉⲙⲛ̀ⲭⲙⲏ① Ⲛⲣⲉⲙⲭⲙⲏ② Ⲛⲓⲣⲉⲙⲛ̀ⲭⲏⲙⲓ③	Αιγυπτιοι	Missrioun	埃及人

四、尼罗河的名称

Ⲫⲓⲁⲣⲟ ⲛ̀ⲧⲉⲭⲏⲙⲓ	Νειλος	El-Nil	尼罗河
Ⲟⲩⲭⲁⲙⲏ	Ωκεαμη		尼罗河
Ⲟⲩⲕⲁⲙⲉ			
Ⲡⲁϩⲱⲙ	Αετος		
Ⲡⲓⲁⲩⲧⲏⲥ④			

五、埃及区划的称谓

Ⲡⲑⲟϣ Ⲡⲧⲟϣ Ⲡⲧⲁϣ	Νομος		诺姆

---

① 《罗塞塔石碑》埃及语铭文，第 8 行开头。
② 《罗塞塔石碑》埃及语铭文，第 12 行结尾。
③ 常见于孟菲斯方言的各类科普特语抄本中。
④ 对希腊语 Αετος 的讹用。

六、上埃及

| Ⲙⲁⲣⲏⲥ | Θηβαῖς | El-Ssaîd | 上埃及 |

(一) 上埃及的山脉

Ⲡⲧⲱⲟⲩ Ⲙⲟⲩϭⲓ	墨菲（Moufi）山
Ⲡⲧⲱⲟⲩ Ⲭⲣⲟϥ	克罗斐（Chrof）山
Ⲡⲧⲱⲟⲩ ⲙ̀Ⲙⲉⲣⲟⲉⲓⲧ	梅洛埃伊特（Méroeit）山
Ⲡⲧⲱⲟⲩ ⲛ̀Ⲥⲛⲏ	斯奈（Snê）山
Ⲡⲧⲱⲟⲩ Ϭⲏⲙⲓ	谢米（Shêmi）山
Ⲡⲧⲱⲟⲩ Ⲡϣⲉⲡⲟϩⲉ	普什谢珀赫（Pschshepohê）山
Ⲡⲧⲱⲟⲩ ⲛ̀Ⲧⲉⲣⲱⲧ-ⲁϣⲁⲛⲥ	特罗特·阿尚（Terôt-Aschans）山①
Ⲡⲧⲱⲟⲩ Ⲧⲏⲣⲏⲃ	特雷布（Téréb）山
Ⲡⲧⲱⲟⲩ Ϩⲁϭⲉ	哈什（Hashe）山
Ⲡⲧⲱⲟⲩ ⲛ̀Ⲁⲧⲣⲏⲡⲉ	阿特莱佩（Atrêpé）山②
Ⲡⲧⲱⲟⲩ ⲙ̀Ⲡⲕⲱⲟⲩ	普科乌（Pkôou）山
Ⲡⲧⲱⲟⲩ ⲛ̀Ⲥⲓⲟⲟⲩⲧ	斯奥乌特（Sioout）山
Ⲡⲧⲱⲟⲩ ⲛ̀Ⲡⲓⲟⲙ	皮永（Piom）山
Ⲡⲧⲱⲟⲩ ⲛ̀Ⲧⲗⲟϫ	提罗斯杰（Tilosj）山
Ⲡⲧⲱⲟⲩ ⲛ̀Ⲕⲁⲗⲁⲙⲱⲛ③	卡拉蒙（Kalamôn）山
Ⲡⲧⲱⲟⲩ ⲛ̀Ⲛⲉⲕⲗⲱⲛⲉ	内科罗内（Neklôné）山
Ⲡⲧⲱⲟⲩ ⲛ̀Ⲧⲁⲕⲓⲛⲁϣ	塔基纳什（Takinasch）山
Ⲡⲧⲱⲟⲩ ⲛ̀Ϩⲟⲩⲱⲣ	胡奥尔（Houôr）山
Ⲡⲧⲱⲟⲩ ⲛ̀Ⲧⲥⲉⲛϯ	特森缇（Tsenti）山
Ⲡⲧⲱⲟⲩ ⲛ̀Ⲡⲥⲱⲟⲩ	普索乌（Psôou）山

---

① 译注：前文写作 Rôtaschans，罗塔尚。见原著第一卷，第 148 页。
② 译注：即阿特利佩 Atripè 山，按照前文转写习惯，ⲁⲧⲣⲏⲡⲉ 应转写为 Atrêpe。
③ 此名称是被讹用的写法，其最早的拼写方式不得而知。

（二）上埃及的城市

1. 缇巴依德

Ⲙⲉⲧⲭⲏⲙⲥⲁⲥ	Μεταχομψος		塔孔普索岛
Ⲡⲓⲗⲁⲕ	Φυλαι	Bilaq	菲莱岛（Phylae）
Ⲡⲉⲗⲁⲕⲥ			
Ⲡⲓⲗⲁⲕⲥ			
Ⲥⲟⲩⲁⲛ	Συηνη	Asouan	赛伊尼（Syéne）
Ⲥⲟⲩⲁⲛ ⲙ̀ⲡⲉ̀ⲙⲉⲛⲧ		Gharbi-Asouan	西赛伊尼（Contra Syéne）
Ⲏⲃⲱ	Ομβος	Koum-Ombou	奥姆伯斯（Ombos）
Ⲭⲟⲗⲁ̄ⲗ̄	Σιλιλις	Djebel-Selsélek	昔里西列（Silsilis）
Ⲡⲓⲧⲟⲙ		El-Bouaïb	图姆（Tom, Tohum）
Ⲡⲓⲑⲟⲙ			
Ⲁⲧⲃⲱ	Απολλωνος πολις	Odfou	埃德福（Edfou）
Ⲡⲅⲛⲟⲩⲙ			
Ⲫⲅⲛⲟⲩⲙ			
Ⲥⲛⲏ	Λατοπολις	Asna	斯奈（Esné）
Ⲕⲛⲟⲩⲃⲉ	Χνουβις		克努比斯（Chnubis）
Ⲑⲟⲩⲱⲧ	Κροκοδειλων πολις	Touôt	图奥特（Tuot）
Ⲉⲣⲙⲟⲛⲧ	Ερμονθις	Armant	荷蒙蒂斯（Hermonthis）
Ⲁⲣⲙⲟⲛⲑ			
Ⲧⲁⲡⲉ	θηβαι	①	底比斯（Thèbes）
Ⲁⲙⲟⲩⲛ	Διοσπολις		
Ⲑⲁ̀ⲙⲟⲩⲛ			

---

① 底比斯的阿拉伯语名称并不为人所知。Qarnaq（卡纳克）、Louqsor（卢克索）、Qournou（库尔努）、Médinèh-Tabou（麦地那·塔布）是目前位于底比斯旧址所在地的4个不同村庄的阿拉伯语名称。详见底比斯章节，原著第一卷，第199、204、210、212和215页。

续表

Ⲡⲁⲡⲏ	Παπα	El-Oqssour	帕帕（Papa）
Ⲕⲱⲥ-Ⲃⲓⲣⲃⲓⲣ	Απολλωνος πολις	Qous	库斯（Kous）
Ⲕⲉϥⲧ	Κοφτος	Qeft	科夫特（Keft）
Ⲕⲉⲡⲧⲱ	Κοπτος		
Ⲧⲉⲛⲧⲱⲣⲉ	Τεντυρα	Dendéra	丹德拉/滕提里斯（Dendérah/Tentyris）
Ⲛⲓⲕⲉⲛⲧⲱⲣⲉ			
Ⲧⲉⲛⲑⲱⲣⲉ			
Ⲙⲟⲩϣⲁⲛⲥ		Makhans	
Ⲑⲙⲟⲩϣⲟⲛⲥ			
Ⲑⲙⲟⲩⲛ̀ϣⲟⲛⲥ		Moukhans	
Ⲧⲁⲃⲉⲛⲛ̀ⲏⲥⲉ	Ταβεννη	Djeziret-el-Gharib	塔本那（Tabennè）
Ⲧⲁⲃⲉⲛⲛ̀ⲏⲥⲓ			
Ϩⲱ	Διοσπολις μικρα	Hou	后（How）城
Ϩⲟⲩ			
Ⲗⲛⲟ			
Ⲑⲃⲁⲕⲁⲧ	Χηνοβοσχια		卡斯尔·埃萨伊亚德（Qassr-Essaïad）
Ϣⲉⲛⲉⲥⲏⲧ			
Ⲫⲃⲟⲟⲩ	Βωπος	Faou	波珀斯（Bopos）
Ⲡⲃⲟⲟⲩ			
Ⲡⲭⲱⲝ		Djodj	
Ⲑⲃⲏⲟⲩ			
Ⲃⲉⲣⲥⲟⲟⲩⲧ		Fardjouth	法尔什乌特（Farchiout）
Ⲧⲡⲟⲩⲣⲁⲛⲏ		Bouliéna	布里耶内（Bouliéné）
Ⲉⲃⲱⲧ① ?	Αβυδος	Al-Birbé	阿比多斯（Abydus）

① 见前文，原著第二卷，第318页。

法老统治下的埃及

2. 中埃及

Cοι			
Πcοι		Ibssai,	孟什耶特
Ψοι	Συίς	El-Monschat-	（Memshiet）
Πcωι		Jkhmim	
Ψωι			
Πcενϩωογτ		Samhout	
Cεмϩωογτ			
Nιογλϩε	Οασες	El-Ouahhat	绿洲①
Ϣмιν	Πανων πολις	Ikhmim	帕诺波利斯
Χмιм	Χεμμις		（Panopolis）
Θмογι ṅπλνεϩηογ			
Πλεγιτ			
Τсмινε			
Ϣεναλολητ			
ᴧτρηπε	Κροκοδειλων	Adribé	小克罗科蒂洛波利斯
ᴧθρηвι	πολις		（Crocodilopolis Parva）
ᴧτвω	Αφροδιτης πολις	Idfou	阿芙罗蒂托波利斯（Aphroditopolis）
Φвωογ-τχελι		Faou-Djéli	
Πвωογ-τχελι			

---

① 见下文，原著第二卷，第356页，埃及属地表。

续表

Τκωογ	Ανταιου πολις	Qau-el-Koubbara	卡乌·克比尔（Kau-el-Kebir）	
Τκοογ		Qau-el-Kharab①		
ϢωτΝ	Υψηλις	Schothb	西普赛利斯（Hypsélis）	
Παφορ				
Κοс-ΚΑΜ	Απολλωνος πολις	Qous-Kam	科斯卡姆（Koskam）	
Сιοογθ			阿斯乌特（Asiouth），斯奥特（Siot），利科波利斯（Lycopolis）	
Сιοογτ	Λυκων πολις	Osiouth		
Сιωογτ				
Τχελι				
ΜΑǸΒΑΛΟΤ		Manfélouth	曼法卢特（Manfalout）②	
ΜΑǸΚΑΠωτ		Manqabadh		
ΜΑǸΘωογτ		Mantout		
ΜΑǸΛΑγ		Maoudi-el-Aschia		
Κωс-κοω	Κως	El-Qoussiah	库萨（Cusae）	
Θωνι	Τανις	Tounah	上塔尼斯（Tanis superior）	
ΒΗсΑ?		Insiné	安底诺（Antinoé）	
Χογβογρε				
ϢΜογΝ	Ηρμης πολις	Oschmounéin	阿什姆丹（Achmoundin）	
Сταλλογ③				
ǸϨοπ	Νιβις		伊比乌姆（Ibiù，Ibaeum）	
Τερωτ ϢΜογΝ		Darouth-Aschmoun		

---

① 译注：文中亦把 Qau 写作 Qaou、Kâou。
② 译注：即曼巴洛特（Manbalôt），亦写作 Manfélouth。
③ 这个名称似乎不是埃及语。

续表

345	Ⲡⲟⲩⲥⲓⲣⲓ		Aboussir	
	Ⲑⲙⲟⲛⲏ		Miniét-Ibn-Khasib	米尼耶（Minié）
	Ⲧⲙⲟⲟⲛⲉ			
	Ⲧⲙⲱⲛⲉ			
	Ⲕⲁϩⲓ-ⲟⲣ		Hour	
	Ⲛⲟⲩⲟⲓ		Naouay	
	Ⲧⲟⲩϩⲱ	Θεωδοσιου πολις	Tahha	塔哈（Taha）
	Ⲧⲟⲩϩⲟ			
	Ⲛⲓⲕⲁⲫⲁⲣ①		El-Kifour	
	Ⲡⲉⲣⲇⲟⲩⲱ			
	Ⲕⲁⲓⲥ	Κυνων πολις	El-Qis	西诺波利斯（Cynopolis）
	Ⲕⲟⲉⲓⲥ			
	Ⲧⲁⲙⲙⲁ			
	Ⲡⲉⲙϫⲉ	Οξυρυγχος	El-Bahnèsa	贝赫内塞（Bénécé②）
	Ⲕⲁⲛⲉⲱ			
	Ⲧⲱϫⲓ			
	Ⳇⲉⲛⲉⲣⲱ	Ψενερος		
	Ⲧⲉⲣⲃⲉ			
	Ⲉϩⲣⲓⲧ		Ihrit	
	Ⲡⲁⲛⲕⲱⲗⲉⲩⲥ③			
346	Ϫⲉⲗⲃⲁϩ			
	Ϩⲛⲏⲥ	Ηρακλεους πολις	Ahnas	阿贝纳（Abénas）
	Ϩⲛⲉⲥ			
	Ⲉϩⲛⲉⲥ			

---

① 这个名称似乎并不是埃及语。
② 译注：原著前文亦写作 Béhnécé，见原著第一卷，第 302 页。
③ 这个名称似乎并不是埃及语。

续表

Ⲛⲁⲅⲓ			
Ϣⲃⲉⲛϯ			
Ⲡⲟⲩϣⲓⲛ		Tahha-Bousch	布什（Bouch）
Ⲫⲁⲛ̀ⲛⲓⲭⲱⲓⲧ		El-Zeitoun	
Ⲫⲟⲩⲟⲥ ⲛ̀ⲛⲓⲁⲙⲏⲟⲩ			
Ⲧⲕⲉⲙⲏⲛ			
Ⲫⲟⲩⲱⲓⲧ			
Ⲡⲟⲩⲥⲓⲣⲓ	Νειλου πολις	Aboussir	尼罗波利斯（Nilopolis）
Ⲛⲁⲏⲥⲓ	Ισεον	Zaouyéh	伊瑟乌姆（Iseum）
Ⲡⲓⲟⲙ	Κροκοδειλων πολις	El-Fayyoum	法尤姆（Le-Fayoum）
Ⲡⲓⲁⲙ			
Ⲡⲓⲁⲓⲙⲉⲛ ⲙ̀ⲡⲓⲟⲙ	Μοιριδος λιμνη	Birket-Qaroun	博科特·卡伦（Birket-Karoun）
Ⲥⲟⲩⲛ̀ϩⲱⲣ		Sounhour	桑胡尔（Sanhour）
Ⲧⲡⲏϩ	Αφροδιτης πολις	Athfihh	阿特菲布（Atfib）
Ⲡⲉⲧⲡⲓⲉϩ			
Ϯⲭⲟⲗ		Delass	达拉斯（Dalas）
Ϯⲗⲟⲭ			
Ⲙⲉϥⲓ	Μεμφις	Monf, Mit-Rahinéh, Mokhnan, Massr-el-Qadimah	孟菲斯（Memphis）
Ⲙⲉⲙϥⲓ			
Ⲙⲉⲛϥⲓ			
Ⲙⲉⲙⲃⲉ			
Ⲙⲉⲛⲃⲉ			
Ⲡⲟⲩⲥⲓⲣⲓ	Βουσειρις	Aboussir	布西里（Busiri）

七、下埃及

（一）下埃及的名称

ⲦⲤⲀϨⲎⲦ	AEgyptus inferior①	El-Ouadjeh-el-Bahhry	下埃及
ⲠⲤⲀⲚⲈⲘϨⲒⲦ			

（二）下埃及大区划分

ⲦⲀⲢⲀⲂⲒⲀ	Αραβια	Al-Hhauf-el-Scharqy，Qalyoubiyéh 和 Scharquiyéh 一部分地区	阿拉伯地区
ⲦⲀⲢⲀⲂⲒⲀ			
ⲠⲦⲘⲞⲨⲢ	Δελτα	Scharquiyéh 部分地区，Daqqaliyéh，Ménoufiyéh，Gharbiyéh	三角洲
ⲠⲈⲦⲘⲞⲨⲢ			
ⲚⲒⲪⲀⲒⲀⲦ	Λιβυη	Al-Hhauf-el-Gharby，Bohaïréh	布海拉省（Bahhiré），利比亚地区

（三）尼罗河支流名称

ϢⲈⲦ Ⲙ̀ⲠⲈⲢⲈⲘⲞⲨⲚ	Πηλουσιακον στομα	莫伊斯（Môez）运河	佩吕斯亚克河
ϢⲈⲦ Ǹ ⲬⲀⲚⲎ	Τανιτικον στομα	莫伊斯运河下游	塔尼提克河
ϢⲈⲦ Ǹ ⲰⲘⲞⲨⲚ	Μενδησιον	欧什姆米（Oschmoum）运河	孟德锡耶内河
ϢⲈⲦ ⲪⲀⲐⲘⲎⲦ	Φαθμητικον	达米埃特（Damiat）支流	法特美提克河
ϢⲈⲦ ⲪⲈⲢⲘⲰⲞⲨⲦ	Σεβεννιτικον	源于卡里纳因（Qarinaïn）之运河	塞本尼提克河
ϢⲈⲦ ⲦⲀⲖⲒ	Βολβιτικον	拉希德（Raschid）支流下游	博洛比提克河
ϢⲈⲦ ⲚⲞⲨϤⲒ	Κανωβικον	拉希德支流上游及马迪埃湖（Mâadieh）	卡诺皮克河

---

① 译注：此为拉丁语，非希腊语。

（四）下埃及的城市

1. 位于下埃及阿拉伯地区的城市

Ⲃⲁⲃⲏⲗ ⲛ̀ⲧⲉ ⲭⲏⲙⲓ	Βαβυλων	Babyloun-Missr Babyloun-Massr Massr-el-âtiqah	埃及的巴比伦
Ⲧⲃⲁⲃⲏⲗ ⲛ̀ⲕⲏⲙⲉ			
ⲗⲓⲟⲩⲓ		Massr-el-Qahirah	开罗
Ⲧ̀ⲕⲉⲱⲣⲱⲙⲉ①			
Ⲱⲛ	Ηλιου πολις	Ain-Schams	马塔利亚（Matharié）
Ⲱⲛ Ⲧ̀ⲃⲁⲕⲓ			
Ⲡⲟⲩⲥⲓⲣⲓ		Kafr-Aboussir	卡夫尔·阿布斯尔（Kafr-Abusir）
Ⲡⲧ̀ⲙⲓⲛ̀ϩⲱⲣ		Damanhour-Schobra Damanhour-el-Schahid	
Ⲧⲟⲩⲥⲟ ⲛ̀ⲟⲩⲃ		Tahha-Noub Noub-Tahha	
Ⲛⲟⲩⲃⲧⲟⲩⲥⲟ			
Ⲛⲁⲙⲟⲩⲛ		Namoun-Alsidr	那姆恩（Namun）
Ⲡⲓⲱϣ		Ramleh-Benha	拉姆雷（Ramléh）
Ⲧⲁⲡⲱϣ			
Ⲡⲁⲛ̀ⲁϩⲟ		Banha-Elâssel	本哈（Benha）
ⲁⲑⲣⲏⲃⲓ	Αθριβις Αθρειβις	Atrib	阿特利比斯（Athribis）
ⲁⲑⲣⲉⲃⲓ			
ⲁⲑⲣⲏⲡⲉ			
ⲁⲑⲗⲏⲃⲉ	Αθλιβις		
Ⲑⲣⲏⲃⲓ	Thribeum	Trib	
Ⲑⲣⲁⲃⲁ			
Ⲟⲩϣⲏⲙ		Aousim	

---

① 这是科普特人给开罗所取之名。

续表

Ⲡⲥⲉⲛⲁⲕⲱ	Ψενακω		
Ϥⲉⲗⲃⲉⲥ	Βουβαστις Αγρια	Bilbaïs	贝尔贝伊斯（Belbéïs）
Ϥⲉⲗⲃⲏⲥ			
Ϥⲗⲁⲃⲉⲥ			
Ⲡⲉⲑⲱⲙ	Πατουμος Thoum	El-Bouaïb	图姆（Toum）
Ⲡⲓⲑⲱⲙ			
Ⲡⲓⲑⲟⲱ			
Ⲡⲟⲩⲃⲁⲥϯ	Βουβαστις	Tall-Bastah	布巴斯特（Bubaste）
Ⲡⲟⲩⲁⲥϯ			
Ⲡⲓⲃⲁⲥϯ			
Ⲙⲉⲱⲧⲱⲗ		Meschtoul	美斯图勒（Mestoul）
Ⲧⲱⲟⲩⲃⲁⲥϯ	Thaubastum		托巴斯特（Thaubaste）
Ⲡⲉⲥⲏⲣⲡ			
Ⲡⲁϩⲑⲓⲧ		Bahtith	
Ϥⲁⲕⲱⲥ	Φακουσα	Faqous	法库斯（Phacuse）
Ⲙⲉⲱⲧⲱⲗ	Μαγδωλος		玛格多鲁姆（Magdolum）
Ⲡⲥⲁⲣⲓⲟⲙ	Σεθρον		赛特隆（Sethron）
Ψⲁⲣⲓⲟⲙ			赫拉克里奥波利斯（Héracléopolis）
Ⲡⲉⲣⲉⲙⲟⲩⲛ	Πηλουσιος	Farama	佩吕斯（Péluse）
Ϥⲉⲣⲟ̀ⲙⲓ		Thinéh	
Ⲟⲩⲁⲣⲓ	Ηρων πολις	Aboukeycheyd	赫罗奥波利斯（Héroopolis）
Ⲗⲟⲩⲁⲣⲓ			

2. 位于支流佩吕斯亚克河与法特美提克河之间的城市

Ϥⲁⲣⲃⲁⲓⲧ	Φαρβαιθος	Horbaït	法尔博埃图斯（Pharboethus）奥尔贝特（Orbet）
Ψⲉⲛⲉⲧⲁⲓ		Sanéda	塞内塔（Sénéta）
Ϫⲁⲛⲏ	Τανις	Ssân	塔尼斯（Tanis）
Ϫⲁⲛⲓ			
Ⲥⲁϩⲣⲁϣⲧ		Sahradj	萨赫拉什特（Sahragt）
Ⲡⲓⲑⲁⲗⲗⲙⲙⲟⲩⲓ？	Λεωντος πολις	Tall-Aldhiba	莱昂托波利斯（Léontopolis）
Ⲧⲉⲙⲥⲓⲱⲧ		Damsis	达姆西斯（Demsis）
Ψⲉⲛϭⲓϧⲟ		Schanscha	相西亚（Shianshia）
Ⲑⲙⲟⲩⲓ	Θμουΐς	Thmaouiéh	特姆伊斯（Thmuis）
Ⲛⲓⲙⲁⲛⲑⲱⲟⲩⲧ			
Ϣⲙⲟⲩⲛ ⲛ̀ⲉⲣⲙⲁⲛ	Μενδης	Oschmoun-Arromman, Oschmoun-Thannahh, Oschmoum	孟德斯（Mendès）
Ϣⲙⲟⲩⲙ ⲛ̀ⲉⲣⲙⲁⲛ			
Ⲛⲁⲁ̀ⲙⲟⲩⲛ	Διοσπολις	Manzaléh	小帝奥斯波利斯（Diospolis-Parva）
Ⲡⲉⲣⲉⲙⲟⲩⲛ		Barmoun	贝拉姆恩（Béramoun）
Ⲧⲕⲉϩⲗⲓ		Daqahhli	代盖赫雷（Daqahlé）
Ⲡⲓϣⲁⲣⲱⲧ		Al-Baschrouth	贝什鲁特（Beschrùt）
Ⲧⲁⲙⲓⲁϯ	Ταμιαθις	Damiath	达米埃特（Damiette）
Ⲧⲉⲙⲓⲁϯ			
Ⲧⲁⲙⲟⲩⲗ			

法老统治下的埃及

续表

ⲐⲈⲚⲚ̀ⲎⲤⲒ	Thenesus Thennesus	Tennis	特尼斯（Tennis）岛
ⲐⲰⲚⲒ		Thounah	图纳（Thouna）岛

3. 位于支流佩吕斯亚克河上游、法特美提克河、卡诺皮克河之间的城市

ⲦⲈⲢⲰⲦ	Δελτα κωμη	Daraoueh	达拉乌埃（Daraué）
ⲰⲈⲦⲚⲞⲨϤⲒ		Schathnouf	沙特努夫（Schatnuf）
ϬⲘⲞⲨⲘⲒ		Aschmoun-Djoreïsch	舒姆米（Shumum）
Ⲡ†ϨⲞⲦ			
ⲪⲀⲢⲤⲒⲚⲈ		Sarsana, Sirsina	
ⲠⲀⲚⲞⲨϤ ⲢⲎⲤ		上马努夫（Manouf）	梅努夫（Ménouf）
ϨⲀⲚⲰϨⲒ		Abyar	
ⲠⲬⲒⲬⲂⲎⲢ		Schabschir	谢布什尔（Shebshir）
ⲠⲀⲐⲀⲚⲞⲚ①		Al-Batnoun	
ⲠⲰϪⲦ	Προσωπις	Ibschadèh	尼西（Niciù）
ⲤⲀⲂⲀ̀ⲢⲞⲨ			
ⲀⲦⲀⲢⲂⲀⲔⲒ	Αταρβηχις		阿塔尔贝什（Atarbèchis）
ⲐⲀⲚⲞⲨⲂ		Thanoub	塔努布（Tanub）
†ⲀⲘⲎⲒⲢⲒ		Damirah	米拉（Mira）

---

① 该名称似乎并不是埃及语。

续表

Ⲧⲁⲥⲉⲙⲡⲟⲧ		Sombat	松巴德（Sunbad）
Ⲡⲁⲛⲁⲩ		Bana	本哈（Benha）
Ⲧⲫⲣⲉ		Défri	
Ⲡⲟⲩⲥⲓⲣⲓ	Βουσιρις	Boussir-Bana, Aboussir	布西里斯（Busiris）
Ⲃⲟⲩⲥⲓⲣⲓ			
Ⲡⲟⲩⲥⲓⲣⲉ			
Ⲭⲉⲙⲛⲟⲩⲧ	Σεβεννυτος	Samannoud	塞本尼图斯（Sebennytus）
Ⲭⲉⲙⲛⲟⲩⲧⲉ			
Ⲛⲁϩⲥⲓ	Ισεον, Τισις Isidis Oppidum①	Bohbaït	贝伊贝特（Beïbeth）
Ⲡⲁⲛⲉⲫⲱⲥⲓ	Πανεφυσις?		
Ⲃⲁⲣⲓ	Βαρη, Βαρις		
Ⲑⲙⲟⲛⲏ		Moniet-Tanah	米尼耶特·塔内（Miniet-Tané）
Ⲃⲁⲕⲓⲛⲁⲙⲟⲩⲛ?	Παχναμουνις		帕什那木尼斯（Pachnamunis）
Ⲛⲓⲕⲉϫⲱⲟⲩ	Παραλος	Bourlous-Arrimal	布尔洛斯（Burlos）②
Ⲡⲉⲡⲗⲉⲩ?	Βιβλος		巴贝勒（Babel）
Ⲧⲁⲛⲧⲁⲑⲟ		Thandata	唐塔（Tanta）
Ⲧⲱⲁⲓⲣⲓ		Mahallet al-Kebir	梅哈莱·克比尔（Mehellét-Kebir）③
Ⲥϩⲱⲟⲩ	Ξοϊς	Sakha	
Ⲥϩⲟⲟⲩ			
Ⲧⲁⲛⲟⲱⲉⲣ		Danouschar	

---

① 译注：此为拉丁语写法，而非希腊语写法。
② 译注：上文为 Bourlos。
③ 译注：前文亦写作 Mahallet-Elkebir，Mehallet-Alkébir。

法老统治下的埃及

续表

Ⲥⲁⲓ	Σαϊς	SSa-Al-Hadjar	塞易斯（Saïs）
Ⲥⲓⲟⲩϥ	Σιουφ	Safi	
Ϫⲉⲃⲣⲱ-ⲙⲁⲑⲏⲛⲓ		Schobra-Teni	
Ϫⲁⲡⲁⲥⲉⲛ		Schabbas	加巴萨（Djabasa）
Ⲡⲁⲛⲁⲃⲁⲛ		Al-Binouan	
Ϣⲓⲛⲧⲉⲗⲉⲧ		Schandalat	
Ⲡⲉⲣⲟⲩⲟⲓⲛⲓⲑⲟⲓⲧⲓ		Tida-oua-Al-Farahhin	
Ⲧⲭⲱⲃⲓ		Djémiané	圣·杰米亚内（Sainte-Gemiané）
Ⲟⲩⲛⲟⲩϥⲓ	Ονουφις	Banoub	奥努菲斯（Onuphis）
Ⲡⲧⲉⲛⲉⲧⲱ	Βουτω, Βουτος	Danouth	布陀斯（Butos）
Ⲧⲁⲣϣⲉⲃⲓ			
Ⲧⲉⲙⲣⲱ		Dimrou	
Ⲕⲟⲡⲣⲏⲧ	Κοπριθεως κωμη	Qabrith	
Ⲥⲟⲛδⲁⲣ		Sandjar	
Ⲭⲃⲉϛⲥ	Καβασα	Kabas	卡巴斯（Cabass）
Ⲕⲃⲉϛⲥ			
Ⲯⲁⲣⲁⲇⲟⲩⲥ①		Sardous	
Ⲡϣⲓⲛⲓⲏⲟⲩ		Nestéraouah	
Ⲙⲉⲗⲁⲭ	Μετηλις?	Damalidj	梅哈莱·马里克（Mehhallet-Malik）
Ⲙⲉⲗⲉⲭ			
Ⲃⲟⲩⲁ		Fouah	富阿（Fua）
Ⲧⲣⲁϣⲓⲧ	Βολβιτινη	Raschid	罗塞塔（Rosette）
Ⲧⲕⲱⲟⲩ		Atkou	埃德科（Edkô）

---

① 该名称似乎并不是起源于埃及语。

4. 位于支流卡诺皮克河与利比亚之间的城市

Τερενογϯ	Τερενουθις	Taranouth, Tarraneh	特拉内（Terranéh）
Τερενογτε			
Ⲗⲁⲕⲁⲛ		Laqanéh	卡姆（Al-Qam, Al-Kam）
Ϣⲗⲏⲙⲓ		Aschliméh	埃什里美（Eshlimé）
Ⲣⲁⲙⲥⲏⲥ?		Ramssiss	拉美西斯?（Ramessès?）①
Ϯⲙⲓⲛϩⲱⲣ	Ερμουπολις μικρα	Damanhour	达曼胡尔（Damenhur），小荷莫波利斯（Hemopolis parva）
Ϯⲙⲉⲛϩⲱⲣ			
Ⲡⲁⲛⲟⲩϥ ⲃⲏⲧ	Μωμεμφις	Manouf-Esséfly	梅努夫（Ménuf）
Ⲥⲟⲩⲛϩⲱⲣ Ⲑⲁⲗⲁⲩⲧ		Sonhour-Thalaut	桑胡尔（Sanhour）
Ⲧⲉⲣⲱⲧ		Daïrouth	德伊鲁特（Deirut）
Ⲁⲣⲃⲁⲧ		Khirbita	赫尔贝特（Herbété）
Ϫⲉⲃⲣⲟⲙⲉⲛⲉⲥⲓⲛⲉ			
Ⲑⲉⲣⲟϭⲉ		Taroudjéh	
Ⲕⲁϩⲓⲛⲟⲩⲃ	Κανωβος	Abou-Qir	卡诺普（Canope），阿布基尔（Aboukir）
Ⲕⲁϩⲛⲟⲩⲃ			
Ⲕⲁϩⲛ̀ⲛⲟⲩⲃ			
Ⲙⲁⲛⲟⲩϯ	Μενουθις		
Ⲑⲱⲛⲓ	Θωνις		
Ⲧⲁⲡⲟⲩϭⲓⲣⲓ	Ταποσειρις μικρα		小塔珀西里斯（Taposiris Parva）

---

① 译注：前文写作 Ramsis 或者 Ramsès，且根据科普特语名称，应当转写为 Ramsis 或者 Ramsès，即拉姆西斯或拉姆塞斯。

续表

Ⲣⲁⲕⲟϯ Ⲣⲁⲕⲟⲧⲉ	Ρακωτις	Raqoudah, Iskandériéh	亚历山大里亚（Alexandrie）
Ⲙⲁⲣⲏ-Ⲛⲓⲫⲁⲓⲁⲧ	Μαρεα, Μαρεια	Mariouth	马里乌特（Mariut）
Ⲡⲟⲩⲥⲓⲣⲓ Ⲧⲁⲫⲟⲩⲥⲓⲣⲓ	Ταφοσειρις	Aboussir	阿拉伯之塔（Tour des Arabes）

八、埃及的属地

（一）西部属地

Ⲛⲉⲟⲩⲁⲍⲉ	Αυασεις	Al-Ouahhat	绿洲
Ⲟⲩⲁⲍⲉ Ψⲟⲓ	Πρωτη Αυασις	Ouahh-Ibsay	大绿洲
Ϩⲓⲃⲉ	Hibé①		西贝（Hibé）
Ⲡⲧⲟⲟⲩⲙ̄ⲡⲱ	Tinodes-Mons②	Ramliéh	
Ⲟⲩⲁⲍⲉ ⲡⲉⲙϩⲉ	Δευτερα Αυασις	Ouahh-el-Bahnasaouyah	小绿洲
Ⲟⲩⲁⲍⲉ ⲁⲙⲟⲩⲛ Ⲥⲓⲟⲩⲁⲍ	Αυασις η κατα Αμμωνος Μαντειον	Syouah	阿蒙（Ammon）绿洲
Ϣⲓⲏⲧ Ϣⲓϩⲏⲧ	Scythiaca Regio	Barriah Schihat	赛特（Scété）
Ϣⲓⲏⲧ	Σκυαθις	Schiat	赛特（Scété）
Ⲡⲙⲁⲙ̀ⲡⲓⲍⲟⲥⲉⲙ	Νομος Νιτριωτις	Ouadi Natroun	泡碱湖所在河谷
Ⲡⲧⲟⲩⲱ ⲙ̀ⲡⲓⲍⲟⲥⲉⲱ	Mons Nitriae③	Djébcl Natroun	尼特里亚山

---

① 译注：此为拉丁语写法，而非希腊语写法。
② 译注：此为拉丁语写法，而非希腊语写法。
③ 译注：此为拉丁语写法，而非希腊语写法。

续表

Ⲫⲁⲡⲓϩⲟⲥⲉⲱ	Nitria[1]		尼特利（Nitrie）（城市）
Ⲡⲉⲣⲛⲟⲩϫ		Barnoudj	
Ⲡⲧⲟⲟⲩ ǸⲦⲉ ⲡⲉⲣⲛⲟⲩϫ			

（二）东部属地[2]

		Straki	奥斯特拉辛（Ostracine）
	Ρινοκουρουρα, Ρινοκολουρα	Al-Arisch	阿里什（El-Arich）
埃及墓地，位于……		Djébel-el-Mokatteb	阿拉伯半岛地区同名山脉[3]

---

[1] 译注：此为拉丁语写法，而非希腊语写法。
[2] 我们曾在本卷第 302 页——叙利亚和阿拉伯半岛的埃及属地中指出：这些属地范围内各地的埃及语名称无人知晓，因此我们只能在这张表格中列出相关的希腊语名称、阿拉伯语名称以及通俗名称。
[3] 译注：即艾克里特山。

附　录

一

科普特语—阿拉伯语名录，节选自皇家图书馆馆藏之科普特语—孟菲斯语抄本，见圣日耳曼藏书，17号，增刊，第192页反面及第193页正面[①]。

科普特语	阿拉伯语
Ⲧⲣⲁϣⲓⲧⲧⲉ	Raschid
Ⲙⲉⲗⲁϩ	Messil-oua-houa-Fouah
Ⲁⲣⲃⲁⲧ	Kharbéta
Ⲧⲁⲙⲓⲁⲇⲓ	Damiath
Ⲡⲓⲇⲓⲙⲉⲛ̀ϩⲱⲣ	Damanhour
Ⲧⲉⲣⲉⲛⲟⲩⲑⲓ	Taranouth
Ⲛⲓⲕⲓⲟⲩⲥ	Niqious
Ⲡϣⲁⲧ	Ibschadi
Ⲥⲁⲛⲉⲙⲥⲁⲧⲩ	Ssa-oua-Aassf
Ⲧⲁⲗⲁⲛⲁⲩⲡⲉ	Thaououah
Ⲡⲁⲛⲟⲩϥ ⲃⲉⲧ	Manouf-Essoufly（原文如此）
Ⲫⲁⲣⲥⲓⲛⲉⲡⲉ	Sarsana

---

① 这个埃及城市名录是按地理顺序自北向南排列的。

附 录

科普特语	阿拉伯语
Πανογφρης	Manouf-Alolïa（原文如此）
Ƶεως	Sakha
Cϩωογ	Sakha
Περογωινιθοιτι	Tida-oua-Alfarrahin
Πϣινιηογ	Néstéraouah
Πτενετωπε[①]	Danouth
Ⲭαπασεν	Schabbas
Πιϣαρωτπε	Albascharouth
Νικεχωογ	Albourlous-Arrimal
Παραλλογ	Albourlous-Arrimal
Θεννησιπε	Tennis
Ⲭεμνογϯ	Samannoud
ϯαμειρι	Damirah
Πνιμπιϊ	Mahhallet-Assadar
Βογσιρι	Boussir（原文如此）
Θμονηπε	Minet-Thanéh
Δθρεβι	Atrib
Ναθωπε	Ssahharadjt
Θμογι	Almouradih（原文如此）
Ⲭανι	Ssan
Νιφαιατ	Mariouth
Ων	Ain-Schams
Θβαβγλων	Massr
Περεμογν	Alfourma（原文如此）
Φελβες	Belbeïs-Elkhandâq
ϯαραβια	Albelqa
Φαρβαιτ	Albelqa
Πεσερπ	Koursi-fi-elhauf

---

① 这个名称我们最初看到的写法是 Πτενςτω，但实际应当写作 Πτενετω，对此我们最早提出过推测（见前文原著第二卷，第 176 页）。

科普特语	阿拉伯语
Ⲡⲟⲥⲟⲕ	Belbeïs
Ⲙⲉϥⲓ	Manouf-oua-hia-Massr-Elqadimali
Ⲧⲗⲟⳉ	Dalass
Ⲧⳉⲟⲗ	Dalass
Ⲡⲉⲧⲡⲓⲉϩ	Athfihh
Ϩⲛⲉⲥ	Ahnas
Ⲡⲉⲙⳉⲉ	Albahnasa
Ⲕⲁⲓⲥ	Alqaïs
Ⲛⲓⲕⲁⲫⲁⲣ	Alkifour
Ⲧⲟⲩϩⲟ	Thahha
Ⲁⲛⲧⲛⲱⲟⲩ	Insina
Ϣⲙⲟⲩⲛ B̄	Al-Aschmounaïn
Ϣⲙⲓⲛ	Akhmim
Ⲡⲁⲛⲟⲥ	Akhmim
Ⲕⲟⲥⲕⲁⲙ	Qousqam
Ⲥⲓⲱⲟⲩⲧ	Asiouth
Ϣⲱⲧⲡ	Schothb
Ⲯⲟⲓ	Ibsaï
Ⲧⲕⲱⲟⲩ	Qaou
Ⲡⲓⲕⲉⲛⲧⲱⲣⲓ	Dendérah
Ⲕⲱⲛⲏ	Qounéh
Ⲕⲱⲥⲃⲓⲣⲃⲓⲣ	Qous
Ⲉⲣⲙⲟⲛⲧ	Armant
Ⲥⲟⲩⲁⲛ	Asouan
Ⲡⲓⲗⲁⲕ	Asouan
Ⲧⲗⲓⲃⲏ	Alnoubah
Ⲡⲓϩⲉⲛⲧⲟⲩ	Alhind
Ⲥⲟⲫⲓⲣ	Alhind
Ⲡⲓⲕⲗⲓⲥⲙⲁ	Qolzoum

二

节选自皇家图书馆馆藏科普特语抄本，古藏书，44 号，第 79 页反面及第 80 页正面①。

科普特语	阿拉伯语
Πκαϩⲛⲛϭⲟⲟⲱ	Ahhabbesch
Ταⲛⲟⲩⲃⲁⲧⲓⲁ	Alnoubah
Ϲⲉⲛⲟⲛ Ϲⲟⲩⲁⲛ	Asouan
Θⲉⲃⲁⲉⲓⲥ	Alssâïd
ⲗⲁⲧⲟⲛ Ϲⲛⲏ	Asna
Ⲁⲣⲙⲟⲛⲓⲕⲏ Ⲁⲣⲙⲁⲛⲑ	Armant
Παⲡⲏ	Aloqssour
Ⲕⲟⲟⲥⲃⲣⲃⲉⲣ	Qouss
Ⲕⲉⲡⲧⲟ	Qifth
Ⲛⲓⲕⲉⲛⲧⲟⲣⲉ	Dendérah
Τⲓⲟⲥⲧⲡⲟⲗⲓⲥ ⲁⲛⲟ	Medinet-Hou
Ψⲟⲓ	Ibsaï
Παⲛⲟⲥ Ϣⲙⲓⲛ	Akhmim
Ⲧⲕⲟⲟⲩ	Qaou
Ταⲡⲟⲑⲩⲕⲏ	Aboutig
ⲗⲉⲅⲟⲩ Ϲⲓⲟⲟⲩⲑ	Asiouth
Ϣⲙⲟⲩⲛ	Aschmounaïn
Ⲧⲟⲩϩⲟ Θⲉⲩⲇⲱⲥⲓⲟⲩ	Thouhha（原文如此）
Ⲧⲙⲟⲟⲛⲉ	Alminiéh
Πⲉⲙϫⲉ Ⲋⲉⲣⲓⲕⲟⲩ	Albahnasa
Ϩⲛⲏⲥ Ϩⲣⲟⲕⲉⲗⲗⲉⲟⲩ	Ahnas
Πⲓⲟⲙ ⲁⲣⲥⲉⲛⲱⲉ	Alfayyoum

---

① 用底比斯方言写成的这份名录是按照自南向北的地理顺序排列。

法老统治下的埃及

科普特语	阿拉伯语
Tпнϩ	Athfihh
Кyптон Мемвε	Massr
Tпамфεлια	Massr
Вавyлон ǹкнмн	Massr
ⲁⲗⲉⲝⲁⲛⲇⲣⲓⲁ Ρⲁⲕⲟⲧⲉ	Iskandériéh
Ταραвια	Arabiah
Θραвα	Atrib

三

节选自皇家图书馆馆藏之科普特语—底比斯语抄本，古藏书①，46 号。

科普特语	阿拉伯语
Ρακοτε	Iskandériah
Кнме	Missr 或者 Massr
Πικλαyсма	Alqoulzoum
Тсyриа	Alscham
Тнвн	Al-Noubah
Νεϭοοⲱ	Al-Hhabbaschéh（原文如此）
Πϩεντοy	Al-Hind
Ⲇаⲙаскоc	Dimscheq
Вериа	Hhalab
Πιαссιρос	Almoussoul
Ваг̄ⲇⲁⲛ	Baghdad
Πтолεмаειс	Akka
ⲁⲛⲇιοⲭιⲁ	Anthakia

---

① 这份名录与前述名录不同，并不是按照地理位置排序。

科普特语	阿拉伯语
Ⲡⲓⲟⲙ	Alfayyoum
Ⲉϩⲛⲉⲥ	Ahnas
Ⲕⲟⲉⲓⲥ	Al-Qaïs
Ⲡⲉⲙϫⲉ	Albahnasa
Ⲟⲩⲁϩⲉ	Al-Ouahh
Ⲧⲟⲩϩⲱ	Thahha
Ⲏⲡⲁⲣⲁⲗⲗⲟⲩ	Albourlos
ⲁ̀ⲑⲉⲛⲛⲉⲥ	Tennis
Ⲥⲉⲃⲏⲛⲛⲏⲧⲟⲩ	Samannoud
Ⲑⲙⲟⲩⲓ	Almourad（原文如此）
Ⲧⲁⲣⲁⲃⲓⲁ	Albelqa
ⲁⲛϯⲛⲱⲟⲩ	Inssina
Ϣⲙⲟⲩⲛ	Al-Aschmounaïn
Ⲭⲙⲓⲙ	Akhmim
Ⲕⲱⲥⲕⲟⲩ	Alqoussiah
Ⲕⲱⲥⲃⲣ̅ⲃⲓⲣ Ⲕⲱⲥ	Qouss
Ⲥⲓⲟⲟⲩⲧ	Asiouth
Ⲉⲣⲙⲟⲛⲧ	Armant
Ϣⲱⲧⲡ	Schathb
Ⲧⲕⲱⲟⲩ	Qaou
Ⲥⲛⲏ	Asna
Ⲯⲱⲓ	Almonschat
Ϩⲟⲩ	Hou
Ⲛⲓⲕⲉⲛⲧⲱⲣⲉ	Dendéra
Ⲥⲟⲩⲁⲛ	Asouan
Ⲡⲓⲗⲁⲕ	Bilaq
Ⲕⲉϥⲧ	Qifth

四

节选自皇家图书馆馆藏科普特语—底比斯语抄本,43 号,第 58 页正反面,第 59 页正反面①。

科普特语	阿拉伯语
ΠκαϩⲚⲚⲈϭⲰϣ	Ardh-Alnahhaschy
Ⲧⲛⲟⲃⲁⲧⲓⲁ	Al-Hhabbesch,Alnoubah
Ⲥⲉⲛⲟⲛ Ⲥⲟⲩⲁⲛ	Asouan
Ⲡⲉⲗⲁⲭ	Bilak-al-Djanadil
ΠκαϩⲚⲂⲁϣⲁϩⲎⲨ	Ardh-Alforban(原文如此)
ΠκαϩⲚⲚϩⲘϩⲁⲗ	Ardh-al-Abd(原文如此)
ⲦⲕⲁϩⲚⲚⲀⲑⲀⲩϣ	Ardh-al-Hhabbaschéh
Ⲧⲁⲧⲉⲕⲣⲟⲣⲉⲩⲥ	Ardh-al-Tekrour(原文如此)
Ⲁⲧⲃⲱ	Odfou
Ⲗⲁⲧⲱⲛ	Asna
Ⲥⲛⲏ	Asna
Ⲡⲁⲡⲉ	Armant(原文如此)
Ⲃⲉⲣⲃⲉⲣ	Alaqsoraïn(原文如此)
Ⲕⲱⲥ	Qouss
Ⲕⲉⲃⲧⲱ	Qibth
Ⲛⲉⲕⲛ̀ⲧⲟⲣⲉ	Dendéra,Dendérah
Ⲇⲓⲟⲥⲡⲟⲗⲓⲥ	Medinet-Hou
Ⲃⲉⲣϭⲟⲟⲩⲧ	Alfardjouth
Ⲧⲡⲟⲩⲣⲁⲛⲏ	Al-Bouliena
Ⲙⲟⲩϣⲁⲛⲥ	Makhanis
Ⲥⲉⲙϩⲱⲟⲩⲧ	Samhoud
Ⲯⲱⲓ	Ibsaï

---

① 这份城市名录是按照由南至北的地理顺序排列。

科普特语	阿拉伯语	
Πανος	Akhmim	
Ϣμιν	Akhmim	
Χμιμ	Akhmim	
Τκοογ	Qaou	
Ανthy	Qaou	
λεγογ	Siouth	
Ciooyt	Siouth	
Μαν̄βαλωτ	Monfalouth	
Κοcγαμ	Qoussiah, Qouzqam	
Τερωτ	Aldarouéh, Daroutsserbam, Darouth	371
Μαν̄λαy	Moudî-Alaschia	
Μαν̄καπωτ	Manqabadh	
Ϣμογν	Al-Oschmounaïn	
Θεβαειc	Al-Ssaïd	
Αντνωογ	Inssina	
Τογϩω	Tahha	
Θεοδοci	Medinet-Tahha	
Τμωνη	Alminiéh	
Πεμχη	Albahnasa	
Ϩνηc	Ahnas	
Αρακλαcμω	Ahnas	
Φιομ	Alfayyoum	
Αρcενικον	Alfayyoum	
Τπyϩ	Athfihh	
Γyπτο	Massr	
Μενβε	Monf-Massr-Alqadimah	
Βαβyλον	Babiloun-Masr	
λιογι	Al-Qahirah	
Τcαϩητ	Bahhri	372
Πcανεμϩιτ	Al-ouadjeh-Albahhri	
Αλεξανδρια	Iskandériéh	

453

科普特语	阿拉伯语
Ρакотє	Iskandériéh
Νικιєγс	Niqious
Θєросє	Taroudjéh
Βογα	Fouah
Πϣηιμοογ	Bir-Ma
Ϩαϩωηι	Abiar
Αθρηπє	Atrib
Ϫєμνογτ	Samannoud
Сονϭαρ	Sandjar
Ταμιατι	Damiath
Λακαν	Laqanéh
Θραβα	Atrib
Сєκοογ	Sakha
Ογϣημ	Aoussim
Φολπας	Belbéïs

五

韵律诗文之科普特语圣歌

本书撰写过程中节选了多段以韵律诗形式出现的科普特语圣歌。在所有科普特语文学经典中，与诗歌相关的内容最鲜为人知，以科普特语言出版的任一著作中均未谈及。因此我们认为，在附录中收录一首完整的圣歌极有裨益，旨在向感兴趣之人提供此种创作形式的直观印象，而具体内容我们则会另行讨论。此圣歌选自我手头的一份科普特语抄本，它归属于特尔桑修士（M.l'abbé de Tersan）。这是一位极其殷勤之人，他将自己虔心收集于巴黎的文学珍宝予人传阅。该抄本包含类似的 56 篇诗文，均在科普特教堂的不同典礼中唱诵。每篇诗文前都有一段阿拉伯语礼规，接下来将要读到的圣歌之礼规是汇编中的

第五篇，它指出"该篇于基哈克［Kihak（Koïak）］月 28 日晚唱诵，赞美救世主耶稣的诞生"。在此我加入其对应的法语翻译。

圣歌

ⲁⲡⲓⲇⲩⲙⲓⲟⲣⲅⲟⲥ
ϣⲉⲛϩⲏⲧ ϧⲁ ⲉ̀ⲁⲇⲁⲙ
ⲁϥⲥⲱⲙⲁⲧⲓⲕⲟⲥ
ⲉ̀ⲃⲟⲗ ϧⲉⲛ ⲙⲁⲣⲓⲁⲙ

Ⲃⲟⲛ ⲛⲓⲃⲉⲛ ⲉⲩϩⲱⲥ
ⲛⲁⲕ ⲕⲉⲙ̀ ⲛⲓⲁⲅⲅⲉⲗⲟⲥ
ⲱ ⲩⲓⲟⲥ Ⲑⲏⲟⲩⲥ
ⲛ̀ⲇⲩⲙⲓⲟⲣⲅⲟⲥ

Ⲅⲉⲛⲟⲥ ⲛ̀ⲛⲓⲡⲓⲥⲧⲟⲥ
ⲁⲩⲣⲁϣⲓ ϧⲉⲛ ϩⲁⲛϩⲩⲙⲛⲟⲥ
ⲉⲑⲃⲉ ⲡⲓⲭⲫⲟ ⲡ̄ⲭ̄ⲥ̄
ⲉ̀ⲃⲟⲗ ϧⲉⲛ ϯⲡⲁⲣⲑⲉⲛⲟⲥ

Ⲇⲁⲩⲓⲁ ⲡⲟⲩⲣⲟ ⲁϥⲥⲁϫⲓ
ϧⲉⲛ ⲧⲉϥⲡⲣⲟⲫⲏⲧⲓⲁ̀
ⲉⲑⲃⲉ ⲡϫⲓⲛⲙⲓⲥⲓ
ⲡⲭⲣⲓⲥⲧⲟⲥ ⲡⲓⲁⲓⲇⲓⲁ̀

译文

（一）

天地万物的创造者怜悯亚当，遂化作玛利亚腹中的肉身。

（二）

啊，造物主之子啊！天地万物与天使们一道赞颂你！

（三）

众信徒以欢乐之颂表欣喜之情，因为一名童贞圣女诞下了基督。

法老统治下的埃及

(四)

大卫王预言了真主耶稣基督的诞生。

376

Ⲉⲑⲃⲉ ⲧⲑⲉⲟⲧⲟⲕⲟⲥ
ⲉⲛⲥⲟⲩⲉⲛ ⲡⲭⲣⲓⲥⲧⲟⲥ
ⲁⲙⲱⲓⲛⲓ ⲙⲁⲣⲉⲛϩⲱⲥ
ⲉ̀ⲣⲟϥ ⲛⲉⲙ ⲛⲓⲁⲅⲅⲉⲗⲟⲥ

ϩ ⲛ̀ⲧⲁⲅⲙⲁ ⲛⲓⲃⲉⲛ
ⲉⲧϩⲉⲛⲟⲩⲣⲁⲛⲟⲥ
ⲛⲉⲙ ⲛⲓⲁⲥⲡⲓ ⲛⲓⲃⲉⲛ
ϩⲱⲥ ⲉ̀ⲡⲟⲩⲣⲟ ⲡⲭⲣⲓⲥⲧⲟⲥ

Ⲏⲡⲡⲉ ⲛⲓⲙⲁⲛⲉ̀ⲥⲱⲟⲩ
ⲅⲁⲃⲣⲓⲏⲗ ⲡⲓⲁⲅⲅⲉⲗⲟⲥ
ⲁϥϩⲓⲱⲓϣ ⲛⲱⲟⲩ
ⲉⲑⲃⲉ ⲡⲓⲭⲫⲟ ⲙ̀ⲡⲭ̅ⲥ̅

Ⲑⲱⲕ ⲧⲉ ϯϫⲟⲙ ⲛⲉⲙ ⲡⲓⲱⲟⲩ
ϣⲁ ϯⲥⲩⲛⲧⲉⲗⲓⲁ
ⲱ ⲡⲟⲩⲣⲟ ⲛ̀ⲧⲉ ⲡⲱⲟⲩ
Ⲡϣⲏⲣⲓ ⲙ̀ⲙⲁⲣⲓⲁ

Ⲓⲏⲥⲟⲩⲥ ⲡⲓⲙⲟⲛⲟⲅⲉⲛⲏⲥ
ⲛ̀ⲧⲉ ⲫⲛⲟⲩϯ ⲫⲓⲱⲧ
ⲁⲛⲛⲁⲩ ⲁϭⲛⲉⲥⲁⲛⲓⲥ
ϧⲉⲛ ⲕⲉⲛϥ ⲛ̀ⲑⲏⲉⲧⲥⲙⲁⲣⲱⲟⲩⲧ

377

(五)

因着圣母我们认识了基督,让我们赶紧与天使们一起同声为他祝颂吧!

456

（六）

愿九品天神与列邦同声赞美我主基督。

（七）

看这些牧者，天使加百列（亲自）向他们报讯基督的诞生。

（八）

荣耀的主啊，圣母玛利亚之子，力量与荣光只属于你！

（九）

在万福圣母玛利亚的怀抱中，我们见到了神的独子耶稣。

Κριстοс ниречно ϩεμ̄

асмісі м̀μοч ϩωс ноу†

μ̀φοογ ϧεν Βηθλεεμ

αϥì εθΒε πενсω†

λαλι ω νιμαγοс

νεμ νιμανὲсωογ

ϫε πχριсτοс πιλογοс

αϥογωνϩ ναϥ μ̀φοογ

Μαρεν ϩωс ὲροϥ

νεμ νιταγμα ν̀γεπϭιсι

ογοϩ τενογωϣτ μ̀μοϥ

ϫε ν̀τοϥ πε πιμαιρωμι

Νιπροφητηс αγραϣι

νεμ νιδικαιοс

εθΒε πϫινμιсι

μ̀πсωτηρ μ̀πικοсμοс

Ογcιογ αqϣαι
m̀φοογ ϧεν πιμανϣαι
ϫε φαι πε πιμηϣ ǹǹαι
αqὶ εθβε πενογχαι

（十）

今天她在伯利恒诞下救赎者基督——也就是神本身；他的到来是为了我们的救赎。

（十一）

东方三王以及牧师们，请尽情欢愉吧，因为圣子基督在今天显灵！

（十二）

让我们与九品天神同声赞美、歌颂他吧，因为他是万民的朋友。

（十三）

先知与遵守教规者们在救世主诞生之时喜悦万分。

（十四）

东方升起的一颗星，是慈悲之兆，前来向我们宣告救赎。

Πιϩιηβ ǹτε φνογϯ
αqὶ ἐπικοcμοc
ἐβολϧεν ϯμαcνογϯ
μαρια ϯπαρθενοc

Ραϣι ὼ νιπιcτοc
μφοογ ογοϩ θελнλ
εθβε πιϫφο πχριcτοc
πενσ̄ εμμανογнλ

Comc cωτεμ ἐρον
ανον ϧα πεκλαοc

ⲚⲀϨⲘⲈⲚ ϨⲀ ⲚⲓⲆⲈⲘⲱⲚ
ⲱ̀ ⲠϢⲎⲢⲒ Ⲛ̄ Θ̄Ⲥ̄

ⲦⲈⲚϨⲰⲤ ⲦⲈⲚⲤⲘⲞⲨ ⲈⲢⲞⲔ
ϦⲈⲚ ϨⲀⲚ ⲆⲞⲜⲞⲖⲞⲄⲒⲀ̀
ⲱ̀ ⲦⲈⲚϢⲈⲘϢⲒ Ⲙ̀ⲘⲞⲔ
ⲱ̀ ⲠⲒⲖⲞⲄⲞⲤ Ⲛ̀ⲀⲒⲆⲒⲀ̀

ⲨⲒⲞⲤ Θ̄Ⲥ̄ ⲠⲈⲚⲚⲞⲨϮ
ⲀⲢⲈϨ Ⲉ̀ⲠⲈⲔⲖⲀⲞⲤ
ⲈⲂⲞⲨϨⲀ ⲞⲨϨⲞϮ
ⲚⲈⲘ ⲚⲒⲠⲒⲢⲀⲤⲘⲞⲤ

（十五）381

神的羔羊由神的母亲——圣母玛利亚带临人世。

（十六）

啊，正直的人们啊，尽情欢欣鼓舞吧！主耶稣基督诞生了，以马内利。

（十七）

神的儿子啊！请垂怜我们——你的子民，看看我们，倾听我们，从魔鬼手中拯救我们！

（十八）

我们赞美你，用赞歌颂扬你；是的，我们爱你啊，真正的圣子！

（十九）

神的儿子，我们的神，请保卫你的子民不再恐惧、抵住诱惑。

ⲪⲚⲞⲨϮ ⲪⲎⲈⲦⲰⲖⲒ 382
Ⲙ̀ⲪⲚⲞⲂⲒ Ⲛ̀ⲦⲈ ⲠⲒⲔⲞⲤⲘⲞⲤ
ⲬⲰ ⲚⲀⲚ Ⲉ̀ⲂⲞⲖ Ⲛ̀ⲚⲈⲚⲚⲞⲂⲒ
ⲈⲐⲂⲈ ϮⲠⲀⲢⲐⲈⲚⲞⲤ

Ⲭⲉⲣⲉ †ⲡⲁⲣⲑⲉⲛⲟⲥ
†ϣⲉⲗⲉⲧ ⲙⲁⲣⲓⲁⲙ
ⲭⲉⲣⲉ †ⲡⲟⲗⲓⲥ ⲙ̀ⲡⲟ̅ⲥ̅
ⲉⲑⲟⲩⲁⲃ ⲉ̀ⲃⲏⲑⲗⲉⲉⲙ（原文如此）

Ⲯⲩⲭⲏ ⲙⲁⲙ̀ⲧⲟⲛ ⲛⲱⲟⲩ
ϩⲉⲛ ⲡⲓⲡⲁⲣⲁⲇⲓⲥⲟⲥ
ⲉⲑⲃⲉ †ⲟⲩⲣⲱ
†ⲑⲉⲟⲧⲕⲟⲥ

Ⲱ ⲫⲏⲧⲁⲩⲙⲁⲥϥ
ⲉⲑⲃⲉ ⲡⲥⲱ† ⲙ̀ⲡⲉⲛⲅⲉⲛⲟⲥ
ⲟⲩⲟϩ ϩⲉⲛ ⲧⲥⲁⲣⲝ ⲁⲩⲁϣϥ
ⲁⲣⲉϩ ⲉ̀ⲡⲉⲕⲗⲁⲟⲥ

（二十）

背负世间罪恶的神啊，以圣母玛利亚之名，请宽恕我们的罪行吧！

（二十一）

向你致敬，童贞圣母，神的伴侣，玛利亚啊！向你致敬，天主之城，神圣的伯利恒啊！

（二十二）

以女王——神的母亲之名予逝去的灵魂以天国安息。

（二十三）

为了救赎人世而降生的你啊，像世人那样被钉在十字架上的你，凝视着你的子民！

关于地图的说明

我们的研究结果与唐维尔《古埃及地图》之间的不同主要集中在下埃及地区。我们认为只需要给出一张该地区的地图便足矣。其中的地理位置可能会根据从科普特人和阿拉伯人的经卷中所收集的确切资料作出修正。

实际上，大家应当已经在本书撰写过程中看到，唐维尔精确地指出了缇巴依德和中埃及的古城据点；但在某些情况下，甚至可以说，他并不是根据希腊或者拉丁民族地理学家们提供的准确概念得出了这些城市的方位信息，而是以猜测的方式下的结论。至于上埃及，其各地区的希腊语名称和阿拉伯语名称的同义词是准确无误的；唐维尔未能知晓而我们有幸收集到的科普特经卷内容完全证实了这一点，这尤其得益于一份从科普特语抄本中摘录的城市名录。其中包含了埃及语名称及现在的阿拉伯语名称，甚至通常也有希腊语名称[1]。唐维尔在卡斯尔·埃萨伊亚德（Qassr-Essâïad）发现了希腊人称作谢诺波西亚的遗址。但将古勒皮多图姆（Lepidotum）定位在现在的卡斯尔·埃萨伊亚德村庄的西卡尔神父所持观点却几乎动摇了唐维尔的说辞。我们介绍过[2]，除了位置的精准度这一点外，唐维尔并没有犯错；而对于地理位置方面，实际上正如我们的论证结果所示，波珀斯应当定位在塔

---

[1] 见附录二。同样见《引言》，原著第一卷，第 28、29、30 页。
[2] 见前文，原著第一卷，第 241、242、243 页。

本那（Tabenna）岛以北，谢诺波西亚应当是在唐维尔所说的位置稍稍偏南。

由于尼罗河及下埃及地区其不同支流的流向不明，因此唐维尔这位声名卓著的地理学家在明确希腊人提及的城市旧址时出错也是在所难免。不过下埃及的同义词所现之处几乎都是准确的；并且不管拉谢先生所持观点的支持率如何，关于埃及曾经存在的唯一赫利奥波利斯的方位与现如今的马塔利亚（Matariah）村庄是绝对一致的①，村庄周边留有古埃及遗址；此外，《圣经》中提到 Tzouan（锁安）与唐维尔所说的 Ssan——亦称"塔尼斯"是同一个地方②。

我们已经介绍过，这位地理学家之所以会弄错下埃及一些城市的位置，根源在于他对尼罗河支流佩吕斯亚克河流向的界定有误③。一、他确定了支流法特美提克河与佩吕斯亚克河的分界点是在米特·达姆西斯（Miit-Damsis）。然而，根据陪同法国军队前往下埃及的总工程师雅各丹先生出色绘制的下埃及地图，可以看到该村落远离两条河流的分界点，与佩吕斯亚克河相距约9古里。二、由于这一错误论断，把这两条支流的分界点定位在了赫利奥波利斯［我们地图标注为翁城（ÔN）］以北9斯科伊尼④——即约11.5古里的地方。那么他必然会把阿特利比斯（ATHRIBI，阿特利比）城和布巴斯特（POUBASTI，布巴斯提）城（托勒密标明了城市纬度）定位在几乎是内陆的中心地带，且距支流佩吕斯亚克河2.5古里处。而实际上这些古代诺姆首府的遗址几乎到了佩吕斯亚克河沿岸，这一点现代研究结果已经证实。

法特美提克河与佩吕斯亚克河的分界点靠近阿特利比斯城。从赫利奥波利斯到此地仅有7斯科伊尼即9.5古里的距离，而不是唐维尔所说的11.5古里；需要指出的是，如果在唐维尔给出的间距基础上减

---

① 见前文，原著第二卷，第37、38、39页等。
② 见前文，原著第二卷，第105页及以下。
③ 见前文，原著第二卷，第10页。
④ 单词 schoene 源起埃及语，写作 ϣⲉⲛⲛⲟⲥ，schennoh，它似乎是从词根 ϣⲓ 或者 ϣⲉ，mesurer（测量）及 ⲛⲟⲥ，corde（绳、线），longueur（长度）派生而来。

少2.5古里——这距离过多了，那么实际上佩吕斯亚克河从那时起便会流经他所确定的阿特利比斯城和布巴斯特城之所在方位。这一结论无疑在很大程度上证实了我们的观点，由此应当可以确认莫伊斯运河的上游和古人所说的佩吕斯亚克河是一回事儿①。

人们很可能会注意到，我们所确定的村庄布陀斯（PTÉNÉTÔ，普特内托）、科索伊斯（SKHÔOU，思科霍乌）、普罗佐皮斯［亦称尼西（PSCHATI，普沙提）］和法尔博埃图斯（PHARBAIT，法尔拜特）的位置主要是与唐维尔给出的位置有所不同。在相关的研究工作中，我们已经作出了说明：一、由这位地理学家定位在塞本尼图斯（SJEMNOUTI，斯杰姆努提）南部3古里处的科索伊斯恰恰相反，是位于塞本尼图斯西北部4古里多的萨卡（Sakha）村（这是从埃及语Skhôou演变而来的现有阿拉伯语名称）②；二、布陀斯靠近支流法尔穆提亚克河河口处③，而唐维尔的论断则过于偏西了；三、普罗佐皮斯接近支流卡诺皮克河④（亦称谢特努菲河）的东北段；四、法尔博埃图斯是三角洲地区的城市之一，尤其要说明的是，其位置主要与贝尔贝伊斯的位置或者说是唐维尔定位的地方存在差异⑤。

希罗多德写成Pathumos的名称Pithom（皮托姆）被唐维尔应用于赫洛奥波利斯（AOUARA，又称阿乌阿拉）。但我们介绍过，该名称的本意表明它属于唐维尔地图上标注为Thoum或者Tohum的地方⑥。

在谈到尼罗河所有支流时，我们解释了之所以不认可唐维尔及其他现代地理学家们的观点，而把支流塔尼提克河看作佩吕斯亚克河分支的原因；希望大家允许我们带领读者回顾这一点⑦。

我们在绘制地图时参考了雅各丹先生的地图，它由雷尼耶将军出

---

① 见前文，原著第二卷，第11、12页及以下。
② 见前文，原著第二卷，第211页及以下。
③ 见前文，原著第二卷，第227页。
④ 见前文，原著第二卷，第164页及以下。
⑤ 见前文，原著第二卷，第93、94、95页及以下。
⑥ 见前文，原著第二卷，第59、60页及以下。
⑦ 见前文，原著第二卷，第10页及以下。

版发行①。在地图上确定了埃及城市的位置后，根据从科普特人、希腊人、拉丁人以及阿拉伯人的经卷中所收集的材料，我们认为有必要对地图作出些许改动，对此将在下文进行标注。

如今，达米埃特支流与罗塞塔支流愈发贫瘠的同时也在扩大区域，一条延伸至以前的支流塞本尼提克河，另一条则通往佩吕斯亚克河、塔尼提克河与孟德锡耶内河。在地图上，我们以几乎均等的手笔标注了所有河流，尽量还原其原貌。

从布巴斯特起直至大海，佩吕斯亚克河下游现在几乎消失殆尽，因此很难在雷尼耶将军出版的地图上找寻其踪迹，而只能重新还原整条河流。

在现代卡诺皮克河下游地区，形成了一个名为"埃德科（Edko）湖"的湖泊。湖水尽汇至支流博洛比提克河（亦称塔利河）的河床。我们大概地绘制了卡诺皮克河下游的流向；并在村庄特罗特（阿拉伯语为Daïrouth，达伊鲁特）处开始重新规划。正如我们介绍过的②，该村名一直就是指河流分成两条或者多条支流的地方。

我们在地图上标注了法尔穆提亚河的两条支流；它们所形成的岛屿对应于古人定位于塞本尼图斯诺姆的岛屿，科索伊斯（SKHÔOU，思科霍乌）便位于此③。在我们看来，河流东支就是斯特拉波提到的塞本尼提克河，因为它流经塞本尼图斯（SJEMNOUTI，斯杰姆努提）附近；而西支则是希罗多德提及的萨伊提克河，因为它十分靠近塞易斯（SAI，塞易）④。似乎这很可能就是两位作家给埃及人称为法尔莫乌特（PHERMÔOUT）的整条支流命名的起源，而PHERMÔOUT（法尔莫乌特）则意为"致死的支流"，与其反义的是卡诺皮克河，他们将其命名为SCHETNOUFI（谢特努菲），意指"好

---

① 见其著作《赫利奥波利斯战役后的埃及》(De l'Égypte après la bataille d'Heliopolis) 之卷首。
② 见前文，原著第二卷，第20页。
③ 见Skhôou章节，原著第二卷，第211页。
④ 见前文，原著第二卷，第177页。

的支流"①。

我们还缩小了特尼斯湖与布尔洛斯湖的范围,因为在古代,它们的湖域比现如今的要小。

最后,用于标注埃及城市位置的点呈方形,因为这似乎就是古城墙的形状;位于上埃及、大阿波利诺波利斯(ATBÔ,阿特博)和拉托波利斯(SNÈ,斯奈)之间的厄勒梯亚城就呈方形,其烧制砖砌成的封锁壕如今依然存在②。该习俗甚至可以说在东方普遍存在:众所周知,巴比伦城是方形的,尼尼微几乎是长方形的③。在《万迪达德》④中也记载了众多波斯最早期的城市呈方形⑤。我们在地图编撰中应当没有忽略这些情况,但也难免有所纰漏;无论如何,我们殷切希望这份地图对完善下埃及的比较地理研究有所裨益。

---

① 见前文,原著第二卷,第 18、23 页。
② 科斯塔兹:《埃及记述》(*Description de l'Égypte*),古代篇,论文集,第一卷,第 49 页。——圣·热尼,《埃及记述》,古代篇,第一卷《厄勒梯亚记述》,第 1、2 页。
③ 西西里的狄奥多罗斯,卷三。
④ 译注:《万迪达德》是波斯古老的诗歌文集中的一部分,它包含 22 个章节,主要内容涉及教徒的清规戒律,其中夹杂着神话故事。
⑤ Fragards,一和二。

名词索引表
（按字母排序）

两册地理描述中所含内容
罗马数字标识卷册，阿拉伯数字标识页码

A

ABD-Allatif，阿卜杜拉提夫，阿拉伯作家。《孟菲斯遗址描述选段》（Fragments de sa description des ruines de Memphis），I，350。

Abiar，阿比阿尔，埃及城市之阿拉伯语名称，II，157；其方位，158；其埃及语名称，159。

Abotis，阿波提斯，中埃及城市，I，274；其阿拉伯语名称，275。

Abou-kir，阿布基尔，见 Abouqir。

Abou-qir，阿布奇尔，古卡诺普，II，258。

Aboussir，阿布斯尔，中埃及一个地方的埃及语名称，I，294；中埃及另一个同名的村庄，I，365；三角洲的城市，II，184；其埃及语名称，188。

Aboutidj，阿卜提吉，希腊人称作阿波提斯（Abotis），I，275。

Abydos，阿比多斯，中埃及城市；其方位，I，249；其埃及式古迹，249及以下；缇巴依德—诺姆之首府，I，371。

Adribé，阿德里贝，中埃及克罗科蒂洛波利斯的阿拉伯语名称，I，266。

Ægypte，埃及，同 Égypte。

Ægyptus，埃古普托斯，按希腊人的说法，此为埃及国王，I，77；与塞托斯·拉美西斯是同一个人，78。

Αερια，希腊人对埃及的命名，I，93。

Αετια，希腊人对埃及的命名，I，93；其起源，I，93。

ΑΕΤΟΣ，尼罗河的希腊语名称之一；其起源见 I，132；科普特人保留的名称，I，132。

Αγαθοδαιμων，圣蛇，I，183；其形象出现在神庙檐部的檐壁之上，I，168。

Ahnas，阿赫纳斯，大赫拉克里奥波利斯的阿拉伯语名称，I，312；该名称的起源，313。

Αιγνπτος，最早是希腊人对尼罗河的称谓，I，80、81；之后成为尼罗河灌溉之地的统称，I，80、81。

Αιγνπτος，埃及的希腊语名称，I，76；希腊人认同的起源见第 77 页；其真实的起源见第 80 页；众多现代学者认可的词源见第 81 页。

Ain-Schams，艾因·夏姆斯，赫利奥波利斯的阿拉伯语名称，II，40。

Akhmim，艾赫米姆，帕诺波利斯的阿拉伯语名称，I，259；其起源见第 260 页。

Akhmoun，锡瓦绿洲当地方言中的单词，起源于埃及语，I，263。

Al-Bouaïb，布阿伊布，图姆的阿拉伯语名称，I，173；埃及有两处以此为名的地方，其类似写法见 I，173。

Alexandre le grand，亚历山大大帝，征服了埃及，I，8；这位君主在当地的影响见 I，8。

Alexandrie，亚历山大里亚，科普特语经卷中记载的名称，II，263；其罗塞塔石碑上的称谓见第 265 页。

Alphabet égyptien primitif，最早的埃及语字母表，I，47。

Alphabet copte，科普特语字母表，其解析，I，47 及以下。

Alqam，卡姆，布海拉地区的乡镇，其埃及语名称见 II，246。

Amasis，阿玛西斯，埃及语专有名词，其真实拼写及含义，见 I，110。

Ammon，阿蒙，见 Amoun。

Amoun，阿蒙神，埃及神祇；其名称词源见 I，217；供奉于斯奈（Esnéh）神庙，相关证据见 I，187；并供奉于卡纳克神庙，206。

Amoun，阿蒙，底比斯的埃及语名称，I，217 及以下。

Amparallou，安帕拉鲁，帕拉洛斯的科普特语名称，II，207。

Anhip，恩希普，推测为伊比乌姆的埃及语名称，I，297。

Ano，阿诺，小帝奥斯波利斯之埃及语名称，I，238。

Antaeopolis，安特奥波利斯，中埃及城市，I，270；希腊人提到此处时犯了错，见第270页；其埃及语名称见第271页；其阿拉伯语名称见第272页。

Antêu，安特岛，科普特人给安特奥波利斯所取之名，I，272。

Antinoë，安底诺，I，285；埃及人把它称作贝萨（Bêsa）吗？286。

Anville（D'），唐维尔，明确证实了谢诺波西亚的方位，I，241；修正了波珀斯的方位，I，245；其关于克罗科蒂洛波利斯与图菲乌姆之方位的观点考证见 I，192；其对于支流佩吕斯亚克河的错误观点见 II，10；其关于科索伊斯方位的错误观点见第212页及以下；其关于圣·杰米亚内方位的错误论断见第225页[①]。

Anysis，阿尼希斯，希罗多德谈及的这座城市就是伊希斯之城，II，200；此名称为埃及语，其含义见 II，200。

Aouaris，阿乌阿里斯，即赫洛奥波利斯城，II，90；其埃及语名称见第91页。

Aphroditopolis，缇巴依德的阿芙罗蒂托波利斯；其方位见 I，191；其埃及语名称见第192页；其古迹见第192页。

中埃及的阿芙罗蒂托波利斯，I，267；其方位，I，267；其阿拉伯语名称，I，267；其埃及语名称，268。

埃普塔诺米德的城市阿芙罗蒂托波利斯，I，332；其方位，I，333；其埃及语名称，333；其阿拉伯语名称，333。

[①] 译注：原文如此，实为第226页。

名词索引表

Apis，阿匹斯，下埃及乡镇，II，267。

Apollinopolis，阿波利诺波利斯，中埃及城市，I，273；其方位，273，其埃及语名称，274；城市别称，274。

Apollinopolis-Magna，大阿波利诺波利斯，其方位，I，174；城市壮丽的埃及式建筑，174及以下；其埃及语名称，177及以下。

Apollionopolis-Parva，小阿波利诺波利斯，缇巴依德的城市，I，219；其遗址，220；其希腊语名称起源，220；其埃及语名称，220；城市别称及含义，221；其方位，222。

Arabes，阿拉伯人，其征服埃及，I，26；采用了埃及城市的埃及语名称，I，26；并如实转写了这些名称，37及以下；其转写方法，38及以下；波斯人将其称作塔兹人，I，97。

Araklasmô，阿拉克拉斯莫，科普特人对大赫拉克里奥波利斯的称呼，I，311。

Arbat，阿尔巴特，埃及城市；其方位，II，256；其阿拉伯语名称，II，256。

Armaïs，阿马伊斯，即希腊人所说的达那俄斯（Danaūs），I，78。

Armant，阿尔曼特，荷蒙蒂斯的阿拉伯语名称，I，196。

Arsinoë，阿尔西诺伊，即大克罗科蒂洛波利斯城，I，326。

Artz-Kham，埃及的希伯来语名称，I，104；其起源，I，104。

Aschliméh，阿什里美，布海拉地区的乡镇；其埃及语名称见 II，247。

Aschmounaïn，阿什姆纳音，见欧什姆纳音，Oschmounaïn。

Aschmoun-Djoreisch，阿什姆恩·德约热伊什，梅努夫地区的乡镇，II，152；其埃及语名称，154。

Aschmoun-Thannahh，阿什姆恩·塔纳赫，见欧什姆恩·阿罗曼，Oschmoun-Arromman。

Asédék，阿瑟德克，科普特人对赫利奥波利斯的称谓，II，41。

Asfoun，阿斯弗恩，阿斯菲尼斯的阿拉伯语名称，I，192。

Asiouth，阿斯乌特，见奥斯乌特，Osiouth。

469

Asna，阿斯纳，拉托波利斯的阿拉伯语名称，I，189；其起源，I，189。

Asouan，阿斯旺，赛伊尼的阿拉伯语名称，I，162。

Asphynis，阿斯菲尼斯，即阿芙罗蒂托波利斯城，I，192。

Atbô，阿特博，大阿波利诺波利斯的埃及语名称，I，178；其含义，I，178。

Atbô，阿特博，中埃及城市阿芙罗蒂托波利斯的埃及语名称，I，268。

Αθαραμβη，阿特利比斯讹用的希腊语名称，II，49。

Atharbéchis，阿塔尔拜什，这座城市的方位，见 II，171；其埃及语名称，172。

Αθαρραβις，阿特利比斯讹用的希腊语名称，II，49。

Athfihh，阿特菲赫，萨义德的城市；其埃及语名称，见 I，333。

Athlêbé，阿特莱贝，阿特利比斯的埃及语名称之一，II，50。

Αθλιβις，希腊人对城市阿特利比斯的称谓，II，49；它起源于埃及语，50。

Athothis Ier，（法老）阿托提斯一世，定都于孟菲斯，I，338；在那里修建了一座宫殿，I，338。

Athrêbi，阿特莱比，阿特利比斯的埃及语名称，II，49。

Atrêpé，阿特莱佩，阿特利比斯的埃及语名称，II，49。

Athribis，阿特利比斯，城市方位见 II，48；其古迹及遗址，II，48；其希腊语名称，49；其埃及语名称，49 和 50。

Αθριδμν，阿特利比斯讹用的希腊语名称，II，49。

Atkou，阿特库，下埃及城市，II，242；其埃及语名称，II，242。

阿特莱佩（Atrèpe）或者阿特利佩（Atripé），中埃及城市克罗科蒂洛波利斯的埃及语名称，I，267；同名山脉，266。

Atrib，阿特利布，阿特利比斯的阿拉伯语名称，II，50。

B

BABYLONE，（埃及的）巴比伦，II，33；其位置及起源，II，

33；其埃及语名称，34；战场，35。

Bahhry，阿拉伯人对下埃及的称谓，II，6。

Bahhar-al-Abiadh，亦称白河，即尼罗河，I，117。

Bahnésa，巴赫内萨，奥克西林库斯的阿拉伯语名称及其起源，I，304，306。

Bahtit，巴赫提，东部省的村庄，II，73；其埃及语名称，II，73。

Baïdhar，拜达尔，埃及国王之一，据阿拉伯人所说，他将其王国分封给三个儿子，I，65。①

Bairi，埃及语单词；其词义及起源，II，203 和 204。

Balnemmôoui，巴勒内姆乌伊，无头人的埃及语名称，I，256；他们的聚居地，I，256（注释 1）②。

Banha-Assal，邦哈·阿萨勒，埃及的阿拉伯乡镇，II，46；其埃及语名称，II，46。

Baramoun，巴拉姆恩，阿拉伯村庄，II，134；其埃及语名称，135。

Bari，巴里，埃及语地名及其词义，见 II，202。

Bari，埃及语单词；其含义与词源，见 II，203。

Baris，巴里斯，埃及的一个地区，II，202；其埃及语名称，II，202。

Barnoudj，巴尔努杰，布海拉省的一个地方，II，302；其埃及语名称，II，302。

Bascherouth，巴什鲁特，一座埃及城市的阿拉伯语名称，II，137；其埃及语名称，II，137。

Batnoun（Al），巴特努恩，三角洲地区的村庄；其埃及语名称，II，162。

Belbeïs，贝尔贝伊斯，埃及的阿拉伯城市，II，56；其埃及语名称，II，56；它不同于希腊人所说的法尔博埃图斯，56 和 57。

Beni-Mohammed-El-Kifour，贝尼·穆罕默德·基富尔，萨义德的乡镇，I，301；其科普特语名称，I，301。

---

① 译注：原著中亦写作 Baidhar。
② 译注：现译文中注释 4。

Bershoout，维尔硕乌特，上埃及一座城市的埃及语名称；其方位，I，246；其阿拉伯语名称，247。

Bêsa，贝萨，该名称被认为是埃及人对安底诺的称谓，I，286；也是埃及一位神祇的名字，并为科普特人延用，I，286、287。

Bêsamôn，贝萨蒙，科普特语专有名称，I，287；其原来的拼写方式，I，287。

Biblau，毕布罗，阿什姆纳音省的村庄，II，208；其埃及语名称，II，208。

Biblos，毕布罗斯，这座城市的方位并不确定，II，208；其埃及语名称，209。

Binouan，比努安，西部省的乡镇，II，223；其埃及语名称，223及224。

Birmâ，比尔玛，三角洲地区的阿拉伯村庄，II，159。

Blemmyes，无头人，其埃及语名称，I，256。

Bohbaït，博赫巴伊特，伊希斯之城的阿拉伯语名称，II，199。

Bolbitine，博洛比提内，其方位和埃及语名称，II，241。

Bolbitique（Branche），（支流）博洛比提克河，其不同的希腊语名称见II，19；其起源，20；其埃及语名称，22。

Bonjour（Le père），本儒（神父），其关于单词Chêmi的错误观点见I，104；II，5。

Bopos，波珀斯，缇巴依德城市；其方位，I，243；其埃及语名称，244及以下；其阿拉伯语名称，244。

Boua，布阿，亦称Voua（富阿）①，埃及城市，II，239；其方位和阿拉伯语名称，241。

Bouliéna，布里耶那，缇巴依德一座城市的阿拉伯语名称，I，247；其埃及语名称，I，247。

Bourlous-Arrimal，布尔鲁斯·阿里马勒，帕拉洛斯的阿拉伯语名

---

① 译注：科普特人把B发音成V。

称，II，7。①

Bousch，布什，萨义德的乡镇；其埃及语名称，I，314。

Bousiri，布西里，布西里斯的科普特语名称，II，190。

Boutidj，卜提吉，阿波提斯的阿拉伯语名称，I，275。

Branches，尼罗河支流，II，7及以下。

Bschadi，布沙迪，普罗佐皮斯的阿拉伯语名称，II，165。

Bubaste，布巴斯特，这座城市的方位及其历史，II，63；其主神庙，II，63；城市街道，64；城市地表加高，64；这座城市的著名节日，65；其埃及语名称，65；其埃及语名称含义，67及以下；其遗址，66。

Bubasticus Fluvius，布巴斯提克河，即佩吕斯亚克河，II，13；此名称的起源，II，13。

Bubastis Agria，布巴斯提斯·阿格里亚，埃及城市，II，56、57；其埃及语名称，56。

Bubastis，布巴斯提斯，埃及神祇，II，67。

Bucolique (branche)，支流布克里克河，这是希罗多德确定的名称，II，15。

Busiris，布西里斯，中埃及村庄，I，365；其埃及语名称，I，365；其阿拉伯语名称，I，365。

Busiris，布西里斯，这座城市的方位见II，184；埃及人在这座城市庆祝的著名节日，185；其希腊语名称，185；关于其埃及语名称的不同观点，186及以下；其真正的埃及语名称，190；其阿拉伯语名称，184。

Busiritique，布西里提克河，地理学家托勒密对法特美提克河的称谓，II，17；该名称的起源，II，17。

Buto，布陀，这座城市的方位，II，227；其埃及式古迹，228；其埃及语名称，229；其希腊语名称及起源，229和230。

Butos，见Buto。

Butos，荷鲁斯的乳母，II，229和230。

---

① 译注：此处有误，应为II，207。

C

Cabasa，卡巴萨，这座城市的方位，II，234；其阿拉伯语名称及埃及语名称，II，234。

Canal d'Achmoun（le），阿什姆恩运河是旧时的支流孟德锡耶内河，II，15。

Canal de Moez（le），莫伊斯运河是古代的支流佩吕斯亚克河部分河段，II，11 和 12；其上游为支流塔尼提克河，12、14。

Canal des deux Mers，连接两海的运河①，II，29 和 30。

Canal des Pharaons，法老的运河，见连接两海的运河。

Canicule（Etoile de la），天狼星，其埃及语名称，I，328。

Canope，卡诺普，其方位，II，258；根据希腊人的观点，这座城市的起源，259；其埃及语名，259 及 260；该名称的含义，260；其遗址，258。

Canopique（branche），支流卡诺皮克河，II，22；其埃及语名称，23；这条支流的现状，24。

Cataractes du Nil，尼罗河瀑布，I，120；古代旅行家们过分吹捧赛伊尼的瀑布，I，120。

Chamêrôf，一种昆虫的埃及语名称，I，108。

Charapêp，戴胜鸟的埃及语名称，I，277。

Chbèhs，克贝赫斯，卡巴萨的埃及语名称，II，234。

Chêmi，克米，埃及语之孟菲斯方言对埃及的称谓，I，101；指埃及全境，104；其含义，107。

Χημια，埃及之真实埃及语名称的希腊语拼写方式，I，101。

Chemmis，上埃及城市，见帕诺波利斯。

Chemmis，凯米斯，布陀斯的圣岛，II，228。

Chènoboscia，谢诺波西亚，缇巴依德的城市；其方位，I，241；其埃及语名称，242；其阿拉伯语名称，243。

Chmê，罗塞塔石碑上埃及语原文中埃及之名称，I，105；这个写

---

① 译注：根据文意，两海指地中海和红海。

法得到了证实，I，105 及以下。

Chmim，克米姆，帕诺波利斯的埃及语名称，I，259；其含义，261。

Chnubis，克努比斯，其方位，I，182；其埃及语名称，183、184。

Χομφω，这个希腊人给塔孔普索岛所取之名是埃及语，I，153。

Chrophi，克罗斐山，靠近赛伊尼的埃及山脉，I，114；在埃及语中这个名称的含义，I，115、147。

Colosses，巨像，底比斯巨像，I，211；孟菲斯巨像，I，355。

Contra-Latopolis，东拉托波利斯，其方位，I，191；其埃及式古迹，同上。

Contra-Syène，西赛伊尼，其方位，I，166；其可能的埃及语名称，I，166。

Cophtos，见 Coptos（科普托斯）。

Copte（langue），科普特语，伊纳切·罗西先生对这门语言的观点，I，18；这是埃及人的古代语言，19 和 47；这一事实的例证，20 及以下；研究这门语言的重要性，23 及以下；引用的科普特语诗文，II，18 等。

Coptes（les），科普特人在其著作中保留了埃及城市最初的名称，并传播给阿拉伯人，I，26 及以下；他们篡改了埃及城市的希腊语名称，I，28 和 30；他们被阿拉伯人称作科布提（Kobthi）(见该单词)；阿拉伯人关于 Coptes（科普特人）这一称谓的起源，I，88；一众现代学者对此之观点，I，89 及以下。

Coptos，科普托斯，缇巴依德的城市；其方位，I，223；其古迹及历史上的重要性，I，223；其埃及语名称和不同的写法，I，224 和 225；其阿拉伯语名称，225。

Court-de-Gebelin，古德·杰柏林，他关于希腊人对埃及的称谓 Αιγνπτος 之起源的观点，I，83；错误观点，I，83。

Crocodile，鳄鱼，其埃及语名称，I，152 和 324。

Crocodilopolis，缇巴依德的克罗科蒂洛波利斯，其方位，I，192；其埃及语名称，194。

Crocodilopolis（Magna），大克罗科蒂洛波利斯，I，323；其方

位，I，323；其希腊语名称的起源，324；其埃及语名称，325；其词义，325；其阿拉伯语名称，325。

Crocodilopolis，中埃及的克罗科蒂洛波利斯，I，266；其方位，I，266；其埃及语名称，267；其阿拉伯语名称，266。

Cusae，库萨，中埃及城市，I，284；其埃及语名称，I，284；其阿拉伯语名称，285。

Cynopolis，西诺波利斯，中埃及城市，I，301；其埃及语名称，302；其阿拉伯语名称，303。

D

DAIROUTH，达伊鲁特，布海拉省的村庄；其埃及语名称，II，256。

Dalass，达拉斯，萨义德的一个地方，I，335；其埃及语名称，I，335。

Damalidj，达马利基，富阿省的一个乡镇，II，240；其埃及语名称，II，240；与梅哈莱·马里克是同一个地方，II，240。

Damanhour，达曼胡尔，布海拉省的城市，II，249；其埃及语名称，250；该名称意义，251、252。

Damanhour-el-Schahid，达曼胡尔·沙伊德，下埃及地区的阿拉伯村庄，II，42；其埃及语名称，II，42。

Damiette，达米埃特，其埃及语名称，II，138。

Damirah，达米拉，西部省的城市，II，179；其埃及语名称，II，179。

Damsis，达姆西斯，一座下埃及城市的阿拉伯语名称，II，112；其埃及语名称，II，112。

Danaūs，达那俄斯，I，77；抵达希腊，I，77；他就是塞托斯·拉美西斯的兄弟阿马伊斯，78；抵达阿尔戈利斯，79。

Danouschar，达努沙尔，西部省的村庄，II，215；其埃及语名称，II，215。

Daphnès，达菲尼斯，下埃及城市，II，78。

Daqahhlé，代盖赫雷，代盖赫利耶省的城市，II，137；其埃及语名称，136。

Daqahhliyéh，代盖赫利耶省，埃及阿拉伯行省之一，II，137；该名称的埃及语起源，II，137。

Daraouéh，达拉乌埃，埃及多地的阿拉伯语名称，II，20；起源于埃及语，II，20。

Darouah，达鲁阿，萨义德的一个地方，I，288；其埃及语名称，I，288。

Darouth-Ssarbam，达鲁特·萨尔邦，萨义德的一个地方，I，28；其埃及语名称，I，28。①

Débordement du Nil，尼罗河泛滥，原因及影响，I，124及以下。

Défri，德弗里，西部省的乡镇，II，18；其埃及语名称，II，18。②

Deïrouth，德伊鲁特，阿拉伯人对埃及多地的称谓，II，20；起源于埃及语，II，20。③

Delta，三角洲，希腊人以此名称想表达的内容，II，25；这个名称遭到了滥用，II，25；其边界，25；其埃及语名称，26。

Delta（petits），小三角洲，其数量和边界，II，27。

Delta（village），村庄三角洲，II，145；其方位，146；其埃及语名称，146。

Dendéra，丹德拉，滕提拉的阿拉伯语名称，I，234；其黄道十二宫及描述，见"黄道十二宫"。

Dépendances de l'Égypte，埃及的属地，II，281；利比亚地区的埃及属地，282及以下；阿拉伯半岛的埃及属地，307。

Dimrou，迪姆鲁，西部省的乡镇，II，232；其埃及语名称，II，232。

Διοσπολις，底比斯的名称，I，216及以下。

Diospolis-Parva，小帝奥斯波利斯，上埃及城市，I，238；其位置和埃及语名称，I，238及以下。

Diospolis，下埃及的帝奥斯波利斯，II，129；这座城市的位置，

---

① 译注：原文如此，应当是 I，288，且写作 Darouth-Ssarban。
② 译注：原文如此，应当是 II，183。
③ 译注：II，20 中写作 Deirouth。

130；关于其埃及语名称的研究，131 及以下；这就是希伯来先知所说的诺阿孟，131 及以下。

Djabal-Qamar，伽巴勒·卡玛尔，即"月亮山"，阿拉伯人所说的尼罗河发源地，I，117。

Djébel-el-Mokatteb，莫卡特布山①，阿拉伯半岛地区的山脉，I，60 和 61；其埃及式古迹，60 和 61；古迹描述，II，307 及以下。

Djébel-Nakloun，纳克隆山，法尤姆地区的山脉，II，320；其埃及语名称，II，320。②

Djébel-Selséléh，塞勒赛雷山，萨义德的一个地方，I，171；其埃及语名称，I，171。

Djéziret-al-Qoth，科特岛，三角洲一座岛屿的阿拉伯语名称，II，153 和 154。③

Djéziret-el-Birbé，庙岛，菲莱岛的阿拉伯语名称，I，159。④

Djéziret-el-Gharib，西方岛，萨义德的岛屿，I，236；其埃及语名称，I，236。⑤

Djihoun 或者 Oxus，质浑河，亦称乌浒河，河流；其科普特语名称，I，136，注释 7⑥。

Djizèh，吉萨并不是孟菲斯遗址所在地，I，342。

Domrou，多姆鲁，见迪姆鲁（Dimrou）。

Donqa，东卡，尼罗河的发源地，I，118。

Dubernat（le P.），都伯纳神父，其关于科普特人名称起源的观点见 II，89 和 90。⑦

Dugua（M.le général），杜加少将，其孟菲斯遗址的游历，I，339。⑧

---

① 译注：即艾克里特山。
② 译注：II，320 中写作 Naklon。
③ 译注：II，154 中写作 Djéziret-Alqoth。
④ 译注：I，159 中写作 Djèziret-el-birbé。
⑤ 译注：I，236 中写作 Djèziret-el-Gharib。
⑥ 译注：现译文中注释 6。
⑦ 译注：原文如此，应为 I，89 和 90。
⑧ 译注：原文如此，应为 I，359。

E

EDFOU，埃德夫，见欧德夫（Odfou）。

Edko，埃德科，见阿特库（Atkou）。

Egypte，埃及，其鼎盛与衰落，I，1和2；它对希腊人以及其他外邦开放时期，6；被波斯人占领，5；其自然边界，53和57；埃及本土，55及以下；其主要的两大划分，63；被希腊人和罗马瓜分成三部分，64；其埃塞俄比亚语之称谓，92；希腊人命名的不同别称，93及以下；其腓尼基语名称，96；其希伯来语名称，99；其阿拉伯语名称，99；其巴列维语名称，101；其埃及语名称，101及以下；其西部属地，II，281及以下；其东部属地，302及以下。

Égypte（basse），下埃及，其自然概况，II，1；其形成，2及以下；其自然边界，4；其埃及语名称，5及以下；其三角洲地区领地，25；三角洲以外的领地，27及以下，30及以下；其政治划分，32；其城市，II，53及以下。

Égypte（haute），上埃及，其边界，I，140；此处是埃及最早有人居住的地方，141及以下；希腊人对上埃及的划分，143；其埃及语名称，144及以下；阿拉伯人对上埃及的划分，I，145，注释5；埃及人对上埃及的划分，I，71、72和149；其诺姆，I，366及以下。

Égypte moyenne，中埃及，是上埃及的一部分，见"上埃及"。

Ehrit，埃赫里特，中埃及的埃及乡镇，I，307；其阿拉伯语名称，308。

Ειληθυια，埃及人不知晓的希腊神祇，I，181。

Eleïtz，厄勒伊兹，厄勒梯亚的阿拉伯语名称，I，182。

Elephantine（l'île d'），埃列凡提涅岛，其方位和范围，I，159；同名的城市，I，159；其埃及式古迹，159、160；其采石场，I，160。

Eléthya，厄勒梯亚，其方位，I，179；其埃及式古迹，I，179；其最早的名称并不为人所知，I，181。

Єλπннι，该单词在巴什姆方言中的释义及分析，II，122。

Elqis，基斯，萨义德地区的阿拉伯乡镇，即希腊人所说的西诺波利斯，I，303。①

Επτανομις，埃普塔诺米德，上埃及一部分地区的希腊语名称，I，143；该地区的诺姆，I，143。

Ηφαιστια，赫菲斯托斯，希腊人对埃及的别称，I，94；它所表之意，I，94。

Ermont，埃尔蒙特，荷蒙蒂斯的埃及语名称，I，196。

Ερμοχυμιος，希腊人对埃及的别称，I，96。

Ερπε，底比斯方言中这个埃及语单词的分析，II，122。

Ερφει，科普特语经卷中对该单词的释义及用法，121，其分析，121。②

Εσμοννος，埃及神祇，I，291；其埃及语名称，I，291。

Esné，见阿斯纳（Asna）。

Esnéh，见阿斯纳（Asna）。

Ethiopia，埃塞俄比亚，其埃及语名称，I，98。

Euthyménes，de Marseille，优昔美尼；其关于尼罗河泛滥原因的观点 I，125；欧里庇得斯采纳了其观点，I，125。

F

FAU-BAASCH，法乌·巴什，萨义德的阿拉伯村庄，即波珀斯，I，244。

Faou-Djeli，法乌·杰里，上埃及的一个地方；其埃及语名称，I，268 和 269。

Farama，法拉玛，阿拉伯人对佩吕斯最早的称谓，84 和 85；它起源于埃及语，86。③

Fardjiouth，法尔吉乌特，缇巴依德一座城市的阿拉伯语名称，I，247；其埃及语名称，I，247。

Fayyoum（le），法尤姆省，希腊人所说的克罗科蒂洛波利斯诺

---

① 译注：原文如此，I，303 中写作 El-Qis。
② 译注：此处指 II，121。
③ 译注：此处指 II，84 和 85；II，86。

姆，325；该单词的起源，326。①

Fouah，富阿与梅斯勒并不是同一座城市，II，238及以下；其埃及语名称，239。

Fourier（M. le Baron），傅立叶男爵先生关于埃及天文学遗迹所做之研究，I，231；寻找孟菲斯遗址，344；考察金字塔和孟菲斯，359。

G

GEORGI（le P.），乔治神父关于埃及一些地区科普特语名称之研究，I，17；潘斯杰（Pemsjé）的词源，I，305；他对《圣·帕涅斯尼夫行传》中一段科普特语—底比斯语段落的错误解读，II，47，注释3②。

Gharbi-Osouan，加尔比·阿斯旺即西阿斯旺，西赛伊尼的阿拉伯语名称，I，166。

Giraffe，长颈鹿，荷蒙蒂斯神庙中雕刻的动物像，I，196。

Grecs（les），希腊人于哪个年代经常往来于埃及，I，6；在埃及习得了科学基础知识，I，7；希腊人把埃及城市名称翻译成希腊语，I，7和9；他们在这方面所犯的错误，I，7、9、10、31及以下；希腊人期待在离他们最遥远的民族中再现自己的宗教，I，9；错误地转写了城市的埃及语名称，33；为什么？33及以下；希腊人用本民族语言曲解了所有外来名称，I，25和75；他们的科学汲取自埃及，II，37。

Grotte d'Eléthya，厄勒梯亚岩洞，其描述，I，180。

Gybzaouy，埃塞俄比亚语中埃及人的名称，I，92。

Gybzy，埃塞俄比亚语中埃及的名称，I，92。

H

HANSCHÉI，汉谢，埃及城市，II，157；其方位，158；其阿拉伯语名称，159。

Harbait，哈尔拜特，法尔博挨图斯的阿拉伯语名称，II，98和99。

---

① 译注：此处指 I，325；I，326。
② 译注：现译文中注释7。

Hashê，哈什山，上埃及的山脉，I，148。

Heliopolis，赫利奥波利斯，其位置，II，36；其神庙，II，36；其祭司，37；其遗址，39；其希腊语名称，40；其埃及语名称，41及以下。

Heracleopolis-Magna，大赫拉克里奥波利斯，中埃及城市，I，309；其方位和岛屿，I，309和310；其希腊语名称起源，310、311；其埃及语名称，311；其阿拉伯语名称，312；并不是希伯来文本中的哈纳斯（Hhanas），313。

Heracleopolis-Parva，小赫拉克里奥波利斯，见赛特隆。

Hermonthis，荷蒙蒂斯，其方位，I，195；其埃及式古迹，195；其埃及语名称，196。

Hermopolis-Magna，大荷莫波利斯，中埃及城市，I，288；其方位，I，288；其埃及式古迹，289；其主要的宗教信仰，289和290；其希腊语名称起源，290；其埃及语名称，290。

Hermopolis-Parva，小荷莫波利斯，其方位，II，249；埃及名为荷莫波利斯的城市，II，249；小荷莫波利斯的埃及语名称，250；该名称的不同写法，250；其埃及语名称之释义，251和252。

Hérodote，希罗多德，其关于尼罗河泛滥原因的观点，I，126。

Hérôopolis，赫洛奥波利斯，其方位，II，87和88；其埃及式遗址，89；它与阿乌阿里斯是同一个地方，90；赫洛奥波利斯名称的起源，91；其埃及语名称，91；其别称，92。

Hhauf，霍夫，阿拉伯人对下埃及部分地区的命名，II，75；东霍夫对应于埃及人所说的提亚拉比亚，II，75和76。

Hhauf occidental（le），西霍夫对应于埃及人所说的尼法伊亚特，II，76。

Hibé，西贝，大绿洲所在地，II，236；其埃及语名称，II，236。①

Hieraconpolis，希拉孔波利斯，其方位、遗址，178和179。②

Hô，后城，小帝奥斯波利斯的埃及语名称，I，238。

Homère，荷马知晓了尼罗河泛滥的原因，I，126。

---

① 译注：原文如此，应为II，286。
② 译注：此处指I，178和179。

Hôrsiêsi，埃及语专有名词，II，196；此名称的含义，II，196。

Hou，后城，小帝奥斯波利斯的阿拉伯语名称，I，238；其起源，I，238。

Hour，胡尔，萨义德的一个地方；其埃及语名称，II，312。

Hrokeleou，科普特人对希腊人称作大赫拉克里奥波利斯的地方之称谓，I，311。

Huppe（la），戴胜鸟，鸟类；在埃及人看来它具有象征意义，I，276；其埃及语名称，I，276，注释2[①]。

Hypsêlis，西普赛利斯，中埃及城市，I，275；其埃及语名称，I，275；其阿拉伯语名称，II，362、367。

I

IARO，见 Phiaro。

Ibis，白鹮，鸟类；其埃及语名称，I，297；此种鸟类的干尸，295。

Ibiù，伊比乌姆，中埃及城市，I，295；该名称的起源，I，295；其方位，296；其埃及语名称，297。

Ibschadéh，伊布沙德，阿拉伯人把3座埃及城市以此命名，II，168；这个名称是埃及语，II，168。

Idfou，伊德弗，阿芙罗蒂托波利斯的阿拉伯语名称，中埃及城市，I，267。

Ieblil，耶布里勒，埃及语地点名称，II，311；其方位未知，II，311。

Iéor，希伯来语单词，起源于埃及语，I，137、138。

Ihrit，伊赫里特，萨义德的乡镇，I，308；其埃及语名称，I，308。

Ikhmim，伊赫米姆，见艾赫米姆（Akhmim）。

Ile d'Héracleopolis，赫拉克里奥波利斯岛，I，309 至 315。

Inde（l'），印度，其科普特语名称，I，98。

Inscription de Rosette，罗塞塔石碑，该文物的描述，I，22；学者们对此石碑的研究，I，22；引用的埃及语原文，41、103、105、

---

① 译注：现译文中注释1。

106、327 和 362；II，197、265、337；引用的希腊语原文，I，87。

Institut d'Égypte，埃及学院，其发掘孟菲斯遗址的研究计划，I，344 及以下。

Ischmoun，伊什姆恩，阿拉伯人所说的大荷莫波利斯之建城者，I，290。

Isidis-Oppidum，伊希斯之城，中埃及城市，I，322；推测的城市埃及语名称，I，322；其阿拉伯语名称，I，322。

Isidis-Oppidum，伊希斯之城，三角洲城市；其方位，II，193；埃及语名为纳伊斯，194 及以下；其埃及式遗址，198 和 199；被拜占庭的艾蒂安作 Τισις，200，希罗多德称其为 Aνυσις，200；其阿拉伯语名称，199。

Isis，伊希斯，以其名命名的城市，I，322 和 II，193；伊希斯名称的真正埃及语拼写方式，195 及以下。

J

JABLONSKI（Paul-Ernest），（保罗·厄内斯特）雅布隆斯基关于某些城市埃及语名称的研究，I，16；其关于单词 ⲱⲙⲓⲛ 之词源的观点，遭到驳斥，I，260；其关于荷蒙蒂斯之埃及语名称的观点，错误的，I，198；其关于单词 Nil 之词源的错误观点，I，185；[①] 其关于单词 Ωκεαμης 含义的错误观点，I，131；其遭到驳斥的、关于单词 ⲱⲙⲟⲩⲛ ⲃ̄ 之见解，I，293 及以下；他从埃及语派生出了名称 Αιγυπτος，I，84；其错误观点，I，85；其关于孟菲斯埃及语名称的观点遭到驳斥，362；其关于阿特利比斯埃及语名称的词源之见解有误，II，51；他在涉及孟德斯的别称、单词 Anermani 这一主题上犯了错，遭到驳斥，II，125。

Jésuites portugais（les），葡萄牙耶稣会会士，自认为发现了尼罗河源头，I，117；其观点有争议，I，117。

Juvenal，尤维纳利斯，对这位诗人的一段记载之评论性研究，I，232。

---

① 译注：原文如此，应当是 I，135。

K

KABAS，卡巴斯，卡巴萨的阿拉伯语名称，II，234。

Kafr-Aboussir，卡夫尔·阿布斯尔，靠近马塔利亚的埃及村庄，II，42；其埃及语名称，II，42。

Kafr-el-Baramoun，卡夫尔·巴拉姆恩，阿拉伯乡镇，II，135；其埃及语名称，II，135。

Kahi-Or，卡西·奥尔，埃及语地点名称，II，212；被阿拉伯人称作胡尔（Hour），II，212。①

Kahnoub，卡努布，卡诺普的埃及语名称，II，259 和 260。

Kaïs，卡伊斯，西诺波利斯的埃及语名称，I，303。

Kam，卡姆，科斯（Kos）的埃及语别称，中埃及城市，I，274；其含义，I，274。

Kamès，埃及语专有名称；其含义，I，110。②

Kanesch，卡内什，中埃及的埃及村庄，I，306。

Kau-el-Kebie，见卡乌（Qaou）。

Kbahs，卡巴萨的埃及语名称，II，235。

Keft，科夫特，科普托斯的科普特语名称，I，224。

Kellauté，埃及语专有名称，II，255；该名称之释义，II，255。

Kêmé，底比斯方言中埃及的称谓，I，101，见"克米"；也写作 Kêmê，I，102。

Kepto，科普托，科普托斯的埃及语名称，I，224。

Kharbéta，卡尔贝塔，布海拉省的一个乡镇，其埃及语名称，256。③

Kircher（le P.），基歇尔神父，其关于埃及地理的研究，I，10 和 15；关于单词 Pitabir 的错误观点，13 及以下；埃及众多城市埃及语名称的错误拼写，14；关于大阿波利诺波利斯、拉托波利斯、滕提拉、阿比多斯、安特奥波利斯、孟菲斯等城市埃及语名称的错误观点，I，

---

① 译注：原文如此，应为 II，312。
② 译注：原文如此，I，110 中为 Кαмн，转写为 Kamè。
③ 译注：此处应是 II，256。

176，188，233，251，271，361等；他似乎创造了单词Koukouphat，认为这是戴胜鸟的埃及语名称，276，注释2[①]；他也创造了单词Sychi，327；其文学骗局，252和272。

Κνουφις，克努菲斯神，埃及神祇，I，182及以下。

Koéïs，见卡伊斯（Kaïs）。

Kôïs，科伊斯，下埃及一个地方的埃及语名称，II，312。

Koprêt 或者 Koprît，科普莱特或者科普里特，普特纳托诺姆的埃及乡镇，II，232；其希腊语名称，II，232；其阿拉伯语名称，233。

Koprêt，布陀斯诺姆之科普莱特，II，232。

Κοπριθεος κωμη，科普里特奥斯·科梅，埃及的一个地方，II，232；其埃及语名称，II，232；其阿拉伯语名称，233。

Kôs-Berber，科斯·维尔维尔，小阿波利诺波利斯的埃及语名称，I，221；其含义，220和221。

Kos-Koô，科斯·科奥，库萨的埃及语名称，I，285。

Kos-Kam，科斯·卡姆，中埃及阿波利诺波利斯的埃及语名称，I，274。

Koum-Ombou，库姆·翁布，奥姆伯斯的阿拉伯语名称，I，169。

Kypton，科普特人对孟菲斯的命名，I，91和92。

L

LABYRINTHE，埃及迷宫及其用途，I，71；其建造者，72。

Lakan，拉康，埃及城市，II，246；其位置及阿拉伯语名称，II，246；其遗址，247。

Laqanèh，拉卡内，阿拉伯村庄，II，244；其埃及语名称，II，244。[②]

Larcher（M.），拉谢先生，其关于埃及存在两个赫利奥波利斯之错误论断，II，37及以下；其关于单词Tzouan之错误观点，II，105。

---

① 译注：现译文中注释1。
② 译注：原文如此，应为II，246，并且原文写作Laqanéh。

Latopolis，拉托波利斯，其位置，I，164；其壮美的神庙，185及以下；神庙用于向阿蒙神献祭，187；城市希腊语名称，187；其埃及语名称，189；埃及诺姆之首府，368。

Le Brigant，勒·布里冈从下布列塔尼语派生出了埃及的希腊语名称，I，84。

Leontopolis，莱昂托波利斯，下埃及城市，II，110；其阿拉伯语名称，II，110；推测的埃及语名称，111；其方位，112。

Lepidotum，勒皮多图姆，缇巴依德的城市，I，248。

Libye，利比亚，见尼法伊亚特（Niphaïat）。

Libyens（les），利比亚人从远古时代起便臣服于埃及人的统治，I，54。

Limon du Nil，尼罗河淤泥，I，127；其化学成分分析，128。

Lioui，利乌伊，开罗所在地曾经存在过的一个埃及村庄名称，II，35。

Lotus（le），莲，植物；对其埃及语名称的研究，II，255。

Louqsor（le temple de），卢克索神庙，位于底比斯遗址处，I，204；其描述，208及以下。

Lycopolis，利科波利斯，中埃及城市，I，276；其希腊语名称起源，276、277及278；其埃及语名称，279；其方位，280；其阿拉伯语名称，280；其埃及式古迹，280。

M

MAGDOLUM，玛格多鲁姆，其位置，II，79；其埃及语名称，79；其希伯来语名称，79和81。

Mahallet-Alkébir，马哈来·克比尔，西部省首府，II，210；其埃及语名称，II，210。

Makhans，马克汉斯，缇巴依德一个乡镇的阿拉伯语名称，I，236；其埃及语名称，I，236。

Manbalôt，曼巴洛特，埃及城市，I，281；其埃及式古迹，282；其阿拉伯语名称，283；其埃及语名称之释义，283。

Manfélouth，曼法卢特，中埃及城市，I，283；它是一个十分古老的埃及城市，282。

Mankabad，曼卡巴德，见 Manqabadh。

Mankapôt，曼卡波特，上埃及地区的埃及村庄，I，281；其阿拉伯语名称，I，281。

Manlau，曼洛，埃及古村庄，I，283；其阿拉伯语名称，I，283；其埃及语名称之含义，284。

Manouf，马努夫，阿拉伯人对以此为名的城市之称谓，II，253。

Manouf（la haute），上马努夫，三角洲城市的阿拉伯语名称，II，156；其埃及语名称，II，156。

Manouf（l'inférieure），下马努夫，莫孟菲斯的阿拉伯语名称，II，252；其埃及语名称，253。

Manouti，马努提，美努提斯的埃及语名称，II，262；该名称之释义，II，262。

Mantôout，曼托乌特，该单词在埃及语中的意义及解析，II，121。①

Manqabadh，曼卡巴德，中埃及的阿拉伯村庄，I，281；其埃及语名称，I，281。

Marcel（M.），马塞尔先生提到了埃及多地的科普特语名称，I，18。

Marê-Niphaïat，马莱·尼法伊亚特，马雷阿的埃及语名称，II，266。

Marês 或者 Maris，马莱斯或者马利斯，上埃及的埃及语名称，I，143；II，5；这个单词想要表达的内容，I，145；其释义，143。

Maréa，马雷阿，其位置，II，265；其希腊语名称，II，265；埃及语名称及含义，266；其旧时的重要性，265 和 267。

Maris，马利斯，见马莱斯（Marês）。

Maris-Pinischti，大马利斯，埃及人对上埃及的命名，I，145；其意义，I，145。

Marissi，马利希，阿拉伯人对非洲热风（Khamsin）的命名，I，

---

① 译注：II，121 中写作 ⲙⲁⲛⲑⲱⲟⲩⲧ，转写为 manthôout。

146；其派生法，I，146。①

Maschtoul-Alqadhi，玛什图勒·卡德西，埃及村庄的阿拉伯语名称，II，71。

Maschtoul-al-Tawahin，玛什图勒·塔瓦辛，埃及村庄的阿拉伯语名称，II，71。②

Massr，马斯尔，埃及首府的阿拉伯语称谓，I，341；相继以此命名的城市，342。

Massr，马斯尔，该阿拉伯语单词的意义，I，100。

Massr-al-Atiq，马斯尔·阿提克（旧马斯尔），见佛斯塔特（Fosthath）。

Massr-al-Qadimah，马斯尔·卡迪玛③（古马斯尔），孟菲斯的阿拉伯语名称，I，342、362。

Massr-al-Qahérah，马斯尔·卡西拉（胜利之城马斯尔），见开罗。④

Mathariah，马塔利亚，赫利奥波利斯之阿拉伯语名称，II，40。

Médinéh-Tâbou（temples de），麦地那·塔布神庙，位于底比斯遗址，I，212；其描述，212和213。

Méfi，孟菲斯的埃及语名称，I，362及以下。

Mehhallet-Malik，梅哈莱·马里克，见达马利基（Damalidj）。

Μελαμβολος，希腊人给埃及命名的别称之一，I，96；其起源，110。

Μελας，尼罗河的希腊语名称，是这条河流埃及语名称的翻译，I，132。

Mélasj 或者 Méladj，梅拉斯杰或者梅拉杰，埃及乡镇，II，238；与梅特利斯并不是同一个地方，II，238；它不同于富阿，239；其阿拉伯语名称及方位，240。

Memnonium，门农宫或者奥兹曼迪亚斯之墓，位于底比斯，I，210。

412

---

① 译注：I，146 中写作 Marisi。
② 译注：II，71 中写作 Maschtoul-Altawahin。
③ 又作 Massr-el-Qadimah。
④ 译注：前文为 Massr-el-Qahirah，I，342。

Memphi，孟菲，孟菲斯的埃及语名称，I，363。

Memphis，孟菲斯，埃及第二个都城；其起源，I，336；其建造者，建城年代，337；在此定都的国王，338；其范围，339；其遗迹，340；关于其位置的不同观点，341 及以下；法国人远征埃及期间孟菲斯遗址之研究，343 及以下；其宏伟程度，347 及以下；其壮丽的遗址，350 及以下；其恢宏的神庙，355 及以下；远征埃及时期其遗迹概况，359 及以下；其希腊语名称，361；关于其埃及语名称的不同观点，361；其真实的埃及语名称，362 及以下；其希伯来语名称，364。

Memvé，孟菲斯的底比斯方言名称，I，364。①

Mendès，孟德斯，这座城市的方位，II，122；其埃及语名称的不同观点，123；其真实的埃及语名称，124；其别称，124 和 125；其埃及语名称的含义，128。

Mendésienne（branche），支流孟德锡耶内河对应于阿拉伯语人所说的阿什姆恩运河，II，15；其河口，16；其埃及语名称，23。

Menès（le Pharaon），法老美尼斯修建了孟菲斯，I，337；开凿了尼罗河新的河床，I，337；命人加高堤坝以保卫孟菲斯，使其免于尼罗河河水的侵袭，I，337。

Menfi，孟菲斯的埃及语名称，I，363。

Ménuthis，美努提斯，卡诺普附近的村庄，II，260；希腊人认同的其名称起源，II，260；其埃及语名称，261；其埃及语名称之含义，262。

Menvé，孟菲斯的底比斯方言名称，I，364。②

Mer Rouge（la），红海，其埃及语名称及该名称之意，I，59 及以下；其东海岸的埃及殖民地，I，60 及以下；II，307 及以下。

Meroeït，梅洛埃伊特山，上埃及的山脉，I，148。

Meschoti，梅硕提，它并不是本儒神父认为的埃及大行政区之埃

---

① 译注：I，364 中写作 ⲘⲈⲘⲂⲈ, ⲙⲉⲛⲃⲉ，转写为 Membe, Menbe，由于一定条件下埃及人把 в 发音为 v，故而出现了上述写法。

② 译注：I，364 中写作 ⲘⲈⲘⲂⲈ, ⲙⲉⲛⲃⲉ，转写为 Membe, Menbe，由于一定条件下埃及人把 в 发音为 v，故而出现了上述写法。

及语统称，I，67；而是一个诺姆之名，I，67；及 II，194，200；这个名称的含义，273。

Meschtôl，美什托勒，米耶克佛利斯岛的埃及乡镇，II，69；埃及两处同为此名之地，II，69；并不是《圣经》中的密夺，II，69。

Meschtôl，美什托勒，玛格多鲁姆的埃及语名称，II，79。

Messil，梅斯勒，梅拉杰的阿拉伯语名称，II，238 及以下。

Messraïm，埃及的希伯来语名称，I，99；其意义，I，99。

Messredj，埃及的巴列维语名称，I，101。

Métachompsos，见塔孔普索岛（Tachompsos）。

Métélis，梅特利斯，其方位并不确定，II，238。

Migdol，密夺，某埃及城市的希伯来语名称，II，79、80。

Miniet，米尼耶特，萨义德的一座城市；其埃及语名称，I，298。

Missr，米斯尔，埃及的阿拉伯语名称，I，99、100。

Mit-Damsis，米特·达姆西斯，下埃及的阿拉伯村庄，II，10 及以下。

Maeris，摩里斯，埃及国王；其名字的词源，I，331。

Maeris（lac de），摩里斯湖，其方位及用途，I，329、331；并不是人工开凿，329、331；摩里斯湖的形成，330；其埃及语名称，331 及以下。

Mômenphis，莫孟菲斯，其方位，II，252；其埃及语名称，253、254；其埃及语名称之含义，253。

Moniet-Thanah，莫尼耶特·塔纳，其埃及语名称，II，204。[①]

Monolythe，孟菲斯的绿色玄武岩独石碑，I，351 及以下。

Mophi，墨菲山，赛伊尼附近一座山脉的名称，I，114；埃及语中这个单词的意义，I，115、147。

Moukhans，穆克汉斯，见马克汉斯（Makhans）。

Mouthis，木提斯，中埃及城市，I，273。

Myara，腓尼基人对埃及的称谓，I，96。

Myecphoris，米耶克佛利斯，布巴斯特附近的尼罗河上的岛屿及

---

① 译注：II，204 中写作 Moniet-Tanah。

城市，II，68；其埃及语名称，69。

N

Naamoun，诺阿孟，下埃及小帝奥斯波利斯的埃及语名称，II，132；该名称的含义，133。

Naïsi，纳伊斯，可能是中埃及伊瑟乌姆的埃及语名称，I，322。

Namoun，那姆恩，一座村庄的埃及语名称，II，44；其阿拉伯语名称，II，44。

Namoun-al-Sidr，那姆恩·斯德尔，埃及村庄的阿拉伯语名称，II，44；其埃及语名称，II，44。

Naouay，纳乌阿伊，欧什姆纳音省的一个地方；其埃及语名称，II，313。

Nasamons，纳萨摩涅斯人，利比亚的部落；他们为发现尼罗河源头的旅行，I，115。

Nathô，纳托，埃及的一个地方，II，230和231。

Naucratis，瑙克拉提斯，II，222；其位置，II，222。

Nauï，那乌伊，埃及村庄，I，320；其阿拉伯语名称，I，320。

Nehrit，内赫里特，见埃赫里特（Ehrit）。

Νειλος，尼罗河的希腊语名称，I，133；关于其起源及意义的不同错误观点，134及以下。

Nenhati，南哈提，位置信息不明之地的埃及语名称，II，313。

Nestéraouah，内斯特拉乌阿，以此为名的阿拉伯州首府，II，236；其埃及语名称，II，236；其方位，237。

Νιβις，拜占庭的艾蒂安提到这个地方，它与伊比乌姆是同一个城市，II，297。

Nikafar，尼卡法尔，中埃及某地的科普特语名称，I，301。

Nikentôre 或 Nikentôri，滕提里斯①城的埃及语名称，I，234。

Ni-Kesjôou，尼克斯若乌，帕拉洛斯的埃及语名称，II，207；此

---

① 译注：即丹德拉。

名称的含义，II，207。

Nil（le），埃及人的圣河尼罗河，I，112、113；其源头，113；不同时代寻找其源头的尝试，I，115及以下；关于其发源地的不同观点，I，115及以下；这一主题最为准确的观点，118；尼罗河进入埃及前的河道，118及以下；尼罗河瀑布，I，120及以下；尼罗河穿越埃及的河道，123；尼罗河泛滥，124及以下；关于尼罗河泛滥之缘由的不同分类，125；尼罗河泛滥的真实原因，126；尼罗河河水的化学成分分析，127；希腊人对尼罗河的多种称谓，128及以下；尼罗河的埃及语名称，138；尼罗河支流，II，7及以下；尼罗河支流的埃及语名称，II，7及以下。

Nilopolis，尼罗波利斯，中埃及城市，I，321；其希腊语名称的起源，I，321；其埃及语名称和阿拉伯语名称，I，321。

Nimanthôout，尼曼托乌特，埃及乡镇，II，120；该名称的含义，II，120及121。

Niphaïat，尼法伊亚特，利比亚人的埃及语称谓，I，104；下埃及语一部分区域的埃及语名称，II，31和243；这一地区的整体概念，244；其领地划分，278；其属地范围的城市和乡镇列表，279。

Niphaïat，尼法伊亚特并不是阿比多斯的埃及语名称，I，251。

Nitentôré，滕提里斯[①]的埃及语名称，I，234。

Nitira，尼特里亚，城市；其方位，II，300；其埃及语名称，II，300。

Nitriae-Mons，尼特里亚山，其埃及语名称，II，299、300。

Nitriotis（nome），尼特里奥提斯诺姆，其方位，II，298；其埃及语名称，299。

No-Amoun，《圣经》中的诺阿孟并不是底比斯，I，218、219。

Nome Crocodilopolite，克罗科蒂洛波利斯诺姆，I，323；其埃及语名称，325；此名称的意义，325及以下。

---

① 译注：即丹德拉。

Nomes de la haute Égypte，上埃及的诺姆，I，366。

Nomes de la Thébaïde，缇巴依德的诺姆，I，367；这些诺姆的名称，368 及以下；这些诺姆及其可能的属地名录，374 及以下。

Nomes de l'Égypte moyenne，中埃及的诺姆，I，372；这些诺姆及其属地列表，I，375。

Nomes de l'Égypte inférieure，下埃及的诺姆，II，269；其数量，270；这些诺姆的首府，272 和 273；这些诺姆及其属地列表，274 及以下。

Noμος，这个单词并不是起源于埃及语，它完全就是希腊语，I，65 及以下。

Noms égyptiens，科普特人保留的城市、乡镇及村庄之埃及语名称，见 Coptes；阿拉伯人保留的城市、乡镇及村庄之埃及语名称，见 Arabes。

Noms propres égyptiens，希腊人引用的埃及语专有名称，及其起源，I，110。

Nouoi，努瓦，埃及语地名，II，313；对应于阿拉伯人所说的纳乌阿伊，II，313。

O

OASIS（les），绿洲，总体概念，282；其数量，283；其希腊语名称，283；其阿拉伯语名称，283；其埃及语名称及意义，284。[①]

Oasis d'Ammon，阿蒙绿洲，II，288；其位置，289；它就是锡瓦绿洲，290 及以下；其埃及式神庙，291；此处的太阳泉，293 和 294；其埃及语名称，294 和 295。

Oasis（la grande），大绿洲，其位置，285；其埃及语名称和阿拉伯语名称，286。

Oasis（la petite），小绿洲，其位置，II，287；其阿拉伯语名称，288；其埃及语名称，288。

Oasitique 1er（nome），第一绿洲诺姆，I，375。

---

① 译注：此处均为原著第二卷中页码。

Oasitique 2e（nome），第二绿洲诺姆，I，277。①

Odfou，欧德夫，大阿波利诺波利斯的阿拉伯语名称，I，178；其起源，I，178。

Ωγυγια，埃及的别称，I，94；其含义，I，94。

Ωκεαμης，尼罗河名称之一，I，129；起源于埃及语，I，130；其解释，131。

Ωκεανος，尼罗河名称之一，I，128。

Olivier（arbre），橄榄树，埃及极少栽种，315；唯一栽种的地区，315、316及以下。

Ombos，奥姆伯斯，其方位，I，167；其古迹，168；可能的埃及语名称，169；其意义，I，178。

On，翁城，赫利奥波利斯的埃及语名称，II，41；其意义，II，41。

Onouphis，奥努菲斯，这座城市方位并不确定，II，227；其埃及语名称，273。

Ophir，科普特语中叫作Sophir，I，98。

Oqssour，阿克苏尔，缇巴依德某地的阿拉伯语名称，I，222。

Oracle d'Ammon，阿蒙神谕所，II，289和292，见"阿蒙绿洲"。

Orientaux（les），东方人，他们一直以来均保留了其古老的习俗和城市最初的名称，I，24。

Oschmounaïn，欧什姆纳音，大荷莫波利斯的阿拉伯语名称，I，292；其起源，I，292。

Osiouth，奥斯乌特，利科波利斯的阿拉伯语名称，I，280；其起源，I，280。

Osouan，阿斯旺，赛伊尼的阿拉伯语名称，I，162。

Ostracine，奥斯特拉辛，其方位，II，304。

Osymandias（le Pharaon），法老奥兹曼迪亚斯，也被希腊人称作伊斯曼德斯和门农，I，250；他是曼涅托王表中的塞索克里斯，251；

---

① 译注：原文如此，应为I，377。

他生活的时代，251；其位于底比斯的墓，210；墓穴之描述，211。

Ouadjéh-el-Bahhry，阿拉伯人对下埃及的称谓，II，7。

Ouahé，乌阿赫，绿洲的埃及语统称，II，284；其起源，II，284。

Ouahé-Amoun，阿蒙绿洲的埃及语名称，II，295。

Ouahhat，绿洲的阿拉伯语统称，II，283；其起源，284。

Ouahé-Pemsjé，小绿洲的埃及语名称，II，288；其起源，II，288。

Ouahé-Psoi，大绿洲的埃及语名称，II，286。

Ouschém，乌尚，阿特利比斯诺姆的埃及城市，II，52；其阿拉伯语名称，II，52。

Oxyrynchus，奥克西林库斯，中埃及城市，I，303；其希腊语名称起源，300；这座城市的方位，300；其埃及语名称，300；这个名称的不同词源，205；其阿拉伯语名称，304；其阿拉伯语名称的起源，306。

P

Pa，这个位于单词词首的埃及语单音节之意义，I，30。

Pachnamunis，帕什那木尼斯，这座城市的方位不太确定，II，206；其可能的埃及语名称，II，206。

Pacis，帕西斯，饲养于荷蒙蒂斯的祝圣公牛，I，196。

Paési 或者 Païsi，帕埃斯或者帕伊斯，埃及语专有名称；其含义，II，196 及以下。

Παησις，埃及语专有名称；其含义，II，197。

Pahthit，帕赫提，埃及村庄，II，37。①

Palôti，埃及语专有名称，II，255；这个名称的意义，II，255。

Παμουν，埃及语专有名称；其含义，I，128。

Pamoun，埃及语专有名称；其意义，I，110。

Pampanis，旁帕尼斯，缇巴依德城市，I，225；其方位，I，225；其可能的埃及语名称，I，225。

---

① 译注：原文如此，应为 II，73。

Panaban，帕纳班，埃及乡镇，II，223；其阿拉伯语名称，II，223。

Panaho，帕那霍，埃及城市，其位置，II，46；其阿拉伯语名称，II，46；其埃及语名称含义之推测，46 和 47。

Panau，帕诺，埃及城市，II，181；其阿拉伯语名称，182；其位置，182。

Panéphéson，帕内菲斯的科普特语名称，II，202。

Panéphôsi，帕内佛斯，埃及城市，II，201。

Panéphysis，帕内菲斯，这座城市之方位并不确定，II，201。

Pankoleus，潘克雷乌斯，中埃及某地的科普特语名称，I，308。

Panopolis，帕诺波利斯，上埃及城市；这座城市年代久远，I，257；此地民众崇拜之神祇，256；其埃及语名称，259；其阿拉伯语名称，259，不同于帕诺，260；城市埃及语名称之意义，261 及以下。

Panouf-Khêt，帕努夫·凯特（北帕努夫），孟菲斯之埃及语名称，II，253；此名称之意，II，253。

Panouf-Rês，帕努夫·勒斯（南帕努夫），埃及城市，II，155；其位置，II，155；其阿拉伯语名称，156 和 157。

Paophis，帕奥菲斯，男子名，其埃及语拼写方式、意义，I，110。

Paouon-an-noub，珀翁·阿努布，河流或运河的埃及语专有名称，II，320；该名称之意，321。

Papa，帕帕，缇巴依德的城市，I，222；其埃及语名称，I，222。

Paphor，帕佛奥，中埃及的埃及村庄，I，275。

Πατουμος（la ville de），希罗多德所说的城市帕图莫斯，它与赫洛奥波利斯并不是同一处，II，59 及以下；而就是图姆，62。

Parallou，帕拉鲁，帕拉洛斯之科普特语名称，II，207。

Paralos，帕拉洛斯，其方位，II，206；其埃及语名称，207；此名称之意，207。

Partie arabique de l'Égypte，埃及的阿拉伯地区，II，28 及以下。

Partie libyque de l'Égypte，埃及的利比亚地区，II，31。

Pathanon，帕塔农，埃及某地的科普特语名称，II，161；其方位，162；其阿拉伯语名称，162。

Paul Lucas，保罗·卢卡斯，其错误的史学信仰，II，122。[1]

Pboou，波乌，波珀斯之埃及语名称，I，246。

ⲡⲉ，这个作为某些城市科普特语名称结尾的单音节之意，I，239。

Pelaut，佩洛特，埃及语专有名称，II，255；该名称之含义，II，255。[2]

Pelhip，佩利普，埃及语地名，其方位未知，II，313。

Péluse，佩吕斯，其位置，II，82；阿拉伯人将其命名为法拉玛，84 及以下；其埃及语名称，83 和 86；其希伯来语名称，86。

Pélusiaque（branche），支流佩吕斯亚克河，II，9；唐维尔关于其河道之观点，10；对应于莫伊斯运河上游，II，12；例证，12 及以下；其埃及语名称，II，23。

Pémé，佩美，中埃及城市，I，336。

Pemsjé，潘斯杰，希腊人所说的奥克西林库斯之埃及语名称，I，304；该名称的多种释义，305。

Pépleu，佩布罗，上埃及的埃及乡镇，II，208；其阿拉伯语名称，II，208。

Pépleu，佩布罗，毕布罗斯可能的埃及语名称，II，209。

Pérémoun，佩雷姆恩，埃及乡镇，II，134；其阿拉伯语名称，135。

Pérémoun，佩雷姆恩，佩吕斯之埃及语名称，II，84 和 86。

Pernousj，佩尔努斯杰，埃及的一个地方，II，301；其阿拉伯语名称，303；同名山脉，303。

Perouôinithoiti，佩鲁奥依尼托提，埃及一处，II，224；其方位和阿拉伯语名称，225。

Pershousch，佩苏什，中埃及的埃及乡镇，I，300。

Pesêrp，佩赛尔普，埃及的一个地方，II，72。

Pétépêp，戴胜鸟的埃及语名称，I，277。

---

[1] 译注：原文如此，应为 I，122。
[2] 译注：II，255 中为 Ⲡⲉⲗⲁⲩⲧ 或者 Ⲡⲉⲗⲁⲩⲧⲉ，转写为 Pelauti 或者 Pelaute，佩洛特。

Petmour，三角洲之埃及语名称，II，26、27。

Petouphis，埃及语专有名称；其含义，I，110。

Petpiéh，见特皮赫（Tpih）。

Phacusa，法库萨，这座城市之方位，II，74；其希腊语名称，76；其埃及语名称，76；其阿拉伯语名称，74。

Phaiom，克罗科蒂洛波利斯诺姆的埃及语名称，I，326。①

Phakôs，法库萨的埃及语名称，II，76。

Phannisjôit，法尼斯若伊特，埃及乡镇，I，313；其位置，314；其名称的含义，315；其阿拉伯语名称，314；村庄详情，I，316及以下。

Phapihosem，法皮霍桑，可能是尼特里亚城的埃及语名称，II，300。

Pharboethus，法尔博埃图斯，II，93；该城并不是阿拉伯人所说的贝尔贝伊斯，56，94及以下；其真实方位，98；其埃及式遗址，99；其阿拉伯语名称，99；其埃及语名称，99和100。

Pharbait，法尔拜特，法尔博埃图斯之埃及语名称，II，99。

Pharsiné，法尔西内，埃及城市，II，54；其阿拉伯语名称，II，54，155。②

Pharaons（les），法老，他们攻占了众多埃及周边地区，I，53及以下。

Phathmêti，法特美提，支流法特美提克河的埃及语名称，II，17；该名称之意，II，17。

Phathmétique（la branche），支流法特美提克河是佩吕斯亚克河的分支，II，16；其河口，II，16；其埃及语名称，17。

Phatnitique（branche），支流法特尼提克河就是法特美提克河，II，16和17。

Phbôou，弗波乌，波珀斯之埃及语名称，I，244和245。

Phbôou-Tsjéli，弗波乌·特斯杰里，中埃及一座小城的埃及语名称，I，268；其阿拉伯语名称，I，268。

---

① 译注：I，326中写作 ⲪⲀⲒⲞⲘ，Faiom，f 可以用 ph 替代。
② 译注：原文如此，应为 II，154 和 II，154、155。

Phelbès，菲尔贝斯，埃及城市，II，56；它并不是法尔博埃图斯，II，56；其遗址，57。

Phermôout，尼罗河一条支流的埃及语名称，II，18；该名称之含义，II，18。

Phermouthiaque（branche），支流法尔穆提亚克河就是塞本尼提克河，II，18；这个名称为埃及语，II，18。

Phéromi，斐洛米，佩吕斯的埃及语名称，II，85和86。

Phiaro 或者 Phiaro ante-Chêmi，尼罗河的埃及语名称，I，138。

Phibamôn，费巴蒙，科普特教会圣人，53；向他致敬的科普特语诗文，53和54。①

Phi-Hahhirot，《圣经》中提到的埃及地点，II，70。

Philae（île de），菲莱岛，其地理位置，I，154；岛上的神庙和古迹，154及以下；埃塞俄比亚人经常前往此地，157；埃及人的圣岛，157；其希腊语名称，158；其埃及语名称，158；其阿拉伯语名称，159。

Phison，科普特人对质浑河（Sihhoun）的命名，I，137。

Phlabès，菲尔贝斯之讹用，II，56。

Phmarês，见马莱斯（Marês）。

Phnoum，夫努姆，上埃及地点，I，184。

P-hoi-an-Shamoul，普瓦安·沙穆勒，埃及地点，II，314；其比较接近的方位，II，314。

Pholpas，菲尔贝斯之讹用，II，56。

Phouoh-Anniamêou，普奥-阿尼亚美奥，埃及乡镇，I，318；其方位，I，318和320。②

Phouôit，富奥伊特，中埃及的埃及村庄，I，319。

Phrouron，它并非雅布隆斯基所说的尼罗河众称谓之一，I，134、136。

---

① 译注：此处指 II，53、54。
② 译注：I，318 中写作 Pouoh-Anniaméou。

Phthenotès（诺姆），II，229。

Phtha，卜塔，埃及神祇名，并非写作雅布隆斯基认为的 Phthas，I，87；其位于孟菲斯的神庙，354 及以下。

Piakôri，角蝰的埃及语名称，II，19；该名称的含义，II，19。

Piamoun，皮亚姆恩，什耶特的一个地方，II，301；该名称之意，II，301。

Piautês，科普特人对尼罗河的称谓，I，132。

Pighéon，科普特人对质浑河之称，137。

Pilakh，皮拉克，科普特人对赛伊尼的命名，它属于菲莱岛，I，166。

Pilakh，皮拉克，菲莱岛之埃及语名称，I，158。

Pilotos，科普特语专有名称，II，255。

Pinéban，即城市帕纳班，详见该词条。

Pinoub，皮努布，埃及语地名，II，174。

Piom，皮永，克罗科蒂洛波利斯诺姆之埃及语名称，I，325；克罗科蒂洛波利斯的埃及语名称，I，325；该单词的含义，325 及以下。

Pischarôt，皮沙罗特，埃及城市，II，127；其阿拉伯语名称，II，127；其位置，II，127。①

Pischô，皮什奥，埃及乡镇，II，44；其位置和阿拉伯语名称，45。

Pithom，皮托姆，下埃及城市图姆的埃及语名称，II，59；该名称之意，II，59。

Pithom，皮托姆，上埃及城市图姆的埃及语名称，I，172。

Pkah-an-Bèré，普卡赫·安贝雷，埃及一处位置不详之地，II，315。

Plévit，普雷于特，上埃及一个地方的埃及语名称，I，264。②

Plinthine，普林提尼，其位置，II，268。

Pmampihosem，可能是尼特里奥提斯诺姆的名称，II，299 和 300。

Pococke（le doct.），波科克博士明确了孟菲斯的真正方位，I，343；布鲁斯和唐维尔采纳了其观点，I，343。

---

① 译注：原文如此，应为 II，137。
② 译注：原文如此，I，264 中写作 Pléuit。

Poissons，鱼类，埃及养殖鱼类有待商榷，I，187。

Posok，波佐科，科普特人对贝尔贝伊斯的命名，II，57。

Ποταμια，希腊人对埃及的命名，I，93；其起源，I，93。

Ποταμιτις，希腊人对埃及的命名，I，93；其起源，I，93。

Poubasti，普巴斯提，布巴斯特的埃及语名称，I，65；该名称的起源，67。

Πουησεως，埃及语专有名称，II，197；该名称含义，II，197。

Pouschin，普什，埃及乡镇，I，313；其方位和阿拉伯语名称，314。

Pousiri，普西里，孟菲斯周边村庄的埃及语名称，I，365；什姆恩诺姆的村庄，294；赫利奥波利斯附近的埃及村庄，II，42；布西里斯的埃及语名称，190；该名称的含义，190。

Préfectures（de l'Égypte），埃及大行政区；其数量随时代不同而变化，I，69；大行政区的建立，70；最早期大行政区的数量，72；军事大区，73。

Prôme-Ampnoute，科普特人对众圣人的称号，I，95。①

Prosopis，普罗佐皮斯，下埃及大型城市，就是科普特人所说的普沙提，II，165及以下。

Prosopitis（île），普罗佐皮提斯（岛），其位置和埃及语名称，II，165、166和167。

Psammius，普萨米乌斯，孟菲斯附近的山脉，I，340；其埃及语名称，I，340；该名称之意，341。

Psanascho，普萨纳硕，埃及乡镇，II，315。

Psanemhit，下埃及的埃及语名称，II，7；该名称之意，II，7。

Psaradous，普萨拉杜斯，埃及的一个地方，II，235；其阿拉伯语名称，236。

Psariom，普萨里翁，见帕里翁（Pariom）。

Pschati，普沙提，三角洲的埃及城市，II，162；其过去的重要性，163；就是希腊人所说的普罗佐皮斯，164；其方位，165和168；

---

① 译注：原文如此，I，95中为ⲡⲣⲱⲙⲉ ⲛ̄ⲛⲟⲩⲧⲉ，转写为prôme annoute。

同名岛屿，166；其阿拉伯语名称，168。

Pschéimoou，普谢伊姆，埃及语地名，II，159 和 315。

Pschénérô，普谢内罗，见普赛奈罗（Psénérôs）。

Pschentaïsi，埃及语专有名称，II，196。①

Pschiniéou，普什尼耶乌，埃及城市，II，236；其阿拉伯语名称，II，236；其位置，237。

Pschshépohé，普什谢珀赫山，上埃及山脉，I，148。

Psen，一些城市埃及语名称开头的单音节，其含义，II，55 和 114。

Psenbèle，普桑贝勒，埃及村庄，II，316。

Psénakô，普塞纳科，阿特利比斯诺姆的埃及村庄，II，54；其希腊语名称，II，54；其埃及语名称之意，55。

Psénérôs，普赛奈罗，中埃及城市的希腊语名称，I，306；其埃及语名称，I，306。

Psénétai，普塞内泰，埃及城市；其方位，II，100；其阿拉伯语名称，101。

Psénhôout，普森侯乌特，上埃及村庄的埃及语名称，I，256；其阿拉伯语名称，257。

Psenshiho 普森什霍，埃及城市，II，113；其位置和阿拉伯语名称，II，113。

Ψεντρις，埃及村庄，II，55。

Ψιναφος，埃及村庄，II，55。

Ψινεκταβις，埃及村庄，II，55。

Ψιτταχεμμις，埃及村庄，II，55。

Psjisjbêr，普斯吉斯杰贝尔，埃及村庄；其方位，II，160；其阿拉伯语名称，161。

Psjôéïs-Ananshom，力量之主，科普特人对神的称呼，II，193。

Psjôôré，科普特人对神的修饰语，II，193。

---

① 译注：原文如此，II，196 中为 ⲡϣⲉⲛⲧⲁⲏⲥⲓ，Pschentaési。

Psjôsj，普斯若斯杰，缇巴依德一个乡镇的埃及语名称，I，248；其方位，I，248。

Ψωχεμμις，埃及村庄，II，55。

Psoï，普索伊，普托莱玛伊斯的埃及语名称，I，253 及以下。

Pténatô，普特纳托，同普特内托，见普特内托词条。

Pténétô，普特内托，布陀斯之埃及语名称，II，229。

Pthosch，埃及大行政区的埃及语统称，I，67。

Ptihot，普提霍特，三角洲地区一个州的埃及语名称，II，162 及以下。①

Ptimenhôr，见 Timinhêr。

Ptiminhôr，普提曼霍尔，赫利奥波利斯附近的埃及乡镇名称，II，42。

Ptimyris，三角洲的名称，II，26。

Ptolémaïs，普托莱玛伊斯，中埃及城市，I，253；其埃及语名称，253；其阿拉伯语名称，253 和 254；其重要性，255。

Ptôou-am-Panaho，帕那霍山，埃及山脉，II，316。

Ptoou-am-Pkôou，普科乌山，埃及山脉，II，317。

Ptôou-am-Piom，皮永山，上埃及山脉，I，149。

Ptôou-am-Psôou，普索乌山，埃及山脉，II，318。

Ptoou-an-Atrêpé，阿特利佩山，上埃及山脉，I，149、266 和 267。

Ptoou-an-Ebôt，艾波特山，埃及山脉，II，318。

Ptoou-an-Houôr，胡奥尔山，埃及山脉，II，319。

Ptoou-an-Kalamôn，卡拉蒙山，皮永诺姆的山脉，II，319。

Ptôou-an-Kôskam，科斯卡姆山，上埃及山脉，II，127，注释 1②

Ptoou-an-Neklône，奈克罗恩山，埃及山脉，II，320；其阿拉伯语名称，II，320。

Ptoou-an-Sioout，斯奥乌特山，上埃及山脉，I，149。

Ptôou-an-Sné，斯奈山，上埃及山脉，I，146；其位置和名称起

---

① 译注：原文如此，应为 II，152。
② 译注：现译文注释 3。

源，I，146。

Ptôou-an-Takinasch，塔基纳什山，埃及山脉，II，320。

Ptoou-Teréb，特雷布山，上埃及山脉，I，148。

Ptoou-an-Terot-Aschans，特罗特·阿尚山，上埃及山脉，I，148；II，21。

Ptôou-an-Tilosj，提罗斯杰山，上埃及山脉，I，149。

Q

QAOU，卡乌，安特奥波利斯的阿拉伯语名称，I，272。

Qarnac（temple de）卡纳克神庙，位于底比斯遗址处；其面积巨大，I，205；其描述，I，205及以下；它的祭祀的神祇，I，206；斯芬克斯大道，207；其附属建筑，208。

Qassr-Essaïad，卡斯尔·埃萨伊亚德，谢诺波西亚的阿拉伯语名称，I，241和243。

Qifth，科普托斯的阿拉伯语名称，I，225。

Qobthi，阿拉伯人对科普特人的命名，I，87；它不是由希腊语 Αιγυπτος 构成，I，88；阿拉伯人关于其起源之观点，I，88；一些现代作者关于其起源之观点，I，88及以下。

Qoskam，科斯卡姆，中埃及阿波利诺波利斯的阿拉伯语名称，I，274。

Qouss，库斯，小阿波利诺波利斯的阿拉伯语名称，I，222；其起源，I，222。

Qoussïah，库斯，萨义德的阿拉伯乡镇，I，285；与库萨是同一个地方，I，285。

R

RAKOTÉ，拉科提斯（Rhacotis）的埃及底比斯方言名称，II，263。

Rakoti，拉科提斯（Rhacotis）的埃及孟菲斯方言名称，II，263。

Ramesses，拉姆塞斯，《圣经》中提到的埃及城市，II，248；其位置，II，248。

Ramléh-Banha，拉姆雷·邦哈，下埃及村庄的阿拉伯语名称，II，45；其埃及语名称，II，45。

Ramsis，拉姆西斯，埃及城市，II，248；其位置，II，248；这就是《圣经》中的拉姆塞斯，II，248。

Ramsis，拉姆西斯，布海拉的乡镇；其埃及语名称，II，248。

Raschid，拉希德，其埃及语名称，II，241。

Raschitté，拉什特，博洛比提内的埃及语名称，II，241。

Remanchêmi，埃及民众的埃及语统称，I，103。

Renaudot（l'abbé）勒诺多修士，其关于单词"copte"起源之观点，I，91；此观点是错误的，I，91。

Rhacotis，拉科提斯，其位置，II，263；其埃及语名称，II，263。

Rhinocolura，里诺科卢拉，II，304；其所谓的起源，305；它没有埃及语名称，305 和 306；其阿拉伯语名称，305 和 306。

Rhinocorura，里诺科汝拉，见"里诺科卢拉"。

ⲢⲒⲂⲎ，埃及语单词；其起源，II，203。

Rois d'Égypte，埃及国王，见"法老"。

Rosette，罗塞塔，见"拉希德"。

Rossi（Ignace de），伊纳切·罗西，其关于科普特语的研究及观点，18；其关于单词 Ωκεαμης 的错误观点，129；其关于谢诺波西亚埃及语名称之观点，243；其关于拉托波利斯埃及语名称之错误观点，190；其关于奥克西林库斯埃及语名称之错误观点，304；其关于单词 ⲂⲀⲢⲒ 希伯来语起源之错误观点，II，205；其关于单词 ⲦⲘⲒ 起源之错误观点，II，252。

Rozières（M.），罗齐耶尔先生关于巴比伦之词源的错误观点，II，35。

S

SABAROU，萨巴鲁，普沙提诺姆的村庄，II，171。

Safi，萨菲，西部省的村庄，就是古斯乌夫，II，221。

Sahrascht，萨赫拉什特，埃及乡镇，II，109；其位置，II，109；

其阿拉伯语名称，110。

Saï，塞易，塞易斯的埃及语名称，II，219、220。

Sâîd，见萨义德（Ssâîd）。

Saïs，塞易斯，II，215；其祭司团体，II，215；其埃及式古迹，216、217；其方位和阿拉伯语名称，219；其埃及语名称，219和220。

Saïtique，萨伊提克河，希罗多德对支流塞本尼提克河的命名，II，17；也是这条支流一条分支的名称，177。

Sakha，萨卡，西部省的城市；就是古科索伊斯，II，213；其埃及语名称，211。

Samannoud，萨曼努，塞本尼图斯的阿拉伯语名称，II，191。

Samhout，桑胡特，上埃及村庄的阿拉伯语名称及其埃及语名称，I，257。

Sanata，萨纳塔，东部省的阿拉伯村庄，II，101；其埃及语名称，II，101。

Sandjar，桑加尔，内斯特拉乌阿州的乡镇，II，233；其埃及语名称，II，233。

Sapentos，帕西人对埃及的称呼，I，101。

Sarapammôn，萨拉帕蒙，埃及语专有名称，I，287。

Sardous，萨尔杜斯，西部省的乡镇，II，236；其科普特语名称，II，236。

Sariom，萨里翁，赛特隆的埃及语名称，II，81。

Saumaise，梭默斯，他关于单词"copte"起源之观点，I，89；该观点是错误的，I，89。

Schabbas，沙巴斯，西部省的乡镇，II，223；以此为名的阿拉伯村庄，II，223。

Schabschir，沙布什尔，三角洲地区的阿拉伯村庄，II，191；其埃及语名称，II，191。

Schakal，狐狼，被希腊人错误地叫作 Λυκος 的四足动物，I，276；其埃及语名称，I，276；其阿拉伯语名称，I，276。

427　　Schandalat，尚达拉特，西部省的乡镇，II，224；其埃及语名称，II，224。

Schanscha，尚沙，代盖赫利耶省的城市，II，113；其埃及语名称，II，113。

Schathnouf，沙特努夫，下埃及村庄，II，151；其埃及语名称，147及以下。

Schbenti，什本缇，埃及村庄，I，320。

Schemmoun，谢姆恩，方位未知的埃及村庄，II，321和322。

Schenalolêt，谢那罗莱特，上埃及的乡镇，I，265；其名称的含义，266。

Schénérô，谢内罗，埃及乡镇；其希腊语名称，I，306、307。

Schénésêt，谢内塞特，谢诺波西亚的埃及语名称，I，242、243。

Schet，尼罗河支流的埃及语统称，I，23。①

Schétnoufi，谢特努菲河，支流之卡诺皮克河埃及语名称，II，23；该名称的意义。

Schetnoufi，谢特努菲，三角洲的村庄，II，23和147；其位置，23和148；其埃及语名称的含义，149和150；其阿拉伯语名称，151。

Schiêt，什耶特，希腊人所说的斯基泰地区之埃及语名称，II，296；该名称的含义，297。

Schihêt，什耶特，托勒密所说的斯基泰地区之科普特语名称，II，296；该名称的神秘含义，297。

Schihhat，什亚特，埃及周边地区的阿拉伯语名称，II，295；该名称的起源，296和298。

Schintélet，什特莱特，埃及乡镇，II，224；其阿拉伯语名称，II，224。

Schléimi，什勒伊米，埃及乡镇，II，247；其阿拉伯语名称，II，247；其位置，248。

Schliméh，什里美，布海拉地区的乡镇；其埃及语名称见II，247。

---

① 译注：原文如此，I应改为II。

Schmoun，什姆恩，大荷莫波利斯的埃及语名称，I，290；其意义，291及以下。

Schmoun-an-Erman，什姆恩·埃尔曼，孟德斯的埃及语名称，II，124；该名称的含义，124、125和128。

Schmin，谢敏，帕诺波利斯的埃及语名称，I，259；其意义，261；这是一位埃及神祇之埃及语名称，262。

Schmin，谢敏，与什姆恩是同一位神祇，I，291；这些名称之含义，I，291及以下。

Schobra-Teni，硕布拉·特尼，西部省的村庄，II，221；其埃及语名称，II，221。

Scyathis，斯亚提斯，这座城市的位置，II，298；其埃及语名称，II，298。

Scyathiaca-Regio，斯基泰地区，利比亚地区，II，295；其阿拉伯语名称和位置，II，295；其埃及语名称，296；这个埃及语名称的意义，297和298。

Sebennétou，塞本尼图斯的科普特语名称，II，192。

Sébennitique（branche），支流塞本尼提克河，希罗多德称之为萨伊提克河，II，17；为什么呢？II，17和18；其埃及语名称，18；这条支流的河道，19；它分成两条分支，II，177。

Sébennytique（branche），塞本尼提克河，希罗多德对法特美提克河的称谓，II，16。

Sébennytus，塞本尼图斯，这座城市之方位，II，191；其希腊语名称，II，191；其埃及语名称，192；该名称之起源，192。

Sekoou，科索伊斯的科普特语名称，II，214。

Seloe，塞勒，下埃及的一个地方，II，77；对应于阿拉伯人所说的萨拉。

Sélinon，塞利农，中埃及城市，I，273；其可能的埃及语名称，I，273。

Selsélêh，塞勒赛雷，昔里西列的阿拉伯语名称；其起源，I，171。

Sénon，科普特人对赛伊尼的称谓，I，163。

Serbonis（lac），赛尔伯尼斯湖是堤丰的居所，II，304；其埃及语名称，II，304。

Sésostris，塞索斯特里斯，见塞托西斯·拉姆塞斯（Séthosis-Ramessès）。

Séthosis-Ramessès，塞托西斯·拉美西斯把埃及划分成36个大行政区，I，70；这一方面的疑虑，I，70、71；他将亲兄弟阿马伊斯赶出了埃及，78；希腊人将其称作Ægyptus，78、79。

Sethron，赛特隆，这座城市在三角洲之外，II，80；其埃及语名称，81。

Shaw（le docteur），肖博士，其关于孟菲斯旧址的错误观点，I，342。

Shmoumi，谢姆米，三角洲的埃及村庄，II，151；其方位，II，151；其阿拉伯语名称，152；其通俗名称，153。

Silili，西里里，见昔里西列（Silsilis）。

Sililis，西里里斯，见昔里西列（Silsilis）。

Silq（Al），植物的阿拉伯语名称，II，73；其埃及语名称，II，73。

Silsilis，昔里西列，其位置，I，169；其埃及式古迹，170；其埃及语名称，170。

Silvestre de Sacy（M.），希尔维斯特·德·萨西先生，其关于科普特语的研究，I，21；关于罗塞塔石碑的研究，22；引述，197、239等。

Siouah，锡瓦，这个名称起源于埃及语，II，294。

Siouph，斯乌夫，塞易斯诺姆的城市，II，220；其方位，II，220；推测的埃及语名称，221。

Sioouth，见斯奥乌特（Siôout）。

Siôout，斯奥乌特，利科波利斯的埃及语名称，I，279；其不同写法，I，279。

Sirsina，西尔西纳，梅努夫省的城市，II，154；其埃及语名称，II，154。

Sjanê，塔尼斯的埃及语名称，II，108；该名称之意，109。

Sjapasen，斯加帕森，埃及城市，II，222；其方位，II，222；其阿拉伯语名称，223。

名词索引表

Sjêbhboui，戴胜鸟的埃及语名称，I，277。

Sjébro-Ménésin，斯杰布罗·梅内森，埃及村庄，II，257。

Sjelbah，斯杰勒巴赫，潘斯杰诺姆的埃及村庄，I，309。

Sjemnouti，斯杰姆努提，塞本尼图斯的埃及语名称，II，192。

Sjom，埃及神祇，II，192。

Sjjbourê，斯如布勒，中埃及的埃及乡镇，I，287。

Skhôou，思科霍乌，科索伊斯的埃及语名称，II，211 和 214。

Slê，斯勒，科普特语中这个单词的真实含义，II，77。

Snê，斯奈，拉托波利斯的埃及语名称，I，189。

Soï，见普索伊（Psoï）。

Sombat，松巴特，西部省的乡镇，II，180；其埃及语名称，181。

Sônhour-Thalaut，松胡尔·塔洛特，布海拉省的一个村庄，II，254；其埃及语名称，II，254。

Sonshar，松沙尔，埃及村庄，II，233；其方位，II，233；其阿拉伯语名称，II，233。

Souan，斯旺，赛伊尼的埃及语名称，I，163；其含义，164 和 165。

Sounhôr，苏恩霍尔，皮永诺姆的埃及城市，I，327；其名称的意义，328；其阿拉伯语名称，II，346。

Sounhôr-Thalaut，苏恩霍尔·塔洛特，埃及城市，II，254；其位置，II，254；其阿拉伯语名称，II，254；其埃及语名称，255。

Ssa-al-Hadjar，萨·哈加尔，西部省的乡镇，II，219；其埃及语名称，II，219。

Ssahradjt，萨赫拉吉特，东部省的阿拉伯乡镇；其埃及语名称，110。①

Ssaïd，萨义德，阿拉伯人对上埃及的命名，I，143；其含义，I，143。

Ssalahiéh，唐维尔认为，萨拉是古人对塞勒的称呼，II，77。

Ssin，佩吕斯的希伯来语名称，II，96；这个名称只是对埃及语名

---

① 译注：此处指 II，110。

511

称的翻译，II，96。

Stallou，斯塔鲁，中埃及一个乡镇的科普特语名称，I，295。

Sunbad，松巴德，即松巴特，见"松巴特"词条。

Syène，赛伊尼，其方位，I，161；其古迹，I，161；其花岗岩采石场，162；其阿拉伯语名称，162；其埃及语名称，163。

Συις，拜占庭的艾蒂安提到的埃及城市，与普托莱玛伊斯是同一个地方，I，255。

Συιτης νομος，拜占庭的艾蒂安提到之处，与普托莱玛伊斯是同一个地方，I，255。

Syouah，埃及人曾居住的锡瓦地区，II，291；此处的埃及式古迹，291和292；该地区的温泉，293；就是阿蒙绿洲所在地，293及以下。

Syrie，叙利亚，法老对这一地区的军事征伐，II，302和303。

T

TABENNA，塔本那，缇巴依德的岛屿，I，236；其阿拉伯语名称，I，236；其埃及语名称，I，236；其含义，237。

Tabennisi，塔本尼西，塔本那岛的埃及语名称，其含义，I，236和237。

Tachompsos，塔孔普索岛，其位置，I，150和151；其埃及语名称，152；以此为名的城市，154。

Tahha，塔哈，萨义德的城市，I，300；其埃及语名称，I，300。

Tahhanoub，塔哈·努布，埃及的阿拉伯村庄，II，43；其埃及语名称，II，43。

Tahphnehs，达菲尼斯，《圣经》中谈到的埃及城市，II，78。

Talanau，塔拉诺，塔乌阿的埃及语名称，I，175。①

Tall-Aldhibâ，塔尔·德西巴，下埃及的阿拉伯村庄，II，111；其推测的埃及语名称，II，111。

---

① 译注：原文如此，应为II，175。

名词索引表

Tall-Bastah，塔尔·巴斯塔，布巴斯特的阿拉伯语名称，II，66。

Tall-Faqous，塔尔·法库斯，法库萨的阿拉伯语名称，II，74；这个名称的含义，II，74。

Taly，塔利，托勒密对支流博洛比提克河的命名，II，19；可能是这条支流的埃及语名称，22。

Tambôk，唐波科，埃及村庄，II，322；其方位和埃及语名称，327（注释1①）。

Tamiathis，塔米亚提斯就是现代的达米埃特，II，138；其埃及语名称，II，138；其阿拉伯语名称，139；其位置，139。

Tamiati，塔米亚提，达米埃特的埃及语名称，II，138；此名称的不同拼写方式，139。

Tamma，塔玛，卡伊斯诺姆的埃及乡镇，I，303。

Tammah，塔玛赫，埃及村庄，II，322。

Tammati，塔玛提，埃及村庄，II，322。

Tamoul，塔姆勒，埃及村庄，II，139和140。

Tanis，塔尼斯，II，101；这座城市的方位，II，101及104；建城，102及以下；其遗址，104；其希伯来语名称，105及以下；其埃及语名称，108；该名称之意，109。

Tanis-Superior，上塔尼斯，中埃及城市，I，285；其埃及语名称，I，285；其阿拉伯语名称，I，285。

Tanitique（branche），支流塔尼提克河是佩吕斯亚克河的分支，II，12和14；其河口，14；其不同的名称，15；其埃及语名称，23。

Tanoub，塔努布，三角洲城市的阿拉伯语名称，II，174；这是一个埃及语名称，II，174。

Tanta，唐塔，见唐达塔（Thandata）。

Tantatho，唐塔托，埃及城市，II，209；其方位，II，209；其阿拉伯语名称，II，209。

---

① 译注：现译文注释1。

Taoua，塔乌阿，II，174；这座城市的方位，175；其阿拉伯语名称和埃及语名称，II，175。

Taoud，塔乌德，缇巴依德的克罗科蒂洛波利斯之阿拉伯语名称，I，192；其起源，194。

Tapé，塔佩，底比斯的埃及语名称，I，216、217。

Taphosiris，塔珀西里斯，见大塔珀西里斯（Taposiris-Magna）。

Taposiris-Parva，小塔珀西里斯，其方位，II，263；其埃及语名称，II，263。

Taposiris-Magna，大塔珀西里斯，这座城市之方位，II，267；其埃及语名称，268；其阿拉伯语名称，II，268。

Tapothykê，塔珀提科，阿波提斯的科普特语名称，I，274；其含义，275。

Tapschô，塔普硕，埃及乡镇，与皮什奥是同一个地方，见"皮什奥"词条。

Tarabiah，塔拉比亚，阿拉伯人认为这是埃及的一个州，II，29。

Taranouth，塔拉努特，塔拉内的古阿拉伯语名称，见词条"塔拉内"。

Taroudjéh，塔鲁杰，布海拉省的村庄；其埃及语名称，II，258。

Tarouth，塔鲁特，见 Tharouth。

Tarouth-Esschérif，塔鲁特·艾斯谢里夫，萨义德的村庄，I，288；其埃及语名称，I，288。

Tarschèbi，塔尔谢比，普特内托诺姆的埃及乡镇，II，231。

Tasempoti，塔桑泊提，布西里斯诺姆的埃及乡镇，II，180；其阿拉伯语名称，II，180；其位置，181。

Taubah，塔瓦赫，塔乌阿的埃及语名称，II，175。

Tébaïs，见 Thébaëïs。

Tekébi，特克比，埃及城市；其方位，II，225 和 226。

Temsiôti，特姆西奥提，埃及城市，II，112；其位置和阿拉伯语名称，II，112。

Tenthôri，滕托里，滕提里斯的埃及语名称，I，234（注释 2[①]）。

---

① 译注：现译文注释 3。

Tentyra，滕提拉，见滕提里斯。

Tentyris，滕提里斯，缇巴依德的城市，I，226；其方位，I，226；其雄壮的埃及神庙，227及以下；其黄道十二宫，229；其一众小型神庙，232；其埃及语名称，233及以下。

Terbe，特尔布，中埃及的埃及村庄，I，307。

Térénouti，特勒努提，特勒努提斯的埃及语名称，II，245；此地名的多种写法，II，245。

Térôt，特罗特，埃及多地的埃及语名称，II，20。

Térôt，特罗特，中埃及的埃及乡镇，I，288；其阿拉伯语名称，I，288；就是斯特拉波所说的 Thébaïca Phylacé（缇巴依德的菲莱岛），II，288。①

Térôt，下埃及西部地区的埃及村庄，II，256；其阿拉伯语名称，II，256；三角洲村庄的埃及语名称，II，146。

Terôt-Aschans，特罗特·阿尚，埃及村庄，II，21；以此为名的山脉，21。

Terôt-Schmoun，特罗特·什姆恩，上埃及地区的埃及村庄，I，297；其阿拉伯语名称，II，344。

Tha，这一埃及语单词词首单音节之意义，I，36。

Thaêsé 或者 Thaïsé，埃及语名称，见 θαησε。

Θαησε，埃及语女性名，II，197；这个名称的含义，II，197。

Thandata，唐达塔，三角洲的城市，II，209；其埃及语名称，II，209。

Thaououah，塔乌乌阿，塔乌阿的阿拉伯语名称，II，175。

Tharouth，塔鲁特，埃及多地的阿拉伯语名称，II，20；起源于埃及语，II，20。

Tharranéh，塔拉内，布海拉省的城市，其埃及语名称，II，245。

Thaubaste，托巴斯特，这座城市的位置并不确定，II，71；其埃及语名称，II，71。

---

① 译注：原文如此，但未在文中找到这一说法。斯特拉波关于缇巴依德的菲莱岛的写法见 I，158。

Thaubasteos，托巴斯特奥斯，见托巴斯特。

Thaubastum，托巴斯图姆，见托巴斯特。

Thababîl-an-Chêmi，埃及的巴比伦地区之埃及语名称，II，34。

Thbêou，特贝乌，缇巴依德一处的埃及语名称；其方位，I，246。

Thébaëis 和 Tébaïs，科普特人对上埃及的称谓，起源于希腊语，I，144。

Θηβαι，希腊人对底比斯的命名，I，216；起源于埃及语，I，216。

Θηβαῖς，上埃及一部分地区的希腊语名称，I，143。

Thèbes，底比斯，这一都城概览，I，199；其悠久的历史和最初的概况，200；其建城，201；其范围，201、202；底比斯城的百门，202；其城墙，202；其遗址，203；其古迹，204 及以下；卡纳克神庙，205；卢克索神庙，208；门农宫，210；巨石像，211；麦地那·塔布，212；国王墓，213；特别墓穴，215；其埃及语名称，216 及以下。

Thenesus，特内苏斯，II，140；其位置，141；其埃及语名称，141 和 142；其阿拉伯语名称，141。

Thennêsi，特内斯，特内苏斯的埃及语名称，II，141 和 142。

Theodosiana，西奥多斯亚纳，见 Théodosiopolis。

Théodosiopolis，西奥多斯奥波利斯，中埃及城市，I，299；其阿拉伯语名称和方位，I，299；其埃及语名称，300；其含义，I，300。

Thérénuthis，特勒努提斯，其位置，II，244；其埃及语名称和阿拉伯语名称，245；其埃及式遗址，245 和 246。

Thermôout，角蝰的埃及语名称，II，19。

Thermôout，尼罗河支流的埃及语名称，II，18；这个名称的含义，II，18。

Théroshé，特洛谢，埃及村庄，II，258；其阿拉伯语名称，II，258。

Theudôsiou，特乌多斯乌，科普特人保留的一座埃及城市之希腊语名称，I，299。

This，提斯，上埃及的村庄，I，252。

Thmomê，特莫内，三角洲地区的埃及城市，II，204；其阿拉伯语名称之意，205；其阿拉伯语名称，205。

Thmooné，特莫内，中埃及城市，I，298；其方位，I，298；其埃及语名称和阿拉伯语名称，I，298。

Thmoui，特姆伊，埃及语中这个单词的真实含义，II，119；特姆伊斯的埃及语名称，II，117。

Thmoui-Ampanèhêou，帕奈赫乌岛，尼罗河上的岛屿；其位置，I，263；神秘消失，264；其名称的含义，264。

Thmoui-Pshati，普沙提岛，普罗佐皮提斯岛的埃及语名称，II，167。

Thmounschons，特穆尚，缇巴依德一个地方的埃及语名称，I，235；对应于阿拉伯语的穆克汉斯（Moukhans），236。

Thmuis，特姆伊斯，II，114；这座城市的方位，115；其遗址，116；其埃及语名称，117；该名称的含义，118及以下；其阿拉伯语名称，117。

Thôni，托尼，上塔尼斯的埃及语名称，I，285；曼萨拉湖中的岛屿，II，142；其阿拉伯语名称，II，142；托尼斯港的埃及语名称，II，262。

Thônis，托尼斯，其位置，II，262；其埃及语名称，II，262。

Thoth，托特，荷莫波利斯崇拜的神祇，I，290；按照埃及人的说法，他发现了橄榄树，I，317。

Thoum，图姆，其位置，II，58；其埃及语名称，59及以下；就是希罗多德所说的帕图莫斯，60及以下。

Thounah，图纳，上塔尼斯的阿拉伯语名称，I，285；曼萨拉湖上的岛屿，II，142；其埃及语名称，II，142。

Thouôt，图奥特，推测为缇巴依德的克罗科蒂洛波利斯之埃及语名称，I，194；其意义，195。

Thraba，阿特利比斯埃及语名称之讹用，II，50。

Tthrêbi，阿特利比斯埃及语名称之讹用，II，50。

Tiamêiri，提亚梅里，尼罗河的科普特语名称，I，139。

Tiamêiri，提亚梅里，埃及城市，II，178；其方位，179；其阿拉伯语名称，179。

Tianoscher，提亚诺谢，埃及城市，II，215；其埃及语名称，II，215。

Tiarabia，提亚拉比亚，下埃及一部分地区的埃及语名称，II，29；划分为多个州，276；州列表，州首府的名称，277 和 278。

Tidéh-oua-Alfaradjoun，提德·乌阿·法拉准，西部省的乡镇，II，225；其埃及语名称，224 和 225。

Tiemrô，梯耶梅洛，埃及乡镇，II，231；其方位，232；其阿拉伯语名称，232。

Tikeschrômi，科普特人对开罗城的称谓，II，36。

Tilosj，提罗斯杰，埃及城市与同名山脉，I，333；其位置，334 及以下；该名称之意，336。

Timinhôr，提曼霍尔，小荷莫波利斯的埃及语名称，II，250；此名称的含义，251 和 252。

Timoui-Pschati，普沙提岛，普罗佐皮提斯岛的埃及语名称，II，166 及以下。

Tinodés，提诺德斯，大绿洲附近的山脉，II，286；其埃及语名称和阿拉伯语名称，287。

Tiospolis，提奥斯波利斯，小帝奥斯波利斯的科普特语名称，I，238。

Tiphré，提夫勒，布西里斯诺姆的埃及乡镇，II，183；其阿拉伯语名称，II，183。

Tiraschid，提拉希德①，博洛比提内的埃及语名称，II，241；该名称的含义，241 和 242。

Tischaïri，提沙伊利，埃及城市；其位置，II，210；其阿拉伯语名称，II，210；其埃及语名称之意，211。

Tisis，提希斯，拜占庭的艾蒂安对伊希斯之城的命名，II，200。

Tisjol，提斯若勒，与提罗斯杰是同一个地方，I，334；这个名称的含义，336。

Tkehli，特克里，埃及城市，II，136；其阿拉伯语名称，II，136。

Tkemen，特科曼，埃及村庄，I，319。

---

① 译注：原文如此，II，241 中写作 Tiraschit，译作提拉什特。

Tkoou，特克乌，安特奥波利斯的埃及语名称，I，271。

Tkôou，下埃及的埃及城市，II，242；其位置，II，242；其阿拉伯语名称，II，242 和 243。

Tkullô，特库罗，埃及乡镇，II，323。

Tombeaux，底比斯的埃及国王墓，I，213；其描述，214；孟菲斯的埃及国王墓，361。

Tôsji，托斯吉，中埃及的埃及乡镇，I，306。

Touhô，图霍，希腊人叫作西奥多斯奥波利斯的城市之埃及语名称，I，299 和 300；该埃及语名称的意义，I，300。

Touho-Noub，图霍·努布，埃及乡镇，II，43。

Toum，图姆，其方位，I，172；其埃及语名称，I，172；其阿拉伯语名称，173。

Touphot，图佛特，埃及城市，II，323。

Tpéh，见 Tpih。

Tpih，特皮赫，皮永诺姆的一个地方，I，328；埃普塔诺米德的阿芙罗蒂托波利斯之埃及语名称，I，333。

Tpourané，特普拉内，缇巴依德一座城市之埃及语名称，I，147；其阿拉伯语名称，I，147。①

Tsahêt，底比斯方言中下埃及的名称，II，6；该单词的含义，II，6。

Tsakhêt，孟菲斯方言中下埃及的名称，II，6。

Tsenti，特森缇，埃及城市，II，323。

Tsjèli，特斯杰里，科普特语或者埃及语中这个单词的含义，I，269。

Tsjêli，中埃及的一个地方，I，281。

Tsminé，特斯米内，上埃及一处的埃及语名称，I，265。

Ttentta，见 Thandata。

Tuphium，图菲乌姆，其位置，I，193；其埃及语名称，194。

Typhon，堤丰，其居所，II，87；同名城市，88；埃及语中名称

———

① 译注：原文如此，此处应为 I，247。

堤丰的真实含义，92。

Tzouan，锁安，塔尼斯的希伯来语名称，II，105 及以下。

U
UBÆUS，蛇，克努菲斯神的象征，I，183。

V
VANSLEB，旺斯莱布，其关于科普特人名称起源之观点，I，88。

Vers，引用的科普特语诗文，II，18、53、54、126、127 注释 1[①]、150、264。

Voua，见富阿和布阿。

Voyageurs（les）现代旅行家们，他们在其叙述中篡改了埃及城市名称，I，10。

X
XÉOS，科索伊斯的科普特语名称，II，211。

Xoïs，科索伊斯，II，211；其埃及语名称，II，211；其方位，212、213 和 214；其阿拉伯语名称，213、214。

Z
ZÉïTOUN，扎伊图恩，萨义德的乡镇，I，314；其埃及语名称，I，314 及以下。

Zodiaques de Dandérah，丹德拉的黄道十二宫，其精确描述，I，229；与其相关的研究，230；在埃及历史上的用途，231 及以下。

Zoëga（Georges），乔治·措厄加，其关于埃及一些城市埃及语名称的见解，I，17；其关于菲莱岛埃及语名称的错误观点，158；其关于荷蒙蒂斯埃及语名称的错误观点，I，197。

终

---

① 译注：现译文注释 3。

勘误表

第一卷

第 53 页，第 5、6、19、22 等行的 Lybie，Lybique，应为 Libye，Libyque。

第 104 页，第 16 行，parmi les Pères，应为 de Pères。

第 186 页，第 13 行，35000 米，应为 3500 米。

第 204 页，第 15 行，圆柱（colonnes），应为巨像（colosse）。

第 233 页，第 15 行，Baz-Alschahin，"母羊的鹰"，应为 Baz, Alschahin，"鹰、隼"。我们并不知道单词 Alschahin 的真实意思，之前我们认为这是阿拉伯语，但它最初属于古波斯语，指"隼"。这一重要更正得益于希尔维斯特·德·萨西的细心检查，他很愿意与我们交流沟通。

第 234 页，注释 2[①]，пρвүтєρос，应为 пρєсвүтєρос。

第 311 页，第 20 行，以一个辅音开头，应为以两个辅音开头。

第 319 页，第 14 行，花园，应为要塞。

第二卷

第 133 页，注释 2，Phaleb，应为 Phaleg。

第 317 页，第 8 行，єтπ̄мay，应为 єтπ̄мay。

---

① 译注：现译文注释 3。

译后记

《法老统治下的埃及》一书的翻译接近尾声,在译稿付梓之际,作为译者的我想在此做一点说明,希望读者能了解更多,提出更为中肯的意见,也予以更多的宽容和理解。

《法老统治下的埃及》是商博良有关埃及学研究的重要作品之一,在此之前,国内尚无商博良专著的译本,因此本译著的出版,一方面有开先河之例,填补了国内关于商博良埃及学研究的空白,另一方面也确实缺少成熟的参考,这无疑增加了翻译的难度。

作为一名青年译者,我在5年前接下了这本书的翻译,此次出版应当是步入了第6个年头。当时伴着"初生牛犊不怕虎"的锐气,面对大量的科普特语、希腊语、拉丁语,加上埃及学的专业知识,我边译边学,也算是阶段性地完成了此书的翻译任务。但其中难免有所纰漏,可能是语言层面的理解偏差,抑或是专业知识方面的有待商榷,在此也希望读者和更多的专业人士提出宝贵意见和批评。

我对这本译著充满情感,因为它也陪伴了我女儿的出生和成长,翻译的年限恰恰就对应着我女儿的年龄,所以一直以来,我将这本译著视为我孕育的一个小生命,我对它倾注了满腔热情,字斟句酌的每一天我都不敢有丝毫的怠慢。我希望通过自己微薄的力量,为国内埃及学的研究提供一些可以参考的专业资料。也许有人会提出,商博良的研究在现在看来也有许多错误,并不是最前沿的研究成果,但作为译者,在整个翻译过程中,我还是感受到了商博良严谨的治学态度,

译后记

其每一个结论的得出都有详实的史料支撑。史学研究不断向前发展，但我想史学翻译要展现的是当时的阶段性成果，而且，后来者也是在前人的基础上更进一步的。

今日即将出版的《法老统治下的埃及》一书介绍了埃及主要地方的埃及语、希腊语、阿拉伯语和现代通行的名称，这对翻译工作而言也可谓卷帙繁浩。尤其是古埃及作为四大文明古国之一，在经历了数千载历史的洗礼后，其地名成了历史的见证，它们见证了不同统治者在埃及的印记。一如商博良所言："法老统治下的埃及是如此不同于古波斯人统治下的埃及，不同于古希腊人统治下的埃及，尤其不同于当今应当有更好的国家命运的现代埃及。"经历了如此多不同民族的统治，对于埃及的许多地名，我们已经无从知晓其最初的面貌，各民族均从本民族的语言出发，留下了不同的转写版本。很可能今天我们看到的地名已经是混杂了多种语言的版本，不再是纯粹的希腊语版本，也不一定是准确的阿拉伯语版本。所以在音译地名的过程中，我也采取了似乎有些武断和冒进的译法，唯有如此，整个地名的音译工作才能在有限的时间内更为清晰且有条理地推进。有鉴于此，我自认为十分有必要对地名的音译统一作出说明，以供读者参考。我也愿以开放的心态，接受专业的批评和指正。

本书的地名、人名，主要是根据商博良用法语字母转写后的地名，按照现代法语的发音规则进行音译。但在文中指出了科普特语地名完整读法的情况下，我则按照给出的读法进行音译。比如地名"科斯·维尔维尔"、人名"维诺菲尔"等。在商博良未给出完整读法的情况下，即使个别科普特语字母的发音与转写后的法语字母发音存在差异，我还是按照现代法语字母的发音进行音译，这个主要涉及的就是科普特语字母"B"的发音。因为实际上，根据商博良的叙述，古埃及不同时期、不同方言对同一个地方名称的记载和读法都是有差异的，古希腊人和阿拉伯人在转写的时候亦有不同，以致现今保留的名称可能也不是最初的模样，其最初的发音也可能无从考证，所以与其过分执着于音译的准确性，不如采用一个稍显武断的方法，从而保证翻译的逻辑性和统一性，毕竟这是一本埃及学地理方面的专著，并非只涉及语言层面的研究。此外，埃及的许多地名前会有冠词，希腊人在转写过程中，有的会把冠词用希腊语字母如实转写，有的也会用希腊语中的一些音节进行转写（如希腊语名称末尾的单词"πολις"），在现有的从希腊语翻译成中文的地名中，大部分也都完全音译了出来；但也有不少没有音译冠词的情况，这也是无法否认的。关于现代地名、人名的外译中，是否翻译冠词也是不同的外语有不同的准则，一般而言，阿拉伯语中地名、人名的冠词"el""al"并不音译，而在法语、西班牙语中地名和人名的冠词却是音译的，如法国城市勒芒（Le Mans）、玻利维亚行政首都拉巴斯（La Paz）。考虑到多方面的因素，特别是考虑到埃及的那些古老地方经历了历史的洗礼与变迁，一些冠词已经不再是冠词，而成了地名的一部分，我在翻译埃及各个地方科普特语地名的过程中，除非已经是约定俗成的地名译法，其余还是遵循了前述原则，根据商博良用法语字母转写后的地名，按照现代法语的发音规则进行音译。实际上，我们也可以看到，商博良在撰写本书的过程中，有时也会给出带冠词和不带冠词的两种写法。我个人认为，除非十分确定或约定俗成，按照转写后音译应该是相对简便且易于统一的一个方法。商博良在对法老统治下的埃及给出地理同义词表时也提到："至于其通俗名称，我们则是呈现现代作家与旅行家们的叙述，尽管它们是普遍错误的。但从理解角度来看，可以说应当要尊重这些错误。"我想我的翻译也是如此，可能这一翻译原则也是有待商榷的，但我本意也是希望能够向读者更好地呈现原文，呈现科普特语地名的历史变迁。

《法老统治下的埃及》是一部十分专业的埃及学考古书籍，对于其中的专业知识，我从一名译者的角度而言，无法给出专业的判断，而且即使我有心去进行一些考证，受当前疫情全球大流行的影响，也变得愈加困难。我希望在本书出版后，能与更多的专家学者学习交流，毕竟我未来的研究方向也是历史领域，许多方法和切入点都是相通相融的。

最后，我想对所有帮助过我的老师、朋友致谢。首先非常感谢杨丁宇老师对我的信任，对本书翻译的关注和支持；感谢本书的编辑张晶，面对我提出的多次修改和校订，她都和我一起"并肩作战"，希望呈现给读者更好的译文。其次，我也要衷心地感谢我的拉丁语老师刘勋，感谢我曾经的同事、希腊语老师李维，感谢在科普特语识读启蒙方面给我莫大帮助的王班班，感谢在拉丁语方面予以帮助的顾枝鹰，同时也要感谢我曾经工作过的学校的埃及学生、阿拉伯语国家的学生。最后，我也由衷地感谢中国人民大学法国和法语国家研究院给予的支持。一路走来，正是有了这么多专家学者的帮助，才有了这本书的出版，因为其中涉及了太多超出我原有知识范围的内容，作为一名法语学习者和翻译者，如果没有这么多专业人士的帮助，定是无法完成这项重大工程的。

李颖枫

2022 年 1 月 13 日于苏州

图书在版编目(CIP)数据

法老统治下的埃及 / (法)商博良著;李颖枫译
.— 上海:上海社会科学院出版社,2022
 ISBN 978-7-5520-3133-1

Ⅰ.①法… Ⅱ.①商…②李… Ⅲ.①埃及—古代史
Ⅳ.①K411.2

中国版本图书馆 CIP 数据核字(2020)第 053359 号

法老统治下的埃及

著　　者:	(法)商博良
译　　者:	李颖枫
责任编辑:	张　晶
封面设计:	黄婧昉
出版发行:	上海社会科学院出版社
	上海顺昌路 622 号　邮编 200025
	电话总机 021 - 63315947　销售热线 021 - 53063735
	http://www.sassp.cn　E-mail:sassp@sassp.cn
照　　排:	南京理工出版信息技术有限公司
印　　刷:	上海景条印刷有限公司
开　　本:	890 毫米×1240 毫米　1/32
印　　张:	16.875
插　　页:	1
字　　数:	468 千
版　　次:	2022 年 9 月第 1 版　2022 年 9 月第 1 次印刷

ISBN 978-7-5520-3133-1/K·554　　　　　　　　　定价:88.00 元

版权所有　翻印必究